21世纪高职高专法律院校教材

民法原理与实务

主　编　原永红

副主编　王玉成　王玉兰

裴绪胜　王振亮

山东大学出版社

前　言

本书是2009～2010年山东省高等职业院校基础课程教学改革项目《民法课程改革与教材的开发》的研究成果，是专门为高职高专学生编写的民法教材，也是一门融理论知识与实务训练为一体的教材。

民法原理与实务是高职高专法律类专业的必修课，具有很强的实用性。为了更好地探索高职高专的教育规律，充分体现学生自主学习的特点，在编写本教材时，进行了如下的创新和改革：

1.从体例、内容的设计上做了改革。采用了案例导入式编写体例，在每单元内都设计了引导案例；在介绍理论知识过程中插入了事例，用事例情景反映民法的应用性特点，使学生在掌握基本概念和理论知识的基础上，培养其分析和解决实际问题的能力；在理论知识之后介绍了本单元的重点知识；最后安排了包括案例训练在内的同步训练，用于巩固原理，培养学生的自学能力和拓展能力，以满足人才培养模式改革的需要。

2.本教材充分贯彻了"理论以够用为度和理论教学为实践服务、为就业服务"的原则，大量地精简了理论部分的内容。全书根据民法的体例结构，共设计了十二个学习单元，其中实务部分的内容约占1/3。

3.本教材在内容的选取上，充分考虑了高职高专法律院校的课程设置特点，没有包括知识产权部分，合同部分也只是介绍了合同的订立、效力和履行，因而避免了课程内容的重复。

4.本教材充分吸收了国内民法课程改革和教材开发的有益成果，及时反映了我国民法发展的新内容和新趋势，根据《物权法》、《侵权责任法》及相关的司法解释，对物权部分、侵权责任部分重新进行了编写和设计。

5.本教材结构组织灵活，便于教师选讲，以适应高职高专不同专业的教学需要。

6. 本教材中所有的实务训练内容都贴近生活，使学生能够轻松地掌握民法的主要内容。内容的设计按照教学规律由简单到复杂，培养学生由学到做，由单项训练到综合运用民事法律解决实际问题的能力。

本教材由原永红担任主编，王玉成、王玉兰、裴绪胜、王振亮担任副主编。李彦、陈秀英、张小艳、李华、马振、张娟娟、刘学东、韩超、杜贵波、王树春、管乐、陈昭、高康娟、于甜甜、张华、袁美环、鹿勇承担了有关章节的编写任务。

本教材经山东司法警官职业学院教材编委会审议通过。

本书在编写过程中参考了近年来出版的大量相关著作、网络上的相关民事案例，在此谨对原著者表示诚挚的谢意。

书中如有疏漏之处、不妥之处，敬请读者批评指正。

编　者

2010 年 7 月

目　录

学习单元一　民法的调整对象和适用

学习目标

知识目标：

- 了解民法的概念、研究对象；
- 理解民法和其他相关法律部门的关系及我国民法渊源的构成；
- 掌握民法的效力以及民法的基本原则。

能力目标：

- 能够说明什么是民法，民法有哪些渊源；
- 能够解释一个法律关系是否是民事法律关系；
- 能够灵活运用民法的基本原则解决具体问题。

专题一　民法的调整对象

【引导案例】

甲将自己收藏的一幅名画卖给乙，乙当场付款，约定5天后取画。丙听说后，表示愿出比乙高的价格购买此画，甲当即决定卖给丙，约定第二天交货。乙得知此事，诱使甲8岁的儿子从家中取出此画给自己。该画在由乙占有期间，被丁盗走。甲向乙索要，乙表示与自己无关，并且该画已经被盗，自己无任何责任。甲不同意，认为该画是在乙保管期间被盗，所以，乙应当进行赔偿，双方争执不下。于是甲向法院提起诉讼要求乙返还名画并予以赔偿。

问题：该买卖关系属于何种法律关系？由哪个部门法调整？此时该名画的所有权属于哪个人？

一、民法的概念

（一）民法的概念

民法属于私法，是调整社会普通成员之间关系的法律。在这个法律中，以个人利益为核心，以人的平等和自治为理念，当事人之间处于平等的地位。与私法判然有别的是公法，它是以国家利益为核心，体现公共秩序、政治管理的法律，在这个法律中，当事人之间是命令与服从的关系，处于不平等的地位。如自然人之间电脑买卖合同关系，是为了个人利益的实现，买方和卖方之间是平等的，有权决定买与不买，因此这当然是平等主体之间的关系。

据此，可将民法定义为：民法是调整平等主体的自然人、法人和其他组织之间的人身关系和财产关系的法律规范的总称。

(二)民法的含义

民法作为一个法律概念，从不同的角度理解有不同的含义。

1. 形式上的民法与实质上的民法

形式上的民法就是指民法典，这是按一定逻辑顺序编纂的民事法律规范体系；实质上的民法，是指调整人身关系和财产关系的民事法律规范的总和，包括民法典以及各种民事单行法。我国目前尚无民法典。

2. 广义的民法与狭义的民法

广义的民法就是指所有的私法规范，包括调整人身关系、财产关系、亲属关系、知识产权关系以及商事关系的法律规范；狭义的民法，仅仅指调整人身关系和财产关系的法律规范，通常不包括亲属法、知识产权法和商事法等法律规范。

3. 民法典与民法通则

民法典是按一定的逻辑体系和价值判断将各种民事制度规定于一部法律内的法律文件。在法制史上，比较有影响的民法典是法国民法典和德国民法典；在我国历史上，清末和民国时期曾制定过民法典。中华人民共和国成立后，于1986年制定并公布了民法通则，于1987年1月1日实施。其内容概括规定了民事法律的基本制度，是一部民事基本法，但不是民法典。

二、民法的调整对象

[**事例1**] 冯某26岁，未婚。幼年丧母，随父亲一起生活。其父亲于2009年10月份死亡，遗留房屋二套，存款300余万元人民币。两个月后，一个16岁的冯姓女孩上门要求分割遗产，自称是冯某父亲的女儿。冯某震惊，认为其父不可能有女儿，并坚决不同意分割遗产。试分析：该法律关系是否属于民法调整？

《民法通则》第2条规定："中华人民共和国民法调整平等主体的公民之间、法人之间、公民和法人之间的财产关系和人身关系。"这是指民法调整的对象就是平等主体之间的财产关系和人身关系。

(一)财产关系

财产关系指的是人们在产品的生产、分配、交换和消费物质财富过程中形成的具有经济内容的社会关系。民法调整的财产关系是发生于平等主体之间的。其特点是：

1. 主体之间相互独立、地位平等

这与发生于上下级之间或与国家之间的调拨、没收、税收、罚款等截然不同，主体之间在平等基础上发生具体的财产关系，不存在上级和下级之分，不发生命令与服从的隶属关系。

2. 当事人意思表示自由

这是由民事主体地位平等的特点决定的。既然地位平等，当事人的意思表示就应当是自由的，不论双方经济实力如何悬殊，也不论一方处于何种困境，都不允许他方将自己的意志强加于人，非经双方协商，都不能缔结法律关系。

3. 内容特定性

从内容上看，民法调整的财产关系是一定的，包括两大类：

(1)财产归属和利用关系。是指因对物的占有、利用、归属而产生的财产关系，包括财产所有关系、用益关系、担保关系和占有关系。

(2)财产流转关系。是指因转移财产而发生的社会关系，包括：①商品交换关系。它是民法所调整的财产关系中最核心、最主要、最大量的部分，它主要表现为因合同而产生的债权关系。②遗产继承关系，这是因承受死亡公民遗留的个人财产所产生的财产关系，在民法上表现为财产继承关系。

事例 1 中的法律关系属于财产继承关系。冯某的父亲死亡时遗留有遗产，因此，冯某有权继承取得原来属于父亲所有的财产的所有权。但是，该案件后来有人主张分割遗产，并发生纠纷，该继承纠纷也属于平等主体之间的财产关系纠纷，因此，属于民法调整。

(二)人身关系

人身关系，是指基于一定的人格和身份而产生的，不具有直接经济内容的社会关系。人身关系是“人格关系”和“身份关系”的合称。民法调整的人身关系即是自然人、法人和其他组织的人格权关系和身份权关系。

所谓人格，是指自然人主体性要素的总称。人格要素包括生命、身体、健康等物质性要素和姓名、肖像、名誉、荣誉、隐私等精神性要素。根据民法通则的规定，法人亦享有名称权、名誉权、荣誉权等有限人格权。

所谓身份，是指自然人基于彼此的身份形成的相互关系，包括父母子女、兄弟姐妹、祖父母、外祖父母等亲属关系。

【引导案例分析】

本案中存在甲与乙之间和甲与丙之间两个买卖关系，都属于民事法律关系，是平等主体之间发生的。这两个买卖法律关系都是合法有效的。

《民法通则》第 2 条规定：“中华人民共和国民法调整平等主体的公民之间、法人之间、公民和法人之间的财产关系和人身关系。”因此，该买卖关系应当由民法调整。

虽然乙诱使甲 8 岁的儿子从家中取出此画给自己，但是，甲 8 岁的儿子属于无民事行为能力人，其所进行的民事行为无效。而且，无民事行为能力人也无资格担任代理人，因此，这个交付行为无效，此画的所有权仍属于甲。

该画在乙保管期间被盗，乙是有过错的，因此，乙应该赔偿甲的损失。

专题二　民法的基本原则

民法的基本原则，是贯穿于民事立法、司法以及民事活动的基本准则。它集中反映了我国社会主义经济体制和政治制度的本质特征，反映民事生活的根本属性，尤其是市民社会的一般条件、趋势和要求。我国民法通则第3～7条对我国民法的原则作了规定，概括其内容，大约可以分为两类：一类是对民法内容有普遍约束力的原则，是指导民事立法、民事审判和民事活动的基本准则，如平等、自愿等原则；还有一些是适用于特定民事法律关系的原则，如公平、诚实信用、禁止权利滥用等原则。

一、平等原则

[事例2]　2003年11月1日上午，南京师范大学内4000多名大一新生及家长们济济一堂，学生代表们分别与校方签订了一份《学生自律与教育管理协议书》，而在这份协议中，最令人注目的莫过于第10条："学生自杀、自伤的；在对抗性或具有风险性的体育竞赛活动中发生意外伤害的；住校外学生在上学、放学、返校、离校途中发生伤害的；学生自行外出或者擅自离校期间发生人身伤害的……校方将无法律责任，学生就此必须承担相关的责任。"试分析：该协议的内容是否符合民法的基本原则？

民法中的平等，是指主体的地位平等。地位平等是特权的对立物，是指不论其自然条件和社会处境如何，其法律资格亦即权利能力一律平等。《民法通则》第3条规定：当事人在民事活动中地位平等。任何自然人、法人、其他组织在民事法律关系中平等地享有权利，其权利平等地受到保护。

平等原则的具体内容包括：

1. 任何民事主体都是以平等主体的资格介入民事关系。在产生、变更和终止民事法律关系时必须平等协商。不得称王称霸、恃强凌弱，以大压小，以上欺下。

2. 民事主体在具体的民事关系中都平等地享受民事权利承担民事义务。这里一般没有无义务的权利和无权利的义务。这里的平等，并非指享受民事权利承担民事义务的绝对相等。

3. 民事主体的民事权益平等地受法律保护。不许因主体职务高低、经济实力强弱或性质有别等情况有所不同就可以在适用法律上有任何特殊。按照平等原则的要求，现实生活中出现的销售商品强性搭配、欺行霸市、强买强卖，一方规定条件他方无法选择，利用行业、部门优势订立"霸王合同"和"衙门合同"等民事活动，都属于禁止之列。

在处理全民或集体单位与公民的民事权益纷争案件时，不应强调"先公后私"的原则。只要民事权益合法，不论属于哪一方享有，都要平等地、全部地给予保护。

事例2中这份协议书的签订，有助于学生们增强法制观念，加强自身的自律意识。由于双方白纸黑字，以协议的形式明确双方的责任和义务，因此这份协议具有一定的法律效力。但是，该协议的有关条款，如在学生自杀、自伤等人身伤害处理问题上，明显违反了民法的公平原则。另外，该协议还得符合《教育法》、《高等教育法》以及《学生伤害事故处理办法》等法律法规的规定。

二、自愿原则

［**事例3**］　2008年3月2日，某大学两位女生甲某和乙某均欲购买一条牛仔裤。她们一起在张某的店里看好了一条，但是感觉价钱贵一点，于是两人就要求店老板便宜一点，张某答应以七折的价格卖给她们。二人要求试穿一下，张某就找了两条适合她们尺寸的裤子。二人试过以后，感觉不理想，就说不想要了。张某不答应，说已经讲好价钱了，不要不行，逼着二人付钱。试分析：张某的行为违反了什么规定？

自愿原则的实质，就是在民事活动中当事人的意思自治，即当事人可以根据自己的判断，去从事民事活动，国家一般不干预当事人的自由意志，充分尊重当事人的选择。其内容应该包括自己行为和自己责任两个方面。自己行为，即当事人可以根据自己的意愿决定是否参与民事活动，以及参与的内容、行为方式等；自己责任，即民事主体要对自己参与民事活动所导致的结果负担责任。

自愿原则的内容具体体现为以下三个方面：

1. 民事关系的设立与否，须由当事人依照自己的意志自主决定，他人不得强制命令或胁迫。

2. 民事关系内容等的确定，须与当事人的真实意志相符合，而不是受欺诈、重大误解或者处于危难之际为他人所迫使的。

3. 民事关系的变更或终止，须经当事人协商同意，而不得强迫，不允许他人非法干预。

事例3中张某逼着二人付钱购买的行为违反了自愿的原则。《民法通则》第4条规定："民事活动应当遵循自愿、公平、等价有偿、诚实信用的原则。"民事行为的双方当事人应当自愿。二位女生不想购买，张某不能强迫她们，张某的行为违反了自愿原则。

三、公平原则

［**事例4**］　某日，自然人乙在某市一大型超市购买了一台笔记本电脑，回家后发现电脑内的内存与说明书不符。乙某于是打电话咨询厂家，发现价格相差近2000元，遂立即去超市要求退货。超市则认为该电脑已经离开超市，是否被掉包也不清楚，因此，拒绝退货，也不同意更换。试分析：该案件中超市违反了什么原则？

公平原则是指在民事活动中民事主体应依据社会公认的公平观念从事民事活动，以利益均衡作为价值判断标准，以维持当事人之间权利和义务的均衡。其具体内容体现为以下五个方面：

1. 民事主体参加民事活动的机会要均等，不得欺行霸市、搞独家垄断(专卖除外)。

2. 民事主体在民事权利的享有及民事义务的承担上要对等，不能显失公平。

3. 民事主体在经营活动中要公允，不得从事非正当经营，搞不公平竞争，如假冒别人商标推销伪劣商品。

4. 民事主体在承担民事责任上要合理，一般是有过错才承担；一方过错则由单方承担；双方都有过错各自相应承担；双方都无过错可合理分担。

5. 司法机关处理民事纠纷案件要公正，依法保护民事主体各方的合法民事权益。当法律缺乏规定时，应根据公平原则作出合理的判决。

根据《民法通则》第 4 条规定，民事活动应当遵循自愿、公平、等价有偿、诚实信用的原则。但是同时《民法通则》第 59 条规定，行为人对行为内容有重大误解及行为显失公平的，当事人可以请求人民法院对已成立的民事行为予以变更或撤销。对于可变更、可撤销的民事行为，由享有撤销权或变更权的当事人决定是否变更或撤销。

事例 4 中，在这一交易过程中，虽然当事人双方是平等自愿的，但是因为电脑的内存与说明书不符，而且价格相差近 2000 元，显然是很不公平的。因此，超市应当同意退回电脑，或者更换符合现有价格的电脑。

四、诚实信用原则

[事例 5] 甲明知其新房南面邻地将建一高层楼房，佯装不知，将房售予乙。半年后，南面的高楼建成，乙的房屋一年四季受不到阳光的照射。乙认为甲隐瞒了事实，如果自己知道这种情况，便不会购买，于是要求退房。而甲认为盖楼是在房屋已经过户以后，与自己无关，坚决不同意退房。试分析：甲的行为违反了民法什么基本原则？

所谓诚实信用，其本意是要求按照市场制度的互惠性行事。在缔约时，诚实并不欺不诈；在缔约后，守信用并自觉履行。诚实信用原则是民法中的一项“弹性原则”，具有较强的伸缩性。诚实信用原则要求民事主体在从事民事活动时应该诚实、守信用。其具体内容为：

1. 任何当事人对他人和广大消费者诚实不欺，恪守诺言，讲究信用。

2. 当事人应依善意的方式行使权利，在获得利益的同时充分尊重他人的利益和社会利益，不得滥用权利。

3. 当事人应以诚实信用的方式履行义务，对于约定的义务要忠实地履行。

事例 5 中甲明知自己的楼房前面将建一高层楼房，肯定对自己房屋的采光有影响，却假装不知，在卖房时未将具体情况告知乙，因此，他违反了民法的诚实信用原则。

五、禁止权利滥用原则

［**事例 6**］　赵某为某大学大三学生，最近失恋极为痛苦，夜不能寐。凌晨一点钟，他在宿舍的凉台上引吭高歌，将睡梦中的同学们吵醒，遭到同学们谴责。赵某不悦，反驳说："唱歌是我的权利，谁也管不着。想唱就唱，我就要唱得响亮。"试分析：赵某的行为是否合法？

禁止权利滥用原则，是指民事主体在进行民事活动时必须正确行使民事权利，如果行使权利损害同样受到保护的他人利益和社会公共利益时，即构成权利滥用。对于如何判断权利滥用，我国《民法通则》第 6 条将守法原则表述为："民事活动必须遵守法律，法律没有规定的，应当遵守国家政策。"行使权利应当尊重社会公德，不得损害社会公共利益，扰乱社会经济秩序。所以，民事主体的民事活动应当遵守法律和行政法规，不能在行使权利时侵害他人的合法权益，否则，即构成权利滥用，这是作为民法基本原则的守法原则的核心。

事例 6 中，赵某有唱歌的权利，但是根据《民法通则》的规定，公民在行使自己权利的时候不能损害他人的合法权利。而夜间正是他人休息的时间，休息权是公民的重要权利之一，赵某大声唱歌影响了他人休息，侵害了同学们的休息权。因此，该行为是不合法的，是侵权行为。

六、公序良俗原则

［**事例 7**］　甲与妻结婚近 40 年，子女亦成家。后甲遇年轻王女，形影不离 4 年，众人皆知。甲立遗嘱将所有财产赠与王女。甲死后，王女持遗嘱要求甲妻及子女交出遗产，遭到拒绝。于是王女诉至法院，要求法院依法保护自己的财产继承权。试分析：该遗嘱应如何处理？

公序良俗是公共秩序和善良风俗的合称。公序良俗原则是现代民法一项重要的法律原则，是指一切民事活动应当遵守公共秩序及善良风俗。在现代市场经济社会，它有维护国家社会一般利益及一般道德观念的重要功能。我国《民法通则》第 7 条规定："民事活动应当尊重社会公德，不得扰乱社会经济秩序。"

公序良俗原则具有填补法律漏洞的功效。这是因为公序良俗原则包含了法官自由裁量的因素，具有极大的灵活性，因而能处理现代市场经济中发生的各种新问题，在维护国家一般利益、社会道德秩序，以及协调各种利益冲突、保护弱者、维护社会正义等方面发挥极为重要的机能。一旦人民法院在司法审判实践中，遇到立法当时未能预见到的一些扰乱社会秩序、有违社会公德的行为而又缺乏相应的禁止性规定时，可直接适用公序良俗原则认定该行为无效。

事例 7 中甲的遗嘱属实，而且是符合继承法有效要件的合法的遗嘱。但甲有合法婚姻又与王同居，违反了婚姻法的规定，并且有违社会公德。因此，其赠与遗产的行为，有悖我国的社会主义道德观念、婚姻家庭观念，违背了我国民法保护的公共秩序和善良风俗，应被认定无效。

专题三　民法的适用

一、民法与相邻法律部门的关系

(一)民法与行政法

民法与行政法都属于实体法，但它们调整的社会关系的性质和范围不同。

首先，它们调整的社会关系的性质不同。与民法不同，行政法调整的社会关系是行政法律关系，它是指由行政法规范调整的，因实施国家行政权而发生的行政主体与行政管理相对方之间、行政主体之间的权利与义务的关系。行政法律关系的主体之间是不平等的，任何行政法律关系必有一方是行政主体。

其次，民法与行政法在调整方法上也不相同。民法的调整方法具有任意性，而行政法的调整方法具有强制性。

最后，民事责任具有补偿性，而行政责任则具有惩罚性。

(二)民法与刑法

民法与刑法同为实体法。两者的区别是：

首先，民法的功能在于直接调整现实社会生活的关系，建立理想的社会生活秩序；刑法的功能在于保护民法等实体法所确认的现实社会生活关系，维护已建立的社会生活秩序。

其次，民法通过建立权利、义务模型体系引导人们实施正常行为，它对人的行为的正常化和关系的正常化起正面促进的作用；刑法通过法律制裁的威慑力量，禁止人们实施违法行为，它对人们行为的正常化和关系的正常化起反面鞭策的作用。

最后，民事法律规范表现为强行性规范或任意性规范；刑事法律规范表现为禁止性规范。民法所确认的民事法律关系，除受民法自己建立的法律责任制度的保护外，还受刑法建立的刑事责任制度的保护。

(三)民法与民事诉讼法

民法与民事诉讼法的关系是实体法与程序法的关系。

实体法和程序法是形式和内容的关系，形式离不开内容，内容要通过一定的形式来表现。

(四)民法与商法

民法与商法既有联系也有区别。联系主要体现在：商法调整对象是民法调整对象的一部分；商法的基本原则来源于民法的基本原则；民法中的各种基本制度是商法的依据，民法的许多基本制度适用于商法。其区别主要表现在:其一,民法通过对自然人、法人、非法人团体的一般规定和对物权、债权的法律规定,为商品经济的发展提供一般法律前提和对商品经济关系进行一般的法律调整;商法则从商个人、商法人和商合伙出发,通过对商个人、商法人和商合伙及其营业活动的规范,从商人的营业角度对商品经济关系进行法律调整。其二,商法只调整商品经济关系,不调整其他民事关系,而民法除调整商品经济关系外,还调整其他一些民事关系。

二、民法的渊源

民法的渊源即民法的表现形式,指正式载有民法规范的公开文件。在法律效力上,民法渊源是指一切有效民事法律,包括制定法和习惯。

(一)制定法

[**事例** 8]　甲某立一遗嘱,将其与妻子共有的房屋赠给其婚外情人乙某。乙某持遗嘱要求继承遭拒,诉至法院。法院根据《继承法》审查认为遗嘱合法有效,但是,遗嘱的内容处分了不属于自己的财产,同时,如果按照《继承法》承认遗嘱的效力,那么有违中国的善良风俗,不利于保护无过错一方的合法权益。最后法官根据《民法通则》的规定,认为该遗嘱违反了民法的基本原则,认定遗嘱无效。试分析:本案中的规范性文件哪些是制定法?

1.宪法中的民法规范

宪法是国家的根本法,具有最高的法律效力,是民事法律的立法依据。宪法中的作为民事法律依据的原则和规定,如关于所有权的规定、关于民事主体的基本权利和义务的规定等,既是民事法律的立法依据,也是调整民事关系的法律规范。

2.民法通则以及民事单行法

民法通则规定了民事生活的共同原则和制度。在民法渊源中,民法通则处于指导和核心地位。此外,物权法、合同法、担保法、侵权责任法、婚姻法、继承法、公司法、著作权法等,均是重要的民事单行法。在其他一些法律如文物法、草原法、矿产资源法、森林法、水法中,也含有重要的民法规范。

3.国务院制定发布的民事法规

国务院制定的民事法律规范,也是民法的重要渊源,但其不得与宪法和法律相抵触。国务院制定的民事法规有两类:一类是根据政府行政职能,为立法部门制定的法律配套的法规,如企业法人登记管理条例、著作权法实施条例、专利法实施细则;还有一类是含有民事法律规范的单行行政法,如土地管理法实施细则、城市房地产开发经营管理条例。

4.地方性法规、自治条例和单行条例

地方性法规、自治条例和单行条例中,有些属于民事规范。在不同宪法、法律、行政法规相抵触的前提下,根据立法法规定的立法权限,有地方性法规制定权的机关可以制定地方性法规、自治条例和单行条例。但地方性法规、自治条例和单行条例，只能在制定者管辖的行政区域内有效。

5. 规章

根据立法法的规定，规章有部门规章和地方政府规章。规章中有些是民事规范，规章也是民法的重要渊源。

6. 最高人民法院民事解释规范性文件

最高人民法院对于民事法律的系统性解释文件和对法律适用的说明，对法院审判有约束力，故也有法律规范的性质。最高人民法院制定的系统性民事法律解释文件很多，如《关于贯彻执行〈中华人民共和国民法通则〉若干问题的意见（试行）》（以下简称《民通意见》）、《关于适用〈中华人民共和国担保法〉若干问题的解释》（以下简称《担保法解释》）、《关于审理名誉权案件若干问题的解释》等。

7. 国际条约中的民法规范

我国政府签署并经全国人大常委会批准的国际公约或双边协定，具有与国内法等同的法律效力，也是法律重要的渊源之一，如联合国国际货物销售合同公约、保护工业产权巴黎公约等。

事例 8 中法院处理案件的根据《继承法》、《民法通则》都是制定法，《继承法》也是民事单行法。

（二）习惯

［**事例 9**］ 张某于 2010 年 4 月 6 日上午购买了某上市公司的股票 1000 股，下午股价涨幅达 9.8%。张某担心第二天下跌，欲将其卖掉。我国《证券法》以及相关法律法规中均没有规定证券交易的规则，但是，我国的股票市场普遍采用 T+1 的交割方式，即最早于购买日的第二天才可以交易的规则，所以张某只能最早于 2010 年 4 月 7 日才可以卖掉股票。试分析：张某依据的交易规则是什么？

所谓习惯，就是人们在日常生活、交易中形成的经常性做法。习惯根据其适用，可以分为区域性习惯和行业性习惯、生活习惯和交易习惯等。我国民法没有对习惯的效力作一般性规定，但有些单行法肯定习惯效力，如《合同法》第 125 条就允许用交易习惯解释合同的歧义条款。

事例 9 中的股票交割规则就是典型的交易习惯。在我国的法律上没有规定股票交易应当遵循的规则。根据《民法通则》第 7 条的规定："民事活动应当尊重社会公德，不得损害社会公共利益，破坏国家经济计划，扰乱社会经济秩序。"第 6 条规定："民事活动必须遵守法律，法律没有规定的，应当遵守国家政策。"国际上的股票交割一般遵循 T+0 或 T+1 的方式交易，因此，我国证券市场在经历了一段时间后，在大家的普遍遵守下，T+1 也就成了现在我国证券市场的交易习惯，而且该规则也是不违反法律和社会公共秩序的。

三、民法的效力

民法的效力，是指民事法律规范在何时、何地对何人发生法律效力，也就是民法的适用范围。

(一)民法对人的效力

[事例 10]　甲某为 A 国人，2002 年来中国旅游，在一商店购买了 30 斤虾仁，每斤 60 元人民币。刚出了商店，就发现虾仁长毛了，于是返回商店要求退货。该商店则认为顾客自己没检查好，一经售出，概不退还。于是甲某将该商店诉至法院，要求退货。试分析：本案应适用哪国法律？

民法对人的适用范围，是指民法对于哪些人具有法律效力。《民法通则》第 8 条第 2 款规定："本法关于公民的规定，适用于在中华人民共和国领域内的外国人、无国籍人，法律另有规定的除外。"具体内容如下：

1. 我国民法对我国境内的中国公民和中国法人均有法律约束力。

2. 居留在外国的我国公民，原则上应适用驻在国的民法，但依照我国民法和我国缔结或者参加的国际条约、双边协定以及我国认可的国际惯例，应当适用我国民法的，仍然适用我国民法。

3. 在我国领域内的外国人、无国籍人，除我国法律另有规定外，我国民法对其具有法律效力。

事例 10 中的甲某虽然是 A 国人，但是在中国进行民事活动，仍然要遵守中国法律，并依中国法律维护自己的合法权益。因为甲不享有外交特权和豁免权，因此，中国法院可以受理，并在解决民事纠纷时当然适用中国法律。

(二)民法在空间上的效力

[事例 11]　A 国的甲某与 B 国的乙某在中国的一航班上发生摩擦，途中二人发生口角，进而撕扯对方。甲某一拳打掉了乙某两颗门牙，共花去医疗费 3000 元；乙某将甲某的脸部抓伤，花去医疗费 800 元。试分析：本案应适用哪国法律？

民法在空间上的适用范围，就是民法在哪些地方发生法律效力。我国立法部门和政府制定的民法规范，其适用的空间范围及于我国的领土、领空、领海，包括我国驻外使馆、在我国领域外航行的我国船舶和航空器。但是，一些区域民法规范，只能在特定的区域内有效：(1)全国人大及其常委会、国务院制定的法律法规中明确规定只适用于某一地区的，例如全国人大和国务院制定的适用于经济特区的民事法律规范；(2)地方性法规、民族自治地方的民事法规、经济特区的民事法规适用于制定者管辖的行政区域之内。

事例 11 中，A 国的甲某与 B 国的乙某在中国的一航班上发生摩擦，进而发生身体接触，互相造成伤害。该侵权行为发生在我国的飞机上，按照法律的规定，也是发生在中国领域，所以，适用中国的法律。

(三)民法在时间上的效力

民法在时间上的效力，是指民法生效时间和失效时间，以及民事法律规范对其生效前发生的民事行为有无溯及力。

1. 民法的生效和失效

民法的生效时间分即时生效和之后生效两种情况：(1)自民法规范公布之日起生效，如全国人大制定的《关于修改〈中华人民共和国中外合资经营企业法〉的决定》，就是从发布之日起施行的(2001 年 3 月 15 日)；(2)民法规范中规定于公布后经过一段时期生效，如《民法通则》第 156 条规定，本法自 1987 年 1 月 1 日起施行(1986 年 4 月 12 日公布)。

民法的失效时间主要有以下几种情况：(1)新法直接规定废除旧法，例如《合同法》第 428 条规定，该法自 1999 年 10 月 1 日起施行，《经济合同法》、《涉外经济合同法》、《技术合同法》则同时废止；(2)旧法的规定与新法规定相抵触的，则抵触部分失效；(3)国家机关颁布专门的规定宣布某些法律规范失效；(4)在法院审判中，如果某一个案件可以适用两个以上的法律，而法律之间又相互冲突时，应根据《立法法》规定的上位法优于下位法、特别法优于普通法、新法优于旧法的原则，以上位法、特别法、新法为准。

2. 民事法律规范的溯及力问题

我国民事法律规范贯彻法律不溯及既往的原则，一般没有溯及力，但司法解释中另有规定的除外。

本单元重点内容图解

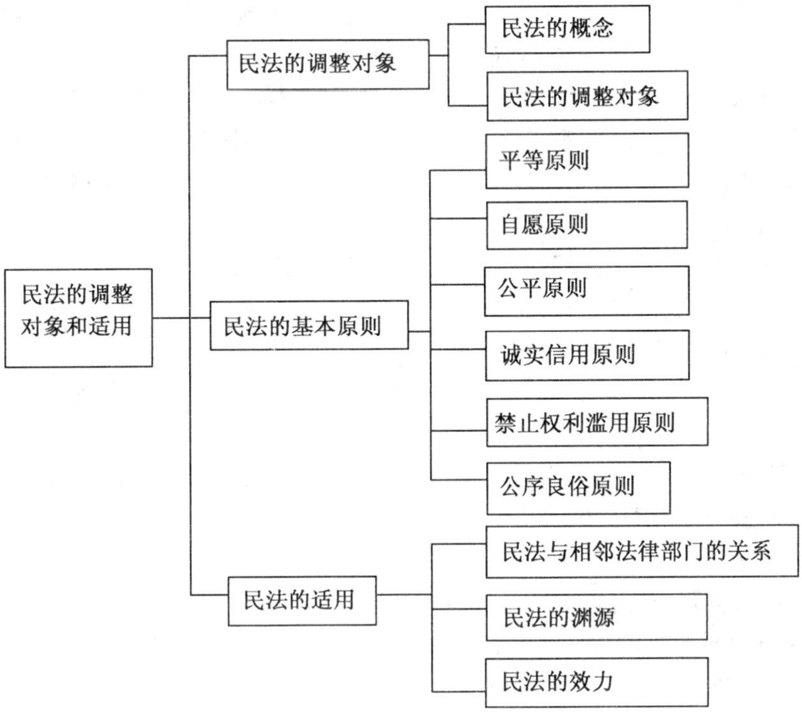

同步训练

一、单项选择题

1. 下列属于制定法的是(　　)

A. 民法通则　　B. 村规民约　　C. 物业管理公约　　D. 风俗习惯

2. 民法的调整对象是(　　)

A. 劳动关系　　B. 平等主体间的财产关系

C. 管理关系　　D. 税收关系

3. 甲某与乙某在飞往印度的中国飞机上发生口角争斗,甲某将李某的腿踢骨折。应适用哪国法律?(　　)

A. 印度法律　　B. 中国法律　　C. 国际法　　D. 英国法律

4. 甲公司建一小区,宣传画册上印有一颇大的湖,湖面波光粼粼,还有几只白天鹅。但是,文字中只字未提小区还有湖的问题。很多人看了宣传册上的湖,都争相购买,房屋很快销售一空。入住后，业主们才发现根本没有湖，遂起诉开发商。开发商则认为，自己没有责任，因为在文字中根本未提到有湖，只是为了宣传册的漂亮而印上了湖。开发商违反了什么原则？（　　）

A. 自愿原则　　B. 平等原则　　C. 公平原则　　D. 诚实信用原则

5. 李某有一辆车因发生车祸大梁折断，因担心安全问题欲将车转让。张某感到价格比较合适，于是找到李某要求购买。李某很高兴，将车转让给了张某。两个月后，张某因车子本身故障发生车祸，双腿瘫痪。李某违反了民法的哪个基本原则？（　　）

A. 平等原则　　B. 自愿原则　　C. 公平原则　　D. 诚实信用原则

二、多项选择题

1. 下列哪些人在我国进行民事活动适用中国的民法？（　　）

A. 中国公民　　B. 中国企业　　C. 外国公民　　D. 外国公司

2. 我国民法的渊源有哪些？（　　）

A. 法律　　B. 法规　　C. 规章　　D. 司法解释

3. 下列哪些属于民法的基本原则？（　　）

A. 平等原则　　B. 公平原则　　C. 诚实信用原则　　D. 公序良俗原则

4. 民法调整的是平等主体间的（　　）

A. 财产关系　　B. 人身关系　　C. 学习关系　　D. 邻居关系

5. 下列社会关系中，应属于民法的调整对象的是（　　）

A. 李某和赵某签订的房屋买卖合同关系

B. 马某代替孙某去传达室取信件

C. 牛某代理钱某到税务机关缴纳税款

D. 江某因打架被公安机关处以 15 日拘留

三、重点思考题

1. 如何理解民法的概念？如何理解民法的调整对象？

2. 我国民法的表现形式有哪些？

3. 民法的基本原则有哪些？其具体内容是什么？

4. 简述民法的渊源。

5. 民法基本原则的法律意义表现在哪些方面？

四、案例训练题

［案例 1］

原告与被告系邻居。被告系企业单位，紧贴原告房屋修建房屋，挡住了原告的光线，并且被告所建房屋地势高于原告之屋，被告的员工也经常在高地势的房屋里活动，时不时地扔下物品，给原告造成危险。因此，原告曾多次找被告协商要求解决通风采光和遭受安全危险的问题，均没有结果。经过一段时间，被告找当地村支书出面调解，被告提出给原告补助一些砖块作为补偿。原告出于无奈与被告签订了协议，被告也如实补偿了原告所承诺的砖块。现原告欲以相邻纠纷起诉被告到法院。

问题：

1. 本案属于什么性质的纠纷？

2. 处理本案应遵循的原则是什么？

[案例 2]

甲某的父亲生前是一个集邮爱好者，去世时留有几本邮票。甲某对邮票从不感兴趣，在后来的几次搬家中他都觉得这些邮票不好处理。一日，甲某的朋友乙某来吃饭，无意间发现了这几本邮票，乙某是一集邮爱好者，他随即表示愿意全部购买，最后以5000元的价格将邮票全部拿走，甲某对这一价格也比较满意。事过不久，甲某从父亲生前的一朋友处得知，他父亲所留的邮票中，有5张相当珍贵，可能每张都值5000元。同时另一同事告诉他，乙某正在寻找买主。甲某立即找到乙某，要求退还乙某的5000元钱，取回邮票，但乙某坚决不同意。双方协商不成，甲某诉至法院，要求撤销合同，返还邮票。

问题：

1. 该买卖行为违反了民法的哪个基本原则？

2. 法院应该如何处理？

[案例 3]

甲某是某公司临时聘用的司机，但双方未签订书面合同。该公司是由乙某等三人合股经营的企业，乙某任总经理。一天，乙某、甲某分别驾驶公司的两辆车，载着乙某的六名家人，前往乙的家乡探亲。途中，乙某驾驶的车不幸翻车落入河中。驾车跟随在后的甲某见状停车，跳入河中抢救落水者，不幸丧生。甲某遇难前已离婚，遇难时尚有父母及未成年的儿子需要赡养和抚养。甲某死后，双方就赔偿事宜发生争议，甲某之父准备通过法律讨个说法，但不知向哪个部门投诉。

问题：

1. 甲某之父与该公司间的争议是何法律性质？

2. 甲某之父该向哪个部门投诉？

学习单元二　民事法律关系

学习目标

知识目标：

• 了解民事法律关系的概念、特征、要素和分类；

• 理解民事法律关系变动的原因和物的分类及其意义；

• 掌握民事权利的概念、分类、行使和保护方法，民事义务和民事责任的分类以及民事责任的承担方式。

能力目标：

• 能够应用民事法律关系的理论分析具体案例。

专题一　民事法律关系概述

【引导案例】

甲、乙、丙三村分别按照30％、30％、40％的比例共同投资兴建一座水库，蓄水量10万立方米，约定用水量按投资比例分配。某年夏天，丙村与丁村约定当年7月中旬丙村从自己的用水量中向丁村供应灌溉用水1万立方米，丁村支付价款1万元。供水时，水渠流经戊村，戊村将水全部截流灌溉本村农田。丁村因未及时得到供水，致秧苗损失5000元。丁村以为丙村故意不给供水，遂派村民将水库堤坝挖一缺口以放水，堤坝因此受损，需花2万元方可修复。后又因缺口大、水下泻，造成甲村鱼塘中鱼苗损失2000元。

问题：本案涉及哪些民事法律关系？各种法律关系的主体、内容、客体是怎样的？

一、民事法律关系的概念和特征

（一）民事法律关系的概念

民事法律关系是指由民事法律规范所确立的以民事权利义务为内容的社会关系。人们在社会生活中会形成各种社会关系，这些社会关系受各种不同的法律规范调整，其中受民事法律规范调整而形成的社会关系就是民事法律关系。民事法律关系是最重要的社会关系，我们生活中的一些关系，如监护关系、继承关系、所有权关系、买卖关系、赠与关系等，都受民事法律规范调整，都是民事法律关系。

民事法律关系是学习民法的基本线索和总纲。可以说，民法学就是民事法律关系学。

(二)民事法律关系的特征

法律关系是人与人之间的社会关系，而不是人与物、人与自然界的关系，更不是物与物的关系。民事法律关系作为法律关系的一种，尽管有时离不开物，如赠与关系、买卖关系，但民事法律关系仍然是人与人之间的社会关系，这些买卖的物或赠与的物只能作为民事法律关系的客体，而不是主体。民事法律关系与其他法律关系，如行政法律关系、经济法律关系等相比，也有不同，民事法律关系的特征如下：

1.民事法律关系是在平等主体之间发生的社会关系

由于民法调整的社会关系是平等主体之间的财产关系和人身关系，所以按民事法律规范确立的法律关系也就只能是平等主体之间的关系。在民法中，有些法律关系是根据法律的规定发生的，如物权关系；大部分法律关系一般是根据当事人的意志，由当事人按照自己的意愿设立的，如合同关系。只要当事人依照自己的意思实施的行为不违法，所设立的民事法律关系即受法律保护。但不管在何种民事法律关系中，当事人地位都是平等的。而行政法律关系和经济法律关系等都是根据法律规定发生的，主体双方是管理者和被管理者之间的关系，地位不平等。

2.民事法律关系是以民事权利义务为内容的社会关系

民法调整平等主体之间的财产关系和人身关系，赋予民事主体民事权利和民事义务，民事法律关系即民事权利义务关系。民事法律关系一经确立，民事法律规范便落实为当事人的具体民事权利义务，一方享有民事权利，另一方便负有相应的民事义务。有的法律关系只有一方享有权利，另一方负有义务，如赠与，受赠人只享有请求赠与人按照约定交付赠与物的权利，不负义务，赠与人只负有交付赠与物等义务，不享有权利。多数法律关系的当事人双方既享有权利，又负有相应的义务，如买卖关系。但无论如何，民事法律关系都是以民事权利义务为内容的社会关系，而行政法律关系和经济法律关系则分别以行政权利义务和经济权利义务为内容。

3.民事法律关系的保障措施具有补偿性

尽管民事法律关系也是一种由国家强制力保证其实现的社会关系，当事人在民事法律关系中所确定的民事权利和民事义务，受到法律的保护和约束。但由于双方地位平等，一方不能惩罚另一方。法律对民事权利的保护，主要是赋予权利遭受损害的当事人一方以请求权，通过行使该请求权，来弥补自己所受的损失，如企业因对方不履行合同，有权要求对方依照约定支付违约金，来弥补由于对方违约而给自己造成的损失。而在行政法律关系中，作为行政主体的国家机关具有一定的行政处罚权，可以对违法的行政相对方处以人身自由罚、行为罚、财产罚等，如行政拘留、责令停产停业、罚款、没收财物等。在经济法律关系中，作为主体一方的国家机关在行使经济职权时，可以惩罚或奖励对方来保护经济法律关系，如对于偷税而未构成犯罪的行为，由税务机关追缴其不缴或少缴的税款，并处以不缴或少缴税款的5倍以下的罚款。

二、民事法律关系的要素

民事法律关系的要素，是指构成民事法律关系必须具备的因素或条件。民事法律关系包括主体、内容、客体三个要素，缺一不可，其中任何一个要素发生变化，民事法律关系也就发生变化。

(一)民事法律关系的主体

民事法律关系的主体，简称民事主体，是指参加民事法律关系，享有民事权利并承担民事义务的人。

民事法律关系作为人与人之间的社会关系，必须有双方主体参加，没有主体或只有一方主体不能成立民事法律关系。任何一方可以是一个人，也可以是多个人。民事法律关系的当事人中，享有权利的一方是权利主体，承担义务的一方是义务主体。在通常情况下，民事法律关系主体双方既是权利主体，又是义务主体，即双方当事人既享有权利又承担相应的义务。如买卖合同中，买方有权请求出卖人交付标的物并转移该物的所有权，有义务支付价款；与此相对应，卖方有义务向买方交付该物并转移标的物的所有权，有权利收取价款。在有些法律关系中，主体双方仅有一方享有权利，是权利主体，另一方只负有义务，是义务主体，如所有权关系中，所有人对所有物享有占有、使用、收益、处分的权利，是权利主体；所有人之外的其他任何人，都负有不得妨害所有人行使权利的义务，是义务主体。

依据《民法通则》、《合同法》的规定，民事法律关系主体的范围包括自然人、法人、其他组织。国家是否可作为民事主体没有规定，但从社会经济发展的实际看，国家在一些场合也可以成为民事法律关系的特殊主体，如发行国库券、接受无主财产等。上述主体，都可以简称为民法上的“人”。

(二)民事法律关系的内容

民事法律关系的内容，是指民事法律关系的主体所享有的民事权利和承担的民事义务，包括权利与义务两个方面。民事权利是指民事主体为实现某种利益而依法为某种行为或不为某种行为的自由，民事义务是指义务人为满足权利人的利益而为一定行为或不为一定的行为的必要性。

在民事法律关系中，权利和义务是互相对立又互相联系的，权利的内容通过相应的义务表现，义务的内容是由相应的权利来限定的，并且权利和义务往往同时产生、变更和消灭。

民事法律关系的内容是法律关系三要素中的决定性因素，是我们识别民事法律关系性质、类别的重要依据。如买卖关系与赠与关系不同，就是因为主体的权利义务不同，买卖关系中，买方取得标的物的所有权必须支付对价，履行相应的义务，是有偿的；而赠与关系中，受赠人取得标的物的所有权不需支付对价，是无偿的。

(三)民事法律关系的客体

民事法律关系的客体，是指民事法律关系主体享有的民事权利、承担的民事义务所指向的对象。任何一个民事法律关系如果没有具体的对象，主体的民事权利义务就会落空，所以客体也是构成民事法律关系不可缺少的要素。民事法律关系的客体主要有物、人身利益、行为、智力成果等，其中，物权法律关系的客体主要是物，如所有权；债权法律关系的客体是行为，如保管行为；人身权法律关系的客体是人身利益，如生命、健康，名誉等；知识产权法律关系的客体是智力成果，如专利等。

三、民事法律关系的分类

［**事例1**］　甲和乙是好朋友，一天，乙到甲家中串门，发现甲新买的MP5外观、音质都很好，很喜欢。甲说："借给你玩10天。"10天后，甲找到乙索要MP5。乙拒不归还，并扬言："我从来没有借过你的MP5。"试分析：在这个案例中存在何类法律关系？

生活中，民事法律关系多种多样。如人身权中的身体权、生命健康权、姓名权、名誉权、肖像权等人格权关系，荣誉权、配偶权、亲权、亲属权等身份权关系；物权中的所有权关系，国有土地使用权、农地承包经营权、地役权、农村宅基地使用权等用益物权关系，抵押权、留置权、质权等担保物权关系；债权关系中的各种合同关系、侵权关系，以及知识产权关系和继承关系等。为了准确地区分和把握各种民事法律关系的性质和特点，根据不同的标准，作如下分类：

(一)财产法律关系和人身法律关系

根据民事法律关系是否直接具有财产利益内容，可以将其分为财产法律关系和人身法律关系，这是民事法律关系最基本的分类。

财产法律关系，是指因财产的所有和财产的流转所形成的、满足民事主体财产利益需要的、直接具有财产内容的民事法律关系，包括物权关系、债权关系。事例1中，甲对MP5有所有权，属于物权关系中的所有权关系，甲与乙之间又存在对MP5的借用关系，属于债权关系中的借用合同关系，所有权关系、合同关系都属于财产关系。

人身法律关系，是指与当事人的人身不可分离的、因人身利益而形成的、不直接具有财产内容的民事法律关系，包括人格关系和身份关系。

以继承权、知识产权为内容的民事法律关系兼具财产法律关系和人身法律关系双重性质。如继承关系中，继承人继承被继承人的遗产，这是一种财产关系，但继承人继承权的取得必须以一定的身份关系为基础，如血缘关系、婚姻关系，这又体现了一种人身关系。

区分财产法律关系和人身法律关系的意义在于：第一，两者的性质不同。通过财产关系所确立的权利是财产权利，一般可以转让，如自己依法所有的自行车可以转让给别人。通过人身关系所确立的权利是人身权利，一般不能转让，如自然人的姓名权不能转让。也有例外，如企业法人的名称权可以依法转让。第二，对两类民事法律关系的保护方法不同。对财产法律关系适用等价有偿的原则，保护的方式主要是财产救济的方式，如返还原物、赔偿损失；对人身法律关系不适用等价有偿的原则，保护主要采取非财产的救济方式，如赔礼道歉、消除影响、恢复名誉。

（二）物权关系和债权关系

根据权利实现的方式不同，可以将财产法律关系分为物权关系和债权关系。

物权关系是指权利人可以直接支配物，不需要义务人实施某种积极行为即可行使和实现其权利的民事法律关系。事例1中，甲对MP5的所有权关系，所有人不需义务人作为，即可对自己的物进行占有、使用、收益、处分。

债权关系是指权利人必须由义务人实施某种具体、明确的行为，才能行使和实现其权利的民事法律关系。如事例1中的合同关系，甲与乙的借用合同关系成立后，在借用期间，债务人乙可以对该MP5占有、使用，负有合理使用、妥善保管并按时送还该MP5的义务；10天的借用期满，债权人甲有权要求债务人乙积极的作为——给付，即把借自己的MP5还给自己，才能实现自己对MP5的权利。

区分物权关系和债权关系的意义在于：根据物权关系和债权关系的不同特点，掌握物权法和债权法这两种基本的财产法律制度。

（三）绝对法律关系和相对法律关系

根据义务主体的范围不同，可以将民事法律关系分为绝对法律关系和相对法律关系。

绝对法律关系，是指义务主体是权利主体以外的一切不特定人的民事法律关系。在这种法律关系中，权利主体特定，义务主体是除主体之外的不特定的任何人。以人格权、物权、知识产权为内容的民事法律关系是绝对法律关系。事例1中的所有权关系是绝对法律关系，甲对MP5有所有权，是特定的权利主体，义务主体是除甲之外的不特定的一切人，义务人的义务是不作为，即不得从事任何妨害所有权人行使权利的行为。

相对法律关系，是指义务主体是具体的特定人的民事法律关系。在这种法律关系中，权利主体特定，义务主体也是特定的。以身份权、债权、继承权为内容的民事法律关系是相对法律关系。上述事例1的借用合同关系中，甲作为债权主体特定，乙作为债务主体也特定，所以是相对法律关系。

区分绝对法律关系和相对法律关系的意义在于：第一，确定两类不同的法律关系的义务主体的范围。绝对法律关系中义务主体是权利主体之外不特定的任何人；相对法律关系中义务主体是特定的人。第二，确定义务主体所承担义务的性质。绝对法律关系中义务主体所负的义务是消极的不作为义务；相对法律关系中义务主体所负的义务是积极的作为义务。

（四）单一法律关系和复合法律关系

根据民事法律关系内容的复杂程度，可以将民事法律关系分为单一法律关系和复合法律关系。

单一的民事法律关系是只有一组对应的权利义务的民事法律关系。如赠与关系中，赠与人负有交付赠与物并转移赠与物所有权与受赠人的义务，受赠人享有接受赠与物的权利，双方当事人之间只有这一组权利义务关系。事例1中的所有权关系即为单一的民事法律关系。

复合民事法律关系是指有两组以上对应的权利义务的民事法律关系。如买卖关系有两组民事法律关系，一组是买受人享有请求出卖人交付标的物并转移所有权与自己的权利，出卖人负有交付并转移标的物所有权与买受人的义务；另一组是出卖人享有请求买受人支付价款的权利，买受人负有支付价款的义务。在事例1的合同关系中，也有两组民事法律关系：一组关系是在借用期间，乙有权占有、使用，甲有义务容忍；另一组关系是借用期满，甲有权请求乙按期返还，乙有义务返还。

区分单一民事法律关系和复合民事法律关系的意义在于：正确确定当事人之间的权利、义务和责任。因为在单一的法律关系中，只有一方享有权利，另一方只负有相应的义务，所以对其履行义务的要求不是很严格；在复合民事法律关系中，双方既享有权利也负担义务，当事人的义务往往有几项并有主次之分，对义务履行的要求也较严格，如合同中的履行抗辩权。

(五)权利性法律关系和保护性法律关系

根据民事法律关系的形成和实现的特点，可以将民事法律关系分为权利性法律关系和保护性法律关系。

权利性法律关系是依民事主体的合法行为形成的、能够正常实现的民事法律关系。如事例1中，所有权关系、借用合同关系都是权利性法律关系。保护性法律关系是指因不法行为而发生的民事法律关系。如事例1中，乙借口没借甲的MP5拒不归还，侵犯了甲的所有权，属不法行为，因该侵权行为而产生的侵权损害赔偿关系属于保护性法律关系。

区分权利性法律关系和保护性法律关系的意义在于：正确认识法律关系的作用。权利性法律关系是合法的，是依照当事人的意愿产生的，是受法律鼓励的，人们在生活中应多建立权利性法律关系，使权利性法律关系成为社会生活中民事法律关系的主流；保护性法律关系是因不法行为产生，是为保护受损害的权利、恢复被破坏了的法律关系，根据法律的直接规定而确立的，在社会生活中应尽量减少这类民事法律关系，维护社会的和谐、稳定。

【引导案例分析】

第一，甲、乙、丙三村根据约定的投资份额和水量分配比例，共同投资兴建水库，属于按份共有关系。在该民事法律关系中，权利主体是甲、乙、丙三个村，义务主体是除该三个村之外的一切人；该民事法律关系的内容是甲、乙、丙三村根据约定，按照份额享有对水库的占有、使用、收益和处分权。其他人负有不得妨碍上述三村行使该权利、不得侵害该财产等义务,客体是该水库。

第二,丙村与丁村签订协议,由丙村供应丁村灌溉用水1万立方米,丁村支付1万元的费用,双方属于供水合同关系。在该民事法律关系中,主体是双方当事人;内容是丙村有义务从自己的用水量中供应丁村灌溉用水1万立方米,有权利请求丁村支付灌溉用水价款1万元,丁村有权利请求丙村提供1万立方米灌溉用水,有义务支付价款1万元;客体是给付价款或者灌溉用水的行为。

第三,戊村未经所有人许可私自截流丁村的供水,给丁村造成损害。《中华人民共和国侵权责任法》第6条第1款规定:"行为人因过错侵害他人的民事权益,应当承担侵权责任。"因此,戊村与丁村之间产生了侵权损害赔偿关系。在该民事法律关系中,主体是戊村和丁村;内容是丁村有权请求戊村承担侵权损害赔偿责任,赔偿本村5000元的秧苗损失,戊村有义务赔偿丁村的损失;客体是戊村赔偿丁村5000元损失的行为。

第四,丁村破坏了水库堤坝,侵害了甲、乙、丙三村对水库的所有权,丁村与三村之间产生了侵权损害赔偿关系。在民事法律关系中,主体是甲、乙、丙三村和丁村;内容是丁村有义务修复水库大坝或赔偿修复费用2万元,并赔偿三村的水库蓄水损失;甲、乙、丙三村有权请求丁村承担侵权损害赔偿责任,履行前述义务。

第五,由于丁村破坏了水库堤坝,致使水库大水下泄,给甲村造成鱼苗损失2000元,丁村与甲村之间产生了侵权损害赔偿关系。在该民事法律关系中,主体是甲村和丁村;内容是丁村有义务赔偿甲村2000元的损失,甲村有权利请求丁村承担侵权损害赔偿责任,赔偿该损失。

专题二　民事权利和民事义务

一、民事权利

(一)民事权利的概念

一般认为,民事权利是民事主体依法享有并受法律保护的利益范围或者是法律允许其行为的界限。民事权利有以下特点:

(1)民事权利是法律规定的,但民事主体只有在具体的民事法律关系中才能够享有具体的民事权利。民事主体依法享有和行使民事权利受法律保护,当权利受到侵害时,可以请求国家机关予以救济。

(2)民事权利以利益为内容。在民事权利中,主体可以自主决定是否享有某种利益,如是否取得某种财产的所有权,是否请求债务人履行债务等。

(3)民事权利是法律关系主体享有的利益范围。在这一范围内,民事主体意志自由,可以做自己所希望做的事情。不同的民事权利,利益范围是不同的,实现利益的限度也不同,如所有权人可以对所有物占有、使用、收益、处分;而在用益物权中,用益物权人不能对标的物进行处分。

(二)民事权利的分类

1.财产权与人身权

根据是否以财产利益为内容，民事权利可以分为人身权和财产权。

财产权是指以实现财产利益为内容，直接体现某种物质利益的权利。如物权、债权。人身权是指与权利主体的人格和身份不可分离，又无直接的财产内容的权利。如生命权、健康权、亲权等等。财产权可以在民事主体之间转让，也可以继承。人身权一般不能转让，也不能继承。

2.支配权、请求权、抗辩权、形成权

[**事例 2**]　甲与乙订立一买卖合同，合同中未约定谁先履行。甲要求乙先交付货款，乙提出，甲未交货，自己不能付款。试分析：甲、乙所行使的权利属于何种权利？

[**事例 3**]　13 岁的小甲看到好多同学用家里的电脑查资料很方便，很羡慕。当听说邻居乙想卖一台手提电脑时，便瞒着父母与乙订立了买卖合同，约定：小甲 5000 元购买乙的手提电脑，十天内付款交货。第二天，乙偶然遇见小甲的父亲老甲，说到这事，老甲虽然心里很不是滋味，但想到孩子是为了学习，便让乙回家把电脑取来，到自己家交货收钱。试分析：老甲行使的是何种权利？

根据作用不同，民事权利可以分为支配权、请求权、抗辩权、形成权。

支配权是指对权利客体直接支配并排除他人干涉的权利。权利主体直接支配权利标的并排除他人的干涉，行使权利不需他人的配合，他人不得为同样的支配行为。如房主对房屋享有支配权。物权、人身权、知识产权都是支配权。

请求权是指法律关系的一方请求他方为一定行为或不为一定行为的权利。权利人不能直接对权利标的进行支配，只能请求义务人配合。债权为典型的请求权。事例 2 中，甲要求乙交付货款，甲所行使的权利即属于请求权。

抗辩权是指对抗请求权或否认对方权利的权利。抗辩权的作用在于阻止请求权的效力。这有两层意思：首先，抗辩权主要是针对请求权的权利；其次，抗辩权的效力在于阻止请求权的效力，从而使抗辩权人能够拒绝向债权人履行义务。其典型形式主要有双务合同中的同时履行抗辩权和不安抗辩权。如事例 2 中，甲、乙的买卖合同属于双务合同，在未约定何方先履行时，甲请求乙先履行，乙则以甲未交货抗辩，乙行使的抗辩权就属于同时履行抗辩权。

形成权是指依照权利人的单方面意思表示就能使权利义务关系发生、变更和消灭的权利，即依权利人单方面的意思表示就能发生特定的法律效果。事例 3 中，13 岁的小甲属于限制民事行为能力人，与乙签订的合同数额较大，与小甲的民事行为能力不相当，属于效力待定的合同。根据《合同法》第 47 条的规定，限制民事行为能力人订立的合同，经法定代理人追认后，该合同有效，即需等小甲的法定代理人的追认即同意，才能生效，如果法定代理人不追认则不能生效。合同生效后，小甲和乙之间就能发生合同权利义务关系。老甲同意付款取货即属于行使追认权。追认权是形成权，除追认权外，撤销权、抵销权、解除权也都属于形成权。

3. 绝对权与相对权

根据效力所及的范围不同，民事权利可以分为绝对权与相对权。

民事权利的效力所及的范围即所对抗的义务人的范围。绝对权又称“对世权”，是指其效力及于一切人，即以特定人为权利主体，以权利主体以外的不特定的任何人为义务主体的权利。正因为义务主体是除了权利人以外的所有人，因此也称为“对世权”。绝对权的特点是权利主体可以直接支配客体，义务人的义务仅仅是不妨碍权利主体正常行使其权利。绝对法律关系中权利人享有的权利即为绝对权，如物权、人身权、知识产权都是绝对权。

相对权又称“对人权”，是指其效力及于特定人的权利，即以特定人为权利主体和义务主体的权利。因为义务主体的特定性，所以相对权也称为“对人权”。相对权的特点是权利主体实现其权利需要义务主体的积极配合。相对法律关系中权利人享有的权利是相对权，如债权。事例 2 和事例 3 中，合同双方当事人之间的权利即是相对权。

4. 主权利与从权利

［**事例** 4］ 甲需要 5 万元急用，于是找到乙。经双方协商后签订了书面合同，约定：乙借给甲 5 万元，期限 1 年；为担保到期还债，甲用自己 70 平方米的公寓作抵押。双方办理了抵押登记手续。试分析：乙有何种权利？

根据权利之间的相互关系，民事权利可以分为主权利和从权利。

主权利是指不以其他权利的存在为存在条件的权利。从权利是须以其他权利的存在为存在条件的权利。通常情况下，从权利随主权利的转移、消灭而转移、消灭。在有担保的合同中，被担保的债权是主权利，担保权是从权利。事例 4 中，甲借了乙 5 万元，是债务人，乙对甲有 5 万元的债权；甲为担保债的履行，用自己的公寓作抵押，乙对该公寓有抵押权。债权是主权利，抵押权是从权利，抵押权因 5 万元的债权而存在，没有债权就不会有抵押权。

5. 既得权与期待权

［**事例** 5］ 甲某把自己的汽车以 3 万元的价格卖给了乙，双方已经办完了过户、付款手续。甲某又与丙签订了房屋租赁合同，约定：待甲某的儿子小甲今年考上大学，就把房子租给丙，房租每月 800 元。问：此案例中，乙对汽车有何种权利？丙对房子有何种民事权利？

根据权利成立的要件是否已经全部实现，民事权利可以分为既得权与期待权。

既得权是指已具备权利构成的全部条件，由权利人实际享有的权利。权利人已经享有的权利都是既得权。如事例 5 中，乙买了甲某的汽车，已经办理了过户手续，即取得了汽车的所有权，乙对汽车的权利即是既得权。

期待权是既得权的对称，是指已具备权利构成的部分条件，须待其他条件发生时才可实际享有的权利。期待权的本质，在于对当事人将来获得利益的可能性的保护，这种利益将来可能实现，也可能不能实现。附停止条件法律行为所产生的权利，属于典型的期待权。如事例5中，丙可以请求甲把房子交给自己使用，这是债权，但这个合同附了一个停止条件，要待甲某的儿子小甲今年考上大学，合同才可以生效。小甲今年可能考上大学，也可能考不上大学，如考上，则生效；否则，不能生效。丙的债权此时就是一个期待权。继承权、保险合同受益人的权利也是期待权。

6. 原权与救济权

[事例6]　某日，甲晚上加班很晚才开车回家。甲在倒车的时候，不小心把乙停在楼下的摩托车撞坏了。乙要求甲修理被撞坏的摩托车。试分析：乙行使的是何种权利？

根据权利的产生及目的不同，民事权利可以分为原权与救济权。

原权是根据合法行为产生的权利。原权是权利性法律关系中的权利，也是派生救济权的基础性权利。救济权是由原权派生的，是因为原权受到侵害，为保护和恢复被侵害的原权而产生的权利。事例6中，乙对摩托车有所有权，是原权；乙请求甲修理摩托车的权利属于救济权，是因为所有权受到侵害，为恢复受侵害的所有权而派生出来的权利。

(三)民事权利的行使和保护

1. 民事权利的行使

[事例7]　某日，一农村妇女甲，在与丈夫吵架后为发泄对丈夫的不满，把自己的房子点火烧着了。由于那天风比较大，在消防队救火之前，邻居乙的房顶也被烧坏了一间。幸亏灭火及时，否则屋内的煤气罐爆炸，后果不堪设想。试分析甲的行为。

民事权利的行使是指民事主体为实现自己的权利而实施一定的行为。权利人通过行使权利，实现权利的内容，满足自己的需要。

关于行使权利的方式，权利人可以通过实施某种事实行为来行使权利，如占有、使用、消费自己的财产，在自己生产的汽车中使用自己的专利等。上述事例7中，房子是甲家的，属于夫妻共有，其自己居住即是通过事实行为来行使对房屋的所有权。权利人还可以实施某种法律行为来行使权利，将权利的内容转移给他人享有并行使，如出卖、赠与、出租自己的财产，著作权、专利权的使用许可等。民事权利可以自己行使，也可以通过代理人代为行使。

民事权利的实现，有时不仅涉及权利人的利益，而且还可能牵扯到他人的利益、社会公共利益。因此，权利人行使民事权利时，应当在符合法律规定的前提下，按照自己的意志，自由行使，同时应尊重他人或社会公共利益，如损害他人合法利益或社会公共利益，则构成滥用民事权利。在事例7中，甲烧房子的行为，已经侵犯了邻居乙的利益，还有可能危害社会公共安全，侵犯社会公共利益，属于违法行为，也是滥用民事权利的行为。

2. 民事权利的保护

［**事例** 8］ 甲骑自行车抢夺路人乙的背包，两人撕扯，同时倒地，甲的手被摔伤流血很多。但甲在抢到了乙的包后，又骑上车猛跑。乙边追赶边大喊："快还我的包。"路人丙看到了这一情况后，马上报警。甲骑车逃到一十字路口时，正遇到红灯，被巡警抓住，乙的背包被追回。试分析：该案中有哪些民事权利保护方式？

民事权利的保护，是指为保障权利不受侵害或恢复受侵害的民事权利而采取的救济措施。民事权利是法律赋予的，也是受法律保护的。民事权利的保护方法有自我保护和国家保护两类。

民事权利的自我保护，又称"私力救济"或"自我救济"，是指权利人自己采取各种合法手段来保护自己的权利。民事权利的自我保护是法律赋予权利人的权利，但采取自我保护的方式受到法律严格的限制，权利人只能在法律许可的限度内以法律许可的方式保护自己的权利，否则为滥用权利。

民事权利自我保护的方式有：(1)请求行为，是指在义务人不履行义务的情况下，权利人自行请求义务人依照法定或约定履行义务，或依法请求侵权人承担侵权责任，如请求违约人支付违约金并继续履行债务，请求侵权人返还财产、恢复原状、赔礼道歉等。事例8中，甲抢了乙的背包，侵害了乙的所有权，乙大喊"快还我背包"的行为，就是请求行为。(2)自卫行为，是指权利人为保护自己或他人的民事权利免受不法侵害而采取的防卫或避险措施，包括正当防卫和紧急避险。事例8中，乙为免受不法侵害，制止甲的抢包行为，把甲撕扯倒地的行为，就属正当防卫行为。(3)自助行为，是指权利人在情势紧急、无法求助公权保护自己的权利时，对侵害人的人身施以拘束或对其财产施以扣押、破坏等行为。例如，为使侵害不能得逞而毁损侵害人实施侵害行为的工具，扎破其车辆轮胎等。事例8中，乙来不及请求公力救济，为保护自己的权利，采取追赶甲的行为，就属于自助行为。

民事权利的国家保护，又称"公力救济"，是指在民事权利受到侵犯时，由国家机关给予保护。由于民事权利受到国家宪法、民法、行政法、刑法多个法律部门的保护，所以，权利人在权利受到侵害时，可以请求国家的行政机关、司法机关等多种机关、多种手段给予保护。事例8中，路人丙报警，警察抓住甲并追回乙被抢的背包属于公力救济的保护方式。

二、民事义务

(一)民事义务的概念

民事义务是民事权利的对称。民事义务是指义务主体为满足权利主体利益的需要，在权限范围内须为一定行为或不为一定行为的约束。

权利和义务是相互对立、相互联系、同时存在的，民事权利的实现往往需要借助于义务人为或不为一定的行为。民事义务有两个特征：一是约束性，必须为一定行为或不为一定行为。否则，要承担民事责任；二是限定性，在法律规定或双方约定范围内，即权利的权限范围受到约束，义务人只承担该范围内的义务，不承担超出该限制范围以外的民事义务。

(二)民事义务的分类

[事例9] 甲听说乙装饰公司的装修质量特别好，经过考察，就与其签订了一份合同，让其给自己的别墅装修，价款、装修时间、材料要求等等都有详细约定。后来乙公司由于装修合同很多，就私下把该装修工程给了自己的朋友。试分析：乙有何种义务？

1. 法定义务与约定义务

根据民事义务发生的原因不同，民事义务可以分为法定义务与约定义务。法定义务是法律直接规定的义务，如法律规定不得侵犯他人的人身权等民事权利，即是一项法定义务。约定义务是双方当事人自己约定的义务，如合同债务人的义务。事例9中，乙公司为甲装修别墅的约定以及其他一些义务的约定，均属于约定义务。

2. 积极义务与消极义务

根据义务人行为的方式不同，民事义务可以分为积极义务与消极义务。积极义务是义务人必须为一定行为的义务，又称为“作为义务”。大部分义务都是积极义务，如交付货物、支付价款等。事例9中，乙公司的装修义务即是积极的义务。消极义务是义务人必须不为一定行为，又称为“不作为义务”。如未经所有人同意，不得占有、使用、处分他人的物品，不得传播他人的隐私。

3. 专属义务与非专属义务

根据义务是否可以转移，民事义务可以分为专属义务与非专属义务。专属义务是义务人不得转移给他人代为履行的义务，如承揽人应自己完成承揽工作，否则应负违约责任。事例9中，甲基于对乙公司的信任而与其签订了合同，乙公司应当根据合同的要求为甲装修别墅，该义务是不能私下转移给他人的义务，是专属义务。非专属义务，是指义务人可以转移给他人代为履行的义务，如偿还欠款。

根据其他的标准，民事义务还可以分主义务和从义务、一般义务和附随义务等。

三、民事责任

(一)民事责任的概念

民事责任，是民事主体违反民事义务时所依法应承担的民事法律后果。

民事责任与民事义务是紧密相连的，民事义务是民事责任的前提，无民事义务自然就没有民事责任，只有当民事主体依据法律的规定或合同的约定负有某种义务并且这种义务未自觉履行时，方产生民事责任。民事责任是以恢复被侵害的民事权利为目的，具有补偿性，一般不具有惩罚性，义务人承担民事责任的范围一般与违反义务造成的损害相当。但民事责任也有法律上的强制性，当义务人不能自觉承担民事责任时，权利人可以请求国家通过法定程序强制其承担。民事责任在法律允许的前提下，还可以由双方当事人协商确定承担民事责任的范围和方式。如根据《合同法》的规定，双方当事人可以约定违约金的数额或损害的计算方法，也可以约定违约金责任或定金责任，如同时约定违约金责任和定金责任时，当一方违约时，对方只能选择追究其中的一种责任。

(二)民事责任的分类

[**事例 10**] 某旅行社导游李某带团游览一处地势险峻的景点时，众人争相拍照，李某未提示注意安全，该团游客崔某不慎将唐某撞下陡坡摔伤。试分析：应该由谁对崔某承担何种责任？

1.债务不履行的民事责任与侵权的民事责任

根据民事责任产生的原因不同，可以分为债务不履行的民事责任与侵权的民事责任。债务不履行责任，是指债务人因不履行已经存在的债务而产生的责任，如买卖合同中出卖人不交付标的物。侵权的民事责任，是指义务人违反法律规定的义务，损害他人民事权利所应承担的责任，如侵害他人所有权所产生的责任。

事例 10 中，崔某不慎将唐某撞下陡坡摔伤，侵害了唐某的身体健康权，应当承担人身损害赔偿责任。旅行社作为从事经营活动的组织，对活动的参加者依法负有保障其人身安全的义务，对游客的损害发生如有过错，即应承担与其过错相适应的补充赔偿责任。违反法定义务承担的也是侵权责任，也就是说，游客崔某和旅行社承担的都是侵权民事责任。

2.财产责任与非财产责任

根据民事责任的内容不同，可以分为财产责任和非财产责任。财产责任是指以财产给付为内容的民事责任。如返还原物、支付价款等。非财产责任是指不以财产给付为内容的民事责任。如赔礼道歉、消除影响、恢复名誉。事例 10 中，旅行社和崔某承担的侵权损害赔偿责任，都是财产责任。

3.按份责任、连带责任与补充责任

根据承担民事责任一方当事人之间的关系不同，可以分为按份责任、连带责任和补充责任，这是对承担责任的主体一方为多数人时的分类。按份责任，是指在责任人为多数人时，各责任人按照一定的份额分别向债权人承担责任，如数人的侵权行为间接结合致人损害，各侵权人根据过失的大小或原因力的大小按比例向受害人承担相应的赔偿责任。连带责任，是指在责任人为多数人时，每个人都负有清偿全部责任的义务，相互之间有连带，如一般合伙中合伙人的责任。连带责任必须有法律明确规定或当事人有约定时才适用。补充责任，是指在责任人自己的财产不足以清偿全部债务时，由相关的人给予补足，如自然人担任监护人时的责任、保安义务人就自己过错承担的补充责任。

事例 10 中，对唐某承担责任的主体为两个，旅行社和崔某。他们之间是何种关系？根据《最高人民法院关于审理人身损害赔偿案件适用法律若干问题的解释》第 6 条和《侵权责任法》第37条的规定，宾馆、商场、银行、车站、娱乐场所等公共场所的管理人或者群众性活动的组织者，未尽到安全保障义务，造成他人损害的，应当承担侵权责任。因第三人的行为造成他人损害的，由第三人承担侵权责任；管理人或者组织者未尽到安全保障义务的，承担相应的补充责任。事例10中，造成唐某损害的直接责任人是崔某，应由崔某对唐某承担全部赔偿责任。由于导游李某未提示游客注意安全，违反了安保义务，如崔某的财产不足以负担唐某的损失，应当由旅行社就自己的过错，在能够制止和防止的范围内承担相应的补偿赔偿责任。

4.单方责任与双方责任

根据民事责任是否由双方承担，可以分为单方责任和双方责任。单方责任，是指由违法行为人一方承担的民事责任。双方责任又称为"混合责任"，是指由当事人双方共同承担的责任，可能是由于双方对于损害的发生都有过错，也可能是受害人对自己的损害发生也有过错，对方承担的是无过错责任。不管是单方责任还是双方责任，承担责任的各方既有可能是一人，也有可能是多人。事例10中是单方责任，承担责任的主体一方是旅行社、游客崔某两个。

(三)民事责任的形式

民事责任形式即承担民事责任的方式。《民法通则》对民事责任形式作了列举式的规定，列举的10种民事责任方式可以单独适用，也可以合并适用。

根据《民法通则》第134条的规定，民事责任方式有以下10种：(1)停止侵害；(2)排除妨碍；(3)消除危险；(4)返还财产；(5)恢复原状；(6)修理、重作、更换；(7)赔偿损失；(8)支付违约金；(9)消除影响、恢复名誉；(10)赔礼道歉。

专题三 民事法律关系客体——物

一、民事法律关系客体的特征和种类

(一)民事法律关系客体的特征

民事法律关系的客体是指民事权利和民事义务所指向的对象，主要有以下特征：

1.客观性

客观性，是指不依主体的意识而转移。民事法律关系的客体是独立于主体意识之外的客观现象，它既可以是客观物质世界的现象，也可以是客观精神世界的现象。它能够为主体的意识所感知和为主体的行为所支配，但不依主体的意识而转移。

2.有益性

有益性，是指能够满足主体的物质利益和精神需要，即客体实为各种各样的物质和非物质的财富。民事主体参与民事法律关系是为了满足自己的物质利益或者非物质利益需要的，各种民事法律关系都是主体基于能够满足其利益需要的对象形成的，这一对象即是

民事权利义务共同指向的法律关系的客体。因此，只有能够满足主体的各种利益需要的物质和非物质财富，才会被称为民事法律关系的客体。

3.法定性

法定性，是指民事法律关系的客体必须是得到国家法律规范确认和保护的客观现象。例如，自然人的人身在古代法中可为民事法律关系的客体，在现代法中则不能为客体。智力成果在古代法中不能为民事法律关系的客体，而在现代民法中则成为民事法律关系的重要客体。

（二）民事法律关系客体的种类

民事法律关系的客体范围甚广，具有多样性。并且随着现代社会财产及具有财产价值的东西日益扩张，民事法律关系客体的种类也日益扩张。总的说来，民事法律关系的客体包括以下几类：

1.物，其中包括金钱与有价证券，是民事法律关系最广泛的客体。

2.行为。作为民事法律关系客体的行为，是指能满足权利主体某种利益的行为。严格说来，债的法律关系的客体都是行为，即给付行为。可以作为民事法律关系客体的有三类行为：一是给付财产的行为。例如，在买卖合同关系中，买受人权利所针对的并非出卖物，而是出卖人给付出卖物的行为。二是完成一定工作并交付工作成果的行为。承揽合同关系与科技开发合同关系均以这类行为为客体。三是提供劳务或服务。保管合同关系、运输合同关系、委托合同关系以及日常生活中的各种服务合同关系皆以这类行为为客体。

3.智力成果。智力成果是人的智力劳动所创造出的精神财富。如商标、专利、技术秘密、发现等。知识产权法律关系的客体是智力成果。

4.人身利益。人身利益是指人格和身份体现的非物质利益，它是人身权关系的客体。

5.其他财产。这里的财产是指物以外的财产。有时民事法律关系的客体还可以是某种民事权利或者民事义务，如国有土地使用权抵押、权利质押的客体是权利，债务移转合同的客体即是被移转的债务。

6.其他。能够满足人们物质和精神利益需要的其他财富，如信息等也可成为民事法律关系的客体。

二、物

（一）物的概念和特征

物是民事主体能够实际控制或支配的具有一定经济价值的物质资料。物在民事法律关系中具有十分重要的地位，是最主要的民事法律关系客体。

民法上的物不同于物理学上的物，具有法律属性。民法上的物具有如下法律特征：

1.须存在于人体之外

民法上的物只能是存在于人身之外的物,而不能是人身。现代法上人只能作为主体,而不能为客体,不允许对生存的人的身体或身体的一部分具有排他性或全面性的支配权。因此以人身上的某一器官为交易对象的,不受法律保护,法院不能强制执行。但与身体分离的毛发、牙齿,属于物。人死亡后的遗体也属于物。

随着科学技术的发展,活人的身体不属于物的观念受到挑战。如器官移植、器官捐赠等,均是以活人的器官作为合同的标的物。但对于这一类合同,债权人无权请求强制执行。

2.须为有体物

罗马法把物分为有体物和无体物,法国法系沿用。有体物是指占有一定空间而有形存在的物体,如固体、气体、液体等;无体物是指没有实体存在,人们凭主观拟制的物,如债权、继承权等。德、日等国把民法上的物仅限于有体物。

由于现代科学技术的发达,物的范围也不断扩大。许多不具有有形的物,如电、热、磁力等也可以成为民事法律关系的客体,所以对物的理解不能拘泥于“有形”。但权利仍不包括在内,中国民法也应如此解释。

3.须为人力所能控制和支配

只有能够为人力支配和控制的物,才能满足主体的需要,才能用于交易。日月星辰,尽管可能具有巨大价值,但不能为人力支配,所以仅为物理上的物,而不是法律上的物。当然,随着生产力的发展,人类支配自然的能力增强,物的范围也不断扩大。如电、光、声、气等,不能为人控制时不是物,能够被人类控制后就成为物。

4.须能满足人的需要

民法上的物具有可使用性,具有价值和使用价值。因为只有能满足人的需要,才可以成为交易的对象。物的价值不仅仅体现为物质利益,也可体现为精神利益。

5.须独立成为一体

所谓独立成为一体,是指物能够单独满足人们的需要。否则不能单独用于交易,不是民法上的物。如一滴油、一粒米,在交易上不能认为能够独立作为人类生活资料,故不是法律上的物。

(二)物的分类

物依据不同标准,可以有不同的分类。物的分类主要有:

1.动产和不动产

根据其是否具有可移动性,物可分为动产和不动产。

这是物权法上关于物的最重要的分类。在空间上占有固定位置,移动后会影响其经济价值的物,为不动产。可以以一般方法移动且移动后不会损害其价值的物,为动产。

关于不动产的具体类型,各国规定不一。依照我国法规定,不动产指土地及其定着物,具体包括土地、建筑物与构筑物、林木以及与不动产尚未分离的出产物,如农作物。不动产之外的均属动产。其中土地与其上的建筑物我国采用分别主义[1]，将其作为两个不同的不动产对待。同时采取房地一体主义，即房屋的物权变动及于其所占用范围内的土地。如《城市房地产管理法》第 32 条规定，房地产转让、抵押时，房屋的所有权和该房屋占有范围内的土地使用权同时转让、抵押。《物权法》第 183 条规定，乡镇、村企业的建设用地使用权不得单独抵押。以乡镇、村企业的厂房等建筑物抵押的，其占用范围内的建设用地使用权一并抵押。

区分动产与不动产的法律意义主要在于：第一，物权变动的条件不同。动产物权变动，一般仅依交付即可发生相应的法律效果；不动产非经登记，不发生物权的法律效果。第二，可以设定的他物权类型不同。质权、留置权只能设立于动产，用益物权只能设立于不动产。第三，诉讼管辖不同。我国《民事诉讼法》第 34 条规定，因不动产纠纷提起的诉讼，由不动产所在地人民法院管辖。第四，法律适用不同。不动产发生的纠纷，多依物之所在地法解决。如我国《继承法》规定，在涉外继承中，动产继承适用被继承人住所地法，不动产继承适用不动产所在地法。

2. 流通物、限制流通物和禁止流通物

根据其是否具有自由流通性，物可分为流通物、限制流通物与禁止流通物。

流通物是法律允许在民事主体间自由流转的物，大部分物为流通物。限制流通物是指在流转过程中受到法律和行政法规一定程度限制的物，在我国主要包括金银、文物、麻醉药品等。禁止流通物是指法律和行政法规禁止自由流转的物，在我国主要包括矿藏水流等国家专有物、假币、淫秽物品、毒品等。

区分流通物、限制流通物和禁止流通物，其意义主要在于：合同具备了其他生效要件后，合同标的物为流通物的，合同即可生效；合同标的物为限制流通物的，还应办理批准或登记手续方可生效；合同标的物为禁止流通物的，合同无效。

3. 主物和从物

[事例 11] 甲出售一座别墅给乙，约定价格为人民币 300 万元。二人登记过户时乙发现别墅后附有一个小游泳池，但合同中未约定包括该游泳池。试分析：乙能否主张以原价取得小游泳池所有权？

根据物与物之间是否有从属关系，物可以分为主物和从物。

凡两种以上的物相互配合、按一定经济目的组合在一起时，起主要作用的物为主物；配合主物的适用而起辅助作用的物为从物，《民法通则意见》第 87 条称之为附属物。

认定主物、从物关系成立，须同时具备以下条件：

(1)二者在物理上互相独立，否则，即构成整体与部分的关系。如汽车与轮胎是整体

[1] 各国立法处理土地与建筑物的关系模式主要有两种：结合主义，即将土地与其上的建筑物作为一个不动产对待，以德国为代表；分别主义，即将土地与其上的建筑物分别作为两个不同的不动产来对待，以日本为代表。

与部分的关系，但汽车与备用轮胎是主物和从物的关系。

(2)同属一人所有。

(3)从物必须对主物发挥辅助作用，否则会构成不存在任何联系的两个独立物。如鞋子与袜子就是两个独立物，而不是主物和从物关系。

区分主物和从物的法律意义在于：若无相反法律规定或约定，主物的权利变动及于从物。如我国《物权法》第115条规定，主物转让的，从物随主物转让，但当事人另有约定的除外。《担保法解释》第63条规定，抵押权设定前为抵押物的从物的，抵押权的效力及于抵押物的从物。但是，抵押物与其从物为两个以上的人分别所有时，抵押权的效力不及于抵押物的从物。事例11中，如果乙能够举证别墅与游泳池之间存在主、从物关系，则可以主张以原价取得小游泳池的所有权。

4.原物与孳息

[**事例12**] 甲的一只羊走失，被乙拾得赶回家中，饲养一年后被甲发现，但乙拒绝返还，因为乙在饲养过程中，还花钱配种使该羊产下两只羊羔。试分析：两只羊羔应该为谁所有？

根据两物间的关系，物可分为原物与孳息。

原物为产生孳息的物。孳息是原物产生的收益，包括天然孳息和法定孳息。

天然孳息指依物的自然属性而产生的收益，包括植物结出的果实、动物的出产物(仔、奶、鸟卵)以及其他依物的使用方法所获得的出产物。天然孳息是独立物，在与原物分离之前是其构成部分，不能称为孳息。对一物加工所产生的新物也不是孳息。事例12中的羊羔即属于天然孳息。法定孳息，是指依法律关系所生的收益，如利息、租金。

区分原物与孳息的法律意义在于决定孳息的归属。除法律另有规定或者当事人另有约定外，孳息归原物所有人收取。依照我国《物权法》第116条规定，天然孳息，由所有权人取得；既有所有权人又有用益物权人的，由用益物权人取得。当事人另有约定的，按照约定。法定孳息，当事人有约定的，按照约定取得；没有约定或者约定不明确的，按照交易习惯取得。因此，事例12中羊羔应为甲所有。

5.可消耗物与不可消耗物

根据使用后形态的变化性，物可分为可消耗物与不可消耗物。

可消耗物是指不能重复使用，一经使用就灭失或改变其原有状态的物，如米、面等。不可消耗物是指经反复使用不改变其形态、性质的物，如房屋、汽车等。

区分可消耗物与不可消耗物的意义在于：借用合同、租赁合同等转移使用权的合同只能以不可消耗物为标的物。

6.可分物与不可分物

根据是否可以分割，物可分为可分物与不可分物。

可分物是指可以进行实物分割且不改变其用途和价值的物，如一袋米经分割后不会改变其用途和价值。不可分物是指经实物分割会改变其性质和影响其用途的物，如一台洗衣机就不可分割。

区分可分物与不可分物的法律意义在于共有财产的分割方法不同：共有财产为可分物的，当事人采取实物分割方式分割；为不可分物的，则不可采取实物分割的方法，只能采取变价分割或折价分割方式。我国《物权法》第100条规定，共有人可以协商确定分割方式。达不成协议、共有的不动产或者动产可以分割并且不会因分割减损价值的，应当对实物予以分割；难以分割或者因分割会减损价值的，应当对折价或者拍卖、变卖取得的价款予以分割。

7. 特定物和种类物

根据其在交易中确定的方式，物可以分为特定物和种类物。

特定物是指具有固定的属性，不能以其他的物代替的物。特定物既可是因物自身的特征而区别于他物，如某种文物，也可以是当事人的主观意志确定的物，如从同一型号的电脑中选出的一台。种类物是指具有共同的属性，可以用品种、规格、型号或度量衡加以确定的物，具有可替代性，如联想牌电脑。

区分特定物和种类物的法律意义在于：在债的关系中，以特定物为标的物时，如果其灭失，债务人不需做替代履行，交付标的物的义务免除。以种类物为标的物时，如其灭失，债务人须作替代履行。

专题四　民事法律关系的变动

【引导案例】

甲、乙二人系夫妻，2009年4月7日早晨在路边散步时，被丙所驾驶的汽车所撞，甲当场死亡，乙受伤。乙因受到严重打击，早产一男婴丁。

问题：此案例中，哪些民事法律关系发生了变动？变动的原因是什么？

一、民事法律关系变动的形态

民事法律关系变动是指民事法律关系的发生、变更、消灭。因此，民事法律关系变动的形态有以下三种：

民事法律关系的发生，是指在民事主体之间产生民事法律关系，如甲、乙签订买卖大蒜的合同后，双方之间产生合同关系。

民事法律关系的变更，是指民事主体之间的民事法律关系发生了变化，包括主体、客体、内容的变更。如甲将自己对乙的债权转让给丙，即是民事法律关系主体的变更；甲、乙之间由房屋租赁关系变为买卖关系，即是民事法律关系内容的变更；甲的房屋由两间变为一间，即是民事法律关系客体的变更。

民事法律关系的消灭，是指在民事主体之间不再存在民事法律关系，如甲、乙因离婚而使婚姻关系终止。

二、民事法律关系变动的原因

［事例 13］ 甲厂司机乙开车不慎撞伤丙，丙经抢救无效死亡。为此，甲厂赔偿丙家属 6 万元。丙家属料理丧事后，分割了丙的遗产。试分析：引起上述侵权损害赔偿关系、财产继承关系产生的法律事实是什么？

（一）民事法律事实的概念和特征

民事法律事实，或称“法律事实”，是指符合法律规定的，能够引起民事法律关系的发生、变更或消灭的客观现象。任何民事法律关系都有一个发生、变更、消灭的过程，引起这一过程发生的原因，就是民事法律事实。事例 13 中，甲厂司机乙开车撞伤丙、丙抢救无效死亡都是引起法律关系产生的事实。民事法律事实有以下特征：

1. 客观性。引起民事法律关系产生、变更、消灭的民事法律事实是一种客观现象，而不是主观现象。如事例 13 中，引起侵权损害赔偿关系发生的法律事实是“乙开车撞伤丙”这一客观现象，如果只是乙想象的“开车撞伤”，不会引起侵权损害赔偿关系的发生。

2. 法定性。虽然民事法律事实是一种客观现象，但不是所有的客观现象都是民事法律事实。何种客观现象能够引起民事法律后果，是由法律规定的，而不是由个人决定的。如读书、看报等人类活动，是客观现象，但不能引起民事法律关系的变动，不是民事法律事实。而事例 13 中的乙开车撞伤丙致使丙死亡这一事实则引起了民事法律关系的变动，是民事法律事实。

（二）民事法律事实的构成

民事法律事实构成，是指相互结合才能引起民事法律关系发生、变更、终止的法律事实的总和。一般情况下，一个法律事实就能引起民事法律关系的变动，但特殊情况下，民事法律关系要有几个法律事实结合，才能变动。此时，只有当其所需民事法律事实全部出现时，才能引起民事法律关系产生、变更、消灭。如果仅有部分的出现，不能发生法律关系变动的后果。如事例 13 中，继承关系的发生，就是由于出现了丙死亡、丙的继承人依法接受继承（没有明确表示放弃）两个法律事实。

（三）民事法律事实的分类

根据民事法律事实是否与人的意志有关，可以分为自然事实和人的行为，后者是最常发生作用的民事法律事实。

1. 自然事实

自然事实，是指人的行为之外的，能够引起民事法律关系发生、变更或消灭的一切客观情况。自然事实又可分为事件和状态两种。

事件是指某种客观情况的发生。如地震、台风、泥石流、洪水，战争、罢工等能引起合同关系的变动。事例 13 中，丙的死亡这一客观情况，引起了继承关系的产生，夫妻之间权利义务关系的自然终止,属于法律事实中的事件。

状态。状态指某种客观情况的持续。如权利人在诉讼时效期间内不行使权利,就丧失了胜诉权,法律不再保护其权利,原来的民事权利变成了自然权利,民事法律关系消灭。

2. 人的行为

人的行为,是指与人的意志有关,能够引起民事法律关系发生、变更或消灭的客观现象。绝大多数情况下,民事法律关系的变动是由于当事人自己的行为引起的,但有时也可能是由他人实施的行为,却在当事人之间发生民事法律后果,如法院的判决。人的行为种类很多,为方便理解,可作如下分类:

(1)合法行为和违法行为。这是根据行为的性质是否合法为标准来区分的。合法行为是符合法律规定的行为,是法律所鼓励和提倡的行为,如合同行为。违法行为由于不符合法律的规定,是法律所禁止和制裁的行为,如事例 13 中,乙撞伤丙的侵权行为。

(2)民事行为和事实行为。这是根据行为目的是否是发生一定的民事法律后果为标准来区分的。民事行为是以发生一定的民事法律后果为目的行为,如赠与行为,买卖行为。事实行为是不以发生民事法律后果为目的,但由于该行为的实施而依法产生一定的民事法律后果的行为,如侵权行为、无因管理行为。事例 13 中,在撞伤丙之前,乙丙之间没有发生民事法律后果的目的,但由于该行为,在甲厂和丙的近亲属之间产生了死亡赔偿关系,所以该行为是引起损害赔偿关系发生的事实行为。

【引导案例分析】

首先明确相关的民事法律关系理论:民事法律关系是指由民事法律规范所确立的以民事权利义务为内容的社会关系;民事法律关系变动指的是民事法律关系的产生、变更、消灭;民事法律关系变动的原因是民事法律事实;民事法律事实包括事件和行为。

其次,针对本案,分析何种法律关系发生了变化,找出变动的原因。

《民法通则》规定,民事主体享有生命权、健康权等民事权利。《侵权责任法》第 2 条规定,侵害民事权益,应当依照本法承担侵权责任。第 16 条规定:"侵害他人造成人身损害的,应当赔偿医疗费、护理费、交通费等为治疗和康复支出的合理费用,以及因误工减少的收入。造成残疾的,还应当赔偿残疾生活辅助具费和残疾赔偿金。造成死亡的,还应当赔偿丧葬费和死亡赔偿金。"

丙将甲撞死,侵害了甲的生命权,应当赔偿甲丧葬费和死亡赔偿金,与甲的近亲属之间产生了保护性的法律关系——侵权损害赔偿关系;变动的原因是丙的侵权行为。

丙将乙撞伤,侵害了乙的健康权,与乙之间也发生侵权损害赔偿关系;变动的原因是丙的侵权行为。

甲死亡,导致甲、乙之间的婚姻关系消灭;变动的原因为甲死亡的事件。

甲死亡,甲的继承人可以开始继承甲的遗产,继承关系发生;变动的原因为甲死亡的事件。

丁出生，发生人身法律关系；变动的原因为丁出生的事件。

本单元重点内容图解

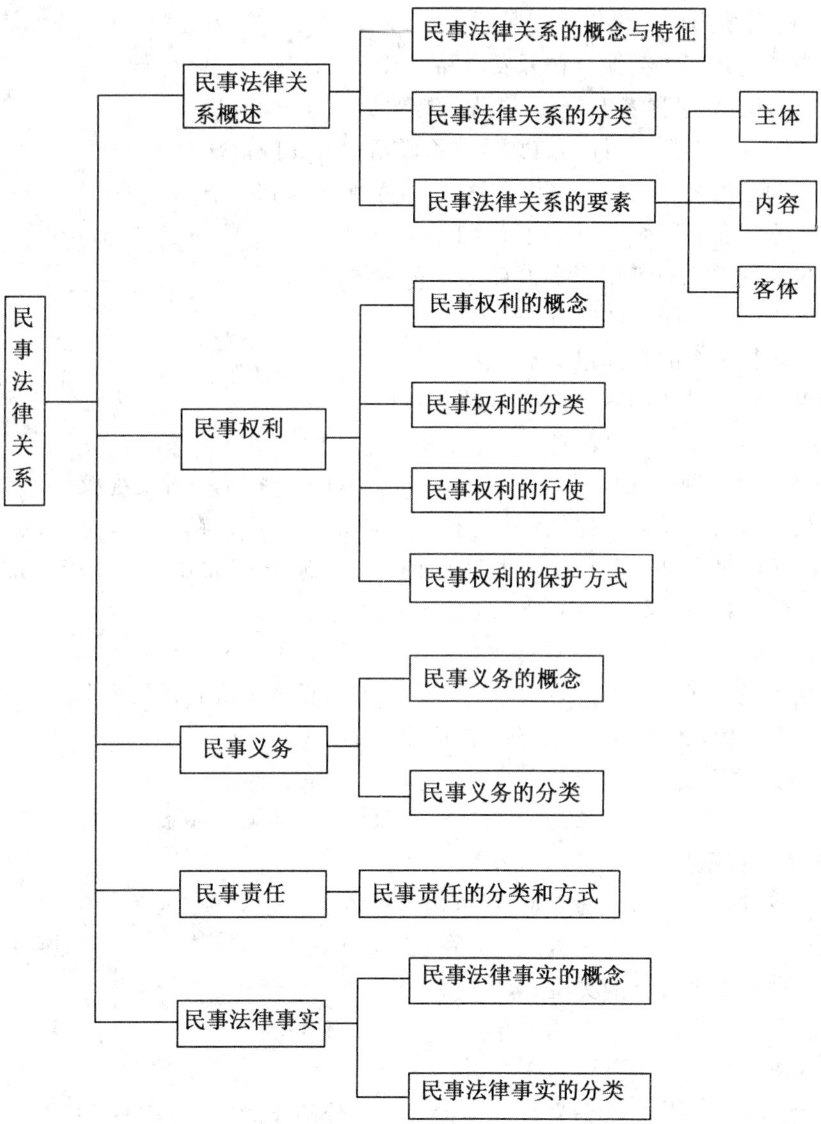

同步训练

一、单项选择题

1. 下列哪种情形成立民事法律关系？（　　）

A. 甲与乙约定某日商谈合作开发产品事宜

B. 甲对乙说：如果你考上研究生，我就嫁给你

C. 甲不知乙不胜酒力而极力劝酒，致乙酒精中毒住院治疗

D. 甲应同事乙之邀前往某水库游泳，因抽筋溺水身亡

2. 关于民事法律关系，下列哪一选项是正确的？（　　）

A. 民事法律关系只能由当事人自主设立

B. 民事法律关系的主体即自然人和法人

C. 民事法律关系的客体包括不作为

D. 民事法律关系的内容均由法律规定

3. 下列关于民事权利的表述哪一个是错误的？（　　）

A. 抵销权是一种形成权　　B. 知识产权是一种支配权

C. 债权请求权不具有排他性　　D. 支配权不存在对应义务

4. 原物是依照法律规定或其自然性质而产生的物，孳息是由原物所产生的利益。孳息分为天然孳息和法定孳息。下列属于法定孳息的是（　　）

A. 母牛所生的小牛　　B. 母鸡生的鸡蛋

C. 果树长的果子　　D. 出租汽车所获得的租金

5. 下列事实中，属于民事法律事实中的事件的是（　　）

A. 自然人的死亡　　B. 订立合同

C. 借款　　D. 替他人加工衣服

二、多项选择题

1. 根据我国《民法通则》的规定，可以作为民事法律关系的主体有（　　）

A. 公民　　B. 法人　　C. 国家　　D. 其他组织

2. 民事法律关系客体的类型有（　　）

A. 物　　B. 智力成果　　C. 行为　　D. 人身

3. 法律事实中的行为可包括（　　）

A. 订立合同　　B. 假冒他人商标　　C. 分割遗产　　D. 地震

4. 依照民事权利内容的性质不同，对民事权利所做的非正确划分为（　　）

A. 财产权与人身权　　B. 绝对权与相对权

C. 请求权与形成权　　D. 主权利与从权利

5. 关于民事权利，下列哪些选项是正确的？（　　）

A. 甲公司与乙银行签订借款合同，乙对甲享有的要求其还款的权利不具有排他性

B. 丙公司与丁公司协议，丙不在丁建筑的某楼前建造高于该楼的建筑，丁对丙享有的此项权利具有支配性

C. 债权人要求保证人履行债务，保证人以债权人未对主债务人提起诉讼或申请仲裁为由拒绝履行，保证人的此项权利是抗辩权

D. 债权人撤销债务人与第三人的赠与合同的权利不受诉讼时效的限制

三、重点思考题

1. 如何理解民事法律关系？

2. 民事法律关系的要素是什么？

3. 民事法律事实有哪些？

4. 民事权利有哪些？如何行使和保护？

5. 民事义务和民事责任的关系怎样？民事责任的形式有哪些？

四、案例训练题

［**案例** 1］

赵甲在一商场订购了一台电脑，交款后从商场出来时，因楼梯太滑不慎摔伤。赵甲即找公司经理乙要求赔偿。商场保安丙怀疑甲偷了商场的物品，将其强行带进保安部查问并搜身。

问题：

1. 在该案中，因何种法律事实产生哪些民事法律关系？

2. 各种法律关系的主体、客体、内容是怎样的？

［**案例** 2］

甲将自己的一套公寓房借给自己的同学乙，乙准备结婚居住。乙经常在该公寓内与朋友相聚赌博，乙累计欠朋友丙赌债 2000 元。乙在一次赌博时被公安机关查获，乙及其在场赌博的朋友被公安机关处罚。

问题：在该案中，涉及哪些民事法律关系？

［**案例** 3］

刘玄、关云、张翼于 2004 年 8 月 8 日各出资 1 万元买得一幅名画，约定由刘玄保管。同年 10 月，刘玄出差遇赵华，赵愿购买此画，刘玄即将画作价 45000 元卖给赵。事后，刘玄告诉关、张。关、张要求分得卖画的款项，刘玄便分别给了关、张各 15000 元。赵华买到该画后，于同年 12 月又将该画以 5 万元卖给王海。二人还约定：买卖合同签订后，赵华即将画交付给王海。但由于本地正在筹备一次个人收藏品展览，赵欲参加，所以双方约定该画交付后，如果半年内该收藏品展览未举行，则该画的所有权即转移给王海。依此约定，赵华将画交付王海，王海亦先期支付价款 4 万元。王海得到画后，经常对朋友展示炫耀此

画，他的朋友黄健也表示喜欢此画。2005 年 3 月份，黄健以 6 万元的价格从王海处买了此画，黄健买到之后，嫌画的装裱不够精美，遂将画送到某装裱店装裱。由于黄健未按期付给装裱店费用，该画被装裱店留置。装裱店通知黄健应在 30 日内支付其应付的费用，但黄健仍未能按期交付。装裱店遂将画折价受偿。扣除了费用后，将其差额补偿给了黄健。王海于 2005 年 4 月份因遇车祸不幸身亡。其财产已由其妻与其子继承。

问题：本案各个阶段涉及哪些主要的民事法律关系？

学习单元三　民事主体

学习目标

知识目标：

• 了解法人的概念和特征，法人的设立原则和方式，法人的机关，以及非法人组织的基本法律原理；

• 理解自然人的行为能力、法人的分类以及法人的能力；

• 掌握监护制度、宣告失踪和宣告死亡制度，法人的成立要件，变更和终止法人清算以及合伙的基本法律制度等内容。

能力目标：

• 能够说明并区分各种不同的民事主体；

• 能够处理设立法人以及非法人主体问题；

• 能够利用民事主体的基本规定解释实践中的问题。

专题一　自然人

【引导案例】

甲某生于1964年3月20日，1988年6月1日与乙结婚，婚后育有一子丙。2001年9月1日，甲在一次沉船事故中下落不明，有关机关于9月20日证明甲不可能生还，甲的妻子乙向人民法院申请宣告甲死亡。人民法院作出死亡宣告后，根据甲的遗嘱，甲的妻子乙继承了一辆奥迪汽车，甲的儿子丙继承了一辆宝马汽车。丙继承宝马汽车后，很快将宝马车赠与自己的女友丁。几年后甲重新出现，并申请人民法院撤销了死亡宣告。

问题：甲某属于民法中的何种主体？甲被宣告死亡后产生什么法律后果？

一、自然人概念

自然人，是依自然规律出生而取得民事主体资格的人。公民是宪法上的概念，是指具有一国国籍并按该国宪法和法律享受权利和承担义务的自然人。

我国《民法通则》第8条规定："本法关于公民的规定，适用于中华人民共和国领域内的外国人、无国籍人，法律另有规定的除外。"外国的或者无国籍的自然人显然不具有公民资格，不能成为宪法主体，但这并不妨碍其成为私法的主体。

二、自然人的民事权利能力

（一）民事权利能力的概念

民事权利能力是由民事法律确认的自然人享有民事权利承担民事义务的资格。自然人只有具备了民事权利能力，才能参与民事活动，所以民事权利能力是法律上的人格或主体资格。我国《民法通则》第10条规定："公民的民事权利能力一律平等。"平等性是自然人民事权利能力的首要特征；其次，是不可转让性，民事权利能力与自然人不可分离，所以不得转让、抛弃；再次，是广泛性，指自然人享有广泛的民事权利能力，其内容涉及自然人生存和发展的一切方面。

（二）民事权利能力的开始

我国《民法通则》第9条规定："公民从出生时起到死亡时止，具有民事权利能力，依法享有民事权利，承担民事义务。"这就是说，自然人的民事权利能力取得始于出生。"出生"是自然人脱离母体并生存的法律事实，即事件。出生必须具备两个条件：(1)须脱离母体；(2)分离后须能独立生存，保有生命(无论存活时间的长短)。若分离时已无生命，成为死胎，则不能成为民事主体。

出生属于自然事实，与有没有户籍没有关系。但户籍可以作为何时出生的证明，根据最高人民法院《民通意见》第1条规定，公民的民事权利能力自出生时开始。出生的时间以户籍证明为准；没有户籍证明的，以医院出具的出生证明为准。没有医院证明的，参照其他有关证明认定。

在我国，胎儿是没有民事权利能力的，但为了照顾他们出生后的利益，我国法律作出了特殊的保护性规定。根据《继承法》第28条和《继承法意见》第45条的规定：(1)继承时应当保留胎儿(被继承人的遗腹子)的继承份额。此时，胎儿在继承上的地位与第一顺序继承人的地位相当。(2)为胎儿保留的遗产份额，如胎儿出生后死亡的，由其(胎儿)继承人继承；如胎儿出生时就是死体的，由被继承人的继承人继承。

（三）民事权利能力的终止

自然人的民事权利能力于死亡时消灭。民法上的死亡包括生理死亡与宣告死亡。宣告死亡与生理死亡的法律后果完全一样，导致自然人的民事权利能力消灭。

1.生理死亡，又称为"自然死亡"，指自然人生命的自然终结。我国以往临床医学判断死亡的标准是心脏停止跳动，自主呼吸消失，血压为零。如今，随着医学科技的发展，临床医学多采用脑死亡标准。

2.宣告死亡。被宣告死亡的人，判决宣告之日为其死亡的日期。由于宣告死亡属于拟制死亡，宣告死亡可能与自然死亡不一致，因此，被宣告死亡和自然死亡的时间不一致的，被宣告死亡所引起的法律后果仍然有效，但自然死亡前实施的民事法律行为与被宣告死亡引起的法律后果相抵触的，则以其实施的民事法律行为为准。

3. 死亡时间的推定，数人遭遇同一危难而死亡时，尤其是相互有继承权的几个人在同一事件中死亡，认定其死亡顺序，与继承人的确定和遗产的归属有着相当密切的关系。倘若死亡有先后顺序，则容易确定继承的顺序。若不能确定死亡先后时间的，就涉及到死亡顺序的推定问题。

《继承法意见》第 2 条规定："相互有继承关系的几个人在同一事件中死亡，不能确定死亡先后时间的，推定没有继承人的人先死亡。死亡人各自都有继承人的，如几个死亡人辈分不同，推定长辈先死亡；几个死亡人辈分相同，推定同时死亡，彼此不发生继承，由他们各自的继承人分别继承。"

三、自然人民事行为能力

[事例 1] 甲某今年刚满 16 周岁，因父母早亡，独自一人打工糊口，其叔叔偶尔会帮助她。甲某为了外出打工，将父母留下的房屋出租，其叔叔认为这事需他做主，因为甲某尚未满 18 周岁。试分析：甲出租房屋的行为是否合法有效？

(一)民事行为能力的概念

民事行为能力是民事主体独立实施民事法律行为的资格。具有民事权利能力，是自然人获得参与民事活动的资格，但能不能运用这一资格，还受自然人的智力、精神健康状况等主观条件的制约。易言之，有民事权利能力者，不一定就有民事行为能力，两者确认的标准不同。

(二)自然人的民事行为能力的类型

根据自然人的年龄、智力和精神健康状况的不同，可以将自然人的民事行为能力分为完全民事行为能力、限制民事行为能力和无民事行为能力。

1. 完全民事行为能力

我国《民法通则》第 11 条第 1 款规定："18 周岁以上的公民是成年人，具有完全民事行为能力，可以独立进行民事活动，是完全民事行为能力人。"这就是说，年满 18 周岁，就可享有完全民事行为能力。具有完全民事行为能力的人，可以实施法律不禁止的任何民事法律行为。

另外，《民法通则》第 11 条第 2 款规定，16 周岁以上不满 18 周岁的公民，以自己的劳动收入为主要生活来源的，视为完全民事行为能力人。

事例 1 中的甲某，虽然未满 18 周岁，但是她已满 16 岁，且以自己的劳动收入为主要生活来源，根据《民法通则》的规定，应视为完全民事行为能力人，其出租房屋的行为合法有效。

2. 限制民事行为能力

《民法通则》对限制民事行为能力人的规定分为两类：对年满 10 周岁以上的未成年

人，即认定其为限制民事行为能力人，采取年龄主义；对成年人，是指不能完全辨认自己行为的精神病人，采取个案审查制。

限制民事行为能力人只能独立实施与年龄、智力以及精神健康状况相适应的民事法律行为，其他活动须经法定代理人同意或由法定代理人代理。事例 1 中的甲某，未满 18 岁，一般情况下，如果其不能以自己的劳动收入为主要生活来源，仅仅从年龄上来判断，还属于限制民事行为能力人，其进行民事行为需要受限制。

《合同法》第 47 条规定，限制行为能力人订立的“纯获利益的合同或者与其年龄、智力、精神健康状况相适应而订立的合同，不必经法定代理人追认”。限制民事行为能力人订立“纯获利益的合同”无论数额大小，无须法定代理人代理，属其民事行为能力范围，这是《合同法》对《民法通则》相关规定的一个补充。

3. 无民事行为能力

无民事行为能力是不能独立实施民事法律行为的能力。《民法通则》规定，不满 10 周岁的未成年人和不能辨认自己行为的精神病人是无民事行为能力人。自然人具有民事行为能力，实质上是法律旨在使自然人自己的民事行为发生法律效力。因此，无民事行为能力人实施的民事行为，原则上不发生法律效力。但下列情况例外：

①社会上普遍承认的。例如，不满 10 周岁的未成年人买只铅笔，买几个冰糕等等；

②事先征得法定代理人同意或者事后经法定代理人追认的；

③接受奖励、赠与、报酬等纯获利益的行为。《民法意见》第 6 条规定：“无民事行为能力人、限制民事行为能力人接受奖励、赠与、报酬，他人不得以行为人无民事行为能力、限制民事行为能力为由，主张以上行为无效。”

四、自然人的住所

[事例 2] A 村公民甲某，将其户口从 A 村迁出，欲落到 B 村，还未落到 B 村，经朋友劝说，往深圳打工。在深圳打工十个月，因工地出现事故受伤，被送往北京某大医院治疗达一年零四个月。试分析：甲某的住所应为哪里？

(一)住所与居所

住所是自然人以久住的意思而经常居住的中心生活场所；居所是自然人经常居住的场所。构成住所，必须有久住的意思和经常居住的事实两个条件。自然人的住所只能有一个。《民法通则》第 15 条规定：“公民以他的户籍所在地的居住地为住所，经常居住地与住所不一致的，经常居住地视为住所。”住所与户籍登记地是不同的。自然人的住所可以与户籍登记地一致，也可以不一致。公民离开住所地最后连续居住一年以上的地方，为经常居住地，但住医院治病的除外。因此，在经常居住地与户籍登记地不一致时，非户籍登记地的经常居住地，就是住所。

(二)住所的设定与变更

根据意思自治原则,住所的设定与变更应尊重当事人的意思。通常情况下,虽然以自然人的户籍登记地的居所为设定的住所,但在自然人离开住所时,应以连续居住1年以上的经常居住地为住所。当自然人无经常居住地,且其户籍已从原地迁出至迁入新地之前,仍应以原户籍所在地为住所。

事例2中,A村是甲某的原户籍所在地,也是甲某的原始住所。甲某离开A村后,无连续居住一年以上的经常居住地。在深圳打工10个月,表明在深圳居住不满一年,不具有久居的事实,不构成经常居住地;在北京住院1年零4个月,虽然有久居的事实,但是不具有久居的意思,也不构成经常居住地,因而公民甲某的住所仍为A村。

(三)户籍与身份证

户籍是对自然人按户进行登记并予以证明的法定文件。户籍记载的自然人的姓名、出生日期、婚姻状况、亲属关系等,皆有法律上的证明效力。其中住址一项,在无相反证明时,该住址即为住所。

居民身份证是证明16周岁以上的自然人的姓名、性别、民族、出生、住址等居民身份资格的法定文件。身份证是为了便利自然人的活动,从原来的户口登记簿中分化出来的,它以个人为登记单位,以便利自然人在从事民事活动时,对自己身份的证明。

(四)住所的法律效果

住所不仅在私法上,在公法上也有其效果,如选举、纳税等。

1.确定自然人失踪的空间标准。自然人的失踪,是以离开住所后若干年内杳无音信为依据确认的。这里的失踪指离开以住所为中心的一定范围的区域。

2.确定债务履行地。《民法通则》第88条第3项规定,履行地点不明确,给付货币的,在接受给付一方的所在地履行,其他标的在履行义务一方的所在地履行。此处的“所在地”,对自然人而言,即为住所。

3.确定个体工商户的登记管辖。个体工商户的登记,由其住所所在地的工商局管辖。

4.确定婚姻登记地。婚姻登记,由男女双方其中任何一方的住所所在地的婚姻登记机关管辖。

5.决定涉外民事关系的法律适用。在处理涉外民事关系时,如婚姻、收养、继承、侵权行为等,均可以当事人一方的住所地法律作为适用的法律。

6.决定民事诉讼地域管辖。民事诉讼中,一般管辖采“原告就被告”的地域管辖原则,对自然人被告,就是由其住所地法院管辖。

7.行使选举权的所在地。无论是人大代表还是村民委员会的选举、被选举,皆以户籍所在地为准登记参加。

8.其他。接受义务教育、参加高考以及录取、兵役登记、信用卡办理等等,都与户籍所在地有关。

五、监护

[**事例** 3] 甲某、乙某为同胞兄弟，其父母双亡。乙某11岁，甲某21岁，在县城工作。他们有一叔丙，住在乡下。甲、丙均不愿做乙的监护人。一天，乙某放学，恰遇同村精神病人丁某。乙某上前挑逗，丁某捡起路边的石块追打乙，丁妻虽奋力阻拦未果，乙被打伤，花去药费2000元。试分析：谁应当担任乙某的监护人？丁某的行为应当如何承担责任？

监护是对未成年人和精神病人的人身、财产及其他合法权益进行监督和保护的一种民事法律制度。其中依法对未成年人或精神病人的合法权益进行监督、保护的人，是监护人。受到监督、保护的人称被监护人。

(一)监护人的设立

监护依设立的方式，可分为法定监护、指定监护和委托监护。

1.法定监护

法定监护是指按照法律的规定而设立监护人的监护。法定监护包括：

(1)未成年人的法定监护人。《民法通则》第16条规定，未成年人的法定监护人首先是他们的父母。未成年人的父母具有监护能力的，应当承担监护责任，不得推诿。只有未成年人父母已经死亡或者没有监护能力的，才应由下列人员中有监护能力的人担任监护人：祖父母、外祖父母；兄、姐；关系密切的其他亲属、朋友愿意承担监护责任，经未成年人的父母所在单位或者未成年人住所地的居民委员会、村民委员会同意的；没有以上监护人的，由上述单位、组织或民政部门担任监护人。

(2)精神病人的法定监护人。《民法通则》第17条规定："无民事行为能力或者限制民事行为能力的精神病人，由下列人员担任监护人：(一)配偶；(二)父母；(三)成年子女；(四)其他近亲属；(五)关系密切的其他亲属、朋友愿意承担监护责任，经精神病人的所在单位或者住所地的居民委员会、村民委员会同意的。"没有以上监护人的，由上述单位、组织或民政部门担任监护人。

有监护资格的人为两人以上，并且均有监护能力的，根据对被监护人有利原则，可由他们协商确定监护人。

法定监护人的顺序是法定的，顺序在前者优先于在后者担任监护人。但法定顺序可以依监护人的协议而改变，前一顺序监护人无监护能力或对被监护人明显不利的，人民法院有权从后一顺序中择优确定监护人。

2.指定监护

指定监护是指具有法定监护资格的人之间对担任监护人有争议时，由监护权利机关指定的监护。从民法通则的规定看，指定监护实际上是法定监护的延伸，仍属法定监护范畴。

指定监护只是在法定监护人有争议时才产生。所谓争议，对于未成年人而言是其父母以外的监护人范围内的人争抢担任监护人或互相推诿都不愿意担任监护人；对于成年精神病人而言则是监护范围内的任何人之间的争议，争抢担任监护人或互相推诿都不愿意担任监护人。

(1)有关组织的指定监护。根据《民法通则》第 16 条、第 17 条规定，对担任未成年人监护人有争议的，由未成年人的父、母的所在单位或者未成年人住所地的居民委员会、村民委员会在近亲属中指定。对担任精神病人的监护人有争议的，由精神病人的所在单位或者住所地的居民委员会、村民委员会在近亲属中指定。

民法所说的“近亲属”，根据《民通意见》第 12 条的解释，包括配偶、父母、子女、兄弟姐妹、祖父母、外祖父母、孙子女、外孙子女。有关组织依照《民法通则》规定指定监护人，以书面或者口头形式通知被指定人的，即应认定指定成立。监护人被指定后，不得自行变更，否则由原被指定的监护人和变更后的监护人共同承担责任。

如果有指定权的两个组织(如未成年人的父母所在单位、住所地居民委员会或村民委员会)分别指定监护人，那么，应以哪个指定为准呢？如丧偶的张明遭遇车祸死亡，遗下一个三岁的孩子张小明，其祖父母和外祖父母争当监护人。而张小明的父母所在单位指定张小明的祖父母为监护人，但张小明住所地居民委员会则指定其外祖父母为监护人。那么，到底谁是监护人呢？《民法通则》未作明确规定，考虑到指定的先后，一般以先作出指定的组织的指定为准。如果先指定的人对指定有争议，后被指定的人对指定没有争议，并且履行了监护职责的，也可以认定后指定的监护关系成立。

(2)人民法院的指定监护。对指定不服，可以向法院提起诉讼，由人民法院裁决，但“应当在接到指定通知的次日起 30 日内起诉。逾期起诉的，只能按变更监护关系处理”。(《民通意见》第 17 条)

根据《民法通则》的规定，不服有关组织指定的监护人，在法定期间内向法院起诉的，由法院审理。人民法院根据具体情况，作出维持或者撤销指定监护人的判决。如果判决是撤销原指定的，可以同时另行指定监护人。

根据《民通意见》第 19 条的规定，有关组织和人民法院在指定监护人时，对未成年人可以将《民法通则》第 16 条第二款中的(一)、(二)、(三)项，对精神病人可以将《民法通则》第 17 条第一款中的(一)至(五)项的规定视为指定监护人的顺序。一般应指定顺序在前的人作为监护人，但前一顺序有监护人资格的人无监护能力或者对被监护人明显不利的，可以根据对被监护人有利的原则从后一顺序有监护资格的人中择优确定。被监护人可以是一人，也可以是同一顺序中的数人。

3.委托监护

委托监护是根据委托合同设立的监护人，委托监护属意定监护。委托监护可以是全权委托，也可以是限权委托。前者如父母将子女委托祖父母照料或配偶将精神病人委托精神病院照料；后者如将子女委托给寄宿制学校、幼儿园等。依我国最高人民法院《民通意见》的解释，委托监护不论是全权委托或限权委托，委托人仍要对被监护人的侵权行为承担民事责任，但另有约定的除外；被委托人只有在确有过错时，才负担连带赔偿责任。即法定或指定监护人对被监护人应承担的民事责任，不因委托发生移转，被委托监护人只承担过错连带赔偿责任，其在尽到监护之责而无过错时，被监护人之行为如依法律仍须由监护人负责时，则由法定监护人承担。

事例3中涉及父母之外的未成年人的法定监护人问题。祖父母、外祖父母、成年兄姐是法定监护人，叔叔等亲属是自愿监护人。本案中，甲作为成年兄长，是乙的法定监护人，叔叔丙是自愿监护人，按照《民法通则》的规定，甲是乙的法定监护人，应当履行监护职责。

(二)监护人的职责

《民通意见》第10条规定："监护人的监护职责包括：保护被监护人的身体健康，照顾被监护人的生活，管理和保护被监护人的财产，代理被监护人进行民事活动，对被监护人进行管理和教育，在被监护人合法权益受到侵害或者与他人发生争议时，代理其进行诉讼。"

监护人的职责主要包括：

1.保护被监护人的人身权益，包括保护被监护人的身体健康、照顾被监护人的生活。

2.保护和管理被监护人的财产及其他合法权益。要求监护人依法妥善保管被监护人的合法财产，对被监护人应得的合法收入或者其他合法财产权益，如依法应得的抚养费、抚恤金、劳保工资，接受赠与、报酬和继承的财产权益等等，都应依法保护。除为被监护人的利益外，不得处理其财产。

3.作为法定代理人代理被监护人进行民事活动和诉讼活动。《民法通则》第14条规定，无民事行为能力人，限制民事行为能力人的监护人是他的法定代理人。

4.教育管理被监护人。监护人应当教育被监护的未成年人，使他们在德、智、体等方面全面发展。我国《义务教育法》第11条规定："父母或者其他监护人必须使适龄的子女或被监护人按时入学，接受规定年限的义务教育。"监护人应当教育好未成年人，管理好精神病人，防止对他人的人身权益和财产的侵害。

5.依法承担民事责任。对于监护人承担的民事责任，根据《民法通则》第133条规定，无民事行为能力人、限制民事行为能力人造成他人损害的，由监护人承担民事责任。监护人尽了监护责任的，可以适当减轻他的民事责任。在承担赔偿责任时，被监护人有财产的，从本人财产中支付赔偿费用。不足部分，由监护人适当赔偿。

上述职责，既是监护人的义务，也是监护人的权利，就是说，监护人有权利，同时也有义务对被监护人的人身、财产以及其他合法权益进行监督保护。作为义务，监护人必须履行，否则就应承担相应的法律责任。

事例3中，丁是无民事行为能力人，他造成的损害由他的监护人承担；乙也是无民事行为能力人，他具有挑逗性行为，所以也有过错，应当由他的监护人对他的行为承担责任；

“丁妻奋力阻拦未果”表明她尽到了监护义务，可以减轻责任。减轻的这部分责任由乙的监护人承担。但损害主要由丁造成的，所以由丁妻承担主要责任。

(四)监护的终止

1.被监护人获得完全民事行为能力。在未成年人达到18周岁取得完全民事行为能力或在成年精神病人恢复健康状态时，监护即告终止。

2.监护人或被监护人一方死亡。监护人或被监护人一方死亡的，监护关系的一方主体消失，监护关系当然终止。

3.监护人丧失民事行为能力。监护关系以监护人具有完全民事行为能力为条件，丧失民事行为能力，也即丧失监护能力，监护关系理当终止。

4.监护人辞去监护。监护人有正当理由的，可以辞去监护。在指定监护时，辞去监护须经协商或提起诉讼由法院判决，擅自辞去的不发生辞去效力。

5.监护人被撤销监护资格。监护人不履行监护义务或损害被监护人利益的，经利害关系人申请，可由人民法院撤销其监护。

六、宣告失踪

[**事例**4]　甲某于1998年7月13日出海打鱼遇台风未归，一直杳无音信。两年后，其妻向人民法院申请宣告甲某失踪，人民法院依法进行宣告。但在谁为甲某的财产管理人上，其妻与甲母发生争议。经查明在甲某失踪期间，其妻经常将家中物品搬到同村姘夫丙某家与丙某共用。试分析：谁适合担任甲某的财产代管人？

宣告失踪是自然人下落不明达到法定期间，经利害关系人申请，由人民法院宣告为失踪人并为其设立财产代管人的法律制度。宣告失踪的主要法律意义，在于维护失踪人的合法权益，为失踪人设定财产代管人。

(一)宣告失踪的法律要件

1.须有自然人下落不明的事实。所谓下落不明，是指自然人离开住所、经常居住地或者在战争期间失踪，无任何音讯的状况。自然人虽离家久，但来过信，托人捎过口信，或者有人在外地见过他，并告知了其亲属、同事、单位的，不得算下落不明。对于在台湾或者国外，无法正常通信联系的，不得算下落不明。事例4中，甲某出海打鱼遇台风未归，一直杳无音信，属于下落不明的情况。

2.失踪达到法定期间。宣告失踪的法定期间为2年，从失踪人音讯消失之次日起算；战争期间失踪的，失踪期间从战争结束之日起计算。

3.经利害关系人申请。宣告失踪的程序不是自然发动，须经利害关系人申请，程序才开始。《民通意见》第24条规定：“申请宣告失踪的利害关系人包括被申请宣告失踪人的配偶、父母、子女、兄弟姐妹、祖父母、外祖父母、孙子女、外孙子女以及其他与被申请人有民事权利义务关系的人。”对于申请权的行使，法律没有规定顺序以及序位的限制，即申请人之间没有排他效力，任何一个申请人都可以申请。

4.须由人民法院依法定程序宣告。宣告失踪只能由人民法院作出判决，其他任何机关和个人无权作出宣告失踪的决定。

法院宣告失踪，必须依照《民事诉讼法》规定的程序进行。《民事诉讼法》第168条规定："人民法院受理宣告失踪、宣告死亡案件后，应当发出寻找下落不明人的公告。宣告失踪的公告期间为三个月……因意外事故下落不明，经有关机关证明该公民不可能生存的，宣告死亡的公告期间为三个月。公告期间届满，人民法院应当根据被宣告失踪……的事实是否得到确认，作出宣告失踪……的判决或者驳回申请的判决。"

事例4中，甲某由于出海打鱼遇台风未归，应属意外事故下落不明。根据《民通意见》第26条第(二)项的规定："因意外事故下落不明，从事故发生之日起满二年。"又根据《民法通则》第154条的规定，期间开始的当天不计算在内，所以，2年的期间应自1998年7月14日起至2000年7月13日止。申请宣告失踪应当在2年期满后提出，即最早于2000年7月14日申请。

(二)宣告失踪的法律效力

一个人被法院宣告失踪后，其民事主体资格仍然存在，其原有的民事权利能力和民事行为能力并不终止，财产所有权也不发生转移。宣告失踪的法律后果有：

1.失踪人的财产由代管人代管。失踪人的财产由他的配偶、父母、成年子女或者关系密切的其他亲属、朋友代管。代管有争议的、没有以上规定范围的代管人或者以上规定的人无能力代管的，法院应从有利于保护失踪人及其利害关系人的合法权益，有利于财产的管理出发，为失踪人指定财产代管人。在确定失踪人财产代管人的问题上，一般是选择与失踪人生活最紧密的人，其顺序是：配偶，父母，成年子女，关系密切的其他亲属和朋友。但是在前面的人对失踪人的财产不利的情况下，应当由后面的人管理。

2.失踪人所欠税款、债务和应付的其他费用，由代管人从失踪人的财产中支付。这里所说的其他费用，包括赡养费、扶养费、抚育费和因代管财产所需的管理费等必要费用。

失踪人的财产管理人拒绝支付失踪人所欠的税款、债务或其他费用，债权人或其他权利人提起诉讼的，法院应当将代管人列为被告。

3.失踪人所享有的债权，代管人有权向失踪人的债务人要求清偿。若债务人不履行债务，财产代管人可以作为原告提起诉讼。

在事例4中，甲妻经常将家中物品搬到同村姘夫丙某家与丙某共用，对甲的财产有明显不利，所以应当取消她的代管人资格，由甲的母亲担任财产代管人。

(三)失踪宣告的撤销

当失踪人重新出现或者有人确知其下落时，经本人和利害关系人申请，由法院撤销对他的失踪宣告。法院撤销失踪宣告的判决作出后，财产代管人资格消灭。财产代管人应交还代管财产并汇报管理情况，提交收支账目。

七、宣告死亡

[事例5] 甲与乙结婚4年,甲乙二人有房屋一套,存款2万元,自行车一辆。1996年6月3日甲上班以后再也没有回来。2003年4月6日乙向法院申请宣告甲死亡。法院宣告甲失踪后,乙于2005年9月18日与丙结婚,将自行车送给了自己的弟弟。2006年春节,甲突然回家。申请法院撤销对自己的死亡宣告。试分析:甲的财产和婚姻应如何处理?

宣告死亡是自然人下落不明达到法定期间,经利害关系人申请,由法院按照一定的程序宣告其死亡的法律制度。宣告死亡是生理死亡的对称,与生理死亡不同的是,宣告死亡是一种法律推定,由法院宣告结束失踪人以生前住所地为中心的民事法律关系。

(一)宣告死亡的法律要件

1.须有自然人下落不明的事实。与宣告失踪一样,须有自然人离开住所或居所下落不明没有任何音讯,处于生死不明状态的事实。

2.失踪达到法定期间,即失踪人下落不明状态持续存在,而达到了法律规定的期间。

(1)自然人离开自己的住所或经常居住地后下落不明的,从音讯全无之次日起算满四年;

(2)因意外事故下落不明的,从事故发生之日起算满二年;

(3)战争期间下落不明的,从战争结束之日起算满四年。

3.经利害关系人申请。依最高人民法院《民通意见》第24、25条的解释,宣告死亡的申请人范围与宣告失踪的申请人范围完全相同,不同的是宣告死亡的申请人有顺序先后的限制,即顺序在前的申请人的申请权,有排他效力。第一顺序为配偶,如无配偶的,下一个顺序的人才有申请权,其余以此类推;第二顺序为父母、子女,第三顺序为兄弟姐妹、祖父母、外祖父母、孙子女、外孙子女,最后一个顺序是其他有民事权利义务关系的人。对于宣告死亡的申请人规定顺位,主要是为了优先保护配偶、父母和子女的身份利益、伦理利益和情感利益。申请人的顺序效力是:有在先顺序时排除在后顺序,同顺序人权利平等。

4.须由人民法院依法定程序宣告。法院受理宣告死亡案件后,应当发出寻找下落不明人的公告。公告期间为一年。因意外事故下落不明,经有关机关证明该自然人不可能生存,公告期间为三个月。公告期间届满,生死不明的事实得到确认后,由法院以判决方式宣告失踪人死亡。判决宣告之日为被宣告人死亡的日期。判决书除了发给申请人外,还应当在被宣告死亡人的住所地和人民法院所在地公告。

在事例5中,甲的失踪日期按照《民通意见》第28条的规定:"民法通则第二十条第一款、第二十三条第一款第一项中的下落不明的起算时间,从公民音讯消失之次日起算。"所以,应从1996年6月4日起满四年,到2000年的6月3日满四年,即2000年6月3日是期间的最后一天。甲的妻子最早可以于2000年6月4日向法院申请宣告甲死亡。

(二)宣告死亡的法律效力

宣告死亡的判决生效后,在被宣告死亡人的住所地为中心的区域,宣告死亡的效果等同于生理死亡。被宣告死亡人的民事权利能力和民事行为能力消灭,婚姻、监护等身份关系终止,财产作为遗产被继承。

从形式上说,宣告死亡与自然死亡有同等的法律效果,但从生活层面说,宣告死亡毕竟是法律的推定,与事实不一定完全相符,在法律效果上应该有区别对待。最高人民法院《民通意见》第 36 条第 2 款中规定,被宣告死亡人在自然死亡前实施的民事法律行为与被宣告死亡引起的法律后果相抵触的,则以其实施的民事法律行为为准。

(三)死亡宣告的撤销

失踪人被宣告死亡,只是法律上的推定死亡。当被宣告死亡的人重新出现,或者有人确知他没有死亡时,经本人或者利害关系人申请,人民法院应当撤销对他的死亡宣告。

1.死亡宣告撤销的概念

死亡宣告的撤销是被宣告死亡人重新出现或被确知没有死亡时,经本人或利害关系人的申请,由法院撤销对他的死亡宣告。死亡宣告撤销制度,既着眼于本人及其亲属利益,又兼顾善意相对人的利益。所以,死亡宣告撤销后,当事人的民事法律关系并不完全恢复原状。

2.死亡宣告撤销的法律要件

死亡宣告撤销的法律要件有三项:有被宣告死亡人存活的事实;有本人及利害关系人的申请,利害关系人范围与宣告死亡申请人范围相同,只是不受顺序限制;由人民法院用判决撤销。

3.死亡宣告撤销的效力

死亡宣告撤销的效力是有溯及力的,但在人身关系和财产关系方面,为了保护善意第三人,法律对溯及力作了限制。死亡宣告被撤销后会产生以下的法律后果:

(1)财产关系,被撤销死亡宣告的人有权请求返还财产。具体处理方式如下:第一,原物已被第三人合法取得的,第三人不予返还。事例 5 中自行车已被第三人乙的弟弟合法取得,所以乙的弟弟不需要返还自行车。其他的财产可以要求继承人返还。第二,依继承法取得原物的自然人或者组织应当返还原物,原物不存在的,给予适当补偿。第三,利害关系人隐瞒真实情况使他人被宣告死亡而取得其财产的,除应返还原物外,还应对造成的损失予以赔偿。

(2)婚姻关系,配偶尚未再婚的,夫妻关系从撤销死亡宣告之日起自行恢复;如果其配偶再婚后又离婚或配偶又死亡的,则不得认定夫妻关系自行恢复。

根据《民通意见》第 38 条的规定,事例 5 中,乙已经与丙结婚,所以,她和甲的婚姻关系不能恢复。

(3)子女收养,被宣告死亡的人在被宣告死亡期间子女被他人依法收养,被撤销死亡宣告后，仅以未经本人同意而主张收养关系无效的，一般不应准许。但收养人和被收养人同意的除外。

【引导案例分析】

本案中涉及的是自然人主体的法律制度问题。

按照《民法通则》的规定，自然人的民事权利能力始于出生，终于死亡。根据《民法通则》的规定，死亡分为生理死亡和宣告死亡，二者具有同等法律效力。

甲某是自然人主体。在其死亡后，其合法的个人财产，由继承人继承，其婚姻关系消灭。

《民事诉讼法》第167条规定第1款："公民下落不明满四年，或者因意外事故下落不明满两年，或者因意外事故下落不明，经有关机关证明该公民不可能生存，利害关系人申请宣告其死亡的，向下落不明人住所地基层人民法院提出。"因此，甲在意外事故中下落不明，经有关机关证明不可能生存，乙最早可于2001年9月21日申请宣告甲死亡。

甲某被宣告死亡后，根据《民通意见》第37条的规定："被宣告死亡的人与配偶的婚姻关系，自死亡宣告之日起消灭。死亡宣告被人民法院撤销，如果其配偶尚未再婚的，夫妻关系从撤销死亡宣告之日起自行恢复；如果其配偶再婚后又离婚或者再婚后配偶又死亡的，则不得认定夫妻关系自行恢复。"乙在甲被宣告死亡期间未再婚，因此，二人的婚姻关系自行恢复。

《民法通则》第25条规定："被撤销死亡宣告的人有权请求返还财产。依照继承法取得他的财产的公民或者组织，应当返还原物；原物不存在的，给予适当补偿。"《民通意见》第40条规定："被撤销死亡宣告的人请求返还财产，其原物已被第三人合法取得的，第三人可不予返还。但依继承法取得原物的公民或者组织，应当返还原物或者给予适当补偿。"丁不需要向甲返还宝马汽车，丙应当给甲适当补偿。

专题二 法 人

【引导案例】

甲、乙、丙、丁、戊，分别出资60%、10%、10%、10%、10%，设立A有限责任公司。甲担任公司的董事长兼任法定代表人。公司成立后，营运正常，经营良好。2006年4月10日，甲代表公司对外签订一合同。未料，对方是诈骗犯，给公司造成3000万元的损失。其他股东很有意见，要求甲承担公司的该笔损失。甲感到不公平，认为盈利也是自己经营有方，偶尔的损失不应由自己承担。因此，甲欲转让自己的股权，遂通知其他股东，征求大家意见，乙、丁表示同意，丙经过30天一直没有答复，戊不同意转让。

问题：该笔损失应当由谁承担？甲能否转让自己的股权？

一、法人概述

法人是具有民事权利能力和民事行为能力，能以自己名义享有民事权利和负担民事义务的组织。

(一)法人的成立要件

《民法通则》第37条规定，法人成立的要件有四项：依法成立，有必要的财产或者经费，有自己的名称、组织机构和场所，能够独立承担民事责任。

1. 依法成立

依法成立有两重含义：(1)有成立法人的法律规范。如设立公司，要依《公司法》；设立大学，要依《普通高等学校设置暂行条例》。如果法人没有据以成立的法律规范，除政府特许成立外，不得设立。(2)符合设立法人的法定程序，即法人的成立要合乎法律规定的设立程序，如社会团体法人须遵循《社会团体登记管理条例》规定的程序；商业银行须依照《商业银行法》规定的程序。

2. 有必要的财产和经费

拥有独立财产，是法人参加民事活动、承担民事责任的物质基础，故法人成立必须有财产或经费。至于法人成立时，以多少数额的财产或经费算是"必要"，通常由制定法规定。例如《公司法》规定，股份有限公司最低注册资本为500万元人民币；有限责任公司的最低注册资本为3万元人民币，其中货币出资不低于30%，首次出资额不低于20%，其余出资在公司成立后两年内缴足，投资公司在公司成立后五年内缴足。

3. 有自己的名称、组织机构和场所

法人名称的命名，须符合法律的规定，例如机关法人起名称通常由法律直接规定，而企业法人的名称就必须符合《企业名称登记管理规定》的规定。企业法人的名称要素中有字号的，经登记后可享有字号(又称"商号")权，例如××市三箭置业有限责任公司中的"三箭"，就属于该企业的字号。

法人的组织机构也称"法人机关"。法人要独立参与民事活动，就必须有行为的实施者，这一实施者就是法人的机关。法人机关既可由自然人一人担任，例如法人代表，也可由自然人集体组成，例如董事会。

场所是法人的所在空间位置，包括法人办事机构的所在地和法人活动场所所在地。《民法通则》第39条规定，法人以它的主要办事机构所在地为住所。

4. 能够独立承担民事责任

民事责任就是民事主体因违反民事义务而依法应该承担的民事法律后果。法人作为民事主体，不仅享有权利，而且还要承担义务。所谓独立承担民事责任，就是法人要以自己的财产清偿所负债务，而不是以设立人或其成员的财产去承担这份责任。

(二)法人的分类

法人的种类繁多,按照不同的标准,可以有不同的分类。

1.《民法通则》的分类

《民法通则》按法人的功能、设立方法以及财产来源的不同,把法人分为四类,即企业法人、机关法人、事业单位法人、社会团体法人。

(1)企业法人是指以营利为目的,依法自主经营,自负盈亏,独立核算的商品生产、经营法人。

(2)机关法人是获得法人资格的国家机关,其是依法律直接设立的。

(3)事业单位法人是指国家为了社会公益目的,由国家机关举办或者其他组织利用国有资产举办的,从事教育、科技、文化、卫生等活动的社会服务组织。所谓事业单位,是指由国家财政拨款、从事公益事业的社会组织,如剧团、学校、图书馆、医院、报社、电台等单位。这些单位以谋求社会利益为目的,从事具体社会公益事业。

(4)社会团体法人是由法人或自然人组成,谋求公益事业、行业协调或志趣相同的法人,如协会、学会、研究会、基金会、联谊会、促进会、商会等团体。

2.大陆法系国家对法人的分类

(1)公法人与私法人。公法人是指以社会公共利益为目的,由国家或者公共团体"依公法"所设立的行使或者分担国家权力或政府职能的法人。私法人是指以私人利益为目的,由私人依法设立的法人。

(2)社团法人与财团法人。私法人按照成立的基础可以分为社团法人和财产法人。社团法人指以人的集合为基础而成立的法人。公司、企业、合作社、各种协会与学会都是典型的社团法人。社团法人之成员统称社员,其享有的权利亦称"社员权",如股东权就属社员权。社团法人与社会团体法人,是完全不同的概念,社会团体法人中有的属于社团法人,例如工会、学会等;有的则属于财团法人,例如各种基金会。财团法人指以一定目的财产为基础而成立的法人。财团法人的主要形式就是基金,基金会组织、慈善组织、寺院都是财产法人。财团法人没有自己的意思机关,其行为根据捐赠人的意思而为。

(3)公益法人与营利法人。依法人的目的事业的性质,法人可划分为公益法人和营利法人。这一按照法人设立的基础对法人所作的划分,是大陆法系民法对法人的最基本的分类。

营利法人是指以取得营利并将营利"分配给"其成员为目的的法人。公益法人是指以公益为目的事业的法人。公益法人不得以营利为目的,《民法通则》中规定的事业单位法人,多属于公益法人,社会团体法人中的消费者协会、慈善基金会等也属于公益法人。

(4)本国法人与外国法人。按法人登记地区分,在外国登记成立的法人为外国法人,在本国登记成立的法人为本国法人。

二、法人的能力

[事例6] 张某和李某各出资50万元人民币设立荆江市弘达商贸有限责任公司，注册资本为100万元人民币，经营范围为百货批发零售，法人代表为张某。领证日期为2001年10月15日，营业执照上注明的经营期限为10年，自2001年10月10日至2011年10月9日。在装修完办公场所后，将剩余的木地板、厨卫用具等卖给了物业管理公司乙。试分析：荆江市弘达商贸有限责任公司于哪一天取得民事权利能力？其权利能力范围如何？是否具有销售木地板、厨卫用具的权利能力？

(一)法人的民事权利能力

1. 法人民事权利能力的概念

法人的民事权利能力是法律赋予法人参加民事法律关系、取得民事权利、承担民事义务的资格。《民法通则》第36条第2款规定："法人的民事权利能力和民事行为能力，从法人成立时产生，到法人终止时消灭。"非营利法人依《民法通则》第50条第1款规定："有独立经费的机关从成立之日起，具有法人资格。"其他法人依该条第2款规定："具备法人条件的事业单位、社会团体，依法不需要办理法人登记的，从成立之日起，具有法人资格；依法需要办理法人登记的，经核准登记，取得法人资格。"

2. 法人民事权利能力的范围

法人的民事权利能力范围，因各个法人目的事业不同而不同。

(1)始期与终期。法人的民事权利能力以成立为始期，消灭为终期。在我国，企业法人和社会团体法人，营业执照签发日期为公司成立日期；机关法人和事业单位法人的成立之时，是主管机关批准法人设立之日。法人民事权利能力的终期，应是法人清算完结登记注销之日。

事例6中，荆江市弘达商贸有限责任公司营业执照签发日期为公司成立日期，即领证日期为2001年10月15日。

(2)法人的民事权利能力范围。由于法人是自然人为了各种目的而设立的，因此，法人的民事权利能力范围与自然人不同，即使在各个法人之间也是各不相同的。

根据最高人民法院1993年5月6日印发的《全国经济审判工作座谈会纪要》第3条规定，对法人的民事权利能力范围的限制有被淡化的倾向，即只要不是违反专营、专卖及法律禁止性规定，法人超经营范围所订立的合同应属有效。从这个意义上说，对法人的目的事业限制，只是法律禁止的事项，而不是核准经营的事项。事例6中，虽然荆江市弘达商贸有限责任公司的营业执照上的核准经营范围并无销售木地板、厨卫用具等业务，但是根据以上规定，公司将剩余的木地板、厨卫用具等卖给了物业管理公司乙的行为，仍属有效的民事法律行为。

(二)法人的民事行为能力

1.法人的民事行为能力的概念和特点

法人的民事行为能力，是法律赋予法人独立进行民事活动的能力。法人的民事行为能力，不仅包括法人为民事法律行为的能力，而且还包括承担民事责任的责任能力。

法人的民事行为能力与民事权利能力同时产生，同时终止，范围一致。

法人民事行为能力的实现是由代表机关进行的。所谓代表机关即是代表法人为意思表示的机关。在企业法人中，该代表机关称为法定代表人。法定代表人必须是有完全民事行为能力的自然人，在以法人的名义实施民事法律行为时，法定代表人所作的意思表示，就是法人本身的意思表示，而不是法定代表人个人的意思表示，所以，应由法人承受法定代表人意思表示的效果。

2.法人的责任能力

法人不仅享受参与民事活动带来的利益，还要作为独立的民事责任承担者，承担由此产生的责任。

(1)法人须对法定代表人的行为负责。《民法通则》第 43 条规定，企业法人对它的法定代表人和其他工作人员的经营活动，承担民事责任。以此类推，非企业法人的主要负责人的行为，也应由所代表的法人承担。法人对法定代表人所负的责任，也包括越权行为的责任。《合同法》第 50 条规定，法人或者其他组织的法定代表人、负责人超越权限订立的合同，除相对人知道或者应当知道其超越权限的以外，该代表行为有效。

(2)法人对工作人员的职务行为负责。所谓职务行为是法人的工作人员在执行职务期间实施的民事行为。法人参与民事活动不可能仅靠法定代表人一人去完成，诸多事务还需要其他工作人员去执行。因此，法人不仅要对法定代表人的行为负责，而且还要对其他工作人员因执行法人交付的任务而所为的行为负责，其中也包括侵权行为所致的民事责任。

(3)法人应负的非法活动责任。《民法通则》第 49 条规定，企业法人应对下列六种非法活动承担责任：超出登记机关核准登记的经营范围从事非法经营的；向登记机关、税务机关隐瞒真实情况、弄虚作假的；抽逃资金、隐匿财产逃避债务的；解散、被撤销、被宣告破产后，擅自处理财产的；变更、终止时不及时申请办理登记和公告，使利害关系人遭受重大损失的；从事法律禁止的其他活动，损害国家利益或者社会公共利益的。

三、法人机关

[事例 7] 张某、李某、赵某、冯某、周某和成某分别出资 100 万元、80 万元、60 万元、30 万元、20 万元、10 万元，于 2002 年成立一个注册资本为 300 万元人民币的西江省东江市加工机械贸易有限责任公司。股东会决定，由张某担任执行董事，为公司的法定代表人，李某和赵某担任监事。2003 年，随着公司规模的扩大，在北江市依法设立分公司。试

分析：哪些是法人的机关？谁有权代表公司对外签订合同？

法人机关是指根据章程或法律规定，对内形成法人意思、对外代表法人为民事法律行为的自然人或自然人团体。

(一)法人机关的特征

1.法人机关是根据法律和章程的规定而设立的。例如：全民所有制企业法人、机关法人、事业单位法人的机关依法律或者条例而设立；公司法人机关依照法律和公司章程设立；社会团体法人的机关主要是依照章程设立的。

2.法人机关是法人的有机组成部分。法人机关无独立的人格，法人机关不是独立的主体，而是依附于法人，并作为法人组织机构的一个重要组成部分而存在。

3.法人机关无须经过法人的授权即可对内形成法人意思，对外代表法人表示意思。

4.法人机关的行为即法人自身的行为。法人机关执行职务的行为即为法人自身的行为，由此产生的法律后果均由法人直接承担。

5.法人机关由单个的自然人或集体组成。由单独的自然人组成的机关为独任制机关，如我国全民所有制企业中的厂长；由集体组成的法人机关为合议制机关，如股份有限公司的股东大会、董事会和监事会。

6.法人只要存在，法人机关不可变更，但法人机关的具体担任人可以变更。

(二)法人机关的类型

法人的机关按其职能区分有以下几种：意思机关、执行机关、代表机关和监督机关。

1.意思机关

法人的意思机关即形成法人意思的机关，也即“法人的权力机关”。在社团法人中，意思机关是社员大会，如公司的股东会或者股东大会；财团法人因为没有成员，因此财团法人无意思机关，它以捐助人的意思为法人的意思。

2.执行机关

法人的执行机关即执行法人权力机关的决定、法人章程、捐助人意思等事项的机关。任何法人皆须有执行机关。社团法人的执行机关由单个自然人担任时，为执行董事或者执行理事；由自然人团体担任时，为董事会或者理事会。财团法人的执行机关为理事会。

3.法定代表人

法定代表人指依照法律规定或者法人章程的规定能够对外代表法人为意思表示的负责人。我国采用一元制，即法定代表人只能是一个自然人。《民法通则》第38条规定：“依照法律或者法人组织章程规定，代表法人行使职权的负责人，是法人的法定代表人。”《公司法》第13条规定：“公司法定代表人依照公司章程的规定，由董事长、执行董事或者经理担任，并依法登记。公司法定代表人变更，应当办理变更登记。”一般情况下，法人的法定代表人由法人的正职行政负责人担任；没有正职的，由主持工作的副职负责人担任；公司章程另有规定的，从其规定。法定代表人实施民事法律行为无须法人的授权。法人对法定代表人的职权限制不得对抗善意第三人。

4.监督机关

监督机关指根据法人章程和意思机关的决议对法人执行机关、代表机关实施监督的机关。监督机关不是法人的必设机关，事实上监督机关仅为公司法人的必设机关，如公司的监事会或者监事。

根据《公司法》第37、51、52条的规定，有限责任公司股东会由全体股东组成。股东会是公司的权力机构，依照公司法行使职权。股东人数较少或者规模较小的有限责任公司，可以设一名执行董事，不设董事会。执行董事可以兼任公司经理。有限责任公司设监事会，其成员不得少于三人。

事例7中，股东会是意思机关、权力机关；张某担任执行董事，执行董事是执行机关；监事会为监督机关。执行机关一般为董事会，在本事例中为执行董事，张某虽然是执行董事，但是他不是执行机关。虽然张某、李某、赵某、冯某、周某和成某都是股东，但是只有张某是公司的法定代表人，有权代表公司对外签订合同，其他人必须有公司的授权才可以代表公司对外签订合同。

四、法人的成立、变更和终止

[事例8] 甲某、乙某、丙某、丁某、戊某和己某分别出资120万元、80万元、70万元、50万元、50万元、30万元，欲采用募集方式设立一注册资本为100万元的股份有限公司。可是，发行的股份超过招股说明书规定的截止期限尚未募足。试分析：公司能否成立？甲某、乙某、丙某、丁某、戊某和己某应承担什么责任？

(一)法人的设立

1.法人设立与法人成立的关系

法人设立，是指为创办法人组织，使其具有民事主体资格而进行的多种连续准备行为。法人成立，是指社会组织经设立阶段，具备法人条件，取得法人资格的状态。法人设立与法人成立的区别：

(1)性质不同。法人的设立是一种准备行为，属于法人产生的“准备阶段”；法人的成立属于法人产生的“形成阶段”，强调的是法人成立并具有法人资格的状态。

(2)效力不同。法人在设立阶段(设立中的法人)，仍不具有民事主体资格，法人的设立人只能以自己的名义实施民事法律行为，如果设立失败，设立人应当对设立过程中产生的债务或者发生的费用承担连带责任；如果法人成立，则由成立后的法人承担设立费用或者设立中负担的债务。而法人成立后即具有民事主体资格，可以以自己的名义从事民事法律活动，所发生的债权债务由法人享有或者承担。

2.法人的设立原则与设立方式

(1)设立原则。法人类型不同，法律对其设立的管控程度不同，因而不同类型法人的设立需遵循不同的设立原则。法人的设立原则主要有自由主义、特许主义、许可主义、准则主义。

第一,自由主义,指国家对法人的设立不加限制和干涉,只要具备法人的实质条件即承认法人的存在,故又称为"放任主义"。

第二,特许主义,指法人的设立需通过专门的法律或者国家元首的特别许可。在我国,只有国家机关法人采用特许主义设立。例如,依照专门法律设立香港特别行政区,国务院决定设立教育部。

第三,许可主义,指法人的设立除应具备法律规定的各种要件之外,还要经过国家授权的行政机关的批准,故又称为"行政许可主义"。在我国,事业单位法人、社会团体法人基本上都是依这种方式设立的。企业法人中,特许经营的营利性法人如商业银行、保险公司、证券公司等都是采用的许可主义,外商投资企业也均采许可主义。

第四,准则主义,指法律预先对各种法人成立的条件作出规定,法人成立时只要具备这些条件即可直接向登记机关进行登记,完成登记手续,法人成立。在我国,有限责任公司和股份有限公司原则上采用准则主义设立。

(2)设立方式。在我国,法人设立的方式主要有:

命令设立,即以政府命令设立法人的方式。主要适用于国家机关、全民所有制事业单位法人。

捐助设立,即由法人或者自然人捐足法人成立所必需资金的一种法人设立方式。这种方式主要适用于基金会法人。

发起设立,即由发起人一次性认足法人成立所需资金而设立法人。主要适用于集体所有制法人、私营法人、有限责任公司和股份有限公司。

募集设立,指法人组织所需的资金在发起人未认足时,将所余资金向社会公开募集招股,以募足所需资金的一种设立方式。这种方式主要适用于股份有限公司。

事例 8 中,甲某、乙某、丙某、丁某、戊某和己某欲设立的公司为企业法人,按照《公司法》的规定,设立股份有限公司不是属于必须批准的,只要符合《公司法》的规定,经注册就可以成立。但是甲某、乙某、丙某、丁某、戊某和己某在设立公司的过程中,因为发行的股份未募足,注册资本未达到法定资本限额。因此,不符合成立条件,公司不能成立。

3. 设立中的法律责任

根据《公司法》90 条第 2 款的规定:"发行的股份超过招股说明书规定的截止期限尚未募足的,或者发行股份的股款缴足后,发起人在三十日内未召开创立大会的,认股人可以按照所缴股款并加算银行同期存款利息,要求发起人返还。"第 95 条规定:"股份有限公司的发起人应当承担下列责任:(一)公司不能成立时,对设立行为所产生的债务和费用负连带责任;(二)公司不能成立时,对认股人已缴纳的股款,负返还股款并加算银行同期存款利息的连带责任;(三)在公司设立过程中,由于发起人的过失致使公司利益受到损害的，应当对公司承担赔偿责任。”

事例8中，甲某、乙某、丙某、丁某、戊某和己某欲设立的公司因未在约定的期限募足股份，不符合成立条件，所以未成立。但是，因为已经募集了一部分股份，与这些认股人之间形成了合同关系，因此，合同应当解除，并承担因此而产生的一些责任。根据《公司法》的规定，该责任称为“公司不能成立的责任”，各个发起人对认股人已缴纳的股款，负返还股款并加算银行同期存款利息的连带责任。

（二）法人组织机构的变更

法人组织机构的变更包括：法人的合并和法人的分立。

1.法人的合并

法人的合并，即将两个以上的法人合并成立一个新的法人。《公司法》第173条规定：“公司合并可以采取吸收合并或者新设合并。一个公司吸收其他公司为吸收合并，被吸收的公司解散。两个以上公司合并设立一个新的公司为新设合并，合并各方解散。”据此，法人的合并包括新设合并和吸收合并。前者也称“创设式合并”，指两个以上的法人合并为一个新法人，原来的法人消灭。后者也称“吞并式合并”，是一个法人吸收被合并的其他法人，合并后只有一个法人存续，被吸收法人消灭的合并方式。在新设式合并时，原法人均告消灭；在吸收式合并时，被吞并的法人归于消灭。因合并而消灭的法人，其债权债务由合并后的法人概括承受。

2.法人的分立

法人的分立，即一个法人分为两个以上的法人。法人的分立又包括新设式分立和派生式分立。前者指解散原法人，分立为两个以上的新法人。后者指原法人继续存续，但从中分立出新的法人。在新设式分立时，原法人消灭；在存续式分立时，只是原法人的财产或组织机构发生变更。法人分立，其财产作相应的分割。法人分立前的债务由分立后的法人承担连带责任。但是，法人在分立前与债权人就债务清偿达成的书面协议另有约定的除外。

（三）法人的终止

法人的终止，即法人的民事主体资格消灭，丧失民事权利能力和民事行为能力。《民法通则》第40条规定：“法人终止，应当依法进行清算，停止清算范围外的活动。”对于企业法人，《公司法》第191条也规定了公司解散必须经过清算。所以，法人终止的程序，应该是：发生法人终止的原因——法人清算——法人终止。

1.法人终止的原因

根据《民法通则》第45条规定，企业法人因依法被撤销、解散、破产及其他原因而终止。《公司法》第181条规定：“公司因下列原因解散：公司章程规定的营业期限届满或者公司章程规定的其他解散事由出现；股东会或者股东大会决议解散；因公司合并或者分立需要解散；依法被吊销营业执照、责令关闭或者被撤销。”

2.法人的清算

清算为法人终止的必经程序。法人的清算是指法人消灭时，由依法成立的清算组织依据其职权清理并消灭法人的全部债权债务等财产关系。《民法通则》第40条规定，法人终止，应当依法进行清算，停止清算范围外的活动。《公司法》第184条规定，公司应当在解散事由出现之日起十五日内成立清算组，开始清算。清算期间，公司存续，但不得开展与清算无关的经营活动。法人的清算有破产清算和非破产清算之分，破产清算依破产法进行，非破产清算依民法或公司法规定的程序进行。

(1)清算组及清算法人。清算组亦称"清算人"，系执行清算事务的机关。清算组在清算期间取得清算法人的执行机关和代表机关的地位，对内执行清算事务，对外代表清算法人为意思表示。法人进入清算程序后，虽不能从事清算范围外的活动，但与清算有关的事务仍被允许实施。所以，法律上将以清算组为执行机关和代表机关的法人称"清算法人"。

(2)清算组成员的选任。清算组成员的选任方法，因法人终止的不同原因而有所不同。法人在被依法撤销时，清算组成员应由作出撤销决定的主管机关选任；在任意解散时，清算组成员由法人意思机关充任或选任，《公司法》规定有限责任公司的清算组由股东组成，股份有限公司的清算组由董事或者股东大会确定的人员组成；法人破产时，清算组成员的选任依破产法规定。清算组成员若有不正当行为或不能胜任清算事务的，可由选任者解任。

(3)清算组的权利与义务。清算组的主要权利和义务有：代表法人参与民事诉讼活动；清查法人账目和财产，分别编制资产负债表和财产清单；通知、公告债权人；处理与清算有关的法人未了结的业务，清理债权、债务；清缴所欠税款以及清算过程中产生的税款、支付各种费用；申请破产；处理法人清偿债务后的剩余财产；申办法人注销登记。

清算组成员应当忠于职守，依法履行清算义务。清算组成员不得利用职权收受贿赂或者其他非法收入，不得侵占法人财产。清算组成员因故意或者重大过失给法人或者债权人造成损失的，应当承担赔偿责任。

3.法人终止

公司清算结束后，清算组应当制作清算报告，报股东会、股东大会或者人民法院确认，并报送公司登记机关，申请注销公司登记，公告公司终止。经办理法人注销登记后，法人自注销登记之日起消灭。法人一经消灭，其民事主体资格不复存在，其民事权利能力和民事行为能力也同时消灭。

(四)法人的登记及其效力

法人登记是行政主管机关对法人成立、变更、终止的法律事实进行登录，以为公示的制度。根据我国法律规定，企业法人和社会团体法人，均适用法人登记。法人登记在我国还有公法上管理的职能，但在民法上其制度价值主要在于公示，以便于利害关系人了解法人变动的事实。所以在民法上，法人成立、变更、终止的法律事实仅仅存在，尚不足以发生相应的法律效果,只有经过登记方可发生该事实的法律效力。

2.登记的类型

根据法人变动的类型,登记相应分为法人设立登记、变更登记和终止登记三类。

(1)设立登记。法人设立登记的登记机关,是由法律规定的,例如负责公司和其他企业法人登记的是各级工商行政管理部门,负责事业单位法人登记的通常是各级国家机构编制管理机关,负责社会团体法人登记的则是各级民政部门。设立登记的义务人,是法人设立人。

(2)变更登记。变更登记的机关,与该法人设立登记机关相同,但变更登记义务人是法人代表。变更登记的事项包括法人合并与分立以及法定代表人、住所、注册资本、名称、营业范围、增减分支机构等事项的变动。

(3)注销登记。注销登记机关也与法人设立登记机关相同,但登记义务人是清算组。法人自注销登记完成时终止。

【引导案例分析】

首先应当明确本案涉及的内容是法人主体。法人是具有民事权利能力和民事行为能力,依法独立享有民事权利和承担民事义务的组织。法人应当具备下列条件:依法成立;有必要的财产或者经费;有自己的名称、组织机构和场所;能够独立承担民事责任。

A公司为有限责任公司,属于民法中的法人主体。法人是具有民事权利能力和民事行为能力,依法独立享有民事权利和承担民事义务的组织。因此,A公司的债务应当由自己承担,与股东无关。

甲是公司的法定代表人,他代表公司以公司的名义进行的民事法律行为是职务行为,应当由公司承担法律后果。

根据《公司法》第72条,有限责任公司的股东之间可以相互转让其全部或者部分股权。

股东向股东以外的人转让股权,应当经其他股东过半数同意。股东应就其股权转让事项书面通知其他股东征求意见,其他股东自接到书面通知之日起满三十日未答复的,视为同意转让。其他股东半数以上不同意转让的,不同意的股东应当购买该转让的股权;不购买的,视为同意转让。

经股东同意转让的股权,在同等条件下,其他股东有优先购买权。两个以上股东主张行使优先购买权的,协商确定各自的购买比例;协商不成的,按照转让时各自的出资比例行使优先购买权。

公司章程对股权转让另有规定的,从其规定。

因此,有限公司股权转让应当经过其他股东过半数的同意。只有在其他股东半数以上不同意转让的时候,不同意的股东才应当购买该转让的股权,不购买的视为同意。因此,丙的行为视为同意转让。

专题三　非法人组织

非法人组织是指不具有法人资格但是可以自己的名义进行民事活动的社会组织。非法人组织具有一定的民事权利能力和民事行为能力，也具有民事诉讼能力，是既不同于自然人也不同于法人的另一类民事主体。主要包括：合伙、个体工商户、农村承包经营户、法人的分支机构和个人独资企业等。

一、个体工商户与农村承包经营户

［事例 9］ 1998 年 6 月，在第二轮承包开始时，李某与村委会签订承包果园的合同，合同约定李某承包一片 30 亩的荒山种植果树，承包期 35 年，每年上交承包费为上年的 120%，前 5 年免交承包费。第六年每亩上交 2000 元。试分析：李某与村委会之间是何种法律关系？收获的苹果如何处理？

（一）个体工商户

个体工商户是经工商行政管理机关核准登记，从事工商业经营的个体劳动者。其有如下特征：

1. 个体工商户是个体劳动者，即从事个体经营的有民事行为能力人。此处的“户”，不是在户籍意义上使用，而是作为工商管理上的管理单位。

2. 个体工商户从事工商经营，《城乡个体工商户管理暂行条例》第 3 条规定，可以在国家法律和政策允许的范围内，经营工业、手工业、建筑业、交通运输业、商业、饮食业、服务业、修理业及其他行业。

3. 须依法登记，个体工商户资格须经登记程序取得。有经营能力的城镇待业人员、农村村民以及国家政策允许的其他人员，可以申请从事个体工商户经营，经户籍地县级工商行政管理机关核准，领取营业执照，即为个体工商户。

4. 个体工商户业主须亲自经营，他们虽然可以请 3～5 个帮手，或者带 1～2 名学徒，但并不雇工。这一特点，使个体工商户与私营企业区别开来，后者可以雇工 8 人以上。

5. 个体工商户可以起字号，这与自然人不同，自然人姓名属于人身权，字号属于财产权。

（二）农村承包经营户

农村承包经营户是承包经营农村集体经济组织土地或者其他资源的成员或其家庭。其有如下特征：

1. 农村承包经营户是农村集体经济组织的成员，而不是独立的个体劳动者。

2. 农村承包经营户的设立以承包经营合同为依据，以土地或者其他资源为承包标的，而以完成粮油等农产品的交售为主要义务。

3. 农村承包经营户的设立和存续、终止均无须工商行政管理机关核准登记。

(三)个体工商户和农村承包经营户的财产责任

《民法通则》第29条规定:"个体工商户、农村承包经营户的债务,个人经营的,以个人财产承担;家庭经营的,以家庭财产承担。"也就是说,以个人名义申请登记的个体工商户和以个人名义承包的集体组织成员,个人经营的,收益归个人,其债务也由个人财产清偿;以家庭共同财产投资,或者收益的主要部分供家庭成员消费的,其债务由家庭共有财产清偿;在夫妻关系存续期间,一方从事个体工商户经营或者承包经营,收入作为夫妻共有财产者,其债务由夫妻共有财产清偿;家庭全体成员共同出资、共同经营的,其债务以家庭共有财产清偿。

事例9中,李某与村委会之间是承包合同关系,他们之间的承包合同无须登记,只要符合《合同法》以及《农村土地承包法》的规定,他们之间的合同关系即告成立。李某作为承包经营户,根据《农村土地承包法》第16条的规定:"承包方享有下列权利:(一)依法享有承包地使用、收益和土地承包经营权流转的权利,有权自主组织生产经营和处置产品……"因此,李某有权处置自己果园收获的苹果,对于多收的苹果当然也可以出售。

二、合伙

[事例10] 甲、乙、丙订立一书面协议:甲、乙、丙各出资10000元经依法登记,设立一合伙企业,企业名称为"兴盛园大饭店有限合伙企业"。甲负责经营,乙负责财务,丙不参与经营,盈利平均分配,亏损由甲乙承担。半年后,因甲经营不善,对外欠债30万元。丙遂退出合伙。试分析:丙是否为合伙人?饭店欠下的债务如何承担?甲将欠债全部还清,现超出甲应当偿还的部分应如何处理?

(一)合伙的概念和特征

《民法通则》第30条规定:"个人合伙是指两个以上公民按照协议,各自提供资金、实物、技术等,合伙经营、共同劳动。"所以,个人合伙是指两个以上的主体为了共同的目的订立合伙协议,共同出资,合伙经营,共享收益,共担风险,并对所负债务承担无限连带责任的营利性组织。

《合伙企业法》第2条规定:"本法所称合伙企业,是指自然人、法人和其他组织依照本法在中国境内设立的普通合伙企业和有限合伙企业。"普通合伙企业是指由普通合伙人组成,合伙人对合伙企业债务承担无限连带责任的合伙。有限合伙企业由普通合伙人和有限合伙人组成,普通合伙人对合伙企业债务承担无限连带责任,有限合伙人以其认缴的出资额为限对合伙企业债务承担责任。

个人合伙具有以下特征:

(1)合伙是两个以上的自然人基于出资而形成的经营体。

(2)合伙依合伙合同形成。

(3)合伙人共同劳动、共同经营。《民法通则》第30条规定,合伙人须共同劳动、共同经营，但最高人民法院《民通意见》第46条已作扩大解释，出资不劳动、不经营者，也可作为合伙人。《合伙企业法》中明确规定有限合伙人不参与经营活动。

(4)合伙人对于合伙债务负无限和连带责任。法律不允许约定把利润分配给某些合伙人，而某些合伙人只承担亏损。

(5)合伙可以起字号。在民事活动中，可以以商号名义出现。

事例10中，甲乙丙三人形成合伙关系，该合伙为合伙企业。根据《合伙企业法》的规定，丙为隐名合伙人。根据《合伙企业法》第69条的规定："有限合伙企业不得将全部利润分配给部分合伙人；但是，合伙协议另有约定的除外。"丙为合伙人，但是约定丙收取利润，不承担亏损是合伙协议中约定的。按照《合伙企业法》规定的协议优先的原则，该约定是合法有效的。因此，对于饭店的对外负债，丙不需要与甲乙承担连带责任，超出甲承担的部分，应当由饭店和乙承担。

(二)合伙的分类

按照法律的规定，合伙有两种，即个人合伙和合伙企业，而合伙企业又可以分为普通合伙企业和有限合伙企业。

1.按照合伙人对合伙债务承担责任的范围来分，可以分为普通合伙和有限合伙

普通合伙是指合伙人对合伙债务承担无限连带责任。有限合伙由普通合伙人和至少一名有限合伙人组成，普通合伙人对合伙债务承担无限连带责任，有限合伙人以其认缴的出资额为限对合伙债务承担责任。

事例10中，该饭店属于有限合伙企业，因为在名称中已经表明了该企业的性质。如果合伙协议中无规定，甲乙承担无限连带责任，丙以出资额为限承担连带责任。但是，该案件中合伙协议中已经约定丙不承担亏损，因此，由甲乙对企业的债务承担连带责任。

2.按照在合伙组织中合伙人是否具有独立民事主体地位来划分，可以分为显名合伙和隐名合伙

所谓显名合伙是指所有合伙人都公开其身份和姓名，并都参与合伙事业的经营管理的合伙。所谓隐名合伙，是指存在一个以上不公开姓名、不参与经营且一般只承担有限责任的合伙人的合伙。隐名合伙人不参加合伙的业务执行，但分享利润，并仅以出资额为限承担亏损责任的合伙。

事例10中，合伙在登记时如果只登记了甲乙的名字，未登记丙的名字，丙也不参与经营活动，在这种情况下，丙就成为隐名合伙人。

(三)合伙的内部关系

1.合伙事务的执行

(1)共同决定权。合伙的经营活动，由合伙人共同决定。每一个合伙人对合伙事务的决策有参与的权利。凡涉及合伙组织经营活动的大政方针、合伙期限的变更、接纳新伙伴入伙等重大问题，必须由全体合伙人意思表示一致。

(2)执行权。合伙事务由全体合伙人共同决定，合伙事务的执行权，是每一个合伙人的权利。执行权的行使方式有全体合伙人、数个合伙人、单一合伙人行使三种方式。合伙合同约定合伙事务由一人或数人执行的，其他合伙人不参与执行，但有监督权。无论是一人或数人执行合伙事务，其效果均由全体合伙人承担。如事例10中，甲和乙执行合伙事务，丙不参加经营活动，按照《合伙企业法》的规定也是合法的。

(3)监督权。不负责执行合伙事务的合伙人对合伙事务的执行享有监督权，有权监督检查合伙经营状况、财产使用及管理情况，并有权检查财务账目。

(4)请求权。合伙人为合伙事务垫付的必要费用和所遭受的无法避免的损失，对合伙有求偿权。

2. 入伙

在合伙成立后，合伙人接受非合伙人为加入合伙的意思表示，称为入伙。接受非合伙人入伙，应当依合伙合同的约定或征得全体合伙人同意。有关入伙的约定，合伙人应在合伙合同中写明或另订书面合同约定，没有约定的，须经全体合伙人同意。《合伙企业法》第43条规定："新合伙人入伙，除合伙协议另有约定外，应当经全体合伙人一致同意，并依法订立书面入伙协议。订立入伙协议时，原合伙人应当向新合伙人如实告知原合伙企业的经营状况和财务状况。"

3. 退伙

合伙人退出合伙，丧失合伙人地位的行为称为退伙。合伙人入伙自愿，退伙亦应自由。合伙人可声明退伙，若合同未定有存续期间的，合伙人声明退伙应提前通知其他合伙人，并不得在有损合伙事务的时期进行。

除声明退伙外，合伙人还可因出现法定事由而退伙。《合伙企业法》第45条规定："合伙协议约定合伙期限的，在合伙企业存续期间，有下列情形之一的，合伙人可以退伙：(一)合伙协议约定的退伙事由出现；(二)经全体合伙人一致同意；(三)发生合伙人难以继续参加合伙的事由；(四)其他合伙人严重违反合伙协议约定的义务。"最高人民法院《民通意见》第52条规定："合伙人退伙，书面协议有约定的，按书面协议处理；书面协议未约定的，原则上应予准许。但因其退伙给其他合伙人造成损失的，应当考虑退伙的原因、理由以及双方当事人的过错等情况，确定其应当承担的赔偿责任。"

退伙人在合伙企业中财产份额的退还办法，由合伙协议约定或者由全体合伙人决定，可以退还货币，也可以退还实物。

退伙人因退伙而转让出资份额时，其他合伙人有优先受让权；合伙人退伙时分割的合伙财产包括合伙时投入的财产和经营积累的财产及为合伙人期间的债权债务；退伙人对自己为合伙人期间出现的债务，如果在退伙时未按约定分担或未合理分担的，其清偿责任不能免除；退伙时对于出资实物有取回权，但一次清退有困难者，可分批清退，返还原物确有困难的，可折价退还。

(四)合伙的债务承担

合伙债务,指合伙关系存续期间从事经营活动所产生的债务。《民法通则》第35条第2款规定:“除法律另有规定外,全体合伙人对于合伙债务承担无限连带清偿责任。”

根据《合伙企业法》第44、77条的规定,普通合伙中,新合伙人对入伙前合伙企业的债务承担无限连带责任;有限合伙中,新入伙的有限合伙人对入伙前有限合伙企业的债务,以其认缴的出资额为限承担责任。

《合伙企业法》第91、92条规定,合伙企业注销后,原普通合伙人对合伙企业存续期间的债务仍应承担无限连带责任;合伙企业不能清偿到期债务的,债权人可以依法向人民法院提出破产清算申请,也可以要求普通合伙人清偿。合伙企业依法被宣告破产的,普通合伙人对合伙企业债务仍应承担无限连带责任。

一个合伙人或者数个合伙人在执业活动中因故意或者重大过失造成合伙企业债务的,应当承担无限责任或者无限连带责任,其他合伙人以其在合伙企业中的财产份额为限承担责任。合伙人在执业活动中非因故意或者重大过失造成的合伙企业债务以及合伙企业的其他债务,由全体合伙人承担无限连带责任。

(六)合伙的终止

合伙合同的终止是指因合伙合同失去对各合伙人的约束力导致合伙关系结束。

根据《合伙企业法》第85条规定:“合伙企业有下列情形之一的,应当解散:(一)合伙期限届满,合伙人决定不再经营;(二)合伙协议约定的解散事由出现;(三)全体合伙人决定解散;(四)合伙人已不具备法定人数满三十天;(五)合伙协议约定的合伙目的已经实现或者无法实现;(六)依法被吊销营业执照、责令关闭或者被撤销;(七)法律、行政法规规定的其他原因。”合伙企业解散,应当由清算人进行清算。清算结束,清算人应当编制清算报告,经全体合伙人签名、盖章后,在十五日内向企业登记机关报送清算报告,申请办理合伙企业注销登记。

(七)有限合伙企业的特殊规定

有限合伙是新修订的《中华人民共和国合伙企业法》中新增加的内容,也是对《民法通则》规定的补充。有限合伙中的很多法律制度与传统的合伙不同,具体内容有以下几个方面:

1.合伙人数的特殊规定。有限合伙企业由二个以上五十个以下合伙人设立;但是,法律另有规定的除外。有限合伙企业至少应当有一个普通合伙人。有限合伙企业仅剩有限合伙人的,应当解散;有限合伙企业仅剩普通合伙人的,转为普通合伙企业。

2.出资。有限合伙人可以用货币、实物、知识产权、土地使用权或者其他财产权利作价出资。有限合伙人不得以劳务出资。

3.合伙事务的执行。有限合伙人不执行合伙事务,不得对外代表有限合伙企业。

4.自我交易允许。有限合伙人可以同本有限合伙企业进行交易;但是,合伙协议另有约定的除外。有限合伙人可以自营或者同他人合作经营与本有限合伙企业相竞争的业务;但是,合伙协议另有约定的除外。

5.合伙财产的处分。有限合伙人可以将其在有限合伙企业中的财产份额出质;但是,合伙协议另有约定的除外。有限合伙人可以按照合伙协议的约定向合伙人以外的人转让其在有限合伙企业中的财产份额,但应当提前三十日通知其他合伙人。

有限合伙人的自有财产不足清偿其与合伙企业无关的债务的,该合伙人可以以其从有限合伙企业中分取的收益用于清偿;债权人也可以依法请求人民法院强制执行该合伙人在有限合伙企业中的财产份额用于清偿。

6.责任承担。有限合伙人承担有限责任。新入伙的有限合伙人对入伙前有限合伙企业的债务,以其认缴的出资额为限承担责任。有限合伙人退伙后,对基于其退伙前的原因发生的有限合伙企业债务,以其退伙时从有限合伙企业中取回的财产承担责任。

有限合伙人转变为普通合伙人的,对其作为有限合伙人期间有限合伙企业发生的债务承担无限连带责任。普通合伙人转变为有限合伙人的,对其作为普通合伙人期间合伙企业发生的债务承担无限连带责任。

7.不因丧失行为能力而退伙。作为有限合伙人的自然人在有限合伙企业存续期间丧失民事行为能力的,其他合伙人不得因此要求其退伙。

8.继承资格的特殊规定。作为有限合伙人的自然人死亡、被依法宣告死亡或者作为有限合伙人的法人及其他组织终止时,其继承人或者权利承受人可以依法取得该有限合伙人在有限合伙企业中的资格。这是有限合伙中的特别规定,普通合伙中是不存在的。

事例10中,合伙协议约定一旦负债,甲承担60%,乙承担40%,丙为有限合伙人。甲负责经营。在有限合伙企业中,普通合伙人有权执业,有限合伙人不执业是合法的。约定丙不承担责任,对外也是合法的。根据《合伙企业法》的规定:合伙企业对其债务,应先以其全部财产进行清偿。因此,企业因经营不善对外欠债30万元人民币,应当先用企业自身财产偿还,不足的部分由甲乙承担偿还责任。现甲将欠债全部还上,应当由企业和乙偿还超出甲应承担的部分,丙根据协议不承担偿还义务。

三、个人独资企业

[**事例11**] 赵某依照《个人独资企业法》规定,以个人名义注册60万元设立了一家装饰材料厂,但是,实际上只出资30万元。同年8月份,该厂聘用的业务员梁某利用外出采购原材料的机会,将其经手的27万元货款出借给某个体户用于经营活动,梁某私下从该个体户处接受利息(好处费)9000元。梁某的行为使得装饰材料厂资金周转困难,影响了正常的生产经营活动,使得企业对外欠债22万元。试分析:未完成出资,企业是否成立?出资是否合法?该企业属于何种企业?该企业的债务由谁承担?

(一)个人独资企业的概念与特征

个人独资企业,是指依法在中国境内设立,由一个自然人投资,财产为投资人个人所有,投资人以其个人财产对企业债务承担无限责任的经营实体。第九届全国人民代表大会常务委员会第11次会议于1999年8月30日通过并于2000年1月1日起施行了《中华人民共和国个人独资企业法》。该法对个人独资企业作了具体规定。其特征:

1.一个自然人出资,生产资料归投资者所有。法律、行政法规禁止从事营利性活动的人,不得作为投资人申请设立个人独资企业。根据《个人独资企业法》第18条规定,投资人可以个人财产投资,还可以家庭财产出资。《公司法》、《合伙企业法》对此未作规定。

2.有合法的名称。这是与个体工商户不同的。根据《民法通则》规定,个体工商户可以起字号,也可以不起字号。个人独资企业则必须有自己的名称。

3.有投资人申报的出资。个人独资企业只需要有投资人申报的出资就够了,至于出资多少,是否实际缴付,法律不作要求。

4.有固定的生产经营场所和必要的生产经营条件。这是与个体工商户的重要区别。个体工商户的生产经营场所可以是固定的,也可以是流动的。

5.有必要的从业人员。这与个体工商户可以请帮手以及私营企业8人以上的雇工不同。

6.应当依法设置会计账簿,进行会计核算。这也与个体工商户不同,法律未要求个体工商户设置会计账簿。

(二)个人独资企业的法律地位

1.个人独资企业依法享有民事权利。《个人独资企业法》规定,个人独资企业在领取个人独资企业营业执照后,投资人就可以以个人独资企业名义从事经营活动;可以依法申请贷款、取得土地使用权,并享有法律、行政法规规定的其他权利。

2.个人独资企业不能独立承担民事责任。个人独资企业不能独立承担民事责任,投资者对个人独资企业债务承担无限责任;个人独资企业投资人在申请企业设立登记时明确以其家庭共有财产作为出资的,应当依法以家庭共有财产对企业债务承担无限责任。个人独资企业解散后,原投资人对个人独资企业存续期间的债务仍应承担偿还责任,但债权人在五年内未向债务人提出偿债请求的,该责任消灭。

事例11中,赵某设立的企业是根据《个人独资企业法》设立的,所以是个人独资企业。法律对个人独资企业的出资无严格要求,只要有申报的出资即可。该企业在设立时未明确以家庭共有财产出资,因此其债务由赵某以个人财产承担无限责任。

四、法人的分支机构

[事例12] 张某、李某、赵某、冯某、周某和成某分别出资100万元、80万元、60万元、30万元、20万元、10万元,于2002年成立一个注册资本为300万元人民币的西江省

东江市加工机械贸易有限责任公司。股东会决定,由张某担任执行董事,为公司的法定代表人,李某和赵某担任监事。2003 年,随着公司规模的扩大,在北江市依法经登记设立分公司。试分析:北江市设立的分公司有无行为能力?分公司的行为由谁承担责任?分公司是否有权进行民事法律行为?

(一)法人分支机构的概念

分支机构是指法人为实现其职能在总部之外区域依法设立的可以自己名义执行法人一部分营业活动的组织。

(二)法人分支机构的特点和法律地位

1.法人分支机构从属于法人。具体体现在:(1)法人分支机构是法人的一个组成部分,受法人统一支配和管理;(2)法人分支机构的名称须冠以设立它的法人名称;(3)法人分支机构是法人为扩大自己的营业活动范围设立的,是法人的营业场所;(4)法人分支机构的营业在法人的业务范围内,法人分支机构在法人的授权范围内活动。

2.法人分支机构是相对独立的机构。法人分支机构需要进行工商登记,领取营业执照。一般来说,分厂、分公司、分店、支行和中心支行等有营业执照,领取营业执照的有缔约能力,以自己的名义签约是有效的。

3.分支机构一般没有独立的诉讼行为能力。分支机构应当在法人授权的业务范围内经营,其行为的法律后果由法人承担,所以,一般情况下分支机构是没有诉讼行为能力的。但是,有的情况下分支机构自己能作为原告和被告参加诉讼,如如果银行和保险公司的某一支行或分公司成为被告,法院是不能追加总行或总公司为被告的。如果诉其他的企业法人的分支机构,法院则可以追加企业法人为共同被告。

4.分支机构不能独立承担民事责任。分支机构的行为由法人承担责任。分支机构的财产是法人的,执行时,首先执行分支机构的财产,不足部分再执行法人的其他财产。分支机构与法人之间不是平等主体的关系,是整体与部分的关系。

5.没有营业执照的分支机构由法人参加诉讼,由法人承担责任。一般表现为法人的办事处。

事例 12 中,西江省东江市加工机械贸易有限责任公司在北江市设立的分公司是依法设立的,领取了营业执照,可以在法人授权的范围内活动,其行为的法律后果由法人承受。

除了上述几种非法人组织,还有其他非法人组织,如筹建中的法人、不具备法人资格的中外合作企业、外资企业、民办非企业单位等,不再详述。

本单元重点内容图解

本单元主要介绍了民事主体的相关法律制度。本单元的知识结构图如下:

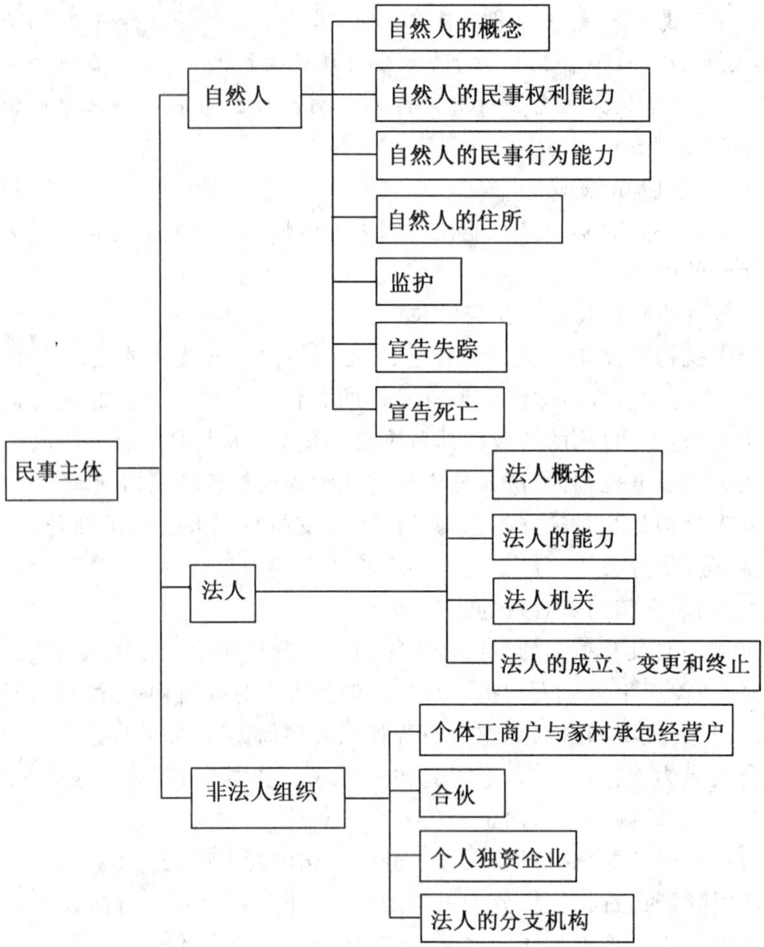

同步训练

一、单项选择题

1. 根据《民法通则》的规定，监护制度仅适用于（　　）

A. 无民事行为能力人　　B. 限制民事行为能力人

C. 未成年人　　D. 未成年人和精神病人（包括痴呆症人）

2. 下列不属于法人机关的是（　　）

A. 股东会　　B. 监事会　　C. 董事会　　D. 车间主任

3. 合伙经营过程中增加合伙人，如果合伙协议没有约定，须经多少人同意，入伙方为有效？（　　）

A. 合伙负责人同意　　B. 过半数的合伙人同意
C. 2/3 以上的合伙人同意　　D. 全体合伙人同意

4. 核准登记个体工商户的部门是(　　)

A. 民政部门　　B. 地方政府
C. 工商行政管理部门　　D. 居委会或村委会

5. 根据我国民法对法人的分类,下列属于机关法人的是(　　)

A. 新闻机构　　B. 妇联　　C. 某大学　　D. 某省人民检察院

二、多项选择题

1. 可申请人民法院宣告公民死亡的利害关系人包括(　　)

A. 配偶　　B. 父母　　C. 子女　　D. 孙子女

2. 下列机构中具备法人资格的是(　　)

A. 某旅行社股份有限公司　　B. 某市第一人民医院
C. 某大学法律系　　D. 某市法院

3. 合伙人的出资形式可以为(　　)

A. 现金　　B. 实物　　C. 技术　　D. 劳动

4. 个体工商户具有的法律特征包括(　　)

A. 以户为经营单位　　B. 依法核准登记
C. 在法律允许的范围内从事工商业经营　　D. 户主承担无限责任

5. 下列属于民事主体的是(　　)

A. 自然人　　B. 法人　　C. 合伙企业　　D. 分公司

三、重点思考题

1. 什么是自然人的民事权利能力和民事行为能力？这两者的联系和区别是什么？
2. 宣告失踪和宣告死亡的重要区别是什么？
3. 什么是法人？法人应具备什么条件？法人民事权利能力和行为能力有何特点？
4. 合伙的特征有哪些？合伙的民事责任如何承担？
5. 试述个体工商户和农村承包经营户之间的区别以及他们如何承担民事责任。

四、案例训练题

[**案例** 1]

甲、乙、丙三人合伙成立了一个养鸡场,约定三人各出资 5000 元,并按出资比例分享收益和承担亏损。经营一年后,养鸡场亏损较多,共欠饲料公司款项 3 万元。丙提出要求退伙,甲、乙表示同意。三人达成了如下协议:丙退出合伙关系,放弃投入合伙财产的权利,丙不再承担合伙的任何债务。甲、乙又经营了一年,又欠饲料公司款项 2 万元。因养鸡场不能偿还债务,饲料公司以养鸡场为被告起诉至法院,要求偿还债务。

问题:

1. 丙的退伙是否有效？丙退伙时三人达成的协议是否有效？

2. 养鸡场的债务应如何清偿？

[案例 2]

2008 年 3 月，甲、乙、丙、丁按照《中华人民共和国合伙企业法》的规定，共同投资设立一从事商品流通的有限合伙企业。合伙协议约定了以下事项：(1)甲以现金 5 万元出资，乙以房屋作价 8 万元出资，丙以劳务作价 4 万元出资，另外以商标权作价 5 万元出资，丁以现金 10 万元出资；(2)丁为普通合伙人，甲、乙、丙均为有限合伙人；(3)各合伙人按相同比例分配盈利、分担亏损；(4)合伙企业的事务由丙和丁执行，甲和乙不执行合伙企业事务，也不对外代表合伙企业；(5)普通合伙人向合伙人以外的人转让财产份额的，不需要经过其他合伙人同意；(6)合伙企业名称为"稳信物流合伙企业"。

问题：

1. 合伙人丙以劳务作价出资的做法是否符合规定？

2. 合伙企业事务执行方式是否符合规定？

3. 关于合伙人转让出资的约定是否符合法律规定？

4. 合伙企业名称是否符合规定？

5. 各合伙人按照相同比例分配盈利、分担亏损的约定是否符合规定？

[案例 3]

甲、乙、丙三人出资设立 A 有限合伙企业，其中甲、乙为普通合伙人，丙为有限合伙人。在合伙企业经营期间，发生以下事项：

(1)丙对丁表示自己是普通合伙人，代表合伙企业与丁签订了 500 万元的买卖合同。丁按照合同约定向合伙企业发货，由于合伙企业的全部财产只有 300 万元，不足以清偿 500 万元的货款。

(2)丙同 A 合伙企业进行了 120 万元的交易，合伙人甲认为，由于合伙协议对此没有约定，因此，有限合伙人丙不得同本合伙企业进行交易。

(3)丙自营同 A 合伙企业相竞争的义务，获利 150 万元。合伙人乙认为，由于合伙协议对此没有约定，因此，有限合伙人丙不得自营同本合伙企业相竞争的义务，其获利 150 万元应当归 A 合伙企业所有。

问题：

1. 根据本题要点(1)所提示的内容，指出债权人丁能否就 A 合伙企业不能清偿的 200 万元向有限合伙人丙追偿？说明理由。

2. 根据本题要点(2)所提示的内容，指出甲的主张是否符合法律规定？说明理由。

3. 根据本题要点(3)所提示的内容，指出乙的主张是否符合法律规定？说明理由。

[案例 4]

1985 年 12 月，长径电扇厂与轻工业供销公司签订了一项合同，约定由电扇厂向轻工业公司提供小电扇1万台。交货期为1986年1～10月。1986年初，轻工业供销公司向电扇厂汇去20万元，但直至年底未见电扇厂发货。经多方催促，未见回音，轻工业供销公司遂向法院起诉。法院经审理查明，长径电扇厂由于经营不善，已于1985年11月倒闭，留有原厂长组成清算小组处理善后。因此，该厂与轻工业供销公司签订合同时已不具备法人资格，合同应属无效，长径电扇厂因此而取得的对方款项应如数归还。

问题：

1. 什么是清算小组？其职责是什么？

2. 企业关闭期间能否以原法人名义与他人签约？

[**案例5**]

2006年12月12日，甲、乙两人合资开办了一家智昌网络技术服务有限责任公司，向工商局办理了注册登记。其中甲出资6万元，乙向朋友丙借款4万元，作为自己的出资。2007年1月，公司只剩下1万元存款，而负债却高达6万元，其中向个体户丁借款4万元，向某电脑公司购买电脑欠货款2万元。网络公司因此宣告破产，网络公司破产后，丙、丁都找到甲、乙两人，要求他们清偿欠款，甲、乙提出其所开办的公司为有限责任公司，只能以账面所剩的1万元资金在三者之间按2∶2∶1的比例清偿，丙等人不同意，便向人民法院起诉。

问题：

请问该债务应当由谁承担？

学习单元四　民事法律行为

学习目标

知识目标：

- 了解民事法律行为的分类及意义，附条件、附期限的民事法律行为的概念；
- 理解民事法律行为的概念、特征；附条件、附期限的民事法律行为的分类和效力；
- 掌握民事法律行为的有效要件；瑕疵民事行为的类型；民事行为无效的后果。

能力目标：

- 能够根据民事法律行为的有效要件判断具体的民事行为的效力；
- 能够对欠缺有效条件的民事行为依实际情况进行处理；
- 能够根据相关的理论和法律规定，处理民事行为纠纷。

【引导案例】

甲为某个体工商户，负责销售食品，因经营不善，欠乙食品生产公司50万元，现还款期已到。为还款，甲将其好友丙因出国而寄放在甲处的一辆汽车，以自己的名义出售给丁。甲考虑到丙两个月内可能回国，遂与丁约定，如果两个月内甲的儿子大学毕业后不回家工作，该买卖合同生效，但丁可以先付款并开走汽车。后来丁知道汽车并非是甲所有，于是请求退回汽车，要求甲退款。戊知晓甲急需用钱的处境，遂提出要以30万元的价格购买甲一件祖传古玩（估价为50万元），甲因一时无法找到买主，只好答应了戊的要求。

问题：

1. 甲与丁之间的买卖汽车行为的效力如何？丁有什么权利救济自己？
2. 甲与丁关于买卖汽车的约定属于什么性质的民事行为？
3. 甲与戊之间的买卖古玩的行为效力如何？为什么？

专题一　民事法律行为的要件

一、民事法律行为的概念与特征

（一）民事法律行为的概念

《民法通则》第54条规定："民事法律行为是指公民或法人设立、变更、终止民事权利和民事义务的合法行为。"据此,民事法律行为是指民事主体基于意思表示而实施的能够产生一定民事法律后果的合法行为。

民事行为是民事法律行为的上位概念。民事行为是民事主体基于意思表示而实施的能产生一定民事法律后果的行为。民事行为包括民事法律行为、无效民事行为、可变更或可撤销的民事行为、效力待定的民事行为,但不包括侵权行为、违约行为、无因管理行为等事实行为。

(二)民事法律行为的特征

1.民事法律行为是以意思表示为必备要素的民事行为

所谓意思表示,是指行为人将期望发生某种法律效果的内心意思以一定的方式表示于外部的行为。意思表示的成立应具备两个要素:一是"意思",即行为人希望设立、变更、终止民事权利和民事义务的内心想法和主观愿望。二是"表示",即行为人将"内在意思"以一定的形式表现于外部,并足以为外界客观理解的行为。意思表示的形式主要有口头形式、书面形式、默示形式和其他形式。意思表示是民事法律行为的核心,任何民事法律行为都必须具备意思表示这一要素。有的民事法律行为只要有一个意思表示即可成立,如设立遗嘱;有的民事法律行为需要有两个相对的意思表示才可成立,如签订买卖合同;有的民事法律行为需要有两个相同方向的意思表示才可成立,如订立合伙协议。

2.民事法律行为是以发生一定的民事法律后果为目的的行为

民事法律行为是行为人的一种有意识、有目的的活动,其最终的结果是要设立、变更、终止一定的民事权利义务关系。这里的行为人是指民事主体,包括自然人、法人和其他组织。民事法律行为所要求的目的性,只是一种可能性,不具有必然性,仅指行为人实施行为时所追求的法律后果。这一特征使民事法律行为与事实行为、侵权行为等非表意行为区别开来,后者所引起的法律后果都是根据法律的直接规定而产生的。

3.民事法律行为是合法行为

《民法通则》第57条规定:"民事法律行为从成立时起具有法律约束力。行为人非依法律规定或者取得对方同意,不得擅自变更或者解除。"因此,民事法律行为是受到法律承认和保护的民事行为,就其本质特征而言,是一种合法行为。只有合法的民事行为,才能发生当事人预期的民事法律后果。违法的民事行为不是民事法律行为,不能得到法律的承认和保护。这里的"合法"是指民事法律行为的内容和形式符合法律的要求或者不违背法律的强制性规定和社会公共利益。

二、民事法律行为的分类

[事例1] 王某向李某求购蜂蜜,李某说今年蜂蜜减产,价格涨了,20元一斤,要买就要快一点。王某怕李某反悔,坚持要求签订书面合同,合同内容为李某卖给王某蜂蜜一吨,价格为20元一斤,李某交付蜂蜜后10日内王某付款。为了保证王某按时付款,李某

要求王某的朋友赵某作担保。试分析:王某与李某从事民事法律行为所属的种类。

民事法律行为从不同的角度,按照不同的标准,可以作出不同的分类。

1.单方民事法律行为与多方民事法律行为

这是以民事法律行为的成立是由一方还是多方的意思表示为标准所作的分类。单方民事法律行为,是指仅需当事人一方的意思表示,无须再有其他当事人的同意就能成立的民事法律行为。如设立遗嘱、债务的免除、债权的转让等。多方民事法律行为,是指需要两个以上的多方当事人相互对应的意思表示一致才能成立的民事法律行为。事例1中,李某与王某签订的蜂蜜买卖合同,须两人意思表示一致才能成立,属于多方民事法律行为。

区分单方民事法律行为和多方民事法律行为的意义在于:法律对其成立的要求不同,单方民事法律行为只要行为人一方作出意思表示即可成立;多方民事法律行为则需要各方当事人的意思表示达成一致才能成立。

2.财产法律行为与身份法律行为

这是以民事法律行为发生的效果内容是财产性还是身份性为标准所作的分类。财产法律行为,是以发生财产上法律效果为目的的行为,其后果是在当事人之间发生财产关系的变动,如买卖行为、债权让与、债务承担及债务的免除。民事法律行为多数为财产行为。身份法律行为,是以发生身份上法律效果为目的的行为,其后果是在当事人之间发生身份关系的变动,如结婚、离婚、收养、解除收养等行为。事例1中,李某与王某签订蜂蜜买卖合同,王某的目的是取得蜂蜜,李某的目的是取得价款,属于财产法律行为。

区分财产法律行为与身份法律行为的意义在于:(1)适用的法律规范不同。财产法律行为主要适用财产法规范。身份法律行为主要适用身份法规范。(2)法律效果的性质不同。财产法律行为的目的是取得财产。身份法律行为的目的在于取得或丧失身份,维持伦理秩序,通常不能由代理人代理。

3.有偿法律行为与无偿法律行为

这是以民事法律行为是否要求对方给付相应的对价为标准所作的分类。有偿法律行为,是指行为人双方须为对价的行为,即一方当事人为对方承担某种民事义务时,有权要求对方当事人承担对等给付的民事义务,如买卖、租赁等。所谓对价,是指一方为换取对方的利益而付出的代价,如买卖行为中,买方为获得对方的货物而支付价金,即为对价;而卖方交付货物,也为对价。须注意的是,对价并非指双方当事人所获利益的绝对相等,只要一方承担的给付是以另一方承担的对待给付为条件即可。无偿法律行为是指一方当事人从对方取得利益无须给付相应对价的民事法律行为,如赠与行为、无偿保管、无偿借款等。在无偿民事法律行为中,一方当事人让与对方某项权利可以附加一定的义务。如甲赠与乙一辆汽车,但要求乙每天接送自己上下班。乙虽然负担了义务,但该义务不是取得汽车的对价,故该行为仍是无偿法律行为。有偿法律行为与无偿法律行为的区分仅对财产行为具有意义，身份行为不存在对待给付的问题。事例 1 中，李某取得价款须以交付蜂蜜为对价，王某取得蜂蜜须以交付价款为对价，二者的行为形成对待给付，属于有偿法律行为。

区分无偿法律行为和有偿法律行为的意义在于：(1)对行为性质的认定。法律规定某些民事法律行为必须是有偿的或无偿的，如买卖行为必须是有偿的，赠与行为必须是无偿的。(2)对行为效力的认定。当有偿法律行为显失公平时，受损害人有权请求变更或撤销，而无偿法律行为则不存在显失公平的问题。(3)对行为人责任的认定。有偿法律行为当事人的责任一般重于无偿法律行为当事人的责任。无偿法律行为当事人一般只在有故意和重大过失的情况下承担责任。(4)对行为能力的认定。有偿法律行为的当事人须具有相应的民事行为能力，而限制民事行为能力人、无民事行为能力人可以独立实施纯受益的无偿法律行为。

4.诺成性法律行为与实践性法律行为

这是以民事法律行为在意思表示之外是否还需要交付标的物为成立要件为标准所作的分类。诺成性法律行为，又称“不要物行为”，是指仅以当事人的意思表示一致为成立要件的民事法律行为，如买卖、租赁、承揽等。大多数民事法律行为都属于诺成性民事法律行为。实践性法律行为，又称“要物行为”，是指除当事人意思表示一致外，还需要以标的物的实际交付作为成立要件的民事法律行为，如借用行为、保管行为。事例 1 中，王某与李某签订的蜂蜜买卖合同自双方当事人意思表示一致时即告成立，而无须蜂蜜的实际交付，属于诺成性法律行为。

区分诺成性法律行为和实践性法律行为的意义在于：(1)二者成立的条件不同。诺成性法律行为仅依行为人的意思表示一致即可成立，实践性法律行为除意思表示一致外，还需要交付标的物才能成立。(2)二者成立的时间不同。诺成性法律行为自当事人意思表示一致时起成立，实践性法律行为自标的物交付时起成立。

5.要式法律行为与不要式法律行为

这是以民事法律行为的成立是否必须具备特定的形式为标准所作的分类。要式法律行为，是指依法律规定或双方当事人约定，必须采取某种特定的形式或履行特定的程序才能成立的行为，如不动产产权转移必须经过登记，双方当事人约定建设工程合同须办理公证。要式法律行为如果欠缺法律规定或双方当事人约定的形式要件，则不能发生法律效力。不要式法律行为，是指法律不要求特定形式，行为人可自由选择某种形式即能成立的行为。民法贯彻当事人意思自治原则，除法律规定或当事人特别约定外，均为不要式行为。事例 1 中，王某怕李某反悔，坚持要签订书面合同，李某同意。该买卖行为即为要式法律行为。

区分要式法律行为与不要式法律行为的法律意义主要是正确确定法律行为的成立与否。不要式法律行为当事人自由选择行为方式，要式法律行为须采取法定或约定的方式才能成立。

6.有因法律行为与无因法律行为

这是以民事法律行为的成立和生效是否需要给付原因为标准所作的分类。有因法律行为,简称“有因行为”,是指与原因不可分离的行为,原因不存在,法律行为就不能成立生效。所谓原因是指当事人承担义务的法律目的,即民事法律行为的目的。如买卖行为的原因,买方为取得标的物的所有权,卖方为取得价款。无因法律行为,简称“无因行为”,是指行为与原因可以分离,不以原因为成立要素的行为。如票据行为、债权转让或债务承担行为。无因法律行为并非没有原因,而指原因无效并不影响行为的效力。如签发支票必有签发的原因,或作为付款方式或无偿赠与,但票据行为与上述原因彼此分离,原因的瑕疵不影响票据的效力。事例1中,王某与李某签订的买卖合同是典型的有因行为。王某交付价款的原因在于取得李某的蜂蜜,李某交付蜂蜜的原因在于取得王某的价款,如果双方对蜂蜜的价格、等级等发生重大误解,则因原因行为有瑕疵而导致民事行为成为可变更、可撤销的民事行为。

区分有因法律行为与无因法律行为的意义在于:有因法律行为如原因不存在,则行为无效;无因法律行为,原因不存在或原因有瑕疵时,行为有效,仅发生不当得利问题。这种分类只限于财产法上的行为,身份行为不存在此种区分。

7.主法律行为与从法律行为

这是以民事法律行为之间的相互关系为标准所作的分类。主法律行为,是指在两个有联系的法律行为中,不需要借助于其他法律行为的存在就可独立存在的行为。从法律行为,是指依附其他民事法律行为的存在而存在的行为。如订立借贷合同时,出借方为了保证借贷方能够到期还本付息,要求借贷方提供抵押物作为债权的担保,又订立了抵押合同。在这两个行为关系中,借贷行为是主法律行为,依附于借贷行为存在的抵押行为是从法律行为。事例1中,王某与李某签订的买卖合同是主法律行为,李某要求王某的朋友赵某作担保的行为,则需要依附于买卖合同而存在,是从法律行为。

区分主法律行为与从法律行为的意义在于:从法律行为的成立及效力均取决于主法律行为的成立及效力。主法律行为不成立,从法律行为也不成立;主法律行为无效,从法律行为也无效;主法律行为消灭,从法律行为也消灭。

8.生前法律行为与死后法律行为

这是以民事法律行为效力的发生是在当事人生前还是死后为标准所作的分类。生前法律行为,又称“生存行为”,是在行为人生前发生法律效力的法律行为。多数法律行为属于生前法律行为。死后法律行为,又称“死因行为”,是指于行为人死亡后方发生法律效力的法律行为,如遗嘱。事例1中,王某与李某的买卖合同自书面合同签字之日起生效,是生前法律行为。

区分生前法律行为与死后法律行为的意义在于确定法律行为的效力。生前法律行为能够在行为人生前发生效力，而且有的法律行为只能发生在行为人生前，如成立公司。死后法律行为却只能在行为人死亡后生效。

9.单务法律行为与双务法律行为

这是以民事法律行为双方当事人权利义务的关系为标准所作的分类。单务法律行为，是指一方当事人仅负担义务而另一方当事人仅享有权利的法律行为，如赠与行为。双务法律行为，是指双方当事人互负义务、互享权利的法律行为，一方当事人义务的履行即是另一方当事人权利的实现，如买卖合同。一般情况下，双务法律行为是有偿法律行为，单务法律行为是无偿法律行为。事例1中，王某与李某签订的买卖合同即是典型的双务法律行为，二者互负义务，互享权利，一方义务的履行即为对方权利的实现。

区分单务法律行为与双务法律行为的意义主要在于二者的法律后果不同。除法律另有规定或当事人另有约定外，双务法律行为的当事人应当同时履行义务，一方未履行义务时无权要求对方履行义务，单务法律行为不发生此种法律后果。

三、民事法律行为的成立要件

［**事例2**］　甲现年17岁，在某电器维修部工作，收入较高，但仍与父母同住。一日，甲购买一只价值5000元的钻戒送给女友。甲父得知后，以甲不具有相应的行为能力为由要求甲的女友归还钻戒。甲的弟弟乙(9岁)接受了从英国回来的叔叔送给他的一台价值1万元的电脑。甲所在的装修公司丙在完成一项工程后，将剩余的木地板、厨卫用具等卖给了乙物业管理公司。但甲营业执照上的核准经营范围并无销售地板、厨卫用具等业务。试分析：甲、乙、丙行为的效力。

民事法律行为的成立要件，是指民事行为能够按照行为人意思表示的内容发生法律效果所应当具备的法定条件。民事法律行为的有效要件包括一般有效要件、特别有效要件和形式有效要件三种。

(一)民事法律行为的一般有效要件

《民法通则》第55条规定："民事法律行为应当具备下列条件：(一)行为人具有相应的民事行为能力；(二)意思表示真实；(三)不违反法律或者社会公共利益。"任何民事法律行为都需要具备上述三个要件方可有效成立。

1.行为人具有相应的民事行为能力

民事法律行为是基于内心的意思而作出的，行为人必须具有预见其行为性质和后果的相应的民事行为能力，这是民事法律行为成立的首要条件。行为人行为时如果不具有相应的民事行为能力，则会使从事的民事行为无效或成为可变更、可撤销的民事行为。对于自然人而言，18周岁以上的完全民事行为能力人可以以自己的行为取得民事权利，履行民事义务。已满16周岁的未成年人能以自己的劳动收入作为主要的生活来源的，视为完全民事行为能力人。限制民事行为能力人只能从事与其年龄和智力、精神健康状况相当的民事行为,其他行为由其法定代理人代理,或者征得其法定代理人的同意后实施。无民事行为能力人不能独立实施民事行为,必须由其法定代理人代理。事例 2 中,甲的年龄虽未满 18 周岁,但却能以自己的劳动收入作为主要的生活来源,应视为完全民事行为能力人,因而甲购买钻戒的行为及赠与钻戒的行为应为有效的民事法律行为。甲父不能以甲不具有相应的行为能力为由要求甲的女友归还该钻戒。

在司法实践中,无民事行为能力的未成年人所进行的某些习惯所允许的或与日常生活密切相关的细小民事行为,如购买橡皮、文具,乘坐公共汽车买票等,一般认为是有效的。另外,无民事行为能力人和限制民事行为能力人实施接受奖励、赠与、报酬等对本人有利而又不损害他人利益的"纯获法律上利益"的行为是民事法律行为,合法有效,他人不得以行为人无民事行为能力为由,主张行为无效。事例 2 中,9 岁的乙接受其叔叔赠与电脑的行为是纯获法律上利益的行为,是有效的民事法律行为。

对于法人而言,法人的民事行为能力是由法人核准登记的经营范围决定的,法人只能在核准登记的经营范围内活动,如果从事核准经营范围以外的经营活动,它就没有与此相适应的民事行为能力。但是,从维护相对人的利益和维护市场关系的稳定性出发,当事人超越经营范围的活动,人民法院不一概认定其行为无效,只有其违反国家限制、特许经营以及法律、行政法规规定禁止经营的行为无效。法人或其他经济组织的法定代表人、负责人超越权限订立合同的,除相对人知道或应当知道其超越权限的以外,该代表行为有效。事例 2 中,丙的行为虽然超越了经营范围,没有相应的民事行为能力,但并未违反国家禁止经营规定,可以视为有效的民事法律行为。

2.行为人的意思表示真实

民事法律行为以意思表示作为构成要素,行为人的意思表示必须真实。意思表示真实指行为人在自觉、自愿的基础上作出的表示行为与其内在真实意愿相一致。它包括两方面含义:(1)行为人的意思表示须是行为人自愿作出的,不是受他人欺诈、胁迫或在自己重大误解等情况下作出的。(2)行为人的意思表示须是真实的,即行为人的主观意愿和外在的意思表示是一致的。事例 2 中,甲购买价值 5000 元的钻戒送给女友的赠与行为、从英国回来的叔叔送给甲的弟弟乙电脑的赠与行为均为当事人真实、自愿的意思表示,是当事人主观意愿与外在表示的一致。

3.内容不违反法律或者社会公共利益

不违反法律或者社会公共利益是民事法律行为的本质要求。不违反法律,是指行为不违反法律、行政法规的强制性规定的要求,如不得买卖禁止流通物、不得买卖走私物品等。社会公共利益是指不特定多数人的利益,我国社会生活的政治基础、社会秩序、道德准则和风俗习惯等均包括在内。

(二)民事法律行为的特别有效要件

某些民事行为因其特殊性,其生效除具备民事行为的一般生效条件外,还须具备一些特别的条件。这些特殊民事行为及其需要具备的特别生效条件主要有：死因行为以行为人死亡为特别生效条件，如立遗嘱的行为，该行为在具备一般有效要件后并不立即发生法律效力，只有在立遗嘱人死亡这一特别要件成立时，遗嘱才发生法律效力；附生效条件的民事法律行为在所附条件成就时发生法律效力；附始期的民事法律行为在始期到来时生效；要式民事法律行为以具备法律规定或当事人约定的特定形式而生效。

（三）民事法律行为的形式有效要件

［**事例 3**］　甲租住乙的房屋，签订了书面合同，约定租期为 3 年，每月 28 日甲向乙支付下月的房租。3 年租期届满后，双方未续签合同，但甲没有搬走，乙也没有要求甲搬走。甲又向乙支付下月的房租，乙欣然接受。试分析：甲、乙租赁合同的效力。

民事法律行为的形式有效要件是指行为人在进行民事法律行为时采取的法律规定的形式。《民法通则》第 56 条规定："民事法律行为可以采取书面形式、口头形式或者其他形式。法律规定用特定形式的，应当依照法律规定。"民事法律行为的形式主要有下列几种：

1. 口头形式

口头形式是指用口头语言进行意思表示的方式，包括当面交谈、电话交谈、托人代口信等。口头形式的法律行为，优点是简便、迅速，缺点是缺乏书面记载，一旦发生纠纷，不易确定行为人之间的权利和义务。因此，口头形式大多适用于即时清结、数额较小的民事法律行为。

2. 书面形式

书面形式是指以书面文字的方式进行意思表示。书面形式属于要式法律行为的一种形式，是否采用，或由法律规定，或由当事人约定，主要适用于数额较大、内容复杂，经过一段时间才能清结的交易行为。书面形式又可以分为一般书面形式和特殊书面形式：

(1)一般书面形式。指行为人用文字记载来进行意思表示，并在签名盖章后即可发生法律效力，不需要再履行其他法律手续的形式，如书面合同、授权委托书、信件、数据电文(包括电报、电传、传真、电子数据交换和电子邮件)、图表等。事例 3 中，甲与乙签订书面租赁合同，约定租期、租金交付方式等内容，租赁合同自双方签字之日起生效。

(2)特殊书面形式。指行为除了用文字形式表达自己的内在意思外，还需要履行其他法律手续的形式。通常包括以下种类：①公证形式。民事法律行为是否需要进行公证，通常由当事人自愿选择。但法律规定某些民事法律行为进行公证才能发生法律效力的，必须进行公证。如外国人在我国收养子女必须采用公证形式。②审查批准形式。审查批准是指国家行政主管机关或有行政审批权的其他组织根据行为人的申请，依照法律法规规定的权限程序进行审查后，准予其从事特定活动、认可其资格资质、确认特定民事法律关系的行为。如《中外合资经营企业法》第 3 条规定，合营各方签订的合营协议、合同、章程，应报国家对外经济贸易主管部门审查批准。③登记形式。登记是指国家行政主管机关根据行为人的申请，依据法律法规规定的权限和程序，对行为人的意思表示予以确认并颁发登记证书的行为。如《婚姻法》第 8 条规定:“要求登记的男女双方必须亲自到婚姻登记机关进行结婚登记。”④鉴证形式。鉴证是指由国家工商行政管理机关或其他有关主管机关对行为人申请的书面民事法律行为(一般指书面合同)的真实性和合法性进行审查、鉴定并加以证明。鉴证形式一般采用自愿原则。

3. 视听资料形式

视听资料形式是指通过现代化的科学技术成果来表达行为人的意思表示的形式,包括以录音、录像、语音、图像等视听资料形式实施的民事法律行为。

4. 推定形式

推定形式,又称为“默示形式”,是指行为人并不直接用口头形式或书面形式进行意思表示,而是通过实施某种行为来进行意思表示。《合同法》第 22 条规定:“承诺应当以通知的方式作出,但根据交易习惯或者要约表明可以通过行为作出承诺的除外。”《合同法》第 236 条规定:“租赁期间届满,承租人继续使用租赁物,出租人没有提出异议的,原租赁合同继续有效,但租赁期间为不定期。”事例 3 中,甲乙虽未续订合同,但从双方的行为可推定二人又继续履行原合同的意思表示。因而,甲乙的房屋租赁合同继续有效,租赁期为不定期。

5. 沉默形式

沉默形式是指行为人既不用语言表示,也不用行为表示,而是以消极的不作为方式进行意思表示,即根据行为人的沉默来推定其具有某种意思。沉默只有在特殊情况下,即行为人约定或法律规定意思表示可以沉默形式作出时,沉默才可以作为民事法律行为的形式。如《合同法》第 171 条规定:“试用买卖合同的买受人在试用期内可以购买标的物,也可以拒绝购买。试用期届满,买受人对是否购买标的物未作表示的,视为购买。”《继承法》第 25 条第 2 款规定:“受遗赠人应当在知道受遗赠后两个月内,作出接受或者放弃受遗赠的表示。到期没有表示的,视为放弃受遗赠。”

专题二　附条件与附期限的民事法律行为

行为人在实施民事法律行为时,为了对将来不确定的风险作事先的安排,常常会对民事法律行为的效力附加一定的限制,法律在尊重行为人意思自治的基础上,设立了两项制度以供选择:一是条件,二是期限。

一、附条件的民事法律行为

[**事例** 4]　甲有雪佛兰汽车一辆,2010 年甲打算出国定居,甲与乙约定,如果甲在国外生活习惯定居国外,则将雪佛兰汽车作价 5 万元卖给乙。试分析:甲与乙买卖汽车行为的效力。

[**事例** 5]　甲有闲置房一套出租给乙,甲、乙双方在房屋租赁合同中附加如下条件:

如果甲的儿子大学毕业后回家工作,房屋租赁合同终止。试分析:甲与乙房屋租赁合同的效力。

(一)附条件的民事法律行为的概念

《民法通则》第62条规定:"民事法律行为可以附条件,附条件的民事法律行为在符合所附条件时生效。"《合同法》第45条第1款规定:"当事人对合同的效力可以约定附条件。附生效条件的合同,自条件成就时生效。附解除条件的合同,自条件成就时失效。"可见,附条件民事法律行为是指在民事法律行为中规定一定条件,并且把该条件的成就与否作为确定民事法律行为发生法律效力或者失去法律效力的根据的民事法律行为。民事法律行为所附条件是指当事人约定的决定民事法律行为的效力发生和消灭的特定事实,所附条件可以是自然现象、事件或人的行为。事例4与事例5都是附条件的民事法律行为,事例4所附的条件是"甲在国外生活习惯定居国外",事例5所附的条件是"甲的儿子大学毕业回家工作",这两个条件的成就与否能决定特定民事法律行为的效力发生和消灭:事例4的条件是否成就决定甲与乙买卖合同是否成立;事例5的条件是否成就决定甲与乙的租赁合同是否终止。

(二)民事法律行为所附条件的特征

1. 条件应是将来发生的事实

条件必须是行为人实施民事法律行为时尚未发生的事实。实施行为时已经发生的事实不能作为条件。行为人把已知的已发生的事实作为条件时,如果该条件决定着法律行为效力的产生,则视为该法律行为未附加任何条件;如果该条件决定着民事行为效力的消灭,则视为行为人并不希望从事该民事行为,因而该民事行为应宣告无效。事例4与事例5中,甲与乙约定的事实都是尚未发生的事实:事例4中甲尚未出国,是否习惯国外生活、定居国外是将来可能发生的事实;事例5中,租赁合同订立时甲的儿子尚未大学毕业,毕业后是否回家也是将来可能发生的事实。

2. 条件应是不确定的、可能发生或可能不发生的事实

条件在将来是否必然发生,行为人是不能肯定的,如果是能够肯定将来必定会发生或根本不会发生的事实,不能作为民事法律行为所附的条件。如果行为人将根本不可能发生的事实作为民事行为生效的条件,则视为行为人根本就不希望从事该项民事行为,已经成立的民事行为无效。如甲向乙表示如果太阳从西方升起,我就把房屋赠给你。甲将根本不可能发生的事实作为条件,因而行为无效;相反,如果行为人把不可能发生的事实作为民事行为失效的条件,则视为未附任何条件。事例4和事例5中,甲在国外生活是否习惯和回国的事实和甲的儿子大学毕业是否回家工作的事实是不确定的,可能发生,也可能不发生。

3. 条件应是行为人约定的事实

民事法律行为中所附的条件,只能是行为人协商议定的事实,而不能是法律规定或者

合同性质决定的事实。凡是民事法律行为中附有法定条件的，应视为未附条件，民事法律行为当然有效。事例 4 与事例 5 中，甲与乙签订汽车买卖合同和房屋租赁合同所附的条件都是双方协商议定的事实。

4. 条件应是合法的事实

民事法律行为所附条件，目的在于决定民事法律行为的效力，违反法律和社会公共利益的条件不能作为民事法律行为所附的条件。若所附条件违法，则民事法律行为无效。如甲与乙素有积怨，为了报复乙，甲与丙协商并承诺：如果丙将乙打伤，则赠与丙 5000 元。由于甲所附条件违法，该行为当然无效。事例 4 中甲与乙买卖合同所附的条件和事例 5 中甲与乙租赁合同所附的条件都系双方当事人平等协商的合法事实，能决定该特定民事法律行为的效力。

(三)民事法律行为所附条件的分类

1. 延缓条件与解除条件

这是根据条件对民事法律行为效力所产生的作用不同所作的分类。

(1)延缓条件。延缓条件，又称“停止条件”，指民事法律行为所确定的民事权利和民事义务要在所附条件成就时才能发生法律效力。附延缓条件的民事法律行为，在延缓条件成就以前，行为已经成立，行为人之间的权利义务已经确定，但效力处于停止状态。在延缓条件成就前，权利人尚不能主张权利，义务人没有履行义务的责任；当条件成就时，行为方发生法律效力；若条件不成就，行为则失去效力。因此，延缓条件的作用是推迟民事法律行为发生法律效力。如甲、乙约定，待甲获准迁移北京时，甲以 1500 元价格将其冰箱出售给乙。“甲获准迁移北京”便是该买卖行为所附的延缓条件，条件成就时(甲获准迁移北京)，买卖行为发生法律效力，甲应将冰箱卖给乙；条件不成就(甲未获准迁移北京)，则该买卖行为就不发生法律效力，甲不用将冰箱卖给乙。事例 4 中，“甲在国外生活习惯定居国外”便是该汽车买卖行为所附的延缓条件，在条件成就以前，汽车买卖行为不发生效力；当条件成就时，该买卖行为才发生效力。

(2)解除条件。解除条件，又称“消灭条件”，指民事法律行为所确定的民事权利和民事义务在所附条件成就时失去法律效力。附解除条件的民事法律行为，在所附条件成就以前，已经发生法律效力，行为人已开始行使权利和履行义务；当条件成就时，行为失效；若条件不成就，行为保持其法律效力。因此，所附解除条件的作用是使已经发生法律效力的民事法律行为失去法律效力。事例 5 中，“甲的儿子大学毕业回家工作”便是该房屋租赁行为所附的解除条件，在条件成就以前，租赁房屋的法律行为已经生效；当条件成就时，租赁房屋的法律行为失效。

2. 肯定条件与否定条件

这是以某种客观事实的发生或不发生为标准所作的分类。

(1)肯定条件。肯定条件，又称“积极条件”，指以发生某种客观事实为所附条件的内容。肯定条件以一定客观事实的发生为条件成就，而以所附事实不发生为条件不成就。事例 4 与事例 5 中所附的条件都是肯定条件，以“甲在国外生活习惯定居国外”、“甲的儿子大学毕业回家工作”这两个事实的发生为条件成就的标志。

(2)否定条件。否定条件，又称“消极条件”，指以不发生某种事实为条件的内容。否定条件与肯定条件相反，它以一定事实的不发生为条件成就，以一定事实的发生为条件不成就。如甲、乙签订种子供应合同，乙考虑到种子尚未通过有关部门的鉴定，故在合同中附上“如未通过鉴定，合同终止”的条件，此条件即为否定条件。

(四)对附条件民事法律行为的保护

附条件的民事法律行为是当事人基于意思自治原则，使行为人的动机获得法律表现的形式，因而受到法律的保护。按照法律的要求，作为条件的事实必须是因其自然进程发生或不发生的，不能受任何一方当事人的影响，否则，都难免对他方当事人产生不公平的结果。《合同法》第 45 条第 2 款规定：“当事人为自己的利益不正当地阻止条件成就的，视为条件已成就；不正当地促成条件成就的，视为条件不成就。”

二、附期限的民事法律行为

(一)附期限民事法律行为的概念

附期限的民事法律行为，是指在民事法律行为中约定一定期限，并把该期限的到来作为行为人的民事权利和民事义务发生、变更、消灭的前提的民事法律行为。《合同法》第 46 条规定：“当事人对合同的效力可以约定附期限。附生效期限的合同，自期限届至时生效。附终止期限的合同，自期限届满时失效。”附期限与附条件都是对民事法律行为的效力的某种限制，都是期待中的未来事实。不同之处在于：期限是确定的要到来的事实；而条件的成就与否具有不确定性。将来事实的发生是必然的还是可能的，是区分附期限还是附条件的界限。

(二)期限的分类

1. 延缓期限和解除期限

这是根据所附的期限对民事法律行为的效力所起的作用不同所作的分类。

(1)延缓期限。延缓期限，又称为“生效期限”，是指决定法律行为效力发生的期限。附延缓期限的民事法律行为，在所附期限到来之前，行为虽已成立，但不发生法律效力，待到期限届至时，行为才开始发生法律效力。因此，延缓期限又称为“始期”。如甲、乙双方约定，自房屋租赁合同成立之日起 15 日内，出租人甲将出租的房屋交付给承租人乙使用。这里“自房屋租赁合同成立之日起 15 日内交付房屋”的约定即是所附的始期。

(2)解除期限。解除期限，又称为“终期”，是指终止法律行为效力的期限。附解除期限的民事法律行为在所附期限到来之前，行为人已经行使权利和履行义务，行为已发生法律效力，在约定的期限到来时，行为的法律效力终止。如甲与乙汽车租赁公司订立租车合同，租赁期限为1年，在租赁期限届满前，甲有权使用汽车，乙有义务交付租赁的汽车。1年期限届满，即所附期限到来，该汽车租赁合同终止。

2.确定期限与不确定期限

这是以民事法律行为所附期限是否确定为标准所作的分类。

(1)确定期限。确定期限是指不但期限事实的发生已确定，而且其发生的时期也已确定，如甲乙约定，2011年5月1日交付货物。

(2)不确定期限。不确定期限是指期限事实的发生虽已确定，但其发生时期不确定，如甲与乙约定，甲父死亡之后，甲将房子出租给乙。

(三)对期限的限制

民事法律行为中所附的期限一般应当明确具体，法律不允许对法律行为附加不能的期限。另外，法律行为所附的期限应合法，所附期限违法的，视为法律行为完全未附期限。

专题三　欠缺有效条件的民事行为

欠缺有效条件的民事行为，是指因在不同程度上缺少民事法律行为有效条件，导致不发生法律效力或法律效力处于不确定状态的民事行为。由于该民事行为在实施过程中，缺少根本性或非根本性的有效条件，导致该民事行为要么从行为开始起就没有法律约束力；要么，表意人依法可以变更或撤销；要么，等待第三人依法追认或否认其法律效力。欠缺有效条件的民事行为包括无效的民事行为、可变更或可撤销的民事行为和效力未定的民事行为三种类型。

一、无效民事行为

(一)无效民事行为的概念和特征

1.无效民事行为的概念

无效民事行为是指不具备或不完全具备民事法律行为的有效条件，不发生当事人预期法律后果的民事行为。无效民事行为也能产生一定的法律后果，但由于其欠缺民事法律行为的有效条件，因而不能产生行为人进行民事行为时所预期的民事法律后果，而是产生与行为人预期的法律后果不同的甚至相反的法律后果。

2.无效民事行为的特征

(1)无效民事行为是欠缺民事法律行为有效条件的民事行为。无效民事行为虽然也是行为人以意思表示为要素，以发生一定民事法律后果为目的的行为，但由于其严重欠缺民事法律行为的有效条件，并且欠缺的条件行为人不能予以补正，因而不会发生行为人预期的法律后果。无效民事行为可分为全部无效的民事行为和部分无效的民事行为。全部无效的民事行为是指民事行为完全不具备民事法律行为的有效要件，所有的行为全部无效。部分无效的民事行为是指当民事行为的一部分内容不具备民事法律行为的有效要件时，该部分民事行为不具有效力，其他部分仍具有效力。如甲因购买住房向乙借款50万元，约定年利率为20%。同期银行的年贷款利息为4%。根据法律规定，自然人之间的借款合同约定支付利息的，借款的利率不得违反国家有关限制借款利率的规定，即利率的最高限额不得超过同期中国人民银行贷款利息的4倍。故甲乙之间的借款利率违反法律规定的最高利率，超出法定最高限额的部分无效，其余部分有效。

(2)无效的民事行为自始不发生效力。《民法通则》第58条第2款规定："无效的民事行为，从行为开始起就没有法律约束力。"这一特征使其与成立时发生法律效力而后归于无效的民事行为区别开来。

(3)无效的民事行为是确定的、当然的、绝对无效的民事行为。所谓确定无效是指无效的民事行为，从开始时就没有效力，以后任何事实都不能使之有效。如私人之间买卖文物的行为，即使当事人之间加以确认，也不能使合同有效。所谓当然无效是指如果民事行为无效，不论当事人是否提出主张，是否知道无效的情况，也不论是否经过人民法院或仲裁机构的确认，该民事行为都是无效的。所谓绝对无效是指无效的民事行为绝对不发生效力，即意思表示的内容绝对不被法律所承认。

(二)无效民事行为的种类

《民法通则》第58条规定："下列民事行为无效：(一)无民事行为能力人实施的；(二)限制民事行为能力人依法不能独立实施的；(三)一方以欺诈、胁迫的手段或者乘人之危，使对方在违背真实意思情况下所为的；(四)恶意串通，损害国家、集体或者第三人利益的；(五)违反法律或者社会公共利益的；(六)经济合同违反国家指令性计划的；(七)以合法形式掩盖非法目的的。"《合同法》对无效民事行为的种类进行了一定的修正。《合同法》第52条规定："有下列情形之一的，合同无效：(一)一方以欺诈、胁迫的手段订立合同，损害国家利益；(二)恶意串通，损害国家、集体或者第三人利益；(三)以合法形式掩盖非法目的；(四)损害社会公共利益；(五)违反法律、行政法规的强制性规定。"据此，可将无效民事行为作如下分类：

1.行为人不具有行为能力的民事行为

(1)无民事行为能力人实施的民事行为。无民事行为能力人实施的民事行为有两种：一是纯获利益的行为和处分零花钱的行为，这是有效的民事行为。二是除上述情况之外的其他民事行为，都应由其法定代理人代理，无民事行为能力人自己实施的一概无效。如9岁的小学生甲从家里拿了1000元钱，到商场去给自己买了一部手机，就是无效民事行为。

(2)限制民事行为能力人实施的依法不能独立实施的民事行为。限制民事行为能力人实施的民事行为也有两种情况：一是纯获利益的行为和与其年龄、智力、精神健康状况相适应的行为。这是有效的民事行为。二是依法不能独立实施的民事行为。这种行为须事先取得法定代理人的允许或事后得到法定代理人的追认方为有效的民事行为；如果事先既没有取得法定代理人的允许，事后也没有得到法定代理人的追认，则该行为为无效的民事行为。

2.一方以欺诈、胁迫的手段实施的损害国家利益的民事行为

[事例6] 甲是某国有食品销售公司的总经理，因其生活不检点，与乙女有不正当关系。丙是某食品生产公司的销售员，由于偶然的机会知道了甲与乙的不正当关系。丙以告发甲与乙的不正当关系相要挟，让甲高价购买其食品。甲怕事情败露，不得不答应丙的要求。试分析：甲与丙的行为是否有效？

依《民法通则》第58条第1款第3项的规定，一方以欺诈、胁迫的手段实施的民事行为是无效民事行为。《合同法》第52条和第54条从保护国家利益和平衡当事人利益出发，对《民法通则》进行了修改，将因欺诈、胁迫、乘人之危，使对方在违背真实意思的情况下实施的民事行为从无效修改为可变更、可撤销的民事行为，只有该行为的结果损害国家利益时，才是无效的民事行为。事例6中，丙以告发甲的隐私胁迫甲订立了不公平的合同，侵害了国家利益，属于无效的民事行为。

3.恶意串通，损害国家、集体或者第三人利益的民事行为

[事例7] 某医院药品采购部门采购员甲，在与某药品生产企业销售员乙洽谈采购药品时，为了获得回扣，与乙恶意串通，故意抬高药品进价。试分析：甲与乙的行为是否有效？

恶意串通，是指行为人双方为牟取不正当利益，互相勾结串通实施的有损于国家、集体或第三人利益的民事行为。其构成要件是：(1)当事人双方在实施民事行为时有损害国家、集体或者第三人利益的共同故意。(2)行为人双方有串通一气、互相勾结的民事行为。(3)行为的目的是损害国家、集体或第三人的利益，而使自己获得非法利益。事例7中，甲与乙恶意串通，为获取回扣，故意抬高药品进价，损害了广大患者的利益，也扰乱了国家对药品的管理秩序，是无效的民事行为。

4.以合法形式掩盖非法目的的民事行为

[事例8] 甲与房地产开发商乙签订一份商品房买卖合同，乙为少交契税，建议将部分购房款算作装修费用，甲未表示反对。后发生纠纷，甲以所付装修费用远远高于装修标准为由，请求法院对装修费用予以变更。试分析：甲与乙的行为是否有效？

以合法形式掩盖非法目的的民事行为，是指行为人为规避法律适用，达到违法目的，而实施的表面具有合法形式而实质上为非法行为的民事行为。这类行为包括两种情况：一是为达到违法目的而实施伪装的民事行为。如为逃避追赃或人民法院强制执行其财产，以伪装的买卖行为或赠与行为转移财产。二是为达到违法目的以一个伪装的民事行为掩盖真实的民事行为。这类行为由于行为人欲达到的目的是违法的，不能得到法律的保护，应属无效民事行为。事例8中，乙为达到逃税的目的少写购房款，系以合法形式掩盖非法目的的民事行为，故甲、乙的行为是无效民事行为。

5.损害社会公共利益和违反法律、行政法规的强行性规定的民事行为

损害社会公共利益的民事行为，指损害公共秩序与善良风俗的民事行为。这类行为包括：(1)行为本身违反了社会公共利益，有悖于社会公共道德要求，如赌博或鼓励赌博。(2)限制他人或自己权利能力或行为能力的某些行为。如约定一方死亡后另一方永远不得再结婚的契约应属无效。(3)行为本身也许不损害社会公共利益，但所附的条件损害了社会公共利益。如与国家机关工作人员约定，由其履行职务而给予报酬的行为。违反法律、行政法规的强行性规定的民事行为因不具有合法性，其无效是当然的。

二、可变更、可撤销的民事行为

(一)可变更、可撤销民事行为的概念

可变更、可撤销的民事行为是指行为人的意思表示有瑕疵或行为内容显失公平时，行为人可以请求人民法院或者仲裁机构予以变更或撤销的行为。意思表示有瑕疵是指行为人内在意思与外在表示不一致或意思表示不自由，导致行为人表现于外部的意思表示并非其内心真实的意思表示，从而欠缺民事行为生效的要件。行为内容显失公平着眼于实施民事行为的后果，注重对客观因素的考察，以弥补主观因素的不足。当行为出现上述情况时，法律并不使之绝对无效，而是权衡行为人的利害关系，赋予表意人变更权和撤销权。所以，可变更、可撤销民事行为的效力只是相对的无效，最终有效与否，取决于行为人的意志。可变更、可撤销民事行为制度的设立，既体现了法律对公平交易的要求，又体现了意思自治原则，是这两种价值的调和。

(二)可变更、可撤销民事行为的种类

《民法通则》第59条规定："下列民事行为，一方有权请求人民法院或者仲裁机关予以变更或撤销：(一)行为人对行为内容有重大误解的；(二)显失公平的。被撤销的民事行为从行为开始起无效。"《合同法》第54条规定："下列合同，当事人一方有权请求人民法院或者仲裁机构变更或者撤销：(一)因重大误解订立的；(二)在订立合同时显失公平的。一方以欺诈、胁迫的手段或者乘人之危，使对方在违背真实意思的情况下订立的合同，受损害方有权请求人民法院或者仲裁机构变更或者撤销。当事人请求变更的，人民法院或者仲裁机构不得撤销。"可以看出，《合同法》第54条对《民法通则》的规定进行了修改，将一方以欺诈、胁迫的手段或者乘人之危使对方在违背真实意思的情况下订立的合同修改为可变更、可撤销的民事行为。以欺诈、胁迫的手段所为的民事行为，只有在损害国家利益的情形下才属于确定无效的民事行为。

1.重大误解的民事行为

[事例9]　甲在政府部门有一亲戚乙，一日乙对甲说，为了刺激东部经济发展，政府打算开通一条贯穿城市东西部的快速公交线路。甲听说后，心想东部地带现在房价很低，一旦线路开通，房价必然上涨。于是甲迅速与某开发商签订了在城市东部购买4套房子

的合同。半年后，乙告诉甲，由于条件不成熟，快速公交线路最近几年不可能开通。甲非常后悔，要求与开发商解除购房合同，称之所以签订此4套房屋的买卖合同，系因重大误解所致。试分析：对甲之主张能否支持？

重大误解是指行为人对行为的性质、对方当事人、标的物的品种、质量、规格和数量等的错误认识，使行为的后果与自己的意思相悖，造成较大损失的意思表示。

构成重大误解的民事行为，必须符合以下条件：(1)行为人一方在主观上对行为构成的主要方面有重大误解。民事行为构成的主要方面是指民事行为性质、主体(对方当事人)、标的物等要素。如把对方的借贷要约意思表示当作赠与意思表示而承诺，把对方当事人张三误认为李四，把复制品误认为是真品等。事例9中，甲的错误发生在动机上，而非对行为内容的误解，动机错误不是影响意思表示生效的因素。对于这种投资错误的风险，法律不允许以重大误解为由主张撤销合同，以保护交易安全。(2)行为人基于重大误解作出了意思表示，即行为人的意思表示与重大误解有因果关系。(3)意思表示的内容与行为人的真实意思相悖。(4)行为人的误解必须是重大的，造成了较大的损失，即按照行为内容履行的结果对误解人显失公平。(5)误解是由表意人自己的过失或相对人的过失造成的。

因重大误解而为的民事行为，是由于行为人主观认识上的错误造成的，使行为后果与行为人的真实意愿相违背。因此，为了维护当事人的合法权益和正常的经济关系，应允许行为人请求变更或撤销。

2.显失公平的民事行为

[**事例10**] 甲为某市卫生局的管理人员，经常到乙的饭店吃饭。一日甲的亲戚丙找到甲，说自己的儿子结婚，正在找饭店预定婚宴，问甲能否帮忙，甲一口应下。甲找到乙，旁敲侧击地让乙在最优惠的价格基础上再优惠2000元。乙无奈，只得答应。但乙如果承办这次婚宴，不但不能赚钱，反而要赔1000元。试分析：甲与乙民事行为的效力。

显失公平的民事行为，是指一方当事人利用优势或者利用对方没有经验，致使双方的权利与义务明显违反公平、等价有偿原则的行为。

显失公平的民事行为的构成应符合以下条件：(1)行为在成立时就显失公平。如果不是行为成立时就存在显失公平，则属于商业风险或者情事变更。如甲与乙订立买卖合同，在订立时价格合理，在合同履行时标的物的市场价格狂跌或暴涨，买方或卖方均不得以显失公平为理由主张撤销合同。(2)行为结果对一方当事人重大不利，而另一方当事人获得的利益超过了法律允许的限度，即获取了暴利。(3)造成显失公平的原因是一方当事人利用自己的优势或利用对方没有经验，利益受损一方当事人所实施的民事行为不是出于其真实意思表示。事例10中，甲利用自己的优势与乙订立了不平等协议，明显违反了等价有偿的原则，是显失公平的民事行为；但甲的行为尚不构成胁迫，因其只是利用自己的身份对乙施加了不正当影响，致使乙的意思表示不真实。

3. 因欺诈而为的民事行为

[事例 11] 甲手表厂为纪念 2008 年北京奥运会，特制纪念手表 2008 只，每只售价 2 万元。其广告宣传主要内容为：(1)纪念表为金表；(2)纪念表镶有进口钻石。乙相信其宣传后购买一只手表，不久手表颜色褪去。经鉴定，该纪念表为镀金表，进口钻石为进口人造钻石，每粒价格为 1 元，手表成本约 1000 元。试分析：甲与乙民事行为的效力。

因欺诈而为的民事行为，指一方当事人因受对方当事人欺诈而陷入错误，从而作出不真实意思表示的民事行为。

因欺诈而为的民事行为的构成要件包括：(1)欺诈人有欺诈的行为。欺诈行为主要表现为虚构事实、隐瞒真相等，可以是作为，也可以是不作为。如商品的出售人明知自己的商品存在瑕疵，但却故意隐瞒，不履行告知义务，骗取消费者购买。(2)欺诈人必须有欺诈的故意，即欺诈人明知自己的欺诈行为会使对方当事人陷入错误而作出非真实意思表示，并希望或放任这种结果的发生。(3)受欺诈人因受欺诈而陷入错误，并基于错误而作出非真实意思表示，即受欺诈一方当事人陷入错误并基于错误所作出的意思表示与欺诈行为有因果关系。事例 11 中，甲手表厂采用虚构事实、隐瞒真相的方法，将本价值 1000 元的手表售价 2 万元，是典型的欺诈行为，故乙可以请求撤销或变更购买手表的行为。

4. 受胁迫而为的民事行为

[事例 12] 某日甲在家门口碰巧发现乙开车撞伤一人后逃逸。几天后，甲家门口贴出一张告示，上面写如果谁发现了肇事者并愿意作证，受害者愿意奖励他 10000 元。甲找到乙，以告发乙的这一行为相要挟，要求乙把其收藏的一幅古画卖给自己，乙因恐惧而被迫低价将画卖给甲。试分析：甲与乙民事行为的效力。

受胁迫而为的民事行为指行为人以现实的危害行为相逼迫或以将要实施的危害行为相威胁而使对方陷入恐怖，从而作出不真实意思表示的民事行为。因受害人受到胁迫而产生恐惧心理，其所为的民事行为不是其真实的意思表示，因而法律允许受胁迫一方在胁迫消除后一定时间内撤销该民事行为。受胁迫而为的民事行为的构成要件包括：

(1)胁迫人有胁迫的行为。胁迫行为指以给自然人及其亲友的生命健康、名誉、荣誉、财产等造成损害，或者以给法人的名誉、荣誉、财产等造成损害为要挟，从而使对方当事人陷入恐惧的违法行为。胁迫的对象既可以是对方当事人，也可以是当事人的亲属。胁迫的手段可以是使用暴力或扬言使用暴力，也可以是非法使用行政手段或诉讼强制措施，还可以是以揭发隐私、举报犯罪相要挟等。

(2)胁迫行为具有违法性。胁迫的本质在于对表意人的自由意思加以干涉，包括三种情形：一是目的违法，手段也违法。如甲对乙说，你不在伪造的证书上签名，就烧你家房子。二是目的合法，但手段违法。如甲对乙说，你不履行债务，我就揍你。三是目的违法，但手段合法。如甲以检举乙的犯罪事实为手段，胁迫乙签订有利于自己的合同。

(3)胁迫人有胁迫的故意。胁迫故意是指胁迫人有通过胁迫行为而使表意人产生恐惧，并因此而为意思表示的主观状态。

(4)胁迫行为与受害人产生恐惧及进行意思表示之间存在因果关系。首先，胁迫行为与对方当事人恐惧心理的产生有因果关系，胁迫行为足以引起对方当事人的恐惧。二是受胁迫人因惧怕而作出了迎合胁迫人的不真实意思表示。

事例12中，甲以告发乙的肇事行为胁迫乙，使乙产生恐惧，并因恐惧而作出了违背其真实意愿的意思表示——低价将其收藏的古画卖给甲。甲的行为构成胁迫，乙可以请求法院或仲裁机构予以变更或撤销。

5.乘人之危的民事行为

[事例13] 甲家境贫寒，母亲病重，无钱救治，向乙借钱。乙乘此机会要求甲将其房屋以低于市场价格一半的价格卖给自己。甲原本不愿出售此房，但迫于急需用钱抢救母亲，便违心将房子卖给了乙。试分析：甲出卖房屋行为的效力。

乘人之危的民事行为，是指行为人乘对方当事人处于危难之机，为牟取不正当利益，迫使对方作出不真实的意思表示，严重损害对方利益的行为。乘人之危的受害人一方因危难所迫，其意思自由受到妨碍，因而作出违背真实意思的表示，欠缺了意思表示真实的有效条件，受害人一方可以请求变更或撤销。乘人之危民事行为的构成要件包括：

(1)一方当事人即受害人处于危难之中，即当时行为人本人生命、自由、财产或其亲属、好友的生命、自由处于紧急危难状态，而不是一般的生活困难。只有一方处于危难之际，对方才有机可乘。

(2)另一方当事人故意实施了乘人之危的行为，即行为人明知受害人正处于急迫需要或紧急危难的境地，却故意加以利用，提出苛刻条件，使受害人因此而被迫作出对行为人有利的意思表示。

(3)受害者的意思表示与乘人之危行为之间有因果关系，即受害人因危难所迫作出接受乘人之危一方当事人提出的苛刻条件的意思表示，对自己显失公平，遭受重大损害。如果受害人因没有经验，缺乏判断力等原因作出意思表示，不构成乘人之危。

事例13中，乙明知甲处于危难之际，却借此机会压低价格购买甲的房屋。甲因急需用钱，迫不得已作出违背真实意愿的意思表示将房屋卖给乙，使自己受到重大损失。乙的行为构成乘人之危行为。

(三)可变更、可撤销民事行为的撤销

1.可变更、可撤销民事行为的效力

可变更、可撤销民事行为从成立时具备民事行为生效条件，具有法律效力，但其法律效力具有相对性，即允许当事人变更或撤销。民事行为经变更或撤销后，其效力溯及到民事行为成立时，即撤销使其无效的，自始无效。权利人明确表示放弃变更权、撤销权，或未在法律规定的期间内行使变更权、撤销权的，该民事行为即成为确定有效的民事法律行为。

2. 撤销权的性质

撤销权在性质上属于形成权，是权利人以其单方的意思表示撤销已经成立的民事行为的权利。享有撤销权的当事人称为撤销权人。撤销权人撤销民事行为的意思表示无须相对人同意，即能产生撤销民事行为的效力。

3. 撤销权人

享有撤销权的当事人包括：发生重大误解的一方或双方当事人、显失公平的受害人、受欺诈人、受胁迫人和乘人之危的受害人。另外，在遗嘱人死亡后，遗嘱的撤销权属于该遗嘱的直接受益人。

4. 撤销权的行使

享有撤销权的当事人可以在变更请求与撤销请求之间任作选择。撤销权人应依法向人民法院或仲裁机构提出变更或撤销的请求，直接向对方当事人提出的，不产生撤销的法律效果。当事人请求变更，经审查成立的，人民法院或者仲裁机构应当予以变更，不得撤销；当事人请求撤销的，人民法院或仲裁机构可以根据实际情况，作出变更或撤销的决定，以平衡双方当事人的利益。

5. 撤销权的消灭

撤销权因下列事由而消灭：

(1)除斥期间的经过。撤销权的行使期间为除斥期间。依《合同法》第 55 条规定，撤销权人自知道或应当知道撤销事由之日起 1 年内行使撤销权，超过撤销权的行使期间，撤销权人未行使撤销权的，撤销权消灭，可变更、可撤销民事行为成为确定有效的民事法律行为。

(2)撤销权人放弃撤销权。《合同法》第 55 条规定，具有撤销权的当事人知道撤销事由后明确表示或者以自己的行为放弃撤销权，撤销权消灭。所谓明示放弃，即撤销权人明确地向对方说明将不行使撤销权。所谓默示放弃，即撤销权人通过自己的行为向对方表明将不行使撤销权，如在知道撤销事由后，撤销权人仍然向对方继续履行义务。

三、效力待定的民事行为

(一)效力待定的民事行为的概念

效力待定的民事行为，是指民事行为虽已成立，但其有效或无效处于不确定状态，需要等待享有追认权的第三人作出追认或拒绝的意思表示后，才能确定其效力的民事行为。

效力待定的民事行为的效力在其成立时是不确定的，它既非有效，亦非无效，而是处于悬而未决的不确定状态之中，其效力确定，取决于享有形成权的第三人的行为。该第三人称为同意权人或追认权人，对效力待定的民事行为享有同意或拒绝的权利。效力待定的民事行为经同意权人同意后，其效力溯及于行为成立时自始有效；经同意权人拒绝，即确定地自始无效。

(二)效力待定的民事行为的种类

1.限制民事行为能力人依法不能独立实施的民事行为

[事例 14] 杨某15周岁,智力超常,大学三年级学生。杨某因有某项发明,而与刘某达成转让该发明的协议。试分析:杨某与刘某民事行为的效力。

自然人实施的民事法律行为,必须具有相应的民事行为能力。限制民事行为能力人可以独立实施纯获利益的或者与其年龄、智力、精神健康状况相适应的民事行为,其他行为则须由其法定代理人代理,或者征得其法定代理人的同意后实施。限制民事行为能力人实施的超越其行为能力范围的民事行为,属于效力待定的民事行为,如获法定代理人追认的,则成为确定有效的民事法律行为;如法定代理人未予追认或拒绝追认的,则成为确定无效的民事行为。《合同法》第47条规定:"限制民事行为能力人订立的合同,经法定代理人追认后,该合同有效,但纯获利益的合同或者与其年龄、智力、精神健康状况相适应而订立的合同,不必经法定代理人追认。"

事例14中,杨某15岁,为限制行为能力人,签订发明转让协议的行为显然超出其行为能力范围,所以,杨某的行为属于效力待定的民事行为。

2.无权代理行为

[事例 15] 甲在自己的服装店向乙出售一套价值2000元的西装,甲临时出去,委托前来看望他的朋友丙照看一下商店。甲走后,乙要求丙将西装卖给他,丙说需等甲回来。后丙见乙要走,于是答应替甲出售西装,双方协商以1800元成交。甲回来后,觉得卖亏了,于是找到乙要求退回西装。试分析:乙与丙民事行为的效力。

无权代理行为指行为人无代理权,而以被代理人的名义所为的民事行为。无权代理包括三种情况:(1)没有代理权,即代理人在未获得任何授权的情况下以被代理人的名义从事活动。(2)超越代理权,即代理人虽享有一定的代理权,但其实施的行为超越了代理权的范围。(3)代理权终止后代理人继续以被代理人的名义从事活动。代理人以被代理人的名义对外实施的民事行为,只有在代理权限范围内才能对被代理人有效。无权代理能否发生法律效力,应取决于本人的意志。在本人未追认前,其效力处于未确定状态。只有本人予以追认,才能对本人发生法律效力。《合同法》第48条规定:"行为人没有代理权、超越代理权或者代理权终止后以被代理人名义订立的合同,未经被代理人追认,对被代理人不发生效力,由行为人承担责任。"

事例15中,丙卖给乙西装的行为属于无权代理,丙的任务只是帮甲照看一下商店。因此,甲可以撤销此行为,要求乙退回西装。

3.无权处分行为

[事例 16] 甲出国学习,将珍藏的一幅名画交给朋友乙保管,乙将此画挂在自家的客厅中。一日,丙到乙家做客时看到此画,以为该画是乙收藏的,欲以25万元的价格购买,乙当即应允,并未将实情告诉丙。后甲打电话给乙,说自己学习完毕后欲在国外定居,

托乙将名画卖掉，但不得少于20万元。试分析：乙与丙民事行为的效力。

无权处分行为指既无法律根据又未经权利人授权，而以自己的名义处分他人财产或权益的行为。无处分权人以自己名义处分他人权利，是对他人权利的侵犯。因此，能否确定这一处分行为的效力，应完全取决于有处分权的当事人的意思。如果经权利人承认或无处分权人事后依法取得处分权，无权处分行为即可成为确定有效的民事行为；如果权利人不承认无处分权人的行为，则无权处分行为成为确定无效的民事行为。《合同法》第51条规定："无处分权人处分他人财产，经权利人追认或者无处分权人订立合同后取得处分权的，该合同有效。"

事例16中，乙未经甲同意或授权，即擅自以自己的名义将名画卖给丙，属于无权处分行为。但后来甲授权乙将名画卖掉，此时乙取得处分权，且乙的处分行为在授权范围内，应认定乙的处分行为自始有效。

4.欠缺债权人同意的债务承担

[**事例17**]　甲厂系总部设在北京的食品加工企业，甲厂在济南设有分厂乙。乙与丙食品原料厂长期签订食品原料供应合同。乙生产的很大一部分食品卖给超市丁。后来由于经济效益不好，甲打算撤销设在济南的分厂乙。此时乙尚欠丙10万元食品原料费，丁欠乙12万元食品货款。乙告诉丙，所欠的10万元食品原料费可向丁讨要。丙不同意，坚持要乙亲自偿还。试分析：如何看待乙行为的效力？

债务承担是指债务人与第三人约定，由第三人承担债务人债务的民事行为。由于第三人的信用及履行能力对于债权人债权的实现有利害关系，所以要使债务承担行为对债权人有效，发生债务转由第三人承担的效力，就必须经债权人同意。未经债权人同意的债务承担不对债权人发生效力，不能发生债务移转的后果，债务人仍要承担履行债务的义务。《合同法》第84条规定："债务人将合同的义务全部或部分转移给第三人的，应当经债权人同意。"

事例17中，乙将对丙所负的10万元债务转移给丁，由丁承担10万元债务的清偿义务，这是债务承担，债务承担要取得债权人丙的同意方为有效。在丙同意之前，乙的行为属于效力待定的民事行为。丙对债务承担的问题不同意，则乙的行为属于无效民事行为，不对债权人丙发生效力，乙仍然要承担债务的清偿义务。

(三)效力待定的民事行为权利人的追认权

1.追认权人

追认权是一种形成权。追认权人追认或拒绝追认的意思表示自到达相对人时生效，无须相对人的承诺。前述四类效力待定的民事行为的追认权人分别为：限制民事行为能力人的法定代理人；被代理人(本人)；财产权人；债权人。限制民事行为能力人取得完全民事行为能力后，对其过去实施的效力待定的民事行为也享有追认权。追认权人对效力待定的民事行为既可以追认，也可以拒绝追认。

2. 追认权的行使

追认权的行使应采用明示的方式向相对人作出，沉默和推定不是追认的方式。如果在法律规定的期限内追认权人不作出追认或拒绝的意思表示，则视为拒绝追认。追认权人拒绝追认的，该民事行为自始无效。唯一例外的是在无权代理行为中，被代理人可以以行为的方式进行追认。《合同法》司法解释（二）第 12 条规定："无权代理人以被代理人的名义订立合同，被代理人已经开始履行合同义务的，视为对合同的追认。"效力待定的民事行为一经追认，便自始具有法律效力。《合同法》司法解释（二）第 11 条规定："根据合同法第 47 条、第 48 条的规定，追认的意思表示自到达相对人时生效，合同自订立时起生效。"

（四）相对人的催告权与撤销权

效力待定的民事行为是否有效，如果完全由追认权人来确定，对相对人来说是不公平的。为保障相对人的利益，法律赋予相对人催告权和撤销权。这里所称相对人，是指与限制行为能力人、无权处分人、无权代理人、债务转移人订立合同的关系人。

1. 相对人的催告权

催告权，是指相对人在得知自己与对方实施的民事行为有效力待定的事由后，将此事由告知追认权人，并敦促追认权人于限期内答复是否追认。相对人催告的意思表示必须明确地向追认权人作出，向他人作出不发生催告的效力。催告可以采取口头的形式，也可以采取书面或其他的形式。相对人可以催告追认权人在 1 个月内予以追认，追认权人在 1 个月内未作表示的，视为拒绝追认。

2. 善意相对人的撤销权

善意相对人的撤销权，是指在效力待定的民事行为被追认之前，善意相对人有主动撤销其意思表示的权利。相对人撤销的意思表示，可以向追认权人作出，也可以向对方行为人——限制行为能力人、无权代理人、无权处分人、债务转移人作出，相对人行使撤销权后，效力待定的民事行为自始无效。

善意相对人行使撤销权的条件是：(1)应在追认权人没有作出追认之前行使撤销权。如果追认权人已经作出了追认，那么行为的效力已经确定，相对人不得撤销。(2)撤销权只能由善意相对人行使。所谓善意是指相对人在行为时不知对方有能力欠缺等情形，如果相对人在行为时明知对方有能力欠缺等情形却仍与对方实施民事行为，相对人就不具有善意，不享有撤销权。(3)相对人行使撤销权应当采用明示的方式，即以通知的方式作出。

专题四　民事行为无效的后果

一、民事行为无效的原因

(一)民事行为无效的原因

民事行为之所以无效,有两种原因:一是民事行为因违反民事法律行为的根本有效条件,从成立时就确定无效;二是民事行为违反民事法律行为的非根本性有效条件,成为可撤销的民事行为或者效力待定的民事行为,撤销权人行使撤销权或者第三人拒绝追认从而使之无效。民事行为无效,对当事人不再具有法律约束力,不能发生行为人预期的民事法律效果。但是民事行为被确认无效和被撤销以后,也能引起一定的法律后果,这种后果直接依据法律规定产生。

(二)无效民事行为、可变更或可撤销民事行为与效力待定民事行为的区别

1.欠缺民事法律行为生效要件的性质不同

民事行为无效欠缺的是民事法律行为的根本生效要件,而民事行为的可变更、可撤销和民事行为的效力待定都是欠缺民事行为非根本性的生效条件。民事法律行为的根本性生效要件一般指行为内容不违反法律强制性规定或社会公共利益,非根本性的生效条件指行为人具有相应的民事行为能力和意思表示真实两个要件。

2.无效的条件不同

无效民事行为的无效是不附带条件的、绝对的无效,不论当事人是否主张无效,也不管人民法院是否确定该民事行为无效,都当然地不发生法律效力。而可变更、可撤销的民事行为的无效是有条件的、相对的无效,它以享有撤销权的当事人提出撤销要求,并且经人民法院或仲裁机构许可撤销为前提条件,在被撤销以前,该项民事行为仍然继续有效。效力待定的民事行为则是处于附有第三人同意或拒绝权的效力待定状态,既非无效,也非有效;民事行为的效力可因第三人同意而有效,也可因第三人拒绝而自始无效。

3.主张无效的当事人不同

民事行为无效无须当事人主张就本来无效,但有时当事人向人民法院或仲裁机构主张确认本来无效的事实时,当事人、利害关系人等均可主张,人民法院或仲裁机构也可依法主动确认。可变更、可撤销民事行为只能由享有撤销权的行为人请求变更或撤销,人民法院或仲裁机构也不主动去变更或撤销。民事行为效力待定也只有由享有追认权的第三人同意或拒绝使民事行为效力得以确定。

4.无效的时间不同

无效民事行为自始无效,对当事人没有法律约束力。可撤销的民事行为在被撤销前已经发生法律效力,对当事人有了法律约束力。只有在被撤销之后,才丧失法律上的效力。当事人须自行为成立时起1年内请求变更或撤销,如为合同,则应自知道有可变更、

可撤销的事由时起1年内请求变更或撤销。可撤销的民事行为一旦被撤销，撤销的效力溯及到民事行为开始时，使民事行为自始无效。对效力待定的民事行为，第三人应在法律规定的催告或追认期间内作出同意或拒绝的意思表示。

二、民事行为被确认无效的法律后果

《民法通则》第61条规定："民事行为被确认为无效或者被撤销后，当事人因该行为取得的财产，应当返还给受损失的一方。有过错的一方应当赔偿对方因此所受的损失，双方都有过错的，应当各自承担相应的责任。"《合同法》第58、59条规定："合同无效或者被撤销后，因该合同取得的财产，应当予以返还；不能返还或者没有必要返还的，应当折价补偿。有过错的一方应当赔偿对方因此所受到的损失，双方都有过错的，应当各自承担相应的责任。""当事人恶意串通，损害国家、集体或者第三人利益的，因此取得的财产收归国家所有或者返还集体、第三人。"据此，民事行为被确认无效后会发生以下法律后果：

（一）不得履行

民事行为被确认无效后，该行为不再具有履行的效力，尚未履行的，当事人不得履行；已经开始履行的，当事人应当停止履行。民事行为部分无效的，无效的部分不得履行，其他部分仍然有效，应当继续履行。

（二）返还财产

民事行为被确认无效后，当事人因该民事行为而取得的财产，应当返还给对方，返还有一方和双方返还。返还财产的范围，以全部返还为原则。对方给付的财产，无论返还时是否存在，原则上返还义务人必须按原数或原价返还。如果原物存在应以原物返还，否则应作价偿还。如果原物有损坏，应予修复后返还，或给付相当的补偿。如果对方给付的是金钱，除了返还本金外，还应按银行利率支付利息。如果对方给付的是劳务、无形财产或者其他不能返还的利益，则应折算为一定的金钱，予以偿还。

（三）赔偿损失

民事行为被确认无效后，有过错的当事人应当赔偿对方的损失；双方都有过错的，应各自承担相应的责任。赔偿损失包括两种情况：一是由于一方当事人的过错造成另一方当事人损失的，由有过错的一方当事人赔偿另一方当事人所受的损失；二是如果双方都有过错的，则由双方各自承担由于自己的过错给对方造成的损失。

（四）收归国家、集体所有或返还第三人

双方恶意串通，实施民事行为损害国家、集体或者第三人利益的，应当追缴双方取得的财产，收归国家、集体所有或者返还第三人。这里所说双方取得的财产，应包括双方当事人已经取得或约定取得的财产。

【引导案例分析】

1. 本问题主要考查欠缺民事法律行为成立要件的行为的效力。民事法律行为的成立

须有三个要件，即行为人有相应的行为能力、双方当事人意思表示真实、不违背法律和社会公共利益。前两个要件属于民事法律行为成立的非根本性要件，行为人如果欠缺非根本性要件，则该民事行为效力待定或可变更、可撤销；第三个要件属于民事法律行为成立的根本性要件，如果欠缺根本性要件，则该民事行为无效。甲将自己不具有处分权的汽车出卖给丁，属于无权处分行为，甲与丁之间的买卖汽车行为属于效力待定的民事行为。对此，丙可以通过行使追认权或拒绝权使之成为有效的民事行为或无效的民事行为。该买卖合同中善意的相对人——丁可以在权利人追认之前行使催告权或撤销权，催告权利人丙在一个月内予以追认，或者撤销无权处分行为，使民事行为归于无效。

2. 本问题主要考查附条件的民事法律行为的效力。甲与乙约定“如果两个月内甲的儿子大学毕业后不回家工作，该买卖合同生效”，即为该民事法律行为所附的条件，如果条件成就，则该买卖合同不能生效；如果条件不成就，则该买卖合同生效。

3. 本问题主要考查乘人之危的行为的效力。戊明知甲急需用钱，处于危难之际，而利用这种机会提出苛刻条件，逼迫甲接受自己的条件，从而使双方的权利义务显失公平。作为受害人，甲可以行使变更权或撤销权，请求人民法院或仲裁机构对戊乘人之危的行为予以变更或撤销。民事行为的效力经变更或撤销，其效力溯及至行为成立时，即民事行为自始变更或自始无效。

本单元重点内容图解

- 民事法律行为
  - 民事法律行为的要件
    - 民事法律行为的概念与特征
    - 民事法律行为的分类
    - 民事法律行为的成立要件
  - 附条件与附期限的民事法律行为
    - 附条件的民事法律行为
    - 附期限的民事法律行为
  - 欠缺有效条件的民事行为
    - 无效民事行为
    - 可变更、可撤销的民事行为
    - 效力待定的民事行为
  - 民事行为无效的后果
    - 民事行为无效的原因
    - 民事行为被确认无效的法律后果

同步训练

一、单项选择题

1. 无效民事行为在被确认无效之前(　　)

A. 当然无效　　B. 仍有效　　C. 可视为有效　　D. 可有效，也可无效

2. 王某带孩子在湖边散步，孩子一不小心掉入水中。王某自己不会游泳，急忙叫路过的李某去救孩子，李某说需要5000元钱，否则不管。王某情急之下只得答应。王某的行为属于(　　)的民事行为。

A. 受胁迫　　B. 显失公平
C. 乘人之危　　D. 部分胁迫，部分乘人之危

3. 可撤销的民事行为被撤销后，其行为(　　)
A. 从申请撤销时起无效　　B. 自始无效
C. 从法院判决撤销时起无效　　D. 是否发生效力由双方当事人协商确定

4. 附解除条件的民事法律行为，在条件成就时，其民事法律行为(　　)
A. 开始无效　　B. 效力终止　　C. 开始生效　　D. 继续有效

5. 附条件的民事法律行为，当事人为了自己的利益不正当地阻止条件成就的(　　)
A. 视为条件不成就　　B. 视为条件已成就
C. 该民事行为无效　　D. 为效力待定的民事行为

二、多项选择题

1. 民事法律行为的一般有效要件是(　　)
A. 行为人有相应的民事行为能力　　B. 意思表示真实
C. 不违反法律或社会公共利益　　D. 必须采用特定的表现形式

2. 甲与乙签订买卖汽车配件合同，该项民事行为属于(　　)
A. 单方民事法律行为　　B. 双方法律行为
C. 单务法律行为　　D. 诺成性法律行为

3. 下列(　　)的民事行为是可变更、可撤销的民事行为。
A. 重大误解　　B. 显失公平
C. 欺诈　　D. 以合法形式掩盖非法目的

4. 租赁合同期满后，承租人继续支付租金，出租人继续收取租金，即可推定双方均同意延长租赁期限。该行为属于(　　)形式的法律行为。
A. 口头　　B. 推定　　C. 明示　　D. 默示

5. 甲和乙约定，如果甲的儿子调到外地工作，则将其房子租给乙，该合同属于(　　)法律行为。
A. 附解除条件　　B. 附延缓条件　　C. 附期限　　D. 双方

三、重点思考题

1. 民事法律行为的特征。
2. 附条件民事法律行为与附期限民事法律行为的区别。
3. 无效民事行为的种类。
4. 可变更、可撤销民事行为的种类及效力。
5. 效力待定民事行为的种类及效力。

四、案例训练题

[案例 1]

小刚(12 岁),其叔叔(30 岁)赠与其一台价格 1000 元的学习机。小刚与同学小明(13 岁)关系很好,小刚想将学习机以 500 元的价格卖给小明,再买一个 MP4。小明回家告诉父亲,父亲表示同意,给了小明 500 元钱,小明以 500 元的价格买了小刚的学习机。小刚的叔叔和父亲听后都要求小明的父亲返还该学习机,小明的父亲则称是小刚自愿卖的,已经付过钱了,学习机现在已经属于小明了,不愿意退。在此期间,小刚偷偷用 500 元钱自己跑到商店买了一个 MP4。

问题:本案中涉及哪些民事行为,哪些是民事法律行为?

[案例 2]

甲出国委托乙保管一幅名画,乙挂之于厅堂。丙看见,以为是乙的,想用 10 万元购买。乙沉默不语。乙之子丁 15 岁,想买一部手机。丙遂对丁说,如果丁将画给他,则给他 2000 元。丁信以为真,将画卖给丙。后甲回国,向乙索取名画。

问题:乙的儿子将名画卖给丙的行为的效力为何?

[案例 3]

某照相器材商店购进一批新型相机,每部定价为 2998 元。售货员在制作标价牌时,误将 2998 元标为 998 元。某日,顾客 A 入店,发现在别处卖近 3000 元的相机在这里只卖 998 元,遂一下买了两部。事后,当售货员去库房取货时,才发现每部少收了 2000 元。店方根据顾客 A 的保修信息找到 A,要求退货或补足差价。A 称,自己买回两部相机是付了钱的,买卖已成交,不愿退货。

问题:

1. 商店与顾客 A 之间民事行为的性质如何?

2. 商店如何寻求救济?

[案例 4]

甲公司是劳务派遣公司,因业务工作需要想聘请一精通劳动法的律师作公司的常年法律顾问。张某是该市某律师事务所的劳动法知名律师,甲公司欲聘请其做常年法律顾问。甲公司的法定代表人赵某前往该律师事务所要与张某签订委托合同。该律师事务所接待赵某的是律师李某。赵某遂委托李某做公司的常年法律顾问并与该律师事务所签订了委托合同。律师李某刚执业不久,律师业务不是很精通。甲公司知道后,欲解除公司与该律师事务所的委托合同。为此引起纠纷。

问题:甲公司可否解除与该律师事务所的委托合同?为什么?

[案例 5]

2010 年 10 月 10 日清晨,孙某的妻子紧急分娩,孙某急忙搀扶妻子到马路边等候出租车。时值清晨,出租车极少,20 余分钟后,一辆出租车终于出现,出租车司机对孙某说,该车是新车，孕妇乘坐会弄脏车座，而且三人同时乘坐会增加燃油量，如果想坐，需要支付平常6倍的乘车费。孙某考虑到天色较早，搭乘出租车极为困难，且妻子的情况紧急，不得不同意。

问题：

1. 司机的行为是否构成乘人之危？

2. 本案应如何处理？

学习单元五　代　理

学习目标

知识目标：

• 了解代理的概念、种类；

• 理解代理的意义、转代理的含义；

• 掌握代理的特征，代理权的取得、行使，无权代理的法律后果，表见代理的构成要件以及后果。

能力目标：

• 能够应用代理进行民事法律行为；

• 能够正确认定和处理实践中的无权代理行为和表见代理行为。

【引导案例】

刘某在其商店里向丁某出售一套价值 2000 元的西服，恰好有人找刘某，要刘某去隔壁接电话，刘对前来看望他的朋友方某说："请帮我看管一下店，我马上回来。"刘某出去以后，丁某提出其有事不能久待，要求方某尽快将西服卖给他，方某说要等待刘某回来。后来方某见丁某要走，于是答应代替朋友出售该西服。经过讨价还价以 1800 元的价格将西服售出。刘某回来，认为西服卖亏了，立即找到丁某要求退款并取回西服。丁某以构成表见代理为由予以拒绝，双方为此发生争议。

• 问题：该纠纷如何处理？

专题一　代理的概念与适用

一、代理的概念

代理，是指代理人依据代理权，以被代理人名义与第三人实施民事法律行为，由此产生的法律后果由被代理人承担的法律制度。其中，代理人是指享有代理权代他人为法律行为的人；被代理人，也即本人，是指由他人代替自己行为并承受法律效果的人；第三人，是指与代理人进行民事法律行为的相对人。《民法通则》第 63 条对代理作了原则性的表述："公民、法人可以通过代理人实施民事法律行为。代理人在代理权限内，以被代理人的名义实施民事法律行为。被代理人对代理人的代理行为，承担民事责任。”

代理有广义与狭义之分。狭义的代理是指直接代理，又称“显名代理”，即代理人以本人的名义实施法律行为，而使其法律效果直接归属于本人。这一效力被称为“直接”是指：代理的效力是由其自身发生的，不需要由代理人通过一项特别的行为将行为效果转移给被代理人。代理人虽然实施了法律行为，但其不承担行为的法律后果。我国《民法通则》第63条所规定的代理是狭义的代理，即直接代理。广义的代理是指代理人以本人名义或自己名义，代本人为法律行为，而使所产生的法律效果直接或间接归属于本人，包括直接代理和间接代理。间接代理又称“隐名代理”，是指代理人以自己的名义进行民事法律行为，而使其后果间接地归属于被代理人。

二、代理的特征

从我国《民法通则》关于代理的规定以及代理的实质要求可以看出，代理具有以下特征：

(一)代理人必须以被代理人的名义进行代理活动

代理的法律效果并非归属于行为人自身，而是由被代理人承受。故法律要求行为必须以被代理人名义实施。所谓以被代理人的名义，就是指代理人代理民事行为时，直接以被代理人为民事法律关系的一方当事人，由其直接承受该民事行为所产生的权利义务和法律责任。代理的这一特点使它与行纪活动区别开来。

(二)代理人是在代理权限内独立向第三人为意思表示

代理权是代理人可以为被代理人进行民事法律行为的资格。代理人必须依据代理权，并在代理权限范围内为意思表示，这样才能体现被代理人的意志，为被代理人实现利益。代理人在代理权限范围内实施代理行为是由代理关系的本质属性所决定的。代理人超越代理权限的行为不属于代理行为，被代理人对此不承担责任。

但是，代理人在实施代理行为时有独立进行意思表示的权利。为了更好地完成代理事务，代理人在代理权限范围内可以根据代理活动的具体情况进行独立思考，自主作出相应的意思表示。比如甲委托乙代其购买自己所需要的商品，乙接受甲的委托授权后，其可以在选择第三人上进行独立意思表示；确定第三人后，也可以决定如何向第三人进行意思表示或者决定是否接受相对人的意思表示。这样代理人可以权衡利弊，在代理行为中为被代理人争取最大的利益。代理的这一特征，使代理人与居间人、传达人、见证人区别开来。

(三)代理的行为主要是民事法律行为

法律中创设代理制度的宗旨是为保障被代理人的利益得到充分及时的实现。法定代理是针对无民事行为能力人或者限制民事行为能力人提供保障而设立，因为这类主体因为行为能力的原因不能实施或者不能独立实施民事法律行为。委托代理则是针对那些虽然有行为能力，但因为专业知识、地域、时间等方面的原因自己不方便实施民事法律行为的民事主体而设立。因此，代理人在进行代理行为时就必须在遵循代理的宗旨下独立为意思表示，完成所代理的民事法律行为。代理的这一特征是区别代理和代办事务的标志。比如代人给病人送鲜花、代人抄写手稿、代拟合同文本、询价等行为，没有意思表示的特征，此行为不是民事法律行为，行为人的行为就不是代理，而是代办事务。

（四）代理行为的法律后果由被代理人（本人）直接承担

代理由代理人代理被代理人进行民事法律行为，是为了设定被代理人自己的民事权利和民事义务。所以，代理人与第三人进行的民事法律行为所产生的民事权利义务关系，直接归属于被代理人，由被代理人与第三人发生法律关系。代理人不因其所实施的民事法律行为直接取得任何个人利益。即使是由于代理人的过失而造成的不利后果，被代理人也必须承受，这是稳定代理关系所必需的。即使代理人所进行的民事行为是无效的，请求人民法院确认的权利也属于被代理人。

三、代理的适用范围

我国《民法通则》第 63 条第 1 款和第 3 款规定："公民、法人可以通过代理人实施民事法律行为"，"依照法律规定或者按照双方当事人约定，应当由本人实施的民事法律行为，不得代理"。据此民事代理的范围包括：

（一）代理民事法律行为

1. 合同行为。这是最主要的适用代理的民事法律行为，诸如买卖、承揽、租赁、债务履行、接受继承等，公民、法人均可以委托代理人代为办理。

2. 单方法律行为。如代理被代理人行使追认权、撤销权、抵销权等。

3. 准民事法律行为。如代理被代理人进行要约、承诺等。

针对"公民、法人可以通过代理人实施民事法律行为"的规定我们应作扩大解释。按照我国《民法通则》的规定，只有设立、变更和终止民事权利和民事义务的合法行为才是民事法律行为。这里的合法是指符合法律的规定。但一个行为是否符合法律的规定，行为人在行为时并不能确定，只有在行为后法律对其行为进行评价时才能确定。代理行为有可能不符合法律的规定，如代理签订合同行为可能出现主体意思表示不真实等情形，使代理行为出现可撤销、无效等情况，从而导致代理行为仅是民事行为而非民事法律行为。

（二）不能代理的行为

并非一切法律行为都可以适用代理。《民法通则》第 63 条第 3 款对代理的适用范围作了限制性规定。结合代理的本质要求，不能代理的行为具体表现在：

1. 根据法律规定或者行为性质必须由当事人亲自实施的民事法律行为。如结婚、离婚等具有人身性质的行为不能使用代理。又如根据演出合同的性质，演出义务必须由表演人亲自进行。

2.当事人约定必须由本人实施的民事法律行为。即使一般情况下可以适用代理，但如果当事人约定必须由本人实施的，本人不能委托他人代理。如要约人在要约中明确要求受要约人亲自作出的承诺方为有效，受要约人则不能由代理人代理。

3.违法行为不得代理。代理违法行为不发生代理的后果。《民法通则》第67条规定："代理人知道被委托代理的事项违法仍然进行代理活动的，或者被代理人知道代理人的代理行为违法不表示反对的，由被代理人和代理人负连带责任。"

4.事实行为不能代理。代理行为是以代理人在代理权限范围内独立为意思表示为特征，而事实行为不以意思表示为构成要素，因而不适用代理的规定。

四、民事代理的意义

代理制度的存在有重要的现实意义，具体表现在：

(一)弥补民事主体的民事行为能力

《民法通则》规定，一切自然人都有民事权利能力，但无民事行为能力或者限制民事行为能力的未成年人及精神病人，却不能以自己的行为实现其民事权利。对于他们的民事权利保护和实现只能依赖代理制度。所以我国法律规定了法定代理和指定代理，由代理人帮助其实施民事法律行为，以保护这些缺乏民事行为能力的人的合法权益。

(二)扩张民事主体的民事行为能力

《民法通则》规定，精神状态正常的成年人具有完全行为能力，但这些民事主体由于在法律专业知识上、精力上、时间上、身体健康上、地域上等方面的原因，往往不方便实施某些民事行为。通过适用委托代理，可以使得这些主体把自己的事情由自己信任之人或者具备专业才能的代理人进行代理，既能处理自己的事务，又能取得比自己实施更好的法律效果。对于法人和其他组织来说，代理制度同样有着不可或缺的作用。法人业务范围广数量大，更有些业务法律专业性强，大量复杂的具体业务经营活动，其管理机关和法定代表人一不可能事必亲为，二不可能都能熟悉相关的法律知识，由代理人代为处理更为及时和专业。

五、代理的分类

[**事例1**] 甲公司委托乙、丙前往东北采购大豆。二人到达东北某市后，丙因生病住进当地医院。经公司同意，丙委托当地熟悉行情的丁与乙一起与该市戊公司签订了20吨大豆的购销合同。次日乙接到戊公司的电话，称有一批质量优良的大米待售，问其公司是否需要。乙想到丙确实曾经说过公司也需要大米，就以甲公司的名义与戊公司签订了10吨大米的购销合同。不久戊公司将上述两批货物送到，并要求支付货款。因甲公司已经与另一家公司签订了大米的购销合同，因此要求退货。试分析：本案中乙、丙、丁的代理种类为何？

(一)委托代理、法定代理和指定代理

根据代理权产生根据的不同,代理可以分为法定代理、委托代理和指定代理。

委托代理,是指基于被代理人的委托授权而产生代理权的代理。委托代理行为所享有的代理权,是被代理人授予的,所以委托代理又称"授权代理"。授权行为是一种单方民事法律行为,仅凭被代理人一方授权的意思表示,代理人就取得代理权,故委托代理又称为"意定代理"。委托代理是最常见、最广泛的一种代理形式。

委托代理产生于被代理人的授权行为,通常被代理人之所以会授权给代理人代理权,是因为他们之间存在一个基础法律关系,如委托合同关系。委托合同是委托人与受托人之间通过合意形成的以建立委托关系的协议,是一种双方民事法律行为。在有了委托合同的基础上,委托人进一步对受托人进行授权,受托人(代理人)才取得委托代理权从而进行委托代理行为。实践中,劳动关系和合伙关系也会成为授权行为的基础关系。事例 1 中,乙和丙作为甲公司的职员,其代理甲公司购买大豆的行为是在劳动关系的基础上经过公司授权而产生的委托代理。

法定代理,是指基于法律的直接规定而产生的代理。我国《民法通则》第 14 条规定:"无民事行为能力人、限制民事行为能力人的监护人是他的法定代理人。"由此可知,法定代理是为无民事行为能力人或者限制民事行为能力人设立的代理方式。其设立的目的主要是为了实现和保护被监护人的合法权益。

指定代理,是指代理人根据人民法院的或者其他有权指定的机关的指定而产生的代理。指定代理是在无民事行为能力人和限制民事行为能力人在既没有法定代理人也没有委托代理人的情况下,由有关机关为其指定代理人。根据《民法通则》的规定,人民法院、未成年人父母的所在单位或精神病人的所在单位、未成年人或精神病人住所地的居民委员会或者村民委员会有权指定代理人。

(二)一般代理与特别代理

以代理权限范围为标准,可分为一般代理与特别代理。

一般代理,是指代理权范围及于代理事项的全部,故又称"概括代理"、"全权代理"。

特别代理,是指代理权被限定在一定范围或一定事项的某些方面的代理,又称"部分代理"、"特定代理"或"限定代理"。

通常情况下,为被代理人利益而为的管理行为,如代理被代理人为保存、改良、利用等,不涉及被代理人的利益的处分,代理权限为一般代理。对于涉及被代理人利益处分的代理行为,如买卖、抵销等行为,代理权限则需要被代理人的特别授权。

(三)单独代理与共同代理

以代理权授予一人还是多人为标准,代理可划分为单独代理与共同代理。

单独代理,又称"独立代理",指代理权仅授予一人的代理。

共同代理,指代理权授予两人以上的代理,即代理权属于两个人的代理。

在单独代理中,因为代理人为一人,代理权的行使及责任较为明确。在共同代理中,多数代理人的代理权限如果明确约定,未形成共同关系的,则各代理人各自承担责任。形成共同代理的代理人应共同行使代理权,即由代理人共同协商或者按多数人的意思形成共同代理意思,共同代理人对被代理人承担连带责任。但依最高人民法院《民通意见》第79条第1款的规定,数个委托代理人共同行使代理权的,如果其中一人或者数人未与其他委托代理人协商,所实施的行为侵害被代理人权益的,由实施行为的委托代理人承担民事责任。在事例1中,乙、丙两人同为甲公司的采购员,共同拥有并行使了签订购买20吨大豆的代理权,两人为共同代理,对该代理权由二人共同负责。对于购买10吨大米合同,代理人乙未与丙协商,而独自进行了一个超越代理权限的行为,对此后果只能由乙承担,丙不对其承担责任。

(四)本代理与再代理

以代理权是由被代理人授予,还是由代理人转托为标准,可以把代理划分为本代理与再代理。

本代理,是指基于被代理人选任代理人或依法律规定而产生的代理,又称“原代理”。在事例1中,乙、丙代理购买大豆的行为就是本代理。

再代理,又称“复代理”、“转代理”,是指代理人为本人选任代理人而产生的代理。代理人享有以自己名义为被代理人选任复代理人的权利叫做代理人复任权。在事例1中,丁则是再代理人。再代理中的再代理人是由原代理人选任,而不是由本人选定。但是再代理人不是原代理人的代理人,而仍然是被代理人的代理人。再代理人的代理行为的后果直接由本人承受。

委托代理人原则上没有复任权,因为委托代理的基础是特定当事人之间的信任关系。《民法通则》第68条规定:“委托代理人为被代理人的利益需要转托他人代理的,应当事先取得被代理人的同意。事先没有取得被代理人同意的,应当在事后及时告诉被代理人,如果被代理人不同意,由代理人对自己所转托的人的行为负民事责任,但在紧急情况下,为了保护被代理人的利益而转托他人代理的除外。”因此,在符合下列条件下,原委托代理人可享有复任权,可以成立再代理:

(1)原代理人转委托必须是为被代理人的利益,否则原代理人不能转委托他人代理。事例1中,丙的转委托,是在自己身体条件不允许的情况下,出于对于公司利益的考虑而进行的,因为如果耽误下去,在业务洽谈中将会对甲公司不利,同时选任熟悉行情的丁作为再代理人,也是以公司利益为出发点的。因此,丙的转委托是符合这个条件的。

(2)原代理人必须在原代理权限范围进行授权。首先再代理人的代理权是由原代理人授权的,如果不是由原代理人授权,而是由被代理人直接授权,不成立再代理,而是本代理。其次,原代理人对再代理人的授权,不能超越其代理权限。事例1中的再代理人丁的代理是由原代理人并进行授权,同时丙向丁授权时也没有超越原代理权限。

(3)再代理应当事先取得被代理人的同意，或者事后及时告诉被代理人并取得被代理人的同意。委托代理人为被代理人的利益需要转托他人代理的，应当事先取得被代理人的同意。如果被代理人不同意，由代理人对自己所转托的人的行为负民事责任。但在紧急情况下，为了保护被代理人的利益而转托他人代理的，即使被代理人事后不同意，也成立再代理，再代理人的代理后果，由被代理人承受。事例1中，丙在向丁进行转委托时，事先征得了甲公司的同意，所以丁的再代理是符合这个条件的。所谓“紧急情况”，根据《民通意见》第80条的规定，是指由于急病、通信联络中断等特殊原因，代理人自己不能办理代理事项，又不能与被代理人及时取得联系，如不及时转托他人代理，会给被代理人的利益造成损失或者扩大损失的情形。

法定代理人无条件享有复任权。因为法定代理发生的基础不是特定当事人之间的信任关系，而是法律规定，而且法定代理的内容具有概括性。但法定代理人对复代理人的选任和监督应给予高度的注意。

(五)直接代理与间接代理

以代理行为是否直接对本人发生效果为标准，代理分为直接代理和间接代理。

直接代理，是指代理人在代理权限范围内，以被代理人的名义为民事法律行为，直接对被代理人发生法律效力的代理。“直接”，是指代理的效力是由自身发生的，不需要由代理人通过一项特别的行为将行为效果转移给被代理人。

间接代理，也叫“隐名代理”，是指代理人以自己的名义为民事法律行为，其效果间接移转于被代理人的代理。所谓“间接”，是指先由代理人自己对第三人承担代理后果，再由代理人将这些后果转移于被代理人。

我国《民法通则》所规定的代理，为直接代理。《合同法》第402、403条规定了接间代理。

专题二　代理权

一、代理权的概念与性质

代理权，是指代理人基于被代理人的意思表示或法律的直接规定或有关机关的指定，能够以被代理人的名义实施代理行为，其法律效果直接归于被代理人的资格和地位。在代理关系中，代理权最为重要，不仅代理人的地位取决于它，而且代理人代理民事法律行为的范围，也取决于代理权。

代理权并非权利，而是一种资格和地位。“代理权者乃基于法律规定或本人之授予而生之一种资格也，代理权虽亦名为权，但与其他权利不同，盖其他权利皆以利益为依归，而代理权对于代理人并无利益可言(效果归属于本人),故代理权仅为一种资格或地位。”[①]代理人享有了代理权,既有权利代理本人实施后果归属于本人的代理行为,又有义务必须为代理行为。代理权实质上反映了代理人在代理关系中的地位,包含着权利、义务和责任。

二、代理权的产生

(一)依法律规定直接而产生

这是法定代理权的产生原因。按照《民法通则》第 14 条的规定:“无民事行为能力人、限制民事行为能力人的监护人是他的法定代理人。”按照《民法通则》第 16、17 条的规定,具有监护人身份的监护人是法定代理人,取得法定代理权。法定代理属于真正意义上的全权代理。法律规定是产生法定代理权的法律事实。

(二)依人民法院或者有关机关指定而产生

这是指定代理权的产生原因。指定代理可以用书面形式,也可以用口头形式。指定书应当载明代理人的姓名、代理的事项、权限、有效期限和指定的日期,并由指定机关盖章。取得指定代理权的代理人只能在指定权限内进行代理活动。超越代理权给被代理人造成损害的,应当承担赔偿责任。

(三)依被代理人的授权行为而产生

委托代理权的产生原因,是被代理人的授权行为。所谓授权行为,指被代理人以单方意思表示授予代理人代理权的法律行为。授权行为是一种单方法律行为,基于授权行为代理人获得委托代理的代理权。

授权行为是不要式的法律行为,《民法通则》第 65 条规定:“民事法律行为的委托代理,可以用书面形式,也可以用口头形式。法律规定用书面形式的,应当用书面形式。书面委托代理的授权委托书应当载明代理人的姓名或者名称、代理事项、权限和期间,并由委托人签名或者盖章。委托书授权不明的,被代理人应当向第三人承担民事责任,代理人负连带责任。”因此,授权行为可以采取书面形式,也可以采取口头形式。本人以书面形式授权的,该书面文件称为授权委托书。授权委托书的内容应当具体明确。委托授权书授权不明的,被代理人应当向第三人承担民事责任,代理人负连带责任。

实践中,授权行为常与某种基础法律关系相结合。这类基础关系是:委托合同关系、合伙合同关系、承揽合同关系、劳动合同关系及企业内部组织关系等。

(四)追认或默认授权产生

[**事例 2**]　甲与乙系夫妻,丙与丁、甲系朋友。丁向丙借款 5 万元,约定借款期限为 1 个月。丁向丙书写了借据,甲的配偶乙在该借据“担保人”后署名“甲”。借款到期后,经丙

---

① 郑玉波:《民法总则》,三民书局 2008 年修订版,第 292 页。

催要，甲向丙还款2万元。当丙再次向甲索要余款时，两人发生矛盾，致使索要未果。为此，丙起诉到法院，要求丁、甲偿还剩余借款3万元。试分析：乙有无代理权？

《民法通则》第66条规定："没有代理权、超越代理权或者代理权终止后的行为，只有经过被代理人的追认，被代理人才承担民事责任。未经追认的行为，由行为人承担民事责任。本人知道他人以本人名义实施民事行为而不作否认表示的，视为同意。"事例2中，乙在借据上签名之时确实无甲的授权，但在丙其后的催要借款时，甲向丙还款2万元。甲的还款行为构成事后的追认。此行为一旦被追认，原无权代理行为即为有权代理行为。代理行为对本人发生法律效力。追认或者默认授权，是代理权产生的特殊形式。

三、代理权的行使

(一)代理权行使的概念

代理权行使，是指代理人在代理权限范围内，以被代理人的名义独立、依法有效地实施民事法律行为，以达到被代理人所希望的或者客观上符合被代理人利益的法律效果。

(二)代理权行使的原则

1.代理人积极行使代理权的原则

代理权是代理人的权利，行使代理权也是代理人的义务。积极行使代理权是代理人履行代理职责的基本要求。《民法通则》第66条规定："代理人不履行职责而给被代理人造成损害的，应当承担民事责任。"代理人怠于行使代理权的，构成其义务的违反。

2.代理人充分维护被代理人利益的原则

代理权的行使应以维护或实现被代理人的利益为目的。代理人实施代理行为时，应从被代理人的利益出发，争取在对被代理人最为有利的情况下完成代理行为。判断代理行为是否符合被代理人的利益，视代理种类的不同，有不同的衡量标准。对于委托代理，其标准为是否符合被代理人的主观利益；对于法定代理和指定代理，其标准为是否符合被代理人的客观利益。

3.合法行使代理权的原则

首先，代理人应在代理权限范围内行使代理权，代理人非经被代理人的同意，不得擅自扩大、变更代理权限。代理人超越代理权限范围的代理行为是无权代理，除非被代理人追认，否则不对被代理人发生法律效力，而由此造成被代理人经济损失的，代理人还应该承担赔偿责任。

其次，合法行使代理权还要求代理人不得利用代理权进行违法行为。《民法通则》第67条规定，代理人知道被委托代理的事项违法仍然进行代理活动的，或者被代理人知道代理人的代理行为违法不表示反对的，由代理人和被代理人负连带责任。

最后，合法行使代理权禁止代理人滥用代理权。

(三)滥用代理权的禁止

滥用代理权，是指代理人行使代理权时，违背代理权的设定宗旨和代理行为的基本准则，有损被代理人利益的行为。代理权的实质是维护和实现被代理人的利益，滥用代理权因违背代理制度的实质而被法律所禁止。

构成滥用代理权应具备以下三个要件：(1)代理人有代理权；(2)代理人行使代理权的行为违背了代理制度的宗旨；(3)有损被代理人的利益。

滥用代理权主要有以下三种类型：

1.自己代理

[事例 3] 市民甲想要出售自己的一套房屋，因为年老体弱，就将出售房屋的事情委托给了和他同住的小女儿乙，委托书在公证处进行了公证。不久乙作为父亲的代理人，将房屋以8万元的价格卖给了自己和丈夫，并办理了产权过户手续。房屋买卖合同和个人房屋出售发票上，皆是由乙代理甲签名。后甲去世，甲的其他3名子女发现该房产所有权人已通过买卖方式变更为乙及其丈夫，便将乙夫妇起诉到人民法院。试分析：对该房屋买卖合同的效力，法院应如何确认？

自己代理，是指代理人以被代理人名义以自己为相对人实施民事行为。代理制度是以维护和实现被代理人的利益为目的。如果代理人以被代理人的名义直接与自己为民事行为，代理人自己作为合同的当事人在追求自身利益最大化的同时，势必发生代理人为了自己的利益而损害被代理人的利益的事情。因此自己代理违背代理制度的实质，各国法律一般予以禁止。同时，自己代理中，代理人既是一方当事人又是对方当事人的代理人，自己代理行为体现的是一个人的意思表示，自己代理的合同不能成为法律意义上的合同。事例3中，乙既是该房屋买卖合同出卖方的委托代理人，又是买受人，构成自己代理，法院应确认该合同无效。

自己代理行为在我国法律上并没有明确禁止。自己代理原则上无效。如果自己代理事先得到了被代理人的同意或事后得到了其追认，应当承认其效力。

2.双方代理

双方代理又称“同时代理”，是指一个代理人同时代理双方当事人为同一民事行为。如：甲委托乙为自己购买房屋，丙委托乙出售房屋，于是乙同时代理甲、丙签订一个房屋买卖合同。在正常的商业交易中，当事人双方的利益总是互相冲突的，通过讨价还价，一方始终会为自己求得最大的利益。而双方代理，被代理人的意志与第三人的意志集中于代理人自己一人，可能会只反映了代理人一人的意志，在利益的维护上难免顾此失彼。所以双方代理不符合代理的基本原则，各国法律一般予以禁止。

对于双方代理我国法律并没有明确禁止。双方代理原则上无效。如果双方代理事先得到了双方当事人的同意或事后得到了其追认，应当承认其效力。

3.代理人和第三人恶意串通

[**事例 4**] 甲因故出国,委托授权同事乙以5000元的价格出售其电视机。后乙电话告知甲说电视机某重要零件因受潮而损坏,现只值1000元。甲回信认可。后甲回国,得知电视机并未损坏,只是当时乙的朋友丙欲购一彩电,因经济紧张,故想低价购买。试分析:甲可否要求乙、丙赔偿自己的损失?

代理人和第三人恶意串通,是代理人与第三人共同损害被代理人利益的行为,明显违背代理制度的实质,被法律所禁止。第三人为自己的利益不惜损害他人利益,也应承担责任。我国法律对此有明确规定,《民法通则》第66条规定:"代理人和第三人串通,损害被代理人的利益的,由代理人和第三人负连带责任。"事例4中,乙作为甲的代理人理应在代理行为中积极维护甲的利益,但他却与丙串通,利用代理权损害被代理人的利益,与代理制度的基本要求背道而驰,应该和丙就甲的损失承担连带赔偿责任。

四、代理权的消灭

代理权的消灭,又称"代理权的终止"。代理权消灭后,代理人不再具有以被代理人的名义实施代理行为的资格。不同代理权其终止的原因亦不同。

(一)委托代理权的消灭原因

依照《民法通则》第69条规定,有下列情形之一的,委托代理终止:

1.代理期间届满或者代理事务完成。

2.被代理人取消委托或者代理人辞去委托。

3.代理人死亡。代理人死亡,代理权随之消失,而不能以继承方式转移给继承人。依据《民通意见》第80条的规定,被代理人死亡的,代理权也应终止,但被代理人死亡后有下列情况之一的,委托代理人实施的代理行为有效:(1)代理人不知道被代理人死亡的;(2)被代理人的继承人均予承认的;(3)被代理人与代理人约定到代理事项完成时代理权终止的;(4)在被代理人死亡前已经进行、而在被代理人死亡后为了被代理人的继承人的利益继续完成的。

4.代理人丧失民事行为能力。

5.作为被代理人或者代理人的法人终止。

(二)法定代理权、指定代理权的消灭原因

依据《民法通则》第70条的规定,有下列情形之一的,法定代理或者指定代理终止:

1.被代理人取得或者恢复民事行为能力;

2.被代理人或者代理人死亡;

3.代理人丧失民事行为能力;

4.指定代理的人民法院或者指定单位取消指定;

5.由其他原因引起的被代理人和代理人之间的监护关系消灭。

专题三　无权代理与表见代理

一、无权代理的概念与特征

(一)无权代理的概念

无权代理，是指行为人没有代理权而以本人的名义与第三人实施民事行为。无权代理虽然具有代理的表面特征，但它却缺乏代理的最重要的基础即代理权，所以无权代理不是真正的代理。

无权代理发生的情形有：

1.行为人自始就没有代理权，即行为人没有基于委托授权，也没有基于法律规定或者法院、有权机关指定而获得代理权的情形。

2.行为人超越代理权，即行为人虽享有代理权，但超越代理权限而为代理行为的情形。

3.行为人在代理权消灭后实施代理，即行为人在代理权终止后，行为人仍以代理人的名义为代理行为的情形。

(二)无权代理的特征

无权代理具有如下特征：

1.行为人以本人的名义与第三人实施民事行为。

2.行为人实施行为时不具有代理权。

3.无权代理行为并非绝对不能产生代理的法律效果。如果行为人进行无权代理行为时，相对人有理由相信行为人有代理权，那么该代理行为就构成表见代理，发生有权代理的法律效果。

无权代理广义上包括狭义的无权代理和表见代理。

二、狭义无权代理

[**事例5**]　甲商场业务员乙到丙服饰公司采购西服作为工装。合同签订时，丙公司推荐说其生产的运动服装美观大方，乙考虑到公司经常进行野外拓展训练，遂自行决定购买一批该公司生产的运动服。货运到后，甲商场即把服装发给商场职员。因为超过商场预算，商场遂决定向职员收取运动服费用。但遂有员工提出运动服装花色、样式不是自己喜欢的，表示不接受运动服，有的则把运动服又退回了商场。甲商场这时想到这是乙自作主张购买的运动服装，商场有权拒绝支付运动服货款。丙公司因收不回货款而诉至法院。试分析：甲商场应否支付货款？

(一)狭义无权代理的概念和特征

狭义的无权代理是指行为人既没有代理权，也没有令第三人相信其有代理权的事实或理由，而以本人的名义所为的代理。以下所称的无权代理即为狭义的无权代理。

(二)狭义无权代理的特征

1.行为人以他人的名义同第三人实施民事行为。首先，行为人实施的是以意思表示为要件的行为；其次，行为人实施行为时须以他人的名义进行。两个方面同时具备才有可能是无权代理，否则有可能构成无因管理或者无权处分行为。

2.行为人不具有代理权。事例5中，乙被明确授权购买西服，乙对于其多购买的运动服是没有代理权的。如前所述，无权代理发生的情形有三种，乙的行为属于超越代理权限的情形。

3.客观表面上没有使相对人相信行为人有代理权的理由。如果即使行为人实际上没有代理权，但客观表面上能有使相对人相信行为人有代理权的理由，则该行为构成表见代理。事例5中，甲商场对乙的授权明确具体，丙公司与其签订合同时，依一般商人之注意义务，应该知道代理人的代理权限仅限于购买西服，同时乙也确实是在丙公司的积极推荐下才与其签订了购买运动服装的合同。因此乙签订购买运动服的行为属于无权代理行为。

4.无权代理属于效力待定的民事行为。《民法通则》第66条规定："没有代理权、超越代理权或者代理权终止后的行为，只有经过被代理人的追认，被代理人才承担民事责任。未经追认的行为，由行为人承担民事责任。本人知道他人以本人名义实施民事行为而不作否认表示的，视为同意。"《合同法》第48条规定："行为人没有代理权、超越代理权或者代理权终止后以被代理人名义订立的合同，未经被代理人追认，对被代理人不发生效力，由行为人承担责任。"以此规定，狭义无权代理行为处于效力待定状态，其法律效果取决于本人对无权代理行为的态度。之所以把无权代理规定为效力待定民事行为，主要是因为无权代理下的被代理人的利益并非总是受到损害，不排除存在无权代理行为给本人带来利益的情况存在。事例5中，甲商场收到西服和运动服后，即发给员工，是对乙的无权代理行为的追认，由此购买运动服的合同即为有效合同。

(三)狭义无权代理的法律效果

狭义的无权代理作为一种效力待定的民事行为，其法律效果体现为以下三种情况：

1.无权代理因本人的追认而产生代理的法律效力

无权代理发生后，本人对无权代理行为有追认权，通过本人行使追认权，可使无权代理行为中所欠缺的代理权得到补足，转化为有权代理，发生与有权代理同样的法律效果。我国《民法通则》第66条规定："没有代理权、超越代理权或者代理权终止后的行为，只有经过被代理人的追认，被代理人才承担民事责任。"如前所述，在事例5中，甲公司对乙购买运动服装的合同进行了追认，则甲公司得支付运动服装的货款。

本人追认权的行使，有明示和默示两种方式。所谓明示的方式，指本人以明确的意思表示对无权代理行为予以承认。所谓默示的方式，是指本人虽没有明确表示承认无权代理行为对自己的效力，但以特定的行为，如以履行义务的行为对无权代理行为予以承认；或是被代理人明知他人以自己名义实施民事法律行为，但不作否认表示。

2.无权代理因本人的拒绝而对本人无效

无权代理发生后，本人享有追认或拒绝追认的选择权。如果本人明确表示拒绝追认或在催告期内不作出追认的表示，就可视为本人拒绝追认，无权代理行为对本人不发生代理的法律效力。事例5中，如果甲公司在收到运动服装时不予接受，就表示对采购运动服装的合同拒绝追认，该合同则属于无效合同，甲公司可以拒绝支付货款。

无权代理不发生与有权代理同样的法律效果时，并非不发生任何法律效果。根据我国《民法通则》第66条的规定："未经追认的行为，由行为人承担民事责任。"如第三人明知代理人属于无权代理，仍与其实施民事行为，给他人造成损害的，与无权代理人一起承担连带责任。

3.无权代理因第三人行使撤销权而无效

无权代理发生后，本人未追认之前，善意第三人有权撤销与行为人所为的意思表示，使无权代理所实施的民事行为归于无效。所谓善意第三人，是指不知道或者不应知道行为人无代理权而与之实施民事行为的人。知道行为人无代理权而仍与其进行民事行为的恶意第三人不仅不享有撤销权，如果该行为给本人造成损害的，第三人还要与行为人承担对本人的连带赔偿责任。

此外，我国《合同法》第48条明确规定："相对人可以催告被代理人在一个月内予以追认。被代理人未做表示的，视为拒绝追认。"无权代理发生后，本人未追认之前，第三人还可以向本人行使催告权，催促本人在一定时间对无权代理行为做出追认或者拒绝的明确意思表示。

三、表见代理

[**事例6**]　甲一直是乙食品公司的业务员。2006年1月24日，甲从乙公司辞职。但乙公司未将甲辞职之事告知甲在公司时负责的客户。该年2月，甲以乙公司名义和与乙公司有长期业务关系的客户丙食品包装材料公司签订了一份食品包装袋的买卖合同。乙公司对甲所为一直不知。后乙公司收到丙公司已将货物运至某市的提货单，乙公司得知事情真相，遂既不提货也不付款。丙公司多次与乙公司协商未果，以乙公司违约向法院起诉。试分析：丙公司能否向乙公司追讨货款？

(一)表见代理的概念

所谓表见代理，是指行为人虽不具有代理权，但因某种表象，致使相对人有足够理由相信行为人有代理权而与其进行民事行为，法律使之发生与有权代理相同的法律效果的代理。表见代理属于广义的无权代理的一种。设立表见代理制度的出发点在于维护交易安全、保护善意相对人的利益。《合同法》第49条明确承认了表见代理制度。该条规定：

"行为人没有代理权、超越代理权或者代理权终止后以被代理人名义订立合同,相对人有理由相信行为人有代理权的,该代理行为有效。"

(二)表见代理的构成要件

1. 行为人无代理权而以本人的名义与第三人为民事行为。行为人如果拥有代理权,将属于有权代理,不发生表见代理问题。行为人不具有代理权,是成立表见代理的首要条件。事例 6 中,甲辞职之后,未曾得到乙公司的授权,因此是没有以乙公司的名义签订合同的代理权限的。

2. 客观上具有使相对人相信行为人具有代理权的表象。这一点是表见代理与狭义无权代理最大的不同,也是表见代理之所以发生有权代理效果的根本理由。导致第三人误信行为人有代理权的情形有:

(1)被代理人对第三人表示已将代理权授予他人,而实际并未授权。

(2)被代理人将某种有代理权的证明文件(如盖有公章的空白介绍信、空白合同文本、合同专用章等)交给他人,他人以该种文件使第三人相信其有代理权并与之进行民事行为。

(3)代理人违反被代理人的意思或者超越代理权,第三人无过失地相信其有代理权而与之进行民事行为。

(4)代理关系终止后未采取必要的措施而使第三人仍然相信行为人有代理权,并与之进行民事行为。事例 6 中,乙公司未将甲辞职一事及时告知丙,而且丙是甲在乙公司时一直负责的客户,同时签订合同时,甲从乙公司辞职时间不久,丙公司仍然相信甲有代理权完全成立。因此,甲的代理成立表见代理。

(5)第三人基于对行为人与本人特定身份关系的信赖而与行为人实施民事行为。如父母子女关系、夫妻关系等。当然仅仅存在可以信赖的身份关系不足以构成"致使第三人相信行为人有代理权"的全部理由,还应该结合其他事实再加确定。

3. 第三人在与行为人为民事行为时须为善意。所谓"善意",是指第三人不知道或者不应该知道行为人在为民事行为时没有代理权。事例 6 中,因为乙的未告知、甲与丙的长期合作、甲辞职时间不久等事实,使得丙不知道也无从知道甲没有代理权,所以在认为甲有代理权而与之签订合同的问题上,丙公司没有过错。如果第三人有过失,应知行为人为无权代理,而与其进行民事行为,则表见代理不能成立。这种过失可以因第三人疏忽或缺乏应有的谨慎而造成。若相对人有恶意,明知行为人无代理权仍与之为民事行为,按《民法通则》第 66 条第 4 款的规定,由行为人与相对人对本人负连带赔偿责任。

(三)表见代理的效力

1. 表见代理之于本人。表见代理对本人产生有权代理的效力,即在本人与第三人产生民事法律关系。本人应受表见代理人与第三人实施的民事法律行为的约束,承受该行为所设定的权利和义务,不得以表见代理人无代理权抗辩善意第三人。事例 6 中,因为甲的行为构成表见代理，因此该合同对乙公司是有效的。也就是说，乙公司应该向丙公司支付货款。

2. 表见代理之于行为人。本人在向第三人承担责任之后，如果由此遭受损失，则他有权向无权代理人请求赔偿。事例 6 中，乙公司向丙公司支付之后，可以就该合同的损失向行为人甲进行追偿。如果表见代理的成立本人也有过错的，依本人与行为人的过错性质和过错程度分担损失。

3. 表见代理之于第三人。表见代理发生后，第三人有主张表见代理或狭义的无权代理的选择。他可以选择构成表见代理要求本人承担责任。如果第三人认为向无权代理人追究责任更为有利，也可以选择成立狭义的无权代理。但两者第三人只能选择其一，而不能将两者同时主张。因此，事例 6 中的丙公司选择向乙公司要求支付货款，显而易见是选择了构成表见代理的主张。

【引导案例分析】

解决此纠纷，需要确定该买卖合同效力，而要确定该合同的效力需要确定方某的代理权限。

首先在刘某出去接电话时，其“请帮我看管一下店，我马上回来”的表达仅仅是让方某看管商店而并非是让对方代理其出售西服的授权，同时方某出售西服时是明确表示代替刘某出售西服的，因此方某的行为是无权代理行为。

其次，刘某在进行“请帮我看管一下店，我马上回来”的表达时，相对人丁某就在现场，也就是说，丁某是明知方某无权代理刘某出售西服的；同时，在后来丁某催促方某时，方某还表示要等刘某回来，据此可以认定丁某没有足够理由相信方某有出售西服的代理权限；同时，丁某在明知方某没有代理权的情况下，仍一再催促方某，可以认定丁某在进行该行为时并非法律上的善意。因此，方某的行为不能认定为表见代理。

最后，在认定方某的行为属于狭义的无权代理的情况下，刘某“立即找到丁某要求退款并取回西服”，说明刘某对于方某的无权代理行为拒绝追认。《合同法》第 48 条规定：“行为人没有代理权、超越代理权或者代理权终止后以被代理人名义订立的合同，未经被代理人追认，对被代理人不发生效力，由行为人承担责任。”

综上，对于该合同的处理结果是：方某代理刘某出售西服的买卖合同无效，刘某有权要求归还西服，刘某向丁某返还 1800 元的西服款。

本单元重点内容图解

本章主要介绍了民事代理的概念、特征、种类，无权代理和表见代理等内容。本章知识结构图如下：

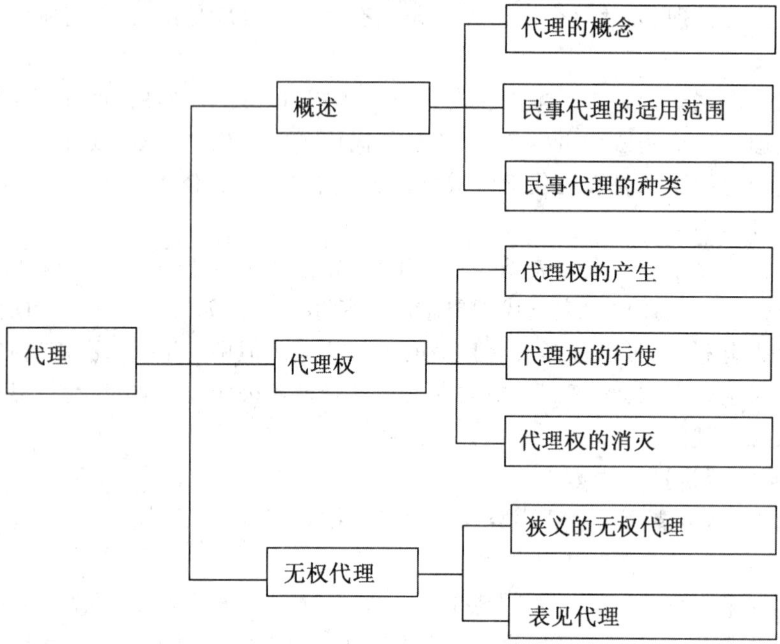

同步训练

一、单项选择题

1. 代理人和第三人串通，损害被代理人利益的（　　）

A. 由代理人承担赔偿责任　　B. 由第三人承担赔偿责任

C. 由代理人和第三人承担连带责任　　D. 由被代理人承担责任

2. 代理人知道被委托的事项违法仍然进行代理行为的，由（　　）

A. 被代理人承担责任　　B. 代理人承担责任

C. 被代理人和代理人负按份责任　　D. 被代理人和代理人负连带责任

3. 复代理的目的是为了（　　）

A. 被代理人利益　　B. 代理人利益

C. 第三人利益　　D. 当事人的共同利益

4. 下列选项中不能当然引起委托代理关系终止的原因是（　　）

A. 被代理人取消委托　　B. 被代理人失去民事行为能力

C. 代理人辞去代理　　D. 代理人死亡

5. 下列属于表见代理的情形的是（　　）

A. 无代理权的行为人以本人名义与相对人订立合同，本人知道后追认的

B. 甲乙买卖一电脑,丙同时为双方的代理人
C. 本人将加盖公章的合同书交给行为人,行为人用此合同书与他人订立合同
D. 甲未经乙授权而声称是乙的代理人,丙误信而与之订立合同

二、多项选择题

1. 民事代理的特征有(　　)
A. 代理人必须以被代理人的名义进行代理活动
B. 代理人是在代理权限内独立向第三人为意思表示
C. 代理的行为主要是民事法律行为
D. 代理行为的法律后果由被代理人(本人)直接承担
2. 根据代理权产生的根据不同,代理可分为(　　)
A. 指定代理　　B. 委托代理　　C. 法定代理　　D. 本代理
3. 下列情形中,属于滥用代理权的有(　　)
A. 甲委托乙购买货物,乙以甲的名义与自己订立一购买该货物的合同
B. 代理人甲代理乙出售某货物,代理丙购买该货物
C. 代理人甲在为乙采购手机的代理行为时,认为出卖人出售的电子表很不错,于是决定也为乙采购电子表一批
D. 代理人甲与第三人丙合谋抬高买卖合同的购买单价
4. 下列各项能够当然引起委托代理关系终止的原因是(　　)
A. 被代理人取消委托
B. 被代理人丧失行为能力
C. 代理人辞去代理
D. 代理人死亡或者代理人丧失民事行为能力
5. 表见代理的构成要件有(　　)
A. 行为人无代理权而以本人的名义与第三人为民事行为
B. 客观上具有致使相对人相信行为人具有代理权的表象
C. 第三人在与行为人为民事行为时须为善意
D. 本人对行为人的行为进行追认

三、重点思考题

1. 什么是代理?其基本特征是什么?
2. 简述代理制度的意义。
3. 滥用代理权的情形有哪些?
4. 无权代理的法律效果怎么样?
5. 简述表见代理的意义与构成。

四、案例训练题

[案例1]

李某与单某是好友。一日,李某告诉单某自己进了一批电风扇,但是市场行情不好,并认为最多能以每台200元的价格卖出。时隔不久,客户陈某告诉单某自己急欲购买50台电风扇,价格220元。单某想起李某的电风扇难以出售,而恰恰李某因为购货外出,于是,单某自作主张同陈某签订了合同,将李某的50台电风扇出售给陈某,并承诺自己有代理权,同时收了1000元的定金。李某归来后,单某立即告知了李某此合同,李某当即表示接受。两天后,电风扇的价格上扬至300元,李某同单某协商共同隐瞒自己的追认行为。于是单某回复陈某说李某没有追认自己的代理行为,要求解除合同。双方发生争议。

问题:

1. 单某是否有代理权?
2. 该合同是否有效?
3. 本案应该如何处理?

[案例2]

李某因为经常去西北出差,其开饭馆的朋友张某就委托李某从西北买回200斤的辣椒,李某答应。可是当李某买回辣椒欲交给张某时,得知张某已经因车祸死亡。李某把辣椒送给张某的妻子高某,并要求付钱。高某说其不知此事,而且张某已死,饭馆也不经营了,辣椒也没有什么用,故拒绝接受并拒绝支付。

问题:

高某是否有权拒绝接受?

[案例3]

甲公司委托业务员张某到某地采购一批等离子电视机,张某到该地后意外发现当地乙公司的液晶电视机很畅销,就用盖有甲公司公章的空白介绍信和空白合同书与乙公司签订了购买200台液晶电视机的合同,并约定货到付款。货到后,甲公司拒绝付款。

问题:

1. 甲公司是否有权拒绝付款?为什么?
2. 若甲公司因该液晶电视机买卖合同受到损失,是否有权向张某追偿?为什么?

学习单元六　诉讼时效和期限

学习目标

知识目标：

• 了解民事时效制度的基本含义与制度功能；

• 掌握诉讼时效期间中止、中断和延长的概念、法定事由及效力，掌握期限的概念及计算。

能力目标：

• 能够理解民事时效制度的基本内容，说明诉讼时效的效力及其与除斥期间的区别；

• 能够应用诉讼时效和期限的相关原理处理具体案例。

【引导案例】

1987 年 12 月，胡某所在单位决定派他到加拿大学习两年，因办理出国手续一时钱不够用，遂向朋友张某借款 3 万元，并立字据约定胡某在出国前把钱还清。但胡某直到 1988 年 7 月 27 日出国，都一直没有还钱。此前张某虽然经常来看望胡某，但也对钱的事只字未提。胡某在国外两年与张某也有过联系，但都没有说钱的事。1990 年 8 月，胡某回国。1990 年 10 月张某因买房急需用钱，找到胡某，胡某当即表示，全部钱款月底还清，并在原来的字据上对此作了注明。11 月 5 日，当张某再次来找胡某要钱时，胡某却称，他的一个律师朋友说他们之间的债务已超过两年的诉讼时效，可以不用还了。张某气愤至极，第二天就向法院提起了诉讼，要求胡某偿还 3 万元的本金和利息。

• 问题：张某能否通过诉讼要回胡某所欠的钱？

专题一　时　效

一、民事时效的概念与特征

（一）民事时效的概念

民事时效是指一定的事实状态持续地经过法定期间，而产生一定民事法律后果的法律制度。它是民事法律关系产生、变更、消灭的根据。

民事时效由三个要素构成：(1)一定的事实状态的存在。所谓“一定的事实状态”，指权利的行使或不行使等情形。(2)该事实状态持续地经过法定期间。所谓“持续地经过法定期间”,指无间断地经过若干岁月。(3)发生一定的法律后果。所谓“发生一定的法律后果”,指引起民事权利义务关系的变化,发生权利的取得或丧失。

(二)民事时效的特征

1. 民事时效是民事法律事实

民事时效是对民事权利保护的一种时间限制,时效届满将发生与原权利人利益相反的法律后果,它是民事法律关系产生、变更、消灭的根据。

2. 民事时效是民事法律事实中的事件

民事时效属于法律事实中的事件,它基于一定的事实状态持续地经过法定期间而当然发生,与当事人的意志无关。

3. 民事时效具有强制性

法律设民事时效制度是强行性规定,不得由当事人依自由意思排除。当事人不得违反法律规定,约定延长或者缩短时效期间、预先放弃时效利益。

二、民事时效制度的功能

(一)维护现存秩序

依一般观念,民事权利受法律保护,民事权利的行使与否取决于权利人的意愿。但是,法律对权利的保护不是永久的、无期限的,而是在法定期限以内的保护。如果权利人长期不行使权利,义务人的义务长期不履行,这就使当事人间的权利义务关系长期处于不确定的状态,这必将影响正常的社会经济秩序及交易安全。实施民事时效制度,因法定期间的经过而发生权利的取得或丧失,否认旧的民事法律关系,确立新的民事法律关系,有利于消除社会不安定因素,稳定社会经济秩序,维护法律平和。

(二)避免证据的灭失

一种事实状态长期存在,时日久远,将导致证据灭失,举证困难,使当事人的合法权益难以受到法院的保护。民事时效制度的设立将促使权利人及时行使权利,避免证据灭失。

(三)法律不保护权利上的睡眠者

西谚曰:“法律不保护权利上的睡眠者。”时效制度的设立将督促权利人及时行使权利,维护自己的利益。权利上之睡眠者,不值保护。

三、民事时效的种类

民事时效依其成立要件及效果,可分为取得时效及消灭时效两种:

(一)取得时效

取得时效,又称“占有时效”,指占有他人财产,持续地经过法定期间,即可依法取得该项财产权的法律制度。取得时效是物权取得的方法之一,作用在于维持一定事实状态持续经过一定期间而形成的财产关系的新秩序，如《德国民法典》第 937 条规定："自主占有动产经过十年的，取得其所有权。"

(二)消灭时效

消灭时效，又称"诉讼时效"，指权利人在法定期间内不行使权利，法定期间届满，权利人即丧失请求法院依诉讼程序强制义务人履行义务的权利的法律制度。

取得时效与消灭时效具有共同点。其一，两种时效均以一定事实状态之存在为前提条件。其二，其事实状态都须持续经过法定期间，即占有财产或不行使权利持续经过法定期间才发生时效的法律效力。其三，两种时效均发生一定法律后果，即当事人或取得权利，或其权利丧失法律保护。

取得时效与消灭时效作为不同的时效制度有以下差异：其一，两者起源不同。取得时效制度始于罗马《十二铜表法》；消灭时效制度源自罗马法中的裁判官法，晚于取得时效制度。其二，两者所依据的事实状态不同。取得时效以无权利人占有他人财产的事实状态为依据；消灭时效以权利人不行使请求权的事实状态为依据。其三，两者所产生的法律后果不同。取得时效期间届满导致特定权利的产生；消灭时效期间届满导致权利人丧失请求法院保护的权利。

我国民事立法只规定了诉讼时效，未规定取得时效。1986 年颁布的《民法通则》第七章专章规定了诉讼时效制度。诉讼时效制度的设置，对督促权利人及时行使权利，确保交易安全，尊重现存秩序，维护法律平和具有重要意义。

专题二　诉讼时效

一、诉讼时效的概念与特征

诉讼时效指权利人在法定期间内不行使权利，法定期间届满，权利人即丧失请求法院依诉讼程序强制义务人履行义务的法律制度。

诉讼时效具有以下特征：

1. 诉讼时效具有严格的法律强制性

诉讼时效制度属于强行性法律规范，诉讼时效期间的起算、期间的长短都由法律规定，当事人不得违反法律规定约定延长或者缩短诉讼时效期间、预先放弃诉讼时效利益。

2. 诉讼时效只能由当事人自己主张

时效的抗辩权是当事人的一项民事权利，根据民法上意思自治原则，当事人未提出诉讼时效抗辩，人民法院不应对诉讼时效问题进行释明及主动适用诉讼时效的规定进行裁判。

3. 诉讼时效具有可变性

诉讼时效期间属可变期间，遇法定事由，诉讼时效期间可以中止、中断或延长。如中断时效就是因法定事由的发生，使此前已过的诉讼时效期间全部归于无效，待中断事由消灭后重新起算。

二、诉讼时效的效力

［事例1］　甲向乙出售一辆二手汽车，双方约定甲于2000年10月4日向乙交付汽车，乙于1个月后向甲付款。甲按约定向乙交付了汽车，然而1个月后乙没有付款，而甲也忙于其他事务无暇顾及。2003年11月10日，乙向甲交付了欠款，后听人说可以不还，遂找到甲要求追回。试分析：乙的主张能不能得到支持？

诉讼时效效力是指诉讼时效期间届满而发生的法律后果。我国《民法通则》第135条规定："向人民法院请求保护民事权利的诉讼时效期间为二年，法律另有规定的除外。"第138条规定："超过诉讼时效期间，当事人自愿履行的，不受诉讼时效限制。"具体来说，我国诉讼时效的效力包括以下四个方面：

1. 诉讼时效期间届满，权利人仍享有起诉权

对于诉讼时效期间届满的诉讼，人民法院仍应受理，当事人的起诉权不受影响。《民通意见》第153条明文规定："当事人超过诉讼时效期间起诉的，人民法院应予受理。受理后查明无中止、中断、延长事由的，判决驳回其诉讼请求。"如事例1中，甲要求乙偿还欠款的请求权实际上已过两年的诉讼时效期间，但甲仍享有起诉权，可以向人民法院提起诉讼，人民法院也应予受理。

2. 诉讼时效期间届满，权利人丧失胜诉权

诉讼时效期间届满，权利人丧失在诉讼中胜诉的可能性，丧失请求人民法院强制义务人履行义务的权利。原债权丧失法律的强制力，沦为自然之债。事例1中，甲虽享有起诉权，但已丧失了胜诉权，如果甲提起诉讼，人民法院将会判决甲败诉或判决驳回其诉讼请求。

3. 诉讼时效期间届满，权利人不丧失实体权

超过诉讼时效期间的债权请求权不受法律强制力的保护，但权利人的实体权仍然存在。《民法通则》第138条规定："超过诉讼时效期间，当事人自愿履行的，不受诉讼时效限制。"《民通意见》第171条规定："过了诉讼时效期间，义务人履行义务后，又以超过诉讼时效为由翻悔的，不予支持。"事例1中，虽然甲的债权请求权已超过诉讼时效期间，但乙自愿履行了债务，不能翻悔，故乙的主张不能得到支持。

4. 诉讼时效的效力及于其从权利

主债权因诉讼时效期间届满而丧失请求人民法院予以保护的权利时，人民法院对于权利人因主债权而取得的各种从权利，也不予以保护。如出借人在诉讼时效期间届满后提起诉讼的，将不能达到胜诉的目的，出借人不仅对本金丧失胜诉权，而且对利息也丧失胜诉权。

三、诉讼时效与除斥期间

现代民法除诉讼时效制度外，另有除斥期间。除斥期间指法定的权利的存续期间，权利人在此期间内不行使权利，法定期间届满，则发生该项民事权利消灭的法律效果。例如，我国《合同法》第 55 条第 1 项规定，具有撤销权的当事人自知道或者应当知道撤销事由之日起一年内没有行使撤销权的，撤销权消灭。该规定的一年即为除斥期间。

诉讼时效与除斥期间的区别主要有：(1)立法精神不同。诉讼时效立法旨在维持新建之秩序，权利人在法定期间内不行使权利，即丧失请求法院依诉讼程序强制义务人履行的权利，从而改变原秩序建立新秩序；除斥期间旨在维持原秩序，权利人在法定的权利存续期间内不行使权利，则发生该项民事权利消灭的后果，从而使某种不确定的状态确定化，原来的法律关系得以维持。

(2)适用对象不同。诉讼时效适用于请求权；除斥期间适用于各种形成权，如追认权、撤销权、解除权、决定权、异议权等。

(3)法律后果不同。诉讼时效期间届满，权利人虽丧失胜诉权，其实体权仍然存在，当事人自愿履行的，不受诉讼时效限制；除斥期间届满后，消灭的则是实体权本身。

(4)期间的经过不同。诉讼时效是可变期间，适用中止、中断、延长的规定；除斥期间所规定的是权利的存续期间，属于不变期间，不因任何事由而中止、中断或者延长。

(5)适用条件不同。诉讼时效只能由当事人自己主张，在当事人主张时，人民法院予以援用；除斥期间是由人民法院依职权予以援用，不论当事人是否主张。

(6)起算时间不同。诉讼时效的期间，法律一般规定从当事人知道或应当知道权利被侵害时起算；除斥期间自相应的实体权利成立之时起算。

四、诉讼时效期间

(一)诉讼时效期间的概念与分类

诉讼时效期间，指权利人向人民法院请求保护其民事权利的法定期间。超过法律规定的这一期限，权利人仍未行使权利的，公力机关对其权益不再给予保护。我国民事立法规定了普通诉讼时效期间与特殊诉讼时效期间。

普通诉讼时效期间是指一般情况下普遍适用的诉讼时效，它的适用范围非常广泛，适用于除法律另有规定以外的各种民事法律关系。我国《民法通则》第 135 条规定："向人民法院请求保护民事权利的诉讼时效期间为二年，法律另有规定的除外。"

特别诉讼时效期间是由民事基本法或特别法就某些特殊的民事法律关系规定的诉讼时效期间，该期间短于或长于普通诉讼时效期间。关于特别诉讼时效期间有两类规定：一类是《民法通则》的规定，另一类是其他特别法的规定。

为促使权利人尽快行使权利，避免举证困难，《民法通则》第 136 条规定下列请求权的诉讼时效期间为一年:(1)身体受到伤害要求赔偿的;(2)出售质量不合格的商品未声明的;(3)延付或者拒付租金的;(4)寄存财物被丢失或者损毁的。

特别法对诉讼时效期间有些特别规定,如《环境保护法》第42条规定:"因环境污染损害赔偿提起诉讼的时效期间为3年,从当事人知道或者应当知道受到污染损害起时计算。"《海商法》第265条规定:"有关船舶发生油污损害的请求权,时效期间为三年,自损害发生之日起计算;但是,在任何情况下时效期间不得超过从造成损害的事故发生之日起六年。"《合同法》第129条规定:"因国际货物买卖合同和技术进出口合同争议提起诉讼或者申请仲裁的期限为四年,自当事人知道或者应当知道其权利受到侵害之日起计算。因其他合同争议提起诉讼或者申请仲裁的期限,依照有关法律的规定。"

另外,我国《民法通则》第137条还规定了最长期间,即20年期间,该期间从权利被侵害之日起计算。

(二)诉讼时效期间的起算

[**事例2**] 2000年1月1日,甲从乙处借款2万元,双方没有约定还款期。2004年4月2日,乙催告甲一个月后还款,甲当场表示其债权债务关系诉讼时效期间已过,拒不还款。试分析:乙对甲的债权请求权诉讼时效期间应从何时起算?

诉讼时效期间的起算,即诉讼时效期间的开始,关系到诉讼时效期间是否届满。诉讼时效期间的起算点是"从知道或者应当知道权利被侵害时",它包括两个方面:第一,客观上权利受到侵害;第二,主观上权利人知道或应当知道权利受到侵害。所谓知道,指权利人得知权利受侵害的事实。应当知道,指依客观上存在知道的条件或可能来推定权利人知道权利被侵害。根据不同债权请求权的不同特点,不同债权请求权的诉讼时效期间的起算点有所区别:

1.附条件或附期限的债权请求权

附条件或附期限的债权,在条件没有成就或期限未届满之前,当事人双方尚不能实际地行使权利和履行义务,只有当条件成就或期限届满后,义务人仍未履行义务的,权利人的权利才开始受到侵害。因此,附条件或附期限的债权请求权应当自条件成就或期限届满时起算。

2.明确约定履行期限的债权

明确约定履行期限的债权,当事人应按照合同约定履行义务。因此,明确约定履行期限的债权,诉讼时效期间自履行期限届满时起计算。

3.人身损害赔偿的诉讼时效期间

《民通意见》第168条规定:"人身损害赔偿的诉讼时效期间,伤害明显的,从受伤害之日起算;伤害当时未曾发现,后经检查确诊并能证明是由侵害引起的,从伤势确诊之日起算。"

4.《最高人民法院关于审理民事案件适用诉讼时效制度若干问题的规定》中确定的几个诉讼时效起算点

(1)未约定履行期限的债权。未约定履行期限的合同,依照《合同法》第61、62条的规定,可以确定履行期限的,诉讼时效期间从履行期限届满之日起计算;不能确定履行期限的,诉讼时效期间从债权人要求债务人履行义务的宽限期届满之日起计算,但债务人在债权人第一次向其主张权利之时明确表示不履行义务的,诉讼时效期间从债务人明确表示不履行义务之日起计算。

事例2中,甲乙之间存在未约定履行期限的合同关系。诉讼时效期间原本应从乙要求甲履行债务的宽限期届满之日起计算,但甲对乙的还款要求当即拒绝,因此诉讼时效期间应从甲明确表示不履行义务之日起计算,即自2004年4月2日起计算。

(2)不当得利返还请求权。返还不当得利请求权的诉讼时效期间,从当事人一方知道或者应当知道不当得利事实及对方当事人之日起计算。

(3)无因管理请求权。管理人因无因管理行为产生的给付必要管理费用、赔偿损失请求权的诉讼时效期间,从无因管理行为结束并且管理人知道或者应当知道本人之日起计算。本人因不当无因管理行为产生的赔偿损失请求权的诉讼时效期间,从其知道或者应当知道管理人及损害事实之日起计算。

(4)同一债务分期履行的。当事人约定同一债务分期履行的,诉讼时效期间从最后一期履行期限届满之日起计算。

(5)合同被撤销,返还财产、赔偿损失请求权的诉讼时效期间从合同被撤销之日起计算。

五、诉讼时效期间的中止、中断和延长

(一)诉讼时效期间的中止

[**事例3**]　甲和乙于1999年3月1日因一件小事发生争执,争执中甲将乙打伤,乙当日花去医疗费1000元。同年10月1日,乙和丙起了冲突,不幸被丙打伤成植物人,一年后才苏醒。试分析:乙最迟应于哪一天起诉甲偿还1000元医疗费?

1.诉讼时效期间中止的含义

诉讼时效期间中止是指在诉讼时效期间将近完成之际,因发生一定的法定事由使权利人不能行使请求权,从而暂停计算诉讼时效期间,待中止事由消灭后继续计算。

诉讼时效制度的设置目的在于督促权利人及时行使权利,但在因与权利人无关的事由而使权利人无法行使请求权的情况下,权利人并没有怠于行使权利,因此为避免损害权利人的正当利益,法律设置了诉讼时效期间中止制度。

2.诉讼时效期间中止的法定事由

我国《民法通则》第139条规定:"在诉讼时效期间的最后6个月内,因不可抗力或者其他障碍不能行使请求权的,诉讼时效中止。从中止时效的原因消除之日起,诉讼时效期

间继续计算。”依此规定，发生诉讼时效期间中止的条件有：

(1)存在法定的中止事由。诉讼时效期间中止的法定事由是不可抗力及其他障碍。不可抗力指不能预见、不能避免并不能克服的客观情况。如台风、洪水、战争、罢工等。

什么是“其他障碍”？根据《最高人民法院关于审理民事案件适用诉讼时效制度若干问题的规定》，其他障碍包括：权利被侵害的无民事行为能力人、限制民事行为能力人没有法定代理人，或者法定代理人死亡、丧失代理权、丧失行为能力；继承开始后未确定继承人或者遗产管理人；权利人被义务人或者其他人控制无法主张权利；其他导致权利人不能主张权利的客观情形。最后一项是兜底条款，允许法院根据实际情况裁定诉讼时效期间的中止，具有灵活性，有利于对权利人的权利保障。如事例3中乙被丙打成植物人而不能主张权利即属于其他障碍。

(2)中止的事由发生在诉讼时效期间的最后6个月。中止时效的法定事由必须在诉讼时效期间的最后6个月内发生。发生在最后6个月之前，不构成中止事由。若法定事由虽发生于6个月前但持续至最后6个月内的，则自最后6个月的第一天开始中止，待将来中止事由消除之日起，时效继续计算。

3. 诉讼时效期间中止的效力

诉讼时效期间中止的效力在于使诉讼时效期间暂停计算，中止期间不计入时效期间内，待中止事由消灭后时效期间继续进行，与中止前已经过的时效期间合并计入总的时效期间。事例3中，甲打伤乙，乙对甲的人身损害赔偿请求权的诉讼时效期间为1年，应从1999年3月1日起计算，至2000年3月1日止。但该期间经过7个月时乙发生其他障碍不能行使权利，因此发生诉讼时效的中止。待乙苏醒后，应继续计算余下的5个月期间，则乙最迟应于2001年3月1日起诉甲。

(二)诉讼时效期间的中断

[**事例4**] 乙因扩大生意需要于2000年1月3日向朋友甲借款1万元，约定1个月后还钱，由于对市场行情的判断失误，乙损失惨重，到期未能偿还借款。甲于2001年2月5日要求乙还钱，乙仍然未能偿还。其后甲又于2002年3月8日起诉乙。试分析：甲乙的债权债务诉讼时效有无发生过中断？有几次中断？诉讼时效期间从哪日起计算？

1. 诉讼时效期间中断的含义

诉讼时效期间中断是指在诉讼时效期间进行中，因法定事由的发生，使此前已过的诉讼时效期间全部归于无效，待中断事由消灭后重新起算。

导致诉讼时效期间中断的事由是法律规定的，这些事由表明权利人在积极行使权利。诉讼时效制度的设定宗旨在于制裁怠于行使权利之人，既然权利人积极行使了权利，那么权利人的权利就不应继续受时效约束，这正是法律设置诉讼时效中断制度的目的。

2. 诉讼时效期间中断的法定事由

我国《民法通则》第140条规定：“诉讼时效因提起诉讼、当事人一方提出要求或者同意履行义务而中断。从中断时起，诉讼时效期间重新计算。”依此规定，诉讼时效期间中断的法定事由有：

(1)提起诉讼。提起诉讼是指当事人提起民事诉讼，请求法院给予保护。这是诉讼时效期间中断的主要原因。当事人一方向人民法院提交起诉状或者口头起诉的，诉讼时效从提交起诉状或者口头起诉之日起中断。

根据《最高人民法院关于审理民事案件适用诉讼时效制度若干问题的规定》，申请仲裁、申请支付令、申请破产、申报破产债权、为主张权利而申请宣告义务人失踪或死亡、申请诉前财产保全、诉前临时禁令等诉前措施、申请强制执行、申请追加当事人或者被通知参加诉讼、在诉讼中主张抵销等事项与提起诉讼具有同等诉讼时效中断的效力。

(2)当事人一方提出要求。当事人一方提出要求是指当事人于诉讼外请求义务人履行义务的意思表示。当事人一方提出要求是当事人积极主张权利的体现，具有中断诉讼时效期间的效力。权利人提出要求必须符合两个条件：其一，必须向对方当事人或被授权主体提出，而不能向第三人提出；其二，权利人的请求必须到达义务人。

(3)义务人同意履行义务。义务人同意履行义务，包括义务人承认债务，作出分期履行、部分履行、提供担保、请求延期履行、制定清偿债务计划等承诺或者行为等。

债务承担能否引起诉讼时效期间的中断呢？债务承担本身表明原债务人对债务的认可，因此债务承担可引起诉讼时效期间的中断。依据《最高人民法院关于审理民事案件适用诉讼时效制度若干问题的规定》，债务承担情形下，构成原债务人对债务承认的，应当认定诉讼时效从债务承担意思表示到达债权人之日起中断。

事例 4 中，甲先后通过向乙提出要求和向法院提起诉讼两种方式主张债权，从而引起诉讼时效期间两次中断。

3.诉讼时效期间中断的法律后果

诉讼时效期间中断后，以前已经进行的诉讼时效期间归于无效，诉讼时效期间重新开始起算。诉讼时效期间可反复中断，但不能超过最长保护期间 20 年。如事例 4 中，甲乙的债权债务诉讼时效发生两次中断，诉讼时效期间从第二次中断即 2002 年 3 月 8 日起计算。

4.诉讼时效期间中断与诉讼时效期间中止的区别

诉讼时效期间中断与诉讼时效期间中止，立法都旨在保护权利人的利益，但两者存在以下区别：

(1)发生的事由不同。中止出自于与当事人无关的事由，是当事人行为以外的客观情况；中断的原因是当事人的行为。

(2)发生的时间不同。中止发生在时效期间届满前的最后 6 个月内；中断可发生于时效期间内的任何时间。

(3)法律效果不同。时效中止使中止事由发生前已经经过的时效期间仍然有效，中止事由发生前后的时效期间合并计算;而时效中断则使中断事由发生前已经经过的时效期间归于无效,时效期间重新计算。

(三)诉讼时效期间的延长

诉讼时效期间的延长,指法院对已经完成的诉讼时效延长其期限,仍对权利人的权利予以保护。我国《民法通则》第137条规定:"诉讼时效期间从知道或者应当知道权利被侵害时起算。但是,从权利被侵害之日起超过20年的,人民法院不予保护。有特殊情况的,人民法院可以延长诉讼时效期间。"

诉讼时效期间的延长在于保护特殊情况下权利人由于特殊原因未能及时行使的权利,避免造成不公平的后果。诉讼时效期间延长的条件是有特殊情况。《最高人民法院关于贯彻执行〈中华人民共和国民法通则〉若干问题的意见(试行)》第169条规定,权利人由于客观的障碍在法定诉讼时效期间不能行使请求权的,属于特殊情况。另外,诉讼时效期间延长的决定权在法院,法律授予法院就当事人所提出的客观情况是否属于特殊情况及就该特殊情况下是否需要延长诉讼时效期间以自由裁量权。

专题三　期　限

一、期限的概念及性质

期限是指引起民事权利义务关系发生、变更或终止法律后果的时间。期限是法律事实的一种,并且在法律事实中具有重要地位,任何民事法律关系的发生、变更或终止均须在一定的时间内进行。

期限的到来或流逝不以人的意志为转移,任何人都无法排除时间对民事法律关系的作用,期限在性质上属于民事法律事实中的事件。

二、期限的种类

(一)以静态或动态来表示时间为标准,期限可分为期日和期间

期日,是指一定的、不可分的特定时间,例如某时、某日、某月、某年。它表示时间长度中的一个确定的时间点,属于静态的观念。

期间,是指从起始的时间到终止时间所经过时间的区间。例如某年某月某日至某年某月某日,或从某日起若干日、若干月、若干年,如30天、3个月等。前一个时间是起始时间,后一个时间是终止时间,其间继续的时间就是期间。期间表示的是时间长度中从一个时间点到另一个时间点的时间段,是动态的观念。

(二)依确定根据不同,期限分为法定期限、约定期限和指定期限

法定期限,指由法律直接规定的期限。如诉讼时效期间、公民成年的期日、宣告失踪的公告期等。

约定期限，指可由当事人自由约定的期限。例如合同的有效期，履行债务的期限，所有权移转的期限。

指定期限，指由法院或有关机关确定的期限。如法院指定举证期限，有关机关要求申请人在指定期限提交有关资料等。

三、期限的计算

（一）期限的计算方法

期日是不可分的特定时刻，不发生计算问题，此所谓期限的计算是指期间的计算。期间的计算方法有两种：一是自然计算法，二是历法计算法。

自然计算法是以实际经过的时间为计算期间的方法。例如从本日上午 9 时到次日下午 5 时，期间分秒不差。此种计算方法结果精确，但用以计算长期间，则有欠简便。

历法计算法是以日历所定的年、月、日为计算单位的方法。此种计算方法虽不精确，但计算简便。

《民法通则》第 154 条规定："民法所称的期间按照公历年、月、日、小时计算。规定按照小时计算期间的，从规定时开始计算。规定按照日、月、年计算期间的，开始的当天不算入，从下一天开始计算。"可见，我国民法上的期间兼采自然计算法和历法计算法。

在期限的表达中，有"以上、以内"用语的，在计算中均包括本数；有"不满"、"以外"用用语的，在计算中均不包括本数。

（二）期间的始期与终期

［**事例 5**］ 1994 年 4 月 10 日上午 10 时，甲和单位同事外出深山探险游玩，因突下暴雨引发山体滑坡和泥石流，后经多方寻找一直下落不明。甲的妻子乙向法院申请宣告甲死亡。试分析：甲失踪期限的起算点应是哪一天？甲妻乙最早可于哪日向法院申请宣告甲死亡？

1. 始期

期间的始期即期间的起算点。根据《民法通则》第 154 条第 2 款的规定，按照小时计算期间的，从规定时开始计算。按照日、月、年计算期间的，开始的当天不算入，从下一天开始计算。例如，约定从本日下午 5 时起的 3 个小时，则从本日下午 5 时起算至本日下午 8 时届满。1 月 1 日约定 3 日的期间，则从 1 月 2 日起算至 1 月 4 日 24 时届满。同时，《民通意见》第 199 条规定："按照日、月、年计算期间，当事人对起算时间有约定的，按约定办。"

事例 5 中，根据《民法通则》的规定，因意外事故下落不明，从事故发生之日起满 2 年的，利害关系人可以向人民法院申请宣告死亡。而期间的计算从开始当日计算的，当日不计算在内。因此，计算甲失踪期限的起算点应是 1994 年 4 月 11 日。

2.终期

期间的终期,即期间的终止点。期间最后一天的终止点是何时?《民法通则》第154条第3款规定:“期间的最后一天是星期日或者其他法定休假日的,以休假日的次日为期间的最后一天。”《民通意见》第198条第2款规定:“星期日或者其他法定休息日有变通的,以实际休息日的次日为期间的最后一天。”《民法通则》第154条第4款规定:“期间的最后一天的截止时间为二十四点。有业务时间的,到停止业务活动的时间截止。”

事例5中,甲失踪期限满2年的终期应是1996年4月10日24时,乙最早可于1996年4月11日申请宣告甲死亡。

【引导案例分析】

首先,胡某对王某债务的诉讼时效实际上是否已经届满。《民法通则》第135条规定:“向人民法院请求保护民事权利的诉讼时效期间为二年,法律另有规定的除外。”根据该规定,民事权利的诉讼时效期间一般为两年,两年后法院不再予以保护,此时权利人将丧失胜诉权。本案中,双方当事人约定胡某在出国前将钱还清,对于明确约定履行期限的债权,诉讼时效期间应自履行期限届满时起计算。胡某1988年7月27日出国时没有还钱,则从此日起应开始计算诉讼时效。到1990年10月张某才第一次向胡某要钱,此时期间已超过两年,胡某债务的诉讼时效实际上已届满。因此,当时胡某如果表示不愿偿还此款,张某将无法通过诉讼索回他的钱款。

其次,胡某于1990年10月在字据上对月底还钱作注明的行为有何种效力?根据最高人民法院《民通意见》第171条的规定,过了诉讼时效期间,义务人履行义务后,又以超过诉讼时效为由反悔的,不予支持。此处义务人履行义务不仅仅指义务人实际履行义务,也包括义务人对履行义务重新作出承诺。本案中,胡某1990年10月在字据上的注明即是一种重新承诺,不得反悔。

最后,张某能否通过诉讼要回胡某所欠的钱?张某要求法院判决胡某还款的请求可以得到法院的支持,但不是因为时效没有届满,而是因胡某已重新作出承诺。

本单元重点内容图解

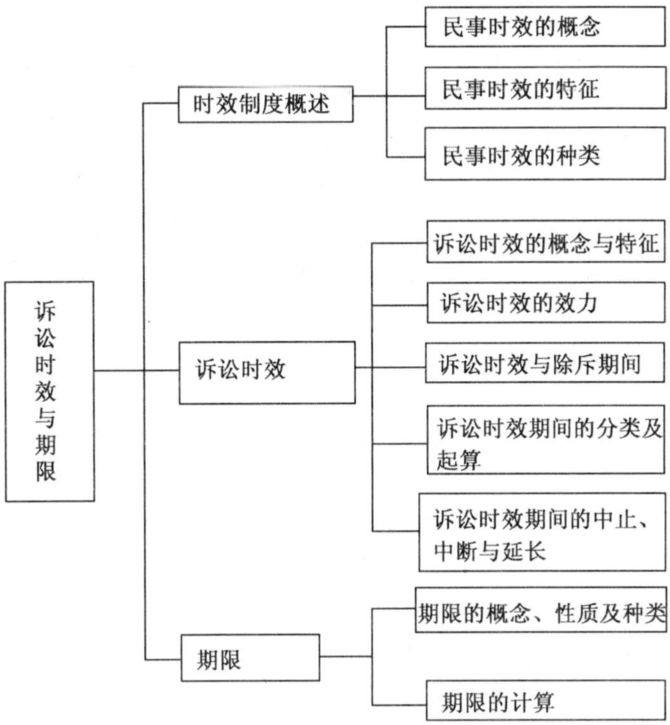

同步训练

一、单项选择题

1. 甲于 1998 年 2 月 1 日将乙打伤，乙花去医药费及其他损失共计 3000 元。乙因被单位派往外地出差，未及时向甲要求赔偿。乃至 1999 年 2 月 15 日，乙聘请律师丙代理向甲追要。丙告诫甲："如不主动还钱，就会到法院告你。"甲因此向乙支付赔偿费。后其知道已过诉讼时效，起诉要求返还。法院应当（　　）

A. 驳回甲的请求　　B. 判决乙退还甲的 3000 元

C. 判决丙赔偿甲的 3000 元　　D. 由乙、丙共同赔偿甲的 3000 元

2. 下列情形中，哪一项的诉讼时效为一年？（　　）

A. 甲骑车撞伤乙，乙要求赔偿医药费等损失

B. 甲与乙签订了承包经营合同，后乙违约，甲要求赔偿损失

C. 甲借给乙 1 万元，乙到期不还欠款，甲起诉乙

D. 甲在乙处定做一套西服，到期后甲未领取西服，30 天后乙将西服卖掉，甲起诉乙

3. 甲于 2000 年 5 月将乙打伤，乙为此花去医药费 5000 元，但未及时向甲索赔。2001 年 6 月，乙要求甲承担责任，提出“欠债还钱，天经地义，上法院你也没有道理！”甲遂向乙支付 5000 元。对此案的判断正确的是（　　）

A. 诉讼时效期间未满，甲应承担该赔偿责任

B. 诉讼时效期间已满，甲不再承担该赔偿责任

C. 甲自愿支付了该 5000 元，不能要求返还

D. 甲受乙的欺诈而支付了该 5000 元，可以要求乙返还

4. 张某于 1995 年 2 月 1 日晚被李某打成重伤。张某向李某提出赔偿请求的最后期限为（　　）

A. 1995 年 6 月 1 日　　B. 1996 年 6 月 1 日

C. 1997 年 2 月 1 日　　D. 1996 年 2 月 1 日

5. 李玉向刘文借了 2000 元钱，约定 1995 年 1 月 1 日还款。因李玉届期未还，刘文于 1996 年 2 月 3 日向李玉写了一封信催促还款，李玉于 1996 年 2 月 10 日收到这封信。该项债务的诉讼时效自何时中止或中断？（　　）

A. 从 1996 年 2 月 3 日中断　　B. 从 1996 年 2 月 3 日中止

C. 从 1996 年 2 月 10 日中断　　D. 从 1996 年 2 月 10 日中止

二、多项选择题

1. 下列事由中能引起诉讼时效中断的是（　　）

A. 当事人向人民法院起诉　　B. 当事人向仲裁机构申请仲裁

C. 当事人向人民调解委员会申请调解　　D. 当事人向人民法院申请支付令

2. 在诉讼时效期间的 6 个月内发生下列哪些事情时，诉讼时效中止？（　　）

A. 无行为能力人的法定代理人死亡　　B. 不可抗力

C. 债务人允诺　　D. 债权人请求

3. 1999 年 7 月，甲发现乙公司非法复制其作品，但未予制止。2004 年 5 月 8 日，甲发现乙一直未停止复制行为，遂向法院起诉，要求乙停止侵权并赔偿损失。对此，下列哪些说法是正确的？（　　）

A. 法院应当受理甲的起诉

B. 甲的诉讼请求已过诉讼时效，应驳回其诉讼请求

C. 法院应当判决乙停止侵权行为

D. 甲应获得的赔偿数额应从 2004 年 5 月 8 日起向前推算 2 年计算

4. 因下列哪些民事纠纷引发的争议，其诉讼时效为 1 年？（　　）

A. 拖欠房屋租金

B. 寄存物被毁损

C. 没有经过声明出售质量不合格的商品造成他人人身损害的

D. 拖欠承揽劳务费用

5. 王某骑自行车被一违章车辆撞倒，王某当时未感到损伤，只是自行车被撞坏，通过协商，司机赔偿了自行车费 300 元。但两年后王某感到经常头晕，经过医院检查确诊为中度脑震荡，原因就是上次的撞车事件。王某为此花了 3000 元治疗费。土某出院后要求当时的司机赔偿，司机不同意，于是王某起诉至法院。下列说法错误的是（　　）

A. 原告两年后才向法院起诉，诉讼时效已过

B. 诉讼时效期间为两年，从伤势确诊时开始计算，因此诉讼时效未过

C. 原告向法院起诉没有超过诉讼时效

D. 该案的诉讼时效应当从撞车之时开始计算

三、重点思考题

1. 如何理解诉讼时效的效力？

2. 诉讼时效的中止与中断有哪些异同点？

3. 诉讼时效中止的条件有哪些？

4. 诉讼时效与除斥期间有何异同？

四、案例训练题

[案例 1]

甲出售一批奶牛给乙，双方约定，甲于 1999 年 11 月 4 日在其养牛场向乙交付奶牛，乙于 1 个月后向甲付款。1 个月后乙没有付款，而甲也忙于其他事务无暇顾及。2001 年 7 月 4 号甲因为车祸受伤成为植物人，因对由谁担任其监护人发生争议，迟至 2001 年 8 月 4 日才确定了由丙担任甲的监护人。2002 年 2 月 3 日丙清理甲的财产的时候发现尚有乙的欠款还没有追回，遂向乙主张权利，因乙认为该债务诉讼时效期间已过不愿意偿还发生纠纷。

本案中，甲对乙的付款请求权是否已过诉讼时效期间不受保护？为什么？

[案例 2]

2003 年 2 月 2 日，龚敬与梁杰因宅基地使用权问题发生纠纷，龚敬被梁杰用木棍打伤。从 2003 年 2 月 2～19 日，龚敬先后多次到医院门诊治疗，共用去医药费 377.5 元。2003 年 2 月 15 日，医院应龚敬的要求，为其出具疾病证明书，诊断结论为“全身多处软组织挫伤”。发生纠纷当日，龚敬即向公安机关报案，请求公安机关处理。公安机关在多次召集双方进行调解未果后，于 2004 年 1 月 19 日作出了对梁杰行政拘留 15 日的行政处罚决定。2004 年 2 月 18 日，龚敬向法院提起诉讼，要求梁杰赔偿其医药费损失，并赔偿精神损失 2000 元。被告梁杰以原告的起诉已超过法律规定的一年诉讼时效为由，请求法院驳回原告的诉讼请求。

问:原告的起诉是否已超过诉讼时效?

[**案例** 3]

田某自幼腿部异常。2007 年 7 月,田某通过互联网才得知此病为臀肌挛缩症,是因注射青霉素时使用苯甲醇为溶媒引起的。田某为此将 30 年前给他使用过这一药物的某医院告上了法庭,索赔损失 30 余万元。

问:田某的诉讼请求能否得到支持?

学习单元七　人身权

学习目标

知识目标：

- 了解人身权的种类；
- 理解各类人身权的概念、特征；
- 掌握各类人身权的内容及民法的保护方法。

能力目标：

- 能解释各类人身权的含义和主要特征；
- 能合理运用民法的方法保护人身权；
- 能处理涉及人身权方面的民事纠纷。

专题一　人身权概述

人身权是民事主体享有的最基本的民事权利，也是其他民事权利得以享有和行使的前提。

一、人身权的概念

人身权是民事主体依法享有的与其自身不可分离而又无直接财产内容的民事权利，包括人格权和身份权。

人身权又称"人身非财产权"，它和财产权共同构成了民法的两大支柱。人身权是民事主体享有的最基本的民事权利，是其进行民事法律行为、取得民事权利承担民事义务的前提和基础。

人身权不同于人权。人权是西方法学和政治学上的一个概念，是指自然人基于自然属性和社会属性所固有的基本权利，如生存权利、政治权利、经济社会文化权利等，其内涵大致相当于各国宪法所规定的"公民的基本权利"。而民法上人身权比"人权"概念的范围要小得多，是指那些与权利主体的人身不可分离的民事权利，是人权体系的一个组成部分。

二、人身权的特征

1. 人身权是民事主体所享有的基本权利

[事例 1] 为了对群众进行法制宣传教育，某市警方在一次扫黄行动中将百名涉嫌卖淫、嫖娼人员集中在该市的繁华街道游街示众，并当场宣布处罚决定，分别读出各人姓名、出生日期和籍贯。现场有上千群众围观鼓掌。试分析：该市公安机关的行为是否侵犯了人身权？

民事主体不能离开人身权而存在，人身权是民事主体从事社会活动和民事活动的前提和基础。对于自然人来说，从出生时起享有民事权利能力具有民事主体资格，因此也就具有人身权。只要该自然人没有死亡，其人身权不能因为被剥夺政治权利或者接受刑事处罚等原因而丧失。但是，人身权中的某些身份权，如配偶权、荣誉权等却必须具备一定的行为能力才能取得。对于法人来说，其人身权始于法人成立，终于法人终止。

由此可见，事例 1 中，该市公安机关对涉黄人员游街示众的做法侵害了其人格尊严和个人隐私，是侵犯人身权的行为。

2. 人身权与权利主体人身不可分离

[事例 2] 小王和小张是大学同学，同窗四年，感情很好。2009 年小张由于身体不适住院，医生诊断为重度脑髓炎，并有可能终身成为植物人。小张家中贫困，无钱医治。小王为救好友，在某网站上发布信息称，原意卖身 15 万元以便救治好友，并附上自己的身高性格等基本情况。试分析：小王这种卖身救人的做法是否合法？

人身权以权利主体的存在而存在，不能与其权利主体分离。人身权的这种不可分离性决定了它的不可转让性。除法律另有规定外，人身权不得以任何形式买卖、赠与和继承。因此，人的活体器官是人身权的一部分，不得转让。事例 2 中，小王为救好友出卖自己身体的行为是法律所禁止的。人身权的不可转让性也存在例外，即某些人身权脱离民事主体仍具有法律意义或经济价值，这样的人身权是可以转让的。《民法通则》第 99 条规定，企业法人、个体工商户、个人合伙有权使用、依法转让自己的名称。

人身权的不可分离性也决定其不可剥夺性，即民事主体违反民事义务，仅能追究其民事责任，而不能剥夺其人身权利。如甲因不满意乙在工作中指出其失误，遂在其居住的社区中张贴传单，造谣称乙有生活作风问题，与多个女子有不正当关系，侵害了乙的名誉权。此时乙只能要求甲停止侵权，进行精神损害赔偿等，而不能剥夺甲的名誉权。

3. 人身权没有直接财产内容

人身权以民事主体的人格利益和特定的身份为客体，不能直接体现财产利益，但人身权与财产权又存在一定的联系。

(1)人身权是某些财产权取得的前提。

(2)人身权在一定条件下可以转化为财产权。例如法人名称可以有偿转让，并获得财产利益。

(3)人身权受到损害时可以进行财产性补偿。

4.人身权具有绝对性和支配性

人身权属于绝对权，其权利主体是特定的人，义务主体是不特定的，任何义务主体都不得以各种方式妨害权利主体人身权的行使。

人身权是一种支配权，民事主体可以基于人身权直接支配其人格利益或者身份，而无须对方当事人的协助。

三、人身权的分类

(一)人格权和身份权

依据人身权的客体的不同，人身权可以分为人格权和身份权，这是人身权的最基本的分类。

1.人格权

人格权是指民事主体依法固有的、维护自身独立人格所必备的、以人格利益为客体的权利。人格权人人平等享有，在学理上可将其分成一般人格权和具体人格权。一般人格权是指民事主体依法对其全部人格利益享有的总括性的权利，主要包括人格独立、人格尊严和人身自由。具体人格权是指民事主体享有并由法律具体规定的人格利益，包括身体权、生命权、健康权、姓名权与名称权、名誉权、肖像权、隐私权等。

2.身份权

身份权是民事主体基于一定的身份而依法享有的权利，主要包括基于家庭身份所取得的亲权、亲属权、配偶权和基于社会身份所取得的荣誉权等。身份权是以一定的身份为基础的权利，故只有自然人取得某种身份才享有身份权，法人不具有身份权。

3.人格权与身份权的区别

(1)权利的性质不同。人格权仅仅是一种权利，而身份权的内容一般来说既包含权利又包含义务。

(2)权利客体不同。人格权以人格利益为客体，身份权的客体是基于一定身份关系形成的身份利益。

(3)权利的取得原因不同。自然人的人格权是法律一概平等地赋予公民的，基于出生这一事实而取得；而自然人身份权的取得则只有通过自己的行为，取得一定的身份以后取得。

(4)权利消灭的时间不同。人格权是因为自然人的死亡、法人的终止而消灭；身份权的存续则取决于自然人的身份，如果权利人的身份丧失，那么其也就不再享有身份权。

(二)自然人的人身权和非自然人的人身权

依据权利主体是否为自然人，可以将人身权分为自然人的人身权和非自然人的人身权。自然人人身权包括了几乎所有的人身权种类,而非自然人的人身权仅限于特定的几种,例如名称权、名誉权、信用权等。自然人的某些人身权作为非自然人的法人、合伙组织等不能享有,如生命权、健康权和身份权;而非自然人的某些人身权可以在一定的条件下转让,如法人的名称可以依法转让。

四、人身权的民法保护方法

人身权是民事主体所享有的最基本的权利,是取得其他一切权利的基础和前提。随着社会经济的发展,人身权遭受损害的可能性也日益增加,这使得人身权的法律保护显得更为迫切。鉴于此,法律一方面要保障社会经济的发展,满足人的生存发展的需求,另一方面也必须保护民事主体的基本人身权利不受侵犯。

[**事例** 3] 甲女某日到超市购物,正欲出门时,店门口警报器鸣响,该店一保安员上前阻拦甲离店,引来众多群众围观。保安遂要求甲到办公室进行检查。在女保安及另一女店员在场的情况下,甲脱裤接受女保安的检查,但未查出携带未付款的商品。后甲将店方起诉,诉称侵害其名誉权和隐私权,要求店方公开赔礼道歉、恢复名誉并给予精神损害赔偿。试分析:顾客在人身权受到侵犯的情况下如何保护自己?

结合我国关于人身权的立法,当前我国人身权的民法保护方法主要有以下几种:

1.赔偿损失

赔偿损失指的是当公民、法人的人身权遭受不法侵害并造成损失时,受害人有权要求侵害人给予财产补偿。

(1)对财产的损害赔偿制度。对财产的损害赔偿制度又称为“人身损害赔偿”,实际上是对公民身体权、健康权、生命权等物质性人格权所造成的损害进行财产赔偿。

(2)对侵害精神性人身权的人格利益损害赔偿。最高人民法院《关于确定民事侵权精神损害赔偿责任若干问题的解释》明确规定了可以要求精神损害赔偿的范围:①侵害他人生命权、健康权、身体权、姓名权、肖像权、名誉权、荣誉权、人身自由权等人格权,给他人造成精神损害的;②侵犯监护身份权、非法使被监护人脱离监护、给监护人造成精神损害的;③侵害死者人格权或非法利用、侵害遗体、遗骨给死者近亲属造成精神损害的;④灭失或毁损他人具有人格象征意义的特定纪念物品而造成的精神损害。

《侵权责任法》第22条规定:“侵害他人人身权益,造成他人严重精神损害的,被侵权人可以要求精神损害赔偿。”这条实际界定了要求精神损害赔偿的条件:①侵害人身权益,包括侵害生命权、健康权、名誉权、隐私权等,但不包含财产权;②只有造成“严重精神损害”才可以请求赔偿,但是对于如何才算“严重精神损害”目前并没有相关的司法解释来界定。

2.停止侵害

停止侵害即侵害人身权的行为尚在进行的情况下受害人要求侵权人停止侵害行为。

3.消除影响,恢复名誉

消除影响,恢复名誉,即当受害人的人格利益受到不法侵害、造成了不良的社会影响时,要求侵害人以适当的方式、在一定的范围内消除所造成的不良影响,以恢复受害人的名誉和人格尊严。这两种责任方式往往合并使用,恢复名誉也就是在消除影响。

4.赔礼道歉

赔礼道歉,即侵害人以书面或口头形式向受害人承认错误、表示歉意、请求受害人宽恕。

根据以上人身权的保护方法不难看出,事例3中商店的行为侵犯了消费者的名誉权和隐私权,对此行为,消费者有权要求停止侵害、赔礼道歉、恢复名誉,可以要求精神损害赔偿。

五、民法对死者人格利益的保护

[事例4] 王某的母亲逝世前在某医院治疗,医院为老人拍了一张照片。照片上,老人手抱玩具熊端坐在轮椅上,医院院长推着轮椅,三名医生则微笑着围坐在老人轮椅旁,画面温馨。老人去世后3个月,王某看到当地"110"路公共汽车汽车的车厢侧面挂有该医院的宣传广告,其母亲的上述照片也在其中。看到亡母的照片随汽车的行驶在大街上游动,王某心里十分痛苦,在与医院交涉未果的情况下,向当地人民法院提起诉讼,要求停止侵害、赔礼道歉、返还照片、销毁复制版、赔偿经济和精神损失2万元。试分析:王某是否有权追究医院的侵权责任?

1.对死者人格利益保护的立法

《最高人民法院关于确定民事侵权精神损害赔偿责任若干问题的解释》对死者人格利益的保护作了较为全面具体的规定。其第3条规定,自然人死亡后,其近亲属因下列侵权行为遭受精神痛苦,向人民法院起诉请求赔偿精神损害的,人民法院应当依法予以受理:(1)以侮辱、诽谤、贬损、丑化或者违反社会公共利益、社会公德的其他方式,侵害死者姓名、肖像、名誉、荣誉;(2)非法披露、利用死者隐私,或者以违反社会公共利益、社会公德的其他方式侵害死者隐私;(3)非法利用、损害遗体、遗骨,或者以违反社会公共利益、社会公德的其他方式侵害遗体、遗骨。

《侵权行为法》第18条也明确规定,被侵权人死亡的,其近亲属有权请求侵权人承担侵权责任。

2.对死者人格利益保护的条件

(1)死者人格利益保护的范围。行为人的行为必须侵害了死者名誉、姓名、肖像、荣誉、隐私、遗体和遗骨。

(2)侵害的方式。行为人实施了法律所禁止的行为,如侮辱、丑化死者或者非法利用死者的肖像、姓名等。

(3)损害的后果。具体表现为侵权人对死者所实施的侵权行为导致死者近亲属遭受精神痛苦。

(4)请求权主体。死者近亲属有权向人民法院起诉,请求赔偿精神损失。

事例4中所涉及的就是非法利用死者肖像的行为,属于上述所列的法院应当受理范围,此侵害行为直接导致了死者近亲属遭受精神痛苦,近亲属有权要求医院承担侵权责任。

专题二　人格权

【引导案例】

张某旅游时抱着当地一小女孩拍摄了一张照片,并将照片放在自己的博客中,后来发现该照片被用在某杂志的封面,并配以"母女情深"的文字说明。张某并未结婚,朋友看到杂志后纷纷询问张某,熟人对此也议论纷纷,张某深受困扰。

问题:杂志社侵害了张某的何种权利?张某是否有权提出精神损害赔偿?

一、人格权概述

(一)人格权的概念

人格权是作为民事主体必备的、以人格利益为内容,并为法律所承认和保护的民事权利。

法律意义上的人格包括三层含义:一是指具有独立法律地位的民事主体;二是指作为民事主体必备条件的民事权利能力;三是指人格权的客体,即民事主体在人格关系上所体现的与其自身不可分离且受法律保护的利益。

人格权是指以人格利益为客体、由民事主体专属享有的为维护其独立人格所必备的固有权利。这种权利始于出生或成立,终于死亡或消灭,为自然人终生享有或法人在存续期间享有。

(二)人格权的特征

1.人格权是作为民事主体所必备的权利。民事主体只有具有人格权,才能实现人格的独立与自由,才能成为民法上的"人"。

2.人格权是民事主体固有的一种权利。人格权始终与民事主体相伴随而客观存在,不依民事主体的意志更无需民事主体为一定的行为去取得。人格权随着权利主体的存在而存在,并随着权利主体的消亡而消亡。

3.人格权以人格利益为客体。人格利益分为一般人格利益和具体人格利益,前者泛指人的自由与人格尊严;后者指的是生命、健康、身体、姓名(名称)、名誉、肖像等人格利益。

4.人格权是由法律确认的。但是,在不同的国家以及在同一国家的不同历史时期,人格利益受法律确认和保护的范围并不一定相同。

(三)一般人格权的基本内容

1. 人格独立

包括三方面的内容:一是民事主体的人格不受他人支配;二是民事主体的人格不受他人干涉;三是民事主体的人格不受他人控制。

2. 人格自由

包括两方面的内容:一是保持人格的自由;二是发展人格的自由。

3. 人格尊严

人格尊严是一个极抽象的概念,是指人作为一个"人"所应有的最起码的社会地位并且应受到社会和他人最起码的尊重。

人格尊严与人格独立、人格自由的性质并不相同。人格独立是人的客观地位,人格自由是人的主观状态,而人格尊严则是一种主观认识与客观评价的结合。首先,人格尊严是一种人的观念,是公民、法人对自身价值的认识。其次,人格尊严具有客观的因素,是他人、社会对特定主体作为人的尊重。再次,人格尊严是人的主观认识和客观评价的结合。它既包括自我认识的主观因素,也包括社会和他人的客观评价和尊重,这两种因素结合在一起,才构成完整的人格尊严。人格尊严是一般人格权内容体系的核心。

二、身体权与生命健康权

(一)身体权的概念

身体权是指自然人保持其身体组织完整并支配其肢体、器官和其他身体组织的权利。

[**事例 5**] 张某乃长发美女,某日在乘坐公共汽车时由于困倦坐在其座位上睡着,坐在张某背后的李某顿生歹意,趁张某熟睡之际,用自带剪刀将其长发剪断,打算剪走卖钱,被车上的乘客当场发现。试分析:李某侵犯了张某的何种人格权?

(二)身体权的客体

身体权的客体是自然人主体的身体。身体包括主体部分和附属部分。主体部分包括头颅、躯干、四肢。附属部分包括毛发指甲等。事例 5 中的头发属于身体权的客体。

(三)身体权的内容

1. 身体完整保持权

身体完整保持权,是指自然人依法享有的保持其身体的完整并排除他人侵害的权利。身体是自然人享有法律人格的物质基础,离开了身体,生命就失去了依托,其他权利也就失去了载体。因此,身体权的首要内容就是身体完整的保持权,任何破坏自然人身体完整性的行为,都构成对身体权的侵害。自然人在身体权受到他人的不法侵害时,既可通过适当的方式进行自卫保护,也可寻求有关国家机关的公力救济。所以,当事例 5 中的张某的身体权受到侵害时,可以通过诉讼的方式来维护自己的合法权益。如张某已经将自己长发剪下作为收藏，李某心生歹意，趁张某熟睡之际将其盗走，则李某侵犯的是张某的财产权而不是身体权。

2. 对身体的有限支配权

对身体组织的有限支配权，是指自然人在一定范围内对自己身体组织部分的肢体、器官和其他组织进行支配的权利。传统民法理论认为身体的完整性不得破坏，因而不允许自然人处分其身体的组成部分。商但随着现代科学的飞速发展、医疗技术水平的迅速提高以及法律伦理的不断进化，自然人在不违背法律的强行性规定和社会伦理道德的情况下，可以将自己的部分血液、骨髓、皮肤及器官捐赠给他人，这种行为不仅不为法律所禁止，而且还为社会道德、伦理、宗教所接纳。当然，自然人对自己身体组织的支配应严格限制在法律允许的范围内，因为人的身体构造自有其科学性，身体的各个组成部分也各有其功能，对身体组织的处分往往会对当事人的身体造成伤害。所以，自然人支配自己的身体组织既应有科学的依据，亦有法律的准许，还应符合伦理道德的规范。

(四)侵犯身体权的表现

1. 非法搜身，包括无权搜身和有权搜查之机关或个人违反法定程序之搜身；

2. 伤害他人身体；

3. 未造成伤害之殴打他人身体；

4. 未造成伤害之破坏他人身体，如强行剔除眉毛；

5. 未造成伤害之侵犯他人身体，如面唾他人。

三、生命权

(一)生命权的概念

生命权是指以自然人的生命安全利益为客体、由自然人依法享有的维持自己生命延续、不受他人非法剥夺的权利。

(二)生命权的特征

1. 生命权的客体是生命及其安全利益。

2. 生命权只有在生命安全受到威胁或处于危险状态时才能够行使，而对于生命权的主体来说，该权利的主要内容在于排除生命安全所受到的危险和威胁。

3. 生命权一旦受到实际侵害，任何法律救济对权利主体都是毫无意义的。法律救济的唯一功能在于使权利主体的近亲属得到财产上的补偿和精神上的抚慰。

(三)生命权的内容

1. 生命安全维护权

生命安全维护权是生命权的主要内容，是指自然人通过一定的方式维护其生命延续并排除外来侵害的权利。生命是自然人的最高人格利益，维护其生命延续是自然人的法定权利。但这里所称的维护生命延续不是指通过提高健康水平来延长其生命，而是指保护人的生命不受外来之非法侵害。为维护其生命延续，在出现危及生命安全的情形时，生命权人有权采取必要的手段以保护其生命不受侵害。

2. 生命利益的有限支配权

生命利益的有限支配权，是指生命权人在一定范围内享有的支配其生命利益的权利。比如说生命权人可以为了国家利益、社会公共利益或他人利益而慷慨赴死、舍己救人，这种符合民族文化精神、利益的生命支配权是有利于社会文明进步的，是自然人支配权最高境界的价值体现。另外，自杀属于不文明的行为，为法律所不提倡，其行为不是对生命权的保护性支配，而是忽视或滥用生命权的野蛮行为。

四、健康权

(一)健康权的概念

健康的语义为“(人体)生理、心理机能正常，没有缺陷和疾病”。健康权，是指自然人保持身体机能正常和维护健康利益的权利。

[**事例 6**] 某县初中的张、徐、赵和李 4 人谎称有事要与王某说，把她叫出去后，张某等人冲上去把王某堵到墙角，一边对她实施拳打脚踢，一边揪着她的头发狠狠地往墙上撞，还声称要毁她的容貌。这幕惨剧一直持续了近两个小时才停止。王某被打得遍体鳞伤，肿包布满头部，双眼底部充血。王某的母亲认为张、徐、赵和李 4 人严重侵害了王某的人身权，遂将 4 人告上法庭。试分析：王某的人身权是否受到侵害，应如何保护？

(二)健康权的客体

健康包括生理健康和心理健康。公民的生理健康和心理健康均应受到法律保护，他人不得非法侵害。但公民心理健康的损害赔偿属于精神损害赔偿，不是健康权规定。民法健康权之健康属于主体的物质要素。健康权属于物质性人格权。健康权的客体仅指公民的生理健康，不包括公民的心理健康。事例 6 中，王某被打得遍体鳞伤，肿包布满头部，双眼底部充血，就属于健康权受到损害。

(三)健康权的内容

1. 健康维护权

健康维护权，是指自然人保持自己健康并排除他人不法侵害其健康的权利。健康维护权的内容有二：一是保持健康的权利。保持健康不仅是自然人维护自身生命、提高自己生活质量的需要，而且还是维护社会利益、提高人类生存质量的需要。二是排除不法侵害的权利。当自然人的健康权受到不法侵害时，可依法予以排除，如正当防卫、紧急避险、请求公安机关或人民法院予以保护等。事例 6 中王某可以通过诉讼的方式，请求人民法院保护其权利。

2. 劳动能力保持权

劳动能力，是自然人创造物质财富和精神财富的能力。拥有劳动能力是自然人参加社会劳动的前提，而自然人是否拥有劳动能力，拥有什么样的劳动能力，与其健康状况密切相关。只有在健康状况良好的情况下，自然人才具备相对较好的劳动能力。自然人的劳动能力保持权的内容包括：(1)有权保持劳动能力；(2)有权用劳动能力满足自己及社会的需要；(3)有权发展和提高自己的劳动能力；(4)当劳动能力受到损害时有权请求侵害人赔偿。

3. 健康利益的有限支配权

健康利益的有限支配权，是指自然人在一定范围内享有的、通过一定方式支配自己健康利益的权利。因此，放弃健康或故意恶化自己健康的行为均为不文明行为，不仅对权利人本人无益，而且还危害了社会共同利益。因此，传统民法不仅不认可健康利益支配权，而且对某些故意恶化自己健康的行为予以法律强制，如对吸毒者强制其戒毒。

五、姓名权与名称权

(一)姓名权

1. 姓名权的概念

姓名权是指自然人决定、使用和依照规定改变自己姓名的权利。

《民法通则》第 99 条规定，公民享有姓名权，有权决定、使用和依照规定改变自己的姓名，禁止他人干涉、盗用、冒用。

《户口登记条例》第 18 条规定，公民变更姓名，依照下列规定办理：18 周岁以上公民需要变更姓名时，由本人向户口登记机关申请变更登记。公民的姓名权受到侵害时，有权要求停止侵害、恢复名誉、消除影响、赔礼道歉。

[**事例 7**]　张先生和王小姐是同事关系，张听说王经常在背后说他的坏话，于是便怀恨在心，冒充王小姐的真实姓名在报纸上刊登征婚广告，并注明其真实姓名和联系地址。随后，王小姐接二连三接到多封求爱信，大为震惊和羞愧。单位同事以为王小姐爱情不专一，对其看法有改变。王小姐后到报社调查才发现是张先生所为，一怒之下，将张先生告到法院，要求其停止侵害、赔礼道歉、消除影响、赔偿精神损失。试分析：王小姐的诉求是否合理？

2. 姓名权的内容

姓名权的内容是权利主体决定、使用和按照规定改变姓名，他人不得妨碍。

(1)姓名决定权，又称“命名权”。命名权就是自然人决定自己姓名的权利，任何人无权干涉。自然人的姓，原则上不能选择。在我国现实生活中有子女随父姓的习惯，但我国现行《婚姻法》第 22 条规定：“子女可以随父姓，可以随母姓。”如果自然人依法重新选择姓氏，法律也不应干涉。即使女子结婚后是在自己的姓名之外再加上丈夫的姓，也是依据当事人自己的意志决定的。

姓名一般都是自然人出生时由其父母确定，但这不是对自我命名权的否定，实际上是父母亲权的表现，是父母实施亲权的代理行为。自然人成年后，也可以通过姓名变更手续，变更自己的姓名。自我命名权的另一个表现是自然人选择自己别名的权利，可以根据自己的意志和愿望来确定登记姓名以外的笔名、艺名以及其他相应的名字，任何人都不得干涉。

(2)姓名使用权。姓名使用权就是自然人对自己的姓名的专有使用权。使用自己的姓名是自然人姓名权的重要内容，自然人在民事活动中，除法律另有规定的，可以使用本名，也可以使用自己的笔名、艺名或化名等。任何组织与个人都不得强迫自然人使用或不使用某一姓名。

姓名使用权是一种专有的使用权，他人不得故意使用别人的姓名。在现实中有重名的现象，并不是侵权行为。重名也叫"姓名的平行"，即数人合法取得同一姓名。在这样的情形下，各人都有权使用自己的姓名，也都是正当行使权利，但是故意混同的除外。事例7中，王小姐对自己的姓名，享有专有的使用权，但张先生使用他人姓名的行为则属于主观故意。

(3)姓名变更权，又称"改名权"。改名权就是自然人按照法律规定改变自己姓名的权利，也称为"姓名变更权"。其含义为，自然人可以按照自己的意愿依照规定改变自己的姓名，不受其他限制。这种变更姓名的行为，虽然仅依单方意思表示就可以生效，但是不经过公示，不得对抗第三人。登记姓名的变更，也必须经过登记，非法经更登记程序不生效力。

3. 姓名权的限制

法律确认姓名权是为了使公民以文字符号即姓名明确地区别于他人。但如果滥用姓名权，反而会模糊他人和自己的区别，损害他人和社会的利益。因此姓名权和其他权利一样，受到法律限制，不得滥用。主要表现为：公民在参加重要法律关系时，必须使用登记姓名，以明确权利义务主体；不得故意制造姓名权冲突，即为不正当目的而取得与他人相同的姓名；不得为不正当目的如重婚、逃税而改名换性；不得随意改变姓名，造成权利义务不清；不得转让姓名等。

(二)名称权

1. 名称权的概念

名称权是指法人或其他组织对其依法定程序取得的名称享有使用并排斥他人非法侵害的民事权利。

《民法通则》第99条规定，法人、个体工商户、个人合伙享有名称权。企业法人、个体工商户、个人合伙有权使用、依法转让自己的名称。

2. 名称权的特征

(1)主体的特定性。名称权的主体是公民以外的各类组织体。包括：①法人，包括企业法人和机关、事业法人。它们都应当有自己的名称。《民法通则》第37条规定："法人应当具备下列条件……有自己的名称……”②个人合伙。《民法通则》第33条规定:“个人合伙可以起字号……”字号即为个人合伙的名称。③个体工商户。《民法通则》第26条规定:“……个体工商户可以起字号。”④其他组织。如独资企业、法人的分支机构也可以起名称,并对其名称享有权利。

(2)名称权具有专用性。名称权属于法人等各类组织体专有,非经合法转让,其他经营单位不得使用。我国《企业法人登记管理条例》第10条规定,企业法人只准享有一个名称。企业法人申请登记注册的名称由登记主管机关核定,经核准登记后在规定的范围内享有专用权。《企业名称登记管理规定》第6条规定,企业只允许使用一个名称,在登记机关辖区内不得与已登记注册的同行业企业名称相同或者类似。

(3)名称权的取得必须履行法定手续。根据《中华人民共和国公司登记管理条例》、《中华人民共和国企业法人登记管理条例》、《中华人民共和国合伙企业登记管理方法》的有关规定,公司等企业法人、个人合伙等组织要取得名称权,都必须向有关的工商行政管理机构进行登记后才能取得名称权。名称的变更、转让也需要登记。

(4)名称权可以依法转让。企业法人、合伙、个体工商户的名称具有无形财产的性质,其财产意义非常大,不仅可以有偿转让,而且还可以作为无形资产进行投资。因此,名称可以作为财产出售,名称权人可获得转让费。名称权的转让必须依法定程序,根据《企业名称登记管理规定》,企业名称转让时,由转让方与受让方签订书面转让协议,按照企业申请登记程序,报工商行政管理机关批准。

六、名誉权

[**事例8**] 某报社在一篇新闻报道中披露未成年人甲是乙的私生子,致使甲备受同学的嘲讽与奚落,甲因精神痛苦,自残左手无名指,给甲的学习和生活造成重大影响。试分析:对该报社的行为应如何认定?

(一)名誉权的概念

名誉权是指民事主体对自己在社会生活中所获得的社会评价即自己的名誉依法所享有的不可侵犯的权利。《民法通则》第101条规定:“公民、法人享有名誉权,公民的人格尊严受法律保护,禁止用侮辱、诽谤等方式损害公民、法人的名誉。”

(二)名誉权的内容

1.名誉保有权

名誉保有权是指名誉权人保持其名誉,不使其降低、丧失的权利。名誉作为一种社会综合评价,一旦形成即带有一定的客观性,并对特定的民事主体产生影响。名誉权人对自己的名誉有充分的保有权,当知悉自己的名誉由于某种原因受到影响或侵害时,有权通过法律手段保障自身的合法权益。事例8中,报社在文章中泄露了甲的隐私,能够导致甲的社会评价降低。

2. 名誉维护权

名誉维护权，是指名誉权人保护自己名誉并排除他人侵害的权利。这是名誉权中最为重要的一项权利，在司法实践中也最为常见。名誉权人在自己的名誉受到他人的不法侵害，可以通过法律允许的手段加以制止，也可以寻求司法保护；不但可以请求法院要求侵权人排除侵害，还可以请求法院对侵权人予以民事制裁，并可请求精神损害赔偿。事例8中，甲可以请求法院保护自己的名誉权，要求报社承担相应的法律责任。

3. 名誉利益的有限支配权

名誉利益的有限支配权，是指名誉权人在法律允许的范围内对自己的名誉加以利用的权利。良好的名誉是能为名誉权人带来某些利益的。如体育明星利用自己良好的名誉从事政治、经济活动，可使自己获得更好的政治权益和更大的经济效益。但名誉权人对自己名誉利益的支配也不是无限制的，如名誉权人就不得抛弃、转让其名誉。

(三)侵害名誉权的形式

名誉侵权主要有下列几种方式：侮辱、诽谤。侮辱是指用语言(包括书面和口头)或行动，公然损害他人人格、毁坏他人名誉的行为。如用大字报、小字报、漫画或极其下流、肮脏的语言等形式辱骂、嘲讽他人、使他人的心灵蒙受耻辱等。诽谤是指捏造并散布某些虚假的事实破坏他人名誉的行为。如毫无根据或捕风捉影地捏造他人作风不好，并四处张扬、损坏他人名誉，使他人精神受到很大痛苦。

侮辱、诽谤是常见的名誉侵权行为，《民法通则》第101条明令禁止用侮辱、诽谤的方式损害他人名誉。对法人名誉的侵害，主要表现在散布有损法人名誉的虚假消息，如虚构某种事实、诬说某工厂的产品质量如何低劣，以图用不正当的竞争手段搞垮对方等等，这些都是侵害法人名誉权的侵权行为。

七、肖像权

(一)肖像权的概念

肖像权是指自然人对自己的肖像享有再现、使用或许可他人使用的权利。《民法通则》第100条规定："公民享有肖像权，未经本人同意，不得以营利为目的使用公民的肖像。"

(二)肖像权的内容

[**事例9**] 某影楼与甲约定："影楼为甲免费拍写真集，甲允许影楼使用其中一张照片作为影楼的橱窗广告。"后甲发现自己的照片被用在一种药品广告上。经查，制药公司是从该影楼花500元买到该照片的。试分析：对该影楼的行为应如何认定？

1. 肖像制作权

肖像的制作，是指通过一定的艺术手段将自然人的外部形象通过某种物质载体表现出来的全部活动。肖像制作权是指自然人通过一定的艺术手段再现其形象的专有权。自然人肖像制作的方式多种多样，有绘画、摄影、雕刻、塑像、刺绣等，但无论采用何种方式，均须事先取得肖像权人的同意。

2. 肖像使用权

肖像使用权，是指肖像权人对自己的肖像所享有的专有使用权。肖像的使用可能给肖像权人带来物质和精神利益，也有可能损害肖像权人的物质和精神利益。因此，肖像的使用除法律另有规定外，应取得肖像权人的同意。事例 9 中，制药公司的行为并没有征得甲的同意。

3. 肖像利益维护权

肖像利益维护权，是指肖像权人享有的维护自己肖像利益的权利。肖像权是一种绝对权，除肖像权人外，其他任何人都负有不得侵害他人肖像权的义务。在自己的肖像权受到不法侵害时，肖像权人有权采取任何一种受法律保护的手段加以维护，如制止、请求人民法院予以保护等。事例 9 中，甲可以通过诉讼的方式请求人民法院来保护自己的肖像权。

(三)行使肖像权的限制

基于维护国家利益、社会公共利益或肖像权人本人利益的需要，对肖像的使用有以下几种情形可以不经肖像权人的同意：

1. 使用具有新闻价值的人物的肖像。政治家、作家、艺术家、运动员、演艺界名人等社会知名人士，为社会广为关注，为了报道这些人物的活动而使用其肖像。

2. 司法机关为案件的需要而强制使用公民的肖像。如为通缉逃犯在通缉令上印制其肖像。

3. 使用在特定场合出席特定活动的人物的肖像。如在媒体上使用参加游行活动的人的肖像。

4. 为维护肖像权人的利益而使用其肖像。如为寻找失踪的公民在寻人启事或其他媒体上使用其肖像。

5. 基于科学研究和文化教育的目的而在一定范围内使用他人的肖像。如在学术著作中善意使用现代史上著名人物的肖像。

八、隐私权

(一)隐私权的概念

隐私权是指自然人享有的对自己的个人秘密和个人私生活进行支配并排除他人干涉的一种人格权。

(二)隐私权的内容

[**事例** 10] 某媒体未征得艾滋病孤儿小兰的同意，发表了一篇关于小兰的报道，将其真实姓名、照片和患病经历公之于众。报道发表后，隐去真实身份开始正常生活的小兰

再次受到歧视和排斥。试分析：该媒体侵犯了小兰的何种权利？

1.个人生活安宁权，指权利主体能够按照自己的意志支配自己的私生活，不受他人的干扰、破坏。例如，自然人私生活不受非法窥视；自然人住宅不受非法监听。

2.个人信息和生活情报的控制、保密权，指权利主体对自己的个人信息和生活情报的收集、储存、传播享有排他的控制权并加以保密。例如，个人身高、体重、病史、生活经历、信仰、财产状况等都属于个人信息和生活情报的范围。事例10中，孤儿小兰患有艾滋病的“病史”属于个人隐私中的个人信息和生活情报的一部分，依法享有保密的权利。

3.个人通信秘密权，指权利主体有权对个人信件、电子邮件、电报、电话、传真等内容加以保密，禁止他人擅自观看和非法传播的权利。

4.个人对其隐私的利用权，指权利主体有权依照自己的意志利用自己的隐私从事有关的活动，不受他人的非法干涉。事例10中，某媒体未征得小兰同意，将其病史、姓名等公布于众，侵犯了小兰的隐私权。

【引导案例分析】

侵犯肖像权的核心是对“他人”肖像的不正当利用。本案中，由于杂志社使用张某的照片没有法律依据，而将其作为杂志的封面很明显是以营利为目的，并且没有得到张某的同意。所以，杂志社的行为侵犯了张某的肖像权。

公民、法人享有名誉权，公民的人格尊严受法律保护，禁止用侮辱、诽谤等方式损害公民、法人的名誉。本案中，杂志社在其发行的杂志封面上将张某旅游时抱着当地一小女孩拍摄的照片，配以“母女情深”的文字说明，由于张某并未结婚，朋友看到杂志后议论纷纷，熟人对此也议论纷纷，所以张某的社会评价有一定程度的降低，据此，可以认定杂志社侵害了张某的名誉权。

依据《侵权责任法》第22条的规定，侵害他人人身权益，造成他人严重精神损害的，被侵权人可请求精神损害赔偿。所以，张某可以请求精神损害赔偿。

专题三　身份权

【引导案例】

2003年7月，张炬以个人名义，并利用业余时间，设计出一个有关希望工程方面的广告文案报名参加公益广告设计大赛。同年10月10日，张炬被公司派到外地出差1个月。10月20日，大赛的评选结果揭晓，张炬一举获得特等奖。组委会工作人员按张炬留下的电话与其联系时，公司方知张炬参赛一事。因颁奖晚会定于10月23日举行，张炬无法赶回，组委会希望公司派人为其代领奖杯、获奖证书与2万元的奖金。公司欣然允诺，颁奖当晚由公司经理肖丰代为领奖。张炬出差归来后，知道自己获奖的消息非常高兴，并马上到肖丰处要取回奖杯、获奖证书及奖金。肖丰只把奖金交给张炬，但奖杯与获奖证书却不交出，他提出要把它们摆放在公司的谈判室，以向广告客户显示其创作实力。张炬认为奖杯与证书是奖给自己的，与公司无关，要求公司返还。双方产生争议。

张炬向市人民法院提起诉讼，请求法院判决公司返还奖杯与获奖证书，并赔礼道歉。

问题：该案应如何处理？

一、身份权的概念和特征

（一）身份权的概念

身份权是指民事主体基于某种特定的身份而依法享有的以身份利益为客体的一种民事权利。所谓身份，是指民事主体在特定的民事关系中所享有的不可让与的地位和资格。

（二）身份权的特征

1. 身份权是基于特定身份而取得的。身份权不是民事主体固有的，是随自然人的出生或者是自然人、法人以及其他组织依一定的行为或事实而取得的权利。就自然人来讲，一出生就与其父母、兄弟姐妹、祖父母、外祖父母产生了亲属法上的身份权，但这种身份权，不是与生俱来，而是依其出生构成的亲属关系而取得的权利。更明显的是，养父母子女、继父母子女之间的身份关系，是基于收养、抚养的行为或事实而取得的；姻亲的身份权，则是基于结婚行为而取得。至于荣誉权、著作人身权的取得，更是根据其工作、智力创作行为而取得的。

2. 身份权不是民事主体必须具备的权利。没有身份权，民事主体依然可以生存，可以从事各种民事活动。在古代社会，奴隶没有人格权，就沦为他人财产的一部分。身份权不具有这种属性，如果一个人一出生父母就双亡，也没有亲属，靠社会上的好心人供养成人，但也没有被他人收养，长大后也没有取得任何荣誉、著作人身权等，可他依然作为一个独立的民事主体存在，可以进行各种社会交往。值得注意的是，身份权虽然不是民事主体必备的权利，但同样不得忽视这种权利，正像财产权也不是民事主体必备的权利，但不得被忽视一样。

3. 身份权的客体是身份利益。如配偶权的身份利益，是夫妻共同生活、相互依靠、相互扶助、相互体贴关爱的人类最密切的情感；亲权的身份利益，是父母对未成年子女的管理、教育、抚养以及相互尊重、照顾、爱戴的亲情和责任等。

4. 身份权虽然在本质上是权利，但权利中包含着义务。这种身份利益的双重属性，主要表现在亲属法上的身份权之中，也就是说，“身份权虽然在本质上是一种权利，但却是以义务为中心，权利人在道德和伦理的驱使下自愿或非自愿地受制于相对人的利益，因而权利之中包含义务”。因此，可以说，身份利益不仅包含了身份权人的利益，而且还包含了身份权关系中相对人的利益。

二、荣誉权

（一）荣誉权的概念

荣誉权是指民事主体享有的荣誉不受非法剥夺和其他形式侵害的权利。《民法通则》第102条规定："公民、法人享有荣誉权，禁止非法剥夺公民、法人的荣誉称号。"

（二）荣誉权的内容

［**事例11**］　张某初中在校期间被评为A市的市级三好学生，中考可以享受加分待遇。张某的班主任因个人恩怨在考试报名前故意销毁的张某的三好学生证书，导致张某无法申请加分。最后张某以一分之差落榜。张某以侵害荣誉权将其班主任告上法庭。试分析：张某的主张应否得到支持？

1.荣誉获得权

荣誉获得权的基本内容有二：一是任何民事主体都有权利通过自己的行为获得荣誉，其他人不得非法妨碍、阻挠其获得，也不能侵占其应获得的荣誉。二是民事主体在获得荣誉的同时，可获得因荣誉所生之利益，如奖品、奖金以及被授予荣誉后所带来的其他物质利益。

2.荣誉保持权

这是指民事主体对于已被授予的荣誉保持归自己享有，并不被非法取消或剥夺的权利。荣誉保持权意味着荣誉一经授予，即归荣誉权人享有，非经法定程序不得取消或剥夺。同时，荣誉权人以外的其他人负有不得侵害荣誉权人荣誉的义务。事例11中，张某的班主任不得侵害张某已获得的荣誉权。

3.荣誉利用权

荣誉作为一种积极的正面评价，它能提升荣誉权人的名誉。因此，荣誉权人可对所获得的荣誉进行利用、支配。如自然人可在自己的简历上注明自己曾获得的荣誉，企业可在自己的产品上标明所获得过的荣誉称号。事例11中，张某当然可以利用自己市级三好学生的荣誉，享受中考加分。

（三）侵害荣誉权的形式

1.非法剥夺他人荣誉

这是最为常见的侵害荣誉权的行为。这一行为的主体一般为荣誉的授予组织。如有的荣誉授予组织在没有法定理由或非经法定程序的情况下，剥夺他人已获得的荣誉。

2.非法侵占他人荣誉

这是指行为人以非法的手段，窃取、强占、冒领他人荣誉的行为。一般情况下，非法侵占他人荣誉的侵权者与荣誉权人有一定的联系或关联。

3.严重诋毁他人所获得的荣誉

主要的行为方式包括对他人获得的荣誉心怀不满，向授予组织诬告、诋毁荣誉权人，或者当众摘人荣誉牌匾、撕人荣誉证书，或者公开发表言论诋毁他人荣誉名不符实等行为。这里应注意的是，诋毁他人荣誉侵权的构成，以情节严重为限，如果只是发表一般的不当评价，不宜作侵权处理。事例11中，张某班主任销毁荣誉证书的行为，构成侵害他人的荣誉权。

4.侵害荣誉权人应得的物质利益

获得荣誉往往能带来相应的物质利益。侵害荣誉权人物质利益的行为主要包括：拒发或少发荣誉权人应得的物质利益（如少发奖金），以破坏他人荣誉为目的故意损毁荣誉权人的奖杯、奖品、奖章等。如属过失损毁他人的奖杯、奖品等物，则应以一般的侵害财产行为论处。

（四）荣誉权和名誉权的区别

1.评价的主体不同

荣誉是由一定的国家机关或社会组织授予的评价，其来源具有特殊性；而名誉是社会大众在日常生活中形成的对某一主体的评价，其来源具有普遍性。

2.评价的方式不同

荣誉就其性质而言是正面的、积极的评价，而反面的、消极的评价，即使其他方面符合荣誉的特点，也不称其为荣誉。而名誉是社会大众对一定主体的评价，无论这个评价是好是坏，均构成该主体的名誉。因此，有好名誉与坏名誉之分，却无好荣誉与坏荣誉之别。

3.评价的内容不同

荣誉是对一定主体的某个方面进行的评价，例如因某科学家在其所研究领域内取得的成果而授予其荣誉称号，这是对他科研能力的评价，而不管其他方面评价如何。而名誉是对一定主体的综合性的总体评价，涉及各个方面，具有整体性。

4.存在的方式不同

荣誉具有正式性，是一种正式的评价，是一定的国家机关或社会组织依照一定的程序对一定主体给予的评价。而名誉则是一种自由的、随意的评价。也正因为如此，荣誉表现为一定的形式，例如荣誉称号等；而名誉则存在于社会大众的心里，难以具体地把握。

5.消灭的方式不同

荣誉可以依照一定的程序予以取消，而名誉则无法取消。荣誉是在一定主体的行为满足一定条件后，由特定的国家机关或者社会组织授予，当被授予荣誉的该主体不再符合授予荣誉的条件时，也可以由授予该荣誉的组织按照一定的程序予以取消。而名誉只会随着人们的评价而发生改变，不可能被取消。

三、其他身份权

（一）亲权

1.亲权的概念

亲权是基于父母子女这一基本身份关系而产生的一种专属于父母的权利（义务）。亲权制度的设立以保护未成年子女的利益为其唯一目的，因此已经成年的子女不在亲权范围之内。在我国的民事法律中，没有亲权的概念，关于亲权的内容在监护权中规定。

2. 亲权的特征

(1)亲权是基于父母身份而取得的一种身份权。父母身份的取得可能因生育、因收养或因婚姻产生，在国外有的以认领作为对非婚生子女亲权产生的条件，我国《婚姻法》规定非婚生子女与婚生子女享有同等的权利。因此对于非婚生子女，生父母也有亲权，不需要通过认领获得。

(2)亲权权利义务具有统一性。对子女进行监督、管理不仅仅是父母的一项权利，同时也是父母一项不可推卸的义务。就父母对子女人身、财产可以行使管理甚至支配而言，亲权是父母的一项权利。就法律要求父母必须对子女人身、财产进行监管而言，亲权是父母对子女的一项义务。如果不认真履行，父母将承担相应的法律责任。

(3)亲权具有专属性。亲权是父母对未成年子女所具有的权利，具有严格的人身性，不得转让、继承，亦不得抛弃。亲权对未成年子女权利义务意义重大，随意转让必将严重影响未成年人的健康成长，而且亲权不但为权利，同时也为义务，因此法律禁止亲权人随意转让、抛弃亲权。

(4)亲权是为了保护未成年子女利益而设定的权利。根据我国法律规定，不满 18 岁的自然人为未成年人。未成年是确定亲权有无的唯一标准，与民事行为能力无关。18 岁以上的成年人虽然因为精神问题，没有行为能力，父母对其仅有监护权，并无亲权。而 16 岁以上不满 18 岁的自然人，可以以自己的劳动生活的，虽然于法律上被认为是完全民事行为能力人，但是由于不满 18 岁属于未成年人，因此父母仍对其享有亲权。

(5)亲权具有绝对性和支配性。亲权的绝对性是指任何人不得随意侵害亲权人行使亲权，亲权行使也不需要借助他人积极行为，只要义务人不妨害和侵犯，亲权就可以实现。亲权人对子女的人身和财产具有支配权利，可以对子女财产进行处分，必要情况下也可以对子女进行惩戒。但是亲权人对子女的支配权，必须是以保护未成年子女的利益为目的，不得滥用。

3. 亲权的内容

亲权的内容十分庞杂，但都以保护、教养未成年子女为目的。亲权内容从大的方面可以分为人身照护权和财产管理权，这两种权利又各自包括一些具体的权利。

(1)人身照护权。人身照护权是针对子女身体所享有的权利，具体包括：

①居所指定权。父母有权利决定未成年子女居住的地点。我国法律没有规定子女居所指定权，但在习惯上子女都与父母同居一处。

②惩戒权。父母在必要的时候，有权对子女进行惩戒，以达到教育的目的。惩戒是父母的专有权利。惩戒应当在必要范围之内，超出该范围，构成对子女的侵权行为，应当承担赔偿责任，严重的可以构成虐待、遗弃等罪行。

③身份行为和身上事项同意权、代理权。限制行为能力人可以实施部分关于亲属身份变更方面的行为，但必须经过亲权人同意。身份行为不但对于身份有重大意义，而且对财产也会带来相应变化，因此对身份行为的代理必须在有法律明确规定的情况下，才可以适用；亲权人对于未成年人身上行为有同意权，例如子女动手术时的同意等。

(2)财产管理权。财产管理权是父母为了未成年人利益而具有的对未成年人财产的管理、使用、收益和一定的处分权以及代理、同意权。

①代理权。根据《民法通则》第 14 条规定，无民事行为能力人、限制民事行为能力人的监护人是他的法定代理人。第 16 条又规定，未成年人的父母为未成年人的监护人。因此父母对未成年人享有代理权，可以代理未成年人从事各种民事法律行为，但如果因自己过错造成未成年人损失的，应当承担赔偿责任。

②同意权。未成年人为限制民事行为能力人时，除非纯获益的行为和与限制民事行为能力人的年龄、智力等相适应的行为，其余民事行为都要经过法定代理人同意才可以生效，否则该行为不发生法律效力。

③管理权。未成年人因继承、赠与或其他原因获得的财产为未成年人特有财产，亲权人对该财产有管理保护的权利，以保持未成年人财产价值。《民法通则》第 18 条规定，父母有权利和义务管理未成年子女持有的财产，保护其合法权益。

(二)亲属权

1.亲属权的概念

亲属权，是指除配偶关系、父母与未成年子女关系之外，基于其他亲属之间的特定身份而产生的权利。亲属的范围十分广泛，除上述近亲属外，还有叔、伯、舅、姑、姨等，是不是所有亲属都享有法律上的亲属权，答案是否定的。事实上，我国现行法律规定的亲属权仅限于父母与成年子女之间，祖父母、外祖父母与孙子女、外孙子女之间，兄弟姐妹之间。

2.亲属权的内容

(1)父母与成年子女之间的权利与义务。父母与成年子女间的权利与义务归纳起来有如下各项：①父母对患有精神病的成年子女有监护和抚养的义务；②成年子女对父母有赡养的义务；③父母子女之间互有继承权；④父母子女之间互有行为能力宣告、失踪宣告和死亡宣告的申请权；⑤一方失踪后的财产代管权，具体依照有利于失踪人的原则确定。

(2)祖父母、外祖父母与孙子女、外孙子女之间的权利与义务。祖父母、外祖父母与孙子女、外孙子女之间的权利与义务归纳起来有如下各项：①有负担能力的祖父母、外祖父母，对于父母已经死亡或者父母丧失抚养能力的孙子女、外孙子女有监护和抚养的义务；②有负担能力的孙子女、外孙子女，对子女已经死亡或者子女确无赡养能力的祖父母、外祖父母有赡养的义务；③祖父母、外祖父母与孙子女、外孙子女之间互有继承权(行使的条件是没有第一顺序继承人，包括父母、子女、配偶)；④祖父母、外祖父母与孙子女、外孙子女之间互有行为能力宣告、失踪宣告和死亡宣告的申请权，但祖父母、外祖父母与孙子女、外孙子女之间相互申请宣告死亡的权利位于配偶、父母、子女之后；⑤一方失踪后的财产代管权，具体依照有利于失踪人的原则确定。

(3)兄弟姐妹之间的权利与义务。兄弟姐妹之间的权利与义务归纳起来有如下各项：①有负担能力的兄、姐，对于父母已经死亡或者父母无力抚养的未成年弟、妹有监护和抚养的义务；②由兄、姐抚养长大且有负担能力的弟、妹，对丧失劳动能力且无生活来源的兄、姐有扶养的义务；③兄弟姐妹之间互有继承权(行使的条件是没有第一顺序继承人，包括父母、子女、配偶)；④兄弟姐妹之间互有行为能力宣告、失踪宣告和死亡宣告的申请权，但兄弟姐妹宣告死亡的申请权位于配偶、父母、子女之后；⑤一方失踪后的财产代管权，具体依照有利于失踪人的原则确定。

【引导案例分析】

《民法通则》第102条规定："公民、法人享有荣誉权，禁止非法剥夺公民、法人的荣誉称号。"荣誉权的内容包括荣誉获得权、荣誉保持权、荣誉利用权、荣誉保护权。而侵犯荣誉权形式包括非法剥夺他人荣誉、非法侵占他人荣誉、严重诋毁他人所获得的荣誉以及侵害荣誉权人应得的物质利益。

本案中，对于张某已经获得的荣誉，其他人不得非法妨碍、阻挠其获得，也不能侵占其应获得的荣誉，以及因荣誉所生之利益，如奖品、奖金以及被授予荣誉后所带来的其他物质利益。

公司领导拒绝交出奖杯与获奖证书，这属于侵害荣誉权人应得的物质利益，即构成了非法侵占他人的荣誉权。

所以，该公司应当向原告张炬返还奖杯与获奖证书，并在法院认可的范围内向原告赔礼道歉。

本单元重点内容图解

- 人身权
  - 人身权概述
    - 人身权的概念和特征
    - 人身权的分类
      - 人格权和身份权
      - 自然人人身权
非自然人人身权
    - 人身权的民法保护方法
      - 赔偿损失
      - 停止侵害
      - 消除影响
恢复名誉
      - 赔礼道歉
    - 对死者人格利益的保护
  - 人格权
    - 人格权的概念和特征
    - 一般人格权
    - 具体人格权
      - 身体权
      - 生命权
      - 健康权
      - 姓名权
      - 名誉权
      - 肖像权
      - 隐私权
  - 身份权
    - 身份权的概念和特征
    - 身份权的内容
      - 荣誉权
      - 亲权
      - 亲属权

同步训练

一、单项选择题

1. 民法中人身权的客体是( )

A. 特定的精神成果　　B. 特定的行为

C. 人身非财产利益　　D. 与人身有关的财产或利益

2. 法人的人身权受到侵害时,( )要求精神损害的物质赔偿。

A. 可以　　B. 加害人如有经济能力,法人始能

C. 不能　　D. 只有荣誉权、名誉权受到侵害的,才可

3. 按照我国《民法通则》的规定,有权使用、依法转让自己名称的法人是( )

A. 机关法人　　B. 事业单位法人　　C. 企业法人　　D. 社会团体法人

4. 自然人的姓名权属于( )

A. 请求权　　B. 绝对权　　C. 相对权　　D. 财产权

5. 自然人的身份权是自然人在下列( )情况下享有的权利。

A. 出生　　B. 取得特定身份　　C. 年满 10 周岁　　D. 年满 18 周岁

二、多项选择题

1. 下列方式中,( )属于我国民法保护人身权的方式。

A. 赔礼道歉　　B. 赔偿损失　　C. 排除妨碍　　D. 停止侵害

2. 人身权属于( )

A. 形成权　　B. 请求权　　C. 绝对权　　D. 专属权

3. 下列( )行为属于侵害他人姓名权的行为。

A. 与别人同名同姓　　B. 不准别人改名换姓

C. 盗用他人姓名　　D. 假冒他人姓名

4. 下列( )人格权不能转让。

A. 健康权　　B. 荣誉权　　C. 名称权　　D. 隐私权

5. 荣誉权的内容包括( )

A. 荣誉获得权　　B. 荣誉保持权　　C. 荣誉利用权　　D. 荣誉转让权

三、重点思考题

1. 如何用民法的方法保护自己的人身权?

2. 如何保护死者的人身利益?

3. 人格权与身份权有何区别?

4. 如何保护公民的隐私权?

5. 名誉权与荣誉权有何区别?

四、案例训练题

[案例 1]

2009 年 5 月，在某市机关幼儿园工作的张女士到妇儿医院检查身体，该院诊断她患有性病并通知了她的单位。由此，她被幼儿园园长通知"离岗治疗"。为了确诊，张女士又到另外两家省级医院检查，结果均为健康。随后，张女士找到妇儿医院说明情况，要求该院对她患性病进行澄清。在看到省级医院诊断证明后，妇儿医院为她出具了未患性病的证明。然而，单位却拒绝让其上班。

张女士认为妇儿医院给其名誉造成了伤害，同时使其失去了工作，要求妇儿医院到其单位当众向其赔礼道歉、恢复名誉，消除影响、同时赔偿精神损失费 1 万元。妇儿医院认为医院本身没有过错，是用作检查的机器设备出了问题，且已经为张女士出具了未患性病的证明，故不应再承担其他责任。

问题：

1. 医院是否侵犯张女士的人身权？

2. 如果医院侵犯了张女士的人身权，张女士可以要求医院承担哪些责任？

[案例 2]

张某与妻子到一家饭店用餐，夫妻俩要了几个小菜正落座就餐时，两名携带了一条"京巴"狗的妇女走进饭店，要了几个包子和两碗馄饨，然后坐在张氏夫妇同一张餐桌的对面用餐。其中一妇女让小狗趴在桌子上，并使用饭店的餐具给小狗喂馄饨。张氏夫妇认为他们的人格受到侮辱，与饭店交涉，双方未达成一致意见，遂提起诉讼，要求饭店公开赔礼道歉，并赔偿其精神损失费 2.5 万元。饭店称已经口头对原告表示歉意，但本着"顾客就是上帝"的原则，顾客带着小狗到店里来吃饭饭店也无能为力，原告要求被告承担 2 万元的侵权责任没有道理。

问题：

1. 本案中双方争议的焦点是什么？

2. 本案中饭店放任人狗同桌吃饭是否侵犯了张某夫妇的人身权？

3. 张某夫妇要求饭店赔偿精神损失费是否合理？

[案例 3]

张某是某市 2008 年高考状元，某天他在一个某品牌的文曲星广告当中发现自己的照片，该广告称，张某使用并认可该品牌的文曲星，显然成为了该商品的形象代言人。张某对此并不知情，原来，该文曲星品牌的厂商是在张某所在高中的网站上下载到的张某的毕业照片，并将其用于广告。张某遂将该文曲星厂家告上法庭。

问题：

1. 该文曲星品牌的厂商侵犯了张某的何种权利？

2. 应当如何承担责任？

[**案例** 4]

罗先生是一家大型国有企业的工人技师，多次被评为省市劳动模范和先进生产者，曾两次获得晋升工资的奖励。在一次职工代表大会上，罗先生为工人的劳保待遇问题公开批评厂长。厂长怀恨在心，先是声称罗先生是欺骗得到的荣誉，是假劳模、假先进，后又在职代会上宣布取消罗先生的省市劳动模范称号，取消其奖励晋升的两级工资。罗先生为此诉至法院，要求厂长停止侵害，为其恢复荣誉，并赔偿精神损失。

问题：

1. 该厂长的行为是否构成侵权？该厂长侵犯了罗先生的何种权利？

2. 罗先生可以向该厂长主张赔偿哪些损失？

学习单元八　物　权

学习目标

知识目标：

- 了解物权的概念与效力、用益物权的概念和特征、占有的概念和特征；
- 理解物权变动的模式；
- 掌握物权法定原则与物权公示原则，抵押权、质权、留置权三种担保物权。

能力目标：

- 能处理所有权、用益物权、担保物权等相关实务；
- 能处理因物权变动发生的各种纠纷。

专题一　物权概述

【引导案例】

张某租住洪某房屋，协议规定租赁期为五年，期间，洪某不得将房屋出租或出售他人。第二年，李某看到该房位置较好，表示愿以每平方米5000元购买此房。洪某与张某商量，张某表示愿出同样的价格购下此房，免得以后发生麻烦。洪某同张某签订了购房合同，张某依合同支付了房款，但未办理房屋过户登记手续。李某得知此消息后，又表示愿出每平方米1万元的价格购买此房。洪某于是要求张某再加价。张某认为双方已经签订了合同，自己付清了房款，房子已经归自己了，拒不同意加价。洪某一气之下将该房以每平方1万元的价格卖给李某，并到房管部门办理了登记手续。李某带人准备对房屋装修，张某拒不让房，强行将张某的家具、衣物等扔到外面，并造成了一些损坏。张某以洪某及李某侵占自己的房屋为由，向人民法院提起诉讼。

问题：根据物权原理本案如何处理？

一、物权的概念和特征

(一)物权的概念

"物权"一词是由中世纪注释法学家首先提出的。根据我国《物权法》第2条第3款规定，物权是指权利人依法对特定的物享有直接支配和排他的权利，包括所有权、用益物权和担保物权。

(二)物权的特征

物权具有以下法律特征:

1.对世性

这是物权在主体方面的特征。在物权关系中,权利主体总是特定的,而义务主体则是不特定的任何人,物权人之外的其他任何人对物权人都负有不为侵害或妨碍的消极义务或容忍义务。据此,物权为可对物权人外任何人可得主张的权利,故为对世权,具有对世性。

2.支配性

这是物权在内容方面的特性。物权的内容是直接支配一定的物并享受其利益。支配,是指对物进行占有、使用、收益和处分。直接支配是指物权人完全可以在法律规定的范围内根据自己的意志和行为支配物,享受物上利益,无须借助他人的行为。如文具,可自己使用,也可借给别人,亦可赠与他人。物权人对标的物为支配的方式,可以是事实上的管领处分,抑或为法律上的管领处分;可以是有形的实物支配,也可以是无形的价值支配。

3.特定性

这是物权在客体上的特性。因为物权是对物的支配权,如果物不特定,权利人就无从支配。特定物应解释为经济上、法律上具有独立意义的物。一幢楼房的若干单元,法律意义上可作为特定一物,亦可每一单元单独作为特定一物。安装在房屋上的门窗,丧失了独立的经济和法律意义,则不能与房屋分开单独作为物权的客体。特定物不限于有体物,光、电、热、气等无体物亦可特定。

4.绝对性

这是物权于实现方式上的特征。除遵守法律之外,物权人行使权利完全基于自己的任意,且凭自己的意志的行为即可实现其权利,无须不特定义务人以积极的行为予以协助,义务人仅承担消极的容忍或不为侵害的义务。

5.排他性

这是物权在效力方面的特性。物权的排他性应从广义理解其含义,可与“得对抗一般人”、“排除他人干涉”作同一解释。

二、物权的分类和效力

(一)物权的分类

1.物权的学理分类

[**事例** 1] 甲经商多年,辛辛苦苦买来一幢豪华别墅。但好景不长,时隔几日,自己多年经营的公司因一笔业务失利,突然亏损严重。甲为扭亏为盈,欲向银行贷款;银行为

免日后追债麻烦,要求甲提供担保。甲遂以自己心爱的豪华别墅向银行担保。又经过多日奔波,最终贷得银行款项1亿元人民币。试分析:甲对别墅的权利与银行对别墅的权利有无区别?

在学理上,物权可以按不同标准进行以下分类:

(1)自物权(所有权)与他物权。这是根据物权的标的物是自有还是他有而作的分类。自物权,是权利人对自己的财产所享有的权利,也就是所有权,因其与他人之物无关,所以称为自物权。事例1中,甲对别墅的权利,即权利人对自己财产的权利,与他人之物无关,故为自物权、所有权。他物权是在他人所有的物上设定的物权。他物权是对他人财产的权利,在内容上是在占有、使用、收益或处分某一方面对物的支配,故也是物权的形式。银行对甲的别墅的权利,即为银行作为权利人对他人即甲的物的权利,故为他物权。自物权与他物权是对物权的最基本分类,物权的其他分类均以此为基础展开。

(2)完全物权与定限物权。这是根据权利人对标的物的支配范围不同而作的分类。完全物权为对标的的使用价值与交换价值为全面支配的物权,即自物权、所有权。事例1中,甲对别墅的权利即为完全物权,其对标的物别墅可为使用价值与交换价值的全面支配,且正是因为甲对别墅的交换价值支配权的行使,才有了银行对别墅的权利。定限物权为对标的物使用价值予以支配或是对标的物交换价值予以支配,权利人仅能在法律或合同限定的范围对标的物为支配,支配的范围不完全、不全面的物权。事例1中,银行对甲的别墅的权利为定限物权,其只能对甲的别墅的交换价值进行支配。所有权之外的其他物权均为定限物权。定限物权效力强于所有权。

(3)用益物权和担保物权。这是在定限物权中,根据权利人对标的物的支配内容不同而作的再分类。用益物权是以支配标的物的使用价值为内容、以对标的物的使用、收益为目的的物权。其实现常以对标的物的实体加以支配为基础,因此又称为"实体物权"。如建设用地使用权(地上权)、土地承包经营权(永佃权)、宅基地使用权、地役权等。担保物权是以支配标的物的交换价值为内容,以保障债权实现为目的的物权。如抵押权、质押权、留置权等。

(4)独立物权与从属物权。以物权是否能够独立存在为标准,可将物权分为独立物权与从属物权。独立物权是其本身能够独立存在,不依附于其他权利的物权,如所有权、多数用益物权等。事例1中,甲对别墅的权利本身即可单独存在,不需信赖其他任何权利,故为独立物权。从属物权是其本身不能够独立存在,必须以其他权利的存在为前提的物权。如担保物权须以合法债权的存在为前提,不存在没有债权的单独担保物权,债权一旦获得清偿,则担保物权随即消灭。事例2中,银行对甲的别墅的权利,即为担保物权,其产生与存在乃依赖于银行对甲的贷款债权。贷款产生,担保权产生;贷款存在,担保权存在;贷款消灭,担保权消灭。

2.物权的法定种类

我国《物权法》最终确定的物权类型包括所有权、用益物权、担保物权三大类,同时通过专门编章规定了占有。《物权法》提及的物权具体种类包括：所有权（含国家所有权、集体所有权、私人所有权、业主的建筑物区分所有权、相邻关系、共有）；土地承包经营权、建设用地使用权、宅基地使用权、地役权以及海域使用权、探矿权、采矿权、取水权、养殖权、捕捞权、抵押权（含一般抵押权、最高额抵押权）、质权（含动产质权、权利质权）、留置权。

（二）物权法定原则

我国《物权法》第5条规定，物权的种类和内容，由法律规定。由此，我国立法明确了物权法定原则。

物权法定原则，又称“物权法定主义”，是关于物权的种类或类型的原则，是指物权的类型、各类物权的内容及创立方式，均由法律直接规定，任何人不能创设法律没有规定的物权类型和不按法律规定的有关物权的内容及创立方式设立法律已作规定的物权。按物权法定原则的要求，人们只有遵循法律有关物权类型、内容及创立方式之规定而实施的法律行为，才能创设物权；否则，其法律行为便不能产生创设物权的法律效果。

物权法定原则的效力在于：

违反物权法定原则，物权设立无效，不能发生物权法的效果。违反物权法定原则，物权归于无效，行为具备其他法律行为生效要件，在当事人之间仍然产生其他法律行为的效力。部分违反物权法定原则，但不影响其他部分效力的，其他部分仍可有效。

（三）物权的效力

物权的效力，是指法律赋予物权的强制性作用力与保障力。

物权的效力可概括为对物的支配效力、对其他物权的排他效力、对债权的优先效力与对妨害的排除效力四个方面。其中，支配效力为物权中对物关系的效力，其他三项效力均为物权中对人关系的效力。

1. 物权对物的支配效力

物权的支配效力，是指物权所具有的保障物权人对标的物直接为一定行为的作用力。我国《物权法》第2条关于物权的概念中明确规定了物权的支配效力。

物权的支配性是指物权人可以直接对物进行支配，不需要借助其他任何人的行为。他可以依自己的意志直接占有、使用，或者以其他方式支配标的物，任何人非经物权人的同意，不得侵害其权利或者加以干涉。他在行使权利的时候，也无须得到任何人的同意。物权人对物的支配可以表现为对物的全面支配，如所有权，也可以表现为对物的某一方面的支配，如用益物权和担保物权。

2. 物权对其他物权的排他效力

物权的排他效力，是指物权相互之间的对抗效力，即一项物权排斥内容与性质与其相抵触的另一物权并存于同一标的物之上或压制同一标的物上其他物权而先行实现的权利。其包括相斥物权间于成立上排他与相容物权间于实现上排他。如同一标的物上所有权间相斥，成立上排他；担保物权相容，可同时成立并存于同一物上，但实现上排他。同一物先成立之所有权排斥后成立所有权，同一物上先设立抵押权于实现上排斥后设抵押权。

3.物权对债权的优先效力

物权对债权的优先效力，即当特定物既是物权的支配物又是债权中给付标的物时，无论物权与债权成立的先后，物权均具有优先于债权的效力，唯法律另有特别规定者除外。所有权、用益物权、担保物权均优先于债权。

但法律也有例外的规定，特别规定某些债权优先于物权实现。主要有：

(1)先设立的承租人的租赁权。我国《合同法》第229条规定："租赁物在租赁期间发生所有权变动的，不影响租赁合同的效力。"《物权法》第190条规定："订立抵押合同前抵押财产已出租的，原租赁关系不受该抵押权的影响。抵押权设立后抵押财产出租的，该租赁关系不得对抗已登记的抵押权。"据此，先设立的承租人的租赁权不被租赁物受让人所有权、后设抵押权破除，即买卖、抵押不破租赁。

(2)进行了预告登记的债权。我国《物权法》第20条规定："当事人签订买卖房屋或者其他不动产物权的协议，为保障将来实现物权，按照约定可以向登记机构申请预告登记。预告登记后，未经预告登记的权利人同意处分该不动产的，不发生物权效力。预告登记后，债权消灭或者自能够进行不动产登记之日起三个月内未申请登记的，预告登记失效。"据此，进行了预告登记的债权，则优先于未经其同意进行处分的相对人的权利。

(3)被法律赋予了优先受偿效力的债权。根据我国《海商法》第22、25条、《合同法》第286条、《企业破产法》第132条、《税收征管法》第45条的规定，船员工资和社会保险费用、港口规费、海难救助款项等船舶优先权优于船舶抵押权，建设工程承包人优先受偿权优先于抵押权与其他债权，职工工资、医疗、伤残、补助、抚恤费用及养老保险、基本医疗保险费用以及发生在先的纳税人欠缴税款等均优先于担保物权。

4.物权对妨害的排除效力

物权的妨害排除效力又称为"物上请求权"或"物权的请求权"，是指物权人于其物权被侵害或有被侵害的危险时，物权人得请求排除侵害或防止侵害，以恢复其物权的圆满状态的权利。

我国《物权法》第34、35条规定："无权占有不动产或者动产的，权利人可以请求返还原物。""妨害物权或者可能妨害物权的，权利人可以请求排除妨害或者消除危险。"因此，我国《物权法》也规定了三类物权请求权，即物之返还请求权、妨害排除请求权、妨害预防请求权。但物权的保护方法不止于此。

三、物权变动与物权公示原则

(一)物权变动

1.物权变动的含义

物权变动,从物权自身来讲,是物权发生、变更与消灭的运动状态;从物权主体角度来讲,为物权的得丧与变更;从物权法律关系来讲,即是人与人之间对物之支配与归属关系的变化。

2.物权变动的形态

物权变动的形态可有物权的发生、变更、转移与消灭四种。

(1)物权的发生。物权的发生,即物权与特定主体结合,某一主体取得对某物的物权。物权发生包括基于法律行为或事实行为、双方行为或单方行为而使某一物权与特定主体结合。

物权的发生,又称“物权的取得”,包括原始取得与继受取得两种情况。

原始取得即非依他人既存权利而取得物权。如对自己劳动创造物取得最初所有权、没收财产、善意取得等。

继受取得,即基于他人既存权利及权利人意志取得物权。依继受取得方式不同,可分为移转取得与创设取得。移转取得,就他人物权依其原状移转而取得,取得物权与原物权人物权性质、内容相同,所有权、他物权均可。创设取得,于自物上为他人设定用益物权或担保物权,只能是他物权,且只能是与原物权人物权不同的物权。

(2)物权的变更与转移。物权变更主要指物权内容与物权客体的变更。物权主体变通常即物权的取得与丧失。物权移转包括非基于法律行为发生的物权流转(如征收、继承)及无偿赠与。

(3)物权的消灭。物权的消灭是指特定主体的物权不复存在。包括物权的绝对消灭与相对消灭两种情况。

物权的绝对消灭,指物权与特定主体分离,而他人又未取得其权利。物权标的物灭失、物权人抛弃其物权、他物权与所有权的混同等,能引起物权的绝对消灭。

发生混同,不待登记即可发生物权消灭效力;发生终局性消灭物权效果,无论嗣后有何种原因,业已消灭的物权不能再度回复。所有权与其他物权混同,其他物权存续对所有人或第三人有法律上利益时,其他物权不消灭。他物权与以该他物权为标的的权利混同亦同。如抵押人将其债权连同抵押权一并为他人转设权利质权,抵押人与抵押权人合并,抵押权存续对质权人有法律上利益。又如:同一财产向两个以上债权人抵押的,顺序在先抵押权与所有权归属于一人,顺序在先抵押权并不当然归于消灭。

物权放弃,亦发生物权消灭。放弃物权,不能妨害他人利益,如建设用地使用权为他人抵押后,则不得放弃。放弃物权,须有放弃意思,如无行为能力者(儿童)放弃家中之物于屋外，不构成所有权的放弃；放弃形式，可放弃占有或注销登记。

物权的相对消灭，指物权与原主体分离而归于新主体。例如转让人因转让而丧失物权。物权的相对消灭与物权的继受取得实为同一问题的两方面。

3. 物权变动的原因及要件

物权变动因其原因不同可分为两类，即基于民事法律行为而发生的物权变动，以不动产登记或动产的交付（即公示）为其要件；非基于民事法律行为（事实、事件、行政行为或司法裁判）而发生的物权变动，通常不以公示为要件，变动要件法律另作规定。民事法律行为（尤其双方法律行为）为物权变动最重要、最常见的原因。

（1）基于法律行为的物权变动要件。

[事例 2] 村民甲多年生活贫困，多年居住的土坯房屋因多年风吹雨打，已经摇摇欲坠，迫不得已，只得另盖新房。甲因盖房需要，以 600 元价款向本村邻居乙购买三根木料，当场支付 300 元，双方言明次日甲付清余款拉走木料。孰料，天有不测风云，当天晚上山洪突然暴发，洪水将乙院内的三根木料冲走。试分析：木料被冲走时谁对之拥有所有权？

根据《物权法》第 9、23 条，我国对基于法律行为发生的物权变动的要件，采用债权意思主义与登记或交付相结合的模式。事例 2 中，虽有当事人合意，但未有标的物三根木料的交付，因而标的物所有权未转移，仍归乙所有。

（2）非基于法律行为发生的物权变动要件。非基于法律行为物权变动，不经登记或交付即可直接生效，又称“不必公示的物权变动”。我国物权法采用通行规则。第 28、29、30 条分别规定：因法院、仲裁机构法律文书或政府征收决定，导致物权设立、变更、转让或消灭的，自法律文书或政府征收决定等生效时发生效力；因继承或遗赠取得物权的，自继承或受遗赠开始时发生效力；因合法建造、拆除房屋等事实行为设立或消灭物权的，自事实行为成就时发生效力。

不经公示即可发生物权效力，不一定为社会一般人所明知。为维护交易安全，法律对物权取得人处分权作一定限制。我国有关法律规定，对非基于法律行为发生的物权变动，亦采公示处分要件原则。《物权法》第 31 条规定：依照本法第 28～30 条规定享有不动产物权的，处分该物权时，依照法律规定需要办理登记的，未经登记，不发生物权效力。

（二）物权公示原则

1. 物权公示原则的概念

物权公示原则是指物权变动应将变动情况公开展现出来，否则不能发生物权变动的效果。物权公示原则为关于物权变动的基本规则，主要适用于基于法律行为发生的各种物权变动。物权公示原则的基本内容包括物权公示的方法与物权公示的效力。

2. 物权公示原则的内容——物权公示的方法

《物权法》第 6 条规定：“不动产物权的设立、变更、转让和消灭，应当依照法律规定登记。动产物权的设立和转让，应当依照法律规定交付。”据此，在我国，不动产物权享有与变动的公示方法为登记与登记的变更;动产物权享有与变动的公示方法为占有与占有的转移即交付。

(1)登记。登记公示方法,主要适用于不动产物权,亦适用于动产物权如动产抵押权、权利质权等。关于登记公示方法,应当明确下列问题:

①登记机构的设立。我国《物权法》规定,不动产登记由不动产所在地登记机构办理,确定了不动产登记的属地办理原则,基本否定了全国设立一个专门登记机构的“大一统”体制。《物权法》又规定,国家对不动产实行统一登记制度,由法律、行政法规具体规定统一登记的范围、登记机构和登记办法。法律、行政法规对不动产统一登记的范围、登记机构和登记办法作出规定之前,地方性法规可以依照《物权法》有关规定作出规定。

②登记机构的职责。当事人申请登记应当根据登记事项提供权属证明与不动产界址、面积等必要材料。登记机构收到申请后,应当查验材料、询问当事人,如实、及时登记,并履行法律、行政法规规定的其他职责。不动产有关事项需进一步证明的,登记机构可要求申请人补充材料,必要时实地查看。登记机构不得要求对不动产进行强制评估、以年检名义等进行重复登记,也不得有超出登记职责范围的其他行为。不动产登记费用按件收取,不得按照不动产的面积、体积或价款比例收取。具体收费标准由国务院有关部门会同价格主管部门制定。

③登记的效力。基于法律行为发生不动产物权变动的,以办理登记为必要,不登记不能发生物权效力。

[**事例** 3] 甲大学毕业不久,已经谈得女朋友多年,现与女朋友已经多次谈及婚嫁。女方没有住房,甲亦没有结婚用房。于是,一位房东将房卖给甲,虽然没订合同,但把房子交给甲使用;不久,由于房价上涨,房东却又把这套房屋卖给乙,并和乙办理了房屋过户手续。试分析:乙能否将甲驱之门外?

《物权法》第 9 条规定:不动产物权的设立、变更、转让和消灭,经依法登记,发生效力;未经登记,不发生效力,但法律另有规定除外。事例 3 中,房东与乙办理了登记手续,乙取得所有权,有权要求甲搬出房屋。根据《物权法》第 28～31 条,非因法律行为发生不动产物权变动,不以登记为生效要件,但登记为处分要件。

④登记的生效时间与登记簿的效力。根据《物权法》,不动产物权的设立、变更、转让和消灭,依照法律规定应当登记的,自记载于不动产登记簿时发生效力。

[**事例** 4] 甲买房,查验房产证乙确实是房屋的所有人,于是便放心地与乙签订房屋买卖合同,交付 2 万元定金。后甲、乙一起到房管局办理过户手续时发现,乙的房屋上有银行的抵押权。原来,乙的儿子做生意急需用钱,背着乙,拿着乙的身份证等证明文件,私自以乙的房屋做抵押到银行借了 20 万元,乙对此一直不知。试分析:该纠纷如何处理?

不动产登记簿是物权归属与内容的根据。不动产权属证书是权利人享有该不动产物权的证明。不动产权属证书记载的事项,应当与不动产登记簿一致;记载不一致时,除有证据证明不动产登记簿确有错误外，以不动产登记簿为准。根据物权公示原则，完成不动产物权公示的是不动产登记，确定物权归属、内容与变化情况的根据为不动产登记簿。权属证书是登记簿记载主要内容的外在表现形式，可以于不动产物权中作为交易使用；但不具有代表不动产物权的功能，权利人享有、行使物权不以持有证书为必要(如证书丢失、毁损可以申请补发)，权属证书的转移并不意味着物权变动发生。权属证书是依据登记簿登记内容制作，应当于登记内容一致；不一致，除另有证据证明登记簿记载确有错误外，应以登记簿为准。二者均有证据资格，均可以作为证据使用，但矛盾情况下，登记簿证据效力高于权属证书。事例 4 中，应以不动产登记簿为准。

⑤登记错误的赔偿。登记正确与否影响当事人利益、关系整个社会交易安全秩序。《物权法》第 21 条规定：当事人提供虚假材料申请登记，给他人造成损害的，应当承担赔偿损失。因登记错误，给他人造成损害的，登记机构应当承担赔偿责任。登记机构赔偿后，可向提供虚假材料申请登记造成登记错误的当事人追偿。

⑥登记的种类(分类)。登记可以从不同的角度进行分类。

[事例 5] 甲大学毕业之后即自主创业。不到一年时间，甲便赚得 50 万元。甲为改善自己的居住条件，2008 年，甲以 35 万元签购一处独栋别墅，但并未交房。一年后，房屋价格上涨，房地产公司转卖他人。于是双方又合同约定，甲以成本价购买该公司正在开发的另一套别墅。2010 年，该套别墅涉及“一房二卖”拍卖，被转到拍得人名下。试分析：该纠纷如何处理？

[事例 6] 甲与乙于 2007 年结婚。婚后不久，两人感觉当时结婚时房屋太小，想买大房。于是，2009 年，甲与乙作为夫妻共同购买一套房屋。可是，2010 年房屋权属证书办理时，突然发现登记时只登记了甲一个人的名字。试分析：房屋产权应当如何处理？

正式登记与预告登记。对现实不动产物权需正式登记。为保全以将来发生物权变动为目的的债权请求权所作的提前登记，为预告登记，又称“预先”、“假登记”。预告登记之债权请求权，具有准物权性质，排斥后来发生的与其内容相同的不动产物权处分行为，确保将来只发生该请求权所期待的法律效果。我国《物权法》第 20 条规定：当事人签订买卖房屋或其他不动产物权协议，为保障将来实现物权，按照约定可以向登记机构申请预告登记。预告登记后，未经预告登记权利人同意，处分该不动产的，不发生物权效力。预告登记后，债权消灭或自能够进行不动产登记之日起 3 个月内未申请登记的，预告登记失效。事例 5 中，当事人甲在签订房屋买卖合同后，可向登记机构申请预告登记；预告登记后未经甲同意，房地产公司再处分房屋的，处分不发生物权效力，房地产公司再处分的相对人不能对抗甲。

更正登记与异议登记。更正登记，真正权利人或利害关系人认为登记错误申请更正或登记机构发现登记错误依职权对原登记进行更正修改所作登记。更正登记可彻底终止现实登记错误的正确推定效力，需查明属实，法院判决亦是更正登记之依据。异议登记，真正权利人或利害关系人对现实登记的权利的正确性提出异议而进行的登记。异议登记暂时对抗现实登记的正确性,中止现实登记的权利人按照登记权利内容行使权利或阻止第三人依登记公信力受让不动产物权。登记权利与真实权利不符,权利人或利害关系人应申请更正登记,但更正登记证据、程序要求严格,时间较长,情势紧迫,若登记权利人不同意更正且立即实施损害行为(如处分登记于名下的不动产)时,则可申请异议登记。事例 6 中,乙可申请更正登记;如果甲不同意更正的,则乙可再申请异议登记。

我国《物权法》第 19 条规定:权利人或利害关系人认为不动产登记簿记载的事项错误的,可以申请更正登记。不动产登记簿记载的权利人书面同意更正或有确切证据证明登记确有错误的,登记机构应当予以更正。不动产登记簿记载权利人不同意更正的,利害关系人可以申请异议登记机构予以异议登记的,申请人在异议登记之日起 15 日内不起诉,异议登记失效。异议不当,造成权利人损害的,权利人可以向申请人请求损害赔偿。

(2)占有与交付。占有为享有动产物权的公示方法,直接占有即事实上占有其物,与间接占有即根据法律关系对事实占有者享有返还请求权的均可;占有所公示的物权为何种物权,视占有人意思。若他主占有,占有意思依他主占有时合意确定;自主他主不能确定,推定为自主占有。

交付为转让动产物权的公示方法(基于法律行为让与动产物权如转让所有权、设定以占有为内容的他物权等的公示方法)。所谓交付,必须对动产事实支配力在交易观念上发生转移并且符合让与人意思。如赠与自行车交付钥匙可构成交付,未经所有权人同意将狗牵回虽对物的事实支配力发生转移也不能构成交付。

我国《物权法》第 23 条规定,动产物权的设立与转让,自交付时发生效力,但法律另有规定除外。第 24 条规定,船舶、航空器和机动车等物权的设立、变更、转让和消灭,未经登记,不得对抗善意第三人。因此,船舶、航空器和机动车等物权的变动,自交付时发生效力,但未经登记的,不得对抗第三人。订立合同,未交付、未登记,仅仅发生合同效力;订立合同,交付未登记,(当事人之间)物权变动发生,但不能对抗善意第三人;订立合同,交付登记,发生完全物权效力;订立合同,未交付而登记,亦发生完全物权效力。因此,在船舶、航空器和机动车等物权的变动中,交付与登记各有其法律意义。

交付当然意味着占有的转移,但单纯的交付本身并不意味着受让人当然能够取得动产物权。只有存有买卖合同、质押合同等物权合意的交付,因出租、出借、委托保管等无物权合意的交付,不能发生物权变动。附条件买卖或保留所有权买卖,标的虽交付,但所附条件成就时,物权变动才发生。

交付的变通形态即观念交付,可简化交易程序、便捷、经济,减少往返交付的无端损耗。有简易交付、指示交付与占有改定。简易交付即标的物事先由受让人占有,如先租后买、先借后质等。我国《物权法》第 25 条规定:"动产物权设立和转让前,权利人已经依法占有该动产的,物权自法律行为生效时发生效力。"指示交付为标的物由第三人占有,让与返还请求权。我国《物权法》第 26 条规定:"动产物权设立和转让前,第三人依法占有该动产的,负有交付义务的人可以通过转让请求第三人返还原物的权利代替交付。"担保法司法解释第 88 条肯定了出质人以间接占有的财产以指示交付方式设定质权。占有改定,即交付后仍由出让人占有,如卖出租回、卖出借回等。我国《物权法》第 27 条规定:"动产物权转让时,双方又约定由出让人继续占有该动产的,物权自该约定生效时发生效力。"

但观念交付中占有改定与指示交付,毕竟未伴随标的物占有的转移,不具备完整的公示的形式,不具公信力。为交易安全,法律通常适当限制。如,不得以占有改定方式设立质权;动产善意取得中占有改定的约定不得对抗第三人、原权利人;以指示方式设立动产质权,质权人应当采取适当措施表障其权利与控制质物(如粘贴质押封条、于保管人仓库加锁等),否则不能对抗善意第三人。

3. 物权公示原则的内容——物权公示的效力

(1)形成力或对抗力。物权公示的形成力或对抗力即物权公示所具有的决定物权变动能否发生或能否对抗第三人。于此,有三种不同的立法主义:

公示成立或生效主义,即物权公示具有决定物权变动是否发生的效力,德国法系通常采用。公示对抗主义,法国、日本等常采用,即物权公示不具有决定物权变动是否发生的形成力,只具有决定物权变动能否对抗第三人的效力,其与债权意思主义变动模式内在一致。折衷主义,即对某些种类物权采用生效主义,对另一些物权采用对抗主义;常见的是以生效主义为原则,以对抗主义为例外。

根据我国《物权法》第 9、23 条,结合土地承包经营权流转、地役权的设立、动产抵押权的设立等规定,我国对物权公示的形成力或对抗力乃采用以生效主义为原则,以对抗主义为例外的折衷主义。

(2)公信力。物权公示的公信力,即依法定方式公示的物权,具有使社会一般人信赖其正确的效力,即使公示的物权状况与真实的权利状态不符,信赖公示的善意第三人从公示的物权人处所取得的权利仍受法律保护。其主要表现为两个方面:权利正确性推定效力,即物权依法定方式公示,具有使社会一般人信赖其为正确、真实的物权的效力;善意保护效力,即除非有相反证据,信赖公示而进行交易第三人应推定为善意,无论公示的物权有无相反证据证明其确有错误的,善意第三人都受保护。我国物权法对公信力问题未有单独规定,但有关规定与学理、解释,应是对公信力的肯定。

[事例 7] 甲大学毕业以后,成立一家公司。2010 年,甲为扩大公司经营规模,急需资金。于是,甲以房屋向乙抵押贷款,并办理了登记,后甲偿还了贷款,但疏忽大意未注销抵押权,乙以该抵押权向丙抵押贷款。试分析:抵押权如何处理?

公示物权人对履行给付人的履行有效,真正权利人不得再请求履行,只能请求登记名义赔偿。事例 7 中,第三人丙取得抵押权,甲的损失只能请求登记名义人乙赔偿,而不能主张丙不能取得抵押权。但是,应当注意:公信力目的在于保护善意第三人,错误登记于第三人不利时，错误登记不具有公信力。真正权利人可通过更正登记、异议登记或请求登记名义人赔偿损失来保护自己的权利。

(3)区分效力。所谓区分原则即是在法律上将一个交易行为区分为债权行为与物权行为两个民事法律行为：当事人订立交易合同的行为(如买卖合同、土地使用权出让或转让合同、抵押合同、质押合同等)为债权行为，而当事人按交易合同的要求实施的、以标的物的交付或登记为形式、以物权变动合意为内容的行为则为物权行为。

[事例 8]　甲有房屋闲置欲卖，乙因结婚急需婚房。经房屋中介从中介绍，2010 年 6 月，甲、乙签订房屋买卖合同，约定甲将自己的房屋以 20 万元卖给乙，并在一个月内办妥变更登记。但在一个月内，房屋行情看涨，于是甲待价而沽，拒不办理登记。乙将甲告上法庭，甲以未办理登记为由主张合同无效。试分析：甲、乙的房屋买卖合同如何处理？

我国虽不承认物权行为无因，但承认区分原则。我国《物权法》第 15 条规定："当事人之间订立有关设立、变更、转让和消灭不动产物权的合同，除法律另有规定或合同另有约定以外，自合同成立时生效；未办理物权登记的，不影响合同效力。"事例 8 中，甲、乙签订房屋买卖合同，未办理登记，不能发生物权效力，乙不能取得房屋所有权；但未办理登记，不能影响房屋买卖合同的效力，甲非但不能主张合同无效，相反乙有权主张甲履行合同，主张甲与乙按合同约定办理登记。动产物权变动当然应当适用同样的规则，如买卖合同与动产所有权转移的关系、动产质押合同与动产质权设立的关系等。故《物权法》此规定将其适用范围限于不动产物权变动，有所不妥。

【引导案例分析】

首先，确定洪某与张某房屋买卖合同的效力状况。我国《物权法》第 6 条规定："不动产物权的设立、变更、转让和消灭，应当依照法律规定登记。动产物权的设立和转让，应当依照法律规定交付。"第 9 条规定："不动产物权的设立、变更、转让和消灭，经依法登记，发生效力；未经登记，不发生效力，但法律另有规定的除外。"本案中，洪某与张某房屋买卖合同已经发生债权效力，但因双方未登记房屋过户登记，因而洪某与张某之间未发生物权效力，未发生所有权的转移，张某未取得房屋所有权，房屋仍归洪某所有。

其次，明确洪某与李某房屋买卖合同的效力状况。因洪某与李某之间办理了房屋过户登记，因此，其间的房屋买卖合同不仅发生了债权效力，而且还发生了物权效力，即房屋所有权已经由洪某转移给李某，李某取得房屋所有权。

再次，确定李某房屋所有权与张某的房屋租赁权之间的关系。我国《合同法》第 229 条规定："租赁物在租赁期间发生所有权变动的，不影响租赁合同的效力。"也就是说，"买卖不破租赁"。本案中，洪某与张某房屋租赁合同期间为五年，第二年，出租方洪某将出租房屋所有权转移给李某，则洪某与李某间所有权变动，不影响洪某与李某租赁合同的效力。

最后，得出结论：张某不能对洪某主张房屋所有权，但可主张因自己签订与履行房屋买卖合同所受的损失;李某取得房屋所有权,但不影响洪某与李某租赁合同的效力。

专题二 所有权

【引导案例】

丁某为孙某之妻,二人共同经营一部拉达80/12633轿车。2010年2月8日,因家庭纠纷,丁某开车离家。2月14日,丁某未与孙某协商,以80000元价格把车卖给李某,并于当日谎称丈夫外出,办理了汽车买卖手续把车籍转到李某名下,但互相没有交付车款和汽车。后丁某于2月22日,又将汽车以84000元价格卖给刘某。当日,刘某把车款全部付给丁某,丁某将车交给刘某,但未办车籍转移手续。次日,孙某发现,将行车证扣留,并向人民法院起诉:妻丁某与他人合谋,擅自把家庭共同财产拉达80/12633轿车卖给被告李某,并办理了车籍转移手续,后又转卖给第三人刘某,侵犯了自己合法权益,请求确认交易行为无效。

问题:根据我国所有权的法律规定,如何处理?

一、所有权概述

(一)所有权的概念和特征

1.所有权的概念

我国《物权法》第39条规定,所有权人对自己的不动产或者动产,依法享有占有、使用、收益和处分的权利。据此,所有权即是所有权人对自己的动产或不动产依法享有的占有、使用、收益、处分的权利。

2.所有权的法律特征

(1)自权性。指所有权是所有人对自己所有之物享有的权利,即自物权,所有权是权利人对自己之物所享有的权利,所有权的行使可以不通过任何中介而实现。

(2)全面性。所有权为完全物权,所有权人在法律规定的范围内,得就标的物享有占有、使用、收益和处分的全部权能。在不违反法律或第三人权利的范围内,所有权人可以对物进行自由处分,而无须受其他限制。

(3)整体性。所有权本身不得在内容或时间上加以分割。基于所有权设定用益物权、担保物权或债权性使用权时,并不是分割出所有权的某种权能,而是将所有权内容的一部分予以具体化,由他人享有。

(4)弹力性。所有权的权能可以通过设定他物权等形式与作为整体的所有权相分离,如在所有之物上设定质权。但这种分离是暂时和有条件的,一旦他物权期限届满,那些离开所有权整体的权能便回归原位,从而使所有权恢复其全面支配状态。事实上,他物权的期限正是所有权弹性力、回归力的表现。

(5)恒久性。又称"永续性",是指所有权不能预定其存续期间。约定所有权存续期间是无效的。所有权的存在是恒久的，没有期限的限制，所有权人可以无限期地享有所有权，当事人在取得所有权时也无须设定期限。当然，所有权具有恒久性并不等于说所有人不可通过出让等方式消灭其权利，也并不排除随标的物的灭失所有权消灭的情形。

(二)所有权的内容

所有权的内容也称“权能”，是指所有人为利用所有物以享受其利益，而在法律规定的范围内可以采取的手段。依通说，所有权的权能可以分为积极权能和消极权能。积极权能即为《物权法》第39条规定的占有、使用、收益和处分，消极权能则指排除他人非法干涉的权能。这是一个问题的两个方面。

1.占有权能

占有权能是指法律确认并保护所有人对自己所有之物进行控制和掌握的权能。行使物的占有权能是行使物的使用权能的前提条件。占有权能作为所有权的一项权能，所有人既可以自己亲自行使这项权能，也可以将这项权能交由他人行使。

2.使用权能

使用权能是指按照物的性能和用途对物加以利用，以满足生产、生活需要的权能。所有权的使用权能是指法律确认并保护所有人对其所有物进行使用的权能。例如，使用机器进行生产，使用电视机收看电视，居住房屋等。行使使用权能，对物进行使用，是实现物的使用价值手段。由于对物的使用权以对物的占有为前提，因此享有物之使用权能，必定同时享有物的占有权能。但是使用权能仍然是一项独立的权能。

与占有权能一样，使用权能既可以由所有人享有，也可以与所有权相分离由非所有人享有。非所有人根据法律或者约定使用他人财产是合法使用。如承租人依租赁合同使用租赁物。无法律依据而使用他人财产为非法作用，如未经允许而居住他人房屋。

3.收益权能

收益权能是指民事主体依法收取由原物产生出来的新增经济利益的权能。所谓新增经济价值，包括由原物派生出来的果实等天然孳息，由原物产生的租金、利息等法定孳息，以及由用原物进行生产经营活动而产生的利润等等。

一般情况下，收益权能由所有人通过亲自占有、使用其财产而获取。所有人也可以将自己财产交给他人占有、使用，则其收益权能就会全部或部分由他人享有。

4.处分权能

处分权能是指民事主体对其财产依法进行处置，从而决定财产命运的权能。它包括事实上的处分和法律上的处分两种形式。事实上的处分，是指变更所有物的物理形态，实现物的使用价值。如粮食被吃掉；原材料经过生产成为产品；把房屋拆除。法律上的处分，是指通过不同法律行为对物进行的种种处置，包括财产让与、设定他物权、将物抛弃等。

由于处分权能是决定财产命运的一种权能，因此，这一权能通常只能由所有人自己行使，非所有人不得随意处分他人所有的财产，如：保管人不能将保管物消耗，承租人不能将租赁物出卖。只有在法律特别规定的场合，非所有人才能处分他人所有的财产，例如：旅客在包裹中夹带危险品或禁运物品，承运人有权依法处理。

二、所有权的取得

所有权的取得，指所有权与特定主体相结合，即某一主体取得对某一不动产或动产的所有权。其方式甚多，诸如劳动生产、合法建造房屋、移转所有权的合同、继承、遗赠、先占、添附、收取孳息、没收、征收、判决、时效取得等等。我国《物权法》也对善意取得、拾得遗失物、发现埋藏物、从物、孳息不动产的征收等问题作了规定。

（一）善意取得

《物权法》第106条规定，无处分权人将不动产或者动产转让给受让人的，所有权人有权追回；除法律另有规定外，符合下列情形的，受让人取得该不动产或者动产的所有权：(1)受让人受让该不动产或者动产时是善意的；(2)以合理的价格转让；(3)转让的不动产或者动产依照法律规定应当登记的已经登记，不需要登记的已经交付给受让人。受让人依照前款规定取得不动产或者动产的所有权的，原所有权人有权向无处分权人请求赔偿损失。当事人善意取得其他物权的，参照前两款规定。第108条规定，善意受让人取得动产后，该动产上的原有权利消灭，但善意受让人在受让时知道或者应当知道该权利的除外。

1. 善意取得的概念与意义

善意取得又称“即时取得”，是指无权处分人将其占有的动产或登记于其名下的不动产转让给善意第三人，第三人取得所有权，原所有权人不得追索的法律制度。

法律规定善意取得制度，主要是为了维护交易安全。

2. 善意取得的构成要件

根据《物权法》第106条，善意取得应符合下列条件：(1)让与人为动产的占有人或登记的不动产权利人。让与人须具有权利的外观，这是善意取得发生的前提条件。(2)让与人无处分权。让与人无处分权，包括根本即无处分权，也包括欠缺完整的处分权。(3)受让人基于交易行为而支付合理对价。如果第三人是无偿地从无权转让该项财产的占有人或登记权利人那里取得财产，所有人在任何情况下都有权向该第三人请求返还原物。(4)受让人受让财产时为善意。至于让与人是否善意，则在所不问。(5)转让标的物已经完成转移登记或交付。

3. 善意取得的法律效力

(1)物权效力。受让人取得所有权，原权利人丧失所有权，不得主张返还。《物权法》第108条规定，善意受让人取得动产后，该动产上的原有权利消灭，但善意受让人在受让时知道或者应当知道该权利的除外。这一规定区分善意受让人受让时知情与否而决定其应否承担物上原权利负担，符合诚信原则与风险分担的通行原则，合情入理。不动产亦应依此规定精神处理。

(2)债权效力。《物权法》第 106 条第 2 款规定：受让人依照善意取得规定取得不动产或者动产的所有权的，原所有权人有权向无处分权人请求赔偿损失。据此，原所有权人有权向无处分权人请求赔偿损失，无处分权人应当赔偿原所有权人的损失。

4. 善意取得限制

[**事例 9**]　甲在人民公园游泳时，丢失一块进口雷达手表，后该表被人捡得，交给公安机关。公安机关招领，无人认领，期满拍卖。乙参与拍卖购得，赠与丙。丙放在丁处，被 A 盗走。A 卖与 B。后 B 丢失，又有人捡得交给公安机关。公安机关招领，期间，甲、乙、丙、丁、A、B 均去认领。试分析：谁应拥有手表的所有权？

[**事例 10**]　李某拿了一台单位替换下的无人使用的电脑回家，后单位处理全部替换下的电脑，未发现少了一台。李某找到张某，把电脑以 4000 元的价格卖给张某，张某同意。年底，李某单位进行清产核资发现，要求张某尽快返还。张某认为既然自己已付了钱，电脑就是自己的，任何人均无权要求。试分析：电脑的所有权应当归谁？

《物权法》第 106 条一方面将善意取得客体扩张于不动产，另一方面又于第 3 款规定，当事人善意取得其他物权的，参照前两款规定。依此，善意取得不限于所有权，在符合法定条件的情况下，不动产用益物权及抵押权、质权等担保物权也可发生善意取得。

我国《物权法》不承认对于盗赃物的善意取得，但有条件的承认遗失物的善意取得。事例 9 中，B 从小偷处购得手表，无论善意恶意、有偿无偿，均不符合善意取得条件，不能取得所有权。《物权法》第 107 条规定："所有权人或者其他权利人有权追回遗失物。该遗失物通过转让被他人占有的，权利人有权向无处分权人请求损害赔偿，或者自知道或者应当知道受让人之日起二年内向受让人请求返还原物，但受让人通过拍卖或者向具有经营资格的经营者购得该遗失物的，权利人请求返还原物时应当支付受让人所付的费用。权利人向受让人支付所付费用后，有权向无处分权人追偿。"据此，对于遗失物，遗失物权利人知道或者应当知道受让人之日起二年内，向受让人请求返还的，受让人不能取得遗失物所有权，即使受让人为善意，也不论受让人是否通过拍卖或者向具有经营资格的经营者购得该遗失物；只是受让人是否通过拍卖或者向具有经营资格的经营者购得该遗失物时，遗失物权利人请求受让人返还原物应当支付受让人所付的费用，当然，权利人向受让人支付所付费用后，有权向无处分权人追偿。对于遗失物，遗失物权利人向无处分权人请求损害赔偿的或知道或者应当知道受让人之日起二年内没有向受让人请求请求返还原物的，受让人取得遗失物所有权。事例 10 中，李某拿回家的电脑最初为盗赃物，但后来可视见为单位的遗失物；遗失物权利人知道或者应当知道受让人之日起二年内不可善意取得，因此，单位年底发现要求张某返还，张某不能取得所有权，应当返还。

(二)拾得遗失物

1.拾得遗失物的概念与构成要件

拾得遗失物是指发现他人遗失之物并予以占有的事实。拾得遗失物为事实行,不以拾得人具有民事行为能力为必要。

拾得遗失物成立,须具备以下两个要件:(1)须有拾得行为。所谓拾得,是指发现并且实际占有遗失物的行为。只发现不占有,不构成拾得。(2)标的物必须是遗失物。遗失物是指被所有人或合法占有人丢失而未被任何人占有的动产。其应为动产,必须是他人之物,遗失人丧失对物的占有,且占有的丧失非出于遗失人本意。

2.拾得遗失物的法律效力

《物权法》第109条规定,拾得遗失物,应当返还权利人。拾得人应当及时通知权利人领取,或者送交公安等有关部门。根据《物权法》第110、111、112条规定,有关部门收到遗失物,知道权利人的,应当及时通知其领取;不知道的,应当及时发布招领公告。拾得人在遗失物送交有关部门前,有关部门在遗失物被领取前,应当妥善保管遗失物。因故意或者重大过失致使遗失物毁损、灭失的,应当承担民事责任。权利人领取遗失物时,应当向拾得人或者有关部门支付保管遗失物等支出的必要费用。权利人悬赏寻找遗失物的,领取遗失物时应当按照承诺履行义务。拾得人侵占遗失物的,无权请求保管遗失物等支出的费用,也无权请求权利人按照承诺履行义务。《物权法》第113条规定,遗失物自发布招领公告之日起六个月内无人认领的,归国家所有。

《物权法》第114条规定,拾得漂流物、发现埋藏物或者隐藏物的,参照拾得遗失物的有关规定。文物保护法等法律另有规定的,依照其规定。

(三)国家征收

1.征收的含义

征收,是指国家以行政权力强制性取得其他主体的财产所有权的行为。其特点是:主体限于国家,对象为其他组织、个人的动产或不动产,具有强制性,目的通常限于公共利益的需要不得出于商业目的,应以法律程序进行,并应给予被征收人合理补偿。

2.征收的条件、程序与补偿

《物权法》第42条规定,为了公共利益的需要,依照法律规定的权限和程序可以征收集体所有的土地和单位、个人的房屋及其他不动产。征收集体所有的土地,应当依法足额支付土地补偿费、安置补助费、地上附着物和青苗的补偿费等费用,安排被征地农民的社会保障费用,保障被征地农民的生活,维护被征地农民的合法权益。征收单位、个人的房屋及其他不动产,应当依法给予拆迁补偿,维护被征收人的合法权益;征收个人住宅的,还应当保障被征收人的居住条件。任何单位和个人不得贪污、挪用、私分、截留、拖欠征收补偿费等费用。第43条规定,国家对耕地实行特殊保护,严格限制农用地转为建设用地,控制建设用地总量。不得违反法律规定的权限和程序征收集体所有的土地。

由此，征收的条件、程序与补偿如下：(1)征收必须为了公共利益的需要。(2)征收必须严格依照法律规定的权限和程序进行。《土地管理法》第45、46条规定了征收土地的批准权限与程序。(3)应当依法给予被征收人以公平合理的补偿。《物权法》第42条与《土地管理法》第47、48、49、50条规定了给予被征收人的补偿。

(四)先占与添附

1.先占

先占是指占有人以所有的意思，占有无主动产而取得所有权的法律事实。

先占属于事实行为，先占人并不以具有行为能力者为限，即使行为能力受到限制者，也可以因先占有而取得所有权。

先占的成立应具备下列条件：(1)先占的标的物须为无主物。(2)先占的无主物须为动产。(3)先占人须以所有的意思占有无主动产。(4)先占行为不违反法律法规规定。

先占的基本效力或法律效果，是先占人取得无主物的所有权。我国以往民事立法与《物权法》对先占制度未作出明确规定，实践中依共同生活习惯予以认可。

2.添附

[事例11]　2007年7月，梁某经人介绍与刘某相识，开始建立恋爱关系。2007年12月，经双方协商，梁某开始对刘某的一套房屋进行装修，以作为以后婚房，至2008年6月左右结束。装修期间因雇用工人、购买材料等共计花费23000元。此后，梁某与刘某终止了恋爱关系。试分析：梁某对刘某房屋的装修费用如何处理？

添附是指几个不同所有人的财产或劳动成果合并在一起，形成一种不可分离的新的财产。发生添附的原因可能出于人的行为，也可能基于自然的偶然因素。作为添附结果的添附物是一种新的不可分财产，法律必须确认其归谁所有。

添附有以下三种情况：

(1)附合。是不同所有人的财产密切结合在一起，从而形成新的财产或新物，无法分离或分离后会大大降低其价值。如砖木附合构建成房屋。动产附合于不动产时，由不动产所有人取得附合物的所有权，并给予原所有人以补偿；动产与动产附合时，如果各项动产有主从区别，那么由主动产的所有人取得附合物的所有权，同时给从动产所有人以补偿，如果各项动产没有主从之分，则由原所有人按各自动产的价值共同享有所有权。事例11中，即为动产附合于不动产时，由不动产所有人刘某取得附合物的所有权，并给予原动产所有人梁某以补偿。

(2)混合。是不同所有人的动产相互混杂，形成不可分的新的财产，如新米与旧米的混合、酒与酒的混合，混合后原物已无法分辨并从混合物中分离出来。混合物为各原物所有人共有，或者为主要财产或主要原物的所有人所有，其他原物所有人获得相应补偿。

(3)加工。是指一方对属于他人动产进行加工改造，形成具有更高价值的新的财产。如使用他人拥有的玉石材料制作成玉雕工艺品。如果原材料所有人与加工人另有约定，则加工人也可以取得加工物的所有权；如果没有约定，加工所增价值未超过原材料价值，则加工物仍归原材料所有人，加工价值大于原材料价值，加工物应归加工人所有，加工价值与原材料价值相比，难以确定主从关系，就产生原材料所有人和加工人对加工物的共有。

在确定添附物的所有权归属时，总的原则是，首先应充分尊重当事人的意愿，其次要考虑添附物合理有效地利用，从而充分发挥物的效用。

三、所有权的类型

所有权的类型，也称“所有权的种类、形式”，是指各种财产所有权的不同表现形态或类型。

在我国，按照所有权主体的属性不同，可以将所有权划分为国家所有权、集体所有权和私人所有权等基本类型，它是我国现阶段以公有制为主体、多种所有制形式并存的所有制结构的反映。《物权法》第五章专章规定了国家所有权、集体所有权和私人所有权三种类型。

（一）国家所有权

1. 国家所有权的概念和特征

国家所有权是指国家对全民所有的财产依法享有的占有、使用、收益和处分的权利。

国家所有权是国家通过没收、赎买、税收、征用、征购、罚款、罚金、依法取得无主财产以及国有资产用于经营的积累等多种途径取得的。《物权法》第 45 条规定：“法律规定属于国家所有的财产，属于国家所有即全民所有。国有财产由国务院代表国家行使所有权；法律另有规定的，依照其规定。”

国家所有权与其他所有权形式相比较，具有自己独立的一些特性。这些特性是：

(1)国家所有权的权利主体具有统一性和唯一性。只有代表全体人民意志和利益的国家才能享有国家财产所有权，国家机关、企事业单位、其他组织和个人虽然可以依法占有国家的财产，但并非国家财产所有权的主体，而只是以使用人或管理人的身份来行使财产权利。因此，在我国，中华人民共和国是国家财产所有权的统一和唯一的主体。

(2)国家所有权客体的广泛性。任何财产都可以成为国家所有权的客体而没有任何限制，其他民事主体取得财产所有权的客体则受到或多或少的限制。根据《物权法》第 46～51 条的规定，国家所有权的客体包括：矿藏、水流、海域；城市的土地以及法律规定属于国家所有的农村和城市郊区的土地；法律没有规定归集体所有的森林、山岭、草原、荒地、滩涂等自然资源；法律规定属于国家所有的野生动植物资源；无线电频谱资源；法律规定属于国家所有的文物；国防资产；依照法律规定为国家所有的铁路、公路、电力设施、电信设施和油气管道等基础设施。

2. 国家所有权行使

《物权法》第 45 条规定，国有财产由国务院代表国家行使所有权；法律另有规定的，依照其规定。国家机关对其直接支配的不动产和动产，享有占有、使用以及依照法律和国务院的有关规定处分的权利。国家举办的事业单位对其直接支配的不动产和动产，享有占有、使用以及依照法律和国务院的有关规定收益、处分的权利。国家出资的企业，由国务院、地方人民政府依照法律、行政法规规定分别代表国家履行出资人职责，享有出资人权益。国家所有的财产受法律保护。

（二）集体所有权

1. 集体所有权的概念和特征

集体所有权，是指劳动群众集体对其所有的财产依法享有的占有、使用、收益和处分的权利。《物权法》第 59 条规定，农民集体所有的不动产和动产，属于本集体成员集体所有。第 61 条规定，城镇集体所有的不动产和动产，依照法律、行政法规的规定由本集体享有占有、使用、收益和处分的权利。

集体所有权与国家所有权比较具有以下特征：

(1)集体所有权的主体具有多样性。集体所有权的权利主体包括农村和城镇集体组织。

(2)集体所有权客体的广泛性与限制性。《物权法》第 58 条规定，集体所有的不动产和动产包括：①法律规定属于集体所有的土地和森林、山岭、草原、荒地、滩涂；②集体所有的建筑物、生产设施、农田水利设施；③集体所有的教育、科学、文化、卫生、体育等设施；④集体所有的其他不动产和动产。

(3)集体所有权具有统一性。集体所有权主体是集体组织，而不是该集体组织成员。只有集体组织才能作为该组织全体成员的代表，统一地享有和行使所有权。

2. 集体所有权的行使

集体组织行使所有权的方式主要有直接和间接两种方式。直接方式是集体组织通过其内部由民主选举产生的机构及其管理人员依照法律和集体经济组织章程的规定，占有并使用其所有的财产。间接方式则是集体组织将其所有的土地和生产资料以承包的形式，发包给内部成员或组织以外的人，由承包者上交提留或承包金。

（三）私人所有权

1. 私人所有权的概念及特征

私人所有权是公民个人、家庭以及个体经济、私营经济等非公有制的主体对其所有的财产依法享有占有、使用、收益、处分的权利。《物权法》第 66 条规定，私人的合法财产受法律保护，禁止任何单位和个人侵占、哄抢、破坏。

私人所有权的特征表现在：

(1)私人财产所有权主体是公民个人。

(2)私人财产所有权客体有一定限制。公民的个人财产，包括公民的合法收入、房屋、储蓄、生活用品、文物、图书资料、林木、牲畜和法律允许公民所有的生产资料及其他合法财产。但有一些允许国家和集体所有的客体，如土地、水流、矿藏等，私人不能所有。

(3)劳动是我国公民获得个人财产的主要手段，其他方式是公民获得个人财产的重要补充手段。

2. 私人所有权的行使

公民行使所有权与国家、集体有所不同，通常以直接的方式进行，即公民自己以积极主动的行为直接作用于所有物的方式进行。

四、建筑物区分所有权

[**事例 12**] 2009 年 2 月，龚女士花 50 余万元购买了一套房子。随后，龚女士又支付了 3 万元，向房产商购买了一个小区汽车停车位以及一间地下自行车库。2010 年 5 月 19 日，在办理了房屋交接手续后龚女士获得了该部位使用权。车位为露天停放，标注编号为 20，位于地下的自行车车库是从居民楼一侧进入，过道两边为分隔独立的停车空间。试分析：开发商有无权利出售地面停车位及地下自行车库？

(一)建筑物区分所有权的概念与特征

1. 建筑物区分所有权的概念

建筑物区分所有权，是指由区分所有权人对建筑物的专有部分享有的所有权、对共有部分享有的共有权以及基于建筑物的管理、维护和修缮等共同事务而产生的成员权三要素构成的统一体。

《物权法》第 70 条规定，业主对建筑物内的住宅、经营性用房等专有部分享有所有权，对专有部分以外的共有部分享有共有和共同管理的权利。

2. 建筑物区分所有权的特征

建筑物区分所有权具有如下几个特征：

(1)权利的复合性。建筑物区分所有权是由专有权(对专有部分享有的所有权)、共有权(对建筑区划内的共有部分享有的共有权)以及成员权(对共有部分共同管理的权利)等三个要素构成的特别所有权。

(2)专有权的主导性。在构成建筑物区分所有权的三个要素中，专有权居于主导地位，是共有权及成员权的前提与基础。

(3)处分的一体性。共有权、成员权随专有权一同处分。

(4)主体身份的多重性。权利主体同时具有专有权人、共有权人与成员权人的身份。

(二)建筑物区分所有权的内容

1. 建筑物区分所有权人的专有权

专有权，又称“专有所有权”，是指在区分建筑物的专有部分上成立的所有权。区分所有建筑物的专有部分具有独立性，专有权人有权对其专有部分进行自由使用、收益及处分，无须征得他人同意，这种专有权在效力上与一般的单独所有权并无本质区别。

根据《物权法》的规定，业主对其建筑物专有部分享有占有、使用、收益和处分的权利。业主行使权利不得危及建筑物的安全，不得损害其他业主的合法权益；业主不得违反法律、法规以及管理规约，将住宅改变为经营性用房；业主将住宅改变为经营性用房的，除遵守法律、法规以及管理规约外，应当经有利害关系的业主同意。规定业主应当遵守法律、法规以及管理规约。

2.建筑物区分所有权人的共有权

共有权，是指建筑物区分所有权人依照法律或管理规约的规定，对区分所有建筑物之共用部分享有的权利。

(1)共用部分的确定。根据《物权法》，建筑区划内的道路，除属于城镇公共道路的以外属于业主共有；建筑区划内的绿地，除属于城镇公共绿地或者明示属于个人的以外属于业主共有；建筑区划内的其他公共场所、公用设施和物业服务用房，属于业主共有。建筑区划内，规划用于停放汽车的车位、车库应当首先满足业主的需要。建筑区划内，规划用于停放汽车的车位、车库的归属，由当事人通过出售、附赠或者出租等方式约定。占用业主共有的道路或者其他场地用于停放汽车的车位，属于业主共有。事例12中，地下自行车车库属在建筑区划内，业主应同开发商协商购买或者租用，开发商不同意出租，只愿意出让的话，开发商的行为也是合法的；地面停车位属业主共有道路和其他场地中用于停放汽车的车位，属于业主共有的，不属于开发商所有，业主完全可以不向开发商支付这类费用。

(2)共有权的行使。《物权法》规定，业主对建筑物专有部分以外的共有部分，享有权利，承担义务；不得以放弃权利不履行义务。业主转让建筑物内的住宅、经营性用房，其对共有部分享有的共有和共同管理的权利一并转让。建筑物及其附属设施的维修资金，属于业主共有。经业主共同决定，可以用于电梯、水箱等共有部分的维修。维修资金的筹集、使用情况应当公布。建筑物及其附属设施的费用分摊、收益分配等事项，有约定的，按照约定；没有约定或者约定不明确的，按照业主专有部分占建筑物总面积的比例确定。

3.建筑物区分所有权人的成员权

所谓成员权，是指建筑物区分所有权人作为基于建筑物的构造、权利归属及使用上的密切关系而形成的建筑物管理团体成员之一而享有的权利和承担的义务。

(1)成员的管理机构与权力。业主可以设立业主大会，选举业主委员会。地方人民政府有关部门应当对设立业主大会和选举业主委员会给予指导和协助。业主大会或者业主委员会的决定，对业主具有约束力。业主大会或者业主委员会作出的决定侵害业主合法权益的，受侵害的业主可以请求人民法院予以撤销业主大会和业主委员会，对任意弃置垃圾、排放污染物或者噪声、违反规定饲养动物、违章搭建、侵占通道、拒付物业费等损害他人合法权益的行为，有权依照法律、法规以及管理规约，要求行为人停止侵害、消除危险、排除妨害、赔偿损失。业主对侵害自己合法权益的行为，可以依法向人民法院提起诉讼。

业主共同决定的事项有：①制定和修改业主大会议事规则；②制定和修改建筑物及其附属设施的管理规约；③选举业主委员会或者更换业主委员会成员；④选聘和解聘物业服务企业或者其他管理人；⑤筹集和使用建筑物及其附属设施的维修资金；⑥改建、重建建筑物及其附属设施；⑦有关共有和共同管理权利的其他重大事项。决定前款第五项和第六项规定的事项，应当经专有部分占建筑物总面积三分之二以上的业主且占总人数三分之二以上的业主同意。决定前款其他事项，应当经专有部分占建筑物总面积过半数的业主且占总人数过半数的业主同意。

(2)成员的管理方式。业主可以自行管理建筑物及其附属设施，也可以委托物业服务企业或者其他管理人管理。对建设单位聘请的物业服务企业或者其他管理人，业主有权依法更换。物业服务企业或者其他管理人根据业主的委托管理建筑区划内的建筑物及其附属设施，并接受业主的监督。

五、相邻关系

(一)相邻关系的概念和特征

1.相邻关系的概念

所谓相邻关系，是指法律为调整相邻不动产的利用，而就两个或者两个以上不动产权利人之间所规定的相互提供便利和接受限制的权利义务关系，如相邻不动产权利人之间的利用邻地通行、采光、安设管线、用水排水等法律关系。相邻关系，从权利的角度来看，又称为“相邻权”。

相邻关系实质上是对财产所有人或使用人行使所有权或占有权、使用权的适当扩展或限制。相邻关系制度的功能在于，通过对不动产相邻各方的法律上的最小限度的调整，达到对整个社会经济发展和稳定的结果，体现效益和公平的均衡。

2.相邻关系的法律特征

相邻关系的特征，源于不动产相邻的自然属性和地尽其利的宗旨，具体表现以下几方面：

(1)相邻关系的主体必须是相邻不动产的所有权人和使用权人。

(2)相邻关系的客体是相邻的不动产各方在行使不动产的所有权和使用权时，要求互相提供便利或接受限制过程中所体现和追求的利益。不是相邻的不动产本身。

(3)相邻关系的内容是指相邻不动产的所有权人或使用权人行使不动产权利的扩张或限制。表现为一方有权要求对方提供必要的便利或接受必要的限制，同时不得损害他方的合法权益。

(4)相邻关系是一种法定的权利义务关系。是法律上基于地尽其利和物尽其用而生的对毗邻不动产的最小限度的利用的调节，而非基于当事人的约定所产生的权利。

(二)相邻关系的种类

按照《物权法》第七章的规定,相邻关系主要有以下几种:

1.因用水、排水而产生的相邻关系

[事例13] 2010年3月,李某等两人为用水方便,在同村村民袁某等八人的水井上方5米高的坎上筹建水井。两水井相距约6米,垂直高差约5米,均利用本村地下水资源。当时袁某等八人并未提出异议。2010年4月水井建好,袁某等八人提出异议,认为由于李某等两人建水井并卖予他人使用,使下游水资源减少,不够饮用,要求李某等两人将水井填上。试分析:李某等人是否应将水井填上?

《物权法》第86条规定,不动产权利人应当为相邻权利人用水、排水提供必要的便利。对自然流水的利用,应当在不动产的相邻权利人之间合理分配。对自然流水的排放,应当尊重自然流向。事例13中,对本村的地下水资源,袁某等八人与李某等两人均无独占使用权,对水源双方应合理分配。

2.相邻土地的通行关系

《物权法》第87条规定,不动产权利人对相邻权利人因通行等必须利用其土地的,应当提供必要的便利。

3.营缮的邻地利用关系

《物权法》第88条规定,不动产权利人因建造、修缮建筑物以及铺设电线、电缆、水管、暖气和燃气管线等必须利用相邻土地、建筑物的,该土地、建筑物的权利人应当提供必要的便利。

4.相邻通风、采光、日照关系

《物权法》第89条规定,建造建筑物,不得违反国家有关工程建设标准,妨碍相邻建筑物的通风、采光和日照。

5.不可量物的侵害关系

[事例14] 2010年7月,张某装修自己住房时,为扩大室内面积,未经批准擅自改变了部分房屋结构。他把原本放在厨房的灶具搬到阳台上,抽油烟机的排气管从阳台玻璃上伸出来,该排气管正好伸到楼上王某家窗户底下。当张某做饭时,油烟便飘进王家。王家只好紧闭窗户。王某多次要求张某采取措施改变排气管的朝向,均遭到拒绝。试分析:是否应支持王某的要求?

《物权法》第90条规定,不动产权利人不得违反国家规定弃置固体废物,排放大气污染物、水污染物、噪声、光、电磁波辐射等有害物质。事例14中,王某诉讼请求的法律依据即为《物权法》规定的大气污染物等不可量物的侵害。张某排放烟气必须以不侵害相邻人王某的权利为限,反之,王某有权要求张某排除妨碍,赔偿损失。

6.相邻防险关系

《物权法》第92条规定,不动产权利人因用水、排水、通行、铺设管线等利用相邻不动产的，应当尽量避免对相邻的不动产权利人造成损害；造成损害的，应当给予赔偿。

(三)相邻关系的处理原则

在处理相邻关系时，应遵循有利生产、方便生活、团结互助、公平合理、尊重历史和习惯的原则。《物权法》第84条规定，不动产的相邻权利人应当按照有利生产、方便生活、团结互助、公平合理的原则，正确处理相邻关系。

六、共有

(一)共有概述

1.共有的概念和特征

共有是指由两个以上的权利主体共同享有某项财产所有权的制度。根据所有权的基本属性，一物之上不能同时存在两个所有权，但同一个所有权可以为数人按一定份额或不分份额地享用，即对一项所有权进行"量"的分割。

共有的法律特征：

(1)共有的权利主体有两个以上。如某一房屋属于甲乙两人所有。

(2)共有关系的客体是同一项财产。财产共有人权利义务所指向的对象是同一财产，否则不能形成共有。该财产不必是一件物品，不同的财产只要在法律意义上被视为一个整体，就应被看作一项财产。

(3)共有的内容包含双重权利、义务关系。即对外，各共有人作为一个整体同外界发生民事法律关系，享有平行的权利，承担同等的义务，共有权利和义务先由共有人统一享有和承担后再落实到每一个内部成员身上。对内，各共有人是相对独立的权利主体，对共有物平等地或者按照各自的份额享有权利并承担义务。

(4)财产共有是多个权利主体基于共同的生活、生产和经营的需要而形成的所有权联合，它本身不是一种独立的所有权类型。共有并不改变所有权的性质，也不会形成新的所有权类型。例如，全民所有制组织、集体组织、公民之间以及他们相互之间，进行各种协作，如联营，都会产生共有关系。

2.共有的成立原因与分类

共有的发生原因通常有两个：一是基于当事人的意思而发生；二是基于法律的直接规定而发生，如夫妻财产、家庭财产的共有，遗产分割前继承人对遗产的共有，数人基于先占、拾得遗失物、发现埋藏物、添附等而形成的共有法律关系等。

共有包括按份共有和共同共有：按份共有人对共有的不动产或者动产按照其份额享有所有权；共同共有人对共有的不动产或者动产不分份额地共同享有所有权。

(二)共有的内容

[事例15] 甲、乙、丙三人为同胞兄弟。三人父母生前拥有一幢私有楼房，于2008年出租给张某夫妇居住，租期为5年，每年租金为2万元，年底支付。2010年1月，甲、

乙、丙父母相继去世，没有留下遗嘱，楼房由三人依法继承，办理遗产继承时，把房屋约定由丙管理。2010 年 4 月，丁以为丙即是房屋的产权所有人，于是与丙签订了房屋买卖合同，丙将房屋产权证书交由丁，二人一并到房产部门办理了房屋过户手续。同年 6 月 1 日，丙告知张某夫妇其已将房屋卖给丁的事实，并要求张某夫妇搬出房屋。张某夫妇不允，要求购买该幢楼房。后甲、乙得知丙卖房一事，向丁提出异议，遂起纠纷。试分析：该房屋应当如何处理？

1. 共有物的管理、处分或者重大修缮及管理费用的负担

《物权法》第 96 条规定，共有人按照约定管理共有的不动产或者动产；没有约定或者约定不明确的，各共有人都有管理的权利和义务。对共有物的“管理”是一个外延宽泛的大概念，包括共有人对共有物的保存、使用方法和简易修缮。

《物权法》第 97 条规定，处分共有的不动产或者动产以及对共有的不动产或者动产作重大修缮的，应当经占份额 2/3 以上的按份共有人或者全体共同共有人同意，但共有人之间另有约定的除外。

《物权法》第 98 条规定，对共有物的管理费用以及其他负担，有约定的，按照约定；没有约定或者约定不明确的，按份共有人按照其份额负担，共同共有人共同负担。

2. 共有物的分割的原则与方式

《物权法》第 99 条规定，共有人约定不得分割共有的不动产或者动产，以维持共有关系的，应当按照约定，但共有人有重大理由需要分割的，可以请求分割；没有约定或者约定不明确的，按份共有人可以随时请求分割，共同共有人在共有的基础丧失或者有重大理由需要分割时可以请求分割。因分割对其他共有人造成损害的，应当给予赔偿。

据此，分割共有财产的基本原则有三：(1)依据共有人约定分割的原则。无论是按份共有，还是共同共有，共有人对共有财产的分割有约定的依其约定。共有人约定不得分割共有的不动产或者动产以维持共有关系的，应当按照约定，但共有人有重大理由需要分割的，可以请求分割。(2)依法分割的原则。分割没有约定，或者约定不明确，按份共有人可以随时请求分割，共同共有人在共有的基础丧失或者有重大理由需要分割时可以请求分割。(3)损害赔偿的原则。因某些法定的特殊原因，共有人分割共有财产，会使共有财产的功能丧失或者削弱，降低它的价值，有可能给其他共有人造成损害，因此因分割对其他共有人造成损害的，应当给予赔偿。

《物权法》第 100 条规定，共有人可以协商确定分割方式。达不成协议，共有的不动产或者动产可以分割并且不会因分割减损价值的，应当对实物予以分割；难以分割或者因分割会减损价值的，应当对折价或者拍卖、变卖取得的价款予以分割。共有人分割所得的不动产或者动产有瑕疵的，其他共有人应当分担损失。

3. 共有人的优先购买权

《物权法》第 101 条规定，按份共有人可以转让其享有的共有的不动产或者动产份额。

其他共有人在同等条件下享有优先购买的权利。

(1)共有关系存续期间,按份共有人有权转让其享有的共有的不动产或者动产份额。共有人转让共有份额后,受让人可能继续与其他原共有人共有,或者分割共有份额。共有人请求分割共有物的行为是一种单方法律行为,一经作出即生效力。

在一般情况下,按份共有人转让其享有的共有份额,无需得到其他共有人同意。但各共有人不得侵害其他共有人的利益,并受法律的限制。法律有特别规定的,共有人处分其份额应遵守法律的规定。如《海商法》第 16 条规定,船舶共有人就共有船舶设定抵押权,应当取得持有 2/3 以上份额的共有人的同意,共有人之间另有约定的除外。《城市房地产管理法》第 37 条规定,共有房地产,未经其他共有人书面同意的,不得转让。此外,在共有关系中有禁止共有人出让其份额的约定的,对共有人应当具有约束力。但是这种约定是对所有关系的特别限制,不能对抗善意第三人,如果第三人受让其份额为善意无过失,发生共有份额所有权转移的后果。

(2)共有人转让其份额时其他共有人享有优先购买权。"同等条件下"是指其他共有人就购买该份额所给出的价格等条件与欲购买该份额的非共有人相同。即当其他共有人与此外的其他人出价相同时,其他共有人有优先购买的权利。优先购买权是共有人相对于非共有人而言的,在共有人之间并无优先的问题,当数个共有人均欲行使其优先购买权时,应由出卖人自行决定。此种优先购买权仅具有债的效力,不得对抗善意第三人。而且共有人有相反的约定的,依其约定。

4.共有债权债务的承担

《物权法》第 102 条规定,因共有的不动产或者动产产生的债权债务,在对外关系上,共有人享有连带债权、承担连带债务,但法律另有规定或者第三人知道共有人不具有连带债权债务关系的除外;在共有人内部关系上,除共有人另有约定外,按份共有人按照份额享有债权、承担债务,共同共有人共同享有债权、承担债务。偿还债务超过自己应当承担份额的按份共有人,有权向其他共有人追偿。

因共有财产产生的债权债务关系的对外效力不区分按份共有和共同共有。

5.共有关系性质与按份共有份额的确定

(1)共有关系性质的确定。共同共有的共有人只有在共有关系消灭时才能协商确定各自的份额。《物权法》第 103 条规定,共有人对共有的不动产或者动产没有约定为按份共有或者共同共有,或者约定不明确的,除共有人具有家庭关系等外,视为按份共有。

(2)按份共有份额的确定。《物权法》第 104 条规定,按份共有人对共有的不动产或者动产享有的份额,没有约定或者约定不明确的,按照出资额确定;不能确定出资额的,视为等额享有。

事例 15 中,甲、乙、丙对作为尚未分割的遗产的楼房是共同共有关系;甲乙买卖合同因侵犯了张某夫妇的优先购买权而无效;房屋所有权应归甲、乙、丙三人共同共有;张某夫妇享有合法的租赁权，甲、乙、丙、丁四人均无权利要求张某夫妇搬出；张某夫妇可以主张以下权利：房屋所有人出卖房屋前获得通知的权利；在同等价格条件下优先购买的权利；主张丙、丁之间合同无效的权利。丙应对丁承担缔约过失责任。因为丙的过错致使合同无效。

（三）准共有

所谓准共有是指数人按份共有或者数人共同共有所有权以外的财产权。

《物权法》第 105 条规定，两个以上单位、个人共同享有用益物权、担保物权的，参照本章规定。

物权法中的共有制度是专为所有权的共有而规定的，但实际生活中，并非只有所有权才能共有，其他财产权如他物权、知识产权等财产权均可共有。比如甲乙丙三人分别借款给债务人丁，三人同时就丁所有的房屋设定一个抵押权，份额为均等，并办理一个抵押权登记时，就发生抵押权的准共有。此种情况就是两个以上的主体共同享有担保物权。如二人以上共同享有一块土地的建设用地使用权，此种情况就是两个以上的主体共同享有用益物权。两个以上的主体共同享有用益物权和担保物权的按份共有或共同共有，在性质上与对所有权的共有没有差别参照所有权章规定。

【引导案例分析】

首先，应明确争执财产处分前的所有权归属。本案中丁某处分的汽车，是其与孙某在婚姻关系存续期间所取得的财产，而且双方没有另外约定，因此，根据我国婚姻法的规定，该车应为孙某与丁某共同共有的财产。

其次，应明确财产处分行为的效力。既然财产共同共有财产，根据物权法的规定，则各共有人不分份额地对共有财产享有权利、承担义务，共有人权利义务平等；共同共有人应当共同地平等地对共有财产行使占有、使用、收益和处分的权利；对共有财产的处分，须经全体共有人一致同意，共有人不得擅自处分；共同关系存续期间，共有关系不能消灭，任何一个共有人都不能退出共有。本案中，丁某处分汽车应经孙某同意，无权单独处分。本案中丁某处分汽车行为为无权处分行为，根据合同法的规定，应为效力待定行为，行为人的效力取决于孙某是否同意，而案中孙某的行为明确否定了丁某的行为，则孙某的处分行为为无效的民事行为。

再次，明确争执财产的所有权归属。《物权法》第 106 条规定，无处分权人将不动产或者动产转让给受让人的，所有权人有权追回；除法律另有规定外，符合下列情形的，受让人取得该不动产或者动产的所有权：（一）受让人受让该不动产或者动产时是善意的；（二）以合理的价格转让；（三）转让的不动产或者动产依照法律规定应当登记的已经登记，不需要登记的已经交付给受让人。受让人依照前款规定取得不动产或者动产的所有权的，原所有权人有权向无处分权人请求赔偿损失。当事人善意取得其他物权的，参照前两款规定。第 108 条规定，善意受让人取得动产后，该动产上的原有权利消灭，但善意受让人在受让时知道或者应当知道该权利的除外。本案中的标的物为汽车，汽车实行登记制度，因此，当事人移转汽车所有权的行为自办理车车籍登记转移手续时完成，自此始起，受让人即取得汽车所有权。在本案中，丁某擅自处分汽车，李某不知、也不可能知道，因为夫妻一方在对外关系上有互为代理的关系，因而丁某卖车时，李某有充分的理由认定丁某有处分权，李某购车是善意的、有偿的，而且双方在买卖成交后办理了汽车车籍的转移手续，尽管尚未交付汽车，李某业已取得汽车的所有权。李某是善意、有偿取得该汽车的所有权。

最后，确定相关的赔偿问题。因为李某已经善意、有偿地取得汽车的所有权，共有人孙某不能要求李某返还汽车，只能请求丁某赔偿损失；第二买受人刘某也不能取得该汽车的所有权，丁某因自己的过错（事行未经共同共有人同意，事后未经共同共有人追认，以作“一物二卖”），不能履行转移汽车所有权的义务，应赔偿刘某因此而受到的损失。

专题三　用益物权

【引导案例】

某甲房地产开发公司拍得某市区河畔一块土地，准备以“观景”为理念设计并建造一所高层观景商品住宅楼。但该地前面有一平房制衣厂，为了该住宅楼业主能在房间里欣赏河畔风景。双方约定：制衣厂在30年内不得在该土地上兴建三层高以上建筑；作为补偿，甲每年向制衣厂支付20万元。三年后，制衣厂将该土地使用权转让给乙公司，乙公司在该土地上动工修建高层电梯公寓。甲公司得知后，便要求乙公司立即停止兴建，但遭到拒绝，甲于是向法院提起诉讼。

问题：该纠纷如何解决？

一、用益物权概述

（一）用益物权的概念

《物权法》第117条对用益物权界定为：“用益物权人对他人所有的不动产或者动产，依法享有占有、使用和收益的权利。”基于该法条的规定，所谓用益物权，指的是在他人之物上享有占有、使用和收益等权能的物权。

根据物权法定主义，我国《物权法》确立了土地承包经营权、建设用地使用权、宅基地使用权、地役权，以及探矿权、采矿权、取水权和使用水域、滩涂从事养殖、捕捞的权利。

（二）用益物权的特征

我国《物权法》所确立的几种用益物权有其各自的权利内容，但作为用益物权，它们具有以下共同的特征：

1. 用益物权是一种定限物权。用益物权具有占有、使用、收益等权能，其行使也在范围和期限上有限制，这点与所有权是不同的。

2. 用益物权客体包括不动产和动产。常见的土地承包经营权、建设用地使用权、宅基地使用权和地役权以不动产为其客体。

3.用益物权以物的利用为内容,原则上同一标的物上不能同时设定多个用益物权。但如两个或者两个以上用益物权的内容不相排斥,则它们可以并存于一个标的物上。在我国物权法上,用益物权并存的情形一般体现在地役权与土地承包经营权、建设用地使用权等的并存。

4.用益物权的设定、移转等通常需要登记。登记的效力如何取决于法律的规定。我国《物权法》同时采用了登记生效主义,如建设用地使用权;以及登记对抗主义,如地役权。而对于宅基地使用权,尚未有登记的明确要求。

5.用益物权的设定有的为无偿,有的为有偿,依当事人约定或者设定的目的而定。例如根据法律有关土地用途的相关规定,可以依无偿划拨的方式设立建设用地使用权;而通常情况下为商业、居住等目的设定建设用地使用权,均为有偿,建设用地使用权人须缴纳出让金。地役权的设定是否为有偿,由当事人决定。

6.用益物权的内容是对物进行使用和收益。物的价值分为使用价值和交换价值,用益物权侧重于对使用价值的支配。

二、土地承包经营权

[事例 16]　杏花村村民郑某承包村里的一处果园多年,在承包期还有 15 年的当年秋天,与另一村民孙某签订果园承包经营权转让合同,孙某当即付转让款 8 万元,约定一周后交接果园。三天后,郑某又以 9 万元转让另一村民刘某,刘某交付转让款后,郑、刘当天办理了承包经营权变更登记,第二天刘一家人进驻果园耕作。孙闻讯后赶来对刘主张果园属于自己所有,刘、孙一起找郑理论。试分析:孙某能否追究郑某的责任?

(一)土地承包经营权的概念与特征

《物权法》第 124 条规定:"农村集体经济组织实行家庭承包经营为基础、统分结合的双层经营体制。农民集体所有和国家所有由农民集体使用的耕地、林地、草地以及其他用于农业的土地,依法实行土地承包经营制度。"第 125 条规定:"土地承包经营权人依法对其承包经营的耕地、林地、草地等享有占有、使用和收益的权利,有权从事种植业、林业、畜牧业等农业生产。"由此,土地承包经营权,是指农业经营者通过签订承包经营合同在集体经济组织或者国家所有的农用地上享有的进行耕作、养殖或者放牧等利用并获得收益的权利。

根据我国法律的规定,土地承包经营权具有如下重要特征:

1.土地承包经营权主体的限定性。在我国,享有家庭承包权的主体被限定于本集体经济组织的成员。对于以其他方式承包的,本集体经济组织成员也享有优先权。事例 16 中,郑某、刘某和孙某都是杏花村的村民,属于经济组织成员,因此,他们都有承包本村果园的资格。

2. 承包经营权的客体是农民集体所有和国家所有由农民集体使用的农用地。所谓农用地，是指直接用于农业生产的土地，包括耕地、林地、草地、农田水利用地、养殖水面等。在我国，农用地主要归农村集体经济组织所有，也有部分农用地属于国家所有，如国有农场、林场的土地。根据《物权法》第 134 条的规定："国家所有的农用地实行承包经营的，可参照土地承包经营权的有关规定。"事例 16 中，果园即属于农用生产土地。

3. 权利的内容为在集体或者国家所有的农用地上从事耕作、养殖、畜牧等农业生产，其中包括对土地的占有、使用和收益并排除他人的不法干预，因为设立农地承包权的目的就是以农业生产为目的。事例 16 中，谁取得了果园的承包经营权，谁就可以在其承包地里享受耕种的权利。

4. 原则上具有无偿分配性。与土地私有制条件下永佃权的设定不同，我国的土地承包经营权具有无偿、公平分配的特点。土地承包经营权是农村集体经济组织成员对集体土地应该享有的权利，因此，理应是无偿的。事例 16 中，杏花村村民郑某最初承包果园原则是无偿的。

5. 有期限性。根据我国法律的规定，承包经营权都有期限。耕地的承包期为 30 年；草地的承包期为 30～50 年；林地的承包期为 30～70 年，特殊林木的林地承包期，经国务院林业行政主管部门批准可以延长。承包期届满，可以依法继续承包。事例 16 中可以看出果园还有剩余承包期限 15 年，承包经营权都是有期限限制的。

(二)土地承包经营权的设立

1. 承包经营合同的订立

土地承包经营权由发包人和承包人通过订立承包经营合同的方式设立。根据法律的规定，承包经营合同存在以下两种订立方式：

(1)家庭承包。在家庭承包中，发包方一般为村集体经济组织或者村民委员会，承包方则为本集体经济组织的农户。本集体经济组织的农户有权要求平等地获得土地的承包。发包人实际上并不是一个具有独立意志的法律主体，土地承包的方案遵循民主协商、公平合理的原则，须经村民会议 2/3 以上成员或村民代表的同意，土地承包合同须依法定的程序订立。

(2)其他方式的承包。对于不宜采取家庭承包方式的荒山、荒沟、荒丘、荒滩等农村土地，可以通过招标、拍卖、公开协商等方式订立承包合同。此种承包合同的特点在于承包人须缴纳承包费，且承包人也不限于本集体经济组织的成员。但是在同等条件下，本集体经济组织的成员有优先承包权，而且，发包方将农村土地发包给本集体经济组织以外的单位或者个人承包，应当事先经本集体经济组织成员的村民会议 2/3 以上成员或者村民代表的同意，并报乡(镇)人民政府批准。事例 16 孙某和刘某同为杏花村村民，在承包权面前是平等的。

2. 土地承包经营权的设立

无论采用何种承包方式，土地承包经营权均随有效的承包经营合同的订立而得以设立。

《物权法》第 127 条第 1 款规定："土地承包经营权自土地承包经营权合同生效时设立。"《物权法》第 127 条第 2 款规定："县级以上地方人民政府应当向土地承包经营权人发放土地承包经营权证、林权证、草原使用权证，并登记造册，确认土地承包经营权。"《物权法》第 129 条规定："土地承包经营权人将土地承包经营权互换、转让，当事人要求登记的，应当向县级以上地方人民政府申请土地承包经营权变更登记；未经登记，不得对抗善意第三人。"

可见，土地承包经营权作为一种用益物权，法律并未强制要求登记，但土地承包经营权的互换、转让等需要登记，那权利创设的初始登记也就不可避免了。对于有流转需要的土地承包经营权而言，权利变动登记意义重大。事例 16 中，郑某将果园转让另一村民刘某，并且办理了承包经营权变更登记，因此，刘某可以对抗并未登记的孙某。

（三）土地承包经营权的内容

取得土地承包经营权后，土地承包经营权人享有以下权利：

1. 占有、使用和收益权。土地承包经营权人有权依土地的自然属性对土地加以农业上的利用，即利用其进行耕作、放牧、养殖等。但是，土地承包经营权人在利用土地时，不得将农地用于非农业的用途，也不得对土地造成永久性的损害。土地承包经营权人有权获得其所承包土地的天然孳息与法定孳息。承包人应得的承包收益，可依照《继承法》的规定继承。事例 16 中，刘某取得了果园的承包经营权后，即享有对果园的占有、使用和收益权。

2. 处置权。土地承包经营权人有权处置其承包经营权，其中包括将其承包经营权转包、互换或者转让。《物权法》和《农村土地承包法》对土地承包经营权的处置作出了几项重要规定：第一，就家庭承包而言，根据《农村土地承包法》第 37 条的规定，土地承包经营权人转让承包经营权的，须征得发包方的同意。这就意味着，此类土地承包经营权人对其权利并无独立的处分权。第二，《农村土地承包法》第 49 条规定："通过招标、拍卖、公开协商等方式承包农村土地，经依法登记取得土地承包经营权证或者林权证等证书的，其土地承包经营权可以依法采取转让、出租、入股、抵押或者其他方式流转。"该条对于承包经营权的转让等未设经发包人同意的条件，故应认为此类承包经营权人有自由处分的权利。第三，土地承包经营权人将土地承包经营权互换、转让，当事人要求登记的，应当向县级以上地方人民政府申请土地承包经营权变更登记；未经登记，不得对抗善意第三人。事例 16 中，郑某享有处置权。郑某和孙某虽然签订土地承包经营权转让合同，但并未登记，而刘某和郑某办理了承包经营权变更登记，则刘某可对抗孙某取得剩余 15 年的承包权，孙某只能追究郑的违约责任。

3. 投资补偿权。承包人有权获得补偿：一是承包地被依法征收、征用的；二是承包期内，土地收回，但承包人在承包地投入而提高土地生产能力的；三是土地承包权流转时，承包人在承包地上投入而提高土地生产能力的。事例 16 中郑某在转让其果园时获得的转让款即为取得的投资补偿。

4. 法律规定或合同约定的其他权利。

(四)土地承包经营权的终止

土地承包经营权因下列原因终止：

1. 承包期届满不愿继续承包的。《物权法》第 126 条第 2 款规定："前款规定的承包期届满，由土地承包经营权人按照国家有关规定继续承包。"土地承包经营权因期限的届满而发生消灭，但承包人可按法律规定继续承包。

2. 承包地的收回或交回。发包期内，发包人原则上不得收回承包地，但两种情形除外；一是承包期内，承包方全家迁入设区的市，转为非农业户口的，应当将承包的耕地和草地交回发包方。承包方不交回的，发包方可以收回承包的耕地和草地。一是承包方可自愿交回承包地，放弃承包经营权。

3. 土地的灭失。由于自然灾害等原因，承包的土地可能发生灭失，如河岸边土地因崩岸而丧失。土地灭失的，土地所有权消灭，承包经营权当然也发生消灭。

4. 承包地的转让。承包人将承包权转让给第三人，则原承包权消灭，新的承包权产生。

5. 土地征收。承包地被征收的，集体的土地所有权消灭，承包地上的土地承包经营权也因此发生消灭。土地承包经营权人有权获得征收补偿。

三、建设用地使用权

(一)建设用地使用权的概念与特征

《物权法》第 135 条规定："建设用地使用权人依法对国家所有的土地享有占有、使用和收益的权利，有权利用该土地建造建筑物、构筑物及其附属设施。"据此，建设用地使用权，是指权利人依法在国有土地上建造建筑物、构筑物及其附属设施的权利。

我国的建设用地使用权设定在公有土地之上，法律所确立的建设用地使用权具有如下特征：

1. 建设用地使用权的客体原则上为国有土地。《物权法》第 135 条将建设用地使用权的客体界定为国家所有的土地，同时该法第 151 条又规定："集体所有的土地作为建设用地的，应当依照土地管理法等法律规定办理。"《土地管理法》规定，除兴办乡镇企业等少数情形，需要在集体所有的土地上设立建设用地使用权，应先完成集体土地的征收，将其转化为国有土地后再设立建设用地使用权。

2. 建设用地使用权的内容是利用土地建造建筑物、构筑物及其附属设施。

3. 建设用地使用权的多层次性。现代建筑技术可以支持对地表、地下和地上的多层次利用,《物权法》第 136 条规定:“建设用地使用权可以在土地的地表、地上或者地下分别设立。新设立的建设用地使用权,不得损害已设立的用益物权。”

4.建设用地使用权的设立原则上须为有偿,但国家机关用地、军事用地等也可通过无偿划拨的方式取得。

5.建设用地使用权具有流通性。建设用地使用权可以进入流通领域。《物权法》第 143 条规定:“建设用地使用权人有权将建设用地使用权转让、互换、出资、赠与或者抵押,但法律另有规定的除外。”

6.有期限性。建设用地使用权有期限限制。我国法律确定了不同的使用权期间:居住用地为 70 年;工业用地为 50 年;教育、科技、文化、卫生、体育用地为 50 年;商业、旅游、娱乐用地为 40 年;综合或者其他用地为 50 年。

(二)建设用地用权的设立

1.出让与划拨

国有土地上,建设用地使用权的设定有两种方式,即出让和划拨。

国有土地使用权的出让,是指国家将国有土地使用权在一定年限内出让给土地使用者,由土地使用者向国家支付土地使用权出让金的行为。

国有土地使用权的划拨,是指经县级以上人民政府依法批准,在土地使用者缴纳补偿、安置等费用后将该幅土地交付其使用,或者将土地使用权无偿交付给土地使用者使用的行为。

《物权法》第 137 条第 3 款规定:“严格限制以划拨方式设立建设用地使用权。采取划拨方式的,应当遵守法律、行政法规关于土地用途的规定。”

《土地管理法》第 54 条规定:“以下建设用地,经县级以上人民政府批准,可以以划拨方式取得:国家机关用地和军事用地;城市基础设施用地和公益事业用地;国家重点扶持的能源、交通、水利等基础设施用地;法律、行政法规规定的其他用地。”

2.登记

建设用地使用权的设立,《物权法》采取了登记生效主义。第 139 条规定:“设立建设用地使用权的,应当向登记机构申请建设用地使用权登记。建设用地使用权自登记时设立。登记机构应当向建设用地使用权人发放建设用地使用权证书。”

(三)建设用地使用权的内容

建设用地使用权经登记生效后,建设用地使用权人享有以下权利:

1.占有、使用和收益权。建设用地使用权人有权占有土地并在土地上建造建筑物、构筑物及其附属设施。但是在利用土地时,不得擅自改变土地用途,如将非商业用地改为商业用地。

2.获得所营造之建筑物的所有权。《物权法》第 142 条规定:“建设用地使用权人建造的建筑物、构筑物及其附属设施的所有权属于建设用地使用权人,但有相反证据证明的除外。”

3.处分权。《物权法》第143～147条规定，建设用地使用权人有权将建设用地使用权转让、互换、出资、赠与或者抵押，但法律另有规定的除外。建设用地使用权转让、互换、出资或者赠与的，附着于该土地上的建筑物、构筑物及其附属设施一并处分，当事人应当采取书面形式订立相应的合同，并应当向登记机构申请变更登记；使用期限由当事人约定，但不得超过建设用地使用权的剩余期限。建筑物、构筑物及其附属设施转让、互换、出资或者赠与的，该建筑物、构筑物及其附属设施占用范围内的建设用地使用权一并处分。

4.提前收回时获得补偿的权利。《物权法》第148条规定：“建设用地使用权期间届满前，因公共利益需要提前收回该土地的，应当依照本法第42条的规定对该土地上的房屋及其他不动产给予补偿，并退还相应的出让金。”

(四)建设用地使用权的消灭

根据《物权法》及相关法律法规，建设用地使用权因下列原因而发生消灭：

1.建设用地使用权期间届满。建设用地使用权设有期限，应随该期限的届满而发生终止。《物权法》第149条规定：“住宅建设用地使用权期间届满的，自动续期。非住宅建设用地使用权期间届满后的续期，依照法律规定办理。该土地上的房屋及其他不动产的归属，有约定的，按照约定；没有约定或者约定不明确的，依照法律、行政法规的规定办理。”

2.建设用地使用权期间届满前，收回该土地。分两种情形：一种是因公共利益需要提前收回，此种方式终止建设用地使用权时，应当依法对该土地上的房屋及其他不动产给予补偿，并退还相应的出让金。一种是因建设用地使用权人违法使用土地或者长期不使用土地，而由出让人提前收回该土地。

3.因土地灭失而消灭。《物权法》第150条规定：“使用权消灭的，出让人应当及时办理注销登记。登记机构应当收回建设用地使用权证书。”

四、宅基地使用权

(一)宅基地使用权的概念与特征

《物权法》第152条规定：“宅基地使用权人依法对集体所有的土地享有占有和使用的权利，有权依法利用该土地建造住宅及其附属设施。”根据法律规定，宅基地使用权，是指权利人依法得在集体所有的土地上建造住宅及其附属设施的权利。《民法通则》未对宅基地使用权明确作出规定，而《土地管理法》和《物权法》都对农村宅基地使用权作出了规定，后者更将宅基地使用权明确规定为一种用益物权。

根据《土地管理法》、《物权法》等的规定，我国的宅基地使用权具有如下法律特征：

1.宅基地使用权的主体为农村集体经济组织的成员。原则上，仅有本集体经济组织的成员才有资格依其建筑房屋的需要获得宅基地使用权的分配。宅基地使用权设立于集体土地之上，实际上是集体经济组织成员对集体所有的土地的一种利用。因此，城镇居民、法人等不能享有宅基地使用地；原来是村民资格，后来失去资格的，也不享有宅基地使用权。

2.宅基地使用权的客体为集体土地。《物权法》明确地将宅基地使用权的客体界定为"集体所有的土地"，而且是经过审批的供建造住房的土地。

3.宅基地使用权取得是无偿的。我国在农村地区实行的宅基地使用权仍具有依身份而获得分配的性质。每一个农民是集体经济组织中的一分子，理应享有宅基地使用权。

4.宅基地使用权的内容是为依法建造、保有私人住宅之目的而对土地加以占有和使用。对土地的利用有限制，任何人不能逾越这一目的。

(二)宅基地使用权的设立

《物权法》第153条规定："宅基地使用权的取得、行使和转让，适用土地管理法等法律和国家有关规定。"根据《土地管理法》及相关规定，宅基地使用权的设立须遵循以下程序：申请人提出申请，土地所有人同意，行政审批三个步骤。

根据《土地管理法》的规定，农村村民一户只能拥有一处宅基地；农村村民出卖、出租住房后，再申请宅基地的，不予批准。

(三)宅基地使用权的内容

宅基地使用权人享有以下主要权利：

1.为建造住宅而使用宅基地。宅基地使用权人有权在土地之上营造住宅及其附属设施，权利人不得擅自变更土地用途。

2.享有所建造住宅的所有权。享有宅基地使用权是获得在其上所建造住宅之所有权的基础，宅基地使用权人因合法的建造行为而直接取得房屋的所有权。

3.有限处分权。我国法律规定，宅基地使用权不得单独让与，不得单独抵押。在转让建造宅基地上的住宅时，该宅基地的使用权一并转让；建造宅基地之上的住宅抵押的，在实现抵押权时，宅基地使用权一并转让。另外，农村村民出卖、出租住房后，再申请宅基地的，不予批准。

4.被征收、征用时的补偿请求权。根据《物权法》第42、43、121条的规定，在宅基地使用权及住宅和附属设施依法被征收、征用时，被征收、征用的村民有权获得相应的补偿和安置。

(四)宅基地使用权的终止

《物权法》第154条规定："宅基地因自然灾害等原因灭失的，宅基地使用权消灭。对失去宅基地的村民，应当重新分配宅基地。"宅基地使用权因客体灭失而消灭。宅基地使用权还可因国家征收集体土地、权利人不按批准的用途使用而被收回等原因而消灭。

五、地役权

[**事例17**] 房地产开发企业甲公司为其开发的A块土地的利益,与邻近之B块土地的权利人订立一项地役权合同,约定后者不得在其拥有使用权的B块土地上从事高层建筑;后甲公司在A块土地之上建成了住宅若干,并将这些商品住宅全部出售给他人。试分析:这些购房者是否也享有对B块土地"不得从事高层建筑"的地役权?

(一)地役权的概念与特征

1.地役权的概念

《物权法》第156条第1款规定:"地役权人有权按照合同约定,利用他人的不动产,以提高自己的不动产的效益。"所谓地役权,指的是为自己土地之利益而使用他人土地的权利。其中,为自己土地提供便利的他人土地称为供役地,而利用他人土地获得便利的土地称为需役地。

2.地役权的特征

(1)地役权存在于他人不动产之上的物权。地役权的设定,须涉及两块土地,即供役地和需役地。地役权存在于供役地之上,而对于地役权人,即需役地的权利人而言,该供役地系属于他人的土地。事例17中,A地为需役地,B为供役地,地役权存在于供役地B之上。

(2)地役权是以限制供役地的所有权或使用权为内容的他物权。通说认为,地役权实际是在他人的不动产上设定的一种负担。地役权中的供役地人以承担消极的容忍和不作为的义务为原则。事例17中,供役地人需要承担不得在其拥有使用权的B块土地上从事高层建筑的义务。

(3)设定地役权的目的是为了提高需役地的效益。对供役地的利用,其目的在于使需役地获得利益,这种利益既包括经济、财产上的利益,也包括精神、审美上的利益。总之是为了使需役地的权利人获得各种便利。因此,物权法并未限定地役权的具体内容,当事人之间可以依意思自治。事例17中,需役地人的权利和供役地人的义务均为其意思自治后的结果。

(4)地役权的设定可为有偿,也可为无偿。事例17中未曾体现。

(5)地役权具有从属性。地役权的从属性,指的是地役权从属于需役地的所有权或其他权利而存在。一方面,地役权因为需役地利用之便利而存在,在创设地役权后,该权利也不得与其所附属的主权利分离而让与,或成为其他权利的标的物;另一方面,由于地役权具有从属性,在主权利发生移转时,地役权当然随其主权利移转于受让人。事例17的关键在于对地役权的从属性的把握。住宅所有权的转移,同时导致其所占有之土地的建设用地使用权的转移,而该建设用地使用权的转移,也将导致作为其从权利的土地之上的地役权的转移,也就是说,购买A块土地之上住宅的建筑物区分所有权人将取得对B块土地"不得从事高层建筑"的地役权。

(6)地役权具有不可分性。地役权的不可分性,指的是地役权的取得、消灭或者享有应及于需役地和供役地的全部,不得分割为数部分或者仅为一部分而存在。如果地役权所附属的主权利为多人所享有,则其中任何一个人不得仅为自己享有的份额取得地役权,也不得按其应有的部分使已存在的地役权消灭。事例17中地役权的权利人即为多人,则任何一个购房者不得仅为自己享有的份额取得地役权,也不得按其应有的部分使已存在的地役权消灭。

(二)地役权的设立

《物权法》第157条第1款规定:"设立地役权,当事人应当采取书面形式订立地役权合同。"关于以地役权合同设立地役权,需注意以下几点:

1.地役权合同的当事人

地役权合同由供役地权利人与需役地权利人订立,具体而言:

(1)供役地权利人。《物权法》扩张了可以为他人设立地役权的主体范围。不仅土地所有权人,国家或者集体也可以为他人设立地役权,而且,供役地之上的用益物权人,如承包经营权人、建设用地使用权人等,都可作为地役权合同的主体。

(2)需役地权利人。需役地上的用益物权人可基于其对土地的利用关系与他人订立地役权合同。

2.地役权合同的内容

《物权法》第157条列举了地役权合同一般应包含的内容:

(1)地役权的目的和方法。这是地役权的具体内容,需由当事人明确加以约定。地役权人仅能在约定范围内行使其对供役地的权利,而供役地权利人在此范围内负有容忍地役权人使用的义务。

(2)地役权的期限。《物权法》第161条规定:"地役权的期限由当事人约定,但不得超过土地承包经营权、建设用地使用权等用益物权的剩余期限。"

(3)费用。地役权的设定,并不以有偿为限。是否有偿,应由当事人在地役权合同中予以明确。当事人未对费用作出约定的,应作无偿的解释。

3.地役权登记

[事例18] 甲为了能在自己的房子里欣赏远处的风景,便与相邻的乙约定:乙不在自己的土地上从事高层建筑;作为补偿,甲每年支付给乙4000元,两年后,乙将该土地使用权转让给丙。丙在该土地上建了一座高楼,与甲发生了纠纷。试分析:如何处理该纠纷?

《物权法》第158条规定:"地役权自地役权合同生效时设立。当事人要求登记的,可以向登记机构申请地役权登记;未经登记,不得对抗善意第三人。"由此可见,关于地役权的设立,物权法采用的是登记对抗主义。地役权合同自成立之时起,不仅在当事人之间可能发生债的效力,如地役权人的费用支付义务等,而且也在当事人之间直接发生物权变动的效力。

未经登记的地役权并不具有物权的完整效力,地役权人不得以其权利对抗善意的第三人。

事例18中,甲所在地设A地,乙所在地设B地。需役地A地的建设用地使用权人甲与供役地B地的建设用地使用权人乙订立眺望地役权合同,约定乙不得在其土地上从事高层建筑,该合同一经订立即可使甲取得对B块土地的眺望地役权;但是如果不经登记,甲对B块土地的此项地役权不能对抗善意第三人;于是,乙后来将其建设用地使用权转让给丙,而丙在受让使用权时并不知道B块土地上存在甲的眺望地役权,那么,甲就不能以其从乙处取得的地役权对抗丙。这就意味着,丙仍可在B块土地上从事高层建筑,而甲只能依具有债权效力的地役权合同向乙主张违约责任。

(三)地役权的内容

1. 地役权人的权利

(1)地役权人有权依地役权设立的目的及范围使用供役地。地役权设定的目的就是为需役地所有人或使用人使用他人不动产提供方便,地役权人可依据地役权合同的设定,对供役地加以必要的利用。如根据地役权合同设定道路通行权的,地役权人可以开设道路通行;设定眺望地役权的,可以请求供役地权利人不得加高建筑。根据《物权法》第160、161条的规定,行使地役权可能涉及的权利冲突,可以按照如下原则进行:供役地权利人的使用权受到地役权的限制,在地役权的权利范围内,地役权人优先于供役地权利人使用土地;先设定的地役权优先于在后的其他用益物权。在同一供役地上,可设定若干个内容并不相互排斥的地役权,如设定通行地役权后,再设定采光或者眺望地役权,各地役权人可各自行使其权利。

(2)地役权人有权实施必要的附随行为。地役权人为达到设定地役权的目的,享有为必要的附随行为和设置必要设施的权利。如道路通行权人可以以自己的费用在供役地上开设道路,排水地役权人可在供役地上铺设水管。地役权人在实施此类辅助行为时,应选择对供役地损害最小的方法和处所为之,比方在行使排水地役权时,如能铺设埋于地下的暗管,则不得选择在地面挖设明沟。

(3)行使基于地役权的物上请求权的权利。对于侵害其地役权之人,有权行使占有返还、妨害排除及妨害预防等物权请求权。

2. 地役权人的义务

(1)支付费用和赔偿金的义务。地役权的取得为有偿的,地役权人有义务向供役地权利人支付费用。如果地役权人在行使权利的过程中,给供役地人造成损失的,需要赔偿损失。

(2)地役权人在地役权消灭时恢复原状的义务。在地役权消灭时,地役权人有恢复他人不动产原状的义务。

(三)地役权的消灭

1.地役权的消灭原因

地役权因下列原因归于消灭：

(1)供役地被征收。供役地被征收的，不仅土地所有权人的所有权消灭，而且该土地之上的地役权也归于消灭。

(2)地役权存续期间届满和约定事由发生。地役权设有存续期间的，期间届满，地役权归于消灭。当事人约定以特定事由发生为地役权消失原因的，则该事由发生，地役权即归于消灭。

(3)供役地权利人解除地役权合同。根据《物权法》第168条规定："地役权人有以下两种情形之一的，供役地权利人有权解除地役权合同，并使地役权归于消灭：①违反法律规定或者合同约定，滥用地役权；②有偿利用供役地，约定的付款期间届满后在合理期限内经两次催告未支付费用。"

(4)土地灭失。地役权以供役地和需役地同时存在为其存在的前提。地役权不仅会因为供役地的灭失而灭失，而且还会因为需役地的灭失而灭失。

(5)目的不能。设定地役权的目的已经不能实现，地役权当然消灭。导致地役权不能实现的目的原因须是永久性的，如果是一时的，则不导致地役权消灭。

2.地役权消灭的效果

地役权消灭，双方的权利和义务也归于消灭。已经登记的地役权消灭后，应办理注销登记，地役权人负有协同供役地权利人注销地役权登记的义务。地役权人占有供役地的，地役权消灭后，地役权人负有占有返还义务。地役权人在供役地上有设置物的，负有恢复原状的义务。

【引导案例分析】

首先，应明确本案争议焦点是甲公司和制衣厂之间地役权合同生效与否，该地役权合同能否约束乙公司。

我国在《物权法》第158条规定："地役权自地役权合同生效时设立。当事人要求登记的，可以向登记机构申请地役权登记；未经登记，不得对抗善意第三人。"地役权自合同生效时设立，是否登记不影响地役权的设立，未登记只是不能对抗善意第三人而已。故甲公司和制衣厂之间地役权合同生效，但该地役权合同不能约束乙公司。

其次，应确定本案中当事人的权利和义务。甲公司与制衣厂之间的约定符合《物权法》第156条"地役权人有权按照合同约定，利用他人的不动产，以提高自己的不动产的效益。前款所称他人的不动产为供役地，自己的不动产为需役地"、第159条"供役地权利人应当按照合同约定，允许地役权人利用其土地，不得妨害地役权人行使权利"的规定。所以甲与制衣厂之间设立了地役权，制衣厂违反合同的约定，理应承担违约责任。但甲与制衣厂之间的地役权合同没有到登记机构登记，不能对抗善意的第三人乙公司，作为受让供役地的乙公司没有义务遵守地役权合同的约定，乙公司可以在不妨碍相邻权人的相邻权的情况下任意使用该土地，包括修建高层电梯公寓。因此，法院应判决由制衣厂承担违约责任，但驳回甲公司要求乙公司停止施工的诉讼请求。

专题四 担保物权

【引导案例】

李某向刘某借款30万元，于2009年10月10日订立借款合同，规定1年后还本金和利息共32万元，以李某所有的一辆桑塔纳轿车(价值12万元)质押给刘某，双方签订质押合同。刘某考虑到车放自己家不安全，决定仍由李某保管。因轿车价值约12万元，在李某请求下宋某以其所有的一件汉代古花瓶(价值约20万元)抵押给刘某，宋某与刘某也签订了抵押合同。该合同订立后，宋某提出抵押登记手续复杂，费用过高，反复要求不办理登记手续，刘某最后表示同意，双方未办理登记手续。1年以后，李某由于生意亏损，无力还债，刘某找到李某要求拉走桑塔纳轿车。但发现李某因欠其他人的钱，车已被某法院查封。刘某找到宋某要求拍卖宋某的汉代花瓶，宋某提出由于抵押合同没有办理登记手续抵押无效。李某起诉要求李某归还借款及利息，并要求拍卖李某的桑塔纳轿车和宋某的汉代花瓶还债。

问题：根据我国有关担保的法律规定，本案应如何处理？

一、担保物权概述

(一)担保物权的概念、特征与类型

1.担保物权的概念

担保物权是与用益物权相对应的他物权，是指以确保债权的实现为目的，于债务人或第三人的特定财产或权利上所设定的物权。《物权法》第170条明确规定，担保物权人在债务人不履行到期债务或发生当事人约定的实现担保物权的情形，依法享有就担保财产优先受偿的权利，但法律另有规定的除外。

2.担保物权的特征

担保物权的特征有：

(1)担保物权具有变价受偿性。担保物权以取得担保物的交换价值为内容，在债务人不履行债务时，担保物权人可以就担保物的交换价值优先受偿。

(2)担保物权具有从属性。担保物权系以确保债权的实现为目的的权利，是其所担保的主债权的从权利。担保合同是主债权债务合同的从合同。主债权债务合同无效，担保合同无效，但法律另有规定的除外。担保合同被确认无效后，债务人、担保人、债权人有过错的，应当根据其过错各自承担相应的民事责任。

(3)担保物权具有不可分性。在担保物的一部分灭失时,其余部分仍然担保债权的全部;在担保物权因共有的分割分别属于数人时,其分割的各部分仍各担保着债权的全部;债权的一部分因清偿、抵销、混同等原因而消灭时,担保物权人仍得就担保物的全部行使担保物权。

(4)担保物权具有物上代位性。担保期间,担保财产毁损、灭失或者被征收等,担保物权人可以就获得的保险金、赔偿金或者补偿金等优先受偿。被担保债权的履行期未届满的,也可以提存该保险金、赔偿金或者补偿金等。

3. 担保物权的类型

担保物权根据发生原因,可分为法定担保物权和约定担保物权;以其主要效力为标准,可分为留置性担保物权和优先受偿性担保物权;以是否转移担保物占有为标准,可分为占有担保物权与非占有担保物权;以是否法典规定为标准,可分为典型担保与非典型担保。

我国《物权法》规定的担保物权包括三种:抵押权、质权、留置权。

(二)担保物权的担保范围

担保物权的担保范围即担保人所承担的担保责任范围。

担保物权的担保范围包括主债权及其利息、违约金、损害赔偿金、保管担保财产和实现担保物权的费用。当事人另有约定的,按照约定。

(三)物的担保与人的担保关系

被担保的债权既有物的担保又有人的担保的,债务人不履行到期债务或者发生当事人约定的实现担保物权的情形,债权人应当按照约定实现债权;没有约定或者约定不明确,债务人自己提供物的担保的,债权人应当先就该物的担保实现债权;第三人提供物的担保的,债权人可以就物的担保实现债权,也可以要求保证人承担保证责任。提供担保的第三人承担担保责任后,有权向债务人追偿。据此:

(1)在当事人对物的担保和人的担保的关系有约定的情况下,应当尊重当事人的意思,按约定实现。

(2)在没有约定或者约定不明确,债务人自己提供物的担保的情况下,应当先就物的担保实现担保权。因为如果债权人先行使人的担保,保证人在履行保证责任后,还需要向最终的还债义务人——债务人进行追索,如果担保物权人先行使物的担保,就可以避免保证人日后再向债务人行使追索权的烦琐,减少实现的成本和费用;在债务人自己提供物的担保的情况下,要求保证人先承担保证责任,对保证人也是不公平的。

(3)在没有约定或者约定不明确,第三人提供物的担保的情况下,应当允许当事人进行选择。因为在没有约定或者约定不明确,第三人提供物的担保,又有人的担保的情况下,第三人与保证人处于担保人的平等地位,都不是还债的最终义务人,债务人才是最终义务人;债权人无论是先实现物的担保还是先实现人的担保,物的担保人或者保证人都存在向债务人追索的问题。为保障债权人的债权得以充分实现，法律应当尊重债权人的意愿，允许担保权人在这种情况下享有选择权。

(四)担保物权的消灭与法律适用

有下列情形之一的，担保物权消灭：(1)主债权消灭；(2)担保物权实现；(3)债权人放弃担保物权；(4)法律规定担保物权消灭的其他情形。

担保法与物权法的规定不一致的，适用物权法。虽然物权法实施后，担保法从整体上看仍然是有效的法律，但是在法律适用中，对于有关担保物权的问题，应当适用物权法的规定。

二、抵押权

(一)抵押权的概念

抵押权，是指为担保债务的履行，债务人或者第三人不转移财产的占有，将该财产抵押给债权人的，债务人不履行到期债务或者发生当事人约定的实现抵押权的情形，债权人有权就该财产优先受偿。

(二)抵押权的设立

1.以合法标的物依法设押

关于抵押物的范围，我国《物权法》从正反两个方面作了规定。

债务人或者第三人有权处分的财产可以抵押的有：(1)建筑物和其他土地附着物；(2)建设用地使用权；(3)以招标、拍卖、公开协商等方式取得的荒地等土地承包经营权；(4)生产设备、原材料、半成品、产品；(5)正在建造的建筑物、船舶、航空器；(6)交通运输工具；(7)法律、行政法规未禁止抵押的其他财产。抵押人可以将前款所列财产一并抵押。

不得抵押财产是：(1)土地所有权；(2)耕地、宅基地、自留地、自留山等集体所有的土地使用权，但法律规定可以抵押的除外；(3)学校、幼儿园、医院等以公益为目的的事业单位、社会团体的教育设施、医疗卫生设施和其他社会公益设施；(4)所有权、使用权不明或者有争议的财产；(5)依法被查封、扣押、监管的财产；(6)法律、行政法规规定不得抵押的其他财产。

2.签订抵押合同

设立抵押权，当事人应当采取书面形式订立抵押合同。抵押合同一般包括下列条款：(1)被担保债权的种类和数额；(2)债务人履行债务的期限；(3)抵押财产的名称、数量、质量、状况、所在地、所有权归属或者使用权归属；(4)担保的范围。

3.不得“流押”

抵押权人在债务履行期届满前，不得与抵押人约定债务人不履行到期债务时抵押财产归债权人所有。禁止流押约定只限定在债务履行期间届满前，债务履行期届满债务人不履行债务的，抵押权人可以与抵押人协议将抵押财产折价归抵押权人所有。

4. 抵押登记

［**事例 19**］　2010 年 1 月 1 日，王先生用自己的夏利车为朋友向张先生借 2 万元作担保，并出具了担保书。担保书中写明："如果朋友到期不还钱，愿将车给张先生处理。"同年 5 月 1 日，因王先生的朋友未偿还借款，张先生便将王先生的夏利车开走，5 月 15 日转卖给他人。2010 年 6 月，王先生起诉：自己在担保时未办理抵押登记，双方签订的担保协议无效。张先生的扣车行为给自己造成巨额停运损失，故要求张先生返还车辆，赔偿车辆租金损失。试分析：本案中抵押如何处理？

我国《物权法》规定，以《物权法》第 181 条第 1 款第 1～3 项规定的财产或者第五项规定的正在建造的建筑物抵押的，应当办理抵押登记，抵押权自登记时设立；以《物权法》第 180 条第 1 款第 4 项、第 6 项规定的财产或者第五项规定的正在建造的船舶、航空器抵押的，抵押权自抵押合同生效时设立；未经登记，不得对抗善意第三人。事例 19 中，为交通运输工具抵押，抵押权自抵押合同生效时设立，只是未经登记，不得对抗善意第三人，张先生有权对车辆行使抵押权，抵押人王先生抗辩无从成立。

(三)抵押权的效力

1. 抵押财产的出租

［**事例 20**］　2009 年 10 月，甲因开办公司向乙借款 30 万元，借期一年，甲以一套两室一厅住房作抵押，双方签订抵押合同，并于 10 月 20 日办理登记。11 月 20 日，甲将该套房屋出租给丙公司，租金每月 1000 元，租期两年，甲未告知乙房屋出租。2010 年，甲因其公司亏损，无力偿还向乙所借欠款，双方协商，以房作价 30 万元转归乙所有，充抵债务，条件是丙公司必须尽快搬出；双方于 2010 年 6 月 1 日办理登记过户手续。试分析：案中抵押与出租的关系如何处理？

订立抵押合同前抵押财产已出租的，原租赁关系不受该抵押权的影响。抵押权设立后抵押财产出租的，该租赁关系不得对抗已登记的抵押权。事例 20 中，即为乙抵押权设立后抵押财产出租于丙公司，因而丙公司租赁关系不得对抗已登记的乙抵押权。

2. 抵押财产的转让

抵押期间，抵押人经抵押权人同意转让抵押财产的，应当将转让所得的价款向抵押权人提前清偿债务或者提存。转让的价款超过债权数额的部分归抵押人所有，不足部分由债务人清偿。抵押期间，抵押人未经抵押权人同意，不得转让抵押财产，但受让人代为清偿债务消灭抵押权的除外。

3. 抵押权的转让

抵押权不得与债权分离而单独转让或者作为其他债权的担保。债权转让的，担保该债权的抵押权一并转让，但法律另有规定或者当事人另有约定的除外。

4. 抵押权的保全

抵押人的行为足以使抵押财产价值减少的，抵押权人有权要求抵押人停止其行为。

抵押财产价值减少的，抵押权人有权要求恢复抵押财产的价值，或者提供与减少的价值相应的担保。抵押人不恢复抵押财产的价值也不提供担保的，抵押权人有权要求债务人提前清偿债务。

5. 抵押权的放弃与抵押权顺位的放弃与变更

抵押权人可以放弃抵押权或者抵押权的顺位。抵押权人与抵押人可以协议变更抵押权顺位以及被担保的债权数额等内容，但抵押权的变更，未经其他抵押权人书面同意，不得对其他抵押权人产生不利影响。债务人以自己的财产设定抵押，抵押权人放弃该抵押权、抵押权顺位或者变更抵押权的，其他担保人在抵押权人丧失优先受偿权益的范围内免除担保责任，但其他担保人承诺仍然提供担保的除外。

6. 抵押财产孳息的收取

债务人不履行到期债务或者发生当事人约定的实现抵押权的情形，致使抵押财产被人民法院依法扣押的，自扣押之日起抵押权人有权收取该抵押财产的天然孳息或者法定孳息，但抵押权人未通知应当清偿法定孳息的义务人的除外。孳息应当先充抵收取孳息的费用。

抵押权的效力及于抵押财产的孳息必须具备两个条件：必须是抵押财产被扣押后，抵押权人才能收取其孳息；抵押财产被扣押后，抵押权人已经通知应当给付法定孳息的义务人。因为法定孳息如租金的取得，取决于义务人的给付行为，通常情况下义务人负有向抵押人给付孳息的义务，如果抵押权人未将扣押事实通知义务人，义务人就无法将孳息交付给抵押权人，抵押权的效力也就无法及于该孳息。

由于收取孳息可能要付出一些费用，如收取果实的劳务费，这些费用应当首先得到满足，孳息应当先充抵收取孳息的费用，再用于清偿抵押权人的债权。

（四）抵押权的实现

抵押权的实现又称为“抵押权的实行”，是指抵押权人行使抵押权，实现抵押物的价值，并从中优先受偿其债权的法律现象。

1. 抵押权实现的条件与方式

债务人不履行到期债务或者发生当事人约定的实现抵押权的情形，抵押权人可以与抵押人协议以抵押财产折价或者以拍卖、变卖该抵押财产所得的价款优先受偿。协议损害其他债权人利益的，其他债权人可以在知道或者应当知道撤销事由之日起一年内请求人民法院撤销该协议。抵押权人与抵押人未就抵押权实现方式达成协议的，抵押权人可以请求人民法院拍卖、变卖抵押财产。抵押财产折价或者变卖的，应当参照市场价格。

（1）抵押权的实现条件。抵押权的实现条件有二：一是债务履行期间届满，债务人不履行债务；二是发生了当事人约定的实现抵押权的情形。满足上述任一条件，抵押权人就可以依照本条规定的方式和程序处理抵押财产以实现其债权。

（2）抵押权的实现方式。有两种：

①协议方式。债务人不履行到期债务或者发生当事人约定的实现抵押权的情形的，抵押权人可以与抵押人就如何处理抵押财产进行协商，可以按照协议的方式实现抵押权。有三种抵押财产处理方式可供抵押权人与抵押人协议选择：折价方式。折价的方式也就是抵押权人与抵押人协议，参照市场价格确定一定的价款将抵押财产的所有权转移给抵押权人，以实现债权。拍卖方式。拍卖也称为"竞卖"，是指以公开竞争的方法将标的物卖给出价最高的买者。变卖方式。采用变卖的方式就是以拍卖以外的生活中一般的买卖形式出让抵押财产来实现债权的方式。为了保障变卖的价格公允，变卖抵押财产应当参照市场价格。

抵押权人与抵押人协议处理抵押财产时，抵押权人与抵押人的协议损害其他债权人利益的，其他债权人可以在知道或者应当知道撤销事由之日起 1 年内请求人民法院撤销该协议。这里规定的"1 年"是一个固定期间，不得中止、中断。

②请求法院拍卖、变卖或诉讼方式。抵押权人与抵押人未就实现抵押权达成协议，主要有两种情形：一是双方就债务履行期届满债权未受清偿的事实没有异议，只是就采用何种方式来处理抵押财产的问题达不成一致意见；二是双方在债务是否已经履行以及抵押权本身的问题上存在争议，如双方对抵押合同的有关条款或者抵押权的效力问题存在争议，这些问题实际上是实现抵押权的前提条件，双方对此发生争议，也就根本谈不上协议以何种方式实现抵押权了。

对于第一种情形，即抵押权人与抵押人仅就抵押权实现方式未达成协议的，为了简便抵押权的实现程序，抵押权人可以直接请求人民法院拍卖、变卖抵押财产。对于第二种情形，抵押权人仍应当向人民法院提起诉讼。

2. 抵押担保债权的清偿

抵押财产折价或者拍卖、变卖后，其价款超过债权数额的部分归抵押人所有，不足部分由债务人清偿。例如，甲向乙贷款 100 万元，丙用自己的一套住房为甲作抵押担保，甲到期无力偿还债务时，乙与丙协议将该套住房变卖，如果变卖所得为 120 万元，清偿乙的债权后，剩余的 20 万元归丙所有；如果变卖所得为 80 万元，偿还给乙后，不足的 20 万元应当由甲清偿。

3. 抵押权实现的顺序

同一财产向两个以上债权人抵押的，拍卖、变卖抵押财产所得的价款依照下列规定清偿：(1)抵押权已登记的，按照登记的先后顺序清偿；顺序相同的，按照债权比例清偿；(2)抵押权已登记的先于未登记的受偿；(3)抵押权未登记的，按照债权比例清偿。

4. 抵押权实现的特别规定

(1)以建设用地使用权抵押。建设用地使用权抵押后，该土地上新增的建筑物不属于抵押财产。该建设用地使用权实现抵押权时，应当将该土地上新增的建筑物与建设用地使用权一并处分，但新增建筑物所得的价款，抵押权人无权优先受偿。

(2)以农村土地承包经营权或者乡镇、村企业的建设用地使用权抵押。依照《物权法》第180条第1款第3项规定的土地承包经营权抵押的，或者依照《物权法》第183条规定以乡镇、村企业的厂房等建筑物占用范围内的建设用地使用权一并抵押的，实现抵押权后，未经法定程序，不得改变土地所有权的性质和土地用途。

为了保护我国农村集体土地，防止农业用地的流失，促进农村经济的发展，农村土地使用权的流转应当坚持土地所有权的性质和土地用途不变的原则。以荒地的土地承包经营权或者乡镇、村企业的厂房等建筑物占用范围内的建设用地使用权抵押的，实现抵押权后，未经法定程序，土地的所有权不得转移，仍归国家所有或者集体所有，也不得擅自改变土地的原有用途。

5. 抵押权行使的期限

抵押权人应当在主债权诉讼时效期间行使抵押权；未行使的，人民法院不予保护。

(五)浮动抵押

[**事例21**] 甲公司欲在国内设立一个生产电力设备的工厂，但是缺乏资金，因此向国外乙跨国银行进行贷款，双方签订贷款协议：乙银行向甲公司提供50万美元的借款，甲公司将其建设中的项目所有现有和未来取得的全部资产作为借款的担保。试分析：该案中的担保具有什么特殊性？

1. 浮动抵押的概念、特征、设立条件

《物权法》第181条规定，经当事人书面协议，企业、个体工商户、农业生产经营者可以将现有的以及将有的生产设备、原材料、半成品、产品抵押，债务人不履行到期债务或者发生当事人约定的实现抵押权的情形，债权人有权就实现抵押权时的动产优先受偿。由此，我国引进了浮动抵押制度。

浮动抵押具有不同于固定抵押的两个特征：第一，浮动抵押设定后，抵押的财产不断发生变化，直到约定或者法定的事由发生，抵押财产才确定。第二，浮动抵押期间，抵押人处分抵押财产不必经抵押权人同意，抵押权人对抵押财产无追及的权利，只能就约定或者法定事由发生后确定的财产优先受偿。事例21中，甲公司用以担保的财产在担保期间不断发生变化，并且担保人甲处分担保的财产不必经担保权人乙银行的同意。

2. 浮动抵押的登记

浮动抵押，应当向抵押人住所地的工商行政管理部门办理登记。抵押权自抵押合同生效时设立；未经登记，不得对抗善意第三人。依照本法第181条规定抵押的。不得对抗正常经营活动中已支付合理价款并取得抵押财产的买受人。

(1)浮动抵押的登记部门和登记地点。担保法规定以企业设备和其他动产抵押的，由财产所在地的工商部门办理抵押登记；考虑到动产易于移动，难以确定在哪个所在地登记，而抵押人住所地比较稳定，查询也比较方便，因此物权法规定在抵押人住所地办理浮动抵押登记。

(2)浮动抵押登记的效力。浮动抵押权不以登记为生效条件,自合同生效时设立,合同生效后,即使当事人没有办理登记,债务人不履行债务时,抵押权人仍然可以就实现抵押权的价款优先受偿。但是,未办理抵押登记,浮动抵押的财产被再次设定抵押权的,后位的已登记的抵押权人,只要不知道也不应当知道该财产已被抵押的事实,就可以就该抵押财产优先于前位抵押权人受偿。为了切实保护自己的合法权益,浮动抵押权人还是最好抵押登记。

浮动抵押设立后,具有优先受偿的效力;但不得对抗正常经营活动中已支付合理价款并取得抵押财产的买受人。受到保护的买受人必须符合以下条件:第一,买受的财产是生产设备、原材料、半成品和产品。第二,受保护的主体必须是正常交易活动中的买受人。正常交易活动中的买受人主要包括两种情况:一是在存货融资中,买受出卖人在正常经营过程中出售的已设定担保的存货人;二是市场交易中的消费者。第三,买受人必须是已支付合理价款并取得了抵押财产。

(3)浮动抵押的确定(固定)。浮动抵押,抵押财产自下列情形之一发生时确定:(1)债务履行期届满,债权未实现;(2)抵押人被宣告破产或者被撤销;(3)当事人约定的实现抵押权的情形;(4)严重影响债权实现的其他情形。

四种情形为抵押财产确定的法定情形,发生其中任一情形的,该情形发生时浮动抵押即转化为固定抵押,抵押财产确定,抵押人不得再处分抵押财产,抵押权人可以依照本法第 195 条的规定实现抵押权。

(六)最高额抵押权

1.最高额抵押权的概念与特征

最高额抵押是指为担保债务的履行,债务人或者第三人对一定期间内将要连续发生的债权提供担保财产的,债务人不履行到期债务或者发生当事人约定的实现抵押权的情形,抵押权人有权在最高债权额限度内就该担保财产优先受偿。最高额抵押权设立前已经存在的债权,经当事人同意,可以转入最高额抵押担保的债权范围。

最高额抵押与一般抵押相比具有一定的优越性,例如,甲向乙连续多次借款,如果采用一般财产抵押的办法,那么每次借款都要设定一个抵押担保,签订一次抵押合同,进行一次抵押登记,手续十分繁琐,而在借款之前设定一个最高额抵押,无论将来债权发生几次,只要签订一个抵押合同、作一次抵押登记就可以了,这样做既省时、省力、省钱,又可以加速资金的融通,促进经济的发展。

最高额抵押具有以下特征:

(1)最高额抵押是限额抵押。设定抵押时,抵押人与抵押权人协议约定抵押财产担保的最高债权限额,无论将来实际发生的债权如何增减变动,抵押权人只能在最高债权额范围内对抵押财产享有优先受偿权。实际发生的债权超过最高限额的,以抵押权设定时约定的最高债权额为限优先受偿;不及最高限额的,以实际发生的债权额为限优先受偿。

(2)最高额抵押是为不特定债权提供担保。最高额抵押权设定时,不以主债权的存在为前提,最高额抵押权的本质特征在于所担保的债权为不特定债权,且具有最高限额。因此,只要最终实际发生的债权总额不超过双方约定的最高债权额,即使该债权发生在最高额抵押权设立前,也应当被允许增补到最高额抵押所担保的债权范围内,而且是否将已经存在的债权转入最高额抵押担保的债权范围,是当事人自己的权利,只要双方协商同意,法律应当允许。

(3)最高额抵押所担保的最高债权额是确定的,但实际发生额不确定。设定最高额抵押权时,债权尚未发生,为担保将来债权的履行,抵押人和抵押权人协议确定担保的最高数额,在此额度内对债权担保。如甲以自己的一栋房产为抵押财产,与银行乙签订一份担保最高 300 万元债权的最高额抵押合同,以担保将来可能发生的债权的履行。

(4)最高额抵押是对一定期间内连续发生的债权作担保。指在担保的最高债权额限度内,对某一确定期间内连续多次发生的债权作担保,如最高债权额为 300 万元,担保期间为 1 年,在 1 年之内,无论发生多少次债权,只要债权总额不超过 300 万元,都可以就抵押财产优先受偿。

2.最高额抵押权的转让

最高额抵押担保的债权确定前,部分债权转让的,最高额抵押权不得转让,但当事人另有约定的除外。

最高额抵押所担保的主债权确定后,主债权在约定的最高限额内就抵押财产优先受偿,此时最高额抵押与一般抵押没有什么区别,根据一般抵押权随主债权的转让而转让的原则,主债权转让的,最高额抵押权一并转让。最高额抵押是对一定期间内连续发生的所有债权作担保,而不是单独对其中的某一个债权作担保,最高额抵押权并不从属于特定债权,而是从属于主合同关系。部分债权转让的,只是使这部分债权脱离了最高额抵押权的担保范围,对最高额抵押权并不发生影响,最高额抵押权还要在最高债权额限度内,对已经发生的债权和尚未发生将来可能发生的债权作担保。因此,最高额抵押担保的主债权确定前,部分债权转让的,最高额抵押权并不随之转让,除非当事人另有约定。

当事人可以约定在最高额抵押担保的债权确定前,最高额抵押权随部分债权的转让而转让:部分债权转让的,抵押权也部分转让,原最高额抵押所担保的债权额随之相应减少,转让的抵押权需要重新作抵押登记,原最高额抵押权需要作变更登记;部分债权转让的,全部抵押权随之转让,未转让的部分债权成为无担保债权。

3.最高额抵押权的变更

最高额抵押担保的债权确定前,抵押权人与抵押人可以通过协议变更债权确定的期间、债权范围以及最高债权额,但变更的内容不得对其他抵押权人产生不利影响。

4.最高额抵押权所担保债权的确定

(1)确定的情形。有下列情形之一的,抵押权人的债权确定:①约定的债权确定期间届满;②没有约定债权确定期间或者约定不明确,抵押权人或者抵押人自最高额抵押权设立之日起满二年后请求确定债权;③新的债权不可能发生;④抵押财产被查封、扣押;⑤债务人、抵押人被宣告破产或者被撤销;⑥法律规定债权确定的其他情形。

(2)确定的效力。最高额抵押权所担保债权额的确定将产生以下法律效力:一是最高额抵押权转变为普通抵押权。在债务人到期不履行债务或者出现当事人约定的实现抵押权的情形时,抵押权人可以依照普通抵押权的规定行使其抵押权。二是确定被担保债权的范围。被担保债权额确定时存在的主债权,不论其是否已到清偿期或者是否附有条件,均属于最高额抵押权担保的范围。被担保债权确定时存在的被担保主债权的利息、违约金、赔偿金,不论在确定时是否已经发生,也属于被担保债权的范围。但是在最高额抵押权担保的债权确定后才发生的主债权不属于被担保债权的范围。三是最高额抵押权所担保的债权确定后,一旦债权到期或者出现当事人约定的可以实现抵押权的情形,抵押权可以就抵押财产优先受偿,但优先受偿的额度不得超过双方当事人约定的最高担保额。抵押权人实现最高额抵押权时,如果实际发生的债权额高于最高限额的,以最高额为限,超过部分不具有优先受偿的效力;如果实际发生的债权额低于最高限额的,以实际发生的债权额为限对抵押财产优先受偿。

三、质权

(一)动产质权

1.动产质权的概念

动产质权,指为担保债务的履行,债务人或者第三人将其动产出质给债权人占有的,债务人不履行到期债务或者发生当事人约定的实现质权的情形,债权人有权就该动产优先受偿。

2.动产质权的设立

(1)以法律、行政法规不禁止转让的动产设立。法律、行政法规禁止转让的动产不得出质。

设定动产质权是一种民事权利,对于禁止性民事权利的限定应当是十分严格的。规定禁止转让的动产的依据只能是全国人大及其常委会制定的法律以及国务院制定的行政法规。其他规范性文件,不能作为规定禁止转让动产的依据。

(2)采取书面形式订立质权合同。设立质权,当事人应当采取书面形式订立质权合同。质权合同一般包括下列条款:①被担保债权的种类和数额;②债务人履行债务的期限;③质押财产的名称、数量、质量、状况;④担保的范围;⑤质押财产交付的时间。

质权设定的行为为要式行为,应当采用书面的形式进行。要式行为即法律、行政法规规定的要求当事人在民事行为中应当采用的形式或者方式。对于设立动产质权合同未采用书面形式的,依据合同法第 36 条的规定,一方已经履行主要义务,对方接受的,该合同成立。

《物权法》关于合同内容的规定将原担保法中规定的“应当包括”修改为“一般包括”，是提示性、指导性的、非要式的。一方面合同的内容是当事人双方真实意思的表示，应当由当事人自己确定；另一方面，由于担保法规定的是“应当包括”，司法实践中经常出现不符合规定内容的情形时，质押合同被确认为无效而导致当事人权益得不到保护的情况。

(3)不得约定流质。质权人在债务履行期届满前，不得与出质人约定债务人不履行到期债务时质押财产归债权人所有。

(4)交付质押财产。质权自出质人交付质押财产时设立。交付质押财产是质权的生效要件。动产质权的标的是动产，动产具有易于转移、难以控制的特点，为了保障动产质权的实现，也为了保护善意第三人的合法权益，动产质权的设立以交付为生效要件。出质人与质权人订立动产质权合同，该合同自成立时生效，但在移转质物的占有之前，并不发生担保物权的效力，出质人只有实际移转质物交付到质权人占有时，质权才发生效力。不应将质权有效与否与合同的效力混同判断。

3.动产质权的效力

(1)质权人孳息的收取权。质权人有权收取质押财产的孳息，但合同另有约定的除外。孳息应当先充抵收取孳息的费用。

质权人依法收取孳息时，并不当然取得所有权，而是取得孳息的质权，孳息成为质权的标的。如果孳息是金钱，质权人可以直接用于清偿，如果孳息是物，可以由质权人与出质人协议以该孳息折价或者拍卖、变卖，以所得价款优先受偿。依法收取的孳息首先应当充抵收取孳息的费用，然后充抵主债权的利息和主债权。例如，以母牛作质物的，如果母牛产崽，债务清偿期届满，债务人没有清偿债务，那么当事人可以将牛崽折价或者拍卖、变卖，所得价款先充抵牛崽接生费等。

(2)质权人对质物使用处分的限制。质权人在质权存续期间，未经出质人同意，擅自使用、处分质押财产，给出质人造成损害的，应当承担赔偿责任。

(3)质权人妥善保管质物的义务。质权人负有妥善保管质押财产的义务；因保管不善致使质押财产毁损、灭失的，应当承担赔偿责任。质权人的行为可能使质押财产毁损、灭失的，出质人可以要求质权人将质押财产提存，或者要求提前清偿债务并返还质押财产。

所谓妥善保管，即以善良管理人的注意义务加以保管。善良管理人的注意，是指依照一般交易上的观念，认为有相当的知识经验及诚意的人所具有的注意，即以一种善良的心和应当具备的知识来保管质物。例如，对于字画的保管应当注意防潮、防虫蛀、防灰尘等，对于贵重珠宝的保管应当注意防盗窃、防碎裂等。如果对于应当注意的保管标准达不到的，就不是妥善保管。

对质权人的民事责任承担应当采用过错推定原则，即出质人只要证明质物遭受毁损、灭失的事实即可，质权人应当举证证明自己已经尽了妥善保管的义务，否则就应当承担赔偿责任。

如果出质人认为质权人的行为可能使质押财产毁损、灭失的，出质人可以要求质权人将质押财产提存，或者要求提前清偿债务并返还质押财产。“可能”即也许、或许，而不是已经发生，这种可能性是否产生，不能仅凭出质人的想象，要有一定的事实发生。如字画出质后，出质人发现质权人存放字画的房屋漏雨，可能危及字画。出质人与质权人约定的提存第三人可以是任何一个公民、法人或其他组织。提存费用应当由质权人承担。出质人提前清偿债权的，质权人应当返还质押财产。

(4)质权人的质物保全权。因不能归责于质权人的事由可能使质押财产毁损或者价值明显减少，足以危害质权人权利的，质权人有权要求出质人提供相应的担保；出质人不提供的，质权人可以拍卖、变卖质押财产，并与出质人通过协议将拍卖、变卖所得的价款提前清偿债务或者提存。

(5)质权人的转质权。质权人在质权存续期间，未经出质人同意转质，造成质押财产毁损、灭失的，应当向出质人承担赔偿责任。《物权法》不提倡转质，也设有禁止转质，为了保护出质人的利益，规定的原则是：未经出质人同意不允许转质，质权人转质的要承担赔偿责任。

(6)质权人的质权放弃权。质权人可以放弃质权。债务人以自己的财产出质，质权人放弃该质权的，其他担保人在质权人丧失优先受偿权益的范围内免除担保责任，但其他担保人承诺仍然提供担保的除外。

(7)质权人质物返还义务。债务人履行债务或者出质人提前清偿所担保的债权的，质权人应当返还质押财产。

4.动产质权的行使与实现

(1)动产质权的行使。出质人可以请求质权人在债务履行期届满后及时行使质权；质权人不行使的，出质人可以请求人民法院拍卖、变卖质押财产。出质人请求质权人及时行使质权，因质权人怠于行使权利造成损害的，由质权人承担赔偿责任。

出质人在债务履行期届满，不能偿还债务时，有权请求质权人及时行使质权，如果质权人经出质人请求后仍不行使的，出质人有权径行到人民法院要求拍卖、变卖质物，以清偿债务。

(2)动产质权的实现。债务人不履行到期债务或者发生当事人约定的实现质权的情形，质权人可以与出质人协议以质押财产折价，也可以就拍卖、变卖质押财产所得的价款优先受偿。质押财产折价或者变卖的，应当参照市场价格。

质权人实现质权的前提条件是债务履行期届满而债务未受清偿或者发生当事人约定的实现质权的情形。

质权人实现质权可与出质人协议以质押财产折价，也可以就拍卖、变卖质押财产所得的价款优先受偿。

质押财产折价或者拍卖、变卖后，其价款超过债权数额的部分归出质人所有，不足部分由债务人清偿。

5. 最高额质权

(1)最高额质权的概念。最高额质权是指为担保债务的履行，债务人或者第三人对一定期间内将要连续发生的债权提供质押担保的，债务人不履行到期债务或者发生当事人约定的实现质权的情形，质权人有权在最高债权额限度内就该担保财产优先受偿。

(2)最高额质权的法律适用。与动产质权相比，最高额质权有自己的特征，但就根本属性而言，其仍属于质权，动产质权的许多规定可以适用于最高额质权。比如最高额质权的设立、最高额质权的实现、质物的保全等内容都可以适用动产质权的相关规定。

最高额质权与最高额抵押权具有许多相同之处，主要体现在：二者在设立、转移和消灭上均一定程度独立于主债权；二者担保的债权都是不特定债权；二者均有最高担保额的限制；实现时均需对担保的债权进行确定。但最高额质权与最高额抵押权性质不同，最高额质权需要质权人占有担保财产，其本质属于质权的一种；最高额抵押权不需要抵押权人占有担保财产，其本质属于抵押权的一种。因此，《物权法》规定最高额质权可以“参照”最高额抵押权的规定。最高额质权设立前已经存在的债权，经当事人同意，可以转入最高额质押担保的债权范围。

(二)权利质权

1. 权利质权的标的

债务人或者第三人有权处分的下列权利可以出质：(1)汇票、支票、本票；(2)债券、存款单；(3)仓单、提单；(4)可以转让的基金份额、股权；(5)可以转让的注册商标专用权、专利权、著作权等知识产权中的财产权；(6)应收账款；(7)法律、行政法规规定可以出质的其他财产权利。

权利质权的标的是出质人提供的作为债权担保的权利。但并不是所有的权利都可以作为权利质权的标的，其必须满足下列条件：

(1)必须是财产权。财产权，是指物权、债权、无体财产权等以财产为内容，以金钱估价的权利。因其具有经济价值，质权人可以从其价值中受偿。而人身权，无论是人格权如生命权、身体权、名誉权，还是身份权如亲属权、继承权等，由于不直接具有经济价值，都不得作为权利质权的标的。

(2)必须具有让与性。权利质权为价值权，在债务人不履行到期债务时，质权人得以出质权利的价值优先受偿，因此，其标的应有变价的可能，须具有让与性。不具有让与性的财产权，不能作为权利质权的标的。比如，一些与特定权利主体密不可分的财产权，如继承权、亲属间的扶养请求权、抚恤金领取请求权等都不得作为权利质权的标的。

(3)必须是适于设质的权利。虽为具有让与性的财产权，但不适于设定质权的权利，也不得作为权利质权的标的。在我国，在不动产物权上设定的权利一般被认定为抵押权，因此，不动产物权不能作为权利质权的标的。而抵押权、质权和留置权等担保物权，由于不能与其所担保的主债权分离，因此，也不能成为权利质权的标的。

《物权法》对哪些权利可以出质，采取了列举的方式一一列出，除这些权利以外，其他权利均不得出质。

2.权利质权的设立与实现

(1)汇票、支票、本票、债券、存款单、仓单、提单质权。以汇票、支票、本票、债券、存款单、仓单、提单出质的，当事人应当订立书面合同。质权自权利凭证交付质权人时设立；没有权利凭证的，质权自有关部门办理出质登记时设立。汇票、支票、本票、债券、存款单、仓单、提单的兑现日期或者提货日期先于主债权到期的，质权人可以兑现或者提货，并与出质人协议将兑现的价款或者提取的货物提前清偿债务或者提存。

(2)基金份额、股权质权。以基金份额、股权出质的，当事人应当订立书面合同。以基金份额、证券登记结算机构登记的股权出质的，质权自证券登记结算机构办理出质登记时设立；以其他股权出质的，质权自工商行政管理部门办理出质登记时设立。基金份额、股权出质后，不得转让，但经出质人与质权人协商同意的除外。出质人转让基金份额、股权所得的价款，应当向质权人提前清偿债务或者提存。

(3)知识产权财产权质权。以注册商标专用权、专利权、著作权等知识产权中的财产权出质的，当事人应当订立书面合同。质权自有关主管部门办理出质登记时设立。知识产权中的财产权出质后，出质人不得转让或者许可他人使用，但经出质人与质权人协商同意的除外。出质人转让或者许可他人使用出质的知识产权中的财产权所得的价款，应当向质权人提前清偿债务或者提存。

(4)应收账款质权。以应收账款出质的，当事人应当订立书面合同。质权自信贷征信机构办理出质登记时设立。应收账款出质后，不得转让，但经出质人与质权人协商同意的除外。出质人转让应收账款所得的价款，应当向质权人提前清偿债务或者提存。目前我国的信贷征信机构是中国人民银行信贷征信中心。

四、留置权

(一)留置权概念与要件

留置权是指在债务人不履行到期债务时，债权人有权依照法律规定留置已经合法占有的债务人的动产，并就该动产优先受偿的权利。

《物权法》第230条规定，债务人不履行到期债务，债权人可以留置已经合法占有的债务人的动产，并有权就该动产优先受偿。前款规定的债权人为留置权人，占有的动产为留置财产。

成立留置权，必须具备以下几个要件：

(1)债权人已经合法占有债务人的动产。第一，必须是动产。留置权的标的物只能是动产，债权人占有的不动产不能成立留置权。第二，必须债权人占有动产。债权人的这种占有既可以是直接占有，也可以是间接占有。但单纯的持有不能成立留置权，如占有辅助人虽持有动产，却并非占有人，因此不得享有留置权。第三，必须合法占有动产。债权人必须基于合法原因而占有债务人动产，如基于承揽、运输、保管合同的约定而取得动产的占有。

(2)债权人占有的动产，应当与债权属于同一法律关系，但企业之间留置的除外。比如，保管合同中寄存人不按期交付保管费，保管人可以留置保管物，此时留置权成立。如果保管人对寄存人享有的是保管合同之外的其他债权而留置保管物，或者保管人留置的是债务人的其他财产，则该留置权不能成立。

(3)债务人不履行到期债务。如果债权未到期，那么债务人仍处于自觉履行的状态中，这时还不能判断债务人到期能否履行债务，留置权还不能成立。

(二)留置权与债权的关系

《物权法》第231条规定，债权人留置的动产，应当与债权属于同一法律关系，但企业之间留置的除外。

留置权的目的在于留置债务人的财产，迫使债务人履行债务，保障债权的实现。但如果允许债权人任意留置与债权的发生没有关系的债务人财产，则对债权人的保护过大，有违公平原则，也会损害其他债权人的利益和交易安全。物权法没有采用牵连关系的概念，而是明确规定，留置财产应当与债权属于同一法律关系。

由于在商业实践中，企业之间相互交易频繁，追求交易效率，讲究商业信用，如果严格要求留置财产必须与债权的发生具有同一法律关系，有悖交易迅捷和交易安全的原则。因此，企业之间留置的财产，可以不与债权属于同一法律关系。

(三)留置的适用限制

《物权法》第232条规定，法律规定或者当事人约定不得留置的动产，不得留置。

物权法没有明文列举留置权的适用范围，而只对留置权的适用范围作出限制，规定了不得留置的两种情形。

法律规定不得留置的，依照其规定。如果法律基于公序良俗等原因明确规定某些情形下不得留置或者某些财产不得留置，则须依照该法律规定，不得成立留置权。

当事人约定不得留置的，按照约定。对于当事人已经明确约定不得留置的动产，都不能成立留置权。比如，承揽合同当事人事先在合同中约定排除留置权，则在定作人未向承揽人支付报酬或者材料费等价款时，承揽人也不得留置完成的工作成果，而应当依债权本身的效力提起追索价款及违约金的诉讼。

(四)留置财产的价值

《物权法》第233条规定，留置财产为可分物的，留置财产的价值应当相当于债务的金额。

留置权具有不可分性，留置权所担保的是债权的全部而不是部分，留置权的效力及于债权人所留置的全部留置财产。留置权人可以对留置财产的全部行使留置权，而不是部分。留置财产为可分物的，留置财产的价值应当相当于债务的金额；留置财产为不可分物，由于该物的分割会减损其价值，因此不适用本条的规定。比如，一台锅炉作为承揽合同的标的物，如果定作人不支付报酬，承揽人留置该物的，就不能适用本条的规定，因为锅炉若予分割，其价值就会遭受减损。对于不可分物，债权人可以将其全部留置。

(五)留置权的特殊效力

1.留置权人的保管义务

《物权法》第 234 条规定，留置权人负有妥善保管留置财产的义务；因保管不善致使留置财产毁损、灭失的，应当承担赔偿责任。

留置权人占有留置财产，必须妥善保管，原则上未经债务人同意，不得使用、出租留置财产或者擅自把留置财产作为其他债权的担保物。但是，留置权人出于保管的需要，为使留置财产不因闲置而受损害，在必要的范围内有使用留置财产的权利，如适当使用留置的机动车或者机械，以防止其生锈。

2.留置权人孳息收取权

《物权法》第 235 条规定，留置权人有权收取留置财产的孳息。前款规定的孳息应当先充抵收取孳息的费用。

(六)留置权的实现

留置权的实现是指留置权人对留置财产进行处分、以优先受偿其债权的行为。

1.留置权实现的条件与方法

《物权法》第 236 条规定，留置权人与债务人应当约定留置财产后的债务履行期间；没有约定或者约定不明确的，留置权人应当给债务人两个月以上履行债务的期间，但鲜活易腐等不易保管的动产除外。债务人逾期未履行的，留置权人可以与债务人协议以留置财产折价，也可以就拍卖、变卖留置财产所得的价款优先受偿。留置财产折价或者变卖的，应当参照市场价格。

留置权人实现留置权必须具备两个条件：(1)留置权人须给予债务人以履行债务的宽限期。留置权人与债务人应当约定留置财产后的债务履行期间；没有约定或者约定不明确的，留置权人应当给债务人两个月以上履行债务的期间，但鲜活易腐等不易保管的动产除外。(2)债务人于宽限期内仍不履行义务。

留置权实行的方法有三种，即折价、拍卖和变卖。留置权人可以与债务人协商采取哪种方法实现留置权，一般情况下，双方当事人可以先协议将留置财产折价以实现其债权，如果无法达成协议，留置权人可以依法拍卖或者变卖留置财产，并以拍卖或者变卖所得的价款优先受偿其债权。无论留置财产是拍卖还是变卖，都必须参照市场价格，而不能随意降低该留置财产的价格。

《物权法》第 237 条规定，债务人可以请求留置权人在债务履行期届满后行使留置权；留置权人不行使的，债务人可以请求人民法院拍卖、变卖留置财产。

留置权为物权，其不受所担保的债权的诉讼时效的限制。因此，留置权人在其所担保的债权的诉讼时效完成后，仍可以对留置财产行使留置权。留置权可以长期不灭，其行使并无时间限制。如果留置权人长期持续占有留置财产而不实现，不符合“物尽其用”的原则，也会对社会、经济生活产生不利影响，留置财产会有自然损耗或者贬值的可能，对债务人不利。债务人可以请求留置权人及时实行留置权，如果留置权人不实行的，债务人有权请求人民法院拍卖或者变卖该留置财产，以消灭留置权。

2. 留置权对债权的清偿

《物权法》第 238 条规定，留置财产折价或者拍卖、变卖后，其价款超过债权数额的部分归债务人所有，不足部分由债务人清偿。

留置财产不能完全满足留置权人的债权，所以留置权人与债务人之间的债权债务关系并不因实现留置权而完全消灭，留置权人仍可以就留置财产不足以清偿的部分要求债务人偿还。只不过剩余债权就变成了无担保物权的普通债权，留置权人也成了普通债权人。

(七)留置权与抵押权、质权的竞存

[**事例 22**] 陈某购买修理设备急需资金，向蔡某借款 8000 元，将摩托车质押在蔡某处。蔡某骑陈某摩托车外出采购材料，路上发生交通事故，将该摩托车撞坏，送到薛某处大修，需要修理费 4000 元。陈某还款期限已到，无力偿还蔡某借款。蔡某欲行使质权，但作为质物的摩托车却被留置在薛某处，此时薛某也要行使留置权，将摩托车拍卖，以该价款偿还其修理费。试分析：如何确定清偿的先后顺序？

《物权法》第 239 条规定，同一动产上已设立抵押权或者质权，该动产又被留置的，留置权人优先受偿。事例 22 中，陈某摩托车既设有蔡某质权，又被薛某留置，薛某留置权优先。

留置权对抵押权或者质权的优先效力不受产生时间的影响。在同一动产上，无论留置权是产生于抵押权或者质权之前，还是产生于抵押权或者质权之后，留置权的效力都优先于抵押权或者质权。

留置权对抵押权或者质权的优先效力也不受留置权人在留置动产时是善意还是恶意的影响。“善意”指留置权人对同一动产已存在的抵押权或者质权不知情，与之相对应的“恶意”指留置权人对同一动产上已存在的抵押权或者质权知情，而并非恶意串通的意思。当然，如果留置权人与债务人恶意串通成立留置权，其目的就是为了排除在动产上的抵押权或者质权的，这已经超出了“恶意和善意”的范畴，属于严重违反诚实信用原则的恶意串通行为。在这种情况下，不但留置权不能优先于抵押权或者质权，该留置权也应当视为不存在。

(八)留置权消灭的特殊原因

留置权可因物权消灭的共同原因而消灭,如因留置标的物的灭失、被征收等原因而消灭,也可因担保物权消灭的共同原因而消灭,如因被担保债权的消灭、留置权的行使以及留置权被抛弃等原因而消灭。留置权作为一种法定的担保物权,还具有自己特殊的消灭原因,物权法在担保法的基础上对留置权消灭的特殊原因作了更为全面的规定。

《物权法》第240条规定,留置权人对留置财产丧失占有或者留置权人接受债务人另行提供担保的,留置权消灭。据此,留置权消灭的特殊原因包括:

1.因留置权人对留置财产丧失占有而消灭

若留置权人非依自己的意愿暂时丧失对留置财产占有的,留置权消灭,但这种消灭并不是终局性的消灭,留置权人可以依占有的返还原物之诉要求非法占有人返还留置物而重新获得留置权。

2.因留置权人接受债务人另行提供担保而消灭

债务人为清偿债务另行提供了相当的担保,该担保就构成了留置权的替代,债权人的债权受偿得到了充分的保障,原留置财产上的留置权理应消灭。债务人提供相当担保,如果留置财产上的留置权仍然存在,对债务人的利益限制过多,妨碍了债务人对留置财产的利用,不符合诚实信用原则和公平原则。债务人另行提供的担保可以是其他担保物权,如抵押权、质权,也可以是保证。

债务人另行提供担保导致留置权消灭的,应当满足以下条件:一是债务人另行提供的担保应当被债权人接受。二是债务人另行提供的担保所能担保的债权应当与债权人的债权额相当,债务人另行提供的担保所能担保的债权不以留置物的价值为标准,一般应与被担保的债权额相当。

【引导案例分析】

首先,确定轿车质押的效力。按照《物权法》第212条的规定,质权自出质人交付质押财产时设立。而质押合同自签订之日起生效,即合同的生效与物权变动的发生要分开,交付质物是物权变动的公示要件,而非合同生效的条件,所以没有交付质物只是影响到质权的设立,并不影响质押合同的效力。本案中,虽然刘某与李某就桑塔纳轿车设定质权已达成协议并订立了书面合同,但却未移转轿车的占有,车仍然由李某占有,不符合质权成立所要求占有移转公示要件,因而质权并未设立。

其次,明确花瓶抵押的效力。我国《物权法》的规定,以不动产进行抵押的,抵押权自办理登记时起设立,以其他财产进行抵押的,抵押权自抵押合同生效时设立。本案中设定抵押权的抵押物为一汉代花瓶,不属于必须办理登记的财产,因而,在宋某与刘某就该花瓶达成设定抵押合意并签订书面合同后,抵押权即有效设立;但抵押权仅在宋某与刘某之间有效,不能对抗第三人。

最后,得出结论:刘某与李某的轿车质押无效,刘某不能要求拍卖标的物而主张优先受偿；刘某与宋某间花瓶抵押未经登记虽然不能对抗第三人，但在刘某与宋某双方之间发生抵押效力，刘某可对宋某花瓶主张优先受偿。

专题五　占　有

【引导案例】

村民张老汉之子张乙在城里工作，每到冬天张老汉就到儿子处。每次张老汉都委托李老汉照看其房屋。最近一次，李老汉因突发脑溢血去世了。李老汉去世后，由其子李甲照看张老汉的房屋。

村民王某得知张老汉家有一祖传砚台，便向李甲提出购买砚台。李甲翻出该砚台后，以 2000 元的价格卖给了王某。王某购得该砚台后，谎称该砚台系其传家宝，并以 10000 元的价格卖给了沈某。沈某得该砚台后到城里寻找买家，恰逢张老汉的儿子张乙。张乙以 20000 元购得该砚台。

张乙到家后便将该砚台交给其父张老汉，张老汉将该砚台带回老家，准备与自己的砚台作一番比较。回家后砚台不见，立即找李甲询问。在得知事实后，张老汉要求李甲赔偿张乙为购买该砚台支付的 20000 元。李甲认为自己卖砚台时只收取了王某 2000 元，故只同意返还张老汉 2000 元。张老汉于是要求王某赔偿剩余的 18000 元，王某认为该砚台系其从李甲处购买的，不同意赔偿张老汉的损失。张老汉遂诉诸法院。

问题：本案如何处理？

一、占有的概述

（一）占有的概念与构成

1. 占有的概念

《物权法》第 241 条规定："基于合同关系等产生的占有，有关不动产或者动产的使用、收益、违约责任等，按照合同约定；合同没有约定或者约定不明确的，依照有关法律规定。"所谓占有是指人对物的事实上的管领与控制。其中，对物进行管领和控制的人，称为占有人；被管领和控制之物，称为占有物。

2. 占有的构成

（1）占有的主体。占有为人与物的关系，占有之主体为人。占有人既可以是自然人，也可以是法人，因为法人同样可以利用其机关或者工作人员对物加以事实上的控制和管领。占有既为一种实际控制支配的状态，而非一种以意思表示为要素的法律行为，因此占有人无须具备行为能力。

（2）占有的客体。占有为人对物的关系，占有的客体应为有体物，包括不动产和动产。物权的客体原则上也必须是有体物，但物权的标的物必须是独立的一物，但是占有不受前述原则的限制，完全可以在物的部分之上成立占有关系，例如高楼的外墙体可以做户外广告。

(3)占有的客观要件。占有须对占有物存在事实上的管领力,此为占有的客观要件。关于事实上的管领力,并不以物理上的接触与控制为限。所有权人将汽车停放在路边后离开,按一般社会观念,并不丧失其对汽车的占有。

(二)占有的分类

占有依不同的标准,可以分为以下不同的类型:

1.有权占有与无权占有

[**事例 23**] 甲遗失一部相机,乙拾得后放在办公桌的抽屉内,并张贴了招领启事。丙盗走该相机,卖给了不知情的丁,丁出质于戊。试分析:本案的占有的类型如何?

以占有人之占有是否具有本权为标准,可以将占有区分为有权占有与无权占有。有权占有,又称“有权源占有”,是指基于本权即法律上之原因的占有,例如基于所有权、建设用地使用权、质权等物权的占有以及基于租赁、借用等合同关系的占有等。无权占有,又称“无权源占有”,是指非基于本权或者欠缺法律上原因的占有,如窃贼对赃物的占有、拾得人对遗失物的占有,或者基于无效的合同而对对方当事人之物的占有等。事例 23 中,乙并非基于本权占有这部相机,属于无权占有。

区分有权占有与无权占有的主要意义在于:有权占有人因合法权的存在,可持续地保持占有状态,他人请求其交付占有物时,有权占有人可以拒绝。

2.善意占有与恶意占有

这是对无权占有的进一步分类,有权占有无所谓善意、恶意之分。根据无权占有人是否误信其有占有权源为标准,可以将无权占有区分为善意占有与恶意占有。善意占有,是指占有人不知或不应知道自己无占有的权利而为的占有,例如,误以为他人遗失之物为抛弃物而占有的,占有人误以为自己有占有的权利,从而误信其占有为有权占有。恶意占有,是指占有人明知或应该知道无占有的权利而为的占有。事例 23 中,丙显然是明知无占有权而故意占有,属于恶意占有。

区分善意占有与恶意占有具有重要的意义:第一,取得时效的期间往往因善意占有或者恶意占有而有所不同,善意占有的取得时效期间较恶意占有的时效期间短;第二,动产的善意取得,须以受让人取得占有时为善意为要件;第三,占有人在行使返还请求权的权利,如在占有人是否可获得孳息、是否可就必要费用向所有权人求偿等方面,因其善意与恶意而有所不同。

3.自主占有与他主占有

以占有人是否具有所有的意思,可以将占有区分为自主占有与他主占有。自主占有,是指占有人主观上以所有的意思而为的占有,如拾得人以据为己有的意思占有遗失物。他主占有,是指占有人主观上不以所有的意思而为的占有,如质权人的占有、承租人的占有等。事例 23 中,丙就属于自主占有,而戊属于他主占有。

区分自主占有与他主占有的意义在于：其一，取得时效中的占有须为自主占有；其二，先占取得须以自主占有为前提。

4. 直接占有与间接占有

以占有人是否直接占有其物为标准，可以将占有区分为直接占有与间接占有。直接占有，是指对占有物有事实上管领力的占有。间接占有，是指自己不直接占有其物，而基于一定法律关系对于直接占有人有返还请求权，从而对其物有间接管领力的占有。一般而言，质权人、承租人、保管人、借用人为直接占有人，相应地，出质人、出租人、寄存人、出借人为间接占有人。事例 23 中，丙盗走相机就属于直接占有，而丁将相机出质于戊，丁对相机的占有属于间接占有。

区分直接占有与间接占有的意义在于：第一，因为间接占有人经由直接占有人的占有而维持其对物的管领力，关于占有的规定原则上均可适用于间接占有人，除非法律另有规定，例如占有人之自力救济权通常仅限于直接占有人。第二，间接占有为占有的一种形式，使占有趋于观念化，为替代现实交付的“占有改定”提供了基础。

二、占有的变动和保护

(一)占有的取得和消灭

1. 占有的取得

(1)原始取得。占有的原始取得，是指不以他人既存的占有为根据而取得的占有。对于任何标的物取得事实上的管领力，如果不是基于他人移转占有的意思而取得，而是依自己的管领行为而取得，均属占有的原始取得，例如，拾得遗失物、遗弃物的先占、抢夺取得动产或者不动产的占有等。占有的原始取得是典型的事实行为，并不要求行为人占有时具备民事行为能力。

(2)继受取得。占有的继受取得，是指基于他人既存占有而取得的占有。基于他人既存占有而取得占有，其原因有以下两种：

①占有的移转。所谓占有的移转，是指占有人以法律行为将其占有物交付他人，从而使后者取得占有。

②占有的继承。所谓占有的继承，是指因继承的原因而取得占有。通说认为，继承开始时，继承人当然地取得对继承标的物的占有，不要求其知悉继承事实的发生，也不要求其取得事实上对物的管领力，更不要求其作出接受继承的意思表示。

2. 占有的消灭

占有的消灭，是指对物丧失事实上的管领力。占有消灭的原因主要有：

(1)因占有人的意思而消灭。占有人可随时抛弃占有，也可移转占有于他人的，都可因管领力的丧失而消灭自己的占有。

(2)非因占有人的意思而消灭。占有人对物的管领力也可能由于占有人意志以外的原因而丧失，如占有物被窃、被抢或者遗失。管领力仅一时不能行使，占有并不消灭，例如饲养的家畜临时走失。

(3)因其他原因而消灭，如因占有物本身的毁损、灭失。

(二)占有的保护

1.占有人的自力救济权

我国《物权法》没有规定占有人的自力救济权，但解释上认可占有人在必要限度内维护其对物之管领状态的权利。依法理和立法例上的规定，占有人的自力救济权主要包括自力防御权与自力取回权两个方面。

(1)自力防御权。占有人对于他人侵夺或者妨害占有的行为，可以以自己的力量加以防御的权利。直接占有人或辅助占有人，对于他人抢夺其占有物的行为，均可予以必要的反抗。

(2)自力取回权。占有物被他人不法侵夺的，占有人以自力从加害人处取回。自力防御是对占有的消极维护，而自力取回则是对占有的积极维护。占有被他人侵夺的，如果情况紧急，法律允许不动产的占有人及时排除加害人的侵夺而取回占有物，并允许动产的占有人及时取回占有物，如果没能及时取回，则只能通过公力救济的方式来寻求保护。

2.占有人的公力救济权

[事例 24]　甲未婚，也无其他亲人，因外出打工，将一祖传古董交由邻居乙保管。一日，丙到乙家看见该古董并趁机将该古董盗走。几日后，乙发现丙盗走了古董，随要求丙返还古董。试分析：乙的占有返还请求权如何行使？

我国《物权法》第 245 条规定："占有的不动产或者动产被侵占的，占有人有权请求返还原物；对妨害占有的行为，占有人有权请求排除妨害或者消除危险；因侵占或者妨害造成损害的，占有人有权请求损害赔偿。"该条确认了占有人的三种请求权：

(1)占有物返还请求权。关于该项请求权的行使，应注意把握。首先，请求权的主体为占有人。占有物返还请求权，只能由占有人行使，而不问占有的类型。换言之，只要是占有人提出，无论其占有为何种类型均有权主张此项请求权。其次，此项请求权所针对的是侵夺占有的行为，占有人因遗失而丧失占有，不得行使该项请求权。第三，应向标的物的现在占有人提出请求。如果侵夺人已将占有移转于第三人，则请求权人应向该第三人主张返还。最后，该请求权应自侵占发生之日起 1 年内行使，否则请求权即告消灭。事例 24 中，乙作为古董的占有人，在古董被盗走后有权要求丙返还古董，但是乙必须在丙盗走古董之日起一年内行使该权利，否则乙将丧失请求权。

(2)占有妨害排除请求权。占有人对于他人妨害其占有的行为，可以要求除去该妨害。该请求权的主体为占有人；请求权针对的对方当事人为制造妨害之人。

(3)占有妨害防止请求权，即消除危险请求权。占有人不仅可以在妨害确实发生后要求除去，而且还可以在有发生妨害之危险时，要求除去危险因素，从而防止妨害的事实发生。

三、占有人的权利和义务

(一)使用收益权

无权占有人在占有期间,通过对物的使用获得收益,并可收取孳息。权利人在主张占有物的返还时,是否能一并要求占有人返还收益和孳息,对此,各国法律的规定不同。根据我国《物权法》第243条的规定:"不动产或者动产被占有人占有的,权利人可以请求返还原物及其孳息。"该条规定,并未区分占有人为善意占有还是恶意占有,因此无论善意还是恶意占有人必须返还孳息。

(二)费用偿还请求权

[**事例25**] 甲无权占有乙之房屋,由于暴雨冲刷导致屋顶受损漏雨,甲为修缮屋顶花费金钱若干;第二年甲又对该房屋进行装修,花费不菲。现在所有权人乙要求占有人甲返还房屋。试分析:甲所支出的费用如何处理?

占有人在占有标的物期间,可能因占有物的维护、改良等支出费用。对此问题,其一般规则为:善意占有人可以要求必要费用的返还,并可以在占有物现存之增加价值范围内,要求有益费用的偿还;恶意占有人对于所支出的必要费用,可以按照不当得利的规定要求偿还,对于其所支付的有益费用,则不得要求偿还。我国《物权法》在占有人的费用偿还请求权方面,仅有如下一条简单的规定,请求权人应当支付善意占有人因维护不动产或者动产支出的必要费用。结合事例25,对于甲修缮屋顶的费用,乙应返还。

(三)返还占有物的义务

[**事例26**] 甲在世时借用乙的自行车,还未来得及返还,甲即去世。其继承人小甲并不知道甲遗留的自行车是他人的财产,遂作为遗产继承,继续使用。一年后,乙要求小甲返还自行车,并赔偿因其使用给自行车造成的磨损,小甲表示拒绝。试分析:乙的请求是否正当?

无论是善意占有人还是恶意占有人,对于真正权利人都有返还占有物的义务。所以,事例26中乙要求小甲返还自行车是正当的。我国《物权法》第243条规定:"不动产或者动产被占有人占有的,权利人可以请求返还原物及其孳息。"

(四)赔偿损失的义务

占有人在占有期间,因过失造成占有物毁损、灭失的,占有人是否须对权利人承担完全的损害赔偿责任,根据《物权法》的规定,要区分占有人的主观情况。

《物权法》第242条规定:"占有人因使用占有的不动产或者动产,致使该不动产或者动产受到损害的;恶意占有人应当承担赔偿责任。"事例26中,小甲通过继承拥有自行车,并在上下班或业余时间使用,小甲对其父甲的自行车实属乙所有是一无所知的,依此可以推知小甲是善意占有人。但是,当权利人乙明确告知小甲,自行车属于乙,要求小甲返还,小甲拒绝返还时,此时小甲从善意占有人变更为恶意占有人。对于乙主张的自行车磨损损失，也应根据《物权法》第242条之规定加以区分。小甲在乙没有明示其为自行车所有人并要求返还自行车前属于善意占有人，就其使用乙的自行车给自行车造成的磨损，无需向乙承担赔偿责任；但在乙向小甲要求返还原物时，小甲就从善意占有人转化为恶意占有人，从乙主张权利那刻开始，小甲就应对占有物的磨损向乙承担赔偿责任。

【引导案例分析】

本案涉及占有的条件及占有法律关系中各方当事人的权利义务等问题。

本案中，张老汉委托李老汉照看房屋，李老汉基于该委托关系占有张老汉的房屋及家中的部分财务，这是一种有权占有。李老汉去世后，其子李甲占有张老汉的房屋并无张老汉的授权，故是一种无权占有，其照看张老汉房屋的行为可视为一种无因管理行为，其照看房屋的行为使之对房屋内的财产虽然取得了一种事实上的占有状态，但这种占有仍然是无权占有。

李甲借其照看张老汉房屋的机会，将张老汉家中珍藏的砚台翻出来并出售给王某的行为，是一种无权处分行为，损害了张老汉的权益。在张老汉明确否认该无权处分的情况下，该无权处分行为侵犯了张老汉对砚台的所有权。王某明知李甲无权出售该砚台仍收购，其主观恶意明显，与李某构成共同侵权行为。由于王某恶意从李甲处收购砚台，故其不能取得砚台的所有权，其对该砚台的占有也是一种无权占有，其将砚台出售给沈某的行为是一种无权处分行为。由于未得到权利人张老汉的认可，王某该无权处分行为侵犯了张老汉对砚台的所有权。沈某并不知道王某无权处分的事实，而是在轻信了王某的谎言后购买了该砚台；其在购买该砚台时主观上为善意，故应适用物权法规定的善意取得规则，沈某取得了该砚台的所有权。沈某以20000元的价格将该砚台出售给张乙时虽然有虚假陈述的行为，但其并不影响该出售行为的效力。至此，可以认定李甲利用其占有张老汉房屋的机会，擅自出售张老汉的砚台，王某明知李甲无权处分张老汉的砚台仍购买并再次出售，两人的行为侵害了张老汉对砚台的所有权，使张老汉遭受了20000元的损失，对此应由李甲及王某赔偿。沈某因无过错，不构成侵权，可不承担赔偿责任。

本单元重点内容图解

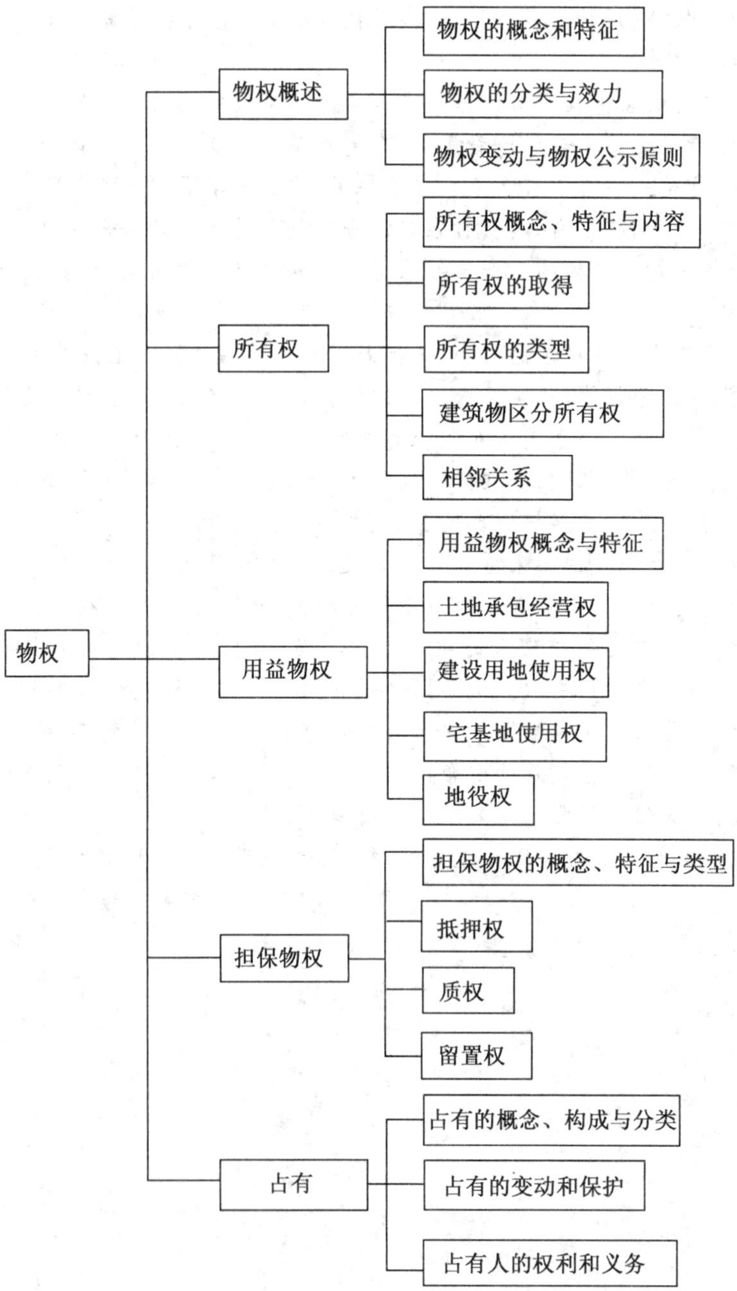
物权
物权概述
物权的概念和特征
物权的分类与效力
物权变动与物权公示原则
所有权
所有权概念、特征与内容
所有权的取得
所有权的类型
建筑物区分所有权
相邻关系
用益物权
用益物权概念与特征
土地承包经营权
建设用地使用权
宅基地使用权
地役权
担保物权
担保物权的概念、特征与类型
抵押权
质权
留置权
占有
占有的概念、构成与分类
占有的变动和保护
占有人的权利和义务

同步训练

一、单项选择题

1. 下列不为民法上物的是（　　）

A. 天上的星星　　B. 镶在嘴里的金牙　　C. 商标　　D. 池塘中的鱼

2. 法律上的处分是指依照所有人的意志，通过某种法律行为对物进行处置，它意味着什么？（　　）

A. 物的消耗　　B. 所有权客体的消灭

C. 权利的变动　　D. 权利义务的消失

3. 甲向盗窃集团购买偷窃所得到的油漆，喷于其车上。试问甲取得油漆的所有权基于哪种事由？（　　）

A. 善意取得　　B. 附合　　C. 加工　　D. 混合

4. 甲与乙系朋友关系，某日甲外出，将自己的照相机一台交乙保管。乙未经甲同意，擅自将照相机卖给不知情的丙。对此，下列表述哪项是正确的？（　　）

A. 甲可依所有权取回照相机，但需向丙补偿购买相机所花费的价款

B. 甲可依所有权取回照相机，也无须向丙补偿购买照相机所花费的价款

C. 甲不能取回照相机，只能向乙请求赔偿损失

D. 丙与乙之间的买卖合同效力处于效力未定状态，所有权取得决定于甲的同意

5. 甲将自己的一台电脑出质给乙以担保债权，后来得知乙很不爱惜电脑，下列各项中甲无权做的是（　　）

A. 要求乙妥善保管　　B. 要求将电脑提存

C. 直接要求返还质物　　D. 若电脑毁损，则要求乙赔偿

二、多项选择题

1. 物权的特征有（　　）

A. 对世性　　B. 绝对性　　C. 支配性　　D. 排他性

2. 以物权是否能独立存在为标准，物权可分为（　　）

A. 独立物权　　B. 从属物权　　C. 定限物权　　D. 完全物权

3. 在下列民事纠纷中，哪些应按相邻关系处理？（　　）

A. 甲在乙的房屋后挖菜窖，造成乙的房屋基础下沉，墙体裂缝，引起纠纷

B. 甲村为了取水浇地，在乙、丙、丁村的土地上修建引水渠，引起纠纷

C. 甲新建的房屋滴水滴在乙的房屋上，引起纠纷

D. 甲村在河流上游修建拦河坝，使乙村用水量骤减，引起纠纷

4. 甲与乙是邻居，因甲酷爱跳舞，故经常在深夜将音响放足音量跳舞尽兴，乙因此经

常休息不佳。对此的说法哪些是正确的？（　　）

A. 乙可要求停止侵害

B. 安静休息权法律无规定，故不予保护

C. 甲侵害了其与乙间的相邻关系

D. 乙有容忍的义务

5. 甲租用乙的汽车运输奶牛，后因无力支付运费，被乙留置奶牛，则乙可以（　　）

A. 有权使用奶牛

B. 有权要求甲支付奶牛的饲养费

C. 有权收取牛奶抵销债务

D. 对保管不善造成奶牛死亡的，应当承担责任

三、重点思考题

1. 如何处理"多重买卖"中产生的法律问题？

2. 善意取得的要件与限制有哪些？

3. 用益物权与债权性的使用权有何差异？

4. 如何理解物的担保与人的担保关系？

5. 占有人有哪些的权利和义务？

四、案例训练题

[**案例 1**]

齐某饲养了耕牛三头，农忙季节一头闲置不用租给赵某，规定租期 1 年，租金 400 元。赵某租用 1 个月后，耕牛逃亡，赵某寻找两天未果。双方协商：如赵某不能找回耕牛，则赔偿齐某 1500 元损失，并支付租金 200 元。之后，耕牛找到，赵某将牛牵回家的途中，听到市场上耕牛价格上涨，将牛牵到集市上以 2100 元卖给邻村的李某。赵某谎称耕牛未找到，向齐某交付 1700 元钱。后齐某去邻村做活，在李某家中发现了自己的耕牛。

问题：

1. 耕牛突然逃亡后，齐某与赵某达成新的协议时，原租赁合同是否继续有效？该新的协议属何种性质？

2. 赵某谎称耕牛没有找到，并将耕牛牵到集市上出售，造成齐某的损失，是否应负赔偿责任？

3. 若李某的行为属于善意，本案应如何处理？

[**案例 2**]

某甲和某乙是同村农民，因某甲家里盖房的需要，某甲向某乙提出欲收购其所有的三根木料。双方约定，某甲以 600 元价款买某乙所有的三根木料。某甲当场向某乙支付了 300 元，并说明，等到第二天将余款 300 元带来付清并将三根木料拉走。天有不测风云，当天晚上山洪暴发，将存放于某乙院内的三根木料冲走。为此，某乙认为，木料买卖已经

成交，木料被水冲走的损失应由某甲承担，某甲应补交余款300元。某甲认为，木料自己未拉走，损失应当由某乙承担，某乙应返还木料款300元。双方请某丙进行调解，某丙认为，木料被洪水冲走属天灾，根据公平原则，损失应当由双方分担，某甲不用补交，某乙不用返还。对于某丙的调解，某甲和某乙均不服，为此发生纠纷，诉至法院。

问题：

1. 本案中木料的所有权是否已经发生转移？

2. 本案中木料损失的风险应由谁负担？

[案例3]

2007年10月，王某与胡某签订房屋租赁合同，王某将其三间平房租给胡某，租期3年，每月租金600元。2008年1月，王某以三间平房作为抵押向郭某借款10万元，签订抵押合同并办理了抵押登记；抵押合同规定：借款期限为1年，如果王某不能偿还借款，则以三间平房作价，转让给郭某。上述事实均未通知胡某。2009年1月，王某因无力偿还借款，与郭某协商签订书面合同，约定将该房屋作价10万元转让给郭某以偿还债务，并办理了房屋产权过户登记。郭某于同年2月正式通知胡某，房屋已转让，郭某自己要搬进来住，要求胡某3月底前搬出，胡某不同意。

问题：本案如何处理？

[案例4]

甲与其妻迁往外地居住，将自己的三间正房及院落全部交给乙看管，不收房租，并约定直到甲返回后再让其迁出。在此期间，乙精心照管甲的房屋，随时修缮。同时，乙花了近3000元在院子中间盖起2间房屋，并将其中4间房屋出租，共取得租金30000元。几年后，甲与妻子一同返回，要求乙搬走并向其交付租金30000元。乙以其多年来一直照管房屋并进行修缮以及修建2间房屋为由拒绝搬出。

问题：该纠纷如何处理？

学习单元九　债　权

学习目标

知识目标：

• 了解债的要素和债的分类，债的履行、保全和担保、移转的方式，债消灭的原因；

• 理解债的分类的法律意义，债的不适当履行的各种情形和法律后果；

• 掌握债的概念及债的履行原则；代位权、撤销权、保证、定金、不当得利和无因管理的概念和构成要件。

能力目标：

• 能应用债的履行、债的保全和担保、债的移转和消灭、不当得利和无因管理知识处理相关案件。

专题一　债权概述

【引导案例】

2003 年初，任某在某集市上发现陈某所牵宠物犬与自己丢失的那只极为相似，遂与陈某交涉。陈某称该犬系为黄某代卖，于是任某要求陈某一起去找黄某。见到黄某后，黄某称该犬系其家雌犬所生，由此引发争执。后双方协商，由陈某作为证人，双方在野外放犬，犬跑到谁家，谁就拥有所有权，如果该犬跑到一方家中，由另一方给付对方现金 1 万元。任某、黄某各拿出 1 万元交给陈某后，双方到野外放犬，结果该犬跑到黄某家中，陈某遂将 2 万元一并交给黄某。任某向法院提起诉讼，要求被告黄某返还其现金 1 万元。

问题：

1. 该案中债发生的原因是什么？

2. 任某与黄某的约定是否具有法律效力？

一、债的概念与特征

（一）债的概念

所谓债，是指特定当事人之间得请求为特定行为的民事法律关系。《民法通则》第 84 条规定："债是按照合同的约定或者依照法律的规定，在当事人之间产生的特定的权利和义务关系。”在这种民事法律关系中，一方享有请求他方为一定行为或不为一定行为的权利，而他方则负有满足该项请求的义务。例如，在买卖关系中，买卖双方的权利和义务。生活中的各种合同关系以及致人损害而引起的赔偿关系，都是特定当事人之间的一种民事法律关系，都是债的关系。

民法上的债不同于民间所称的债。我们日常生活中所谓的债，一般专指金钱债务。现代民法上的债既指债务，也包含债权。

（二）债的特征

债，作为一种法律关系，是民法调整财产关系的结果，但民法调整财产关系所形成的法律关系，并非都为债的关系。债的关系与其他财产法律关系相比较，其具有以下法律特征：

1. 债调整动态的财产关系

民事法律关系中的财产关系包含静态的归属关系如物权关系，以及财产的流转关系，债主要体现一种财产的流转关系。

2. 债是特定当事人之间法律关系

［**事例 1**］　甲、乙签订货物买卖合同，约定由甲代办托运。甲遂与丙签订运输合同，合同中载明乙为收货人。运输途中，因丙的驾驶员丁的重大过失发生交通事故，致货物受损，无法向乙按约交货。试分析：甲、乙、丙、丁之间的关系。

债权人的权利原则上只对债务人发生效力，债务人也仅对债权人负担义务。在债的法律关系中，债权人和债务人都是特定的，所以民法上称债为相对权或对人权。事例 1 中，乙只能就货物损失向甲主张违约责任，而不能向丙或丁主张，因为该货物买卖合同的当事人是甲和乙。当然，甲赔偿了乙之后可以向丙进行追偿。

3. 债是以特定行为（给付）为客体的法律关系

债的客体是债权债务指向的对象，也称为“债的标的”。因为债的本质是债权人请求债务人为特定的行为，所以债的客体就是债权人得请求债务人实施的行为，民法理论上称该特定行为为“给付”。具体来说，所谓“给付”包括交付货物、提供劳务、支付价款等行为。事例 1 中甲和乙的货物买卖合同的客体包括交付货物和支付价款；而甲和丙之间的货物运输合同的客体则包括运输货物和支付报酬。

（三）债的主体

债的主体，即债的当事人，包括债权人和债务人。债权人，是指在债的关系中享有权利的一方当事人；债务人，是指在债务关系中承担义务的一方当事人。

在某些债中，一方当事人只享有债权而不负有债务，另一方当事人仅负担债务而不享有债权，如赠与关系。而在多数债中，如买卖关系，双方当事人都既有债权又有债务。债权人与债务人，是相互对立、相互依存的，缺少任何一方，债的关系就不能成立和存续。

(四)债的内容

债的内容为债的主体双方间的权利与义务,即债权和债务。

1.债权

债权为请求特定人为特定行为(作为或不作为)的权利。其具有以下特征:

(1)债权为请求权。权利人欲实现其利益,必须借助义务人的行为,而不能自行直接支配别人的财产或行为,这是债权与物权的本质区别。物权为支配权,物权人可以直接支配物和权利来实现自己的利益。

(2)债权为相对权。如前所述,债的效力仅及于特定的相对人之间,所以,债权只对特定相对人发生效力,民法理论称为相对权,这也是债权与物权的区别之一。物权被称为绝对权,即物权关系中的义务主体是不特定的,物权人的权利对一切人都发生效力。例如,权利人拥有的住宅,未经许可任何人也不能随便侵入。

(3)债权具有相容性。在同一标的物上可以并存数个债权。这些债权之间具有平等性,数个债权人对于同一个债务人先后发生数个普通债权时,效力平等。而物权具有排他性,即物权人有排除他人对于物权的干涉的权利,而且同一物上不许有内容不相容的物权并存。

(4)债权具有期限性。债权只在一定的期限内有效存在,债权可因为清偿、免除等行为或法律规定的原因而导致债的关系的消灭。

2.债务

债务指债务人依照当事人的约定或者法律的规定而向债权人为特定行为的义务。债务为义务之一种,具有一般义务的共同特征,同时债务又具有不同于其他义务的一些特性。

(1)债务具有特定性。首先,债务人是特定的人;其次,债务的内容是特定的,债务的内容或者由当事人协商确定,或者由法律直接规定。

(2)债务具有期限性。债务不许永久存在,否则使债务人永久失去人身或交易的自由,与现代法律精神相违背。

(五)债的客体

[**事例 2**] 一家名为“月球大使馆”的公司在北京成立。该公司专门卖月球等星球的土地,并声称 298 元就能在月球上购买 1 英亩(约合 6 亩)土地,购买者还可以获得月球土地证书。此举引起了多方质疑,工商部门对该公司展开了调查,随后扣留了其营业执照。试分析:该公司的行为合法有效吗?

债的客体是指债权债务共同指向的对象。如前所述,债的客体就是特定的行为,即给付。

给付具有下列特征:

1.给付须合法

凡是违反法律或公序良俗的行为不得成为债的标的,如赌债是不受法律保护的。

2. 给付须确定

给付的内容、方式等要能够确定才能作为债的标的。如买卖双方签订一项货物买卖合同，如果货物的名称、规格、数量不能确定，则合同是不成立的。事例 2 中，月球上的土地如何进行丈量确定？又如何进行出售呢？

3. 给付须适格

所谓适格，就是依事物的性质，适于作为债的标的。对于那些不能满足民事主体利益需要，不能为民事主体控制的，不能作为债的标的。事例 2 中，月球上的土地是不可能为我们所控制的，所以不能作为合同的标的。

给付的形态包括交付财物、支付金钱、转移权利、提供劳务、提交成果及不作为等。

应当注意，债的标的与标的物不同。标的是从债的关系的构成要素而言，指给付本身；而标的物指从债务人的行为所及于的物而言，指给付的对象。故在单纯提供劳务的债中，其本身即足以给付，不必再另有标的物。而交付财物、交付金钱的债，则有标的物的存在。

(六)债的发生原因

债发生的原因主要有以下几种：

(1)合同。合同是平等主体的自然人、法人、其他组织之间设立、变更、终止民事权利义务关系协议。

(2)不当得利。不当得利是指没有合法根据获利益而使他人利益受到损害的事实。

(3)无因管理。无因管理是指没有法定或者约定的义务，为避免他人利益受到损失而为他人管理事务或提供服务的法律现象。

(4)侵权行为。侵权行为是指不法地侵害他人的合法权益应负民事责任的行为。

(5)其他原因。合同、无因管理、不当得利、侵权行为是债的发生的主要原因，除此以外，其他的法律事实也会引起债的发生。例如，缔约过失会在缔约当事人间产生债权债务关系。

二、债的分类

(一)法定之债与意定之债

按照债的设定及其内容是否允许当事人以自由意思决定，债可以分为法定之债与意定之债。这种分类是债的分类中最基本的分类。

1. 法定之债，是指债的发生及其内容均由法律加以明确规定的债。法定之债之法定，包括两层含义：首先，债的发生由法律直接规定；其次，债的内容由法律直接规定。法定之债包括侵权损害赔偿之债、不当得利之债、无因管理之债和缔约过失之债。

2. 意定之债，是指债的发生及其内容完全由当事人依其自由意思而为决定的债。主要包括合同之债和单方允诺之债。

区分法定之债与意定之债的意义在于，意定之债贯彻意思自治原则，在债的主体、类型、内容、履行期限、履行方式及债务不履行责任等方面，均可由当事人约定。法定之债的发生及效力均由法律规定。

(二)特定之债与种类之债

根据债的标的物属性的不同，可将债分为特定物之债与种类物之债。

1. 特定物之债，是指以特定物为标的物的债。所谓特定物，是指具有独立特征或被权利人指定，不能由其他物代替的物。包括独一无二的物品，如达芬奇《蒙娜丽莎的微笑》的油画真迹，也包括某类物品中被特定化的物，如从商场选定的家具。

2. 种类物之债，是指以种类物为标的物的债。所谓种类物，是指具有共同特征，能以品种、质量、数量等标准加以确定，并且能由同种类物代替的物，如等级相同的玉米，型号相同的电视机等。

特定物之债与种类物之债区分的意义在于，两者的标的物的所有权移转时间、风险负担以及履行不能等方面的效力不同。其一，特定物之债中，债务人只能以给付特定的标的物履行义务，债权人也只能要求债务人交付特定的标的物，债务人不得以其他标的物代替履行。如果标的物灭失，则发生债的履行不能，债务人不负履行责任。但如果标的物的灭失是因可归责于债务人的事由而发生，则债务人应负损害赔偿责任；而种类物之债通常不存在履行不能的情形，债务人可以其他同种类的物代替履行。其二，在法律规定或当事人有约定的情形下，特定物之债的标的物所有权可自债成立之时转移，标的物意外灭失的风险亦随之转移；而种类物之债的标的物所有权一般自交付之时起转移，意外灭失风险也自交付之日起转移。《合同法》第133条规定："标的物的所有权自标的物交付时起转移，但法律另有规定或者当事人另有约定的除外。"第142条规定："标的物毁损、灭失的风险，在标的物交付之前由出卖人承担，交付之后由买受人承担，但法律另有规定或者当事人另有约定的除外。"

(三)单一之债与多数人之债

根据债的主体双方人数是单一的还是多数的，债可分为单一之债和多数人之债。

单一之债是指债的双方主体即债权人和债务人都仅为一人的债。多数人之债是指债的双方主体均为两人以上或者其中一方主体为两人以上的债。

区分单一之债与多数人之债的法律意义在于：单一之债的主体双方都只有一人，当事人之间的权利、义务关系简单明了。多数人之债当事人之间的关系比较复杂，不仅有债权人和债务人之间的权利、义务关系，而且还发生多数债权人之间或多数债务人之间的权利、义务关系。

(四)按份之债与连带之债

多数人之债，根据多数人一方各自享有的权利或承担的义务及相互间的关系，可把债划分为按份之债与连带之债。

1. 按份之债，是指债的多数主体各自按照确定的份额分享债权或者分担债务的债。其中，数个债权人各就自己确定的债权份额所享有的请求和接受清偿的权利，称为按份债权；数个债务人各就自己负担的债务份额负清偿的义务，称为按份债务。《民法通则》第86条规定："债权人为二人以上的，按照确定的份额分享权利。债务人为二人以上的，按照确定的份额分担义务。"

2. 连带之债，是指以同一给付为标的，各债权人均得请求债务人履行全部债务，各债务人均有履行全部债务的义务，且全部债务因一次全部履行而归于消灭的债。因此，连带之债的多数人一方相互间有连带关系，其中，具有连带关系的数个债权人为连带债权人，他们享有的债权为连带债权；具有连带关系的数个债务人为连带债务人，他们所负的债务为连带债务。《民法通则》第87条规定："债权人或者债务人一方人数为二人以上的，依照法律的规定或者当事人的约定，享有连带权利的每个债权人，都有权要求债务人履行义务；负有连带义务的每个债务人，都负有清偿全部债务的义务，履行了义务的人，有权要求其他负有连带义务的人偿付他应当承担的份额。"

区分按份之债和连带之债的法律意义在于：按份之债的多数债权人或债务人的债权或债务各自是独立的，相互间没有连带关系，任一债权人接受了其应收份额的履行或任一债务人履行了应承担份额义务后，与其他债权人或债务人均不发生任何权利、义务关系。在连带之债中，连带债权人的任何一人接受了全部履行，或连带债务人的任何一人清偿了全部债务时，虽然原债归于消灭，但连带债权人或连带债务人之间则会产生新的按份之债。

（五）主债与从债

根据两个债之间的关系，可将债分为主债与从债。

1. 主债，是指能够独立存在、不以他债的存在为前提的债；

2. 从债，是指不能独立存在而必须以主债的存在为存在前提的债。

主债是相对于从债而言的，因此，需要有两个债并存，且两者间具有牵连关系。

区分主债与从债的法律意义在于：其一，主债是从债的存在依据，没有主债也就无所谓从债。其二，从债的效力决定于主债的效力。主债不成立，从债也不成立。主债被撤销或宣告无效，从债也丧失效力。其三，主债消灭，从债也随之消灭。

例如，某一借款合同设有保证担保，便存在两个债：一是借款合同之债，即主债；一是保证合同之债，即从债。借款合同是保证合同发生的根据。如果借款合同无效，则保证合同也丧失效力。如果借款合同因清偿等原因消灭时，保证合同亦随之消灭。

【引导案例分析】

1. 本案所涉及的主要问题是任某与黄某的约定是否具有法律效力，所以债发生的原因属于合同之债。

2. 一般认为合同须符合如下要件才能产生效力：(1)行为人具有相应的民事行为能力；(2)意思表示真实；(3)不违反法律或社会公共利益。结合本案的实际情况看，任某、黄某均为具有完全民事行为能力的适格民事主体，二人的约定也是双方真实意思的体现。问题在于双方的约定是否违反了法律或社会公共利益呢？从现有的法律法规看，法律并没有明确禁止当事人的这种约定。既然法律法规未将这种行为列入法律规范调整的范畴，该行为是否就是合法有效的民事行为呢？这要看这种行为所产生的效果是否损害了社会公共利益、社会公德即“公序良俗”。

本案中，双方约定在野外放犬以确定犬的归属，这种解决问题的方式在民法上无可厚非，纯属当事人私法自治的范围，但一方给付另一方 1 万元钱的约定，从某种意义上讲具有“赌金”的性质，该行为已构成了对善良风俗的违反，法律是不应该保护的。从另一方面讲，如果任某在打赌输了以后，并未向黄某支付钱财，黄某基于约定向法院起诉任某追索赌债，同样会因为债务的原因违法而不会受到法院支持。

那么，本案约定无效后的法律后果是什么呢？《民法通则》第 58 条第 2 款规定，无效的民事行为，从行为开始起就没有法律约束力。第 61 条规定，民事行为被确认无效或被撤销后，当事人因该行为取得的财产，应当返还给受损失的一方。有过错的一方应赔偿对方因此受到的损失，双方都有过错的，应当各自承担相应的责任。通过以上法律规定可以看出，无效民事行为的法律后果有三个：返还财产，赔偿损失，收缴财产上缴国家。本案中，任某与黄某的约定属无效约定，其法律后果就是返还财产，即由黄某将所得 1 万元返还给任某。本案不属于应当适用收缴财产上缴国家的情形，因为只有无效合同损害了国家和社会公共利益的时候，才可以适用此规定。

专题二　债的履行

【引导案例】

建工集团与曙光集团签订曙光彩色显像生产线建设工程施工合同，建工集团承接上述工程后，由其下属的具有独立法人资格和相应资质的第六工程公司(下称“六公司”)、工业设备安装公司(下称“湘安公司”)及第四工程公司(下称“四公司”)承建。全部工程完工后，建工集团多次派人向曙光集团催收工程款，其中，四公司与曙光集团已结算完毕。2002 年 9 月 8 日，六公司、湘安公司向建工集团出具书面报告，请求建工集团向曙光集团催收工程款，并要求曙光集团将工程款支付到建工集团的账户。建工集团即授权六公司、湘安公司与曙光集团核对工程往来账目。曙光集团采取以货币资金支付、耗用材料、水电、气体物资抵工程款等 4 种方式支付建工集团的工程款。2003 年 3 月 4 日，建工集团所属湘安公司与曙光集团气体公司就 2000 年 12 月至 2002 年 12 月工程款的往来账目进行了核对。因曙光集团常以资金紧张为由要求缓付，建工集团诉至法院，要求曙光集团偿付工程欠款，并赔付逾期付款违约金。

问题：

1. 债的主体和债的履行主体是一个概念吗？该案债的主体和履行主体分别是谁？

2. 什么是债的相对性原则？

一、债的履行概念和原则

(一)债的履行的概念

债的履行，是指债务人按照合同的约定或者法律的规定全面履行自己所承担的义务的行为。

债的履行有以下几个方面的特征：

1. 债的履行是债务人所为的特定行为

债的这种特定行为也就是给付，债的履行也就是债务人履行给付义务。

履行与给付的区别：给付，是指债务人应为的特定行为，是债的标的，具有抽象、静态的意义。履行，则指债务人为给付的行为，是债的效力表现，具有具体的、动态的意义。清偿，指的是债务人履行的效果，通常在债的消灭原因的意义上使用。

2. 债的履行是债务人履行其全部义务的行为

债的履行须由债务人履行全部义务，即其不仅须履行给付义务，而且还要履行附随义务。

附随义务，有的称为“附从义务”，是指给付义务以外的，随债的关系发展依诚实信用原则而产生的义务。

附随义务大致包括：注意义务、告知义务、通知义务、保密义务、协助义务以及不作为义务等。

《合同法》第60条规定：“当事人应当按照约定全面履行自己的义务。当事人应当遵循诚实信用原则，根据合同的性质、目的和交易习惯履行通知、协助、保密等义务。”

3. 债的履行要求债权人予以协助

如果只有债务人履行债务，而没有债权人的接受履行，则债的目的就难以达到。例如，债务人按期交付符合合同约定货物，而债权人拒不接受，那么债的履行就难以实现。

4. 债的履行是债消灭的主要原因

债务人全面、正确地履行了义务，债权即因达到目的而实现，债的关系即归于消灭。

(二)债的履行的原则

1. 适当履行原则

适当履行原则，又称“正确履行原则”或“全面履行原则”，是指当事人按照债规定的标的及其质量、数量，由适当的主体在适当的履行期限、履行地点，以适当的履行方式，全面完成债务的履行原则。

2.协作履行原则

协作履行原则,是指不仅要求当事人适当履行自己的债务,而且基于诚实信用原则要求对方当事人协助其履行债务的履行原则。

协作履行是诚实信用原则在债的履行方面的具体体现。它一方面要求双方当事人之间相互协助,另一方面也表明协助不是无限度的。

一般认为,协作履行原则含有如下内容:(1)债务人履行债务,债权人应适当受领给付;(2)债务人履行债务,时常要求债权人创造必要的条件,提供方便;(3)因故不履行或不能完全履行时,应积极采取措施,避免或减少损失,否则还要就扩大的损失自负其责;(4)发生纠纷时,各自应主动承担责任。

3.经济合理原则

经济合理原则要求履行债时,讲求经济效益,那就是付出最小的成本,取得最佳的效益。

在履行债中贯彻经济合理原则,表现在许多方面:

(1)债务人选择最经济合理的运输方式。(2)选择履行期限体现经济合理原则。如有些农副产品早熟,可协商提前交付。(3)履行债务体现经济合理原则。如仓储合同,保管人及时清除临近失效的物品。(4)选用设备体现经济合理原则。如供用电合同,用户应选用电耗低、效率高的设备。(5)变更合同体现经济合理原则。我国法律允许变更到货地点、收货人,即为例证(《合同法》第308条)。(6)债务履行的费用超过履行获得的收益,不得要求继续履行(《合同法》第110条第2项)。(7)违约救济体现经济合理原则。如一方因另一方违约时,应采取适当措施防止损失扩大,否则,不得就扩大的损失要求赔偿(《合同法》第119条)。

4.情事变更原则

[事例1] 甲与乙签订了煤气表散件购销合同。合同约定:由乙供给甲煤气表散件7万套,每套散件单价57.3元。此后,乙于当年5月6日、6月23日、8月19日三次向甲发运煤气表散件1万套。乙于同年12月20日致函甲,声称由于市场变化过快,散件的成本上涨到每套79.22元,提出变更或解除双方签订的煤气表散件供应合同。甲仍要求乙按原合同价格履行,乙则停止向甲供应煤气表散件,双方因此发生纠纷。试分析:乙有权变更或解除合同吗?

情事变更原则,是指合同依法成立后,因不可归责于双方当事人的原因发生了不可预见的情事变更,致使合同的基础动摇或丧失,若继续维持合同原有效力则显失公平,则允许变更或解除合同的原则。

最高人民法院关于适用《中华人民共和国合同法》若干问题的解释(二)第26条规定:“合同成立以后客观情况发生了当事人在订立合同时无法预见的、非不可抗力造成的不属于商业风险的重大变化,继续履行合同对于一方当事人明显不公平或者不能实现合同目的,当事人请求人民法院变更或者解除合同的,人民法院应当根据公平原则,并结合案件的实际情况确定是否变更或者解除。”

情事变更原则的适用条件有如下几项：

(1)须有情事变更的事实。所谓情事，泛指作为合同成立基础或环境的客观情况。所谓情势变更是指上述客观情况发生了异常变动，如因为战争而引起了严重的通货膨胀。具体判断是否构成情事变更，应以是否导致合同基础丧失、是否使合同目的落空、是否造成对价关系障碍等作为判断标准。事例3中煤气表散件短时间内上涨过快可以视为情势发生了变更。

(2)情事变更须发生在合同成立以后，履行完毕之前。要求情势变更须发生在合同成立以后，是因为若情势变更在合同订立时即已发生，应认为当事人已经认识到了发生的事实，合同成立是以已经变更的事实为基础的。要求情势变更发生在履行完毕前，是因为合同因履行完毕而消灭，其后发生情势变更与合同无关。

(3)须情事变更的发生不可归责于当事人，即由不可抗力及其他意外事故引起。若可归责于当事人，则应由其承担风险或违约责任，不适用情势变更原则。

(4)须情事变更是当事人所不可预见的。如果当事人在缔约时能够预见或应当预见而没有预见，则由其承担风险，不适用情势变更原则。事例3中煤气表散件成本飞涨也是当事人无法预见的。

(5)须情事变更使履行原合同显失公平。显示公平的标准应该依理性人的看法结合具体案件加以判断，如履行特别困难、履行对债权人无利益等。事例3中，如果让仪表厂继续按照原价格供货，显失公平。

情事变更原则的效力体现在两个方面：其一，变更合同，使合同的履行公平合理；其二，解除合同。如果变更合同仍不能消除显失公平的结果，就允许解除合同。

情事变更不同于商业风险，商业风险法律一般推定当事人有预见。情事变更与不可抗力的关系在于，不可抗力的发生对债的履行无影响时，与情事变更原则无关；不可抗力致使债不能履行时，在我国法上通过合同解除等方式而终止债，不由情事变更原则管辖；不可抗力导致债务履行十分困难，若履行则显失公平时，方适用情事变更原则。

二、债的适当履行

(一)履行主体

债是特定当事人之间的一种民事法律关系，因而债的主体和债的履行主体一般情况是一致的，那就是债应该由债务人履行，债权人也只能向债务人请求履行。然而两者并非同一概念，债的主体是债权人和债务人；而债的履行主体则指的是履行债务的人和接受履行的人。在某些情况下，债可以由第三人代为履行，然而，并非所有的债务都可以由第三人代为履行。法律规定或当事人约定必须由债务人亲自履行的债务，不得由第三人代为履行。比如某学校请某知名教授作讲座，该教授就不能以自己事务繁忙请他的博士生代为讲座。

值得注意的是，根据债的相对性原则，当第三人代为履行或代为接受履行时，如果履行出现瑕疵，应当由债的主体，即债权人和债务人承担相应责任，第三人不是责任主体。

《合同法》第 64 条规定："当事人约定由债务人向第三人履行债务的，债务人未向第三人履行债务或者履行债务不符合约定，应当向债权人承担违约责任。"《合同法》第 65 条规定："当事人约定由第三人向债权人履行债务的，第三人不履行债务或者履行债务不符合约定，债务人应当向债权人承担违约责任。"

（二）履行标的

债的履行标的是指债的给付的对象，即债务人向债权人履行给付义务时具体交付的对象。履行标的可以是物、工作成果以及提供劳务等。

当事人应严格按照约定的标的履行义务，只有在法律规定或当事人约定以其他标的代替履行时，债务人才可以其他标的履行。

《合同法》第 62 条规定："当事人就有关合同内容约定不明确，又不能达成补充协定或没有交易习惯的，适用下列规定：(1)质量要求不明确的，按照国家标准、行业标准履行；没有国家标准、行业标准的，按照通常标准或者符合合同目的的特定标准履行。(2)价款或者报酬不明确的，按照订立合同时履行地的市场价格履行；依法应当执行政府定价或者政府指导价的，按照规定履行。"

（三）履行期限

履行期限，是指债务人向债权人履行义务和债权人接受债务人履行的时间。履行期限可以是具体的某一期日，也可以是某一期间。如果约定的期限不明确，当事人又协商不成的，《合同法》第 62 条第 4 款规定："履行期限不明确的，债务人可以随时履行，债权人也可以随时要求履行，但应当给对方必要的准备时间。"《合同法》第 63 条规定："执行政府定价或者政府指导价的，在合同约定的交付期限内政府价格调整时，按照交付时的价格计价。逾期交付标的物的，遇价格上涨时，按照原价格执行；价格下降时，按照新价格执行。逾期提取标的物或者逾期付款的，遇价格上涨时，按照新价格执行；价格下降时，按照原价格执行。"

债务人应严格按照约定期限履行债务，未经债权人同意，既不能提前履行，也不能逾期履行，否则应承担相应责任。

（四）履行地点

履行地点，是指义务人履行义务和债权人接受履行的地点。如果当事人对履行地点约定不明确，《合同法》第 62 条第 3 款规定："履行地点不明确，给付货币的，在接受货币一方所在地履行；交付不动产的，在不动产所在地履行；其他标的，在履行义务一方所在地履行。"

(五)履行方式

履行方式是指法律规定或当事人约定的债务人履行义务的方式。债的性质和内容不同,其履行方式也不同。如果当事人对合同履行的方式约定不明确,《合同法》第62条第5款规定:“履行方式不明确的,按照有利于实现合同目的的方式履行。”

(六)履行费用

对于履行费用双方没有约定或约定不明又无法达成补充协议的,《合同法》第62条第6款规定:“履行费用的负担不明确的,由履行义务一方负担。”

(七)履行附随义务

[**事例4**] 甲在乙汽车销售公司购买“豪华型”汽车一辆。后在改装时得知,所谓豪华配置都是乙后加装的,并非像其销售广告中所称的是真正豪华型汽车,双方产生纠纷。试分析:汽车销售公司违反了什么义务?

如前所述,债务人在履行债务时,除了应当履行法律上规定或当事人明确约定的义务外,还应当履行各种附随义务。附随义务是根据诚实信用原则随着社会进步发展而来的。附随义务并非自始确定,而是为了更好地实现债的目的,促进社会发展而要求当事人有所作为或不作为。附随义务虽不可单独请求履行,但违反该义务而给对方当事人造成损害的,也应承担损害赔偿责任。至于附随义务具体包含哪些内容,则一般根据债的具体情况加以确定。附随义务主要包括下列几项:

1.注意义务

债务人应根据具体的债权债务关系尽到善良管理人或者如同处理自己事物一样的注意义务。注意义务的程度一般根据债务人的职业、判断能力和债的性质而有所不同。

2.告知和通知义务

与对方当事人有重大利益关系的事项,当事人有告知和通告义务。如在药品的包装上要写明不良反应、注意事项和服用剂量,避免患者误服误用。又如遇有不可抗力情况时应及时向对方通报有关情况,使对方当事人可以采取减少损失的措施。事例4中,乙汽车销售公司没有就汽车进行了改装,向甲履行告知义务,所以应该承担赔偿责任。

3.协助义务

当债务人的履行需要债权人的协助时,债权人负有协助履行的义务。如债权人对于债务人按约交付的符合质量要求的货物应及时验收,不得无故拖延,从而给债务人的履行造成不便和损失。

4.保密义务

对涉及一方利益并且采取保密措施的情况,另一方有保密义务,未经许可不得向外泄漏。如技术秘密的使用方应保守该技术秘密,不得对任何第三方透露该技术秘密。

三、债的不适当履行

债务的不适当履行，是指债务人未依债务的内容履行给付行为。债务人应全面适当地履行债务，这是债的效力的最重要表现，也是债务人最主要义务，否则应承担相应的民事责任。债的不适当履行包括给付不能、给付拒绝、不完全给付和给付迟延。

（一）给付不能

［**事例 5**］ 甲公司与乙电视台签订广告合同书，约定乙在其栏目中每晚为甲提供 90 秒的上星广告时间。事实上，早在双方签约前，卫星出现故障而无法定点投入使用，故甲与乙签订的通过卫星播放节目合同是不能实现的。试分析：电视台需要承担违约责任吗？

1. 给付不能的概念

给付不能，也称“履行不能”，是指债务人由于某种原因事实上不可能履行债务。

给付不能的原因，有的是因为标的物灭失而无法交付；有的是因为法律上没有处分权而不能交付；有的是债务人丧失劳动能力等造成的。

2. 给付不能的类型

(1)事实不能和法律不能。事实不能是指因自然原因而使交付成为不能，如因为遇到台风、地震等原因无法交付货物。法律不能是指因法律的原因而使给付不能，如承租人将承租的设备在未经出租人同意的情况下出卖给第三人，而出租人将设备取回。

(2)自始不能和嗣后不能。自始不能是指在债成立之时给付即为不能。嗣后不能是指在债成立后发生给付不能。事例 5 即为自始履行不能。

(3)客观不能与主观不能。客观不能是指因为债务人以外的原因而使给付不能。主观不能是因为债务人的原因而使给付不能。事例 5 即为客观不能。

(4)全部不能与部分不能。全部不能是指给付义务的全部不能履行；部分不能是指给付义务的部分不能履行。

(5)可归责的不能与不可归责的不能。可归责的不能是指有可归责于债务人的事由而造成给付不能；不可归责的不能是指因不可归责于债务人的事由造成的给付不能。

(6)永久不能与一时不能。永久不能是指债务人没有可能再履行债务；一时不能是指因为障碍暂时不能履行，障碍消除后仍能履行。

3. 给付不能的法律后果

在因可归责于债务人的事由而导致给付不能时，有以下后果：第一，债务人免除履行原债务的义务，如果只是部分不能时，债务人仅免除部分的履行责任；如果仅为一时不能，则除非延后履行对债权人已无利益，债务人不能免除履行责任，并承担迟延履行的责任。第二，债务人应承担债务不履行的责任，按约定承担违约金或损害赔偿责任。

在因不可归责于债务人事由而导致给付不能时，有以下后果：第一，债务人免除履行原债务的义务，且不承担不履行债务的责任。第二，债务人因不履行债务的事由而对第三人有损害赔偿请求权时，债权人可以请求债务人让与该请求权。

(二)给付拒绝

1.给付拒绝的概念

给付拒绝，是指债务人能够履行而故意不履行。债务人给付拒绝的意思表示，可以是明示的，也可以是默示的。可以在履行期到来之前，也可以在履行期届满或迟延履行后作出。

2.给付拒绝的法律后果

对于履行期届满的，债权人有权要求强制履行或采取补救措施，并有权请求损害赔偿。对于履行期尚未届满的，债权人可根据预期违约制度，解除合同并请求损害赔偿。《合同法》第94条第2款规定，在履行期限届满之前，当事人一方明确表示或者以自己的行为表明不履行主要债务，当事人可以解除合同。

(三)给付迟延

1.给付迟延的概念

给付迟延，是指债务人对于履行期届满的债务，能够给付而尚未给付的情形。给付迟延通常情况下是债务人延迟一段时间后履行债务，因而不同于给付拒绝。

2.给付迟延的构成要件

(1)债务履行期届满。

(2)给付须可能。这是给付迟延与给付不能的区别，如果给付迟延后，发生给付不能，则按给付不能处理。

(3)须有可归责于债务人的事由。如果因不可抗力等不可归责于债务人的事由造成给付迟延的，债务人不负迟延履行责任。

3.给付迟延的法律后果

第一，如果迟延后的履行对债权人有利益，债权人有权要求强制履行。

第二，如果迟延的履行对债权人无利益或合同目的无法实现时，债权人可以拒绝受领而解除合同并请求损害赔偿。

第三，债务人应向债权人因迟延履行支付违约金或损害赔偿金。

第四，因迟延履行而遇到不可抗力的情形，债务人不能免除责任。

(四)瑕疵给付

[**事例4**] 甲与乙签订了建筑合同，规定由甲为乙承建住宅三间。甲为节省开支低价买进廉价原材料代替合同中规定的优质原材料。为了赶在雨季来临前完成工程，对工程中出现的许多质量问题置之不理。乙入住后的一个月内该住宅即倒塌，乙被砸成重伤，并丧失劳动能力。试分析：甲应该承担哪些赔偿责任？

1.瑕疵给付的概念

瑕疵给付，是指债务人虽已为给付，但其给付有瑕疵或给债权人造成其他损害的情形。

2. 瑕疵给付的构成要件

(1)须债务人的履行不当。债务人虽为给付,但给付有瑕疵,没有完全按照债的内容进行给付。如事例 6 中,甲偷工减料的行为即为履行有瑕疵。

(2)可归责于债务人。对于瑕疵给付,债务人有主观上的过错。

3. 瑕疵给付的法律后果

对于尚可补正的瑕疵给付,债务人在履行期届满前有补正的责任。如果因此造成给付迟延的,还应负迟延给付的责任。对于造成债权人其他损害的,还应负损害赔偿责任。对于不能补正的的瑕疵给付,债务人应负损害赔偿责任。

(五)受领及受领迟延

1. 受领

受领是指债权人接受债务人履行的行为。债权人利益的实现,除依赖于债务人履行义务之外,还需债权人接受履行。

当然,只有在债务人完全、适当履行时,受领才有必要。如果债务人不适当履行,债权人有拒绝受领的权利。

2. 受领迟延

受领迟延,指债权人对于债务人的履行应当且能够受领而不受领或客观上不能受领。如债务人将货物通过承运人运至码头,并通知债权人提货,但由于债权人没有及时提货,导致货物损毁灭失或增加了仓储费用。

受领延迟的构成要件如下:

(1)债务的履行需要债权人协助。在不作为之债的情况下,由于不需要债权人的协助,所以不可能出现受领迟延。在作为之债中,多数情况下债务人需要债权人的受领才能完成履行。

(2)债务已届履行期。履行期届至前,拒绝债务人的提前履行,也不成立受领迟延。

(3)债务人已完全、适当履行。只有在债务人按照法律规定或合同约定完全、适当履行的情况下,债权人才有协助债务人履行的义务,否则债权人有权拒绝受领。

(4)债权人不受领或不能受领。债权人可能因为主观原因如市场发生变化而想退货而拒绝受领或不提供协助义务,也可能因为自己的原因而客观上无法受领,如存放货物的仓库失火。

受领迟延后,债务人可以通过提存而使债务消灭;由于受领迟延而导致债务人履行不能的,债务人免除履行责任。因受领迟延而发生费用增加或给债务人造成其他损害的,有权要求债权人承担赔偿责任。

【引导案例分析】

(1)债是特定当事人之间的一种民事法律关系,因而债的主体和债的履行主体一般情况是一致的,那就是债应该由债务人履行,债权人也只能向债务人请求履行。然而两者并非同一概念。债的主体是债权人和债务人;而债的履行主体则指的是履行债务的人和接受履行的人。在某些情况下,债可以由第三人代为履行。在该案中,债的主体是建工集团与曙光集团;而债的履行主体则是建工集团下属的第六工程公司、工业设备安装公司、第四工程公司及曙光集团。

(2)债的相对性是指债权人的权利原则上只对债务人发生效力,债务人也仅对债权人负担义务。在债的法律关系中,债权人和债务人都是特定的。该案中曙光集团不按期支付工程款构成违约,只能由建工集团起诉,因为此案中债的主体是曙光集团和建工集团。

专题三 债的保全和担保

【引导案例】

1999 年 7 月至 2000 年 4 月期间,福兴石灰厂多次购买丰达公司的煤炭,陆续给付了部分货款,但双方一直未有对账。后丰达公司主张石灰厂尚欠其货款 11 万元,多次索款未果。丰达公司查知福兴石灰厂在某冶炼股份公司有到期债权约 40 万元,遂以冶炼公司为被告,以福兴石灰厂为第三人向法院提起代位权之诉,要求被告或第三人付清煤款。法院受理案件后,应原告的申请,对被告欠第三人的款项情况进行了调查,得知被告尚欠第三人材料款 40 万元,双方对于付款时间没有约定。

问题:法院应否支持原告的主张?

一、债的保全

(一)债的保全的概念

债的保全是债权人为防止债务人的财产不当减少而危害其债权,对债的关系以外的第三人行使债务人的权利,或者请求法院撤销债务人与第三人的民事行为的法律制度。

债的保全是债对于第三人发生的效力,亦即是债的对外效力的表现。债的关系原则上不对第三人发生效力,但为确保债权人的权利实现,在某些情况下,债对第三人也发生效力,其典型的情形即为债的保全制度。

债的保全,也称为“责任财产的保全”、“债的一般担保”,是债权人为确保其债权的实现,而防止债务人财产不当减少的一种手段。因为债务人是以自己的全部财产负责清偿其债务,以使债权实现的,也就是说,债务人以其全部财产担保全部债的履行,债务人的全部财产或总财产就构成债务人的责任财产。债务人责任财产的减少,关系到债权人的债权能否实现,因此,为保障债权的实现,法律赋予债权人以保全的权利,以保障能以债务人的全部财产清偿其全部债权,维持债务人的责任财产不致因其不当减少而影响债权的实现。

债权人保全债权的权利有代位权与撤销权两项。债权人的代位权是为保持债务人的责任财产而设的,适用于债务人的财产应增加且能增加却因债务人的懈怠未增加的情形;债权人的撤销权是为恢复债务人的责任财产而设的,适用于债务人不应减少而减少其责任财产的情形。可见,债的保全对于保障债权得以实现具有积极预防的作用。

(二)债权人的代位权

1.债权人的代位权的概念

根据《合同法》第73条规定,债权人的代位权,是指债权人为了保全其债权,于债务人怠于行使自己的权利而害及债权人债权实现时,得以自己的名义代位行使属于债务人权利的权利。

债权人的代位权具有以下特点:

第一,债权人代位权为债权人行使债务人的权利的权利。代位权是以行使债务人权利为内容的,而不是行使自己权利的权利。因为债务人的权利是对于第三人(次债务人)的权利,债权人行使代位权也就涉及第三人,也就表现为对第三人行使权利。

第二,债权人代位权是于债务人怠于行使权利而害及债权人权利时才能行使的权利。债权人的代位权是为保全债权的,行使的目的是使债务人得增加的财产能够增加,从而保障债权人利益的实现。因此,若债务人自己积极行使了自己的权利,则债权人不能有代位权。

第三,债权人代位权是债权人以自己的名义对债务人的义务人行使权利的权利。债权人代位权是债权人代债务人的地位对债务人的义务人行使权利的权利,因而债权人的代位权是债权人以自己名义行使他人的权利,债权人行使代位权为行使自己的权利,而不是作为债务人的代理人行使债务人的权利。所以,债权人代位权不同于债务人的代理人的代理权。

第四,债权人代位权是债权人的一种法定权利,无论当事人是否约定,债权人都可以行使。

2.债权人代位权的成立要件

[**事例7**] A县甲借给B县乙10万元,B县乙借给C县丙20万元,此两项借款均已届还款期限,甲急于用钱,但经调查了解乙无力还款,便多次催促乙向丙索还欠款,乙置之不理。甲遂以丙作为被告,以乙为第三人向人民法院提起诉讼。试分析:法院能否支持甲的诉讼请求?

(1)须债务人对第三人享有权利并怠于行使其权利。债务人对于第三人享有的权利为债权人代位权的标的,债务人对第三人享有权利,为债权人代位权成立的条件。

债权人代位权的标的须为已存在的债务人对第三人享有的财产权,将来存在的、非财产权均不能为代位权的标的。专属于债务人自身的权利不得为债权也不能被债权人代位行使。专属于债务人自身的债权，是指基于扶养关系、继承关系产生的给付请求权和劳动报酬、退休金、养老金、人寿保险、人身损害赔偿请求权等请求权。

债务人虽对第三人享有财产权利，但其积极行使权利时，债权人的代位权不能成立。只有在债务人有权利能行使而怠于行使时，债权人的代位权才能成立。所谓能行使，是指债务人客观上可以对第三人行使权利，若债务人客观上不能行使，则债权人也不得代位行使。例如，债务人已被宣告破产，其对第三人的权利由清算人行使，债权人不得代位行使，也就不成立债权人的代位权。所谓债务人怠于行使，是指债务人应行使权利而不行使。至于债务人不行使权利是否有过错，有无其他原因，是否经债权人催告，均在所不问。在事例 7 中，债务人乙对第三人丙享有 20 万元债权，但却怠于行使。

(2)须债务人履行债务迟延。债务人履行迟延，是指债务人于履行债务的期限届满而未履行债务。若债务人的债务履行期未届至，或者虽到履行期但履行期限未届满，则债务人是否能履行债务尚不确定，债权人的债权是否有不受清偿的可能尚不清楚。于此情况下，债权人不能代位行使债务人的权利。在事例 7 中，甲对乙享有 10 万元债权，且债权已经到期，但乙没有清偿。

(3)须债权人有保全债权的必要。保全权利的必要，是指债务人怠于行使权利害及债权，使债权人的债权有不能实现的危险。因为代位权是以保全债权为目的的，若无保全债权的必要，也就无成立代位权的必要。例如，债务人虽怠于行使对第三人的权利，但债务人有足够的财产清偿债务，债务人不为清偿时，债权人请求法院强制执行，自可保障其债权的实现。于此情形下，债权人自无保全债权的必要，也就不成立债权人代位权。在事例 7 中，乙无力还款，却不向丙主张自己的债权，导致甲的债权也无法实现。

3.债权人代位权的行使

债权人的代位权，应由债权人以自己的名义行使，并且凡债务人的债权人，只要符合债权人代位权的成立条件，均享有代位权。若某一债权人已行使代位权时，其他债权人不得再就债务人的同一权利行使代位权。

债权人代位权行使的范围，应以保全债权人债权的必要为限度，即以债权人的债权为限。因此，若债务人享有数项权利时，债权人就某一项权利行使代位权已可满足清偿其债权的需要，则不得再对债务人的其他权利行使代位权。债权人行使代位权，应以善良管理人的注意为之，不得处分债务人的权利。

债权人行使代位权，应依诉讼的方式进行。根据最高人民法院《关于适用〈中华人民共和国合同法〉若干问题的解释》第 16 条规定，债权人以次债务人为被告，并列债务人为第三人，未将债务人列为第三人的，人民法院可以追加债务人为第三人。在事例 7 中，债权人甲为原告，次债务人丙为被告，债务人乙为第三人。

4.债权人代位权行使的效力

根据最高人民法院《关于适用〈中华人民共和国合同法〉若干问题的解释》(一)第 20

条规定，债权人向次债务人提起的代位权诉讼经人民法院审理后认定债权成立的，由次债务人向债权人履行清偿义务，债权人与债务人、债务人与次债务人之间相应的债权债务关系即予消灭。依此规定，债权人可以直接受领次债务人的清偿。在事例7中，人民法院可以判决丙直接向甲支付10万元。丙向甲支付10万元后，甲与乙的债权债务关系消灭，丙对乙的债务由20万元变更为10万元。

(三)债权人的撤销权

1.债权人撤销权的概念

债权人撤销权，是指当债务人所为的减少其财产的行为危害债权实现时，债权人请求法院予以撤销该行为的权利。

债权人撤销权也为债权的保全方式之一，是为防止因债务人的责任财产减少而致债权不能实现的现象出现。因债权人撤销权的行使是撤销债务人与第三人间的行为，从而使债务人与第三人间已成立的法律关系被破坏，这当然涉及第三人。因此，债权人的撤销权也为债的关系对第三人效力的表现之一。

2.债权人撤销权的成立要件

[**事例8**] 甲公司欠乙公司30万元，一直无力偿付，现丙公司欠甲公司20万元，已到期，但甲公司明确放弃对丙的债权。乙遂以甲作为被告，以丙为第三人向人民法院提起诉讼。试分析：乙能否请求法院撤销甲放弃债权的行为？

债权人撤销权的成立要件可分为客观要件与主观要件，并且依债务人所为的行为是否有偿而有所不同，在无偿行为情况下，只需具备客观要件，在有偿行为情况下，则必须同时具备客观要件和主观要件。

客观要件：

(1)债务人有减少财产的行为。所谓债务人减少财产的行为，在《合同法》第74条和最高人民法院《关于适用〈中华人民共和国合同法〉若干问题的解释》(二)对债务人减少财产的行为作了具体规定，包括放弃或者延展到期债权、放弃未到期债权又无其他财产清偿债务、无偿转让财产、以明显不合理的低价转让财产或明显不合理高价收购他人财产、以自己的财产设定担保五种情形。在事例8中，甲公司放弃对丙的债权，属于减少财产的行为。

(2)债务人的行为有害债权。所谓有害债权，是指债务人的行为足以减少其一般财产而使债权不能完全受清偿。若债务人为其行为虽使其财产减少但仍不影响其对债权的清偿时，债权人不能行使撤销权。在事例8中，甲公司无力偿付对乙公司债务，但却放弃了对丙公司的债权，其放弃行为损害了乙的债权。

(3)债务人的行为须以财产为标的。债务人的行为，不是以财产为标的不能予以撤销。如结婚、收养或终止收养、继承的抛弃和承认、以提供劳务为目的的法律行为等，均不能作为撤销权的标的。

债权人撤销权成立的主观要件,第三人主观上有恶意。第三人的恶意依照最高人民法院《关于适用〈中华人民共和国合同法〉若干问题的解释》(二)的第25条规定,对债务人以明显不合理的低价转让财产或明显不合理高价收购他人财产而要求行使撤销权的,以受让人或者出让人明知或者应当知道该行为已经或者可能损害债权人利益为条件。

3.债权人撤销权的行使

债权人的撤销权由债权人以自己的名义通过诉讼程序行使。凡于债务人为有害债权行为前有效成立的债权,债权人均可行使撤销权。因撤销权的行使于第三人有重大利害关系,因此,债权人的撤销权,须由债权人以自己的名义依诉讼方式行使。

依照最高人民法院的司法解释,债权人行使撤销权只能以债务人为被告,以受益人或者受让人为第三人。当事人未将受益人或者受让人列为第三人的,人民法院可以依职权追加。

债权人自应于权利行使期间内行使,期间届满撤销权即消灭。依《合同法》第75条规定,撤销权自债权人知道或者应当知道撤销事由之日起1年内行使。自债务人的行为发生之日起5年内没有行使撤销权的,该撤销权消灭。

4.债权人撤销权行使的效力

债权人撤销权的行使,其撤销的效力依判决撤销而发生效力,其效力及于债务人、受益人及债权人。

(1)对于债务人和第三人的效力。对于债务人,债务人的行为一经被撤销,视为自始无效,例如,为财产赠与的,视为未赠与;为放弃债权的,视为未放弃。对于受益人,已受领债务人的财产的,应当返还,原物不能返还的,应当折价返还其利益。受益人已向债务人支付对价的,得向债务人主张返还不当得利。事例8中,如甲公司放弃债权的行为被撤销,甲公司对丙公司的债权仍然有效,丙公司对甲公司仍负有20万元的债务。

(2)对于债权人的效力。对于债权人,行使撤销权的债权人得请求受益人将所得利益返还给债务人,也可请求直接返还给自己,但是撤销权的行使,其效力及于全体债权人。由受益人返还的财产为债务人的所有债权的一般担保,因此行使撤销权的债权人不得从受领的给付物中优先受偿。

二、债的担保

(一)债的担保的概念和特征

债的担保,是指对于已成立的债权债务关系所提供的确保债权实现的保障措施。我国《民法通则》第89条规定了债的担保,是关于债的担保的原则性和一般制度性规定。1995年颁布的《担保法》和2007年颁布的《物权法》对担保制度作了详尽的规定。

债的担保具有如下特征:

(1)债的担保具有从属性。所谓从属性,是指担保之债与被担保的债为主从关系,担保之债从属于被担保的债。担保之债为从债，其效力决定于所担保的债，被担保的债为主债。主债不成立或者无效，担保之债也就不能发生效力；主债消灭，担保之债也就随之消灭。

(2)债的担保具有自愿性。所谓自愿性，是指担保一般是由当事人自愿设定的。就担保的发生原因而言，担保有法定担保与约定担保之分。法定担保是指由法律直接规定的担保，约定担保是指由当事人自行设定的担保。约定担保是最主要的、最常见的担保。因此，在一般情况下，当事人完全按照自己的意愿依法自主地决定和选择担保。是否设定担保，采用何种担保方式，担保多大的债务范围等等，完全由当事人自行决定，任何人不得代替当事人作出决定。任何人不能强迫他人作担保，也不能以不正当手段让他人作担保。

(3)债的担保具有保障债权实现性。债的担保是保障债权人利益的，不论设定何种担保，当事人设立担保的目的就是要确保债权人的利益能够得以实现。

根据我国《民法通则》、《担保法》和《物权法》的规定，债的担保方式有保证、定金、抵押、质押和留置五种，后三种在物权单元中已经详述，故本专题只介绍保证和定金两种。

(二)保证

[**事例 9**]　甲借款给乙 1 万元，甲与丙之间签订了一份保证合同。保证合同约定，乙到期不偿还债务时，丙承担连带责任。后借款到期，乙无力偿还该借款，甲向丙索要，为此发生纠纷。试分析：甲能否向丙主张权利？

1. 保证的概念和特征

保证，是指第三人和债权人约定，当债务人不履行其债务时，该第三人按照约定履行债务或者承担责任的担保方式。

《民法通则》第 89 条第 1 项规定："保证人向债权人保证债务人履行债务，债务人不履行债务的，按照约定由保证人履行或者承担连带责任；保证人履行债务后，有权向债务人追偿。"《担保法》第 6 条规定："本法所称的保证，是指保证人和债权人约定，当债务人不履行债务时，保证人按照约定履行债务或者承担责任的行为。"依据上述规定，保证具有以下特征：

(1)保证具有从属性。保证本身是一种合同关系，保证合同是主合同的从合同，保证债务是主债务的从债务。债权人和债务人之间所设立和存在的合同关系，是保证合同产生和存在的前提。在事例 9 中，甲与乙之间形成借款合同关系，甲与丙之间是保证合同关系。借款合同是主合同，保证合同是从合同。

(2)保证具有补充性。保证债务是对主债务的补充和加强，因而具有补充性。保证的补充性的表现主要在于，只有在主债务人不履行债务时，保证人才负履行保证债务的责任。因此，债权人请求保证人履行保证债务时，应当证明主债务人未履行债务的事实。在事例 9 中，乙到期未偿还债务，因此丙负有履行保证合同的义务，即丙作为保证人应当向甲清偿债务。

(3)保证具有独立性。保证人的保证债务虽与主债务之间形成主从关系,依主债务的存在而存在,但保证债务并不是主债务的一部分,而是独立于主债务的单独债务,保证的这一特性也是保证区别于债务承担的重要标志。保证合同可以约定保证债务仅担保合同债务的一部分,保证债务的范围和强度可以不同于主合同债务,也可以有自己的独立变更和消灭。保证合同发生的抗辩权,保证人可以单独行使。

2.保证的成立条件

保证是由保证人和被担保债务的债权人之间订立的保证合同,因此保证合同的当事人是保证人和债权人。保证的成立条件是:

(1)保证人应当具有完全民事行为能力。保证人是为主债务人担保债务履行的人,保证债务具有无偿性。因而,保证人为自然人的,应当具有完全民事行为能力,无完全民事行为能力人不能订立保证合同。

首先,依我国《担保法》第 8 条规定:“国家机关不得为保证人,但经国务院批准为使用外国政府或者经济组织贷款进行转贷的除外。”所以,除法律特别规定外,以国家机关为保证人的保证合同应为无效。

其次,依我国《担保法》第 9 条规定,学校、幼儿园、医院以公益为目的的事业单位、社会团体也不得做保证人。公益是为不特定的多数人而设立的,不以谋取经济利益为目的。如果允许上述机构做保证人,极有可能会减损用于公益目的的财产,有违公益法人的宗旨。因此,法律不允许上述机构做保证人。

最后,企业法人的分支机构、职能部门因其主体资格、清偿能力等方面原因,也不宜充当保证人。《担保法》第 10 条规定:“企业法人的分支机构、职能部门不得为保证人。企业法人的分支机构有法人书面授权的,可以在授权范围内提供保证。”从上述规定分析,法律要求保证人必须具备民事行为能力。

(2)保证人须有承担保证责任的明确意思表示。保证是保证人以自己的信用为债务人作担保的,因此保证人须有明确承担保证责任的意思表示。如果第三人仅向债权人提供债务人能够履行债务的信息,或者向债权人表示债务人能够履行债务,而没有明确表示自己愿意承担保证责任,则该第三人不为保证人,保证合同不能成立。但是若第三人在主合同上以保证人的名义签字盖章而又无其他的约定,则推定该第三人有担任保证人的意思表示,保证合同成立。

(3)保证合同应采用书面形式。保证合同是要式合同,应当采用书面形式订立。保证合同应载明以下内容:被保证的主债权的种类、数额;债务人履行债务的期限;保证方式;保证担保的范围;保证期间等等。

3.保证的方式

保证合同当事人双方应当约定保证的方式。根据《担保法》的规定,保证方式分为一般保证与连带责任保证两种。

(1)一般保证。《担保法》第 17 条规定:“当事人在保证合同中约定,债务人不能履行债务时,由保证人承担保证责任的,为一般保证。”“一般保证的保证人在主合同纠纷未经审判或者仲裁,并就债务人财产依法强制执行仍不能履行债务前,对债权人可以拒绝承担保证责任。”因此,一般保证是保证人享有先诉抗辩权的保证方式。在一般保证的情形下,保证人享有先诉抗辩权,债权人首先应向债务人追偿债务,而不能直接向保证人主张权利。

(2)连带责任保证。连带责任保证是指债务人在主合同规定的履行期届满而没有履行债务的,债权人可以要求债务人履行债务,也可以要求保证人承担责任的保证方式。连带责任保证的保证人的责任重于一般保证的保证人的责任。一般保证的保证人只在债务人不能履行债务时才承担保证责任;而连带责任的保证人不论债务人能否履行债务,只要债务人未履行债务,就有义务承担保证责任,保证人并不享有先诉抗辩权。在事例 9 中,丙方承担的就是连带责任保证。

当事人可以在保证合同中约定采用哪一种保证方式,如果当事人对保证方式没有约定或者约定不明确,根据《担保法》的规定,保证人应当按照连带责任保证承担保证责任。

4.保证的效力

(1)保证责任范围。保证责任范围,亦称“保证债务的范围”,是指保证担保效力所及的范围。我国《担保法》第 21 条第 1 款规定:“保证担保的范围包括主债权及利息、违约金、损害赔偿金和实现债权的费用。保证合同另有约定的,按照约定。”当事人约定保证责任范围,可以单就本金债权作保证,不保证利息,也可以仅就主债权的一部分设定保证。在当事人未约定保证责任范围和约定不明确时,担保债务包括主债权及利息、违约金、损害赔偿金和实现债权的费用。

(2)保证责任期间。当事人可以在保证合同内约定保证人承担保证责任的期间。未约定期间的,一般保证为主债务履行期届满之日起 6 个月,在此期间内若债权人未对债务人提起诉讼或者仲裁的,保证人的保证责任可以免除;连带责任保证的保证责任期间也是主债务履行届满之日起 6 个月,在此期间内若只对债务人而未对保证人要求承担责任的,保证人的保证责任得以免除。

(3)主合同内容变更对保证责任的影响。如果债权人与债务人协议变更主合同,应取得保证人的书面同意。否则,根据最高人民法院司法解释的规定,如果协议变更主合同,加重保证人的保证责任的,对于加重的部分保证人不承担保证责任。

(4)主合同当事人变更对保证责任的影响。在保证期间内,如果债权人依法将主债权转让给第三人,不影响保证的效力,保证人仍应在原保证担保的范围内继续承担保证责任。如债权人许可债务人转让给第三人,应取得保证人的书面同意,否则保证人对转让部分的债务不承担保证责任。

(5)共同保证。同一合同债务可以由数人作保证。两个以上的保证人对同一债务人保证同一债务的，叫共同保证，共同保证人可以按照法律规定或者相互约定来承担保证责任。根据最高人民法院关于担保法的司法解释，两个以上的保证人对同一债务同时或者分别提供保证时，各保证人与债权人没有约定保证份额的，应当认定各保证人承担连带责任。连带共同保证的保证人以他们相互之间约定各自承担的份额对抗债权人的，人民法院不予支持。连带共同保证的保证人承担保证责任后，向债务人不能追偿的部分，由各连带保证人按其内部约定的比例分担，没有约定的，平均分担。

(6)保证人的代位求偿权。保证人代替债务人履行债务后，债权人与债务人之间的债权关系消灭，保证人取得代位求偿的权利，即保证人得以自己的名义，在其代位履行的范围内，向债务人追偿。

(7)最高额保证。《担保法》第 14 条规定："保证人与债权人可以就单个主合同分别订立保证合同，也可以协议在最高债权额限度内就一定期间连续发生的借款合同或者某项商品交易合同订立一个保证合同。"因此，最高额保证是指保证人于约定的最高债权额的限度内就一定期间内连续发生的债权所提供的保证。最高额保证是保证担保中的一种特殊形式的担保。

5.保证的消灭

(1)主债务消灭。主债务因履行、抵销、混同、免除等原因而消灭时，保证债务随之消灭，保证人的保证责任当然消灭。

(2)保证责任期间届满。保证合同约定的保证责任期间届满，或在未约定时依照法律规定的保证期间(自主债务履行期届满之日起 6 个月)届满，债权人未向保证人主张权利的，保证之债消灭。

(3)保证合同解除。如保证人与债权人达成协议，解除保证合同，则保证之债解除。

(4)保证责任免除。保证责任的免除包括单方免除与法定免除。单方免除是指债权人以单方的意思表示表示免除保证人的保证责任。法定免除是指根据法律的规定免除保证人的保证责任。

根据《担保法》第 23、28、30 条及相关司法解释的规定，法定免除的情形有：第一，主合同当事人双方恶意串通，骗取保证人提供保证的，保证人不承担保证责任；第二，主合同债权人采取欺诈、胁迫等手段，使保证人违背真实意思情况下提供保证的，保证人不承担保证责任；第三，在同一债权既有保证又有物的担保的情况下，债权人放弃物的担保时，保证人在债权人放弃权利的范围内免除保证责任；第四，债权人许可债务人转让债务而未经保证人书面同意的；第五，债权人与债务人协议变更主债务而未经保证人同意的，对于加重保证人负担的那部分债务。

(三)定金

[**事例 10**] 甲公司与乙公司于 2000 年 10 月签订一份买卖钢材 400 吨的合同，总价值 120 万元，并约定甲公司于 2000 年 12 月前交付货物，乙公司向甲公司支付了 20 万元

的定金。合同签订后，因钢材价格急剧上涨，甲公司受利益驱动，虽经乙公司多次催促，直至合同履行期满仍未全部交货。乙公司遂诉至法院要求双倍返还定金。试分析：乙公司的诉讼请求，法院能否支持？

1. 定金的概念和性质

定金，是指合同约定的，为确保合同的履行，由一方当事人预先支付给另一方的一定款项的担保方式。我国《民法通则》第89条第3项规定："当事人一方在法律规定的范围内可以向对方给付定金。债务人履行债务后，定金应当抵作价款或者收回。给付定金的一方不履行债务的，无权要求返还定金；接受定金的一方不履行债务的，应当双倍返还定金。"《担保法》第89条中也规定："当事人可以约定一方向对方给付定金作为债权的担保。"可见，定金也是债权担保的一种方式。

定金具有以下性质：

(1)证约性质。定金可以作为合同成立的证据。定金一般是在合同成立时交付，这一事实足以证明当事人之间合同成立，因此它起到证明合同成立的作用。

(2)预先给付的性质。定金只能在合同履行前交付，因而具有预先给付的性质。正因为定金具有预先给付的性质，所以定金的数额应在合同规定的应给付的数额内，在主债务履行后定金可以抵作价款或返还。

(3)担保性质。定金具有担保的法律效力。因为定金交付后，在当事人不履行债务时会发生丧失定金或者双倍返还定金的后果，因而它可以起到督促当事人履行合同，确保债权人利益得以实现的担保作用。

2. 定金与押金、违约金的区别

定金和押金均属于金钱担保范畴，一方给对方一定数额的金钱，在合同适当履行后，发生返还或充当货款的法律后果。但他们还是存在着明显的区别：

(1)定金有预先给付的特点，定金的交付通常发生在合同订立时或履行前；押金不具有预付的特点，押金的交付通常发生在主合同履行时，或与主合同相继履行。

(2)定金的数额低于合同的标的额，且不超过法定比例；押金的数额可以等于或者高于合同的标的额。

(3)定金具有一方违约时发生丧失或双倍返还的法律效力；押金没有双倍返还的法律效果。当事人交付留置金、担保金、保证金、订约金、押金或订金等，但没有约定定金性质的，当事人主张定金权利的，人民法院不予支持。

定金和违约金都是一方给付对方一定的款项，作为一方违约所要付出的代价，但两者也有不同：

(1)交付时间不同。定金在合同订立时或履行前交付；违约金只能发生违约行为后才交付。

(2)两者的作用不同。定金具有预先给付作用、证约作用和担保作用；违约金主要是违反合同的民事责任形式。

(3)法律后果不同。定金具有一方违约时只能发生丧失或双倍返还的法律后果;违约金则双方当事人可以在法律允许的范围内任意约定。

《合同法》第116条规定:“当事人既约定违约金,又约定定金的,一方违约时,对方可以选择适用违约金或者定金条款。”因此,如果守约方选择了违约金条款,则违约方按照违约金条款承担责任,不再承担定金罚则的责任;如果守约方选择了定金罚则条款,则违约方按照定金罚则承担责任,不再承担支付违约金的责任。

3.定金合同的成立条件

(1)应交付定金的一方向对方交付定金。定金合同为实践合同,定金担保自交付时起生效。我国《担保法》第90条中也明确规定:“定金合同自交付定金之日起生效。”所以,虽然当事人有关于定金的约定,但未实际交付的,定金担保尚不能成立。

(2)主合同有效。定金合同是从合同,定金所担保的合同为主合同。从合同的效力决定于主合同。因此,在主合同无效或者被撤销时,定金合同也就不能发生效力,即使一方已交付定金,定金担保也不成立。

(3)定金数额必须在法定的数额以内。关于定金的数额,应由当事人自由约定,但当事人对于定金的约定不能超过法律规定的最高限额。我国《担保法》第91条规定:“定金的数额由当事人约定,但不得超过主合同标的额的百分之二十。”当事人交付的定金超过法律规定最高限额的,超过的部分应为无效,即超过部分不能作为定金,但不能认定为定金全部无效。

4.定金的效力

(1)证约效力。定金具有证明合同成立的效力,定金给付后,如果没有相反证明,主合同视为成立。

(2)充抵价款或返还效力。主合同适当履行后,主债消灭,作为从债的定金也消灭,给付定金一方可以请求接受定金一方返还定金,或者用定金充抵应给付的价款。

(3)定金罚则效力。定金在因当事人不履行债务时发生制裁效力即定金罚则生效。给付定金的一方不履行约定债务的,无权要求返还定金;收受定金的一方不履行约定的债务的,应当双倍返还定金。在事例10中,甲公司是收受定金的一方,其到期未履行债务,根据定金罚则应当向给付定金的乙公司双倍返还定金。

因为定金是为制裁债务不履行而交付的,所以当合同因不可归责于当事人的原因而不能履行时,则不适用定金罚则,就是说,若合同的不履行不可归责于给付定金的一方时,他并不因此丧失定金;若合同的不履行不可归责于接受定金一方时,他并不需要双倍返还定金,而只需要返还定金原额即可。

【引导案例分析】

首先,作为债权人的原告与作为债务人的第三人之间存在着合法的债权债务关系。

因双方未有约定具体的还款日期，债权人可随时向债务人主张，该债权已届清偿期。这种债权债务关系的存在，是代位权成立的基础和前提条件。

其次，第三人享有一定的到期债权，但怠于行使其权利。债务人有权利存在是债权人代位权行使的必要条件，如果债务人对于他人无权利存在，那么债权人的代位权也就无从提起。

第三，债务人怠于行使权利的行为已经对债权人造成了损害。债权到期可以说是判断债务人怠于行使权利是否给债权人造成损害的一个标准，债权人必须在自己的债权到清偿期以后，才能确定债务人的行为是否有害于其债权。债务人在债务到期后迟延履行，又怠于行使对次债务人的权利，造成自己无力清偿债务，表明债务人主观上具有一种不愿意清偿对债权人的债务，或者具有损害债权人的债权的故意或过失。在此情况下，债权人只有提起代位权之诉才能更好地保障自己权利的实现。在本案中，第三人对原告的债务已到清偿期，但对于其在被告处的到期债权又怠于行使，其行为对原告造成了损害，原告有权提起代位权之诉。

第四，债务人的债权不是专属于债务人自身的债权。根据《合同法》第 73 条的规定，债权人可以代位行使的权利必须是非专属于债务人自身的权利，如基于扶养关系、抚养关系、赡养关系、继承关系产生的给付请求权和劳动报酬、退休金、养成老金、抚恤金、安置费、人寿保险、人身伤害赔偿请求权等权利。由此可见，代位权的客体必须是非专属于债务人的债权，对专属于债务人的权利，不得行使代位权。本案中，第三人在被告处的债权不是专属于债务人自身的债权，因此，原告提起代位权之诉不违背行使代位权的法律规定。

综上所述，本案原告提起代位权之诉，要求被告代位第三人付款符合法律相关规定，原告的代位权之诉依法成立。被告代位付款给原告后，原告与第三人间、第三人与被告间相应的债权债务关系即消灭，第三人不得就该款再向被告主张权利。

专题四　债的移转和消灭

【引导案例】

某某村委会（以下简称“村委会”）曾有一辆“的士头”汽车，2008 年夏发生交通事故致部分毁损。为便于处理事故、确定损失数额，交警部门和保险公司代村委会进行了维修招标，某某水利汽修厂（以下简称“汽修厂”）中标。在车辆修理期间，村委会与市对外供应公司（以下简称“外供公司”）达成换车协议，双方约定村委会将该车作价 10 万元转让给外供公司，外供公司将一辆“皇冠公爵王”汽车作价 24 万元转让给村委会，差价款 14 万元由村委会补偿给外供公司，事故车修理事宜由外供公司负责，村委会应获的保险赔偿金由外供公司享有。后外供公司交付村委会“皇冠公爵王”汽车一辆，收取村委会车款 13.8 万元，并向汽修厂支付修车费 3.5 万元，提走了事故车，领取了修理费发票并办理了保险索赔事宜。因剩余车辆修理费问题，汽修厂与村委会发生纠纷，汽修厂向法院起诉要求村委会支付尚欠修理费1.4万元。

问题：本案该如何处理？

一、债的移转概述

（一）债的移转的概念

债的移转是指在债的内容和客体均不发生变化的前提下，债的主体的变更。债的移转属于广义上债的变更的范畴。广义的债的变更包括债的主体、内容、客体的变更，一般认为，债的移转仅涉及债的主体的变更。债的移转包括三种情形：债权让与、债务承担、债权债务的概括移转。当债权人发生变更时，称为债权让与；当债务人发生变更时，称为债务承担；当债权债务一并移转时，称为债权债务概括移转。

（二）债的移转的特征

债的移转具有以下特点：首先，债的移转本质上属于债的主体的变更。无论是债权让与、债务承担，还是债权债务的概括承受均是债的主体发生了变化。其次，债的移转不改变债的客体和内容。债的移转属于狭义的债的变更，仅涉及债的主体的变更，并不使债权人和债务人之间的权利、义务发生变化，也不使债的标的发生变化。再次，债的移转保持债的同一性。债的移转并不引起新的债权债务关系的出现，移转后的债权债务没有改变和移转前的债权债务的同一性。所谓没有改变同一性，是指没有因为债的移转改变债的内容，而使债的效力、债权债务发生变化。债的效力、债的原有利益和内容、债的各种抗辩权、债原有的瑕疵、原来的从权利都没有发生变化，比如，附随的担保物权等都不会因移转而发生变化。

债的移转主要根据法律行为（意定的债的移转）、法律的直接规定（法定的债的移转）、和法院的裁决（裁判的债的移转）等法律事实产生。

二、债权的让与

（一）债权让与的概念与特性

债权让与，一般是指在不改变债的内容的前提下，债权人通过与第三人的协议将其债权转让给第三人。当然，债的让与也有基于法律规定产生的，例如基于继承产生、基于保险代位求偿权等。债权人与第三人订立的关于转让债权的协议称为债权让与合同。让与债权的一方当事人称为让与人，受让债权的一方当事人为受让人。债权让与生效后，受让人即取代让与人的债权人的地位而成为债权人。

债权让与具有下列特性：

1.债权让与具有非要式性。债权人与第三人就让与债权意思表示一致，债权让与合同即告成立。除法律、行政法规规定应当办理批准、登记手续的以外，无须履行特别的合同形式。

2.债权让与具有无因性。债权让与是基于各种各样的原因而产生的,可能基于买卖、赠与,也可能是代物清偿,但不论其原因为何及其有效与否,对于债权让与合同的效力并无直接影响,这就是债权让与的无因性。该无因性,其目的在于保障债权流转的安全性,以及善意受让人的利益。

3.债权让与是处分行为。债权让与是将债权作为一项财产进行处分,所以要求让与人就该债权必须具有处分权限和处分能力。无处分权人让与他人债权的,除非经债权人追认,其行为无效。同时,除无记名债权外不适用善意取得制度,即从无处分权人处受让债权时,不能因其善意而取得该债权。

债权让与可分为全部让与和部分让与。债权的全部让与是指债权人将债权全部转让给第三人,于转让生效后,原债权人退出债权的关系,受让人成为债权人。债权的部分让与是指债权人将债权的一部分转让给第三人,于转让生效后,原债权人并不退出债的关系,而是与受让第三人共同成为债权人。如果转让协议中规定了转让的债权份额,则原债权人与受让第三人按照份额享有债权,成立按份债权;若没有规定让与的债权份额,则原债权人与第三人连带享有债权,成立连带债权。

(二)债权让与的原因

债权让与可以由于法律规定而发生,也可以由于民事法律行为而发生。因民事法律行为而发生的债权让与是债权让与的最常见情形。

1.基于法律规定而让与债权

在我国,基于法律规定而引起的债权让与有以下几种情形:

(1)继承。依照《继承法》的规定,债权可以作为遗产继承。在继承开始后被继承人生前对他人享有债权的,债权由继承人承受,这时发生债权移转于继承人,债务人应向继承人履行债务。在继承人未对债权进行分割时,债权由各继承人共同享有。

(2)履行债务的人享有的法定求偿权。依照法律规定,履行了债务的人,对于亦应由他人负担的债务,对该他人有求偿权。我国民法中的求偿权主要有:①连带债务人中的一人或者数人履行了全部债务或者履行部分债务超过自己应分担的份额时,对其超过部分有权要求其他债务人补偿。②保证人承担保证责任后,有权向债务人追偿。③当抵押人、质押人为第三人时,为债务人抵押担保的第三人在抵押权人实现抵押权后,有权向债务人追偿;为债务人质押担保的第三人在质押权人实现质权后,有权向债务人追偿。④财产保险的标的物由第三人造成损害的,保险人向被保险人进行赔偿后,有权请求被保险人让与其对于第三人的损害赔偿请求权,从而取代被保险人的地位,有权向第三人追偿。

2.基于民事法律行为而让与债权

基于民事法律行为而让与债权的,可能是基于单方民事法律行为,也可能是基于双方民事法律行为。

(1)基于单方民事法律行为让与债权。基于单方民事法律行为让与债权的情形,如被继承人生前立有遗嘱,将债权让与继承人中的一人或数人,或者将债权让与继承人以外的人(受遗赠人)。立遗嘱的行为是单方民事法律行为,这种债权让与为死后生效的民事法律行为,只有在被继承人死亡后才能发生法律效力。

(2)基于双方民事法律行为让与债权。多数债权让与都是基于双方民事法律行为进行的,双方当事人应订立债权让与合同。债权让与合同是债权人与第三人就转让债权达成的协议,此债权让与合同有以下特点:一是债权让与合同一旦有效成立,债权即移转于受让人,债权让与合同的成立、履行以及法律效力同时发生。二是债权让与合同的当事人是债权人与第三人,债务人不是债权让与合同的主体。债务人对于债权让与是否同意,不影响债权让与合同的成立与生效。三是债权让与合同为不要式合同,债权人与第三人达成协议即可,并不需要特别的方式。但法律、行政法规规定转让权利应当办理批准、登记手续的,当办理相应的手续。

(三)债权让与的条件

[**事例11**] 2007年7月,刘某向甲啤酒厂购买啤酒1万瓶。同年7月26日,甲啤酒厂将1万瓶啤酒按约送到刘某处,并由刘某出具了收条,写明:“今收到甲啤酒厂啤酒壹万瓶整,收货人刘某,2007年7月26日。”收条中,还同时注明“由徐某来结清”。2008年1月10日,甲啤酒厂出具了一份证明,其内容是:“兹由我厂徐某在2007年7月26日经手发给刘某的啤酒壹万瓶,每瓶价格1.10元,计货款壹万壹仟元整,此款已结算到徐某个人名下,刘某的货款归徐某个人负责收回,特此证明。”现因徐某向刘某索要货款无着,诉至法院,要求刘某偿还所欠货款。试分析:(1)本案中,甲啤酒厂将其对刘某的债权转让给徐某是否已经生效?(2)本案中,甲啤酒厂与徐某之间的债权转让是否对债务人刘某发生法律效力?

债权让与一般基于债权让与合同产生,除了债权让与合同外,还需要具备一系列条件方可生效。一般认为,债权让与须具备以下条件方能生效:

1.须当事人之间成立有效的债权让与合同。债权让与时,让与人与受让人应订立债权让与合同,且债权让与合同应具备合同的有效要件。但一般认为,债权让与合同原则上为无因行为,因此若债权人已对债务人为债权让与的通知,债权让与合同虽为无效或被撤销,非再对债务人为债权让与无效的通知,不能对抗债务人。如果债务人已经向无效债权让与合同的相对人清偿债务的,其清偿为有效,债权人只能向相对人请求返还不当得利。

2.须有有效债权的存在。债权让与合同的目的是转让债权,因而必须有有效债权存在。若转让人不享有有效债权,该让与合同当然无效。债权是否有效,应以何时为准,应具体分析。例如,以可撤销的债权为让与的,在所让与的债权未被撤销前,该债权为有效,因此,在其未被撤销前让与的,该让与合同为有效。以将来发生的债权为让与的,因让与合同成立时该债权尚不存在,但并非将来不能有效存在,若当事人约定于债权人取得债权时债权移转于受让人，则该让与合同也应为有效，但此种让与于债权实际发生时始生效力。

3.须让与的债权具有可让与性。由于债权让与本质上是一种交易行为，从鼓励交易、增加社会财富的角度，应当允许绝大多数债权让与，无论单务合同、双务合同中的债权，无论意定之债中的债权，还是法定之债中的债权，只要不违反法律的强行性规定和公序良俗，均应允许其让与。但是，对于某些基于个人特别信赖关系、具有特定身份关系的债权，由于其不具有可让与性，这些债权不得让与。

4.须通知债务人。债权让与合同为转让人与受让人间的意思表示一致的协议，因此，债务人不为债权让与合同的当事人。从法律行为的一般原理上说，债务人的意思不能影响债权让与合同的效力。但因债权转让合同所转让的债权与债务人有关，于转让生效后，债务人须向受让人履行债务，因此，债权让与合同是涉及债务人的合同。但是，由于债权让与一般并不会危害债务人的利益，因此对债权让与各国均无过多限制性规定。《合同法》第80条第1款规定："债权人转让权利的，应当通知债务人。未经通知，该转让对债务人不发生效力。"依此规定，债权让与不以债务人的同意为生效要件，但应以通知债务人为对债务人发生效力的要件。关于通知的形式，《合同法》并无限制，因此，口头形式和书面形式均为可以。

5.不得违反法律和社会公共利益。债权让与不得违反法律的明确规定，也不得违反社会公共利益。债权人让与债权，如果法律、行政法规规定应当办理批准、登记等手续的，应依其规定办理，否则不发生债权让与的效力。

事例11中的问题一涉及债权让与协议的生效要件。本案中，甲啤酒厂将啤酒按约供应刘某，形成有效债权。甲啤酒厂对刘某的债权系货款给付债权，且当事人之间并无特别约定，具有可让与性。甲啤酒厂与徐某达成债权让与的合意，因此，债权让与协议已经生效。问题二涉及债权让与的通知义务问题。债权让与符合生效要件的，让与人和受让人之间的让与合同即成立并生效，发生债权转让的效果。但债权让与不仅涉及让与人和受让人之间的关系，而且涉及让与人与债务人，受让人与债务人之间的关系。因债权让与的事实，债权人对债务人的请求权由受让人取代，即让与人与债务人之间的债权债务关系消灭，受让人与债务人之间的债权债务关系产生，而受让人与债务人之间的债权债务关系的产生决定于让与人，即原债权人的通知效力。本案中，甲啤酒厂与徐某达成债权让与后，没有履行通知义务。虽然，债务人刘某在收条中注明由徐某结账，但徐某系甲啤酒厂的业务员，是代理甲啤酒厂与刘某结账。而本案中，徐某系主张自己的债权，性质迥然相异。据此，该债权让与协议对债务人刘某不发生效力。

(四)债权让与的标的

1.可以让与的债权

下列债权可以让与：

(1)合同中的债权。合同中的债权可以让与。无论是单务合同中的债权，还是双务合同中的债权，均得让与。因合同债务不履行、不完全履行、迟延履行、受领迟延而产生的损害赔偿请求权，也可以让与。

(2)因侵权行为而产生的债权。因人格权受到侵害而产生的损害赔偿请求权(包括精神损害赔偿请求权)、因知识产权被侵害而产生的损害赔偿请求权、因财产权受到损害而产生的损害赔偿请求权均可以成为债权让与的标的。

(3)附期限、附条件的债权。债权可以附期限、附条件。附期限、附条件的债权已经成立，在特定的事实产生时，如期限到来、条件成就，才能成为现实的债权。对于附期限、附条件的债权，可以让与，但让与人负告知的义务，其应向受让人说明情况。

(4)超过诉讼时效的债权。依照我国《民法通则》的规定，超过诉讼时效的债权，其胜诉权消灭，实体权利仍然存在，只不过失去了要求法院依法保护的效力；如果债务人履行的，债权人有权接受并有权保持履行利益，债务人不得在履行后以不当得利为由请求返还。这种超过诉讼时效的债权可以作为债权让与标的，但债权人让与时应明确告知对方，让与人没有告知的，受让人可以请求撤销债权让与合同。

(5)可撤销的债权。这种债权在撤销权行使之前有效，只有在撤销权人行使撤销权后才自始无效，并且在撤销权行使的期限内权利人不行使撤销权的，该债权将为合法有效的债权。因此，可撤销的债权可以让与。如果让与人即为享有撤销权的人，其转让债权的行为同时可以视为抛弃撤销权；如果是债务人享有撤销权，并在债权让与后行使了撤销权使债权消灭的，这时让与人履行不能成立。

(6)内容不确定的债权。内容不确定的债权，如报酬尚未确定的承揽合同的债权、享有选择权的合同的债权等。这些债权虽然在债权转让时尚未确定，但债权客观存在，将来可以以一定的方式予以确定，其当然可以转让。

(7)作为权利质押的债权。这种权利本身具有一定的负担，其效力不完整，但其价值除了质押范围外，尚存在剩余部分价值可以转让。另外，由于质押的实现具有一定的或然性，如果被担保的债务人依约履行债务，被质押的债权即成为无负担的完全债权，只不过受让人要承担一定的风险。这与已经设定了抵押权的房屋可以买卖是一样的道理。

2.不得让与的债权

不得让与的债权，大致有三类：一是依其性质不得让与的债权，二是依法律规定不得让与的债权，三是依当事人约定不得让与的债权。

(1)依其性质不得让与的债权。依债权的性质不得让与的债权，主要有以下几种：①基于特别信任关系而发生的债权。如委托、租赁等，这类合同债权是建立在特别信赖的基础上，具有一定的人身信任关系，因而不得擅自让与他人。②为特定债权人利益而存在的债权。专为特定债权人利益而存在的债权，不得让与。如专为特定人绘肖像画的合同，专为教授特定人语言的合同，这些合同中的债权不得转让。③以特定的身份为基础的合同。如因继承而发生的对于遗产管理人的遗产给付请求权，不得让与。④不作为的债权。如不得为商业竞争。由于不作为债权是为了特定债权人的利益而存在的，如果允许债权人让与债权，无异于为债务人新设义务，对于债务人不公，因此不得让与，只能就特定的债权人存在。⑤属于从权利的债权。从权利是依附于主权利而存在的权利，主权利让与时，从权利也随之让与。通常情况下，从权利不得与主权利分离而单独让与，但如果从权利可以与主权利分离而单独存在的，则可以转让，如已经产生的利息债权可以和本金债权相分离而单独让与。

(2)依照法律规定不得让与的债权。依照法律规定不得让与的债权，如《担保法》第61条规定，最高额抵押的主合同债权不得转让。

(3)依当事人约定不得让与的债权。当事人根据意思自治原则，可以在不违反法律和社会公共利益的前提下，特别约定禁止转让合同债权的内容。

(五)债权让与的效力

债权让与的效力是指债权让与所发生的法律效果，可分为内部效力与对外效力两个方面。

1.债权让与的内部效力，是指债权让与在转让人与受让人间发生的法律效果。内部效力主要包括以下方面：

(1)债权及其从权利转让于受让人。债权让与的基本效力是受让人取得受让的债权，受让人成为新的债权人。

(2)让与人应将债权证明文件全部交付给受让人。债权的转让人负有使受让人能够完全行使债权的义务，因此，让与人应将所有足以证明债权的文件，如债权证书、票据等交付受让人。让与人应向受让人告知有关主张债权所必要的情形，如债务人的住所、债务的履行方式等。有担保权的，让与人应将担保文书一并交付给受让人；占有担保物的，应将其占有移转给受让人。

(3)让与人对让与的债权负瑕疵担保责任。让与人对其所让与的债权应负瑕疵担保责任，不使受让人因债务人主张得对抗让与人的事由使受让人的利益受损害，但是，除让与合同另有约定外，让与人不对债务人的履行能力负担保责任。受让人于让与合同成立时知道债权有瑕疵而受让的，让与人也不应负瑕疵担保责任。

2.债权让与的对外效力，是指债权让与对债务人及第三人发生的法律效果。债权让与自当事人双方的意思表示一致时成立，只有在向债务人为债权让与的通知时，才能对债务人发生效力。债务人一经接受债权让与的通知，有异议的，得向对方提出，并得向原债权人即让与人清偿债务；债务人未提出异议的，债权让与对其即发生效力。对外效力主要包括以下方面：

(1)债务人应向受让人履行债务。债权让与对债务人生效后，债务人应向受让人清偿债务，而不得再向让与人清偿债务。债务人仍向让与人清偿的，除构成向第三人履行外，其清偿无效，不能对抗受让人，而只能依不当得利向受清偿的让与人要求返还。

(2)债务人对原债权人的抗辩权得向受让人为之。受让人受让债权，其地位不能优于让与人，其权利不能大于让与人原有的权利，因此，凡债务人得以对抗原债权人即让与人的抗辩权，同样得用以对抗受让人。《合同法》第82条规定："债务人接到债权转让通知后，债务人对让与人的抗辩，可以向受让人主张。"例如，债权未发生的抗辩、债权已消灭的抗辩、债权无效的抗辩、同时履行的抗辩和不安抗辩、债权已过诉讼时效的抗辩等，债务人均得向受让人行使之。

(3)债务人可主张以其债权与让与债权抵销。《合同法》第83条规定："债务人接到债权转让通知时，债务人对让与人享有债权，并且债务人的债权先于转让的债权到期或者同时到期的，债务人可以向受让人主张抵销。"

三、债务的承担

［**事例12**］ 甲企业对乙企业享有50万元的货款债权，遂将其欠丙企业的50万元的债务转让给乙企业，并取得了丙企业的同意。因乙企业到期向甲企业支付了50万元的货款，甲企业受领。受领后，甲企业因经营不善宣告破产而引起纠纷。试分析：(1)甲企业与乙企业的债务承担协议是否有效？(2)乙企业向甲企业履行债务是否免除其对丙企业50万元债务承担的义务？

(一)债务承担的概念

债务承担，即债务主体的变更，是指在维持债的内容的同一性的前提下，原债务人的债务移转于新债务人承担。

债务承担可因法律的直接规定而发生，如通过继承进行债务承担，也可因法律行为而发生。一般所说的债务承担，仅指合意的债务承担。

债务承担可以分为免责的债务承担与并存的债务承担。免责的债务承担，是指由第三人即承担人代替债务人承担其全部债务，原债务人脱离债的关系，承担人成为新债务人，因此，免责的债务承担是债务的全部转移。并存的债务承担，是指第三人加入债的关系与债务人共同承担债务，原债务人并不脱离债的关系，而仍为债务人，因此，并存的债务承担属于债务的部分承担。狭义的债务承担仅指免责的债务承担。

(二)债务承担的要件

一般认为，债务承担须具备以下要件：

1.须有有效债务的存在且具有可移转性。债务承担合同所移转的是有效债务，若债务并不存在或无效或已消灭，则债务承担合同不能有效。所移转的债务为将来发生的债务的，债务承担合同应自债务有效成立时，方能生效。另外，依照法律规定、当事人约定或者债的性质不能移转的债务，不能移转于他人。

2.须有以债务承担为目的的有效合同。如当事人间订立的合同不是以移转债务为目的或者虽以由第三人承担债务为目的，但合同存有无效的事由的，均不能发生债务承担的后果。债务承担合同可由债权人与第三人订立，也可由债务人与第三人订立。由债务人与第三人订立债务承担合同的，须经债权人同意方能有效。

3.须经债权人的同意。因为在债务承担中，承担人的信誉、履行的财产基础等对债权人有重要的影响，故各国立法多对债务承担有所限制。《合同法》第84条规定："债务人将合同的义务全部或者部分转移给第三人的，应当经债权人同意。"因此，非经债权人的同意，债务承担对债权人不发生效力。

事例12中的问题一涉及免责的债务承担的有效要件问题。本案中，甲企业是乙企业的债权人，甲企业是丙企业的债务人，乙企业与甲企业之间达成协议，乙企业承担甲企业对丙企业的债务，该债务为金钱债务，是有效债务，同时，该债务具有可转让性，且经过了债权人丙企业的同意，符合免责的债务承担的有效要件，故该债务承担协议是有效的。

(三)债务承担的效力

债务承担生效后将发生以下方面的效力：

1.债务人发生更替。债务全部移转的，承担人取代原债务人的地位而为新债务人。原债务人脱离债的关系，而不再负担债务。债务人的债务部分转移给第三人的，第三人加入债，与原债务人共同承担债务。

2.新债务人取得原债务人基于债权债务关系所享有的抗辩权。《合同法》第85条规定："债务人转移义务的，新债务人可以主张原债务人对债权人的抗辩。"但原债务人对债权人享有同种类债权可主张抵销的，新债务人不得以此主张抵销。

3.从属于主债务的从债务一并移转于承担人承担。《合同法》第86条规定："债务人转移义务的，新债务人应当承担与主债务有关的从债务，但该从债务专属于原债务人自身的除外。"

事例12中的问题二涉及免责的债务承担的效力问题。免责的债务承担有效成立后，第三人取代原债务人，成为新债务人；原债务人脱离债的关系，由第三人直接向债权人承担债务。嗣后第三人不履行债的义务，债权人不得再请求原债务人承担债务，只能请求第三人承担债务不履行之损害赔偿责任或者请求人民法院向第三人强制执行，原债务人对第三人的偿还能力并不负担保义务。本案中，甲企业对丙企业的债务转由乙企业承担，甲企业与丙企业之间的债权债务关系消灭，丙企业是乙企业的债权人，乙企业是丙企业的债务人，乙企业对丙企业负有50万元的清偿义务。

四、债权债务的概括移转

(一)债权债务的概括移转的概念

债权让与和债务承担，只是单纯地移转债权或移转债务，由第三人成为新的债权人或债务人。在现实生活中还存在着债权债务概括移转的情况。所谓债权债务的概括移转是指债的一方主体将其债权债务一并转移给第三人，由第三人全部继受债权债务的情形，如企业合并。

债权债务概括转移与债权让与、债务承担的不同之处在于：转移的内容包括债权和债务两个方面。债权债务的概括转移，可以是全部债权债务的概括转移，也可以是部分债权债务的概括转移。当部分债权债务概括转移时，可以基于当事人的约定在原当事人与承受人之间确定一定的份额，如果没有约定而又不能由其他方法确定的，在原当事人与承受人之间发生连带关系。

债权债务的概括移转可以基于当事人之间的合同产生，称为意定概括移转，也可以基于法律的直接规定而产生，称为法定的概括移转。

(二)债权债务的概括移转的种类

债权债务概括转移通常有两种情形：合同承受、企业合并与分立。

1. 合同的承受

合同的承受，是指合同一方当事人，依照其与第三人的约定，并经对方当事人的同意，将合同上的权利义务一并移转给第三人，由第三人承受债权和债务。合同承受既可因当事人间的协议发生，称为意定的合同承受。《合同法》第 88 条规定："当事人一方经对方同意，可以将自己在合同中的权利和义务一并转让给第三人。"可见，当事人一方将其合同上的权利义务一并转移于第三人的，须经对方同意，否则不能发生转移的效力。按照《合同法》第 89 条规定："权利和义务一并转让的，适用本法第七十九条、第八十一条至第八十三条、第八十五条至第八十七条的规定。"这就是说，债权和债务一并转让的，其成立条件和效力，适用关于债权让与和债务承担的规定。

合同承受的生效需要具备以下要件：须有有效的合同的存在；承受的合同须为双务合同；须有合同当事人与第三人达成合同承受的合意；须经原合同当事人另一方的同意。

合同的承受也可因法律的直接规定发生，称为法定的合同承受。如《合同法》第 229 条规定："租赁物在租赁期间发生所有权变动的，不影响租赁合同的效力。"此即"买卖不破租赁原则"。

2. 企业合并与分立

企业合并，是指两个或两个以上的企业合并为一个企业。企业合并，包括吸收式合并和新设式合并。吸收式合并是指一个企业将原存的其他企业吸收而成为自己的一部分；新设式合并是指两个以上的企业合并成立一个新的企业，合并各方均解散。

企业分立，是指一个企业分立为两个或两个以上的企业。企业分立有创设式分立和存续式分立。创设式分立是指解散原企业，而分立为两个或两个以上的企业；存续式分立是指原企业存续，从原企业中分立出其他的企业。

企业的合并与分立，是市场经济条件下企业发展的常态。企业的合并与分立，不同于企业破产，相对人的利益不受影响，企业合并或者分立之前的债权债务由合并或者分立后的企业承担。我国《民法通则》第 44 条规定："企业法人分立、合并，它的权利义务由变更后的法人享有或承担。"《合同法》第 90 条对此又作了更为详细的规定，即当事人在订立合同后合并的，由合并后的法人或其他组织行使合同权利，履行合同义务；当事人订立合同后分立的，除债权人与债务人另有约定者外，由分立后的法人或者其他组织对合同的权利和义务享有连带债权，承担连带债务。

企业合并或者分立所致的债权债务概括转移，属于法定概括转移，无须征得相对人的同意，但由于合并与分立属于企业的重大事项的变更，因而须办理变更登记手续，并进行公告。

五、债的消灭概述

［事例 13］ 甲、乙为父子，二人合伙做生意。2006 年 2 月，乙欲购买戒指，却发现忘带钱包，甲对乙说："我帮你付钱。"2008 年 3 月，甲、乙解散合伙，分割合伙财产时，对于甲所欠乙的借款 1000 元，乙表示免除甲所欠的这笔债务，后乙又反悔，并多次向其甲索要这笔欠款。甲一怒之下将乙打伤，乙为治伤花去 2000 元，甲乙发生纠纷，请村委会调解。甲提出，2006 年 2 月，为乙付账 2000 元，抵销现在乙的医药费 2000 元；合伙做生意，我欠他 1000 元，他已经表示免除。乙说，甲 2006 年 2 月的付账，属赠与；因合伙终止结算，甲欠我 1000 元，我不同意免除。试分析：(1)乙与商场购买戒指的债务因何种原因而终止？(2)甲主张与乙的医药费债务抵销能否成立？(3)甲欠乙的 1000 元借款的债务因何种原因而终止？

(一)债的消灭的概念

债的消灭，或称"债的终止"，是指债的关系在客观上不复存在。债的关系为动态的关系，是从债的产生到债的消灭的过程。债的消灭是债的关系的终点。

债的消灭与债的效力的停止或减弱不同。债的效力的停止或阻止，是因债务人行使抗辩权而拒绝债权人的履行请求，从而使债权的效力受阻止或停止。债的效力减弱，是指债权人不能行使给付请求权而仅能受领债务人的给付。例如，诉讼时效完成后的债权。不论债权的效力停止还是减弱，债的关系仍存在。而债的消灭，则是债的关系消灭，债从此不复存在。

债的消灭与债的变更不同。债的变更包括主体变更与客体、内容的变更。债的主体的变更为债的移转，债的关系未消灭，仅是存在于新的主体之间而已。债的内容或客体变更，仅是债的内容或客体变动，债权债务关系仍然存在，并未消灭。

(二)债的消灭的原因

债消灭的原因，即引起债消灭的法律事实。概括地说，债消灭的原因可以分为以下几类：

1. 基于债的目的达到而消灭。例如，清偿、混同都是因为的债的目的实现而消灭。

2.基于债的目的不能达到而消灭。例如，在给付不能时债的目的就不能再实现，债也应消灭。

3.基于当事人的意愿而消灭。例如，基于协商解除合同、免除债务、合意抵销都是基于当事人一方或者双方的意愿而消灭。

4.基于法律的规定而消灭。

(三)债的消灭的效力

债的消灭，除当事人间的权利义务终止外，还产生以下效力：

1. 债权的担保及其他从属的权利随之消灭。

2. 有负债字据的债消灭的，债务人得请求返还或涂销负债的字据。

另外，债消灭后，当事人仍应遵循诚实信用原则，根据交易习惯，履行通知、协助、保密等义务。

六、清偿

(一)清偿的概念

债的清偿，也称为“债的履行”，是指债务人按照法律的规定或者合同的约定向债权人履行义务。债务人向债权人为特定行为，从债务人方面说，为给付；从债权人方面说，为履行；从债的消灭上说，为清偿。债务人清偿了债务，债权人的权利实现，债的目的达到，债当然也就消灭。清偿为债的消灭的最正常的最常见的原因。

事例13中的问题一涉及债的清偿问题。依《合同法》第91条规定，合同的权利义务关系因清偿而终止。本案中，乙与商场之间的买卖合同之债不属于不作为或者不具有转让性的债务，乙应支付的购买戒指的价金可由第三人代为清偿。甲、乙虽为父子，但对于乙与商场的买卖合同而言，甲并无法律上的利害关系。甲的付款行为构成无利害关系的第三人的代为清偿行为。商场的清偿目的已经实现，乙与商场之间的买卖合同因清偿而消灭。

(二)清偿标的

1.债务人依债的内容为给付行为

在债的关系成立后，债务人应依债的内容为给付行为。由于债内容并不一致，有应交付财物的，有应移转权利的，有应提供劳务的，有应完成工作成果的，也有以不作为为债的标的。无论债的内容如何，债务人均应依债的内容履行债务，以满足债权人的利益。

2.代物清偿

代物清偿，债务人以他种给付代替其所负担的给付，从而使债消灭的。债务人原则上应依债的标的履行债务，不得以其他标的代替，但也不尽然。在双方当事人合意时，债务人也可以代物清偿，代物清偿仍然发生债消灭的后果。

(1)代物清偿的要件。代物清偿须具备以下要件：①须原有债的关系存在。原存在债的关系，无论是合同之债，还是无因管理之债、不当得利之债、侵权行为之债，只要有债权债务，就可成立代物清偿，至于原债的标的如何，在所不问。②须以他种给付代替原定给付。给付的形态有支付金钱、交付财物、移转权利、提供劳务、提交成果、不作为等。以一种给付代替他种给付，才为代物清偿。即使在同一形态的给付中，也可成立代物清偿，如以大米代替玉米，以牛代替马等。③须有当事人的合意。由于代物清偿改变了原债中的给付，因而须以债权人、债务人合意才能成立。否则不产生代物清偿的法律后果。④须清偿受领人现实受领他种给付。债权人与债务人达成代物清偿的合意，即成立代物清偿合同，此代物清偿合同为要物合同，须清偿人现实地为给付行为并经清偿受领人受领的，才发生代物清偿的效力。

(2)代物清偿的效力。代物清偿发生以下效力：①使债归于消灭。在代物清偿后，债的关系消灭，债权的从权利也随之消灭。②瑕疵担保责任发生。当原债基于有偿合同而发生时，产生瑕疵担保责任。即如果代替给付具有权利上或者物的品质上的瑕疵时，适用瑕疵担保责任的有关规定。③代物清偿中差额部分的处理。在代物清偿中，原定给付与他种给付的价值并不一定相等。当价值不等时，如果原定给付的价值高于他种给付的价值，则债务人应一并履行他种给付少于原定给付的差额；如果原定给付的价值低于他种给付的价值，则债权人应补偿或者退回他种给付超出原定给付的差额。

(三)清偿抵充

所谓清偿抵充，是指债务人对债权人负担数宗同种债务，而债务人的履行有不足以清偿全部债务时，确定其履行应抵充何种债务的规则。例如，债务人负有 2 万元和 3 万元两笔债务，如果债务人提出 1 万元以为清偿，应该清偿哪一笔债务呢？清偿抵充旨在解决该类问题。

清偿抵充需要具备以下要件：须债务人对于同一债权人负担数宗债务；须数宗债务之给付种类相同；须清偿人提出之给付不足清偿全部债务。

清偿抵充之方法有三种：约定抵充，是指根据合同自由原则，清偿人与债权人根据合同确定抵充的债务；指定抵充，是指清偿人与债权人就清偿之抵充没有以合同约定时，有清偿人指定应该抵充之债务。法定抵充，是指清偿人与债权人未订立抵充合同，清偿人于清偿时也未指定应该抵充的债务时，应该根据法律规定的抵充规则进行抵充的方法。《合同法司法解释(二)》第 20、21 条规定了清偿抵充制度，但是仅对法定抵充和清偿顺序作了规定，对约定抵充和指定抵充未置可否。

七、抵销

(一)抵销的概念

抵销，是指当事人双方相互负有同种类债务时，将两项债务相互冲抵，使其相互在对等额内消灭。为抵销的债权即主张抵销的债务人的债权，称为动方债权或主动债权、能动债权;被抵销的债权即债权人的债权,称为受方债权或被动债权、反对债权。

抵销是债的消灭的原因之一,使用抵销方式消灭债,可便利双方当事人,节省交易成本。另外,抵销还有担保作用。例如,双方互负同类债务时,若其中一方的资力恶化,另一方向其履行,就有可能得不到相反的履行。但若实行抵销,则另一方即使不能履行债务,他方的利益也可得到保障。

(二)抵销的种类

抵销可分为法定抵销与合意抵销。法定抵销,是指具备法律所规定的条件时,依当事人一方的意思表示所为的抵销。其依当事人一方的意思表示,使双方的债权按同等数额消灭的权利,称为抵销权。《合同法》第99条第1款规定:“当事人互负到期债务,该债务的标的物种类、品质相同的,任何一方可以将自己的债务与对方的债务抵销,但依照法律规定或者合同性质不得抵销的除外。”此所谓抵销即法定抵销。《合同法司法解释(二)》第23条规定:“对于依照合同法第九十九条的规定可以抵销的到期债权,当事人约定不得抵销的,人民法院可以认定该约定有效。”可见,可以适用法定抵销的到期债权亦可依约定的方式排除。

合意抵销,是指依当事人双方的合意所为的抵销。合意抵销是由当事人自由约定的,其效力也决定于当事人的约定。《合同法》第100条规定:“当事人互负债务,标的物种类、品质不相同的,经双方协商一致,也可以抵销。”

(三)抵销的要件

抵销一般须具备以下要件:

1.须双方互负有债务,互享有债权

抵销是通过冲抵债务,使双方的债权在同等数额内消灭,因此,抵销必以当事人双方相互享有债权、相互负有债务为前提。若当事人一方对另一方仅有债权而不负债务,或者仅负债务而不享有债权,就不能抵销。

2.须双方的债务均届清偿期

债务未到清偿期,债权人不能请求履行,若债权人得以其债权与对方的债权抵销,也就等于请求债务人提前清偿。两项债务,一项已届清偿期,而另一项未届清偿期时,若未到期的债务人主张抵销的,可以抵销;已届清偿期的一方主张抵销,未到期的一方同意抵销的,则也可以抵销。因为于此情形下,债务人自愿放弃自己的期限利益,法律自无限制的必要。如果两项债务都没有规定清偿期,则因为债权人都可随时要求债务人履行,则可以抵销。

3.须双方债务的给付为同一种类

抵销的债务以是同一种类的给付为必要。因为只有给付的种类相同时,当事人双方的经济目的才一致,通过抵销才可满足当事人双方的利益需要。两项债务为不同种类的给付,若当事人以抵销而不必为给付,则会难以满足当事人的经济需要。因此,抵销的债务一般为金钱债务和种类之债，但是，协议抵销不在此限。

4. 须双方的债务均为可抵销的债务

抵销的债务须为可以抵销的债务。对于依法律规定或者债务的性质不得抵销的债务，不得抵销。双方约定不得抵销的债务也不得抵销。例如，相互提供劳务的债务，与人身不可分离的债务（如抚恤金、退休金等债务），依其性质不能抵销。法律规定不能抵销的债务主要有：禁止强制执行的债务；因故意侵权行为而产生的债务等。

事例 13 中的问题（2）涉及债的抵销问题。本案中，甲、乙之间互负债务，且两项债务的性质、种类相同，都是给付货币的债务，但甲对乙受伤害应负赔偿责任的债务为因侵权行为而发生的债务，是不可抵销的债务，因此，甲无权主张其对乙所负的侵权赔偿债务与乙对自己的借贷债务相互抵销。

（四）抵销的效力

抵销的效力主要表现在以下方面：

1. 双方的债权债务于抵销数额内消灭。双方债务数额相等的，双方的债权债务全部消灭；双方的债务数额不等的，数额少的一方的债务全部消灭，另一方的债务于与对方债务相等的数额内消灭，其余额部分仍然存在，债务人就此部分债务余额负清偿责任。抵销发生后，双方债权的担保及其他权利，均从抵销发生后消灭；双方的利息债权，也从抵销时消灭。

2. 因抵销双方债务的消灭为绝对消灭。除法律另有规定外，任何人不得主张撤回抵销。

3. 抵销的意思表示溯及于可以为抵销时发生消灭债的效力。双方的债务适于抵销时，即为抵销权发生之时。在双方的债务清偿期不一致时，以主张抵销的一方当事人发生抵销权的时间为适于抵销的时间。

八、提存

（一）提存的概念

提存，是指债务人于债务已届履行期时，将无法给付的标的物交提存机关，以消灭债务的行为。债务人履行债务需要债权人协助，如债权人不协助债务人的履行或对债务人的履行拒不接受，或者债务人无法向债权人履行，债务人就不能清偿债务。债务人将因债权人不受领而继续承担着清偿责任，这对于债务人是不公平的，为此，法律设提存制度。

（二）提存的条件

按照《提存公证规则》第 13 条的规定，提存应符合以下条件：

1. 提存人具有行为能力，意思表示真实

提存人为债的关系中的债务人。提存为法律行为，因此提存人须具有行为能力，并且提存的意思表示须真实。

2.存在合法有效的债权债务关系

这是提存的前提。如果不存在合法有效的债权债务关系，债务人履行债务没有法律根据，自然不存在提存的问题。

3.标的物适于提存

适于提存的标的物有：货币；有价证券、票据、提单、权利证书；贵重物品；担保物(金)或者其代替物以及其他适宜提存的物。标的物不适于提存或者提存费用过高的，债务人依法可以拍卖或者变卖标的物，提存所得的价款。

4.提存的标的与债的标的相符

提存仍为债务人履行债务，是债消灭的原因之一，因而提存的标的须与债的标的相符。

5.具备法定的提存原因

在有下列情形之一，债务人难以履行债务时，债务人可以将标的物提存：

(1)债权人无正当理由拒绝受领。在债务人现实地履行债务时，债权人无正当理由，以书面或者口头形式拒绝受领，债务人可以将标的物提存。如果债务人未现实地提出给付，则不构成提存原因。

(2)债权人下落不明。债权人下落不明，是指债权人离开住所没有音讯，包括债权人不清、债权人地址不详、债权人失踪又无财产代管人等情况。

(3)债权人死亡未确定继承人或者丧失民事行为能力未确定监护人。在债权人死亡未确定继承人时，或者债权人丧失民事行为能力未确定监护人时，债务人无法确定受领履行的权利人，可以将标的物提存。

(4)法律规定的其他可以提存的情形。在法律有其他的规定，债务人可以提存时，可以适用其他法律的规定。

(三)提存的程序

1.申请

提存人应当填写公证申请表，并提交下列材料：(1)申请人的身份证明，法人应提交法人资格证明和法定代表人身份证明，法定代表人应提交与被代理人关系的证明，委托代理人应提交授权委托书；(2)合同书、担保书、赠与书、司法文书、行政决定等据以履行义务的依据；(3)存在提存原因的证明材料；(4)提存受领人的姓名、地址、邮编、联系电话等；(5)提存标的物种类、质量、数量、价值的明细表；(6)公证机关认为应当提交的其他材料。

2.审查

公证员应当审查下列内容：(1)申请所有提交材料是否齐全，内容是否属实；(2)提存人的行为能力和清偿依据；(3)申请提存之债的真实性、合法性；(4)请求提存的原因和事实是否属实；(5)提存标的物与债的标的物是否相符，是否适宜提存；(6)提存标的物是否需要采取特殊的处理或保管措施。

3. 提存或不予提存

当提存人具有行为能力、意思表示真实、提存之债真实合法、具备提存的原因条件及标的符合法定要求、提存标的与债的标的相符时，提存机关应当予以提存。

不符合上述条件的，提存部门应当拒绝办理提存公证，提存申请人对拒绝公证不服的，有权申请复议。在提存标的与债的标的不符，或在提存时难以判明两者是否相符时，提存部门应当告知提存人。如提存受领人因此原因拒绝受领提存物的，不产生提存的效力。

4. 提存的通知和公告

标的物提存后，除债权人下落不明的以外，债务人应当及时通知债权人或者债权人的继承人、监护人。《提存公证规则》第 18 条规定："提存人应将提存事实及时通知提存受领人，以清偿为目的的提存或提存人通知有困难的，公证处应自提存之日起七日内，以书面形式通知提存受领人，告知其领取提存物的时间、期限、地点、方法。提存受领人不清或者下落不明、地址不详无法通知的，公证处应自提存之日起六十日内，以公告方式通知。公告应刊登在国家或债权人在国内住所地的法制报刊上，公告应在一个月内在同一报刊刊登三次。"

(四)提存的效力

1. 债务人与债权人间的效力

提存后，债因提存当然消灭，债务人不再负清偿责任。提存物的所有权如同债务人给付后一样移转于债权人，标的物毁损、灭失的风险也一并移转于债权人，标的物的孳息归债权人所有，提存费用由债权人负担。但是，为使债权人及时得知提存的事实，除债权人下落不明的以外，提存人应当通知债权人或者债权人的继承人、监护人。

2. 提存人与提存机关间的效力

提存人与提存机关是提存行为的双方当事人，于提存成立后，提存机关有保管提存物的义务。提存人在发现提存错误或提存原因消灭时，得撤销提存行为，并取回提存物。但是在提存有效成立期间，提存人不得取回提存物。即使债权人放弃或丧失请求权，提存人也不能取回提存物，提存人也不负担提存物的保管费用。当然若提存人取回提存物时，提存人自应负担提存物的保管费用。

3. 提存机关与债权人间的效力

提存成立后，债权人与提存机关形成一种权利义务关系。《合同法》第 104 条规定："债权人可以随时领取提存物，但债权人对债务人负有到期债务的，在债权人未履行债务或者提供担保之前，提存部门根据债务人的要求应当拒绝其领取提存物。"但是，债权人领取提存物的权利应于法律规定的期限内行使。债权人超过法律规定或者提存机关公告的领取时间而不领取提存物的，其权利即行丧失。《合同法》第 104 条第 2 款规定："债权人领取提存物的权利，自提存之日起五年内不行使而消灭，提存物扣除提存费用后归国家所有。”

九、混同

(一)混同的概念

混同，是指债权与债务同归于一人，而使债的关系消灭的事实。混同以债权与债务归于一人而成立，与人的意志无关，属于法律事实中的事件。混同是债消灭的原因之一。

(二)混同的原因

混同的原因，大致有以下两类：

1.概括承受

概括承受，即债权债务概括转移于债权人或者债务人。债权债务的概括承受为混同的主要原因。例如，企业合并，合并的企业之间原互有债权债务的，合并后，债权债务同归于一个企业，从而导致债的消灭。再如，债权人继承债务人的遗产，债务人继承债权人的遗产，或者第三人继承债权人的遗产以及债务人的遗产，债权债务同归一人而消灭。

2.特定承受

特定承受，即债权人承受债务人对自己的债务，或者债务人受让债权人对自己的债权，这时债权债务消灭。

(三)混同的效力

混同的效力是导致债的关系绝对消灭，并且主债消灭，从债也随之消灭，但在涉及第三人利益的情形下，虽发生混同，债也不消灭。《合同法》第106条规定：“债权和债务同归于一人的，合同的权利义务终止，但涉及第三人利益的除外。”例如，债权为他人质权的标的时，债的关系不应因混同而消灭，如果债权因混同而消灭，则有害于质权人的利益。

十、免除

(一)免除的概念与条件

免除是指债权人为消灭债而向债务人作出的抛弃债权的意思表示。免除成立后，债务人自不再负担被免除的债务，债权人的债权也就不再存在，债即消灭，因此免除债务为债的消灭原因之一。

债务免除须具备以下条件：(1)免除的意思表示应向债务人为之，自该意思表示到达债务人时生效；(2)债权人须有处分能力，对于法律禁止抛弃的债权，债权人免除的意思表示无效；(3)债务免除不得损害第三人的利益。

(二)免除债务的方法

免除债务，系债权人单方的意思表示，此意思表示无须征得债务人的同意。免除债务的意思表示可由债权人作出，也可由债权人的代理人作出，免除债务的行为为无因行为，债权人或者其代理人免除债务的原因何在，在所不问。

债权人免除债务一般应向债务人为意思表示,向第三人为免除债务的意思表示,不发生免除的法律效力,但向债务人的代理人所为的免除债务的意思表示发生免除的效力。

此外,意大利民法中规定,债权人免除债务的通知在送达债务人时,发生债的消灭的效果,这一明确的法律规定颇值借鉴。

(三)免除的效力

免除的效力是使债消灭,债务全部免除的,债即全部消灭;债务部分免除的,债即于免除的范围内消灭。主债务因免除而消灭的,从债务也随之消灭。《合同法》第105条规定:"债权人免除债务人部分或者全部债务的,合同的权利义务部分或者全部终止。"

事例13中的问题(3)涉及债的免除问题。由于债务免除为债权人的单方行为,债权人向债务人作出免除债务的意思表示即发生免除的效力。同时,债务免除为无因行为、无偿行为、不要式行为,债务免除不论原因如何,只要债权人作出免除的意思表示,即发生免除的效力。债务免除不以债权人取得相应的代价为条件,债务免除的意思表示无特定的形式要求。本案中,甲、乙解散合伙时,对于甲所欠乙的借款1000元,乙当场表示免除,该免除符合免除的条件,发生免除的法律效力,因此,甲、乙之间的该1000元债务因免除而消灭,乙事后的反悔行为不具有效力。

十一、更新

(一)更新的概念

债的更新,又称为"债的更替"、"债的更改",是指在原债的基础上成立一个新债以代替原债,如将租赁关系更改为买卖关系、赠与变成买卖等。一般认为,债的更新为要因合同、有偿合同。

(二)更新的要件

一般认为,债的更新需要具备以下要件:须有应消灭债务之存在;须有新债务发生;新债务须与旧债务异其要素;须有当事人更改的合意。

(三)更新的效力

更新的结果,因使旧债务消灭,就旧债务而言,为债务消灭的原因。债的更新基本效力为原有债务消灭,新债务产生。债的更新就消灭旧债务而言,与代物清偿同,与新债清偿异;就负担新债务言,与代物清偿异,与新债清偿同。

【引导案例分析】

本案是一起车辆修理合同纠纷,原、被告双方争议的焦点在于,被告是否是与原告订立车辆修理合同的一方当事人,被告与外供公司之间的换车协议有何种对外效力。

一、本案中订立车辆修理合同的双方当事人

本案中,车辆修理的承揽人是水利汽修厂即原告,这是没有疑问的,问题的关键在于被告村委会是否是定作人。本案中的车辆修理合同是通过招标的方式订立的,原告参加了投标并中标，成为该合同的一方当事人即承揽人。虽然交警部门和保险公司都不同程度地参与了招标过程中的一些工作，但这些工作并不具有订立合同过程中的要约或承诺的性质，因此它们都不是订立合同的主体，本案中车辆修理合同中的定作人只能是车辆的所有者——被告村委会。但是，在车辆修理过程中即该合同的履行过程中，被告与外供公司达成了具有合同概括转让内容的换车协议。该换车协议是否导致车辆修理合同的主体变更，需要进一步分析。

二、本案中换车协议的性质及其效力

在车辆修理过程中，被告与外供公司达成口头换车协议。该协议实际上包含两类性质不同的合同，一为互易合同，一为债的移转合同。本案中，被告与外供公司协议将事故车作价10万元与外供公司的一辆作价24万元的汽车交换所有权，并由被告向外供公司补足差价款14万元。这一内容符合互易合同的特征，因此该互易合同成立并有效。另一方面，在被告与外供公司的换车协议中还有另一项内容：事故车的修理事宜由外供公司负责，被告应获得保险赔偿金归外供公司享有。这部分内容应认定为在被告与外供公司之间成立了一个合同权利义务的概括转让合同和一个债权让与合同。该债权让与合同的内容即被告将其对保险公司享有的请求给付保险赔偿金的权利转让给外供公司享有和行使，它并不在本案的争议焦点之列。在本案中，被告是以协议的方式将其与原告之间的车辆修理合同概括地转让给外供公司的。一方面，从协议中“事故车的修理事宜由外供公司负责”的表述以及换车协议中关于交换汽车、让与事故车保险赔偿金请求权的内容中，完全可以合乎逻辑地认定被告与外供公司之间达成了概括转让车辆修理合同的合意。另一方面，从协议的履行情况来看，外供公司向原车辆修理合同中的承揽人支付了修车费3.5万元并提走了事故车，领取了修理费发票并凭该发票办理了保险索赔。这说明外供公司在事实上已履行了被告在原合同中作为定作人的义务并行使了被告作为定作人的权利。

综合以上两方面的事实，被告与外供公司之间的关系是合同权利义务的概括转让，合同概括转让以原合同中的对方当事人同意为生效要件。可见，本案中被告将车辆修理合同转让给外供公司的行为是否经原告同意，是该合同转让行为能否生效的关键。由于原被告双方均未能提出能够证明这方面案件事实的直接证据，因此只能通过对现有间接证据的综合审查判断来得出高度概然性的结论。在车辆修理期间，被告将事故车转让给外供公司情况属实；外供公司向原告支付了部分修理费，领取了修理费发票，并提走了已修理完毕的汽车。根据以上证据事实，能够得出结论：被告在将事故车辆转让给外供公司时，将车辆修理合同概括转让给了外供公司且得到了原告的同意。

据此，被告与外供公司之间的合同转让协议对原告发生法律效力，外供公司取代被告成为车辆修理合同的当事人，被告不再是该合同的当事人。因此，原告要求被告支付尚欠的修理费已无法律依据，原告要维护自己的合法权益，可以另行起诉外供公司。

专题五　不当得利与无因管理

【引导案例】

某日甲家中闯入一牛，甲经多方寻找失主未果，遂于家中暂时饲养，以待失主前来寻找，不料该牛在甲精心饲养看护两个月后的一个暴风雨夜晚被盗。期间甲耗费300元草料饲养该牛，另外甲还用此牛耕自家田地2.5亩，节省耕地费50元。后牛之主人前来寻牛。

问题：分析本案中的法律关系。

本专题讨论不当得利和无因管理的概念及二者的效力，不当得利和无因管理的构成要件，不当得利的分类及其和侵权行为的关系等。

一、不当得利之债

（一）不当得利之债的概念及功能

不当得利，是指没有法定和约定的理由而受有利益，造成他人损失的事实。该利益为财产利益。不当得利能产生债法上的权利义务关系，因而简称“不当得利之债”。

不当得利的立法目的旨在维护当事人间的利益平衡，实现社会公平，即任何人不得以不当的方式损害他人利益而获得利益，如果发生不当得利，得利人就应当将其所得利益返还受损人，而不问其过错。

我国《民法通则》第92条规定：“没有合法根据，取得不当利益造成他人损失的，应该将所获得的利益返还给受损失的人。”不当得利中，受有利益的一方作为债务人，受到损失的一方作为债权人，债务人有义务将其所受的利益返还给债权人。

（二）不当得利的分类

1.给付型不当得利

所谓给付，是指有目的地增益他人财产的行为。基于给付而生的不当得利请求权，称为给付不当得利请求权，其规范功能在使给付者得向受领者请求返还其欠缺目的而为的给付。其包括三种情况：目的自始不能、目的不能实现与目的嗣后消灭。目的自始不能的典型情况是欲交付甲物而误交付乙物、目的不能实现的典型情况是附条件的法律行为中条件已不能实现；目的嗣后消灭的典型情况是附解除条件的法律行为条件成就。

2.非给付型不当得利

非给付型不当得利，是指受益非系本于受益者的给付而生的不当得利请求权，其发生事由有三：第一，由于行为；第二，由于法律规定；第三，由于自然事件。基于行为而生的不当得利，又可以分为受益人的行为、受损人的行为及第三人的行为，其中以出于受益人的行为最为重要。此等非给付不当得利请求权，依其内容，更可分为以下三种类型：第一，权益侵害不当得利请求权；第二，支付费用不当得利请求权；第三，求偿不当得利请求权。

(三)不当得利的构成要件

[事例14] 甲发现自己工资卡上多出1万元,便将1万元借给乙得利息200元,后甲的单位发现此事,原因是财会人员工作失误造成的,遂要求甲返还。试分析:甲工资卡上多出的1万元是否为不当得利?

由于给付型不当得利在不当得利中占据主要地位,所以对不当得利构成要件主要依给付型不当得利为基准。根据我国《民法通则》的规定不当得利之债的构成要件主要包括:

1.受有利益

此种利益以经济上的利益为限,即可以以客观的经济标准予以衡量的利益,包括经济价值的增加,以及负担的减轻。具体包括:(1)取得某些法律上的权利,包括债权、物权、知识产权等;(2)债的免除;(3)取得用益和服务。在事例14中,甲工资卡中多出的1万元,即为得到的利益。

2.受有利益无法律上的原因

此要件为不当得利区别于其他债的根本性要件。民法上将原因分为三类:清偿原因;赠与原因;负担原因。清偿原因,是指给付的原因在于清偿约定的和法定的债务。赠与原因,是指之所以为给付,在于无偿增加他人的财产。负担原因是指当事人之所以为一定的给付是期待相对人因其给付而向其承担对待给付,如果相对人不为对待给付,则给付的原因自始不存在。在事例14中,甲工资卡中多出的1万元,既没有赠与原因也没有清偿与负担原因,属于受有利益无法律上原因。

3.造成他人损害

一方财产的增加常常伴随着他方财产的损失。不当得利必须以他方受有损害为要件,以区别于所谓的"反射利益"。"反射利益"是指一方的财产因另一方的行为而增值,而并未导致另一方损害的行为,所以不能成立不当得利。在事例14中甲多出的1万元造成了单位损失1万元。

4.受有利益与他人损害之间具有因果关系

不当得利的因果关系,是指一方所受的利益是建立在他人损失的基础上的。此种因果关系存在着直接因果关系说与间接因果关系说,间接因果关系说为通说。间接因果关系是指受有损害与受有利益之间具有牵连关系即可,不必基于同一事实,其中虽有其他因素的介入,只要无阻止不当得利成立的事实,即可成立不当得利。在事例14中,甲的获利是单位受损的直接原因。综合上述四个条件,甲工资卡上的1万元应当是不当得利。

(四)不当得利与侵权行为的关系

不当得利之债与侵权行为之债都是债的发生原因,都是通过行使请求权的方式来实现的。所以要明晰不当得利必须与侵权行为之债进行比较。在不当得利与侵权行为进行比较的情况下,尤为重要的是不当得利返还请求权与侵权责任请求权竞合的问题。

1. 二者的目的和前提构成不同

不当得利返还责任的目的在于剥夺无根据受益人的不当所得，而侵权赔偿责任的目的在于赔偿受害人实际发生的损害。由此决定不当得利返还责任要以受益人现实存在有受益为前提，而对于侵权赔偿责任，受益人是否因其加害行为而受益及受益多少不在考虑范围之内。

2. 二者的责任形式不同

不当得利返还责任只有返还不当所得一种形式，而侵权赔偿责任则包括返还财产、赔偿损失等各种形式，对受害人的保护更周密、更有利。

3. 举证责任不同

不当得利返还责任不以受益人主观上有过错为前提条件，故受损人行使权利不必对受益人的故意或过失负举证责任，但如果成立侵权赔偿责任，就由受损人在此方面负举证责任。

发生不当得利返还责任和侵权赔偿责任请求权竞合的情况下，由请求人根据自身利益需求，权衡利弊，从全方位维护自身利益的角度出发，自主选择一种请求权，在选择一种请求权后，即自然丧失另一种请求权。

(五)不当得利的效力

不当得利的效力问题包括两方面内容：不当得利返还的标的、不当得利返还的范围。返还标的应以“原有利益”为原则，由此也决定了不当得利返还的“先返还原物”的原则。返还范围是与受益人的主观状态密切相关的，体现的是法律对受益人取得利益这一事实的评价。因此返还范围的确定应当认真考察受益人的主观状态。

《最高人民法院关于贯彻执行〈中华人民共和国民法通则〉若干问题的意见(试行)》对不当得利所返还的利益范围作了原则性的规定。“返还的不当利益，应当包括原物和原物所生的孳息。利用不当得利所取得的其他利益，扣除劳务管理费用后，应当予以收缴。”由此可见不当得利返还请求权的范围包括：(1)原物。不当得利返还请求权以返还原物为原则，只有在原物不存在时才适用代位物。(2)代位物。当原物毁损、灭失受有保险金、损害赔偿金时，此代位物代替原物成为返还的标的。(3)偿还价额。当原物毁损灭失而没有代位物时，应该按市场价值折价赔偿。(4)孳息。孳息是指因原物所生的收益，孳息的范围包括天然孳息与法定孳息。前者是指因自然规律所生的收益，如果树结果；后者指因法律关系所生的收益，如存款利息。(5)在此必须注意的是，利用不当得利所生的收益不属于返还的标的，我国的司法对此的处理为“扣除劳务管理费用后，应当予以收缴”。

1. 当受益人为善意时

善意的判断以不知无法律上的原因为必要，不以无过失而不知者为限，即有过失的不知者也为善意。恶意仅限于明知无法律上的原因而取得利益的受益人。得利人事后知道无合法根据，应以知道的时间为准，在此之前按善意处理，之后按恶意处理。如在事例 14

中，甲发现其工资卡中多出1万元，甲得利的恶意与善意应从“发现”那一刻起进行区分，发现前为善意，发现后为恶意。

善意受益人在现存利益范围内承担返还责任，但是，如何界定现存利益呢？通说认为，应以不当得利请求权人请求返还之时的现存利益为标准，因为从不当得利人请求之日起，受益人如果拒不返还，其主观状态就已转化为恶意，在此之后的返还范围适用受益人为恶意的规则。

2. 当受益人为恶意时

受益人为恶意的，不论该利益是否存在，应当将受领时取得的全部利益返还给受损失的人，恶意受领人承担的是“加重”返还责任，返还范围包括受领时取得的利益、受领利益附加的利息及赔偿损害。恶意受领人不得主张所受利益不存在而免负返还责任。

3. 当返还义务人为第三人时

当受领人将其受领的标的物无偿转移于第三人时，因其所受的利益不存在，该第三人是否负返还责任？从平衡有关当事人的利益角度衡量，一方面受领人因所受义务不存在而免除返还义务，另一方面第三人属于无偿获得利益，明显地违背了公平原则。所以，受领人以其所得的利益无偿地让与第三人的，如果受领人因此免除了返还义务时，该第三人应负返还义务。

二、无因管理之债

［**事例15**］ 甲、乙二人为邻居，乙常年在外打工。一日暴雨过后甲发现乙的房屋漏雨严重，时下恰逢雨季而又不知如何与乙取得联系，甲担心再有暴雨来临，为避免该房倒塌而请人破锁而入维修房屋，耗资3000元。试分析：甲的行为为何行为？

（一）无因管理制度概述

无因管理，是指没有法定或约定的义务，为增进他人利益或避免他人利益受损而为他人管理事务的行为。管理他人事务者为管理人，他人称为“被管理人”或者“本人”。无因是指没有法律上的原因，即管理人没有法定的或者约定的义务为本人管理事务。因无因管理行为在管理人和被管理人之间引起的权利义务关系称为无因管理之债，管理人有权要求被管理人偿付由此支付的管理费用，被管理人有义务偿付该费用。在事例15中，甲为避免乙的房屋倒塌而管理该房屋构成无因管理，甲为管理人，乙为本人。在该无因管理之债中，甲为债权人，乙为债务人，甲有权要求乙支付3000元的管理费用。

无因管理不是法律行为，而是一种事实行为。但因管理人须有管理意思，因此应当具有意思能力，而本人有无意思能力，则对是否构成无因管理不产生任何影响。至于作为无因管理的手段或方法，如果是法律行为，则就该项法律行为本身而言，仍然应当适用民法有关行为能力、意思表示及代理等规定。

我国《民法通则》第93条规定了无因管理，并与合同、不当得利一同列在第五章第二节债权之中，作为债发生的根据之一。《民法通则》第93条规定："没有法定的或者约定的义务，为避免他人利益受到损失进行管理或者服务的，有权要求受益人偿付由此而支付的必要费用。"

(二)无因管理的构成要件

1. 有管理他人事务的事实

此为无因管理的客观要件。就管理的事务而言，应注意以下几个问题：(1)管理的事务是能够发生债的关系的事务，如替邻居修缮房屋以防倒塌，邻居房屋着火，替其搬出家具等；不能发生债的关系的事务不构成无因管理，如替人行凶报私仇；同时，道德、宗教或公益这类事务不能发生债的关系也不能构成无因管理，如为患病的人祈祷。(2)管理行为既可以是法律行为也可以是事实行为。法律行为如代为履行债务、处分行为等。事实行为如保存行为、改良行为等。管理行为是法律行为时，并不改变无因管理是事实行为的性质，因为该管理行为在管理人和被管理人之间产生的法律后果是直接由法律规定的，而不是按行为人的意思产生的。(3)管理事务不包括：①违法行为，如代为看管、窝藏赃物的行为；②纯属自己的事务；③依法须由本人亲自实施或须经本人授权后才能管理的事项，如股东权利之行使；④单纯的不作为。(4)所管理的是他人的事务。将自己的事务误认为是他人事务管理的，不构成无因管理。他人的事务可以分为客观的他人事物和主观的他人事物。客观的他人事务是指依事务客观上在法律上的权利归属，加以判断的事务，如清偿他人债务。主观的他人事务是指该事务在客观上无法判断，应依管理人的主观意思断定，因管理人有为他人管理的意思，而成为他人事务，这种情形下，管理人应负举证责任。(5)管理他人事物时，管理人既可以以自己的名义也可以以本人的名义管理。以本人名义管理时，涉及到无权代理问题。(6)无因管理重在有管理的事实，目的能否达成，并不影响无因管理的成立。在事例15中如果乙的房屋经过甲的维修后依旧在暴风雨中倒塌，先前甲的维修行为仍然构成无因管理。

2. 具有为他人管理事务的意思

此为无因管理的主观要件。为他人管理事务是指管理人认识到其所管理的事务属于他人，并欲使管理事务所生利益归属于该他人。管理人误认为他人的事务为自己的事务，而为管理时，是误信管理；管理人认为其所管理的事务是他人的事务，但出于自己利益管理时，是不法管理，都不构成无因管理。因此，有为他人管理事务的意思是无因管理成立的根本要件，也是其与侵权行为和不当得利的根本区别，也是法律赋予其债的效力予以保护的根本原因。此要件应注意以下几个问题：(1)管理意思无须表示。管理意思为事实上的意思，无须表示，但必须证明管理意思存在，通说根据其为客观的他人事物和主观的他人事物而有所不同。(2)兼为自己利益或者误认"他人"而为管理，均构成无因管理。管理人为自己的意思和为他人的意思可以并存，不妨碍无因管理成立，如在事例15中甲为乙维修房屋是害怕房屋倒塌会危及自己的院墙等，皆不妨碍甲无因管理的构成。同时，管理人亦无须确切知晓其为何人管理，如事例 15 中甲维修的房屋不知为谁所有，不妨碍成立无因管理。(3)本人可以为一人或者多人。当一物涉及多人的情形下，需要判断何人为本人。如在事例 15 中甲担心乙的房屋倒塌会危及丙的院墙时，则在本案中的本人为乙、丙二人。

3. 无法定或者约定的义务

无因管理的成立，须管理人对本人无法律上或合同上的义务，从而依约或依法对本人负有义务时，其处理事务为义务的履行，不能成立无因管理。至于有无法律上或合同上的义务，应以开始管理事务时为基准而确定。

所谓无法律上或合同上的义务，是指对本人无义务而言，从而即使对他人虽有义务，只要是对本人无义务，亦不妨成立无因管理。如果本无义务，而误信为有义务时，仍可成立无因管理；反之，本来有合同上或法律上的义务，而误信为无义务时，其管理事务实质上仍然为义务的履行，不能成立无因管理。如果管理人虽无管理本人事务的义务，但有管理其事务的权利或权限时，如有代理权，也不成立无因管理。此外，对于本人虽负有义务，如超过义务范围而为事务的管理，就超过义务部分则可成立无因管理。

(三)无因管理的效力

1. 阻却违法性并发生债的关系

无因管理在本质上是无权限而干预他人的事务，因而无因管理行为本身势必侵害他人的权益，例如事例 15，甲修缮乙的房屋，必然侵害其所有权。侵害他人的权益，本来应当构成侵权行为，但由于是正当的无因管理，有利于社会公益，因而法律特使其具有阻却违法性，从而转为合法行为。应当注意的是，无因管理本身虽然可以阻却违法，但是管理人在管理事务的过程中，因故意或过失不法侵害本人的权利，仍然可以成立侵权行为，不是说在成立无因管理后，即可排斥侵权行为的成立，从而与无因管理之债务不履行责任发生竞合关系。

此外，无因管理一经成立，在管理人与本人之间即发生债权债务关系，属于一种法定之债。基于无因管理行为所发生的债，管理人如果违反义务致使本人遭受损害，应对本人负债务不履行责任。

2. 管理人的权利和义务

(1)管理人的权利。管理人的权利主要包括：

第一，当无因管理符合其构成要件时，管理人有请求本人偿付因管理所支出之管理费用和所负债务的权利。

第二，管理人如因管理事务受到损害，可以要求被管理人予以赔偿。

(2)管理人的义务。管理人的义务主要包括：

第一，适当管理义务。无因管理成立后，管理人对管理事务的实施，负有适当管理义务，此为管理人的主要义务。所谓适当，一般是指管理人应当依本人明示或可推知的意思以有利于本人的方法进行管理。如果管理是为本人尽具有公益性质的义务(如纳税)或为其履行法定抚养义务,虽然违反被管理人的意思,也成立无因管理。

管理人为履行适当管理义务,应当尽适当的注意义务。由于无因管理人是无权限而干预他人事务,因此应当对管理人课以较重的注意义务,即管理人管理他人事务一般应尽善良管理人的注意义务。管理人未尽此项义务,致使本人遭受损害时,应负损害赔偿责任。但是当管理人正处在急迫危险的情况下,因事出意外而时间紧迫,以致难以周全时,如果仍然让管理人负善良管理人的注意义务,势必会吓阻管理人致其瞻前顾后,反而对本人有害,因而管理人为免除本人的生命、身体或财产上的急迫危险而为管理时,对于因其管理所生损害,除有恶意或重大过失之外,不负赔偿责任。如在事例 15 中,甲为修缮房屋而破坏乙的房屋门锁,如无恶意或重大过失,不必负赔偿责任。

第二,继续管理义务。如果中途停止管理反而比未开始管理时对被管理人造成更大的损失和不利,管理人有继续管理的义务。在这种情况下,终止管理给被管理人造成的损失,应当由管理人承担。

第三,及时通知义务。管理人有通知义务,是因各人的事务本应由各人自行处理,无因管理不过是谋求本人利益的权宜措施,管理人自应于开始为无因管理时,将其情事通知本人。管理人的通知应当在开始管理时,向本人或其代理人为之,但通知义务,是以能通知为前提,从而客观上有不能通知的情况时,如不知本人是谁,或不知本人的行踪所在,或因交通断绝无法通知,则可免除管理人的通知义务。管理人违反通知义务,事例 15 中甲没有乙的联系方式,无法与乙取得联系,无法通知本人,属客观上通知不能。

管理人在通知本人后,对其管理的事务,除有紧急的事由,仍可继续进行管理外,在没有急迫的事由的情况下,应等待本人的指示。本人接到管理人的通知后,如果指示为拒绝管理人继续管理,则管理人应不再管理,管理人如仍继续管理,应认为管理人违反本人的意思,自其违反指示而继续进行管理时起,对于因其管理所生的损害,即使管理人没有过失,也应当向本人承担赔偿责任。如果本人指示同意其继续管理,则为本人承认管理人管理事务,适用关于委托合同的规定。如果本人未为指示,管理人除有不得已的事由外,有继续管理的义务。因此,如果管理人在不利于本人的时期终止管理,应负损害赔偿责任,但因不可归责于管理人的事由,致使其不得不终止管理的,不在此限。

第四,报告和结算义务。就处理他人事务而言,无因管理类似于委托,管理人虽非受托人,但其地位与受托人尚无大异,为保护本人的利益,管理人有结算义务,具体而言有如下三种:首先,报告义务,即管理人应将管理事务进行的状况报告本人;在管理关系终止时,并应明确报告其始末;其次,交付及移权义务,管理人因管理事务所收取的金钱、物品及孳息,应交付于本人,管理人以自己的名义,为本人取得的权利,应移转于本人;最后,付息及赔偿义务,管理人为自己的利益,使用应交付于本人的金钱,或使用应为本人利益而使用的金钱,应自使用之日起,支付利息,如有损害,应当赔偿。

(3)管理人的责任。管理人的责任主要包括：

第一，管理人违反本人明示或可推知的意思进行管理，不问有无过失，都应对因管理所产生的损害负赔偿责任。如管理期间所发生的偶然损害，如果不进行管理可不致发生，在管理和损害有因果关系时，管理人应负赔偿责任。

第二，管理不违反本人明示或可推知的意思的，对于管理行为给本人造成的损害，管理人仅在有故意或过失时，才负赔偿损害的责任。

第三，管理之进行虽违反本人意思，但是为本人尽公益性的义务或履行法定抚养义务的，如代为纳税、抢修他人所有或经营的公路、依法成立无因管理、管理人仅对故意和过失负责等。

第四，为了免除本人生命、身体或财产上的急迫危险进行管理，如见义勇为，除非有重大过失或恶意，对因管理行为给本人造成的损失不负赔偿责任。

在事例 15 中，如果甲明知或应当得知乙有意要废弃该房屋而重新盖新房，则此时甲的维修行为不构成无因管理，对此管理产生的损害“锁被破坏”甲应当承担损害赔偿责任；如果甲的修缮行为没有违背乙的明示或可推知的意思，构成无因管理，甲对锁的损害不承担责任；虽然乙明示或可推知其有意要废弃房屋，但是如果甲是担心由于乙的房屋倒塌会伤及路人而为的修缮，该修缮行为仍构成无因管理。

3.被管理人的义务

被管理人的义务因管理之进行是否符合被管理人的意思而有所不同。

(1)当管理行为之进行有利于被管理人的利益，并且没有违反被管理人明示或可推知的意思时，被管理人需承担以下义务：

第一，支付管理费用。管理人因管理所支出的必要的和有益的费用应当由被管理人来承担，该费用还应当包括自支出时起产生的利息。必要的费用指管理上必不可缺的费用；有益的费用指对本人增加利益的费用。

第二，偿付债务。管理人为管理事务为被管理人负担的债务，被管理人应当偿还。被管理人代管理人清偿因管理事务而负担的债务，可直接对第三人(即债权人)进行清偿，也可对管理人直接进行清偿。

第三，赔偿损害。管理人因管理事务受有损害，如在事例 15 中甲在维修乙房屋时不小心受到轻伤，只要损害的发生与管理事务之间有因果关系，均可请求乙赔偿其损害。损害包括积极损害与消极损害，前者是指现存财产减少，后者指应增加的财产或可取得的利益，受妨害而未增加或未取得。关于管理人可以请求本人赔偿的范围，通说认为以积极损害为限，消极损害不得请求本人赔偿。因为无因管理人不得请求报酬，其因管理事务致使可能取得的利益而未取得，属于管理人自始甘愿牺牲。

(2)当管理行为不利于被管理人利益或违反被管理人的意思时，不成立无因管理。这种情况下，被管理人仍然可以享受因管理所生之利益，但其所承担义务的范围则以因管理所得利益为限，包括支付管理费用、清偿管理人所负债务和赔偿损失。

【引导案例分析】

本案中涉及无因管理与不当得利两种法律关系。

所谓的无因管理是指没有法定或约定的义务，为增进他人利益或避免他人利益受损而为他人管理事务的行为。无因管理的成立要件有三，即须管理他人的事务、须有为他人管理的意思、须无法律上或合同上的义务。无因管理人在管理期间应尽到适当管理的义务。本案中甲在没有法定与约定义务的情况下，为了避免失主利益受损，对他人走失之牛进行管理。因此，甲的行为构成无因管理，所以基于该无因管理行为产生的合理费用应该由失主承担。具体到本案即300元的草料费用甲有权要求失主返还。另外根据题意作为无因管理人的甲已对该牛尽到了适当的管理义务，所以对于该牛的被盗不承担损害赔偿责任。

所谓的不当得利是指，没有法定和约定的理由而受有利益，造成他人损失的事实。我国《民法通则》第92条规定："没有合法根据，取得不当利益造成他人损失的，应该将所获得的利益返还给受损失的人。"不当得利的构成要件有：(1)受有利益；(2)受有利益无法律上的原因；(3)造成他人损害；(4)受有利益与他人损害之间具有因果关系。在本案中，甲没有合法根据而使用走失之牛对自家田地进行耕作，节省的耕作费50元属于受有利益；致使牛之主人遭受损失，则构成不当得利。因此，甲应当向失主返还使用耕牛的50元不当利益。

综上所述，甲可以基于无因管理要求失主返还管理费用即草料费300元；失主可以基于不当得利要求甲返还使用耕牛的不当利益50元；对于牛被盗事实，因甲已经尽到了适当管理义务，所以甲不承担损害赔偿责任，由失主自行承担损失。

本单元重点内容图解

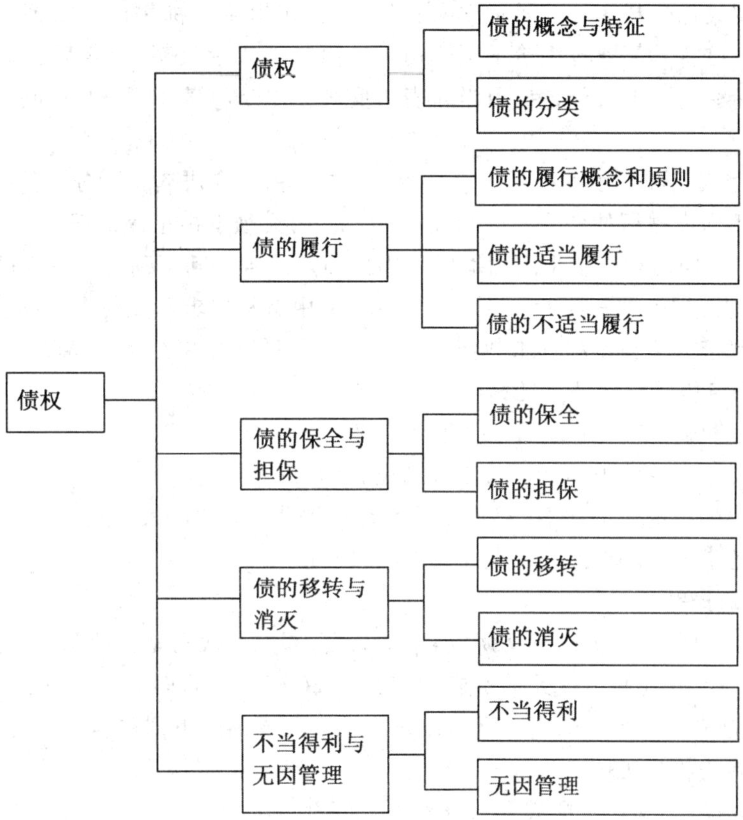

同步训练

一、单项选择题

1. 某演出公司与“黑胡子”四人演唱组合订立演出合同，约定由该组合在某晚会上演唱自创歌曲 2～3 首，每首酬金 2 万元。由此成立的债的关系属何种类型？（　　）

A. 特定之债　　B. 单一之债　　C. 选择之债　　D. 法定之债

2. 甲的一头牛走失，乙牵回家关入自家牛棚，准备次日寻找失主。当晚牛棚被台风刮倒，将牛压死。乙将牛肉和牛皮出售，各得款 500 元和 100 元。请人屠宰及销售，支出 100 元。下列哪一种说法是正确的？（　　）

A. 甲有权要求乙返还一头同样的牛

B. 甲有权要求乙返还500元

C. 甲有权要求乙返还600元

D. 甲有权要求乙按该牛的市价赔偿1000元

3. 甲公司欠乙公司350万元货款未支付，丙公司提供一栋房产作抵押。两个月后甲通知乙、丙，甲已将其债务转移给了丁公司，乙、丙当即表示反对；半年后乙通知甲、丙，乙已将其债权转移给了戊公司，甲、丙当即表示反对。如今，货款已到期，请问以下说法中正确的是（　　）

A. 应由甲向乙履行债务　　B. 应由甲向戊履行债务

C. 应由丁向戊履行债务　　D. 丙无须承担担保责任

4. 乙未经甲同意在甲临街房屋墙壁上喷涂商业广告。问下列说法错误的是（　　）

A. 甲有权要求乙回复原状　　B. 甲有权要求乙支付合理的使用费

C. 甲可以依据不当得利寻求救济　　D. 甲只能要求乙停止侵害

5. 下列债务因混同而消灭的是（　　）

A. 甲欠乙借款1000元，后甲、乙合伙经营餐馆

B. 甲男欠乙女借款1000元，后二人结婚，未有特别约定

C. 甲企业欠乙企业贷款10万元，后甲、乙合并为一新的法人

D. 甲欠乙借款1000元，乙父欠甲借款1000元

二、多项选择题

1. 甲正在市场卖鱼，突闻其父病危，急忙离去，邻摊菜贩乙见状遂自作主张代为叫卖，以比甲原每市斤10元高出5元的价格卖出鲜鱼200斤，并将多卖的1000元收入自己囊中，后乙因急赴喜宴将余下的100斤鱼以每市斤3元卖出。下列选项正确的是（　　）

A. 乙的行为构成无因管理

B. 乙收取多卖1000元构成不当得利

C. 乙低价销售100斤鱼构成不当管理，应承担赔偿责任

D. 乙可以要求甲支付一定的报酬

2. 李大爷去世后留有房屋三间，其子李大、李二未对房屋进行分割，由于李大长期在外打工，三间房屋暂由李二管理，李二在未取得李大许可下将三间房屋一并出租给同村张三，得租金3000元。下列说法正确的是（　　）

A. 李二与张三的合同有效

B. 李二与张三的合同因为未经过李大的同意所以无效

C. 李大可以基于不当得利要求李二返还应属于自己的租金

D. 由于李二管理该房因此租金应由李二取得

3. 甲欠乙5000元，经乙同意，甲把其债务的1/2转移给丙承担。以下说法正确的是（　　）

A. 这属于免责的债务承担

B. 这属于并存的债务承担

C. 保证人丁不知情，其有权拒绝履行债务

D. 保证人丁不知情，其有权拒绝对 5000 元转移出去的 2500 元债务承担保证责任

4. 下列情况可以抵销的是（　　）

A. 甲欠乙货款 100 万元，两年前乙欠甲借款 100 万元，但已经过了诉讼时效，现甲提出抵销

B. 李某欠王某 3 万元购货款，王某欠李某 2 万元运输费，双方债权均到期，王某主张债权时，李某主张抵销，只还 1 万元

C. 张某找李某要欠款 7 万元，李某逃跑不知去向，张某找保证人吴某，吴某以张某尚欠李某租房费 1 万元为由，只还张某 6 万元

D. 甲公司欠乙公司 500 台电脑，乙公司欠甲公司 43 张硬盘，双方达成协议，互相抵销

5. 能作为保证人的主体有（　　）

A. 国家机关

B. 具有代为清偿能力的法人

C. 企业法人的职能部门

D. 具有代为清偿债务能力的社会组织

E. 具有代为清偿债务能力的公民

三、重点思考题

1. 债有哪些分类，其意义如何？

2. 如何理解提存的条件及效力？

3. 如何理解债权人的代位权、撤销权行使及其法律效果？

4. 如何理解债的担保方式的种类？

5. 不当得利和无因管理的构成要件是什么？

四、案例分析题

[**案例 1**]

王某为开服装加工厂，向李某借了 10 万元，购买了机器设备。合同约定还款期限为 2 年，利息为同期银行存款利息的 2 倍。2 年后，眼看还款日期将近，但因整个服装市场不景气，销售服装无利可图，王某没有销售服装的经验，因此不但收不回成本，而且赔上了多年的积蓄。还款期限到了，李某向王某催要，王某答应说，就是变卖家中财产也要还给李某。后王某在拍卖家中财物时，朋友赵某知晓情形后告知王某，反正财产拍卖后的钱要还给李某，不如便宜以 1 万元的价格将一台价值 5 万元的汽车卖给他。王某表示同意。其间，王某父亲病故，其父有个人合法遗产 20 万元，其母早亡，继承人只有王某和王弟，因王

弟遭遇车祸而残疾，生活困难，王某明确表示放弃自己的继承权。两个月后，王某的财产经核算共拍卖了6万元。李某得知王某以较低的价格把一辆汽车卖给了赵某后，要求王某把已经卖了的汽车收回，重新拍卖。而王某和赵某均不同意，于是李某诉至法院，请求法院认定王某和赵某之间买卖合同以及王某放弃继承权的行为无效，并要求赵某向自己返还汽车，以冲抵债务。

问题：

1. 李某是否有权请求法院撤销王某和赵某的买卖行为以及王某抛弃继承权的行为？为什么？

2. 李某是否有权要求赵某向自己返还汽车？为什么？

[**案例2**]

张某在一风景区旅游，爬到山顶后，见一女子孤身站在山顶悬崖边上，目光异样，即心生疑惑。该女子见有人来，便向悬崖下跳去，张某情急中拉住女子衣服，将女子救上来。张某救人过程中，随身携带的价值2000元的照相机被碰坏，手臂被擦伤；女子的头也被碰伤，衣服被撕破。张某将女子送到山下医院，为其支付各种费用500元，并为包扎自己的伤口用去20元。当晚，张某住在医院招待所，但已身无分文，只好向服务员借了100元，用以支付食宿费。次日，轻生女子的家人赶到医院，向张某表示感谢。

问题：

1. 张某与轻生女子之间存在何种民事法律关系？

2. 张某救人过程中，随身携带的价值2000元的照相机被碰坏的损失应当由谁承担？

3. 张某为女子支付的医疗费等费用能否请求女子偿付？为什么？

4. 张某向服务员借的100元，应当由谁偿付？为什么？

5. 张某能否请求女子给付一定的报酬？为什么？

6. 张某应否赔偿女子衣服损失？为什么？

[**案例3**]

原告某批发公司与被告某服装厂于3月份签订了购买3000套童装与3000套儿童连衫裙的合同。合同规定5月初交货。合同订立后，原告向被告支付了20万元预付款。同年4月30日，原告向被告询问货物是否备齐，被告答复"五一"国际劳动节过后由被告送货上门。5月4日，原告因未收到货物，遂派人前往被告处，发现被告仅生产了1500套童装和1000套连衫裙，而大量的工人在生产另外的服装。原告提出因被告已违约，因此决定将已做好的提回，其余不要生产了。被告提出制作面料已备齐，不能终止合同。最后原告同意被告可与5月20日前将货送至原告处，否则因赶不上"六一"儿童节前的展销会，不必再发。5月20日，被告未能将货送到，原告21日去函不再需要被告的服装。5月28日，被告告知原告，货已备齐，原告称合同已解除，拒绝收货，并请被告退回9.5万元货款。被告拒绝退款，原告遂向法院起诉，要求解除合同，退回货款，赔偿损失。

问题：

1. 何谓迟延履行？是不是只要迟延履行就可以解除合同？

2. 本案中原告为什么能够解除合同？

［**案例 4**］

甲公司为购进一条先进生产线，便与乙银行签订了一份借款合同，借款数额为500万元，借款期限为2年，年息为6%。因甲公司和丙公司、丁公司为联保单位，丙公司、丁公司经甲公司请求，为该借款合同进行保证担保。担保条款约定，如甲公司不能如期还款，丙公司、丁公司承担保证责任。后甲公司与乙银行推迟还款期限1年，并将推迟还款协议内容通知了丙公司和丁公司，丙公司和丁公司未予答复。因甲公司到期无力还款，乙银行要求丙公司和丁公司承担共同保证责任而引起纠纷。

问题：

1. 甲公司与乙银行变更还款期限之前，丙公司、丁公司为何种保证责任方式？为什么？

2. 甲公司与乙银行变更还款期限之前，丙公司与丁公司对乙银行的债权是承担连带责任，还是按份责任？为什么？

3. 本案中，丙公司和丁公司应否承担共同保证责任？为什么？

［**案例 5**］

2006年5月27日，冯某（本案中的原告）与郑某（本案中的被告）经协商签订了一份《转让合同》，约定冯某将其经营的海鲜餐厅的使用权转让给郑某，由郑某继续进行餐厅经营。该转让行为得到了原出租人（餐厅房屋所有权人）的同意，转让价款为8.5万元。次日，两人签订了《交款协议》，约定转让款由郑某分三期支付给冯某。协议签订后，冯某依约交付餐厅给郑某经营。至2006年底，郑某一共支付了6.5万元给冯某，余款2万元一直未付。经冯某多次追讨，2006年11月30日郑某提出将其欠冯某的2万元债务移转给朋友杨某（杨欠郑2万元未还），冯某未表示异议。杨某当场出具了一张借款2万元的借据给冯某。该借据载明杨某于2007年3月15日前归还冯某2万元。届期，杨某未能还款，冯某便一纸诉状将郑某告到法院，诉求郑某支付2万元欠款。经法院法庭审理，判决驳回了冯某的诉讼请求。

问题：

法院的判决是否正确？

学习单元十　合　同

学习目标

知识目标：

• 了解合同的概念、成立的要件；

• 理解合同的生效要件、效力待定合同、无效合同、可撤销可变更的合同的种类；

• 掌握要约、承诺的构成要件，掌握各抗辩权的构成要件。

能力目标：

• 能区分不同的合同，并能根据合同的基本知识和合同法的相关规定解决各种合同纠纷。

专题一　合同概述

【引导案例】

2003年，经某市工商局同意，100户个体户到该局投资兴建的服装批发市场设摊经营，工商局为其颁发了临时营业执照和摊位证，并分别收取了三年管理费和摊位费，工商局收取的摊位费主要用于市场建设及偿还兴建该批发市场时的贷款。2004年2月，工商局根据消防部门疏通服装批发市场消防通道的要求，将该100户个体户的摊位移至该批发市场后面的露天地，9月又移至不属于工商局所有的“华兴市场”。这两次摊位移动均未征求100户个体户的意见，为此，双方发生纠纷。100户个体户诉至法院请求工商局返还摊位费，赔偿营业损失。工商局则认为其与100户个体户之间是行政管理关系，收取的摊位费属于行政收费，法院不应作为民事案件受理。

问题：本案是否适用合同法？

一、合同的概念和特点

（一）合同的概念

通说认为，合同即契约。但历史地看，合同与契约曾有不同的含义。据查，合同一词早在两千多年前就已在我国存在，但当时广泛使用的却是契约一词。新中国建立以前，民法著作中都使用“契约”而不使用“合同”一词。自20世纪70年代初期至现在，除我国台湾地区之外，我国的民事立法和司法实践主要采用了合同而不是契约的概念，契约则被看作较为陈旧的词语不为人们所广泛地接受和应用。时至今日，在合同法理论上，合同与契约不再分开使用，合同也称“契约”。

《民法通则》第85条规定：“合同是当事人之间设立、变更、终止民事关系的协议。”《合同法》第2条规定：“合同是平等主体的自然人、法人、其他组织之间设立、变更、终止民事权利义务关系的协议。婚姻、收养、监护等有关身份关系的协议，使用其他法律的规定。”可见，我国《合同法》适用于平等主体之间订立的各种合同权利义务关系，而不仅仅是债权债务合同关系。

(二)合同的法律特征

1.合同是意思表示一致的协议

当事人意思表示一致，应建立在平等自愿和意思表示真实的基础之上，任何人不能把自己的意志强加给别人。它包含了三方面的意思：其一，当事人的缔约意思是自愿的，双方的法律地位平等；其二，当事人的内心具有追求发生法律上权利义务的目的明确的意思；其三，当事人的内在意思和外在表示具有一致性。

2.合同是以设立、变更或终止民事权利义务关系的协议

所谓协议，是指各方当事人经过协商所达成的共向的或对向的具有权利义务内容的一致意见。设立合同的目的就是设立、变更、终止民事权利义务关系。设立民事权利义务关系，是指当事人订立合同旨在形成某种法律关系从而具体地享受民事权利、承担民事义务。变更民事权利义务关系，是指当事人通过订立合同使原有的合同关系在内容上发生变化。终止民事权利义务关系，是指当事人通过订立合同，旨在消灭原合同关系。无论当事人订立合同旨在达到何种目的，只要当事人达成的协议依法成立并生效，就会对当事人产生法律效力，当事人也必须依照合同的规定享有权利和履行义务。

3.合同是两个或两个以上当事人的法律行为

这是合同区别于单方法律行为的重要标志。任何合同都必须是订约当事人意思表示一致的结果。合同是由两个以上的平等主体的自然人、法人或其他组织所订立的，因此，订立合同的主体在法律地位上是平等的，且任何交易都要通过交易当事人的合意才能完成，所以合同必须是当事人协商一致的产物或意思表示一致的协议。合同是法律行为，合同的本质是双方或多方当事人的合法行为，当事人的合意内容不违背法律要求，即发生法律拘束力，受国家强制力保护。

(四)合同须具有合法性、确定性和可履行性

合同的合法性是合同作为一种以发生法律效果为目的的协议的必然要求，《合同法》第8条规定：“依法成立的合同，受法律保护。”合同的确定性是指合同内容必须确定，即明确约定，在我国，当事人对合同履行地、价款、期限等约定不明、内容难以确定时，可直接依据法律规定。可履行性是指合同标的具有履行的可能；否则，不能履行的合同会导致合同

的解除或无效等。当然，符合不可抗力条件的履行不能，当事人可以免责或变更合同。

二、合同的种类

[事例1] 甲公司卖给乙公司一批走私手机，甲（债权人）先交货，乙后付款（债务人），丙给债务人提供担保，甲和丙约定主合同无效，从合同继续有效。后丙拒绝提供担保，主张从合同无效，甲则以《担保法》第5条规定“当事人另有约定除外”主张从合同有效。试分析：该事例中有哪种合同？

合同的种类是根据一定的标准，抽象性地对合同加以区别与划分。常见的几种分类：

（一）双务合同与单务合同

根据合同当事人双方权利义务的分担方式，合同可以分为双务合同和单务合同。

双务合同，是指双方当事人都享有权利承担义务的合同。这类合同中，当事人的债权债务关系成对应关系，即一方当事人所享有的权利即为他方当事人所负担的义务。双务合同的特点在于，当事人具有履行义务的责任和要求他方履行义务的权利，双方的关系具有相互依赖性。单务合同，是指一方当事人只享有权利而不尽义务，另一方当事人则只负义务而不享有权利的合同。典型的单务合同有赠与、归还原物的借用、无偿保管合同等。

合同的这一分类，主要意义在于认识不同类合同履行的不同后果与可能。双务合同两个义务的履行是有顺序的，顺序是一种利益关系。履行顺序不仅仅是一种时间的顺序，往往是一种条件关系，即一方的履行，是另一方履行的条件。一种情况是甲、乙同时履行，这就产生《合同法》第66条规定的同时履行抗辩权；甲先履行，乙后履行，乙可以产生《合同法》第67条规定的先履行抗辩权，甲可以产生《合同法》第68、69条规定的不安抗辩权。而单务合同是一方履行义务，因而不存在履行顺序的问题，所以，单务合同是不能成立履行抗辩权的。

在事例1中，甲公司与乙公司签订的合同即是双务合同，甲有交付手机的义务，乙有支付价款的义务。

（二）有偿合同与无偿合同

根据当事人取得利益有无代价（对价），可以将合同分为有偿合同与无偿合同。

有偿合同是指一方通过履行合同规定的义务而给对方的某种利益，对方要得到该利益必须为此支付相应代价的合同。无偿合同是指当事人一方只取得权利而不偿付任何代价的合同。无偿合同不是财产的交换，而是一方付出财产或者付出劳务。无偿合同是赠与合同和带有赠与性质（恩惠性质）的合同。

区分有偿合同与无偿合同，其法律意义在于：第一，有利于确定合同相对人的不同地位，有偿合同中相对方当事人的身份不具有特殊意义，而无偿合同中相对方当事人的身份对于确认合同是否有效意义重大。第二，有利于确定合同当事人不同的权利和义务以及违约责任的大小，一般来说，无偿合同因其内容和性质，不享有有偿合同中当事人的同等权利,其法律责任也较有偿合同轻。在事例1中,甲交付手机,乙支付货款,属于有偿合同。

(三)诺成合同与实践合同

根据合同的成立是否以交付标的物为成立条件,可以将合同分为诺成合同和实践合同。

诺成合同是指双方意思表示一致,即可成立并生效的合同,即"一诺即成"的合同。实践合同又称"要物合同",是指除当事人双方意思表示一致以外,尚需交付标的物才能成立的合同。

两者的区分对于确定两类合同成立时间,标的物所有权、使用权转移时间以及风险转移时间有重要意义。在事例1中,甲、乙达成协议,合同成立,属诺成合同。

(四)有名合同与无名合同与混合合同

这是根据合同的名称是否为法律所赋予来划分的。

有名合同,是指法律上已经确定了一定的名称及规则的合同。无名合同,是指法律上尚未确定一定的名称与规则的合同。有名合同是常见合同、典型合同;无名合同是非典型合同。混合合同,是指内容包括两个以上独立的有名合同事项或有名合同与无名合同事项混杂在一个合同中的合同。

区分这类合同的意义主要在于明确法律的适用,对于有名合同,应当直接适用法律规定,对于无名合同,则可适用合同法总则的规定和与该合同相近似的有名合同的法律规定,并同时参酌当事人的意思自治原则和合同的目的处理。对于混合合同,情况稍复杂,不能单独使用某合同法律,应该根据合同具体情况综合考虑法律及其原则的适用。因此,《合同法》第124条规定:"本法分则或者其他法律没有明文规定的合同,适用本法总则的规定,并可以参照本法分则或者其他法律最相类似的规定。"第174条规定:"法律对其他有偿合同有规定的,依照其规定;没有规定的,参照买卖合同的有关规定。"在事例1中,甲、乙签订的买卖合同,合同法中有规定,属有名合同。

(五)要式合同与不要式合同

根据合同的成立是否需要采用特定的形式或程序,可以将合同分为要式合同与不要式合同。

要式合同,是指合同成立时要求采用特定形式的合同,其中,根据特定形式是法律直接规定还是当事人约定又分为法定要式合同与约定要式合同。如《合同法》第10条第2款规定:"法律行政法规规定采用书面形式的应当采用书面形式。"这些书面形式属于法定形式。"当事人约定采用书面形式的,应当采用书面形式。"这属约定形式。不要式合同,是指不需要特定形式或手续就可成立的合同。如《合同法》第10条所列举的一般书面形式、口头形式,也可以采取其他形式。事例1中,甲、乙之间的买卖合同为不要式合同,甲、丙之间的担保合同为要式合同,必须采用书面形式。

区分要式合同与不要式合同的法律意义主要在于采用法定或约定方式，对合同的成立、效力的影响不同。不要式合同，无论采取何种形式，均不影响合同的成立及效力。要式合同就法律所规定的形式在效力上有较大的差别：有的要式合同，不具备法定形式则不能成立；有的要式合同不具备法定形式并不影响其成立，仅欠缺法律强制执行力。

（六）主合同与从合同

根据两个合同的从属关系，可以把合同分为主合同与从合同。

主合同是指不需要其他合同的存在为前提即不受其制约而能独立存在的合同。从合同是指以他种合同的存在为存在前提，自身不能独立存在的合同。

区分这两种合同的法律意义在于：主合同的效力决定了从合同的效力。根据《担保法》第 5 条第 1 款的规定：主合同无效，从合同也无效，当事人另有约定的除外，即主从合同具有效力上的从属关系。

事例 1 中，从合同有效的约定是无效的，因为从合同担保的主合同违法，走私进口违反了我国有关法律的规定，所以“另有约定”的本身，也要合法。

（七）格式合同与非格式合同

根据合同条款的设定方式和合同的订立方式，可将合同分为格式合同与非格式合同。格式合同是指合同的内容由一方当事人预先拟定而不容对方当事人协商的合同，又称“标准合同”。非格式合同是指合同内容由双方当事人协商确定的合同。

区分这两类合同的意义在于：格式合同必须严格遵守法律的强行性规定，否则导致无效，以加强对格式合同相对人的保护。而非格式合同的内容由当事人双方协商确定，并能根据约定变更。在事例 1 中，甲、乙签订的买卖合同，是当事人双方的合意，而非一方提供的，属非格式合同。

三、合同法的概念和特点

（一）合同法的概念

合同法是调整平等民事主体间利用合同进行财产流转或交易而产生的社会关系的法律规范的总称。合同法并不是一个独立的法律部门，它是我国民法的重要组成部分。从定义当中我们可以看出：一是合同法只调整平等主体之间的关系；二是合同法所调整的关系限于平等主体之间的合同关系；三是合同法所调整的合同关系为财产性的合同关系，不包括人身性质的合同关系。

合同法有形式意义的合同法与实质意义的合同法之分。形式意义的合同法是指以法律的形式所表现的合同法，如我国《合同法》等；实质意义的合同法是所有调整合同关系的法律规范的总称。

（二）合同法的特点

《中华人民共和国合同法》于 1999 年 1 月 1 日正式施行。该法历时 5 年，六易其稿，广泛调研，立法民主。《合同法》有以下几个特点：

第一，合同法具有任意性。所谓任意性，即充分尊重当事人的意思自治原则。在市场经济条件下，市场主体在交易要求能够独立自主，并能充分表达其意志，其约定只要不违反法律的强行性规定即为有效，减少政府对经济活动的干预。因此，合同法主要通过任意性规范而不是强行性规范来调整交易关系。从这个意义上可以将合同法称为任意法。

第二，合同法强调平等协商和等价有偿原则。由于合同法规范的对象是平等主体之间的交易关系，而交易关系本质上需要遵守民法中的平等协商和等价有偿原则。

第三，从实际出发，总结与借鉴吸收相结合的原则突出。合同法充分考虑了我国的改革开放和发展社会主义市场经济，从与国际市场接轨的实际出发，总结了我国的立法、司法实践经验、理论研究成果，借鉴了市场经济发达国家和地区的成功的立法经验，并注意与国际公约和国际惯例协调一致等重大问题，使我国的合同法与世界先进立法和国际公约保持了基本一致，有助于我国的改革开放。

【引导案例分析】

本案的关键问题在于正确认识合同的概念和特征，区分行政管理关系和民事合同关系。

具体到本案而言，应当明确的是，工商局对于批发市场具有双重身份，既是工商行政管理机关，又是该市场的投资开办主体。作为工商行政管理机关，工商局对该批发市场进行的市场监督等行政执法行为不受合同法的调整；作为该批发市场的投资开办主体，工商局则成为民事主体，它与其他民事主体在法律地位上是平等的，其收取摊位费的行为是民事行为，而不是行政法上的行政行为，根据《民法通则》第 85 条和《合同法》第 2 条的规定，应受到《民法通则》和《合同法》的调整。

专题二　合同的订立

【引导案例】

甲超市（法人）因市场上芒果脱销，向南方某农场发出一份传真："因我市市场芒果脱销，不知贵方能否供应。如有充足货源，我公司欲购十吨。望能及时回电与我公司联系协商相关事宜。"农场因芒果丰收，正愁没有销路，接到传真后，喜出望外，立即组织十吨给甲超市发去，并随即回电："十吨的货已发出，请注意查收。"在甲超市发出传真后，农场回电前，外地芒果大量涌入，价格骤然下跌。接到农场回电后，甲超市立即复电："因市场发生变化，贵方发来的货，我超市不能接收，望能通知承运方立即停发。"但因货物已经起运，农场不能改卖他人。为此，甲超市拒收，农场指责甲超市违约。

问题：本案应如何处理？

一、合同成立的概念和要件

(一)合同成立的概念

所谓合同的成立,是指订约当事人通过要约和承诺的方式对合同的主要条款达成了合意,即双方当事人意思表示一致而建立了合同关系,表明了合同订立过程的完结。根据我国《合同法》第2条规定:"合同是平等主体的自然人、法人、其他组织之间设立、变更、终止民事权利义务关系的协议。"《民法通则》第85条规定:"合同是当事人之间设立、变更、终止民事关系的协议。"合同本质上是一种合意,即合同当事人双方就合同的内容协商一致,合同即告成立。

(二)关于合同的成立要件

1.订约主体适格

所谓订约主体,是指实际订立合同的人。作为订约的人,根据《民法通则》第55条规定:"行为人具有相应的行为能力。"订约主体是自然人的要符合民法中关于完全民事行为能力人、限制民事行为能力人、无民事行为能力人的有关规定,不同民事行为能力的自然人的民事行为能力也相应不同。法人和其他组织也应具有相应的民事行为能力。

2.订约当事人意思表示真实并就合同主要条款达成一致

合同自由原则是各国合同法的基本原则。当事人双方在订立合同时意思表示要真实。我国《合同法》第12条规定:"合同的内容由当事人约定,一般包括以下条款:(一)当事人的名称或者姓名和住所;(二)标的;(三)数量;(四)质量;(五)价款或者报酬;(六)履行期限、地点和方式;(七)违约责任;(八)解决争议的方法。"事实上,上述某些条款并不必然为所有的合同所包括。因为不同合同性质不同,所应具备的主要条款也是不一样的。

3.合同的成立应具备要约和承诺阶段

要约和承诺,是达成合意的方式。《合同法》第13条规定:"当事人订立合同,采取要约、承诺方式。"要约,是订立合同过程的首要环节。没有要约,就不存在承诺,合同也就无从产生。没有承诺,要约没有获得响应,也就失去了存在的价值。

二、要约

[事例2] 甲公司给乙公司去信,提出要把一部××牌八成新的×型轿车以××价格卖给乙公司,该电内容具体、清楚。信中提到,双方须签订确认书。乙公司回信,表示接受甲公司的一切条件。试分析:甲、乙二公司之间是否成立了合同?

(一)要约的概念和性质

《合同法》第14条规定:"要约是希望和他人订立合同的意思表示。"商业贸易中,要约又称为"发价"、"发盘"。发出要约的人称为要约人,受领要约的人则称为受要约人,简称"受约人"。要约属于意思表示而非民事法律行为,应适用法律关于意思表示的规定。

(二)要约的构成要件

《合同法》第 14 条规定了要约所应具备的两个条件,联系完整的合同订立程序,要约须同时具备下列条件:

1. 要约由特定当事人作出

所谓特定的人,并不是指某个具体确定的人,而是指凡能为外界所客观确定的人,都可视为特定的人。由于要约人欲以订立某种合同为目的而发出某项要约,因此他应当具有订立合同的行为能力。我国《合同法》第 9 条规定:"当事人订立合同,应当具有相应的民事权利能力和民事行为能力。"在事例 2 中,甲公司就是特定当事人。

2. 要约必须向相对人作出

相对人,一般是指特定的相对人。《合同法》第 14 条对受要约人是否须为特定的人,并未作出明确的规定。《合同法》第 15 条 2 款"商业广告的内容符合要约规定的,视为要约"体现了向不特定的人也可以发出要约。如正在工作的自动售货机,自选市场陈列由消费者自取的商品(现物要约)等都是针对不特定的当事人发出的邀约。在事例 2 中,乙公司是相对人。

3. 要约必须具有订立合同的主观目的

要约人发出要约的目的在于订立合同,而这种订约的意图一定要由要约人通过其发出的要约充分表达出来,才能在受要约人承诺的情况下产生合同。根据我国《合同法》第 14 条规定,要约是希望和他人订立合同的意思表示,要约中必须表明要约经受要约人承诺,要约人即受该意思表示拘束。是否以订立合同为目的,也是要约和要约邀请的主要区别。

事例 2 中,甲公司的信件不是要约。《合同法》第 33 条规定,当事人采用信件、数据电文等形式订立合同的,可以在合同成立之前要求签订确认书。签订确认书时合同才成立。乙公司的回信,不是确认书,故合同没有成立。

4. 要约的内容必须具体、确定

要约的内容必须使受要约人足以了解将来可能成立合同的主要内容,以供受要约人考虑是否承诺。至于合同成立的主要条件,则根据要约的性质、要约当时当地的商业惯例以及法律规定来确定。

(三)要约的法律效力

要约的法律效力又称"要约的拘束力"。一项意思表示,符合要约的构成要件,不论口头形式,还是书面形式,都会发生法律效力。

1. 要约的生效时间

要约的生效时间,因要约的不同形式而有差异。对于口头形式的要约,其法律效力从相对人了解要约时开始生效。对于书面形式的要约,其法律效力的生效时间,学理上有两种见解:一是发信主义(投邮主义),二是到达主义。《合同法》第 16 条第 1 款规定:"要约到达受要约人时生效。”可见，我国法律亦采纳了到达主义。所谓到达，是指要约送达受要约人能够控制的地方，在此，到达为一客观标准，受要约人主观了解与否对要约的效力并无影响。

采用数据电文形式订立合同，我国《合同法》第16条第2款规定：“采用数据电文形式订立合同，收件人指定特定系统接收数据电文的，该数据电文进入该特定系统的时间，视为到达时间；未指定特定系统的，该数据电文进入收件人的任何系统的首次时间，视为到达时间。”合同法的此款解决了现代技术条件下，新型要约生效时间的界定。

2.要约法律效力的内容

要约的法律效力即要约的拘束力，其内容表现为对要约人的拘束力和受要约人的拘束力两个方面。

(1)要约对要约人的拘束力。要约对要约人的拘束力，又称为“要约的形式拘束力”，是指要约一经生效，要约人即受到要约的拘束，不得随意撤回、撤销或对要约加以限制、变更和扩张。要约的这一效力，对于保护受要约人的利益，维护正常的交易安全是十分必要的。当然，法律允许要约人在要约到达之前撤回要约，同时要约人在符合法律规定的条件下，也可撤销要约。

(2)要约对受要约人的拘束力。此种拘束力又称为“要约的实质拘束力”，是指受要约人在要约发生效力时，依其承诺而成立合同的法律地位。受要约人在接到要约之后，即取得承诺的资格，有权在要约规定的有效期内作出答复，但受要约人没有必须承诺的义务，受要约人不承诺，也没有必须通知要约人的义务，即使要约人在要约中规定受要约人应当通知是否承诺。

3.要约法律效力的存续期间

要约法律效力的存续期间，是指要约受承诺约束的期间，也称为“承诺期限”。要约在其存续期间，受要约相对人承诺的约束；如受要约人不在此期间承诺，要约则丧失效力。要约法律效力的存续期间分为定有存续期间和未定有存续期间两种情况：

(1)定有存续期间。依照民法上意思自治原则，要约的存续期间由要约人自己确定。受要约人在此期间内承诺，对要约人有拘束力。对于要约存续期间的起算，如要约人以电报或信件发出要约，自电报交发之日或信件所载明的日期开始计算，如未载明发信日期，则自信封所该邮戳日期开始计算；要约人以电话电传传真或其他快速通信方式发出要约的，自要约到达受要约人之日开始计算。

(2)未定有存续期间。对于以口头要约仅在受要约人立即作出承诺时，才能对要约人产生约束力。对于书面要约，在依通常情况下能够收到承诺的合理期间内承诺，对要约人有拘束力。所谓合理期间，应包括三项内容：①要约到达受要约人的必需期间；②受约人考虑是否承诺所需要的必要期间；③承诺通知到达要约人所必需的时间。当然，在实践中考虑要约的合理时间要根据每个要约的具体情况来定。

(四)要约的撤回和撤销

1. 撤回

要约的撤回，是指要约人阻止要约发生效力的意思表示。《合同法》第 17 条规定:“要约可以撤回。撤回要约的通知应当在要约到达受要约人之前或者与要约同时到达受要约人。”要约的撤回，有两种情况:其一，撤回通知先于要约到达受要约人，此时不会给受要约人造成任何损失，应允许撤回通知抵销要约，要约不发生效力;其二，撤回通知与要约同时到达受要约人，受要约人不会产生损害，撤回通知也足以抵销要约。

2. 撤销

撤销要约，是要约人消灭要约效力的意思表示。《合同法》第 18 条规定:“要约可以撤销。撤销要约的通知应当在受要约人发出承诺通知之前到达受要约人。”要约的撤销采用通知的方式。在要约生效后，承诺生效前对要约的修改，其效果等于原要约撤销，新要约产生。要约到达受要约人后要约对受要约人产生约束力，此时不发生撤回问题，但要约人仍可撤销要约，但要求要约人撤销要约的通知在受要约人发出承诺通知之前到达受要约人。

要约不得撤销的情形，根据我国《合同法》第 19 条规定，有下列情形之一的，要约不得撤销:“①要约人确定了承诺期限或者以其他形式明示要约是不可撤销的;②受要约人有理由认为要约是不可撤销的，并已经为履行合同作了准备工作。”

(五)要约的消灭

要约的消灭，是指要约丧失法律效力，要约人解除必须接受承诺的义务，受要约人丧失承诺的资格。要约消灭后，合同即失去成立的基础。受要约人即使承诺，合同也不能成立。根据我国《合同法》第 20 条的规定，要约消灭的原因主要有以下几种:

1. 要约被拒绝

此处的拒绝是指受要约人以通知的方式明确表示不接受要约，但不包括在规定的时间内不作答复而拒绝、对要约实质内容作出限制、更改或扩张等广义上的拒绝。要约消灭的时间为拒绝的通知到达要约人时。

2. 要约被撤销

要约在受要约人发出承诺通知之前，可以由要约人依法撤销要约，一旦撤销，要约即失效。

3. 承诺期限届满

凡是在承诺期限受要约人没有作出承诺的，要约即失效，是受要约人以不作为的方式表示对要约的拒绝，是广义上的拒绝要约。

4. 受要约人对要约的内容作出实质性变更

受要约人对要约的内容作出实质性变更，说明受要约人提出了新要约，新要约必然是对原要约的拒绝，使原要约失去效力。双方当事人的主体地位发生了变化，原受要约人成为要约人，原要约人成为受要约人。

(六)要约与要约邀请

[事例3] 2001年3月1号，某商场想要购进一批皮鞋，于是向几家皮鞋厂发出传真，称：本商场欲购进皮鞋，如果有新款，请附图样与说明，我商场将派人前往洽谈购买事宜。于是有几家皮鞋厂都回电，称自己可满足该商场的要求，并且附上了图样与说明。其中一家皮鞋厂甲厂寄送了图样和说明后，又送了1000双皮鞋到该商场，商场看货后不满意，于是决定不购买甲厂的皮鞋。甲厂认为商场发出的是要约，他送皮鞋的行为是承诺，合同因为承诺而生效。商场拒绝购买是违约行为，应该承担违约责任。而商场认为他们发出传真行为是一种要约邀请而不是要约，商场不受该行为约束。试分析：该传真是要约还是要约邀请？

要约邀请也叫做“要约引诱”，是一方希望他人向自己发出要约的意思表示。要约与要约邀请在学理上有明显的区别：

1.意思表示不同

要约是一方向另一方发出的以订立合同为目的的意思表示，应具备成立一个合同所应具有的内容。而要约邀请是一方向另一方发出的邀请其向自己发出要约的意思表示，不完全具备合同内容条款，否则就是一个要约而不是要约邀请。

在事例3中，某商场发的传真是要约邀请，因其注明“商场将派人前往洽谈购买事宜”，其表示的意思是派人去商谈，而不是直接订立合同，同时也不具备成立合同应当具备的内容条款。

2.效力不同

要约一经生效，受要约人就取得承诺的资格，承诺生效后，合同就成立了。而要约邀请只产生对方向其发出要约的可能，对方发出要约的，还必须经要约邀请人承诺才能成立合同。

要约的内容中应当包含合同的主要条款，这样才能因承诺人的承诺而成立合同。而要约邀请只是希望对方当事人提出要约，因此，它不必包含合同的主要条款。要约邀请与要约之间最根本的区别，就在于要约有成立合同的具体确定的内容，而要约邀请不必也不应具备满足合同成立的内容。

在事例3中，某商场发出的传真不包含合同的主要条款，不符合要约构成要件不具有要约的效力，故某商场不受该行为约束。

3.几种常见的要约邀请

[事例4] 甲书店在报纸上刊登附有价目表的广告，声称本书店新到图书若干，欲购者可在一个月内汇款，款到寄书。试分析：该广告是要约还是要约邀请？

在实践中，有一些要约邀请与要约非常相似，对这些特殊的要约邀请，法律上往往加以特别规定。《合同法》第15条规定：“寄送的价目表、拍卖公告、招标公告、招股说明书、商业广告等为要约邀请。"但"商业广告的内容符合要约规定的，视为要约"。可见要约与要约邀请在类型上也是不可能有固定区分的。根据《合同法》第15条，下列行为属于要约邀请：

(1)寄送的价目表。邮寄、派发价目表，虽然包含了商品名称及价格条款，且含有行为人希望建立交易关系的意图，但由于该行为只是向对方提供某种信息，希望对方向自己提出订约条件，因此，该行为只是要约邀请，而不是要约。当然，如果行为人向不特定的相对人派发某种商品的订单，并在订单中明确声明愿受承诺的约束，或者从订单的内容中可以确定他具有接受承诺后果约束的意思，就应该认为该订单不是要约邀请，而是要约。

(2)拍卖公告。所谓拍卖，是指拍卖人在众多的报价中，选择报价最高者与其订立合同的一种特殊买卖方式。对拍卖公告，各国合同法一般认为属于要约邀请，因为在该表示中并不包括合同成立的主要条件，特别是未包括价格条款，而只是希望竞买人提出价格条款。因而其为要约邀请。

(3)招标公告。所谓招标，是指订立合同的一方当事人采取招标公告的形式，向不特定人发出的、以吸引或邀请相对方发出要约为目的的意思表示。根据《合同法》第15条规定，此种公告属于要约邀请行为。因为招标人实施招标行为是订约前的预备行为，其目的在于引诱更多的相对人提出要约，从而使招标人能够从更多的投标人中寻取条件最佳者并与其订立合同。

(4)招股说明书。招股说明书，是指拟公开发行股票的人经批准公开发行股票后，依法在法定的日期和证券主管机关指定的报刊上刊登的全面、真实、准确地披露发行股票的人的信息以供投资者参考的法律文件。招股说明书通过向投资者提供股票发行人的各方面的信息，从而吸引投资者向发行人发出购买股票的要约，但其本身并不是发行人向广大投资者所发出的要约，而只是一种要约邀请。

(5)商业广告。根据《合同法》第15条规定，商业广告是要约邀请，不能产生要约的效力。这主要是因为，商业广告的目的在宣传、推销某种商品或服务，而一般并没有提出出售该商品或提供该服务的主要条款。广告主通常只是希望他人向其发出购买该商品或要求提供该服务的要约，所以商业广告只是要约邀请。

如果广告中既含有足以使合同成立的确定内容，即措词具体明确，明确了供货者与可接受者的数量，没有留下讨价还价的余地，又含有该广告人希望订立合同的愿望及愿意受约束的意思，那么就是要约。

事例4中，该广告清楚地表明了甲提出成立合同关系不需要再进一步磋商、讨价还价，即甲明确表示受广告的约束，该广告为要约。

三、承诺

[事例5] 2009年5月1日，甲某打鱼1000斤，当日通知乙某以每斤5元的价格购

买鲜鱼,要约中没有规定承诺的期限。乙某第二天持币前来购买,甲却已经将鱼转卖他人。已知5月份鱼的保鲜期为2天。试分析:该案如何处理?

(一)承诺的概念和要件

《合同法》第21条规定:"承诺是受要约人同意要约的意思表示。"

承诺要取得成立合同的法律效力,必须同时具备以下五个要件:

1.承诺必须由受要约人作出

承诺是一种相对人的行为,只有受要约人才享有承诺的资格。受要约人为特定人时,承诺由该特定人作出;受要约人是不特定人时,承诺由该不特定人中任何人作出。第三人不是受要约人,没有承诺的资格,第三人向要约人作出承诺,合同不成立,视为发出要约。在事例5中,甲某通知乙某以每斤5元的价格购买鲜鱼,乙即为受要约人,乙某第二天持币前来购买,即是作出承诺。

2.承诺必须向要约人作出

承诺的目的在于同要约人这一特定主体订立合同,若承诺针对要约人以外的第三人作出,合同不成立。如受要约人向要约人授权的代理人作出承诺,也应视为向要约人作出。事例5中,第二天乙某持币到甲处购买鲜鱼,乙的承诺即是向发出要约的甲作出的。

3.承诺的内容必须与要约的内容一致

《合同法》第30条规定:"承诺的内容应当与要约的内容一致。"承诺是对要约的同意,其同意内容原则上必须与要约的内容一致,才构成意思表示的一致,即合意,从而使合同成立,否则,视为拒绝原要约,并构成新要约。

根据《联合国国际货物销售合同公约》以及世界各国合同立法趋势表明,凡对要约内容表示同意,但对要约内容进行非实质性添加、限制或其他变更的,除要约人及时表示反对,或要约明确规定不得对要约内容进行任何添加、限制或变更外,该承诺仍为有效,合同内容以承诺内容为准。我国《合同法》规定承诺不得对要约内容作实质性变更,即不得对有关合同的标的、数量、质量、价款或者酬金、履行期限、履行地点和方式、违约责任和解决争议的方法等作出扩大、限制或改变。承诺对要约内容作出了非实质性变更,除非要约人明确及时反对,要约有效。在事例5中,乙持币前来购买,以行动回应了甲的邀约,同意了甲的要约的内容,即乙的承诺与甲的邀约内容一致。

4.承诺必须在要约的存续期间内作出

如果要约定有存续期间,承诺必须在此期间作出。如要约未定存续期间,对于口头要约,受要约人应立即作出承诺;对于书面要约,受要约人应在通常情况下能收到承诺后必要的合理期间内承诺。凡要约存续期间届满后承诺,是迟到的承诺,除要约人及时通知受约人该迟到的承诺仍然有效外,应视为新要约,不发生承诺的效力。但是,受约人在要约存续期间内作出承诺,在正常情况下能按时到达要约人,因传达故障等原因致使承诺迟到,是承诺迟延。除要约人及时通知受约人该迟延的承诺无效外,承诺视为未迟延,合同有效成立。在事例5中，已知5月份鲜鱼的保鲜期为2天，乙在第二天前来购买，是在要约的合理的承诺期内，故乙的承诺有效，合同成立。

5.承诺的方式必须符合要约的规定

要约人在要约中对承诺方式作了具体要求的，承诺必须按照规定方式作出，否则承诺无效。如果要约没有对承诺的方式作出规定，则承诺的方式应与要约的方式一致，或以其他合理方式作出。除法律有特别规定，或根据交易性质、商业惯例和要约中规定承诺不需要通知的以外，承诺应当以向要约人发出承诺通知的方式作出，沉默和不作为本身不能构成承诺。在实践中，有的当事人在要约中规定沉默是为承诺，这种规定对受要约人不具有约束力，也即要约人不能把自己的意志强加给受要约人。积极的行为可以构成承诺。《合同法》第22条规定："承诺应当以通知的方式作出，但根据交易习惯或者要约表明可以通过行为作出承诺的除外。"在事例5中，甲在要约中没有规定用特定方式作出承诺，乙持币前来购买，是以积极的行为作出的承诺，符合法律的规定。

(二)承诺的撤回

承诺的撤回，是承诺人阻止承诺发生法律效力的意思表示。《合同法》第27条规定："承诺可以撤回。撤回承诺的通知应当在承诺通知到达要约人之前或者与承诺通知同时到达要约人。"因此，撤回的通知必须在承诺生效之前到达要约人，或与承诺通知同时到达要约人，撤回才能生效。

【引导案例分析】

首先，此案的纠纷是因农场的原因而导致。

其次，双方发生纠纷的原因是农场没有理解要约和要约邀请的区别，其法律依据是《合同法》第15条。超市给农场的传真是询问农场是否有货源，虽然该公司在给农场的传真中提出了具体数量和品种，但同时希望农场回电通报情况，因此，甲超市的传真具有要约邀请的特点。农场没有按超市的传真要求通报情况，在直接向超市发货后，才向超市回电的行为，因没有要约而不具有承诺的性质，相反具有要约的性质。在此情况下如果超市接收这批货，这一行为就具有承诺性质，合同就成立。但由于超市拒绝接收货物，故此买卖没有承诺，合同不成立。

最后，基于上述原因，农场应承担此案的损失，甲超市不负赔偿责任。

专题三 合同的效力

【引导案例】

甲公司为生产高档西服向乙公司订购一套机器设备。双方本应按照约定签订书面合同，但由于乙公司说没关系，并表示肯定能够在1个月内送货上门，并安装调试顺利生产，故双方没有签订书面合同。1个月后，乙公司准时将设备送到甲公司，并进行了安装调试。在安装完毕之后的试生产过程中，机器出现故障。甲公司请乙公司的专业人员又进行了两次调试，但故障仍未排除，于是，甲公司以合同未采用法律规定的书面形式为由，要求认定合同没有生效，并退货。

问题：

1. 甲方的要求认定合同没有生效的请求有无法律依据？为什么？

2. 此案应如何处理？

一、合同效力概述

（一）合同效力的概念

合同的效力，又称“合同的法律效力”，是指已经成立的合同将对合同当事人乃至第三人产生的法律后果。合同本身并不是法律，而只是当事人之间的合意，因此不可能具有法律一样的效力。合同之所以能具有法律约束力，不是来源于当事人的意志，而是来源于法律的授权。《合同法》第8条规定：“依法成立的合同，对当事人具有法律约束力。当事人应当按照约定履行自己的义务，不得擅自变更或者解除合同。”

已成立的合同在效力上是生效、可撤销或效力未定，衡量的标准是法定的一般生效要件。

（二）合同的生效要件

依《民法通则》第55条和《合同法》第44条的规定，已成立的合同要产生当事人预期的结果，必须满足法律规定的生效要件。生效要件可分为一般生效要件和特别生效要件。一般生效要件是合同生效必须具备的基本条件。特别生效要件是合同生效除了具备一般生效要件外，还须具备法律有特别规定或当事人有特别约定的生效要件。合同生效须具备如下一般生效要件：

1. 当事人缔约时有相应的缔约能力

所谓缔约能力，是指合同主体据以独立订立合同并独立承担合同义务的主体资格。从事合同行为的主体可分为自然人、法人、非法人组织。依据不同的主体和不同的合同，法律对其资信状况、认知能力、独立承担责任的能力有不同的要求。

《合同法》第9条规定：“当事人订立合同，应当具有相应的民事权利能力和民事行为能力。”由于合同是以当事人的意思表示为基础，并且以产生一定的法律效果为目的，因此，行为人必须具备正确理解自己行为的性质和后果、独立地表达自己的意思、独立承担民事后果的能力，也就是说必须具备与订立某项合同相应的民事行为能力。

《民法通则意见》第6条规定：“无民事行为能力人、限制民事行为能力人接受奖励、赠与、报酬，他人不能以行为人无民事行为能力、限制民事行为能力人为由，主张以上行为无效。”由此可见，限制民事行为能力人和无民事行为能力人在纯获法律上的利益而不承担法律义务的合同中，可以作为合同当事人。因为在这些合同中，无行为能力人和限制行为能力人只会获得利益，不会遭受损失。限制民事行为能力人，可以进行与他的年龄、智力和精神健康状况相适应的民事活动；其他民事活动由他的法定代理人代理，或者征得他的法定代理人的同意。”

法人、其他组织的行为能力是特殊的行为能力。《民法通则》第 42 条规定：“企业法人应当在核准登记的经营范围内从事经营。”这条规定虽然要求企业法人应在核准登记的范围内从事生产经营，但并未规定超越经营范围的行为无效。最高人民法院关于适用《合同法》若干问题的解释(一)第 10 条规定：“当事人超越经营范围订立的合同，人民法院不因此认定合同无效。但违反国家限制经营、特许经营以及法律、行政法规禁止经营规定的除外。”

其他组织也可以成为合同的主体，这种组织通常被称为非法人组织。对这些组织的缔约能力，《合同法》第 2 条在关于合同的定义中承认非法人组织订立的合同可受法律的保护。

还需要说明的一点，合同当事人在缔约时须具备相应的缔约能力。所谓“缔约时”是指合同成立之时。

2. 意思表示真实

所谓意思表示真实，是指当事人的效果意思与表示意思一致即为真实，也即当事人的内在意志和外在意思一致即为真实。合同成立虽然也对当事人的意思表示有所要求，但其侧重点在于意思表示一致，至于意思表示是否真实则在所不问。而合同的生效则对已达成一致的意思表示作了进一步的要求，即当事人的意思表示必须真实。意思表示真实是合同生效的重要构成要件。

3. 不违反强制性法律规范及公序良俗

合同不违反强制性法律规范及公序良序，是其生效的一个重要条件。法律规范分为强制性规范和任意性规范。强制性规范，又分为强制不作为规范(又称“禁止性规范”)和强制作为规范(又称“命令性规范”)，这类规范不允许当事人违反，否则将导致法律的全然否定性评价。任意性规范，又称“授权性规范”，并不要求当事人执行，它只不过为人们提供了一种可供选择的行为模式。

公序良俗原则，即社会公共利益原则，在大陆法系国家也成为各国公认的民法基本原则。我国《民法通则》第 7 条规定：“民事活动应当尊重社会公德，不得损害社会公共利益，破坏国家经济计划，扰乱社会经济秩序。”《合同法》第 7 条规定：“当事人订立、履行合同，应当遵守法律、行政法规，尊重社会公德，不得扰乱社会经济秩序，损害社会公共利益。”依民法理论解释，此条款与国外立法中的公序良俗原则相似。该原则是对当事人合同自由的一种限制，也是处理涉外合同关系中对抗和排除外国法适用以及参加国际公约对某些条款予以保留的一个基本原则。同时，它还成为法官自由裁量的基本依据。

4. 标的的确定和可能

通常，当事人签订合同，其效果意思大都希望合同得以履行，而合同能否履行，首先要看合同的标的是否确定，其次要看合同的标的有没有履行的可能。合同标的的确定，是指合同标的在合同成立时已确定或处于将来履行时可以确定的状态。标的的可能是指合同标的客观上有实现的可能。客观上不可能实现的标的，民法理论上称为标的不能。此种情形，按标的不能的原因和后果的不同分为以下几种：

(1)事实不能与法律不能。前者又称"自然不能"或"物理不能"，即依客观规律不能实现；后者指因法律的禁止性规定而不能。两种情形，当然无效。

(2)自始不能与嗣后不能。前者又称"原始不能"，即标的在合同成立之时就不存在实现的可能；后者又称"后发不能"，指合同成立之时，标的尚有实现的可能，于合同成立后因故不能实现。前者是合同无效的原因，后者则是合同解除的原因。

(3)全部不能与部分不能。合同标的全部无实现之可能，合同当然无效。部分不能则部分无效。

(4)客观不能与主观不能。前者指非因人为原因而致不能；后者则指因当事人自身原因而致不能。客观不能，则合同无效；主观不能，则由当事人承担违约责任。

(5)永久不能与暂时不能。前者指合同成立之时标的永无实现之可能，合同无效。后者是指不能的情形是暂时的，在履行之前不能的情形可以解除。

另外，法律法规对合同的形式有特定要求的，则合同形式须符合要求。

二、效力待定的合同

(一)效力待定合同的概念

效力待定合同，又称"可追认的合同"，是指于合同成立时能否发生效力不能确定，须等待权利人追认才能生效的合同。所谓追认，是指权利人表示承认和同意的意思表示。追认是一种单方意思表示，无须合同相对人的同意即可发生法律效力。权利人的追认与否决定着效力待定合同的效力。追认一般以明示的方式作出，也可以有追认权的人自愿履行债务的推定方式作出，沉默不构成追认。追认必须是无条件的，是对合同全部条款的承认，如果仅对部分条款承认，则视为新要约，这就需要合同相对人的同意才能生效。

(二)效力待定的合同的种类

1. 限制民事行为能力人依法不能独立订立的合同

十周岁以上的未成年人、不能完全辨认自己行为的精神病人是限制民事行为能力人，可以进行与他的年龄、智力相适应的民事活动；其他民事活动由他的法定代理人代理，或者征得他的法定代理人的同意。

限制民事行为能力人依法不能独立订立的合同，须经法定代理人追认。相对人可以催告法定代理人在一个月内予以追认，法定代理人未作表示的，视为拒绝追认。合同被追认之前，善意相对人有撤销的权利，撤销应当以通知的方式作出。

依据《合同法》第 47 条的规定，限制民事行为能力人订立的纯获利益的合同，如接受奖励、赠与、报酬，或与其年龄、智力、精神状况相适应的活动，无须其法定代理人追认便可以生效。

2.无权代理订立的合同

行为人无代理权、超越代理权或代理权终止后以被代理人的名义订立的合同，非经被代理人追认，对被代理人不发生效力，由行为人承担责任。第三人(相对人)知道行为人无代理权、超越代理权或代理权已终止还与行为人实施民事行为给他人造成损害的，由行为人和第三人负连带责任，但是被代理人知道行为人以本人的名义订立合同未做否认表示的，或对于表见代理的情形，无须追认，当然有效。相对人也可催告本人在1个月内追认，本人逾期未予以追认的，视为拒绝。相对人也可在本人追认之前撤销该合同(《合同法》第48、49条)。

3.无处分权人订立的合同

无处分权人订立的合同，是无处分权人以自己的名义处分他人财产订立的合同。依据《合同法》第51条的规定，无处分权人处分他人财产订立的合同，经权利人追认或无处分权人订立合同后取得处分权的，该合同有效，即从无效合同转化为有效合同。追认可以向处分人表示，也可以直接向处分人的相对人表示。无处分权人不能取得处分权或权利人不予追认的，合同无效，除非相对人能依法律规定的动产善意取得制度取得标的物的所有权。

(三)效力待定合同中的追认权、撤销权与催告权

1.追认权

追认权是法定代理人、代理关系中本人、财产所有人(统称权利人)对有缺陷合同事后予以承认的单方意思表示。

追认权包括两方面：一是对权利有缺陷的人所订立的合同的追认；二是不予追认。因此，行使追认权的法律后果也有两个：追认合同生效，不追认则合同无效。总之，效力待定合同，就是通过追认权的行使，使其效力最终确定。

2.撤销权和催告权

撤销权和催告权是法律赋予相对人的权利。撤销权是善意相对人在权利未予追认前，将成立该合同的意思表示撤回。催告权是指相对人在合同成立后，催促权利人在一定期限内明确答复是否承认该合同。

《合同法》对主体不合格和无权代理的两种效力未定情形下，相对人的催告权、撤销权以及该权利如何行使作了明确规定。《合同法》第47、48两条规定说明：(1)权利人追认的合理期限是一个月，起算日是相对人的催告之日；(2)权利人经相对人催告后未做表示的，视为拒绝追认；(3)善意相对人的撤销权只能在权利人行使追认权之前行使；(4)行使撤销权的方式必须是明示的，默示不产生撤销效力，撤销应以通知的方式作出。

三、无效合同

(一)无效合同的概念和特点

1. 无效合同的概念

无效合同,指合同因欠缺一定的生效要件而导致合同当然不发生效力。它是相对于有效合同而言的,是指合同虽然已经成立,但其在内容和形式上违反了法律、行政法规的强制性规定和社会公共利益,因此确认为无效。

2. 无效合同具有如下几个特点

(1)无效合同的违法性。所谓违法性,是指违反了法律和行政法规的强制性规定以及社会公共利益。无效合同的违法性表明此类合同根本不符合国家意志,因此不能使此类合同发生法律效力。

(2)自始无效,即合同从订立时起就不具法律约束力。

(3)绝对无效。从订立时起无效,此后的任何事实都不能使之变为有效,如内容违法,即使履行完毕也不受法律保护。

(4)当然无效。不论当事人是否知道无效,也不论是否经仲裁机构或法院确认,都无效。

(二)无效合同的种类

根据我国《合同法》第 52 条的规定,无效合同的种类主要包括如下几种:

1. 一方以欺诈、胁迫的手段订立的合同,损害国家利益

如果一方以欺诈、胁迫的手段订立的合同,没有损害国家利益,则属于可撤销的合同,只有损害国家利益时,才无效。

2. 恶意串通,损害国家、集体或第三人利益的合同

恶意串通是指合同当事人或代理人在订立合同过程中,为谋取不法利益,与对方当事人、代理人合谋实施的违法行为。在恶意串通的合同中,行为人的行为具有明显的违法性,据此可以将其作为违法合同对待。

3. 以合法形式掩盖非法目的的合同

以合法形式掩盖非法目的,这种行为又称为"隐匿行为",是指当事人在形式上是合法的,但在目的上是非法的。例如,以赠与合同的形式掩盖行贿之实。这种行为就其外表来看是合法的,但是外表行为只是达到非法目的的手段。由于被掩盖的目的是非法的,且将造成对国家、集体或第三人的损害,因此这种行为是无效的。

4. 损害社会公共利益的合同

我国《合同法》第 52 条第 4 款规定,损害社会公共利益的合同无效。社会公共利益体现了全体社会成员的最高利益,违反社会公共利益或公序良俗的合同无效,成为各国立法普遍确认的原则。因此,凡订立合同危害国家公共安全和秩序、损害公共道德、危害公共

健康和环境以及其他损害公共利益的行为，无论当事人是否主张无效，法院和仲裁机构应主动宣告合同无效。

5.违反法律、行政法规的强制性规定的合同

强制性规定，又称“强制性规范”，是任意性规范的对称。强制性规范，当事人必须遵守，如违反则导致合同无效；对任意性规范，当事人则可以选择适用。这种合同属于最典型的无效合同。

(三)合同的部分无效

我国《合同法》第56条规定：“合同部分无效，不影响其他部分效力的，其他部分仍然有效。”部分无效的合同是指有些条款虽然违反法律规定，但并不影响其他条款效力的合同。确认合同部分无效的规则是：(1)如果认定合同的某些条款无效，该部分条款与其他条款相比较，应是相对独立的，该部分与合同整体具有可分性；如果不具有可分性，则应认定整体无效。合同部分无效，有效部分可以独立存在，部分无效并不影响有效部分的效力，即无效部分被确认无效后，有效部分继续有效。但是，如果无效部分与有效部分有牵连关系，确认部分内容无效将影响有效部分的效力，或者从行为的目的、交易的习惯以及根据诚实信用和公平原则，决定剩余的有效部分对于当事人已无意义或已不公平合理，则合同应被全部确认为无效。(2)如果合同的目的是违法的，则应认定整个合同无效，而不能保留一部分合同的效力。

四、可撤销合同

(一)可撤销合同的概念和特征

1.可撤销合同的概念

所谓可撤销合同又称为“可变更的合同”，是指合同欠缺一定生效要件，其有效与否，取决于享有撤销权的一方当事人是否行使撤销权的合同。可撤销合同，在有撤销权的一方行使撤销权之前仍然是有效的，而在当事人行使撤销权，法院或仲裁机构同意撤销该合同后，该合同无效，且无效追溯到合同成立之时。

2.可撤销合同的特征

(1)可撤销合同是意思表示有瑕疵的合同。意思表示有瑕疵，是指当事人在订立合同时意思表示不真实，这是与效力待定合同的当事人权利有缺陷的根本区别。尽管意思表示不真实也不符合生效要件的规定，但当事人订立这些合同时可能并没有故意违反法律、行政法规的强制性规定及公序良俗，所以在这一点上与无效合同是有区别的。

(2)可撤销合同是已经成立生效的合同。可撤销的合同成立时起已经生效，经撤销后，才溯及合同成立时失去效力。可撤销合同在被撤销前，其效力状态与有效合同相同，合同当事人须依约履行合同义务，不得以合同存在可撤销因素为由拒绝合同义务。

(3)必须由撤销权人通过行使撤销权来撤销合同。是否行使撤销权，应由享有撤销权

的人决定。可撤销合同主要涉及一方当事人意思表示缺陷，而当事人意思表示是否存在缺陷，外人无法判断，即使外人知道一方因意思表示缺陷并因此受到损失，如果当事人不主张撤销，自愿承担损害后果，法律也允许这种行为有效，这符合民法的意思自治、私法自治原则。

(4)可变更、可撤销。对于可撤销的合同，撤销权人有权请求予以撤销，也可以不要求撤销，而仅要求变更合同，如调整标的价格，适当减少一方义务。变更情况下，经双方协商合同仍有效，当事人应当履行。法律允许当事人自行选择和决定，如果当事人不主动提出撤销，法院不会主动宣告撤销、变更合同。

(二)可撤销合同的种类

1.因重大误解订立的合同

［**事例6**］ 某商场新进一款照相机，价格定为1745元。商场工作人员在制作价签时，误将1745元写为745元。赵某在浏览该柜台时发现该照相机物美价廉，于是用信用卡支付745元购买了1部照相机。一周后，商店盘点时，发现少了1000元，经查是由商场工作人员标错价签所致。由于赵某用信用卡结算，所以商场查出是赵某少付了照相机货款，找到赵某，提出或补交1000元或退回照相机，商店退还745元，并补偿其来回路费。赵某认为彼此的买卖关系已经成立并交易完毕，商场不能反悔，拒绝商店的要求。商场向人民法院起诉，要求赵某返还1000元或照相机。试分析：该案如何处理？

所谓重大误解，是指当事人进行意思表示时，因自己的过失对涉及合同法律效果的重大事项发生认识上的显著错误而使自己遭受重大不利的法律事实。误解须符合一定条件才能构成并产生使合同变更或撤销的法律后果，这些条件包括：

(1)必须有意思表示并成立了合同。首先，表意人要将其意思表示表达出来，否则无从评价其是否存在着误解问题。其次，表意人作出意思表示后合同成立了。如果没有意思表示或合同没有成立就谈不上误解。在事例6中，商场标出价签，是意思表示，赵某花钱买，合同成立。

(2)行为必须与其效果意思不一致。也就是内在的意思和表现在外部的意思不一致。在事例6中，商场标签的意思表示与其内心的真实的意思不一致。

(3)必须是表意人自己的过失所致。这也是误解和欺诈、胁迫及乘人之危的主要区别之一，即误解人的错误认识不是源于对方当事人的过错行为，而是由于自己的错误。误解完全是由误解一方自己的行为所造成的，在这一点上，它与误传是不同的。在误传的情况下，表意人所作出的意思表示是真实的，只是由于传达人或传达机关在传达过程中的失误造成了错误，而误解完全是由表意人自己的原因造成的。在事例6中，错误是由商场方面造成的，因此成立重大误解。

(4)表意人的不知或误认是对合同重要事项的误解，并在结果上是自己遭受重大不利。所谓对合同重要事项的误解，主要包括对合同的性质、合同当事人、合同标的的误解。

误解是否“重大”,应当从两个方面来考察:第一,对什么产生重大误解。对构成合同基础的事实的误解,可以构成重大误解,对无关紧要的细节的误解则不构成重大误解。第二,误解是否造成对当事人重大的不利后果。重大不利后果,可以从两个方面表现出来:(1)合同关系对价不充分,权利义务关系失衡。(2)仅从双方的关系看,比较公平,但是由于误解,达不到履行目的或与订立合同的意图完全相反,当事人为此遭受或即将遭受重大损失。

事例6中,本案是属于商场的工作人员对价格的重大误解,符合《合同法》关于可撤销可变更合同中的重大误解的规定,故赵某应当返还照相机或返还1000元。

此外,重大误解只是撤销或变更合同的理由,并非免责的理由。重大误解是因误解人自己的过错造成的,对方并无过错,善意相对人的利益,仍需保护,故对重大误解的合同不能一概撤销,还要根据交易习惯、商业常识由法官依公平原则自由裁量,否则,重大误解会成为当事人规避正常商业风险的借口。

2.显失公平的合同

[**事例7**]　某山区农民赵某家中有一瓷碗,系赵某的祖先留下。李某通过他人得知赵某家有一清朝瓷碗,遂上门索购。赵某不知该瓷碗真实价值,李某用5000元买下。随后,李某将该瓷碗送至某拍卖行进行拍卖,卖得价款5万元。赵某在一个月后得知此事,认为李某欺骗了自己,于是找到李某,要求李某退回瓷碗。李某以买卖瓷碗是双方自愿的,不存在欺骗,拒绝赵某的请求。试分析:该案如何处理?

所谓显失公平的合同,是指一方当事人利用自己的优势或者利用另一方没有经验、轻率,致使双方权利义务明显违反了公平、等价有偿原则订立的合同。显失公平在发生时间上,必须是订立合同时,我国《民法通则》虽然对此没有限定,但《合同法》却明确规定为“在订立合同时显失公平的”才是可撤销合同;在适用条件上,必须是有偿合同,特别是双务合同,而无偿合同因不存在对价问题,自然也就不存在显失公平的问题。

显失公平的合同,应具备以下要件:

(1)利用优势或者对方没有经验。最高人民法院《关于贯彻执行〈中华人民共和国民法通则〉若干问题的意见(试行)》第72条规定:“一方当事人利用优势或者利用对方没有经验,致使双方的权利义务明显违反公平、等价有偿原则的,可以认定为显失公平。”利用优势和对方没有经验订立合同,都可以视为通过不正当影响订立合同。

具体来说,主要有以下几种情况:①利用优势。这种优势包括当事人利用自己的独占地位和经济实力、政治上、身份上等方面的优势。②利用对方没有经验。利用对方没有经验,也是利用自己优势的一种情形。所谓无经验,是指欠缺一般的生活经验或交易经验。

事例7中,本案属于显失公平的合同,李某利用自己的优势,明知赵某的瓷碗是清朝的,极有价值,而利用了赵某不知情,以远远低于市场价格购买该瓷碗,属于《合同法》规定的显失公平的合同。

(2)合同的权利义务对双方极为不公平。显失公平的合同是对价不充分的合同。我国法律迄今为止还没有关于对显失公平的合同的具体判断标准。从合同的角度考察,绝对公平是难以做到的。有关利益平衡或不平衡问题,应根据各种交易关系的具体情况加以认定,特别是要考虑到供求关系、价格的涨落、交易习惯等各种因素。不过,衡量双方利益是否公平,应从合同订立时的情况加以确定。如果合同在订立以后,因市场行情变化使价格发生涨落等,除非出现了情势变更的情况,否则当事人不能以显失公平为由而要求撤销合同。

3. 因欺诈订立的合同

所谓欺诈,是指行为人故意隐瞒与订立合同有关的重要事实或提供虚假情况而使对方作出错误意思表示订立合同的行为。

构成欺诈须具备以下要件:

(1)须有欺诈行为。通常表现为虚构事实或隐瞒真实情况。隐瞒,包括作为和不作为两种形式。作为,是以行动掩盖真相或对对方提出质询时,以谎言相告。不作为,是对重要事实不揭示,也称“沉默”。沉默是否构成欺诈,我国法律没有规定。按照诚实信用原则,合同当事人在订立合同前,应当向对方揭示与订立合同有关的重大事实,否则可构成欺诈的间接故意。

(2)须使对方陷入错误并订立合同。对方陷入错误主要是反映对合同内容极其重要情况发生认识上的错误。如果该当事人未发生认识错误或合同未成立,则不构成欺诈。

(3)行为人须有欺诈的故意。这里所称的故意,主要是虚构事实的故意和隐瞒真相的故意,在实践中,当事人作不真实陈述有时只是出于过失。因误述订立的合同,是相对无效的合同,当事人得以重大误解为由主张撤销或变更合同。如果一方因过失作了不真实的陈述,后来发现了这一错误,或在陈述时是一个真实的事实,后来又变为不真实的事实,如果不及时通知对方,使之在错误的认识下订立合同,同样也构成欺诈。要高价或漫天要价的行为本身,不构成欺诈,因为要高价的行为往往是一种谈判的技巧,但为了要高价而制造虚假的根据就构成欺诈。

(4)已成立的合同对受欺诈人重大不利。已成立的合同,如并未给受欺诈人造成重大损失的,不构成欺诈。

4. 因胁迫订立的合同

所谓胁迫,是指行为人以正在实施的或将来实施的危害使相对人发生恐惧而接受胁迫人的条件成立的合同。《民通意见》第 68 条规定:“以给公民及其亲友的生命健康、名誉、荣誉、财产等造成损害,或者以给法人的名誉、荣誉、财产等损害为要挟,迫使对方当事人作出违背真实的意思表示的,可以认定为胁迫行为。”

胁迫的构成要件:

(1)须有胁迫行为。行为的客观表现是以将来或直接面临的物质和精神损害相威胁。

(2)须为故意,即以危害使对方发生窘迫的意思和迫使对方因此成立合同的意思。行为人故意的基本内容,是使被胁迫人陷入恐怖而订立特定的合同。

(3)须受胁迫人产生恐惧。此恐惧和签订的合同有因果关系。

(4)合同造成受胁迫人的不利益。

5.乘人之危的合同

[事例8] 2003年6月,由于几天连降暴雨,甲所在的村庄被大水淹没,甲便爬到自家附近的一棵大树上躲避。这时正值乙划船经过,甲请求乙将其运到安全地带,乙表示可以将其运到安全地带,但必须支付5万元的劳务费,甲当时表示同意给付5万元。乙将甲运到安全地带后,甲给乙写了一张5万元的欠条。后来乙向甲索要5万元欠款,甲不给,乙便诉至法院,要求被告甲给付5万元的劳务费。试分析:该合同如何处理?

所谓乘人之危,是指行为人利用对方的窘迫或危难处境,为谋取不正当利益,迫使其违背真实意思而订立合同的行为。《合同法》第54条把乘人之危订立的合同规定为可撤销的合同。《民通意见》第70条规定:"一方当事人乘对方处于危难之际,为谋取不正当利益,迫使对方作出不真实意思表示,严重损害对方利益的可以认定为乘人之危。"

乘人之危的合同,应具备以下要件:

(1)一方当事人处于窘迫或危难境地。所谓危难,除了经济上的窘迫或具有某种迫切需要外,也包括自然人及其家人生命危险、健康恶化等。在事例8中,甲的村庄被大水淹没,被迫爬上大树,等待救援,属处于危难境地。

(2)行为人利用了对方当事人的危难困境。在事例8中,乙利用了甲的危难。

(3)行为人主观上为故意。行为人不了解对方的危难处境而与之订立合同,另一方的危难促使了合同成立,这类合同,则不能以乘人之危为由解除合同。在事例8中,乙主观上是故意,他明知甲处于危难之中并利用,从而迫使甲签订合同。

(4)相对人遭受了不利益。乘人之危的行为,往往使受害人被迫接受对自己十分不利的条件,订立某种使自己受到损害的合同。行为人迫使对方订立合同,一般是为了获取过分的利益,这种利益被称之为"不正当利益"。这种不正当利益是在严重损害对方利益的基础上产生的,而且往往是经济上的重大损失。

在事例8中,甲正处于危难之中,乙利用该状况,从而迫使甲签订损害自己利益5万元劳务费的合同,造成了经济上的重大损失。

(三)撤销权的行使

1.撤销权的性质

撤销权本质上是一种请求权而非形成权。所谓请求权,是指请求他人为一定行为或不为一定行为的权利。所谓形成权,是指权利人得以自己一方的意思表示而使法律关系发生变化的权利。享有撤销权的当事人不能以自己的单方行为来撤销合同,而只能向法院或仲裁机构主张撤销该合同,至于该合同是否被撤销,决定权在法院或仲裁机构。

2.撤销权的归属

撤销权通常由因意思表示不真实而受损害的一方当事人享有。因重大误解订立的合同,误解一方有权请求法律的救济,即请求撤销或变更;对自始显失公平的合同,承受不公平后果的一方有撤销或变更的权利;以欺诈、胁迫或乘人之危订立的合同,请求撤销变更权专属于受损害方。

3.撤销权的内容

对可撤销的合同有两种救济方法:一种是撤销,一种是变更。撤销使整个合同自始消灭,变更则是对合同有关条款进行改变。我国《合同法》第54条第3款规定:"当事人请求变更的,人民法院或者仲裁机构不得撤销。"因此,如果当事人仅提出了变更合同而没有要求撤销合同,法院或仲裁机构不得撤销该合同,而只能变更。如果当事人请求撤销的,法院或仲裁机构只能撤销,而不能变更。

4.撤销权的消灭

《合同法》对撤销权的规定,体现了法律对利益受损人的保护,但为了防止利益关系一直处于不稳定状态,法律又对撤销权的存续规定了一定的期限和限制条件。

《合同法》第55条规定:"有下列情形之一的,撤销权消灭:(一)具有撤销权的当事人自知道或者应当知道撤销事由之日起一年内没有行使撤销权;(二)具有撤销权的当事人知道撤销事由后明确表示或者以自己的行为放弃撤销权。"前一款规定了撤销权的除斥期间。经过除斥期间,撤销权消灭。这里所说的撤销权包括变更权,变更权同样受1年除斥期间的限制。后一款规定,赋予了享有撤销权的当事人一种选择的自由,当事人可自由决定是否行使撤销权,即当事人可以明示的方式或行动放弃撤销权。

【引导案例分析】

(1)甲方的请求没有法律依据。在此案中,双方虽然没有按法律规定签订书面合同,但是合同当事人乙方已经履行了主要义务,而甲方也接受了。《合同法》第36条规定:"法律、行政法规规定或者当事人约定采用书面形式订立合同,当事人未采用书面形式但一方已经履行主要义务,对方接受的,该合同成立。"因此双方达成的协议成立并生效。

(2)处理。至于机器没有调试成功,乙公司应当继续调试。如果多次调试均不成功,设备的确存在质量问题,可以认为乙公司没有按合同的要求履行,甲公司可以请求换货;如果乙公司的确不可能提供合格产品,也可以请求解除合同,但不能请求认定合同不成立。

专题四　双务合同履行中的抗辩权

【引导案例】

甲、乙两公司签订钢材购买合同,合同约定:乙公司向甲公司提供钢材,总价款500万元。甲公司预支价款200万元。在甲公司即将支付预付款前,得知乙公司因经营不善,无法交付钢材,并有确切证据证明。于是,甲公司拒绝支付预付款,除非乙公司能提供一定的担保,乙公司拒绝提供担保。为此,双方发生纠纷并诉至法院。

问题:

1. 甲公司拒绝支付预付款是否合法?

2. 甲公司的行为若合法,法律依据是什么?

双务合同中的履行抗辩权,是当事人在符合条件时,将自己的给付暂时保留的权利。抗辩权是合同效力的体现,抗辩权的行使,使合同履行效力改变,但抗辩权本身并不消灭合同的履行效力,在产生抗辩权的原因消失后,债务人应当履行合同,履行抗辩权为一时的抗辩,不是永久抗辩权也不是消灭抗辩权,当事人行使抗辩权无果时,合同可能最终解除,但履行抗辩权本身并不是合同解除的原因。我国《合同法》规定了三种抗辩权:同时履行抗辩权、先履行抗辩权、不安抗辩权。

一、同时履行抗辩权

(一)同时履行抗辩权的概念

[**事例 9**] 甲公司与乙公司签订了一份产品购销合同,合同约定由甲向乙出售价值 15 万元的货物。合同签订后,甲分三次向乙交付了价值 10 万元的货物,还有 5 万元的货物没有交付。乙接受了甲交付的货物,但没有支付货款。甲起诉要求乙立即支付 10 万元的货款。乙认为,双方没有变更合同内容,合同约定甲应当交付 15 万元的货物,而不是只交付 10 万元的货物;合同对双方履行义务的先后顺序没有约定,故乙享有同时履行抗辩权,在甲交付剩下的 5 万元货物之前,其有权拒绝支付货款。试分析:该案如何处理?

同时履行抗辩权,又称"不履行抗辩权",是指双务合同的一方当事人,在对方未为对待给付前,可以拒绝自己的给付权利。我国《合同法》第 66 条规定:"当事人互负债务,没有先后履行顺序的,应当同时履行。一方在对方履行之前有权拒绝其履行要求。一方在对方履行债务不符合约定时,有权拒绝其相应的履行要求。"这就是我国关于同时履行抗辩权的立法规定。

同时履行抗辩权只适用于双务合同,这主要取决于双务合同的关联性,即双务合同在成立上的关联性,决定了其在履行上的关联性。所谓双务合同的关联性是指在双务合同中一方的权利与另一方的义务之间具有相互依存、互为因果的关系,即一方义务的履行须以他方履行义务为前提。如果一方不履行义务,他方的权利就不能得到实现,其履行义务自然也就会受到影响。由此决定了在债务履行时,原则上要求双方当事人同时进行。可见,法律设立同时履行抗辩权的目的,就在于维持双务合同当事人之间在利益关系上的公平,以维护交易的安全。

同时履行抗辩权的实质就是同时履行权,即要求合同另一方同时履行合同义务,其目的仍然是为了履行合同。

(二)同时履行抗辩权的成立条件

同时履行抗辩权的成立应具备下列条件：

1.当事人须因同一双务合同

这有两层含义：一是同时履行抗辩权只适用于双务合同，这是由双务合同在履行上的关联性产生的。在买卖、互易、租赁、承揽、运输、仓储等双务合同中，都可以适用同时履行抗辩权。二是互负债务。所谓互负债务，是指两项债务之间具有对价关系。如果双务合同的当事人之间不存在对价关系，则无同时履行抗辩权的适用。在事例9中，甲乙签订的购销合同，即是属同一双务合同。

2.双方互负的债务均已到清偿期

同时履行抗辩权这一制度的目的在于使双务合同的双方当事人的债务能够同时履行。因此，双务合同中的双方债务必须具有可同时履行性。如果一方当事人的债务还未到期，债务人就没必要履行债务，债权人也无权要求债务人履行。同时，也只有均已到清偿期的债务，才可能是履行顺序不分先后的债务。在事例9中，就甲交付的10万元的货物，乙付款的义务可同时履行。

3.须对方未履行债务

当事人一方请求对方履行债务时，如果请求方自己没有履行债务，则被请求方可以主张行使同时履行抗辩权，拒绝履行债务。如果其已履行了债务，则不产生履行抗辩权的问题。

如果一方已经履行，只是履行不符合合同约定的，即履行有瑕疵，或部分履行，或迟延履行，或不适当履行，另一方可主张同时履行抗辩权。如果一方仅仅提出履行债务而实际还没有履行时，另一方也有主张同时履行抗辩权的权利。在事例9中，就甲交付的10万元的货款，已到清偿期，而乙未付款。

4.须对方的对待给付是可能履行的

同时履行抗辩权设立的目的在于，通过一方拒绝履行促使双务合同的双方当事人同时履行自己的义务。因此，同时履行抗辩权只有在对方所负债务可能履行的前提下才能行使。如果对方所负的债务已经丧失了履行的可能，则同时履行抗辩权的目的已不能实现，当事人只能通过其他途径请求补救。

同时履行抗辩权属于延期的抗辩权，不具有消灭对方请求权的效力，而仅产生使对方请求权延期的效力，也不能消灭自己所负的债务；而当对方当事人提出履行时，同时履行抗辩权的效力就终止了，当事人必须履行自己的合同义务。

在事例9中，乙给付10万元的货款是可能履行的，《合同法》第66条规定了同时履行抗辩权，即“当事人互负债务，没有先后履行顺序的，应当同时履行。一方在对方履行之前有权拒绝其履行要求。一方在对方履行债务不符合约定时，有权拒绝其相应的履行要求”。本案没有约定履行顺序，为负有同时履行义务，甲方有权要求乙方支付10万元货款，对以后的5万元货物也有权要求乙方同时履行。

二、先履行抗辩权

[事例10]　甲乙双方签订一份技术转让协议，约定由甲向乙提供生产面粉设备，日产10吨以上，经试验合格后，乙付款。经试验，该设备达不到约定的标准，乙拒绝付款。试分析：乙是否有权拒绝付款？

(一)先履行抗辩权的概念

所谓先履行抗辩权，是指在双务合同中，约定有先后履行顺序的，负有先履行义务的一方当事人未依照合同约定履行债务，后履行义务的一方当事人可以依据对方的不履行行为，拒绝对方当事人请求履行的抗辩权。先履行抗辩权本质上是对违约的抗辩，在这个意义上，先履行抗辩权可以称为违约救济权。我国《合同法》第67条规定："当事人互负债务，有先后履行顺序，先履行一方未履行的，后履行一方有权拒绝其履行要求。先履行一方履行债务不符合约定的，后履行一方有权拒绝其相应的履行要求。"

(二)先履行抗辩权的成立条件

先履行抗辩权的成立须具备下列条件：

1. 当事人因双务合同互负债务

先履行抗辩权与同时履行抗辩权一样，只在双务合同中存在，单务合同不发生先履行抗辩权问题。在事例10中，甲乙技术转让协议即是双务合同，甲提供设备，乙付款，互负债务。

2. 履行必须有先后顺序

履行必须有先后顺序是指不是同时履行，而是一方在先，一方在后，这是与同时履行抗辩权的最大区别。而先后顺序也是按法律规定或当事人约定或交易习惯确定的。只有先履行一方不履行或不适当履行时，后履行一方才享有先履行抗辩权，先履行抗辩权的主体不是双方当事人，而是负有后履行义务的一方当事人，负有先履行义务的一方当事人不享有这种抗辩权。在事例10中，约定甲先安装调试，乙后付款，双方的合同义务有先有后。

3. 先履行一方必须不履行合同义务或者履行合同义务不符合约定

先履行抗辩权的行使实质是对先履行一方违约的抗辩，是在不终止合同效力的前提下，法律规定后履行一方为了保护自己的利益而采取的措施，这样可以防止后履行一方在履行后合法权益受到损害。如在合同中约定"先交货，后付款"或"先付款，后交货"，都可以行使先履行抗辩权。在事例10中，甲提供的设备不符合合同约定的要求。

4. 先履行一方应当先履行的债务必须是可能履行的

如果先履行一方的债务已经不可能被履行了，那么后履行一方行使先履行抗辩权就失去了意义。在事例10中，甲的债务即交付符合合同约定的机器设备是可能的，甲可继续调试,如调试不合格,乙有权拒绝付款。《合同法》第67条规定先履行一方履行债务不符合约定的,后履行一方有权拒绝其相应的履行要求,故乙有权拒绝付款。

先履行抗辩权也属于延期的抗辩权,不具有消灭对方请求权的效力,只是暂时阻止先履行一方请求权的行使。如果先履行一方完全履行了合同义务,则先履行抗辩权即归消灭,后履行一方应恢复履行。当事人行使先履行抗辩权致使合同迟延履行的,责任由对方当事人承担迟延责任。

三、不安抗辩权

(一)不安抗辩权的概念

[事例11] 甲商场接受了乙宾馆60台彩电的定单。甲同意先安装彩电,然后乙付50%的款,一个月后再结清余款的要求,并且要在20天内将彩电安装调试完毕。合同签订后第五天,甲经销商在报纸上看到法院强制执行通告,表明该宾馆拖欠外债300多万元。甲商场要求解除合同,遭到拒绝。试分析:甲能否要求解除合同?

不安抗辩权,是大陆法系国家对双务合同中义务履行有先后顺序约定的先履行义务的一方当事人权益进行保护而普遍设立的一项重要的合同法制度。所谓不安抗辩权,又称为“拒绝权”,是指在双务合同中,先履行义务的一方在后履行义务一方当事人的财产状况发生恶化,有难以对待给付的可能时,有权要求对方先履行或提供担保,在对方未先履行或提供担保时,有权终止合同,拒绝自己的履行。由此可见,不安抗辩权有留置担保的性质,在对方履行对待给付,或提供担保后,不安抗辩权即归于消灭。

不安抗辩权设立的目的,在于预防因情况发生变化而使先履行义务的一方当事人遭受损害,避免强行履行,从而达到维护交易的公平。我国《合同法》第68条规定:“应当先履行债务的当事人,有确切证据证明对方有下列情形之一的,可以中止履行:(一)经营状况严重恶化;(二)转移财产,抽逃资金,以逃避债务;(三)丧失商业信誉;(四)有丧失或者可能丧失履行债务能力的其他情形。当事人没有确切证据中止履行的,应当承担违约责任。”

(二)不安抗辩权的成立条件

传统民法认为,不安抗辩权的发生须具备两个条件:其一,须在双务合同成立后对方发生财产状况的恶化;其二,须对方财产明显减少有难为给付之虞。不安抗辩权应当具备下列条件:

1.双方债务因同一双务合同而发生

不安抗辩权与同时履行抗辩权一样,只能存在于双务合同中。在双务合同中,当事人的给付为交换关系,一方的履行义务,是为了换取对方的履行。负有先履行义务的一方当事人在履行前,必然要考虑作为对价的对方的履行能否实现。所以,一方的履行有可能难以实现的,他方有权保留自己的履行。在事例11中,甲商场与乙宾馆签订的买卖彩电的合同即属同一双务合同。

2.负有先履行义务的一方当事人才享有不安抗辩权

不安抗辩权是负有先履行义务的一方当事人，在对方当事人有不能为对待给付的现实危险时，暂停自己给付的行为，这是为了维护先履行义务当事人的合法权益。这点与先履行抗辩权正好相反。在事例11中，甲商场根据合同约定负有先安装彩电的义务，所以甲享有不安抗辩权。

3.对方财产明显减少或信用丧失，有不能为对待给付的现实危险

合同的履行是以当事人一定的财产为基础的，如果在合同订立后，后履行义务人存在财产明显减少或急剧减少或丧失信用的情形，就极有可能使合同无法履行。在这种情况下，先履行义务人就可以行使不安抗辩权以保护自己的利益不受损害。在事例11中，甲经销商在报纸上看到法院强制执行通告，表明该宾馆拖欠外债300多万元，表明乙的财产急剧减少有可能丧失信用，有不能付款的可能。

4.后履行义务一方没有对待给付或未提供担保

不安抗辩权是为保护先履行义务的一方在获得对待履行上的“不安”状况而设置的，这只是一种“担忧”。所以，如果后履行义务人已经对待给付，则不安抗辩权就不存在，先履行义务人就应当履行自己的合同义务。如果后履行义务人提供了可靠的担保，先履行义务人的利益也得到了保障，先履行一方也不能产生不安抗辩权，交易应当认为是安全的。在事例11中，甲方有权要求乙方提供担保或先履行，在对方未先履行或提供担保时，有权终止合同，拒绝自己的履行。

(三)举证义务和通知义务

为了兼顾合同双方当事人的利益受到公平保护，法律在赋予先履行一方享有不安抗辩权的同时，又为其规定了两项附随义务：

1.举证义务

《合同法》第68条第2款规定：“当事人没有确切证据中止履行的，应当承担违约责任。”为了防止滥用不安抗辩权，主张不安抗辩权的先履行一方，还负有举证义务。在争议发生时，能够证明对方财产恶化或信用丧失，足以危及自己获得的对待给付。没有确切证据的，不安抗辩权主张不能成立，并构成违约。

2.通知义务

《合同法》第69条规定：“当事人依照本法第68条的规定中止履行的，应当及时通知对方。对方提供适当担保时，应当恢复履行。中止履行后，对方在合理期限内未恢复履行能力并且未提供适当担保的，中止履行的一方可以解除合同。”

行使不安抗辩权是先履行一方当事人依法享有的权利，不以相对人同意为必要，但依诚实信用原则，行使权利时，应当及时通知对方，这是为了避免对方因为不知道先履行一方中止履行的情形而蒙受损失，也是为了对方在获得通知后采取对应措施，及时提供充分

担保，以消灭不安抗辩权。按照诚实信用原则，通知应当陈述拒绝履行的理由并提出相应的证据。

根据《合同法》第69条的规定，先履行义务人在对方有财产明显减少或信用丧失的情形下，可以中止履行合同。所谓中止履行，是指合同的暂时停止或称合同义务的延期履行。不安抗辩权在性质上也是一种延期抗辩权，并不是终止或消灭合同债务。因此，如果后履行一方提供了适当担保或作了履行义务，不安抗辩权就消灭了，当事人就应当恢复履行自己的债务。理论上又将不安抗辩权称为“异时履行拒绝权”。

在通知终止履行之后的合理时间内，对方当事人没有恢复履行能力，也未提供适当担保的，法律规定中止履行的一方有权解除合同，消灭对方的请求权，此时，不安抗辩权就从延期抗辩权变成了永久抗辩权。当然，合同的解除也应通知对方当事人。合同解除后，解除合同的一方仍可要求对方对之前的违约行为承担违约责任。

【引导案例分析】

首先，甲公司拒绝支付预付款是合法的。

其次，《合同法》第68条规定：“应当先履行债务的当事人，有确切证据证明对方有下列情形之一的，可以中止履行：（一）经营状况严重恶化；（二）转移财产，抽逃资金，以逃避债务；（三）丧失商业信誉；（四）有丧失或者可能丧失履行债务能力的其他情形。”本案中甲公司作为先为给付的一方当事人，在对方于缔约后财产状况明显恶化，且未提供适当担保，可能危及其债权实现时，可以中止履行合同，保护权益不受损害。因此在发生纠纷时，法院应支持甲公司的主张。

最后，甲公司行使的是不安抗辩权。不安抗辩权的适用条件是：①须是同一双务合同所产生的两项债务，并且相互为对价给付；②互为对价给付的双务合同规定有先后履行顺序，且应先履行债务的一方的履行期届至；③应后履行债务的一方当事人，在合同依法成立之后，出现丧失或有可能丧失对待履行债务的能力；④应后履行债务的当事人未能为对待给付或为债务的履行提供适当的担保。

本单元重点内容图解

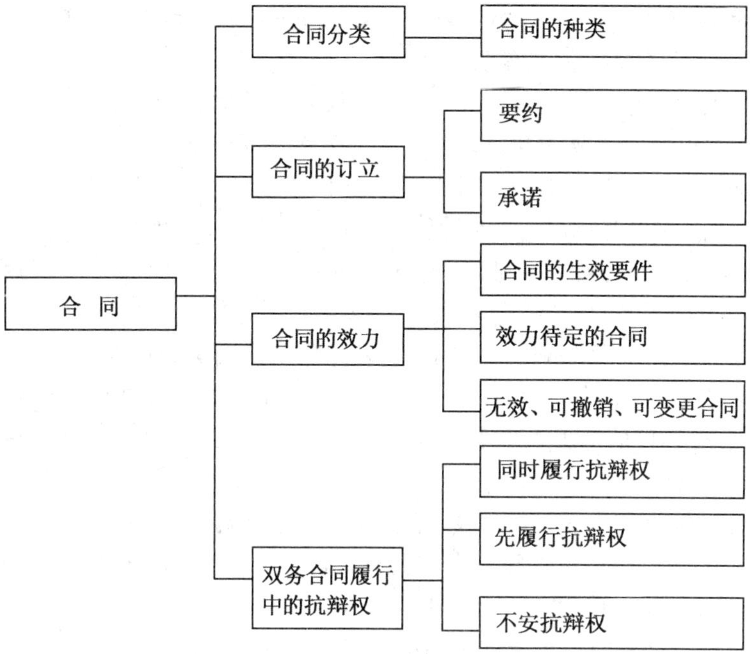

同步训练

一、单项选择题

1. 对于预期违约，非违约人可以采取的正确做法是（　　）

A. 既可以在履行期限到来以后要求毁约方实际履行或承担违约责任，也可以不必等待履行期限的到来而直接要求毁约方实际履行或承担违约责任

B. 只能在履行期限到来以后要求毁约方实际履行或承担违约责任

C. 只能在履行期限到来前要求毁约方实际履行

D. 由人民法院裁定非违约人可以采取措施的期限

2. 合同当事人互负债务，先后履行顺序已有约定，后履行义务的当事人可在先履行的当事人未履行之前或履行有瑕疵时，拒绝对方的履行请求，《合同法》称此为（　　）

A. 先履行抗辩权　　　　B. 同时履行抗辩权

C. 不安抗辩权　　　　D. 先诉抗辩权

3. 下列合同中一定属于可变更、可撤销合同的是（　　）

A. 合同履行中显失公平的合同　　B. 因受胁迫而订立的合同

C. 因受欺诈而订立的合同　　D. 因重大误解而订立的合同

4. 甲向某编辑部乙去函，询问该编辑部是否出版了有关司法考试的教材和参考资料，乙立即向甲邮寄了司法考试的资料五本，共120元，甲认为该书不符合其需要，拒绝接受，双方因此发生了争议。从本案来看，(　　)

A. 甲乙之间合同已经成立　　B. 甲乙之间合同未成立

C. 甲乙双方已经完成要约和承诺阶段　　D. 合同是否成立无法确定

5. 甲公司于2月5日以普通信件向乙公司发出要约，要约中表示以2000元一吨的价格卖给乙公司某种型号钢材100吨，甲公司随即又发了一封快件给乙公司，表示原要约中的价格作废，现改为2100元一吨，其他条件不变。普通信件2月8日到达，快信2月7日到达，乙公司两封信均已收到，但秘书忘了把第2封信交给董事长，乙公司董事长回信对普通信件发出的要约予以承诺。请问，甲、乙之间的合同是否成立，为什么？(　　)

A. 合同未成立，原要约被撤销　　B. 合同未成立，原要约被新要约撤回

C. 合同成立，快件的意思表示未生效　　D. 合同成立，要约与承诺取得了一致

二、多项选择题

1. 甲向首饰店购买钻石戒指一枚，标签标明该钻石为"天然钻石"，买回后被人告知实际上是人造钻石。此后，甲每隔几个月就与首饰店交涉一次，要求首饰店解决问题，历时一年零六个月，未果。甲提起诉讼。以下说法正确的是(　　)

A. 甲要求撤销合同的请求能够得到法院支持，因为首饰店有欺诈行为

B. 甲要求撤销合同的请求不能够得到法院支持，因为超过行使撤销权的期限

C. 甲可以要求首饰店承担违约责任

D. 由于本案属于销售质量不合格的商品未声明的，因此诉讼时效为1年，因此甲已经因为诉讼时效已过而丧失获得法律强制保护的权利

E. 甲就产品质量不合格的诉讼请求的诉讼时效并未完成

2. 甲农场于7月2日向乙农场发出要约，要卖给乙农场一头种牛，甲农场要求乙农场15天内答复。甲农场的要约于7月5日到达乙农场。7月3日，甲农场又给乙农场去信，该种牛对本场意义重大，不能出售，请乙农场原谅，第二封信于7月6日到达。乙农场7月7日回信表示接受甲农场的一切条件，该回信7月10日到达，甲农场拒绝交货。请根据已知条件，选择下列正确的选项(　　)

A. 甲、乙之间的合同不成立，因为要约已被撤销

B. 甲、乙之间的合同成立，因为要约没有被撤销

C. 甲、乙之间的合同于7月10日承诺到达时成立

D. 甲、乙之间的合同不成立，因此乙只能追究甲的履约责任，不能追究其违约责任

3. 李某表示要将家中仅有的一头母牛卖给张某，张某以为李某要把这头牛送给自

已，李某家中无人，张某就将牛牵回了家。从已知的条件看（　　）

A. 李、张二人之间的合同未成立

B. 应以重大误解为由撤销李、张之间的合同

C. 张某的行为是过失侵权

D. 李、张二人之间的合同是成立未生效的合同

4. 下列关于合同成立与生效关系的说法正确的是（　　）

A. 合同成立则合同生效　　B. 合同生效则合同成立

C. 合同成立，但合同并不一定生效　　D. 合同生效，但合同并不一定成立

5. 下列要约不得撤销的有（　　）

A. 要约人明确表示"要约不可撤销"

B. 要约人告知受要约人二十日内答复有效

C. 受要约人明确表示，"希望要约人不要撤销要约"

D. 受要约人有理由认为要约是不可撤销的，或者已经为履行合同做了准备工作

E. 受要约人有理由认为要约是不可撤销的，并已经为履行合同做了准备工作

三、重点思考题

1. 简述合同的种类。

2. 要约的构成要件是什么？

3. 简述承诺的构成要件。

4. 效力待定合同的种类有哪些？

5. 试述合同履行中的抗辩权。

四、案例训练题

[**案例** 1]

中学生张某，16 周岁，身高 180 公分，长相老成，像 25 岁。张某为了买一辆摩托车，欲将家中一套闲房卖掉筹购车款。后托人认识李某，与李某签订了购房合同，李某支付定金 5 万元，双方遂到房屋管理部门办理了房屋产权转让手续。张某父亲发现此事后，起诉到法院。

问题：该房屋买卖合同是否有效？为什么？

[**案例** 2]

甲公司向乙单位去电："我公司生产的复古式电话机，每台单价 200 元。如果贵单位需要，请与我厂联系。"乙单位回电："我单位愿向你公司订购复古式电话机 500 台，每台单价 100 元。"1 个月后，乙单位收到甲公司发来的 500 台电话机，但每台价格仍为 200 元，于是拒收。为此甲公司以乙单位违约为由起诉于法院。

问题：乙单位是否违约？为什么？

[案例 3]

甲公司与乙公司达成口头协议，由乙公司在2个月之内供应甲公司汽油50吨。10天后，乙公司以原定汽油价格过低为由要求加价，并提出，如果甲公司表示同意，双方立即签订书面合同，否则乙公司将不能按期供货。甲公司表示反对，并声称，如乙公司到期不履行协议，将向法院起诉。

问题：此案中，双方当事人签订的合同有无法律效力？为什么？

[案例 4]

王某酷爱收藏，并且具有很高的古玩鉴赏能力。其家中收藏有一西周时期的酒樽，但由于年代太久远，王某无法评估其真实价值，而只能大略估计其价值在30万元以上。某日，王某将其酒杯带到一古董店，请古董店老板鉴赏，店老板十分喜欢该酒杯，并且知道其价值不下百万元，于是提出向王某买下该酒杯，出价为50万元。王某对此高价内心十分满意，但仔细一想，心知该酒杯价值绝对超过50万元，如果拍卖，超过百万元也有可能。但苦于拍卖成本过高，自身也没有条件拍卖。于是，王某心生一计，同意将酒杯卖给古董店老板，待日后古董店老板高价卖出后再主张合同可撤销，要求变更合同。结果，古董店老板通过拍卖，酒杯被卖到500万元。此后，王某向法院主张合同显失公平，要求古董店老板至少再补偿450万元。

问题：

1. 王某与古董店老板的合同是否成立，是否有效？

2. 王某的请求是否具有法律依据？为什么？

3. 法院应如何处理？

[案例 5]

2009年4月3日，甲公司因转产致使一台价值500万元的设备闲置。该公司董事长王某与乙公司签订了一份设备转让合同。合同规定，设备作价300万元，甲公司于5月5日之前交货，乙公司在交货后5天内付清款项。在交货日前，甲公司发现乙公司的经营状况恶化，通知乙公司中止交货并要求乙公司提供担保，乙公司予以拒绝。又过了1个月，甲公司发现乙公司的经营状况进一步恶化，于是提出解除合同。乙公司遂向法院起诉。法院查明：(1)甲公司股东会决议规定，对重大设备的处置应经股东会特别决议；(2)甲公司的设备原由丙公司保管，保管期限至5月5日，保管费50万元。6月5日，甲公司将机床提走并约定10天内付保管费，丙公司可对该机床行使留置权。现丙公司要求对该机床行使留置权。

问题：

1. 甲公司与乙公司之间转让机床的合同是否有效？为什么？

2. 甲公司中止履行的理由能否成立？为什么

3. 甲公司能否解除合同？为什么

4. 丙公司能否行使留置权？为什么？

学习单元十一　继承权

学习目标

知识目标：

• 了解继承、法定继承、遗嘱继承、遗赠与遗赠扶养协议的概念、特征，法定继承人的范围和继承顺序，继承开始的时间和地点，遗产的范围；

• 理解我国继承制度的基本原则，遗嘱继承、遗赠与遗赠扶养协议的适用条件；

• 掌握继承权行使、放弃的方式和继承权丧失的法定事由，代位继承适用的条件，遗嘱的形式与有效要件，遗产的分割。

能力目标：

• 能够识别遗嘱继承、遗赠与遗赠扶养协议的效力；

• 能应用继承的相关知识，结合继承法的规定处理继承纠纷。

专题一　继承权

【引导案例】

丁某，娶妻刘某，次年离异，未生育儿女。后丁某收养一名孤儿(女)取名丁女，次年收养一名孤儿(男)取名丁男。丁女成年后与郭某结婚，婚后与丈夫在外居住，仍经常回家看望养父。丁男成年后娶妻张某，婚后继续在养父家居住。丁某退休后，丁男嫌弃养父年老多病，经常打骂养父。丁女得知后，将养父接到自己家里住了一段时间。丁男似乎良心有所发现，又让养父回到家中居住，丁某也原谅了养子以前的行为。后丁某患肝癌去世，留有二居室房屋一套、人民币 3 万余元、彩电、冰箱等遗产。丁某死亡的前一天，丁男为独吞遗产，趁丁女独自在家，对丁女行凶，后被发现，丁女被救活。丁女提出丁男蓄意谋杀，对遗产无继承权。丁男之妻张某提出丁男已受到刑罚处罚，应有权继承养父遗产。

问题：本案应如何处理？

一、继承的概念和分类

(一)继承的概念

继承有广义和狭义两种理解。广义上的继承，既包括财产的继承也包括身份的继承，反映了古代继承制度的特点。狭义上的继承专指财产的继承，近现代法律中的继承是狭义的继承，即单纯的财产继承，是指在公民死亡时，其法律规定范围内的近亲属，按照死者生前所立的有效遗嘱或者法律的规定，依法取得死者所遗留的个人合法财产的法律制度。

在继承关系中，死者死亡时所遗留的个人合法财产为遗产，遗留遗产的死者为被继承人，依照法律规定有权取得遗产的人为继承人。继承的法律后果，是权利的变更，即被继承人的遗产转移给有权接受该项财产的继承人所有。

（二）继承的特征

继承反映的是一种财产流转关系，是民事法律关系的一种。继承除具有民事法律关系的一般特征外，还有其自身的特征，这些特征表现在以下几个方面：

1. 继承的发生以被继承人死亡且留有遗产为前提

继承只有在作为被继承人的自然人死亡时才能发生，自然人没有死亡，继承就无从谈起。而自然人的死亡，包括自然死亡和宣告死亡。同时，自然人死亡也不一定就能引起继承关系的发生，只有在死亡的自然人留有个人合法财产的情况下，继承关系才会发生。

2. 继承的主体只能是自然人

许多民事法律关系的主体是广泛的，除自然人外，法人以及其他组织均可作为许多民事法律关系的主体，但继承关系的主体只能是自然人。由于继承关系发生于一定范围的亲属之间，这就排除了法人和其他组织作为继承关系主体的可能。事实上，无论是作为被继承人还是作为继承人，都只能是自然人。

3. 继承的客体是被继承人死亡时遗留的个人合法财产，国家、集体及他人的财产均不能作为继承的客体

这里应指出的是，被继承人死亡时遗留的个人合法财产是一项综合性的财产，其内容包括被继承人死亡时遗留的个人所有合法财物、债权、债务，以及法律规定的其他可以继承的财产。

4. 继承是继承人无偿取得被继承人的财产

［**事例 1**］ 甲临终前，将好友乙叫至病床前，当着子女的面，将自己珍藏的一幅古画交于乙，感谢好友多年的照顾，乙接受。试分析：甲行为的性质是什么？乙取得所有权的原因是什么？

在继承关系中，继承人取得被继承人的财产无须支付相应的代价。也就是说，继承人是根据法律的规定，依据自己的特有身份无偿地取得被继承人的财产。这种财产所有权的转移不同于商品交换，也不按等价有偿的原则进行，而是依据法律的直接规定。同时，继承也不同于赠与，赠与虽然也是无偿取得财产所有权的一种方式，但赠与是一种合同关系，且赠与关系的主体十分广泛，不限于自然人之间。事例 1 中，甲将古画交于乙的行为，是生前处分自己财产的行为，乙表示接受，双方意思表示达成一致，形成了赠与关系，且画已交付给乙，所有权自交付时起发生转移，故乙基于赠与取得古画的所有权。

（三）继承的分类

［事例 2］　甲的妻子早亡，有三子乙、丙、丁，另有兄戊。甲偏爱次子丙，丙亦对甲照顾有加。甲临终前，前往公证处，留下公证遗嘱，将自己所有的一套三居室及 5 万元留于次子丙。甲共有存款 11 万元。试分析：该事例中继承的种类是什么？

［事例 3］　甲的妻子早亡，有子女乙、丙。丙嫁给丁，生女戊、子己。丙因癌症身亡，甲得知后悲痛之至，神情恍惚，以致发生车祸身亡。甲留有遗产 2 万元。试分析：继承人参与的分别属于何种继承？

根据不同标准，可对继承作出不同的分类，主要的分类有以下几种：

1. 法定继承与遗嘱继承

根据继承人继承遗产的方式，继承可分为法定继承与遗嘱继承。

法定继承，是指继承人的范围、继承顺序、继承遗产的份额、遗产的分配原则及继承程序均由法律直接规定的继承方式。在法定继承中，参加继承的继承人的范围，继承人参加继承的顺序，继承人应继承的遗产份额以及遗产的分配原则，都是由法律直接规定，不体现被继承人的意志，故又称为“非遗嘱继承”。在事例 2 中，甲共有存款 11 万元及三居室房屋一套，除去甲以公证遗嘱的方式留于次子丙的三居室房屋及 5 万元，其余的 6 万元存款应由乙、丙、丁依法定继承分配。

遗嘱继承，是继承人按照被继承人所立的合法有效的遗嘱继承被继承人遗产的一种继承方式。由于遗嘱继承反映被继承人的意志，遗嘱继承是对遗嘱人生前处分其遗产的意愿的实现，故又称为“意定继承”。在事例 2 中，甲将自己所有的一套三居室及 5 万元以公证遗嘱的方式留于次子丙，属于遗嘱继承。

在适用上，遗嘱继承优于法定继承。事例 2 中，甲以遗嘱的方式对自己的财产作了部分处分，对此部分遗产的处分，应当尊重甲的意愿，由次子丙取得该三居室及 5 万元存款。剩余的 6 万元存款，因甲在遗嘱中未予处分，则依据法律规定继承。

2. 共同继承与单独继承

根据参与继承的主体人数，继承可分为共同继承与单独继承。

共同继承，是指依照法律规定由数个继承人共同继承被继承人遗产的继承。

数个继承人共同继承被继承人的遗产的，为共同继承人。共同继承人只能是同一顺位的法定继承人，因为法定继承人的继承顺序具有排他性，若存在第一顺位的继承人，则第二顺位的继承人不得参加继承。最高人民法院《关于贯彻执行〈中华人民共和国民法通则〉若干问题的意见》第 177 条规定：“继承开始后，继承人未明确放弃继承的，视为接受继承，遗产未分割的，视为共同共有。”因此，共同继承人在继承开始后，遗产分割前，为遗产的共同共有人。在事例 2 中，乙、丙、丁为第一顺位继承人，戊为第二顺位继承人，因此共同继承人为乙、丙、丁，戊非共同继承人。在遗产分割前，乙、丙、丁对于甲未处分的 6 万元，为共同共有。

单独继承,是指法律规定继承人仅为一人的继承,故又称为"独占继承"。如古代法中的长子继承、幼子继承,现代法已不存在单独继承。单独继承是指法律规定的继承人仅为一人,而不是指实际上继承被继承人遗产的人仅为一个。

3. 本位继承与代位继承

根据继承人参与继承时的地位,继承可分为本位继承与代位继承。

本位继承是继承人基于自己的地位,在自己原来的继承顺序上继承被继承人遗产的继承。《继承法》第 12 条规定:"丧偶儿媳对公、婆,丧偶女婿对岳父、岳母,尽了主要赡养义务的,作为第一顺序继承人。"这些人参与继承时均为本位继承。在事例 3 中,甲的法定继承人有乙、丙。乙对甲遗产的继承即为本位继承。

代位继承是因本位继承人死亡无法行使继承权而产生的,由本位继承人的晚辈直系血亲代其地位,继承被继承人遗产的继承。《继承法》第 11 条规定:"被继承人的子女先于被继承人死亡的,由被继承人的子女的晚辈直系血亲代位继承。代位继承人一般只能继承他的父亲或者母亲有权继承的遗产份额。"在事例 3 中,丙因先于甲死亡,由其女戊、其子己作为晚辈直系血亲代位继承甲的遗产。戊、己代位继承的应继份额为 1 万元。

二、继承权的概念和特征

(一)继承权的概念

继承权是自然人享有的重要民事权利,是指继承人依据法律规定或者遗嘱承受死者遗留的个人合法财产的权利。在继承法中,继承权有客观意义上的继承权和主观意义上的继承权之分。

1. 客观意义上的继承权

客观意义上的继承权,是指自然人依照法律的规定或者遗嘱的指定享有的继承被继承人遗产的资格。在被继承人死亡前,继承人所享有的继承权,由于被继承人死亡的法律事实尚未发生,因此只是一种期待权。客观意义上的继承权实际上是继承人将来可参与遗产继承的可能性,是法律赋予继承人取得被继承人遗产的资格。赋予这种资格的前提是继承人与被继承人之间存在一定的身份关系。

2. 主观意义上的继承权

主观意义上的继承权,是指继承人在继承法律关系中实际享有的具体权利。主观意义上的继承权是一种既得权,是客观意义上的继承权在继承开始后转化而来的。当被继承人死亡并留有遗产,继承人具有参与继承的权利,继承人才能参与继承法律关系而享有继承既得权。因此,客观意义上的继承权转化为主观意义上的继承权,须具备三个条件:第一,被继承人死亡;第二,被继承人留有遗产;第三,继承人未丧失继承权。这三个条件,缺一不可。主观意义上的继承权,权利主体是继承人,义务主体是继承人以外的一切人,因此属于绝对权。此外,主观意义上的继承权,是继承人取得遗产的权利,因此是一种财产权。

(二)继承权的特征

继承权虽有主观意义与客观意义之分,但总而言之,继承权具有如下的特征:

1.继承权与一定的身份关系相联系

继承权是自然人享有的权利,根据我国《继承法》的规定,继承权只是近亲属之间才享有的相互继承遗产的权利,其他人不享有继承权。自人类社会产生继承制度以来,血缘关系和婚姻关系就是享有继承权的最基本前提,但随着社会的发展,扶养关系也逐渐成为取得继承权的依据,因而,继承权取得的依据应当是血缘关系、婚姻关系和扶养关系。无论是血缘关系,还是婚姻关系、扶养关系,都与特定的身份密不可分,但继承权虽以一定的身份为前提,却不以身份利益为内容,所以不是身份权。

2.继承权是根据法律的直接规定或者合法有效的遗嘱而享有的权利

继承权有法定继承权与遗嘱继承权之分。法定继承权源自法律的直接规定,只有法律规定的法定继承人才享有法定继承权。遗嘱继承权则是经合法有效的遗嘱指定的遗嘱继承人享有的继承权。

3.继承权的标的是遗产

继承是财产流转的一种方式,继承权是继承人继承被继承人遗产的权利,因此,没有遗产,就不发生继承,也就不能实现继承权;实现继承权,必然会发生遗产所有权的移转。主观意义上的继承权是一种财产权,它是以财产利益为内容的权利;客观意义上的继承权虽然是期待权,却仍然是对财产的期待;继承权实现的法律后果,则是财产所有权的转移,因此,继承权属于财产权。

4.继承权是继承人于被继承人死亡时方可行使的权利

继承于被继承人死亡时开始。在被继承人死亡前,继承权仅仅是一种期待权,当被继承人死亡时,继承权方得成为既得权,继承人方可行使继承权。

三、我国继承制度的基本原则

继承法的基本原则是指贯穿我国继承法律制度中,普遍适用的根本规则。一般而言,包括以下几个原则:

(一)保护公民合法财产继承权的原则

我国《宪法》第13条规定:"国家依照法律规定保护公民的私有财产的继承权。"《民法通则》第76条规定:"公民依法享有财产继承权。"《继承法》第1条规定:"为保护公民的私有财产的继承权,制定本法。"《物权法》第6条第2款规定:"国家依照法律规定保护私人的继承权及其他合法权益。"

保护公民合法财产继承权包括两方面的含义:一方面,法律确认自然人的合法财产继承权,保护其不受非法侵害;另一方面,在自然人的继承权受到侵害时,法律予以救济,国

家以其强制力予以保护。因此,保护公民合法财产继承权的原则主要有以下表现:

首先,确立遗产范围进行保护。自然人死亡时遗留的个人合法财产均为遗产,得由继承人依法继承。自然人死亡后相关人员、单位给予的丧葬费、死亡补偿金等,因是在死亡后发生,不属于遗产范围。

其次,继承人的继承权不得非法剥夺或限制。继承开始后,继承人根据自己的意思决定是否接受继承,除继承法规定的丧失继承权的法定事由之外,继承人的继承权不因任何事由而丧失。

最后,继承人享有继承权回复请求权。继承权为绝对权,任何人都负有不得侵害的义务。继承权受到侵害时,继承人有权行使继承权回复请求权,于法律规定的期间内通过诉讼程序请求人民法院依法给予回复。

(二)继承权平等的原则

[事例 4] 甲有三女一子。甲病逝后留下一套房屋和数十万元存款。因甲生前未立遗嘱,分割遗产时,甲子以自己是男性为由,要求多分。试分析:甲子的要求有无法律依据?如甲子并非甲亲生,而系收养,甲子能否分得遗产?

[事例 5] 甲娶妻乙,婚后生子丙。因甲、乙感情不和,甲离家在外做生意,与丁产生感情。丁不知甲已婚,二人共同生活,生女戊。后甲因意外事故身亡,留有巨额遗产。丁带领女儿戊,要求共同继承遗产。试分析:丁与戊能否分得甲的遗产?

平等原则是贯穿民法的一项基本原则。在继承法中,平等原则的表现如下:

1.继承权男女平等

继承权男女平等是继承权平等原则的核心和基本表现,我国《继承法》第 9 条明文规定:“继承权男女平等。”

继承权男女平等贯穿在我国继承法的各项规定之中。具体表现在如下方面:在继承人的范围和法定继承的顺序的确定上,男女亲等平等;夫妻在继承时有平等的权利,有相互继承遗产的继承权;在代位继承中,男女有平等的代位继承权;在遗嘱继承中,无论男子还是女子都有权按照自己的意愿依法通过遗嘱处分自己的合法财产。继承权男女平等,是实现男女社会地位平等的具体体现,是切实保护妇女合法继承权的必然要求。在事例 4 中,甲子以自己是男性为由要求多分遗产,没有法律依据。

2.养子女与亲生子女继承权平等

养子女与养父母之间基于收养关系而形成了拟制的血亲关系,因此,养子女与亲生子女的法律地位相同。依照我国《继承法》的规定,养子女与养父母之间,如同亲生子女与父母之间一样,有相互继承遗产的权利;养子女与亲生子女,同为子女,有平等的继承权;在代位继承中,养子女的晚辈直系血亲与亲生子女的晚辈直系血亲一样地享有代位继承权。在事例 4 中,甲与甲子之间基于收养而形成了拟制血亲关系,因此甲子与甲的三个女儿享有平等的继承权,能够分得遗产。

3.非婚生子女与婚生子女继承权平等

非婚生子女是指由于男女双方无合法的婚姻关系而出生的子女。在我国,非婚生子女与婚生子女的法律地位是平等的,非婚生子女与婚生子女有着平等的继承权。在事例5中,甲已婚,却仍然与他人共同生活,违反我国法律规定。戊虽为非婚生子,但与甲有血缘关系,享有与甲的婚生子丙平等的继承权,能够分得遗产。丁虽长期与甲共同生活,但非甲的配偶,故丁不能分得甲的遗产。

4.儿媳与女婿在继承权上权利平等

我国《继承法》第12条规定:"丧偶儿媳对公、婆,丧偶女婿对岳父、岳母,尽了主要赡养义务的,作为第一顺序继承人。"

5.同一顺序的继承人继承遗产的权利平等

依照我国继承法的规定,凡为同一顺序的继承人,不分尊卑、男女、长幼,也无论职业、政治状况,继承被继承人遗产的权利一律平等。

(三)养老育幼原则

[**事例6**] 戊男,有母甲、妻乙和两个孩子丙、丁。某日,戊因车祸身亡。妻乙发现自己怀孕三个月。经查,戊生前未留有遗嘱。在分割了戊与妻乙的共同财产后,发现戊留有遗产现金1万元。试分析:戊的遗产分割应当遵循哪些原则?

养老育幼,即赡养老人,抚育未成年子女以及照顾病残者,是我国社会主义家庭的重要职能之一。赡养、敬重和照顾老年人、关心、爱护和抚育未成年人,是我们中华民族长期以来形成的优良传统和美德。这一原则主要体现在以下方面:

1.遗产的分配有利于养老育幼

按照我国继承法的相关规定,在遗产分配中对生活有特殊困难的缺乏劳动能力的继承人,应当予以照顾;对被继承人尽了主要扶养义务或者与被继承人共同生活的继承人,可以多分遗产;对有扶养能力和扶养条件而不尽扶养义务的继承人,应当不分或者少分遗产;对继承人以外的依靠被继承人扶养的缺乏劳动能力又没有生活来源的人或者继承人以外的对被继承人扶养较多的人,可以分给适当的遗产。

2.在遗嘱继承和遗赠中要保护老、幼、残疾人的利益

依照我国继承法的规定,被继承人以遗嘱处分其财产时,应当对缺乏劳动能力又无生活来源的继承人保留必要的遗产份额,以保障他们的基本生活需要。

3.遗产分割不能侵害胎儿的利益

在遗产分割时,应当保留胎儿的继承份额,以保护被继承人死亡后出生的子女的利益。在事例6中,戊所留下的1万元现金,由其法定继承人甲、乙、丙、丁共同继承,并应为胎儿保留一份,故每人可得2000元。若胎儿出生即为死体,则为胎儿保留的2000元,仍为戊的遗产,由其法定继承人甲、乙、丙、丁共同继承。若胎儿出生为活体,后死亡,则为胎儿保留的2000元由其法定继承人即其母乙继承。

4.承认遗赠扶养协议的效力

遗赠扶养协议是公民与无法定扶养义务的自然人或者集体所有制组织签订的关于扶养、遗赠的协议,这一协议可以保障受扶养人的生养死葬。

(四)互谅互让、团结和睦原则

继承人应当本着互谅互让、和睦团结的精神,协商处理继承问题。

这一原则体现在如下方面:

1.继承人的继承权受法律平等的保护。

2.法定继承人有平等的继承权。在法定继承时,同一顺序继承人继承遗产的份额,一般应当均等,但继承人协商同意,也可以不均等。

3.继承人协商处理继承问题。《继承法》第15条规定:"继承人应当本着互谅互让、和睦团结的精神,协商处理继承问题。遗产分割的时间、办法和份额,由继承人协商确定。协商不成的,可以由人民调解委员会调解或者向人民法院提起诉讼。"

(五)权利和义务一致原则

权利义务一致是我国宪法的一个重要原则。继承中的权利和义务相一致,是指继承关系中享有继承权与履行应尽义务相一致。

权利和义务一致原则在继承法中有明显体现,如"对被继承人尽了主要扶养义务或者与被继承人共同生活的继承人,分配遗产时,可以多分。""有扶养能力和有扶养条件的继承人,不尽扶养义务的,分配遗产时,应当不分或者少分。""丧偶儿媳对公婆,丧偶女婿对岳父、岳母尽了主要赡养义务的,作为第一顺序的继承人。"

四、继承权的丧失

(一)继承权丧失的概念和性质

1.继承权丧失的概念

继承权丧失又称为"继承权的剥夺",是指依照法律的规定在发生法定事由时取消继承人继承被继承人遗产的资格。

2.继承权丧失的性质

继承权的丧失,实质上是依照法律规定取消继承人的继承资格。因此,继承权的丧失是继承人继承被继承人遗产的资格的丧失。可以从以下几方面理解:

第一,是继承人继承资格的丧失。继承权的丧失仅指客观意义上的继承权丧失,而非主观意义上的继承权的丧失。

第二,是依照法律规定取消继承人的继承资格,即继承权的丧失不以继承人的意志为转移,而是继承权的依法剥夺。

第三,是指在发生法定事由时取消继承人的继承资格。客观意义上的继承权是法律赋予继承人继承遗产的资格,非经法定程序,非因法定事由,任何人不得非法剥夺。

（二）继承权丧失的法定事由

[**事例7**]　甲早年丧偶，有三子乙、丙、丁。甲退休后开商店，攒了不少钱。丁因吸毒经常到店里拿钱，父亲不给即抢，一次丁因犯毒瘾又来抢钱，甲不给，丁拿刀将甲砍伤，致甲死亡。次子丙恰巧看见父亲惨死，当即将丁打死，并因此被判刑12年。长子乙在办理父亲的丧事时，无意发现父亲的遗嘱，由三个儿子平分他的遗产。于是乙偷偷改了遗嘱，给自己增加了1万元应继承份额。试分析：乙、丙、丁三人的行为是否会导致自己丧失继承权？丧失继承权后，产生何种法律效力？

根据《继承法》第7条规定，继承人有下列行为之一的，丧失继承权：

1.故意杀害被继承人的

故意杀害被继承人是一种严重的犯罪行为，当然应取消其继承权。这里强调主观上的故意，只要继承人有杀害被继承人的意图，无论是既遂还是未遂，是直接杀害还是间接杀害，都构成故意杀害被继承人的行为，但因实施正当防卫而杀害被继承人的，因其行为不具有违法性，继承人不丧失继承权。过失伤害被继承人的，因不具备主观上的故意，不丧失继承权。在事例7中，丁有故意杀害被继承人甲的行为，因此丧失继承权。

2.为争夺遗产而杀害其他继承人的

这里不仅要求故意，对丧失继承权的继承人的目的也作出了相应的限制，即继承人必须是为了争夺遗产而杀害其他继承人。出于其他的目的杀害其他继承人的，虽会受刑事责任的追究，却不会因此而丧失继承权。其他继承人是指继承法规定的法定继承人范围之内的人，无论其顺序如何。至于继承人的杀害行为是既遂还是未遂，在所不问。在事例7中，丙杀害丁的行为是见父亲被害，出于义愤，非为争夺遗产，因此不丧失继承权。

3.遗弃被继承人的，或者虐待被继承人情节严重的

遗弃被继承人，是指继承人对没有劳动能力又没有生活来源的被继承人拒不履行扶养义务。继承人遗弃被继承人的，丧失继承权。

虐待被继承人，是继承人在被继承人生前对其以各种手段进行身体或精神上的摧残或折磨。根据继承法的规定，虐待被继承人必须是情节严重的才丧失继承权。继承人遗弃被继承人，或者虐待被继承人情节严重的，如果确有悔改表现，而且被遗弃人、被虐待人生前又表示宽恕的，可不确认其丧失继承权。

4.伪造、篡改或者销毁遗嘱，情节严重的

伪造遗嘱，是指继承人以被继承人的名义制作假遗嘱。篡改遗嘱，是指继承人改变被继承人所立的遗嘱的内容。销毁遗嘱，是指继承人将被继承人所立的遗嘱完全破坏、毁灭。最高人民法院《关于贯彻执行〈中华人民共和国继承法〉若干问题的意见》第14条规定，情节严重主要是指，伪造、篡改、销毁遗嘱后，侵害了缺乏劳动能力又无生活来源的继承人的利益，并造成其生活困难。在事例7中，乙虽有篡改遗嘱的行为，但不构成情节严重，并不丧失继承权。

继承人伪造、篡改、销毁遗嘱，实质是对被继承人行使所有权行为的干预，侵害了有权取得遗产的继承人的合法权益。

(三)继承权丧失的效力

继承权丧失的效力是指继承权丧失的法律后果。

1.继承权丧失的时间效力

继承权丧失的法定事由可发生在继承开始前，也可发生在继承开始后，但继承权的丧失是使继承人失去继承的资格，因而继承权的丧失自继承开始时发生法律效力。如果继承权的丧失是于继承开始后由人民法院确认的，则人民法院对继承人继承权丧失的确认溯及自继承开始之时发生效力。

2.继承权丧失对人的效力

继承权丧失，是继承人对于特定被继承人的遗产继承权的丧失，仅对特定的被继承人发生效力，对继承人的其他被继承人并不发生效力，不影响其对其他被继承人的遗产继承权。根据最高人民法院《关于贯彻执行〈中华人民共和国继承法〉若干问题的意见》第28条规定："继承人丧失继承权的，其晚辈直系血亲不得代位继承。"丧失继承权的，遗嘱指定其为继承人的遗嘱无效，仅指定其为继承人之一的则该部分无效，将其他人指定为继承人的部分仍然有效。在事例7中，乙、丙仍然能够根据遗嘱继承获得甲的遗产。遗嘱中原由丁继承的份额，因丁丧失继承权，由乙、丙按照法定继承平均分配。

丧失继承权的人处分被继承人遗产，系无权处分，此时，应保护善意第三人的合法权益。善意第三人有权以善意对抗权利人，其他人只能请求无权处分人即丧失继承权的人返还不当得利。

五、继承权的行使和放弃

(一)继承权的行使

继承权的行使，是指继承人实现自己的继承权。客观意义上的继承权是期待权，自继承开始客观意义上的继承权转化为主观意义上的继承权，因此，继承人行使的是主观意义上的继承权，自继承开始时行使。《继承法》第6条规定："无行为能力人的继承权、受遗赠权，由他的法定代理人代为行使。""限制行为能力人的继承权、受遗赠权，由他的法定代理人代为行使，或者征得法定代理人同意后行使。"

(二)继承权的放弃

[**事例8**] 甲与其父乙素来关系不好，甲经常惹乙生气，以至于乙多次说其死后甲不能继承自己的财产，而甲亦多次对外人宣扬自己绝对不会要父亲的财产。某日，乙因车祸身亡，未留下遗嘱。试分析：甲是否有权继承其父乙的遗产？

1.继承权放弃的概念

继承权的放弃，是指继承开始后，遗产分割前，继承人自愿作出不接受遗产的意思表示。继承人放弃继承权的,其放弃的是主观意义上的继承权,即放弃的是既得权。继承人放弃继承权,无须任何事由,完全遵照继承人的个人意愿。

2.继承权放弃的要件

继承权的放弃是单方法律行为,只要权利人作出放弃的意思表示,就能发生放弃的效力。

继承权的放弃应符合以下要件:

第一,继承人须在继承开始后、遗产分割前作出放弃的意思表示。继承开始前,继承人享有的是客观意义上的继承权,即期待权,期待权仅是一种资格,不得放弃。如果在遗产分割后再作出放弃继承的意思表示,不是放弃继承权,而是放弃所继承遗产的所有权。

在事例8中,乙虽多次说甲不能继承自己的财产,但继承权的丧失须具备法定的事由,且乙未以遗嘱的方式处分自己的财产。甲虽多次为放弃继承权的意思表示,但均系在继承开始前作出。因此,甲作为法定继承人有权继承其父乙的遗产。

第二,继承人必须有明示放弃的意思表示。《继承法》第25条规定:“继承开始后,继承人放弃继承的,应当在遗产处理前,作出放弃继承的表示。没有表示的,视为接受继承。”

根据最高人民法院《关于贯彻执行〈中华人民共和国继承法〉若干问题的意见》第47、48条规定:“继承人放弃继承应当以书面形式向其他继承人表示。用口头方式表示放弃继承,本人承认,或有其他充分证据证明的,也应当认定其有效。”“在诉讼中,继承人向人民法院以口头方式表示放弃继承的,要制作笔录,由放弃继承的人签名。”

第三,放弃继承权的意思表示不得附带条件或期限。放弃继承权,是对个人所应继承遗产的全部放弃,不得附有条件或期限。

第四,继承人放弃继承权会损害第三人的利益的,继承人不得放弃继承权。继承人虽然可以放弃继承权,但放弃继承权也不是不受任何限制的。根据我国最高人民法院《关于贯彻执行〈中华人民共和国继承法〉若干问题的意见》第46条规定:“继承人因放弃继承权,致其不能履行法定义务的,放弃继承权的行为无效。”

3.继承权放弃的效力

继承权放弃的效力,溯及自继承开始之时。放弃继承权的继承人,自继承开始就退出继承法律关系。

继承权放弃后,一般不得翻悔。最高人民法院《关于贯彻执行〈中华人民共和国继承法〉若干问题的意见》第50条规定:“遗产处理前或在诉讼进行中,继承人对放弃继承翻悔的,由人民法院根据其提出的具体理由,决定是否承认。遗产处理后,继承人对放弃继承翻悔的,不予承认。”继承人放弃继承权的,其放弃的应继份额应当按照法定继承处理。

六、继承权的保护

［事例 9］ 1990 年 7 月，甲离家出走，被依法宣告死亡。后甲父死亡，其遗产为甲之兄弟乙、丙继承。15 年后，甲回，法院依法撤销了死亡宣告。甲要求继承其父遗产，被其兄弟拒绝。2006 年 2 月，甲将兄弟乙、丙诉至法院。乙、丙认为甲的请求已超过诉讼时效。试分析：甲的诉讼有无法律依据？乙、丙的说法是否有法律依据？

继承权的保护，又称“继承权回复请求权”，是指合法继承人的继承权被他人侵害时，请求恢复到继承开始时状态的权利。

(一)继承权回复请求权的概念

继承权回复请求权是指在继承人的继承权受到侵害时，继承人得请求人民法院通过诉讼程序予以保护，以恢复其继承权的权利。

继承权回复请求权是继承权受到侵害时继承人享有的权利。继承权被侵害有以下几种表现：非继承人非法占有了被继承人的财产；继承开始后，在对遗产进行新的产权登记时，某继承人受到不法排斥；同一顺序的法定继承人在分割遗产时，某继承人的应继份额受其他继承人侵占；在法定继承中，第二顺序继承人先于第一顺序继承人得到遗产；已经取得遗产的继承人，在被确认丧失继承权后，仍然不返还遗产。

继承权回复请求权是继承法上规定的继承人要求法院通过诉讼程序保护其继承权的请求权，因而是一种实体诉权即胜诉权，不是诉讼法上的诉权。

继承权回复请求权，包括两个方面的内容：一是请求确认继承人的继承权。二是请求返还继承人应得的遗产，即继承人通过采用确认之诉和给付之诉的诉讼方式来实现自己的继承权。其中，确认之诉是前提，只有确认权利请求人确实享有继承权且处于优先继承顺序，才能请求法律保护，给付之诉是使继承人的财产利益得到实现的最终手段，通过这一手段，使遗产占有人返还继承人应得的遗产，从而保护了继承人对遗产的合法要求。请求确认继承人资格和请求遗产占有人返还遗产是紧密联系、不可分割的两项内容。在事例 9 中，甲的继承权受到乙、丙的侵害，甲在请求法院确认自己作为继承人享有继承权的前提下，请求乙、丙返还自己应得的遗产，是甲行使自己的继承权回复请求权，符合法律规定。

(二)继承权回复请求权的特征

1. 继承权回复请求权是一种独立的请求权

法律确认自然人的继承权，是积极意义上对继承权的保护。当自然人的继承权受到侵害，法律予以救济，此为消极意义上对继承权的保护。继承权回复请求权就是继承人的继承权受到侵害时，法律赋予权利人得请求法院予以保护的权利。因此，它是一种独立的请求权，通常情形下隐而不发，当继承权受到侵害时，则显现。

2.继承权回复请求权行使的后果是继承人继承遗产权利的恢复，并非继承人继承资格的恢复

继承权回复请求权是确认继承人的继承权，要求非法占有遗产的遗产占有人返还遗产的权利。因此，继承权回复请求权确认和保护的是主观意义上的继承权，而非客观意义上的继承权。

3.继承权回复请求权是给付财产的权利

它是继承人要求遗产占有人返还占有的遗产，从而实现继承人的财产继承权利的一种法律手段。

（三）继承权回复请求权的行使

继承权回复请求权的行使，在不同的继承方式下有所不同。在法定继承中，有第一顺序的法定继承人存在时，其既未丧失继承权又未放弃继承权，当继承权受到侵害时，只能由第一顺序的法定继承人行使回复请求权，第二顺序的法定继承人不能行使继承权回复请求权，即继承权回复请求权的行使要受法定继承人先后顺序的限制。在遗嘱继承时，遗嘱继承人没有继承顺序的限制，因而所有遗嘱继承人都有权行使继承权回复请求权。此外，无民事行为能力人和限制行为能力人的继承权回复请求权由其法定代理人代为行使。

（四）继承权回复请求权的诉讼时效

我国《继承法》第8条规定："继承权纠纷提起诉讼的期限为二年，自继承人知道或者应知道其权利被侵犯之日起计算。但是，自继承开始之日起超过二十年的不得再提起诉讼。"《最高人民法院关于贯彻执行〈中华人民共和国民法通则〉若干问题的意见》第177条规定："继承的诉讼时效按继承法的规定执行。但继承开始后，继承人未明确表示放弃继承的，视为接受继承，遗产未分割的，即为共同共有，诉讼时效的中止、中断、延长，均适用民法通则的有关规定。"具体而言：

1.自继承人知道或应当知道其权利被侵犯之日起计算，继承权回复请求权的诉讼期限为二年；

2.在继承人不知道或无法知道其权利被侵犯的情况下，继承人有权在继承开始之日起二十年内向法院提起保护其继承权的诉讼；

3.自继承开始之日起超过二十年的，继承人不得再提起诉讼；

4.自继承开始之日起的第十八年至二十年期间内，继承人才知道自己的权利被侵犯的，其提起诉讼的权利，应当在继承开始之日起的二十年内行使，超过二十年不得再行提起诉讼；

5.在诉讼时效期间内，因不可抗力使继承人无法行使继承权回复请求权的，可按诉讼时效中止处理；

6.继承人因其继承权受到侵害而向侵权人提出返还遗产或赔偿损失的要求，或者继承人因遗产继承纠纷向法院提起诉讼，诉讼时效即为中断。

在事例 9 中，甲离家出走 15 年，不知道父亲去世，也不知道且无法知道其继承权被兄弟乙、丙侵害，该时间尚未超过继承法中规定的二十年的最长保护期，因此，当甲回来知悉一切，要求实现自己的继承权受到拒绝时，有权在回来后的二年内向法院提起保护其继承权的诉讼。乙、丙的说法没有法律依据。

【引导案例分析】

首先，本案中需要确定的是适用何种继承？《继承法》第 5 条规定：继承开始后，按照法定继承办理；有遗嘱的，按照遗嘱继承或者遗赠办理；有遗赠扶养协议的，按照协议办理。因丁死亡，未留有遗嘱及遗赠扶养协议，故对于丁某遗产的继承，适用法定继承。

其次，需要确定丁某的法定继承人。《继承法》第 10 条规定，配偶、子女、父母为第一顺位继承人。本案中，丁某与刘某早年离异，无配偶，子女丁女及丁男均为养子女。根据继承法的规定，子女包括婚生子女、非婚生子女、养子女和有扶养关系的继子女，因此丁女及丁男均为法定继承人。

最后，需要确认继承人有无丧失继承权的情形。《继承法》第 7 条规定，继承人有下列行为之一的，丧失继承权：(1)故意杀害被继承人的；(2)为争夺遗产而杀害其他继承人的；(3)遗弃被继承的，或者虐待被继承人情节严重的；(4)伪造、篡改或者销毁遗嘱，情节严重的。本案中，丁男有打骂被继承人的行为，但后来良心发现，与虐待被继承人情节严重的情形不符。但丁男为独吞遗产，故意杀害丁女的行为，符合丧失继承权的情形。

专题二　法定继承

【引导案例】

甲与乙系再婚夫妻，1995 年结婚。甲与前妻生有一儿子丙和一女儿丁，均已成家另过。乙与前夫生有一女儿戊，当时 15 岁，与甲、乙共同生活。丙因其父甲检举过他有盗窃行为，于 1997 年杀害甲未遂，被判刑 8 年，一年后死于狱中，遗下妻子和儿子。1999 年甲死亡，留下遗产若干。在甲死后的第三天，甲的女儿戊在车祸中死亡，遗下丈夫和女儿。另外，甲还有一年迈的父亲，已丧失劳动能力，且无生活来源。

问题：

1. 对甲的遗产，谁享有继承权？谁没有继承权？

2. 享有继承权的当事人中，谁应当得到照顾？

一、法定继承的概念和法律特征

(一)法定继承的概念

法定继承是指由法律直接规定继承人范围、继承人继承顺序以及遗产分配原则的一种继承方式。

法定继承是遗产继承的最初方式，它先于遗嘱继承产生。法定继承的概念，早在《汉谟拉比法典》中已经开始形成，该法虽无“法定继承”一词，却规定了继承人的范围、继承顺序、遗产分割等内容。罗马法中出现了法定继承一词，意为无遗嘱继承，以后在《优士丁法典》中开始较为详细地规定了法定继承人的范围、顺序、应继份额以及代位继承等一系列重要问题，这对于后世各国尤其是欧洲大陆法系国家的法律继承制度有着重大的影响。我国古代也采用法定继承，如封建社会的嫡长子继承制度就是法律继承的一种形式。到了近现代，各国民事立法都规定了法定继承制度。

（二）法定继承的法律特征

法定继承是与遗嘱继承相对应的一种继承方式，二者互相配合，相辅相成，共同构成了我国继承法律制度的主要内容。它与遗嘱继承相比，具有四个特征：

1. 法定继承是遗嘱继承的补充

法定继承和遗嘱继承是两种不同的继承方式。从效力上说，遗嘱继承的效力优先于法定继承。继承开始后，有遗嘱的，先适用遗嘱继承；没有遗嘱和遗赠扶养协议的情况下，才能适用法定继承。从这个意义上讲，法定继承是遗嘱继承的重要补充。

2. 法定继承是对遗嘱继承的限制

法定继承，在一定意义上来讲并不体现被继承人的意志，而遗嘱继承是直接体现着被继承人的意愿。因为遗嘱是被继承人的真实的意思表示，而在法定继承中法律的规定只能是出于对被继承人意思的推定。但是，遗嘱人在立遗嘱时也不能违反法律的限制。如：对缺乏劳动能力又没有生活来源的法定继承人必须保留必要的遗产份额。所以说，遗嘱继承限制了法定继承的适用范围，同时法定继承也是对遗嘱继承的一种限制。

3. 法定继承中的继承人是基于一定的身份关系确定的

法定继承中的继承人是由法律直接规定的，而且不是由被继承人指定的。法律规定法定继承人的依据是继承人与被继承人之间的亲属关系，亲属关系是基于血缘、婚姻和扶养关系为基础的，如：夫妻间、父母子女间、祖孙之间等等。法定继承这一特征与遗嘱继承有着根本的区别。虽然遗嘱继承人的范围也局限于法定继承人的范围之内，遗嘱继承也与一定的亲属关系相联系，但是，遗嘱继承可以在较大范围内不受亲属关系的限制，同时还可以改变法定继承人的顺序和份额。因此，法定继承具有以身份关系为基础的特点。

4. 法定继承人的范围、继承顺序、应继份额的规定具有强制性

在法定继承中，不仅继承人的范围是由法律直接规定的，而且继承人的继承顺序、继承人应继承的遗产份额也是由法律直接规定的，任何人不得改变法律的规定。遗嘱继承却不同，被继承人生前可以通过订立遗嘱的方式变更法定继承人的范围、继承顺序、应继份额。从这个意义上说，法定继承具有强行性的特点。

（三）法定继承的适用范围

法定继承的适用范围，是指在何种情形下适用法定继承。

我国《继承法》第 5 条规定：“继承开始后，按照法定继承办理；有遗嘱的，按照遗嘱继

承或者遗赠办理;有遗赠扶养协议的,按照协议办理。”因此,被继承人死亡后,有遗赠扶养协议的,先要执行协议;没有遗赠扶养协议或者协议无效时,先适用遗嘱继承,按照遗嘱办理;最后,才能适用法定继承。由此可见,在我国,法定继承只能发生在没有遗赠扶养协议和遗赠的情况下才能适用。

一般来说,既无遗赠扶养协议,又无遗嘱的,即按法定继承分配遗产。但是,具体到某一继承关系,即使存在遗嘱,仍有可能部分或全部地适用法定继承。《继承法》第 27 条规定:“有下列情形之一的,遗产中的有关部分按照法定继承办理:(1)遗嘱继承人放弃继承或受遗赠人放弃受遗赠的;(2)遗嘱继承人丧失继承权的;(3)遗嘱继承人、受遗赠人先于遗嘱人死亡的;(4)遗嘱无效部分所涉及的遗产;(5)遗嘱未处分的遗产。”

二、法定继承人的范围和继承顺序

[**事例 10**] 被继承人刘惠良于 1996 年 5 月病故,其妻张华(1992 年因病去世)曾带一女(张小慧)和刘惠良再婚,婚后生有三子一女,长子刘伯潇、次子刘仲湘、三子刘叔湖、幼女刘季南。长子刘伯潇在其父病故后因悲痛过度,于 1996 年 6 月去世,有妻夏桂兰,两子刘明川和刘明秀;次子刘仲湘与赵秀兰有一子刘明山;刘叔湖有妻任好君;幼女刘季南于 1994 年 8 月去世,有丈夫马行空、女儿马玉花,丧偶后马行空在生活上长期照料病重的刘惠良。刘惠良于 1993 年 10 月立有一份书面遗嘱,言明:刘叔湖一向拒绝赡养自己,不能继承遗产;刘季南生活困难,可分得遗产房屋 3 间,现金 3 万元。试分析:本案法定继承人的范围和继承顺序是什么?

(一)法定继承人的范围

法定继承人是指根据继承法的规定直接取得继承权资格的人。法定继承人的范围是指依法享有继承权,列入继承顺序的人的范围。法律确定法定继承人范围的主要根据是其与被继承人之间的婚姻关系和血缘关系。

根据《继承法》第 10、11、12 条规定,法定继承人的范围包括:被继承人的配偶、子女、父母、兄弟姐妹、祖父母、外祖父母。此外,丧偶儿媳对公、婆,丧偶女婿对岳父、岳母尽了主要赡养义务的,可以作为第一顺序的法定继承人。

1. 配偶

夫妻双方互为配偶。作为继承人的配偶,是专指被继承人死亡时尚生存的与被继承人有合法夫妻关系的人,因此,以配偶身份继承财产须具有两个条件:

(1)须是符合法定条件,并履行法定结婚手续的合法夫妻。未经办理结婚登记手续而非法同居或姘居的男女,当一方死亡后,另一方不得以配偶身份继承对方的遗产。

(2)夫妻关系必须在一方死亡时仍然存在。夫妻一方死亡之前已经离婚的前妻或前夫,不能称作继承法上的配偶。在被继承人死亡以前已经去世的配偶,也因婚姻关系终止,不再属于法定继承人的范围。

2.子女

子女是指被继承人直接血亲卑亲属中最亲近的人。作为法定继承人的子女,包括婚生子女、非婚生子女、养子女和有抚养关系的继子女。实践中,子女继承遗产的情况比较复杂,需视具体情况具体分析。

(1)关于非婚生子女的继承权。非婚生子女是指无合法婚姻关系的男女所生的子女。虽然非婚生子女父母的两性关系不合法,但对于非婚生子女来说是无辜的,他们之间的血亲关系不能改变,因此,继承法中规定非婚生子女与婚生子女享有平等的继承权,任何人不得加以歧视、限制或剥夺。

(2)关于养子女的继承权。养子女是指被收养的子女。养子女与养父母之间虽不存在血缘关系,但具有法律承认与保护的拟制血亲关系。只要依法定程序办理收养后,他们之间的权利义务关系与亲生父母子女相同,有继承养父母遗产的权利。同时,养子女同生父母之间的权利义务关系,因收养关系的成立而解除,养子女不能继承生父母的遗产。

司法实践中,有关养子女的继承问题需要注意以下四点:

第一,养子女对生父母的遗产没有继承权。《婚姻法》第 20 条规定:"养子女和生父母间的权利和义务,因收养关系的成立而消除。"如果养子女对养父母尽了赡养义务,同时对生父母扶养较多,可依《继承法》第 14 条规定分得生父母的适当的遗产,不过养子女只是作为继承人以外的人分得适当遗产,绝非法定继承人。

第二,收养关系解除后养子女继承权的认定。《收养法》第 28 条规定:"收养关系解除后,养子女与养父母及其他近亲属间的权利义务关系即行消除,与生父母及其他近亲属间的权利义务关系自行恢复,但成年养子女与生父母及其他近亲属间的的权利义务关系是否恢复,可以协商确定。"可见,当收养关系解除时,未成年的养子女与亲生父母的权利义务关系自行恢复,养子女享有继承生父母的遗产的权利;已成年并已独立生活的养子女同其生父母权利义务关系的恢复,必须以书面形式取得对方同意。恢复后,养子女与亲生父母共同生活,尽了赡养义务,也享有继承权。

第三,对养祖孙关系的处理。收养人在没有亲生子女或养子女的情况下,直接收养的养孙子女,由于两者年龄相差悬殊,辈分不同,民间习惯上称之为"养孙子女",实际上,这是一种特殊的养子女,因此在我国的司法实践中,将这种收养关系视为养父母与养子女的关系,他们之间享有相互继承财产的权利。

第四,关于"过继"子女的继承问题。由于"过继"子女的不同情况,应当区别对待:对与被继承人由于生前无子女或有女无子,而将同宗的侄子"过继"的,如果"过继"以后他们长期共同生活,相互扶养,该"过继子"实际上就是养子,应比照养子的规定,享有继承权;对于纯粹为了给死者"打幡"送葬而立,与被继承人没有扶养关系的"过继子"或"嗣子",不能承认其继承权。

(3)关于继子女的继承权。继子女是指配偶的一方对于另一方与其前夫或前妻所生的子女而言。由于继子女与继父母之间不存在血缘关系，而是姻亲关系，因此，继子女能否继承继父母的遗产，关键取决于他们之间是否存在扶养关系。如果存在扶养关系，继子女便是继父母遗产的法定继承人，享有继承权，否则无继承权。与养子女不同，继子女与有扶养关系的继父母确立权利义务关系的同时，并不解除其与亲生父母之间的权利义务关系。因此，继子女享有双份继承权，继承继父母遗产的同时，还可以继承亲生父母的遗产。在事例10中法定继承人有张小慧、刘伯潇、刘仲湘、马玉花和马行空等五人，刘叔湖被遗嘱取消继承权，刘秀南在被继承人之前死亡，二者不是继承人。张小慧与刘惠良形成了继子女与继父母关系，是法定继承人；马玉花母亲先于被继承人死亡，所以，马玉花是代位继承，是法定继承人。

3.父母

父母是指被继承人直系血亲尊亲属中最亲近的人。与法定继承人中的子女相对应，享有继承权的父母不仅指亲生父母，而且还包括养父母和有扶养关系的继父母，他们均可作为亲生子女、养子女和继子女的法定继承人。亲生父母子女之间是自然血亲关系，无论亲生父母之间婚姻状况怎样，均不影响他们对子女遗产的继承权；但是，对于养父母、继父母法定继承权的认定时，常遇到一些复杂的情况，为此，需要明确以下两点：

(1)关于养父母的继承权。只要确立了养父母与养子女关系，并对养子女尽了抚养教育义务而被确认为法定继承人的，他们与亲生父母出于同等的法律地位，享有对养子女遗产的继承权。这种继承权同样不受他们婚姻状况的影响，只要收养关系没有终止即可。如果养父与养母离婚，养子女归养父或养母一方抚养，另一方不尽抚养义务，这种情况应视为收养关系的终止，不尽抚养义务的一方则丧失对原养子女遗产的继承权。

(2)关于继父母的继承权。继父母是基于其对继子女尽了抚养义务而被确认为法定继承人的，他们与亲生父母、养父母处于同等的法律地位，享有对继子女遗产的继承权。但是，这种继承权可以因继父与生母或继母与生父的离婚，继子女归生父或生母一方单独抚养，另一方不继续承担抚养义务而消灭。另外，继父母还享有双重继承权，只要与继子女的抚养教育关系存在，继父母便既可以继承继子女的遗产，也可以再继承亲生子女的遗产。

继父母与继子女形成的权利义务关系能否解除？最高人民法院[1987]民他字第44号《关于继父母与继子女形成的权利义务能否解除的批复》明确规定：……不能自然终止，一方起诉要求解除这种权利义务关系的，人民法院应当视具体情况作出是否准许的调解或判决。

4.兄弟姐妹

兄弟姐妹是指被继承人旁系血亲中最亲近的人。作为法定继承人的兄弟姐妹，不但包括同父异母、同母异父的亲兄弟姐妹，而且还包括因收养关系而形成的养兄弟姐妹和有扶养关系的继兄弟姐妹，他们之间相互有继承遗产的权利。

但是，被收养人与其亲兄弟姐妹的权利义务关系因收养关系成立而消灭，他们相互间没有继承权。继兄弟姐妹之间相互享有继承权，不仅要求他们与继父或继母之间已经形成了扶养关系，而且还要求他们相互之间已经形成了扶养关系。如果继兄弟姐妹与继母或继母有扶养关系，而彼此之间无扶养关系，则他们只能继承继父或继母的财产，不能相互继承财产。同时，如果继兄弟姐妹之间是法定继承人并相互继承了遗产，不影响其继承亲兄弟姐妹的遗产。

5. 祖父母、外祖父母

祖父母、外祖父母是指被继承人直系血亲尊亲中较为亲近的人。在我国，“三代同堂”的家庭为数不少，祖父母与孙子女、外祖父母与外孙子女共同生活，互相扶养、赡养，因此，我国继承法将祖父母、外祖父母列为法定继承人，有权继承孙子女、外孙子女的遗产。

应注意，孙子女、外孙子女对祖父母、外祖父母遗产的继承权，则适用代位继承，他们是代替父亲或母亲的继承地位，继承顺序和应继份额而继承祖父母或外祖父母的遗产。根据我国《继承法》的规定，孙子女、外孙子女不是第二顺序的继承人，没有自己固有的继承地位，只有出现父母早于祖父母、外祖父母死亡，且父母享有对祖父母、外祖父母遗产继承权的情况时，他们才可以代替其父母继承遗产。否则，即使没有第一顺序的继承人而轮到第二顺序的继承人继承遗产时，孙子女、外孙子女也无权继承遗产。

6. 对公婆尽了主要赡养义务的丧偶儿媳，对岳父尽了主要赡养义务的丧偶女婿

我国《继承法》第 12 条明确规定，对公婆、岳父母尽了主要赡养义务的丧偶儿媳、丧偶女婿为法定继承人。这种规定不仅发扬了中华民族尊老、爱老、养老的优良传统，鼓励丧偶儿媳或女婿对年老的公婆或岳父母进行赡养扶助，而且还体现了权利与义务相一致的继承法的法律精神。

应当注意，丧偶儿媳或女婿成为法定继承人，以其对公婆或岳父母尽了主要赡养义务为前提，无论其是否再婚。根据最高人民法院《关于贯彻执行〈继承法〉若干问题的意见》第 30 条规定，对被继承人生活提供了主要经济来源，或在劳务等方面给予主要扶助的，应当认定其尽了主要赡养义务或主要扶养义务，丧偶儿媳对公婆、丧偶女婿对岳父母尽了主要赡养义务，不是一般意义上的照料、帮助，必须是在生活上经常的照料，经济上长期不断地供养，否则不能成为法定继承人。事例 10 中丧偶的女婿马行空在生活上长期照料病重的岳父刘惠良，应当作为法定继承人继承刘惠良的遗产。

(二)法定继承顺序

法定继承顺序，也称“法定继承人的顺位”，是指继承法所规定的法定继承人继承遗产的先后顺序。

根据《继承法》第 10 条第 1 款规定：“遗产按照下列顺序继承：第一顺序：配偶、子女、父母，第二顺序：兄弟姐妹、祖父母、外祖父母。”《继承法》第 12 条同时又规定：“丧偶儿媳对公、婆，丧偶女婿对岳父、岳母，尽了主要赡养义务的，作为第一顺序继承人。”可见，我国法定继

承有两个继承顺序。“继承开始后，由第一顺序继承人继承，第二顺序继承人不能继承，没有第一顺序继承人继承的，由第二顺序继承人继承。”(《继承法》第10条第2款)所以说，被继承人死亡后，并不是所有法定继承人都能够继承遗产，只有在没有第一顺序继承人，或者第一顺序继承人全部放弃或丧失继承权的情况下，第二顺序继承人才可以继承遗产。因此，法定继承顺序的规定属于强制性规范，除根据被继承人生前订立的合法有效的遗嘱加以改变外，其他任何组织和公民都无权加以变更。在事例10中，继女张小慧，儿子刘伯潇、刘仲湘和孙女马玉花，丧偶女婿马行空均作为第一顺序的法定继承人继承刘惠良的遗产。

三、代位继承和转继承

(一)代位继承的概述

[**事例11**]　王某生有一子一女，先后于1995年因病死亡，王某的丈夫、父母也于1997年先后死亡。王某因病于1998年死亡，留有遗产8万元。王某死亡后，其子留有子女甲、乙，其女留有子丙。甲、乙、丙三人为争夺遗产而发生纠纷，诉至法院。试分析：甲、乙、丙三人是以什么身份继承王某的遗产？王某的遗产如何分配？

《继承法》第11条规定：“被继承人的子女先于被继承人死亡的，由被继承人的子女的晚辈直系血亲代位继承。代位继承人一般只能继承他的父亲或母亲有权继承的份额。”

1.代位继承的概念

代位继承，又称“间接继承”，是指被继承人的子女先于被继承人死亡时，由继承人的子女的晚辈直系血亲代替已死亡的父母继承被继承人遗产的一种继承方式。其中，先于被继承人死亡的被继承人的子女是被代位继承人，代替被代位继承人行使继承权的被代位继承人的晚辈直系血亲是代位继承人。作为法定继承中的特殊情况，代位继承制度是对法定继承制度的必要补充。

2.代位继承的适用条件

根据《继承法》第11条的规定，代位继承的适用应具备以下四个条件：

(1)被代位继承人必须先于被继承人死亡。这是适用代位继承的先决条件，活着的人的继承地位不能被代替，只有出现继承人在继承开始前死亡的情况，才能发生代位继承。如果继承人的死亡发生在被继承人死亡之后、遗产尚未分割完毕之前，则只能发生转继承的问题。死亡包括自然死亡和宣告死亡，宣告死亡事件以人民法院的判决宣告之日为准。如事例11中，王某于1998年因病死亡时，王某的丈夫、子女和父母均先于被继承人死亡。被继承人的子女先于被继承人死亡的，王某的遗产应由被继承人的子女晚辈直系血亲代位继承。

(2)被代位继承人生前必须享有继承权。如果被代位继承人生前丧失了继承权，则不发生代位继承的问题。因为代位继承是代位继承人代替已死亡的父亲或母亲的法律地位去继承被继承人的遗产，被代位继承人丧失了继承权，代位继承人便丧失了代替的位置，无权可代。

(3)被代位继承人必须是被继承人的子女。被继承人的其他继承人,包括长辈直系血亲(即被继承人的父母、祖父母、外祖父母),姻亲(配偶)、旁系血亲(兄弟姐妹),均不能成为被代位继承人。

(4)代位继承人必须是被继承人的子女的晚辈直系血亲。根据《继承法》第11条规定,代位继承人只能是被代位继承人的晚辈直系血亲,被代位继承人的配偶、兄弟姐妹、侄子女、外甥子女、长辈直系血亲,都不能成为代位继承人。在事例11中,被继承人的儿子的晚辈直系血亲有甲、乙;被继承人的女儿晚辈直系血亲有丙。因此代位继承人包括甲、乙、丙。

3.代位继承应注意的问题

在代位继承中,除了明确代位继承产生的条件之外,还必须注意以下几个问题:

(1)婚生子女、非婚生子女、养子女和有扶养关系的继子女的代位继承权平等。对此可参阅《关于贯彻执行〈继承法〉若干问题的意见》第26条的规定:"被继承人的养子女、已形成扶养关系的继子女的生子女可代位继承;被继承人亲生子女的养子女可代位继承;被继承人养子女的养子女可代位继承;与被继承人已形成扶养关系的继子女的养子女也可以代位继承。"

(2)被代位继承人丧失继承权或放弃继承权的,其晚辈直系血亲不得代位继承。但是,根据《关于贯彻执行〈继承法〉若干问题的意见》第28条的规定,如果该代位继承人没有劳动能力又无生活来源,或对被继承人尽赡养义务较多的,可以适当分给财产。

(3)丧偶儿媳、女婿作为第一顺序继承人时,不影响其子女代位继承。

(4)代位继承人只能取得被代位继承人应得的继承份额。根据《继承法》第11条规定,代位继承人无论人数多少,都只能继承被代位继承人应继承的遗产份额,无权与其他同一顺序法定继承人平分遗产。在代位继承中,代位继承人一般只能继承其父或母有权继承的遗产份额。在事例11中王某死亡后,留有遗产8万元,甲和乙的父亲有权继承4万元,丙的母亲有权继承4万元。因此,甲、乙有权继承4万元,若二人均等继承,则每人2万元;丙有权继承的遗产为4万元。

(5)代位继承只适用法定继承,不适用于遗嘱继承。遗嘱继承人先于被继承人死亡的,遗嘱无效,遗嘱继承人的子女及其直系血亲卑亲属不得依遗嘱代位继承。

(6)代位继承不受辈分限制。被继承人的孙子女、外孙子女、曾孙子女、外曾孙子女都可以代位继承。

(二)转继承的概述

[事例12] 被继承人王某生前系河北某大学教授,1980年因病去世。王某的遗著《遗传学》和《病理学》尚未出版,但王某的遗产由儿子王甲和女儿王乙继承。1981年1月王甲因车祸死亡,留下妻子刘某和两个儿女王伟和王红。1981年10月,出版社送来《遗

传学》和《病理学》稿费 3 万元，王乙要求作为唯一第一顺序继承人继承全部稿费，刘某及儿女提出异议，诉至法院。试分析：3 万元稿费刘某、王伟和王红有继承遗产的权利吗？

1. 转继承的概念

转继承，又称“第二次继承”、“再继承”、“连续继承”，是指继承人在被继承人死亡之后、遗产分割前死亡，其应继承的遗产份额由他的合法继承人继承。实际接受遗产的死亡继承人的继承人称为转继承人。

继承法中虽无明文规定转继承，但最高人民法院《关于贯彻执行〈中华人民共和国继承法〉若干问题意见》第 52 条规定，继承开始后，继承人没有表示放弃继承权，并于遗产分割前死亡的，其继承遗产的权利转移给他的合法继承人。由此可见，转继承是一种遗产继承权利的转移。在事例 12 中，王甲是在被继承人王某死亡后，尚未接受遗产时死亡。3 万元稿费在王甲去世后才成为王某的遗产，实际上王甲在王某死亡时，已经继承了王某遗产中的 15000 元稿费，只不过没有实际分割而已。王甲死后，他应得到而又实际未得到的遗产 15000 元，就成为王甲的遗产了，这 15000 元只能由他的妻子刘某和儿女来继承。因此，王乙只能继承稿费的一半。

2. 代位继承与转继承的区别

代位继承与转继承有着许多相似之处，都是因继承人和被继承人死亡的法律事实而发生继承关系，并且代位继承人和转继承人的应继份额只能是已故继承人有权继承的那部分遗产。但是，它们毕竟是两种不同的继承，主要区别体现在以下四个方面：

(1)性质不同。代位继承是由代位继承人一次性的间接继承被继承人的遗产，具有替补继承的性质。而转继承是两个相连的直接继承：首先是被转继承人直接继承被继承人的遗产；其次是转继承人又直接取得原应由被继承人继承的遗产。可见，转继承具有连续继承的性质，后一个继承是前一个继承的继续。

(2)发生的根据不同。转继承的发生是基于继承人后于被继承人死亡，并且是在分割被继承人遗产前死亡的事实；而代位继承人的发生是基于被继承人的子女先于被继承人死亡的事实。

(3)继承人的范围不同。转继承人是死亡继承人的法定继承人，他(她)可以是死亡继承人的晚辈直系血亲，也可以是死亡继承人的其他法定继承人，而代位继承人只能是被代位继承人的晚辈直系血亲。

(4)适用的继承方式不同。代位继承只适用于法定继承，是法定继承的特别补充。而转继承既适用于法定继承，又适用于遗嘱继承，如果遗嘱继承人在继承开始后未放弃继承权而死亡，其应继承的遗产转由其法定继承人继承。

从上述区别可以看出，被代位人和被转继承人死亡时间的不同，是代位继承和转继承的根本性区别，它决定着两者在发生的根据、继承人的范围和继承方式等方面的不同。

四、遗产份额的确定

我国《继承法》第 13 条规定："同一顺序继承人的继承遗产的份额，一般应当均等。对生活有特殊困难的缺乏劳动能力的继承人，分配遗产时，应当予以照顾。对被继承人尽了主要扶养义务或者与被继承人共同生活的继承人，分配遗产时可以多分。有扶养能力和扶养条件的继承人，不尽扶养义务的，分配遗产时，应当不分或者少分。继承人协商同意的，也可以不均等。"可见，我国继承法有关遗产分配原则，是以"一般均等"为基本原则，以"特殊情况不均等"为例外。

(一)一般情况下应当均等分配遗产

一般情况，是指同一顺序的各个法定继承人之间，在经济状况、劳动能力以及对被继承人所尽扶养义务等方面，情况基本相同。在这种情况下，遗产分配应当均等。这种遗产分配原则，不仅体现了法定继承权是基于血缘关系、婚姻关系而产生的特点，显示公平合理，在一定程度上能减少纠纷，而且使继承份额的确定简单明确，易于执行。

在法定继承中，每个继承人应继遗产份额是由法律直接规定的。但是，这种规定并非直接表明应继遗产的具体数量，而是确定一个遗产分配时应遵循的原则。遗产分配时每个继承人的应继份额按照以下几种情况确定：

1. 同一顺序继承人的条件大致相同，每个继承人的继承份额应是相同的。但是，一般应均等的规定本身就意味着在特殊情况下的不均等，因此，继承份额均等必须是在同一顺序继承人的条件大致相同的情况下才能遵循的原则。

2. 同一顺序继承人的继承份额，经全体继承人协商，可以不均等。在同一顺序继承人的条件大致相同的情况下，经全体继承人协商同意，也可以使每个继承人的继承份额有所不同。例如，生活条件好的继承人可以少分得些遗产，生活条件较困难的继承人可以多分得遗产。应当明确，引起这种继承份额不均等结果的原因，必须是非法定原因；否则，就不必经全体继承人协商同意，直接按照法律规定使某一继承人多分或少分遗产即可。

(二)特殊情况下不均等分配遗产

1. 生活有特殊困难又缺乏劳动能力的继承人的继承份额应当多些。这一遗产分配原则是出现法定原因时适用的，这种法定原因要求继承人必须同时具备生活特殊困难和缺乏劳动能力两个条件。生活有特殊困难又缺乏劳动能力的人主要是指无生活来源的未成年人、老人、病残人。我国《继承法》不但保障这些人的应继份额不被遗嘱人用遗嘱的方式取消，而且在第 13 条第 2 款中规定，分配遗产时对他们要予以照顾，使他们分得的遗产份额多一些。

2. 对被继承人尽了主要扶养义务，或与被继承人共同生活的继承人的继承份额，可以多些，对有扶养能力和扶养条件而不尽扶养义务的继承人，应当不分或者少分。我国继承法的立法自始至终强调权利和义务相一致的原则，这一原则在遗产分配中的体现更是考虑继承人对被继承人所尽扶养义务的情况。但是，对于是否尽了扶养义务不能作机械的理解，需要注意两点：

(1)继承人有扶养能力和扶养条件，但未尽扶养义务的，并非均丧失继承权。如果继承人愿意尽扶养义务，但被继承人因有固定收入和劳动能力，明确表示不要求其扶养的，根据《关于贯彻执行〈继承法〉若干问题的意见》第 33 条的规定，分配遗产时，不应因此影响继承人的继承份额。

(2)与被继承人共同生活的继承人并非均能继承遗产。如果有扶养能力和扶养条件的继承人虽然与被继承人共同生活，但对需要扶养的被继承人不尽扶养义务的，根据《关于贯彻执行〈继承法〉若干问题的意见》第 34 条规定，分配遗产时，可以少分或不分。

另外，在确定每一法定继承人应继遗产份额时，还应当为法律上规定的可以分得遗产的人保留适当的遗产份额。《继承法》第 14 条规定："对继承人以外的依靠被继承人扶养的缺乏劳动能力又没有生活来源的人，或者继承人以外的对被继承人扶养较多的人，可以分给他们适当的遗产。"《继承法》的这一规定是一种照顾性的规定，是法律对于公民之间相互帮助行为的肯定和支持，体现了《继承法》养老育幼的原则精神。至于可以分得遗产的人究竟可以分得多少遗产，法律没有规定具体的界限和比例，应根据具体情况确定。《关于贯彻执行〈继承法〉若干问题的意见》第 31 条规定，可以多于或少于继承人的应继份额。

【引导案例分析】

这是一个涉及继父母与继子女之间的继承权、代位继承和转继承、继承份额等问题的案例。

1. 对甲的遗产，甲的父亲、乙、戊、丁的丈夫、丁的女儿享有继承权。没有继承权的人：丙的妻子和丙的儿子。

(1)甲的父亲和甲的妻子乙作为第一顺序继承人继承甲的遗产。

(2)戊是甲的继女，已形成了抚养关系，戊有权继承继父甲的遗产。

(3)丁的丈夫和丁的女儿是转继承获得甲的遗产。丁作为被继承人甲的女儿，是有继承权的，但由于她在被继承人死亡后、遗产分割前死亡，便产生转继承的问题。本应由丁继承的那部分，转由丁的法定继承人丈夫和女儿继承。乙作为丁的继母，由于与丁没有形成扶养关系，不能参加转继承。

(4)丙的妻子和儿子没有继承权。继承人先于被继承人死亡，一般会产生代位继承的问题。在本案中，丙由于实施了故意杀害甲的行为，其继承权被依法剥夺，其晚辈直系血亲无权代位继承。因此，丙的儿子没有继承权。丙的妻子不符合代位继承人的条件，也无权代位继承。

2. 享有继承权的人当中，甲的父亲应当得到照顾。甲的父亲年迈，已丧失劳动能力，且无生活来源。按照《继承法》第 13 条第 2 款规定，分割遗产时应予多分。

专题三　遗嘱继承和遗赠

【引导案例】

李树纲以打鱼为生，有两层楼房一幢，共12间房。其女李玲出嫁多年，常有来往。长子李全喜，用自己经商收入建房4间，自成家庭；李全喜前妻早丧，遗子李山；后妻任平，生子李林。李山是复员军人，为成立小家庭也用复员费购置新房2间，其妻何慧，生女李洁。李树纲的次子李全兴已病故，妻子王氏带儿子李明星另嫁。李树纲有一友宋建曾帮助过李树纲，李树纲想赠与一笔钱，但其未接受。李树纲即写下字据将自己房屋2间待自己死后赠给宋建的儿子宋明。今年初，李树纲、李全喜、李山三人出海打鱼，遇台风船毁人亡，但各人死亡时间不能确定。丧事完毕，死者亲属们为房产分割发生纠纷。李玲认为，其兄已死，她是李树纲唯一子女，要求继承李树纲的房屋12间；任平认为李玲是出嫁女，不能回娘家分房子，她系李树纲的丧偶儿媳，因此房屋应由她和李林继承；另外，她还认为李山也系其子，她亦有权继承李山的房产。何慧不同意他们的意见，她和李洁均请求分割遗产，李明星也要求继承。宋明得知受遗赠后3个月来一直未表示态度，但在发生纠纷时也提出分割遗产要求。

问题：

1. 请指出本案的被继承人和遗产，并说明被继承人死亡的先后顺序及认定理由。

2. 本案当事人李玲、任平、李林、何慧、李洁、李明星、宋明能否分割遗产，分别说明理由。

一、遗嘱继承

(一)遗嘱继承的概念与特征

1. 遗嘱继承的概念

遗嘱继承是指继承开始后，按照被继承人所立的合法有效的遗嘱继承被继承人遗产的继承制度。《继承法》第16条规定：“公民可以依照本法规定立遗嘱处分个人财产，并可以指定遗嘱执行人。公民可以立遗嘱将个人财产指定由法定继承人的一人或者数人继承。”遗嘱继承是与法定继承相对应的一种继承方式。由于遗嘱反映被继承人的意志，遗嘱继承是对遗嘱人生前处分其财产的意愿的实现，因此，现代各国继承法普遍规定，遗嘱继承的效力优先于法定继承。

2. 遗嘱继承的特征

(1)遗嘱继承是被继承人意志的体现。法定继承是根据被继承人与继承人之间的血缘关系推定进行的一种继承方式，并不完全反映被继承人的意愿。遗嘱继承是被继承人生前对自己财产的处分，体现着被继承人的遗愿。

(2)遗嘱继承的发生须有合法有效的遗嘱。法定继承的发生以被继承人死亡的发生为有效条件，但遗嘱继承的发生除被继承人死亡的事实外，还须有被继承人立有合法有效的遗嘱，两个事实缺一不可。

(3)遗嘱继承的效力优先于法定继承。依《继承法》规定，遗嘱继承人须为法定继承人，但遗嘱继承人不受法定继承顺序的限制，继承份额也不受法定继承遗产分配原则的限制。继承开始后，应按照法定继承办理；有遗嘱的，按照遗嘱继承或遗赠处理；有遗赠扶养协议的，按照协议办理。

(二)遗嘱继承的适用条件

1. 没有遗赠扶养协议

被继承人与扶养人订立有遗赠扶养协议的，对于协议中约定遗赠的遗产，不能按照遗嘱继承进行。

2. 被继承人的遗嘱合法有效

被继承人未立遗嘱或所立遗嘱无效，或者遗嘱中没有规定继承人继承的遗产，都不适用遗嘱继承。

3. 遗嘱继承人未丧失继承权，也未放弃继承权

依《继承法》第 7 条规定，继承人有下列行为之一的，丧失继承权：(1)故意杀害被继承人的；(2)为争夺遗产而杀害其他继承人的；(3)遗弃被继承人的，或者虐待被继承人情节严重的；(4)伪造、篡改或者销毁遗嘱，情节严重的。此外，继承开始后遗产分割前继承人明确表示放弃继承权的，对其放弃继承的遗产也不能适用遗嘱继承。

二、遗嘱

(一)遗嘱的概念与特征

1. 遗嘱的概念

遗嘱是立遗嘱人生前依照法律规定处分自己的财产以及安排与此有关的事务并于死亡后发生法律效力的单方民事法律行为。

2. 遗嘱的特征

(1)遗嘱是单方民事法律行为。遗嘱是遗嘱人处分自己生前财产的行为，仅有自己一方的意思表示即可成立，他人的意思表示并不能影响遗嘱的成立和效力。在遗嘱生效前，遗嘱人可以自己的意思变更或撤销遗嘱。

(2)遗嘱只有在立遗嘱人死亡后才发生法律效力。遗嘱虽然是由遗嘱人生前设立的，但只有在遗嘱人死亡时才能生效。在遗嘱人死亡前，可以随时变更或撤销遗嘱。遗嘱人所做的生前即发生法律效力的财产处分行为不是遗嘱。

(3)遗嘱是要式法律行为。遗嘱必须采取法律规定的五种形式之一，并且每种形式必须符合法律规定的条件，否则无效。

(4)遗嘱是死者生前处理、安排其财产的法律行为。遗嘱人所做的不属于财产处分以

及与此有关的事项，不属于继承法上的遗嘱。如甲临死之际，嘱托大儿子照顾年弱的二儿子的行为就不是遗嘱。

(5)遗嘱是须由遗嘱人亲自独立实施的民事行为。遗嘱须由遗嘱人亲自作出，不能由他人代理。遗嘱须反映遗嘱人真实的意思，被胁迫或欺诈而立的遗嘱无效。

(二)遗嘱的形式

［**事例 13**］ 张某夫妻在一场车祸中死亡，留有存款 4 万元及房屋一套。张某夫妻有一儿三女，儿子认为自己是死者的当然继承人。大女儿手里有一个遗嘱，说是父母写的，但没有父母的签名。二女儿手里也有一个遗嘱，说是父母的一个朋友代为书写的，上面有那个朋友的签名。三女儿则说，父母曾亲口对她说，将全部遗产留给她。试分析：上述遗嘱的形式是否合法？

遗嘱的形式，是立遗嘱人处分其财产的外在的意思表示方式。依《继承法》第 17 条规定，遗嘱的形式有以下五种：

1.公证遗嘱

公证遗嘱由遗嘱人经公证机关办理。公证人员对遗嘱经审查认为合法有效的，予以公证，出具《遗嘱公证证明书》，公证书由公证机关和遗嘱人分别保存。

2.自书遗嘱

自书遗嘱由遗嘱人亲笔书写、签名，注明年、月、日。自书遗嘱不能由他人代笔，也不能打印。最高人民法院《关于贯彻执行〈中华人民共和国继承法〉若干问题的意见》第 40 条规定，公民在遗书中涉及死后个人财产处分的内容，确为死者真实意思的表示，有本人签名并注明了年、月、日，又无相反证据的，可按自书遗嘱对待。事例 13 中，大女儿手里的遗嘱，即是父母的自书遗嘱，但因为没有父母的签名，不符合自书遗嘱的形式要件，故是无效遗嘱。

3.代书遗嘱

代书遗嘱应当有两个以上见证人在场见证，由其中一人代书，注明年、月、日，并由代书人、其他见证人和遗嘱人签名。事例 13 中，二女儿手里的遗嘱即是代书遗嘱，但该遗嘱只有一个见证人，并且没有遗嘱人的签名，所以也不是有效的遗嘱。

4.录音遗嘱

录音遗嘱是以录音磁带、录像磁带记载遗嘱内容的遗嘱。录音遗嘱应当有两个以上见证人在场见证，见证人的见证证明应同时录制在磁带上。录音、录像磁带录制后，应当进行封存，并由见证人共同签名，注明年、月、日。

5.口头遗嘱

遗嘱人在危急情况下，可以立口头遗嘱。口头遗嘱应当有两个以上见证人在场见证。危急情况解除后，遗嘱人能够用书面或者录音形式立遗嘱的，所立的口头遗嘱无效。危急情况一般指遗嘱人生命垂危或者在战争中或发生意外危害，随时都有生命危险，来不及或无条件设立其他形式遗嘱的情形。事例13中,三女儿所说的,即是父母所立的口头遗嘱,但该遗嘱不是在危急情况下设立的,而且没有见证人,所以该口头遗嘱也无效。

根据《继承法》第18条规定,下列人员不能作为遗嘱见证人:(1)无行为能力人、限制行为能力人;(2)继承人、受遗赠人;(3)与继承人、受遗赠人有利害关系的人。依据《最高人民法院关于贯彻执行〈中华人民共和国继承法〉若干问题的意见》第36条规定,继承人、受遗赠人的债权人、债务人,共同经营的合伙人,也应当视为与继承人、受遗赠人有利害关系,不能作为遗嘱的见证人。

事例13中,虽然出现了自书遗嘱、代书遗嘱、口头遗嘱三种遗嘱形式,但都不符合遗嘱法律规定的形式,因此都不是有效的遗嘱,该案中遗产应当按照法定继承进行分配。

(三)遗嘱的内容

遗嘱的内容是立遗嘱人在遗嘱中对其财产及相关事项的处置和安排。遗嘱的内容应具体、明确,便于执行,一般来说,包括以下几个方面:

1.指定继承人、受遗赠人

遗嘱继承人必须是法定继承人中的一人或数人,受遗赠人可以是国家、集体或者法定继承人以外的人。

2.说明遗产的分配方式

分配方式既可以是财产的数额、份额,也可以是财产分配的方式。

3.在遗嘱中附加一定的义务

依《继承法》第21条及最高人民法院《关于贯彻执行〈中华人民共和国继承法〉若干问题的意见》第43条规定,遗嘱继承或者遗赠附有义务的,继承人或者受遗赠人应当履行义务。如义务能够履行,而继承人、受遗赠人无正当理由不履行,经受益人或其他继承人请求,人民法院可以取消他接受附义务那部分遗产的权利,由提出请示的继承人或受益人负责按遗嘱人的意愿履行义务,接受遗产。

4.指定遗嘱执行人

依《继承法》第16条规定,公民可以依照本法规定立遗嘱处分个人财产,并可以指定遗嘱执行人。

(四)遗嘱的有效要件

[事例14] 2001年赵某(男)与王某结婚,2003年王某生一子。赵某于2004年去广东经商,期间认识了李某,赵某与李某于2005年开始同居。2007年李某生下一子。赵某出钱为李某购买房屋一套,并立下遗嘱,在遗嘱中赵某将其与王某共同居住的房屋及经商赚取的100万元存款在死后全部留给李某。2010年,赵某出车祸死亡。李某拿着赵某的遗嘱要求继承遗嘱中的财产。试分析:该案中赵某的遗嘱是否有效?

遗嘱的有效要件是遗嘱生效的前提条件,遗嘱的有效要件包括形式要件和实质要件。遗嘱的形式要件指遗嘱作为一种要式法律行为,必须采用《继承法》第17条规定的五种方式之一方为有效。遗嘱的实质要件包括以下几方面：

1. 遗嘱人有遗嘱能力

遗嘱为民事行为，立遗嘱人在立遗嘱时必须具备完全行为能力，无行为能力人或者限制行为能力人所立的遗嘱无效。遗嘱人是否有遗嘱能力，以遗嘱设立时为准。无行为能力人所立的遗嘱，即使其本人后来有了行为能力，仍属无效遗嘱。遗嘱人立遗嘱时有行为能力，后来丧失了行为能力，不影响遗嘱的效力。事例 14 中，赵某立遗嘱时系完全行为能力人，具备遗嘱能力。

2. 遗嘱须是遗嘱人的真实的意思表示

意思表示真实是民事法律行为有效成立的必要条件。《继承法》第 22 条规定，遗嘱必须表示遗嘱人的真实意思，受胁迫、欺骗所立的遗嘱无效；伪造的遗嘱无效；遗嘱被篡改的，篡改的内容无效。受欺诈、胁迫所立的遗嘱无效，而不是可撤销。事例 14 中，赵某所立遗嘱是其真实的意思表示。

3. 遗嘱应当对缺乏劳动能力又没有生活来源的继承人保留必要的遗产份额

这一规定属于《继承法》第 19 条强行性的规定。如果遗嘱人未保留缺乏劳动能力又没有生活来源的继承人的遗产份额，遗产处理时，应当为该继承人留下必要的遗产，所剩余的部分，才可参照遗嘱确定的分配原则处理。继承人是否缺乏劳动能力又没有生活来源，应按遗嘱生效时该继承人的具体情况确定。事例 14 中，赵某分别与王某和李某生育两个儿子，其死亡时，两个儿子均未满 18 周岁，赵某对两个儿子负有法定的抚养义务，但其在遗嘱中却将房屋及存款全部留给李某，没有为两个儿子保留必要的遗产份额，因此是部分无效的遗嘱。

4. 遗嘱中所处分的财产须为遗嘱人的个人财产

遗嘱只能处置个人的合法财产，遗嘱人在遗嘱中处分了国家、集体或他人所有的财产的，遗嘱的该部分内容无效。事例 14 中，赵某的遗嘱所处分的财产系夫妻共同财产，而非个人财产，所以遗嘱中处分的超出个人财产部分的内容无效。

5. 遗嘱的内容不得违背社会公共利益和社会公德

遗嘱是一种民事行为，遗嘱的内容违背社会公共利益和社会公德的无效。事例 14 中，赵某立遗嘱将其财产留给非法同居的李某，违背了社会公共利益和社会公德，因此无效。

（五）遗嘱的变更和撤销

[事例 15]　甲有一子两女，妻子早亡，有房屋 6 间，存款 3 万元。1990 年，甲立下遗嘱，一子两女各得房屋 2 间、存款 1 万元。1993 年，甲与儿子发生矛盾，便一气之下到公证处作出公证遗嘱，两女各得房屋 3 间、存款 1.5 万元。1996 年，甲于病危之际，在有 3 个见证人的情况下，作出录音遗嘱，房屋 6 间全部归儿子继承，两女各得存款 1.5 万元。甲死后，一子两女请求继承遗产，试分析：甲先后两次所立遗嘱的效力。

遗嘱的变更指遗嘱人在遗嘱设立后对遗嘱的内容进行修改。遗嘱的撤销指遗嘱人在遗嘱设立后将所立的遗嘱取消。遗嘱是遗嘱人处分其个人财产的单方民事行为，只要有遗嘱人一方的意思表示就可成立，因此，遗嘱人可以随时对遗嘱进行变更或撤销。遗嘱变更或者撤销的，应以变更或者撤销后的遗嘱为准；遗嘱撤销后未设立新遗嘱的，视为被继承人未立遗嘱。

遗嘱的变更或撤销同遗嘱的设立一样，只有符合一定的条件才能发生效力，即也应符合前述关于遗嘱设立的形式要件和实质要件的规定。遗嘱的变更或撤销不符合条件的，视为未变更或未撤销。

关于遗嘱的变更或撤销，注意以下几种情形：(1)自书、代书、录音、口头遗嘱，不得撤销、变更公证遗嘱。公证遗嘱的变更、撤销只能采用公证的方式。(2)遗嘱人立有数份遗嘱，内容相抵触的，以最后的遗嘱为准。但若数份遗嘱的形式不同，其中有公证遗嘱的，则应以最后的公证遗嘱为准。(3)遗嘱人生前的行为与遗嘱的意思表示相反，而使遗嘱处分的财产在继承开始前灭失、部分灭失或所有权转移、部分转移的，遗嘱视为被撤销或部分被撤销。

事例15中，甲先后立下三份遗嘱，分别是自书遗嘱、公证遗嘱、录音遗嘱。三种遗嘱分开来看，均为有效遗嘱。但在三种遗嘱的效力上，公证遗嘱具有最高的效力，公证遗嘱的变更或撤销只能采用公证的方式进行。因此，甲最后的录音遗嘱不能撤销之前的公证遗嘱，甲的遗产应按公证遗嘱处理。

(六)遗嘱的执行

遗嘱的执行，指遗嘱生效后由遗嘱执行人实现遗嘱的内容。遗嘱人在遗嘱中指定了遗嘱执行人的，由被指定的遗嘱执行人执行遗嘱。遗嘱中没有指定遗嘱执行人或者被指定的执行人不能执行遗嘱的，应由有能力的继承人为遗嘱执行人；继承人也不能执行遗嘱的，由遗嘱人生前所在单位或继承开始地点的居民委员会、村民委员会为遗嘱执行人。遗嘱执行人执行遗嘱的权利受法律保护，遗嘱执行的费用可以从遗产中扣除。遗嘱执行人因过错给继承人或受遗赠人造成损失的，应负赔偿责任。

三、遗赠

(一)遗赠的概念与特征

1. 遗赠的概念

所谓遗赠，指自然人以遗嘱的方式将其个人财产赠与国家、集体或者法定继承人以外的人，而于其死后发生法律效力的民事行为。《继承法》第16条第3款规定："公民可以立遗嘱将个人财产赠给国家、集体或者法定继承人以外的人。"

2. 遗赠的特征

(1)遗赠是一种单方民事行为。遗赠与遗嘱一样，都是一种单方民事行为。遗赠的成立不以受赠人的同意为前提，遗赠人在遗嘱生效前随时可以变更或撤销自己的遗嘱。

(2)遗赠是遗赠人死后发生法律效力的行为。遗赠是遗赠人对其死亡后财产的一种处分，因此，在遗赠人尚未死亡之前，遗赠不会发生法律效力。

(3)受遗赠人是法定继承人以外的人。遗赠人可以将其财产赠与国家、集体、法定继承人以外的人，但不能赠与法定继承人范围以内的人。

(4)遗赠是无偿给予受遗赠人财产利益的行为。遗赠给予他人财产是一种无偿的行为，在这一点上与遗赠扶养协议相区别。遗赠人也可以在其遗赠中附有某种义务或条件，但这种义务或条件不是受遗赠人接受赠与的对价。对于所负义务，受遗赠人应当履行。如果义务能够履行，而继承人、受遗赠人无正当理由不履行，经受益人或其他继承人请求，人民法院可以取消他接受附义务那部分遗产的权利，由提出请求的继承人或受益人负责按遗嘱人的意愿履行义务，接受遗产。

(5)遗赠只能由受遗赠人接受，而不能转让。遗赠是以特定的受赠人为受益人的，因此，受遗赠权只能由其本人享有，而不得转让。如果受遗赠人先于遗赠人死亡的，则不能发生遗赠的效力。

(二)遗赠与遗嘱继承的区别

遗赠与遗嘱继承，都是被继承人以遗嘱的方式处分个人财产的行为，都须具备遗嘱的有效要件才能有效，二者都是单方民事行为，都于被继承人死亡后发生法律效力，这是两者的相同点。二者在以下方面存在区别：

1.受遗赠人与遗嘱继承人的主体不同

受遗赠人可以是自然人、法人、其他组织或国家，但必须不是立遗嘱人的法定继承人；而遗嘱继承人只能是自然人，并且必须是法定继承人。

2.权利的行使方式不同

依《继承法》第25条规定，继承开始后，继承人放弃继承的，应当在遗产处理前，作出放弃继承的表示。没有表示的，视为接受继承。而受遗赠人应当在知道受遗赠后两个月内，作出接受或者放弃受遗赠的表示。到期没有表示的，视为放弃受遗赠，即受遗赠人接受遗赠的，须于法定期间内作出接受的明示的意思表示。

3.遗赠与遗嘱继承的客体不同

遗赠是一种无偿的财产赠与行为，尽管遗赠可以负有某种义务或条件，但这种义务或条件不是受遗赠人接受遗赠的对价。因此，遗赠的客体只能是财产权利，而不能是财产义务。遗嘱继承的客体既包括财产权利，也包括财产义务，因此，遗嘱继承人不仅享有取得遗产的权利，也负有承担被继承人债务的义务。

4.受遗赠人与遗嘱继承人取得遗产的方式不同

受遗赠人不直接参加遗产的分配，而是从遗嘱执行人处取得受遗赠的财产。遗嘱继承人则可以直接参与遗产分配而取得遗产。

四、遗赠扶养协议

(一)遗赠扶养协议的概念和特征

1.遗赠扶养协议的概念

遗赠扶养协议是指受扶养人和扶养人之间关于扶养人承担受扶养人的生养死葬义务,受扶养人将财产遗赠给扶养人的协议。《继承法》第31条规定:"公民可以与扶养人签订遗赠扶养协议。按照协议,扶养人承担该公民生养死葬的义务,享有受遗赠的权利。""公民可以与集体所有制组织签订遗赠扶养协议。按照协议,集体所有制组织承担该公民生养死葬的义务,享有受遗赠的权利。"

2.遗赠扶养协议的特征

(1)遗赠扶养协议是双方法律行为。遗赠扶养协议须由扶养人与受扶养人意思表示一致才能成立,本质上是一种合同行为,因此应依合同的程序订立。

(2)遗赠扶养协议是双务、有偿行为。在遗赠扶养协议中,扶养人和受扶养人双方都负有一定的义务,享有一定的权利,任何一方享受权利都须以履行相应的义务为对价,都不能无偿地取得对方的财产。

(3)遗赠扶养协议是诺成性、要式法律行为。遗赠扶养协议自双方意思表示一致即成立,不以标的物的给付为成立生效要件,因此是诺成性行为。遗赠扶养协议须采用书面形式,为要式法律行为。

(4)遗赠扶养协议内容的实现有阶段性。扶养人的义务自遗赠扶养协议生效时起即生效,履行扶养受扶养人的义务。而关于遗赠的内容只能于受扶养人死亡后才能实现,扶养人在遗赠人生前不得提出取得遗赠财产的要求。

(5)遗赠扶养协议中的扶养人须无法定扶养义务。扶养人可以是自然人,也可以是集体所有制组织,但不能是对受扶养人有法定扶养义务的人。如梁某已80多岁,老伴和子女都已过世,年老体弱,生活拮据,欲立一份遗赠扶养协议,死后将三间房屋送给在生活和经济上照顾自己的人。梁某的外孙子女、侄子、侄女及干儿子等都争着要做扶养人。其中外孙子女对梁某负有法定扶养义务,就不能作遗赠扶养协议的扶养人。侄子、侄女、干儿子不是法定扶养义务人,可以作为遗赠扶养协议的扶养人。

(二)遗赠扶养协议的效力

1.遗赠扶养协议对扶养人和受扶养人的效力

扶养人和受扶养人应当按照协议的约定履行自己的义务。扶养人的义务就是在受扶养人生前扶养受扶养人,在受扶养人死后安葬受扶养人。受扶养人的义务是将其财产遗赠给扶养人。在协议的履行过程中,如果一方不履行义务,另一方可以解除协议。最高人民法院《关于贯彻执行〈中华人民共和国继承法〉若干问题的意见》第56条规定:"扶养人或集体组织与公民订有遗赠扶养协议,扶养人或集体组织无正当理由不履行,致协议解除的，不能享有受遗赠的权利，其支付的供养费用一般不予补偿；遗赠人无正当理由不履行，致协议解除的，则应偿还扶养人或集体组织已支付的供养费用。"此外，对不尽扶养义务或者以非法手段谋取遗赠人财产的扶养人，受扶养人未解除协议的，经遗赠人的亲属或有关单位的请求，人民法院可以剥夺扶养人的受遗赠权；对不认真履行扶养义务，致使受扶养人经常处于生活缺乏照料状况的扶养人，人民法院也可以酌情对扶养人受遗赠的财产数额予以限制。

2.遗赠扶养协议对遗嘱继承、法定继承的优先适用效力

继承开始后，有遗赠扶养协议的，应按照协议处理；没有遗赠扶养协议的，有遗嘱的，按照遗嘱继承或遗赠办理；没有遗赠扶养协议和遗嘱的，按照法定继承办理。被继承人生前与他人订有遗赠扶养协议，同时又立有遗嘱的，继承开始后，如果遗赠扶养协议与遗嘱没有抵触，遗产分别按协议和遗嘱处理；如果有抵触，按协议处理，与协议抵触的遗嘱全部或部分无效。此外，集体组织对"五保户"实行"五保"时，双方有扶养协议的，按协议处理；没有扶养协议，死者有遗嘱继承人或法定继承人要求继承的，按遗嘱继承或法定继承处理，但集体组织有权要求扣回"五保"费用。

【引导案例分析】

该案例中同时包含了法定继承、遗嘱继承、遗赠抚养协议等几种情况时，应分别认定遗嘱和遗赠扶养协议是否有效，并结合法定继承问题进行全面考虑，然后按照"继承开始后，按照法定继承办理；有遗嘱的，按照遗嘱继承或者遗赠办理；有遗赠扶养协议的，按照协议办理"的有关规定进行分析处理案件。上述案件中，李树纲、李全喜、李山均为被继承人，遗产为三人的房屋共18间。根据有关法律规定，本案中应认定李树纲先死亡，李全喜次之，李山再次之。

案件中其他当事人的继承权利和理由是：根据《婚姻法》中"父母和子女有相互继承遗产的权利"的规定，李玲享有对李树纲遗产的继承权；任平与何慧不属李树纲法定继承人范围的人，也不属于对公婆尽主要赡养义务的丧偶儿媳，因此不能继承李树纲的遗产；李明星之父李全兴先于李树纲死亡，李明星对李树纲的遗产享有代位继承权；李全喜是李树纲的继承人，其死后，他继承李树纲的一份房产转继承归其继承人继承，宋明3个月内未表示接受李树纲的遗赠，应视为放弃受遗赠；李全喜的遗产应由任平、李林、李山共同继承；因李山亦死亡，其继承李全喜的该份遗产，转归何慧和李洁共同继承；李山的遗产应由何慧和李洁共同继承。任平是李山的继母，但与李山未形成实际扶养关系，依法不能继承李山的遗产。

专题四　遗产的处理

【引导案例】

崔海与郭瑞在1992年结婚，夫妻感情不和。1997年1月，其妻郭瑞死亡。死时家中

房产价值 1.2 万元，存款、家具、电器及其他动产总计价值 2 万元。崔海将电视机、电冰箱、电扇以及郭瑞的衣服、首饰悉数变卖，换得 9000 元，连同家中存款 9000 元，用于赌博。郭瑞父母于 1997 年 7 月向人民法院起诉，要求继承女儿财产。崔海谎称郭瑞没有留下财产。

问题：

1. 该继承何时开始？

2. 遗产分割的方式如何？

一、继承的开始

（一）继承开始的时间和意义

继承的开始是指继承法律关系的发生。继承法律关系的发生是以一定的民事法律事实为依据的，而这种民事法律事实，就是导致继承开始的原因。

1. 继承开始的时间

《继承法》第 2 条规定："继承从被继承人死亡时开始。"被继承人的死亡包括生理死亡和宣告死亡，因此，被继承人生理死亡或被宣告死亡的时间就是继承开始的时间。对于生理死亡，继承开始的时间可以根据具体情况，分别以医院的死亡证明和户籍登记册中记载的死亡时间为准，如果死亡证明和户籍登记册中记载的时间不一致的，应当以死亡证明为准。对于宣告死亡，则以判决宣告公民死亡之日为继承开始的时间。另外，互有继承权的继承人在同一事件中死亡，是一个直接影响继承人利益的问题，因此，最高人民法院《关于贯彻执行〈中华人民共和国继承法〉若干问题的意见》第 2 条规定："相互有继承关系的几个人在同一事件中死亡，如不能确定死亡先后时间的，推定没有继承人的人先死亡。死亡人各自都有继承人的，如几个死亡人辈分不同，推定长辈先死亡；几个死亡人辈分相同，推定同时死亡，彼此不发生继承，由他们各自的继承人分别继承。"

2. 确定继承开始时间的意义

继承开始的时间具有法定性和强制性，不能由当事人商定，也不能任意改变，因此，正确确定继承开始的时间具有重要的法律意义，主要体现在以下几个方面：

（1）有利于确定继承人的范围。在继承开始时，不具备继承资格的人，不享有继承权。

（2）有利于确定遗产的范围。遗产范围的确定只能以继承开始为准，即继承开始时，尚存的属于被继承人的财产可确定为遗产。

（3）有利于确定遗产的权利归属。继承一开始，遗产的所有权转移给继承人，被继承人不再对该财产享有权利。

（4）有利于确定继承人应继承的份额。对于遗产继承份额的确定，应当以继承开始时遗产的总额为标准来计算，不是以遗产分割的时间为准。如继承开始时，所有权已经转移但尚未交付的财产，不属于继承份额内的财产。

(5)有利于确定放弃继承权及遗产分割的溯及力。继承人放弃继承权意味着继承人不再参与继承法律关系。放弃继承的效力,追溯到继承开始的时间。对于遗产分割的效力,无论何时分割遗产,继承人因继承而享有的对遗产的所有权都溯及到继承开始时。

(6)有利于确定遗嘱的效力及执行力。遗嘱何时生效,取决于继承开始的时间,也就是遗嘱人发生死亡的时间,并同时具有执行力。

(7)有利于确定保护继承权的最长时间。继承人的继承权受到侵害时,继承人可请求人民法院予以保护。《继承法》第 8 条规定,继承权纠纷提起诉讼的期限为 2 年,自继承人知道或者应当知道其权利被侵犯之日起计算。但是,自继承开始之日起超过 20 年的,不得再提起诉讼。最高人民法院《继承法意见》第 18 条规定,自继承开始之日起的第 18 年后至第 20 年期间内,继承人才知道自己的权利被侵犯的,其提起诉讼的权利,应当在继承开始之日起的 20 年之内行使,超过 20 年的,不得再行提起诉讼。由此可见,继承开始是确定 20 年的保护时间的起算点。

(二)继承开始的地点

继承开始的地点,是继承人参与继承法律关系,行使继承权,接受遗产的地点。

继承开始的地点一般为被继承人生前的最后住所地。被继承人生前的最后住所地与主要遗产所在地不一致的,以主要遗产所在地为继承的地点。遗产为不动产的,以不动产所在地为继承的地点。

(三)继承开始的通知

依《继承法》第 23 条规定:继承开始后,知道被继承人死亡的继承人应当及时通知其他继承人和遗嘱执行人。继承人中无人知道被继承人死亡或者知道被继承人死亡而不能通知的,由被继承人生前所在单位或者住所地的居民委员会、村民委员会负责通知。

负有通知义务的继承人或单位应当及时发出通知,若故意隐瞒继承开始的事实而不为通知,造成继承人损失的,应当承担责任。

二、遗产的概念和范围

(一)遗产的概念和特征

[**事例 16**]　吴某去世时,其妻健在,另有两个儿子吴甲和吴乙,均已成家。吴某去世时未留遗嘱,吴甲、吴乙就把父亲家的家具、电器和存折都均分拿走,只给母亲留下了一些基本生活用品,并告诉母亲,哥俩已对房子进行了分割,并且办了过户手续,房子现在只是借给母亲居住。吴甲和吴乙拿走的存折中,有吴某和妻子的工资折及准备还款给朋友的存折。吴妻心寒,起诉到法院。试分析:哪些财产属于合法的遗产?

依《继承法》第 3 条规定:“遗产是公民死亡时遗留的个人合法财产。”由此,我们可以确定遗产的定义。遗产具有以下法律特征:

第一,遗产只能是公民死亡时遗留的财产,具有时间上的特定性。因此,被继承人死亡的时间是划定遗产的特定时间界限。

第二，遗产内容具有财产性。由于遗产只能是被继承人死亡时遗留的财产，所以具有财产性。

第三，遗产具有包括性。作为遗产，既包括财产权利，也包括财产义务。被继承人生前所享有的人身权利义务，不能列入遗产。

第三，遗产范围上的限定性和合法性。就限定性来讲，遗产只限于公民死亡时遗留下的个人合法财产，并且依继承法的规定能够转移给他人的财产。被继承人生前所占有的但不享有所有权的财产，不列入遗产范围内。事例 16 中，吴某用于偿还朋友的存折，即属于这种情况。被继承人生前与他人共有的财产，他人所有的份额不属于遗产，例如夫妻共有财产中，属未死亡一方的财产不列为遗产。《继承法》第 26 条规定："夫妻在婚姻关系存续期间所得的共同所有的财产，除有约定的以外，如果分割遗产，应当先将共同所有的财产的一半分出为配偶所有，其余的为被继承人的遗产。"事例 16 中，虽然吴某去世，吴甲和吴乙可以依法定继承来继承父亲的部分遗产，但其母亲尚健在，二人应该把母亲的个人财产和应得的吴某的遗产留给母亲。就合法性来讲，遗产只能是被继承人的合法财产。被继承人非法取得的财产，不属于被继承人个人所有的财产，都不列入遗产范围内。

(二)遗产的范围

1.遗产包括的财产

依《继承法》第 3 条规定，遗产包括以下财产：(1)公民的收入。包括劳动收入及其他合法收入。(2)公民的房屋、储蓄和生活用品。公民的房屋是公民个人所有的私房，储蓄是公民个人的存款，生活用品是公民个人所有的生活资料。(3)公民的林木、牲畜和家禽。公民的林木，指依法归公民个人所有的树木、竹林、果园等。公民承包经营的归集体所有的果园不在此列。(4)公民的文物、图书资料。(5)法律允许公民所有的生产资料。(6)公民的著作权、专利权中的财产权利。(7)公民的其他合法财产。依最高人民法院《意见》第 3 条，公民可继承的其他合法财产包括有价证券和履行标的为财物的债权等。

2.遗产中不能包括的权利义务

(1)与被继承人人身密不可分的人身权利。公民的人身权与公民的人身不可分离，不得转让，只能为特定的人所享有。例如，公民的荣誉权。

(2)与人身有关的和专属性的债权债务。例如，指定了受益人的人身保险合同中的收益权；被继承人死亡后其亲属应得的抚恤金。

(3)国有资源的使用权。被继承人生前依法取得和享有的国有资源使用权，如采矿权、养殖权。

(4)承包经营权。《继承法》第 4 条规定："个人承包应得的个人收益，依照本法规定继承。个人承包，依照法律允许由继承人继续承包的，按照承包合同办理。"最高人民法院《意见》第 4 条对此作进一步解释，承包人死亡时尚未取得承包收益的，可把死者生前对承包所投入的资金和所付出的劳动及其增值和孳息，由发包单位或者继续承包合同的人合理折价、补偿，其价额作为遗产。

（三）遗产的保管

在继承开始后，遗产分割前，由于还没有确定遗产的最终归属，所以应当对遗产进行保管，以免受到不应有的损害。依《继承法》第24条规定："存有遗产的人，应当妥善保管遗产，任何人不得侵吞或者争抢。"《继承法意见》第59条、第44条规定，人民法院对故意隐匿、侵吞或者争抢遗产的继承人，可以酌情减少其应继承的遗产。人民法院在审理继承案件时，如果知道有继承人而无法通知的，分割遗产时，要保留其应继承的遗产，并确定该遗产的保管人或保管单位。由法律规定可以看出，负有保管义务的人首先是存有遗产的人。存有遗产的人是遗产的法定保管人，他可能是继承人，也可能不是继承人。遗产保管人有妥善保管遗产的义务。在数人共同继承时，任何一个继承人未经其他继承人的同意，不得对遗产的某项财产处分，否则即构成对他人权利的侵害。

三、遗产的分割

（一）遗产的分割

遗产分割，是指共同继承人之间，按照各继承人应继承的份额分配遗产的行为。

1. 遗产分割的意义

继承人为数人时，即发生共同继承，遗产将为数人共同所有，每个继承人将对遗产享有其应继份额，由此，也就产生遗产分割的问题。再有一种情况，即继承人虽为一人，但受遗赠人接受遗赠，这时也发生遗产分割。

2. 遗产分割的时间

遗产分割的时间必须在继承开始之后。在继承开始后的任何时间，继承人都有权要求分割遗产。至于具体时间，可以由继承人协商确定；协商不成的，可以通过调解确定，也可以通过诉讼程序，由人民法院来决定。如果继承人都不提出分割遗产，那么，遗产共有状态将长期存在下去。

3. 遗产分割的原则

第一，遗产分割自由原则。继承人可随时行使权利。共同继承人可以随时要求分割遗产，如遭遇其他继承人阻碍，请求分割遗产的继承人可通过诉讼程序分割遗产。

第二，互谅互让、协商分割原则。《继承法》第15条规定："继承人应当本着互谅互让、和睦团结的精神，协商处理继承问题。遗产分割的时间、办法和份额，由继承人协商确定。协商不成的，可以由人民调解委员会调解或者向人民法院提起诉讼。"

第三，保留胎儿继承份额的原则。依《继承法》第28条规定："遗产分割时，应当保留胎儿的继承份额。胎儿出生时是死体的，保留的份额按照法定继承办理。"依《继承法意见》第45条规定："应当为胎儿保留的遗产份额没有保留的应从继承人所继承的遗产中扣回。"

第四,物尽其用的原则。《继承法》第 29 条第 1 款规定:"遗产分割应当有利于生产和生活需要,不损害遗产的效用。"《继承法意见》第 58 条规定,人民法院在分割遗产中的房屋、生产资料和特定职业所需要的财产时,应依据有利于发挥其使用效益和继承人的实际需要,兼顾各继承人的利益进行处理。

4. 遗产分割的方式

关于遗产分割的方式,若遗嘱中已经指定,则因按遗嘱中指定的方式分割;遗嘱中未指定的,由继承人具体协商;继承人协商不成的,可以通过调解或者诉讼解决。

《继承法》第 29 条第 2 款规定:"不宜分割的遗产,可以采取折价、适当补偿或者共有等方法处理。"由此可知,对遗产进行分割主要有四种方式:实物分割、变价分割、补偿分割、保留共有。

5. 遗产分割的效力

对于遗产分割的效力,我国法律没有明确规定,不同学者也有不同的看法。但多数人认为,遗产分割的效力应当溯及自继承开始,即因遗产分割而分配给继承人的财产,视为自继承开始时就已经归于各继承人单独所有。

(二)被继承人的债务清偿

1. 被继承人债务的范围

被继承人的债务是指被继承人死亡时遗留的应当由被继承人清偿的财产义务。被继承人的债务主要包括以下债务:(1)被继承人依照税法规定应缴纳的税款;(2)被继承人因合同之债发生的未履行的给付财物的债务;(3)被继承人因不当得利而承担的返还不当得利的债务;(4)被继承人因无因管理之债的成立而负担的偿还管理人必要费用的债务;(5)被继承人因侵权行为而承担的损害赔偿债务;(6)其他应当由被继承人承担的债务。

2. 被继承人遗产债务的清偿原则

继承人表示接受继承,就应当清偿遗产债务。如果继承人放弃了继承,则对遗产债务没有清偿责任。《继承法》第 33 条第 2 款规定:"继承人放弃继承的,对被继承人依法应当缴纳的税款和债务可以不负偿还责任。"继承人在清偿债务时应遵循以下原则:

第一,限定继承原则。《继承法》第 33 条第 1 款规定:"继承遗产应当清偿被继承人依法应当缴纳的税款和债务,缴纳税款和清偿债务以他的遗产实际价值为限。超过遗产实际价值部分,继承人自愿偿还的不在此限。"

第二,保留必留份额的原则。《继承法》第 19 条规定:"遗嘱应当对缺乏劳动能力有没有生活来源的继承人保留必要的遗产份额。"《继承法意见》第 61 条规定,继承人中有缺乏劳动能力又没有生活来源的人,即使遗产不足清偿债务,也应为其保留适当遗产,然后再按《继承法》第 33 条和《民事诉讼法》第 180 条的规定清偿债务。

第三,清偿债务优先于执行遗赠原则。执行遗赠必须于清偿债务后进行,只有在清偿被继承人的债务后，还有剩余遗产时，遗赠才能得到执行。如果遗产不足以清偿债务，则不能执行遗赠。

第四，继承人连带清偿责任原则。继承遗产的共同继承人对被继承人债务的清偿应负连带责任。也就是说，被继承人的债权人得请求全体继承人或其中的一人或数人清偿债务。

3.遗产清偿的时间和方式

[**事例 17**] 李某死亡后，遗产已经分割，其中甲按李某遗嘱继承了16万元现金，乙接受李某遗赠得轿车一辆(价值8万元)，丙按法定继承得古董花瓶一个(价值2万元)。经查李某生前尚欠丁5万元。丁要求实现其债权。试分析：李某生前的债务如何进行清偿?

清偿被继承人的债务一般应于分割前进行，也就是说，继承人应当在清偿了被继承人的债务后，再进行遗产分割。如果遗产已被分割而未清偿的，应依照《继承法意见》第61条进行处理，遗产已被分割而未清偿债务时，如有法定继承又有遗嘱继承和遗赠的，首先由法定继承人用其所得遗产清偿债务；不足清偿时，剩余的债务由遗嘱继承人和受遗赠人按比例用所得遗产偿还；如果只有遗嘱继承和遗赠的，由遗嘱继承人和受遗赠人按比例用所得遗产偿还。

在事例17中，丁的债权应当根据最高人民法院《继承法意见》先由法定继承人丙进行清偿，由于丙的份额不够清偿债务，剩下的3万元再由遗嘱继承人甲和受遗赠人乙按所得的遗产比例(2∶1)偿还。

四、无人继承又无人受遗赠的遗产处理

(一)无人继承又无人受遗赠的遗产的概念和范围

1.无人继承又无人受遗赠的遗产的概念

无人继承又无人受遗赠的遗产，指的是没有继承人或受遗赠人承受的遗产。一般来讲，被继承人死亡后，被继承人遗留的财产归继承人或受遗赠人所有。但也有没有继承人或受遗赠人的情况，此时就需要确定遗产的归属。

2.无人继承又无人受遗赠的遗产的范围

(1)被继承人没有法定继承人，也没有遗嘱继承人和受遗赠人的遗产。

(2)法定继承人、遗嘱继承人全部放弃继承，受遗赠人全部放弃受遗赠的遗产。

(3)法定继承人、遗嘱继承人全丧失继承权，受遗赠人全丧失受遗赠权的遗产。

(二)无人继承又无人受遗赠的遗产的归属

《继承法》第32条规定：“无人继承又无人受遗赠的遗产，归国家所有；死者生前是集体所有制组织成员的，归所在集体所有制组织所有。”依照此规定，国家或集体组织可以取得遗产的所有权。但同时国家或集体组织应当在取得遗产的实际价值内清偿被继承人生

前所欠下的债务，剩余的遗产可归国家或集体组织所有。

《继承法意见》第57条给予了继承人以外的依靠被继承人扶养的缺乏劳动能力又没有生活来源的人以法律保护：遗产因无人继承收归国家或集体组织所有时，按《继承法》第14条规定可以分给遗产的人提出取得遗产的要求，人民法院应视情况适当分给遗产。这里所指的“可以分给遗产的人”指的是继承人以外的依靠被继承人抚养的缺乏劳动能力又没有生活来源的人，或者继承人以外的对被继承人扶养较多的人。

【引导案例分析】

1.《继承法》第2条规定：“继承从继承人死亡时开始。”本案中，继承从1997年1月郭瑞死亡时开始。

2. 遗产分割是指共同继承人之间，按照个继承人的应继承的份额分配遗产的行为。本案中，郭瑞的父母和崔海是共同继承人，那么，这就涉及遗产的分割方式。关于遗产分割的方式，若遗嘱中已经指定，则因按遗嘱中指定的方式分割；遗嘱中未指定的，由继承人具体协商；继承人协商不成的，可以通过调解或者诉讼解决。《继承法》第29条第2款规定：“不宜分割的遗产，可以采取折价、适当补偿或者共有等方法处理。”

本案中，由于没有涉及遗嘱，所以应该由郭瑞的父母和崔海来协商分割的方式。但是，崔海谎称其妻没有留下遗产，那么郭瑞的父母通过诉讼的方式解决是正确的。

本单元重点内容图解

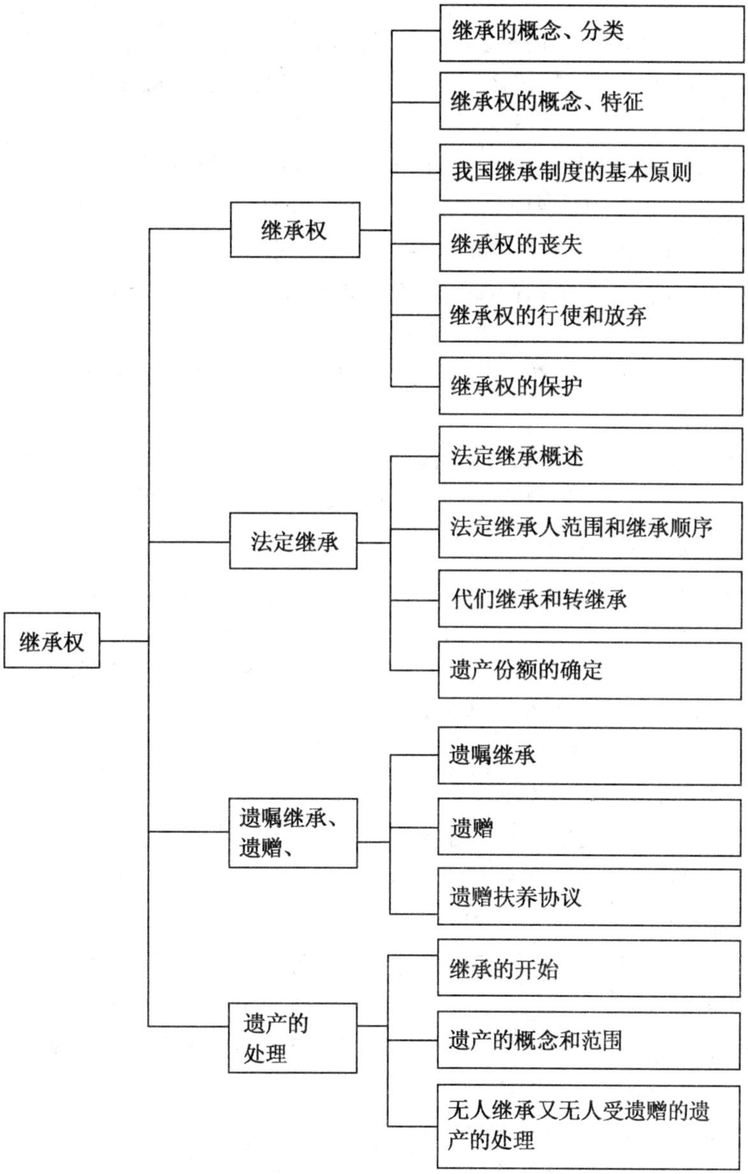
继承权
继承权
继承的概念、分类
继承权的概念、特征
我国继承制度的基本原则
继承权的丧失
继承权的行使和放弃
继承权的保护
法定继承
法定继承概述
法定继承人范围和继承顺序
代位继承和转继承
遗产份额的确定
遗嘱继承、遗赠、
遗嘱继承
遗赠
遗赠扶养协议
遗产的处理
继承的开始
遗产的概念和范围
无人继承又无人受遗赠的遗产的处理

同步训练

一、单项选择题

1. 甲在其儿子因病死亡后一直由其儿媳妇乙照顾，2009 年甲寿终正寝，乙也作为第一顺序法定继承人继承了甲的遗产，乙根据(　　)取得了法定继承权。

A. 血缘关系　　B. 扶养关系　　C. 拟制血缘关系　　D. 婚姻关系

2. 贺某的儿子贺甲先于贺某死亡，下列谁有代位继承的权利？(　　)

A. 贺甲的妻子　　B. 贺甲的弟弟　　C. 贺甲的儿子　　D. 贺甲的祖父母

3. 罗某死亡后，遗产已经分割，其中甲按罗某遗嘱继承了 4 万元现款，乙按罗某的遗赠分得钢琴一架(价值 2 万元)，丙按法定继承得到商品房一套(价值 8 万元)。经查，罗某生前尚欠丁债务 3 万元，丁的债权应该怎样清偿？(　　)

A. 甲乙丙按其继承的价值额比例偿还　　B. 乙还 2 万元，甲还 1 万元

C. 甲还 2 万元，乙还 1 万元　　D. 丙还 3 万元

4. 李某的叔叔于 2008 年 4 月 6 日病故，临死前立下遗嘱，将其全部财产留给幼年丧父的侄子李某。李某于 4 月 7 日奔丧时得知了遗嘱内容，但一直到 6 月 20 日，李某却一直未作出是否接受遗产的表示，那么李某的行为应(　　)

A. 推定接受遗赠　　B. 推定放弃接受遗赠

C. 视为接受遗赠　　D. 视为放弃接受遗赠

5. 甲有子女二人甲子与甲女。甲女生有儿子乙、丙。甲女于 2002 年死亡。2004 年甲死亡，有遗产 30 万元，正确的分配方法应为(　　)

A. 甲子继承 15 万元，乙、丙共同继承 15 万元

B. 甲子、乙、丙各继承 10 万元

C. 甲子继承 30 万元，乙、丙无权继承

D. 乙、丙各继承 15 万元，甲子无权继承

二、多项选择题

1. 张某生前共有四个儿女甲、乙、丙、丁，在下列情况中，(　　)丧失了继承权？

A. 甲过失致张某死亡　　B. 乙为争夺遗产而杀害甲

C. 丙遗弃张某　　D. 丁虐待张某但情节轻微

2. 下列对继承权的放弃的说法正确的有(　　)

A. 继承权的放弃，须以明示的方式作出

B. 放弃继承权的意思表示也可以默示的方式作出

C. 继承权的放弃是一种单方法律行为

D. 继承权放弃的效力溯及自继承开始之时

3. 钱某与胡某婚后生有子女甲和乙，后钱某与胡某离婚，甲、乙归胡某抚养。胡某与吴某结婚，当时甲已参加工作而乙尚未成年，乙跟随胡某与吴某居住，后胡某与吴某生下一女丙，吴某与前妻生有一子丁。钱某和吴某先后去世，下列哪些说法是正确的？（　　）

A. 胡某、甲、乙可以继承钱某的遗产　　B. 甲和乙可以继承吴某的遗产

C. 胡某和丙可以继承吴某的遗产　　D. 乙和丁可以继承吴某的遗产

4. 下列人员中不能作为遗嘱见证人的是（　　）

A. 继承人　　B. 受遗赠人

C. 继承人的债权人　　D. 限制民事行为能力人

5. 相互有继承关系的人在同一事件中死亡，如不能确定死亡先后时间的（　　）

A. 死亡人各自都有继承人，辈分相同的，推定同时死亡，彼此不继承，由其各自的继承人分别继承

B. 推定没有继承人的先死亡

C. 死亡人各自都有继承人，辈分不同的，推定长辈先死

D. 死亡人各自没有关系的，推定死亡时间不同

三、重点思考题

1. 继承权丧失的法律事由是什么？

2. 什么是代位继承？它与转继承有何区别？

3. 遗嘱继承、遗赠和遗赠扶养协议的区别是什么？法定继承与遗嘱继承的区别？

4. 遗嘱的形式有哪些？立遗嘱人变更或撤销遗嘱时各种遗嘱的效力怎样？

5. 遗产在家庭共同财产中如何分配？我国《继承法》关于法定继承人的范围及继承顺序是怎样规定的？

四、案例训练题

[案例 1]

林某家在济南，有一儿二女，儿子和老人关系不好，很少来往。两个女儿一个在国外工作，一个在广东工作，都很少回家。林某 60 岁时身体瘫痪，半身不遂，一儿两女均不能在身边照顾。无奈之下林某雇保姆王某照顾自己的生活起居。王某对林某照顾得无微不至，于是林某与王某订了遗赠扶养协议：林某的房产死后归王某，王某照顾林某到死。十年后林某病故，林某的一儿二女赶回家要求分割遗产，理由是他们虽然照顾不多，但经常往家邮钱。小女儿还拿出一份林某的自书遗嘱（经查属实），遗嘱载明小女儿可分得林某的房产。在清理林某的遗产时，还发现林某有存款 12 万元。现在王某与三人争执不下，请问如何分配林某的遗产？

[案例 2]

唐某，男，妻子早逝，他有两子一女，长子唐甲，次子唐乙，女儿唐丁。唐甲与妻子梁某、儿子唐小甲、儿媳朱某一起生活。唐乙与妻子姚某、女儿唐小乙（1982 年生）一起生

活。唐丁早年丧夫，膝下无子女，此后一直未嫁。1990年，唐某立下遗嘱，将5万元存款交由女儿唐丁继承。

1998年3月18日上午，唐某与长子唐甲、长媳梁某、次子唐乙、女儿唐丁、孙子唐小甲在外出旅游时，不幸遭遇车祸，唐乙当场遇难，其余五人均在送往医院途中死亡，但难以确定死亡先后顺序。当时，唐乙正与妻子打离婚官司，法院尚未判决。唐小甲的妻子朱某已有九个月的身孕，并与4月14日生下一个女儿。

唐某等人死亡后，朱某、姚某、唐小乙都要求继承遗产，在遗产分配问题上争执不下，便向区人民法院提起诉讼。

问题：遗产该如何进行分配？

[**案例** 3]

甲今年60岁，老伴已死。现有三子乙、丙、丁，乙在城市工作，收入稳定。丙在家务农，对自己照顾很多，生活也可以自足。丁从小得了小儿麻痹症，没有独立生活的能力和收入。考虑到不久将去世，甲召集三子开了一个家庭会议，会议上甲说明自己现有存款4万元，房屋3间，由于丁生活最困难，打算将所有财产留给丁。乙、丙表示同意，甲于是当着三个儿子的面写下遗嘱："将存款4万元和房屋三间于死后留给丁，乙、丙要照顾好丁，乙每月给丁100元生活费。"最后甲、乙、丙、丁分别签名、署期。对该遗嘱，判断下列说法的正误：

1. 该遗嘱是甲、乙、丙、丁共同订立，反映了他们共同的意愿。

2. 该遗嘱的内容是"将存款4万元和房屋三间于死后留给丁，乙、丙要照顾好丁，乙每月给丁100元生活费"。

3. 该遗嘱于四人签字后生效。

4. 该遗嘱因为甲、乙、丙、丁四人同时签名，因此不是自书遗嘱。

5. 该遗嘱是自书遗嘱，但因为甲、乙、丙、丁四人同时签名，因此不是要式法律行为。

[**案例** 4]

王某是某村委会的成员，无子无女，其妻子也已去世。在其晚年的时候，其邻居张某看王某没有任何亲戚，因此对他生活照顾较多。2001年，王某去世，张某帮他料理了后事。王某留下存款1万元，房屋1间，但未立有遗嘱。张某欲继承王某的遗产，但村委会不同意，称王某无继承人，其留下的遗产应全部归村委会所有。张某为此诉至法院，要求继承王某的部分遗产。

问题：王某的遗产应该如何处理？

[**案例** 5]

李某与赵某结婚，婚后无子女，次年二人离婚。后李某再婚，娶妻田某，婚后生育一女，取名李女。李某之父独立生活，长期瘫痪，卧病在床，由李某照顾。

李某于2004～2007年间，与田某共同经营一家饭馆，2007年5月因经营不善倒闭。

这期间，欠下税款6000元。另外，为筹措资金，于2006年11月李某向朋友王某借款6万元，约定借期1年。

2007年7月，李某去世。死时家中有私房一套，估价为4万元；存款1.2万元；变卖小饭馆所得1万元；家具、电器等动产，价值2万元。李某去世时，立下录音遗嘱，将3000元遗产留给前妻赵某。

田某用变卖小饭馆的1万元、私房、存款和动产作为夫妻共有财产分割，以其中的一半(价值4.1万元)作为遗产，首先清偿了6000元税款，然后将3000元给了受遗赠人赵某，最后与女儿李女平分剩余部分，一人分得价值1.6万元的遗产。

分割完毕后，2007年11月，王某要求田某还款，田某认为丈夫已死，自己没有义务替他还钱，王某遂向人民法院起诉。

问题：本案应如何处理？

学习单元十二　侵权责任

学习目标

知识目标：

• 了解侵权行为和侵权责任的种类、侵权行为的归责原则；

• 理解一般侵权行为的构成要件和侵权责任的形式；

• 掌握几种特殊侵权责任的构成要件、归责原则和免责事由。

能力目标：

• 能够应用侵权责任的基本原理和相关法律规定分析和处理日常生活中的侵权纠纷，依法保护合法的民事权益。

专题一　侵权责任概述

【引导案例】

某村的甲、乙两家系近邻。甲在自己家院内修了两间平房后，乙的身体开始有点不好。治疗一段时间后，乙请来风水师分析原因，风水师认为是甲家的平房破坏了乙家的风水，从而致其身体不好。于是，乙要求甲拆除平房，并赔偿其治疗费。

问题：

1. 甲修建平房的行为对乙构成侵权吗？

2. 甲是否需要赔偿乙的治疗费？

一、侵权行为

（一）侵权行为的概念和特征

1. 侵权行为的概念

《侵权责任法》第 6 条第 1 款和第 7 条规定："行为人因过错侵害他人民事权益，应当承担侵权责任。""行为人损害他人民事权益，不论行为人有无过错，法律规定应当承担侵权责任的，依照其规定。"《民法通则》第 106 条第 2、3 款也作了类似的规定。根据这些规定，侵权行为可以定义为：侵权行为是指由于过错侵害他人的民事权益依法应当承担民事责任的行为，以及依照法律的特别规定应当承担民事责任的其他致害行为。前者为一般侵权行为，后者为特殊侵权行为。

2.侵权行为的特征

(1)侵权行为是侵害他人合法民事权益的行为。侵权行为首先表现为侵害他人的合法民事权益。民法以保护民事权益为己任，对任何民事权益的侵害，都是对民法中受民事法律规范保护的民事权益的侵害。根据《侵权责任法》第2条规定，“民事权益”包括：生命权、健康权、姓名权、名誉权、荣誉权、肖像权、隐私权、婚姻自主权、监护权、所有权、用益物权、担保物权、著作权、专利权、商标专用权、发现权、股权、继承权等人身、财产权益。“他人”指的是行为人之外的各种民事主体，包括国家、集体、个人。“行为”，可以是作为，也可以是不作为。

(2)侵权行为是不法的事实行为。侵权行为是一种不法行为，行为的违法性是侵权行为的前提。如果虽有损害后果，但行为合法，则不构成侵权，如工商机关工作人员依法销毁假冒伪劣产品是履行职责的合法行为，不构成侵权。“不法行为”指的是行为人实施的违反了法律强制性或禁止性规定的行为以及超越法律许可范围的行为。如《物权法》第4、56、63、66条明确规定：国家和集体所有的财产、私人的合法财产，受法律保护，禁止任何单位和个人侵占、哄抢、私分、截留、破坏。如果行为人的行为违反了上述规定，即属于违反法律强制性或禁止性规定的行为。而滥用权力、不尊重社会公德、防卫过当等行为则属于超越法律许可范围的行为。

侵权行为是不法的事实行为。侵权行为不以发生民事法律后果为目的，其行为为法律所禁止，能够使侵害人和受害人之间产生法定的民事权利义务关系。

(3)侵权行为是给他人的合法权益造成损害的行为。侵权行为是侵害国家、集体、个人的合法民事权益的行为，但仅有违法行为而没有造成损害的，不构成侵权行为。这里的损害既包括物质的或金钱的损害，也包括人身伤害、死亡以及其他非财产损害。由于存在着对他人合法权益的损害，这表明侵权行为具有一定的社会危害性。

(4)侵权行为的构成一般以主观上存在过错为前提。法律规定行为人因侵权行为承担侵权责任，除了为补偿受害人的损失外，还意味着法律依据社会的价值准则和行为准则对侵权行为所作的否定性评价。而在现实中，行为人对某一民事权益的侵害，绝大多数情况下，完全是根据本人的意思自由决定的，很少是受他人指使、强迫或诱惑的。因此，一般情况下，致人损害的行为是否为侵权行为，要看行为人主观上是否有过错，有过错则构成侵权行为。之所以这样，主要是考虑到行为人的主观心态，以使有过错者承担其过错责任。当然，在法律有特殊规定的情况下，行为人主观上没有过错也可能构成侵权行为，如《侵权责任法》规定了产品质量致人损害、高度危险作业致人损害、污染环境致人损害时，侵权人主观上无过错也要承担责任。

(5)侵权行为是应当承担民事责任的行为。侵权行为与民事责任是紧密联系在一起的，侵权行为是应当承担民事责任的事实根据，侵权民事责任是侵权行为的法律后果。为了制裁侵权行为并补偿受害人的损失，法律要求侵权者承担相应的民事责任，主要目的是弥补受害人因侵权行为所致的损失。民事责任是法律责任的一种，侵权行为的行为人一般以承担民事责任为主要责任形式，但有时也可能要承担刑事责任或行政责任。

（二）侵权行为和违约行为的关系

［**事例1**］ 甲因心情不错，从乙商场买了丙啤酒厂出产的某品牌啤酒数瓶回家。在准备开瓶喝酒时，酒瓶突然爆炸，炸伤了甲。试分析：乙商场的行为是侵权行为还是违约行为？甲可以要求乙商场承担何种责任？

侵权行为和违约行为都属于广义的违法行为，都是承担民事责任的根据，侵权行为承担侵权责任，违约行为承担违约责任。

但二者也有显著区别：第一，违反义务的性质不同。侵权行为表现为违反法律的直接规定，侵犯他人的人身或财产权利，违反的是法定义务，而违约行为表现为合同当事人不履行或履行合同义务不符合约定，违反的是合同约定的义务。第二，侵害的客体不同。侵权行为侵害的客体主要表现为侵犯他人的绝对权，如人身权、物权等民事权利，而违约行为侵害的客体是相对权，即合同债权。第三，构成要件不同。侵权行为除特殊侵权行为外，都以过错为要件，而违约行为一般无须违约人有过错。

侵权行为与违约行为虽存在上述区别，但当事人的同一行为可以既构成违约行为，又构成侵权行为。事例1中，乙商场出售的商品质量不合格，违反其对出售产品的瑕疵担保义务，构成违约行为，应承担违约责任；同时也违反不得侵害他人人身权的一般义务，侵害甲的身体健康权，构成侵权行为，应承担侵权责任。此时发生侵权责任和违约责任的竞合。因违约责任与侵权责任均属民事责任，行为人不能同时承担两种责任。按照《合同法》第122条的规定，因当事人一方的违约行为，侵害对方人身、财产权益的，受损害方有权选择依照本法要求其承担违约责任或者依照其他法律要求其承担侵权责任。事例1中，甲可以根据自己掌握的证据，选择对自己有利的方式，请求乙承担违约责任或者请求乙承担侵权责任。当然，甲也可以追究丙厂的侵权责任。

（三）侵权行为的分类

［**事例2**］ 甲开大货车在某市的外环路上超速行驶，将其前方正常行驶的出租车撞坏，司机乙受了点轻伤，接着又将一三轮车撞毁，三轮车主丙撞死。试分析：甲的行为属于何种侵权行为？

根据不同的标准，侵权行为可以作不同的分类，常见的主要有以下几种：

1.侵害财产权的行为、侵害人身权及侵害法律所保护的人格利益的行为

根据侵权行为侵害的客体不同，侵权行为可分为侵害财产权的行为、侵害人身权及法律所保护的人格利益的行为。

(1)侵害财产权的行为。根据侵权行为的侵害形态不同，侵害财产权的行为可分为：非法侵入、妨害、侵占、毁损四种。

非法侵入是一种最古老、最常见的侵害他人财产权的行为，虽然我国《民法通则》未专门规定“非法侵入”为侵害财产权的侵权行为之一，但在第70条、75条、80条、81条对土地和房屋所有权作了明确规定。我国《宪法》保护公民的房屋所有权，如第13、39条规定：公民的住宅不受侵犯，禁止非法搜查或者非法侵入公民的住宅。从这些规定不难看出，非法侵入他人的土地和房屋，是为法律所禁止的行为。非法侵入侵害的客体是他人的所有权、使用权或合法占有的权利，它直接作用的对象是不动产，包括土地、房屋等，该不动产应不属于依法律、法规或习惯开放的土地或建筑物。

妨害是侵权人不法滋扰而妨碍他人对不动产之上的物权的行使和物的利用便利的行为。妨害侵害的客体是不动产物权，对象是土地、建筑物等不动产。妨害作为侵害财产权的侵权行为之一，我国法律有明确规定，如《物权法》第35条规定：“妨害物权或者可能妨害物权的，权利人可以请求排除妨害或者消除危险。”根据《最高人民法院关于贯彻执行〈中华人民共和国民法通则〉若干问题的意见(试行)》第97～103条的规定，妨害他人财产权的行为主要有：施工、截水、排水、通行、滴水、挖掘和种植，《民法通则》第83、124条还分别规定了妨害通风、采光，制造噪音、排污等妨害行为。

侵占是行为人不法占有、处分他人的财产的行为。侵占行为侵害的客体包括所有权、承租权、承包经营权、使用权、合法占有权等，对象包括动产和不动产。侵占作为侵害财产权的侵权行为之一，我国法律有明确规定，如《民法通则》第117条第1款规定：“侵占国家的、集体的财产或者他人财产的，应当返还财产，不能返还的，应当折价赔偿。”《物权法》第66条规定：“私人的合法财产受法律保护，禁止任何单位和个人侵占、哄抢、破坏。”如擅自占用他人的房屋，未经许可占用他人的电视，从质权人处擅自将质物取走，将司法机关扣押而合法占有的财产擅自取走等，共有人擅自将共有物处分也属于侵占。

毁损是指对他人财产的毁灭与损坏行为。毁损行为侵害的客体包括所有权、他物权、合法占有。行为的对象包括动产和不动产。毁损作为侵害财产权的侵权行为之一，我国法律有明确规定，如《民法通则》第117条第2款规定：“损坏国家的、集体的财产或者他人财产的，应当恢复原状或者折价赔偿。”如将他人财物烧毁，将他人的汽车撞坏，将已经设定抵押权的房屋损坏。

侵害财产权的行为一般是积极的作为。事例2中，甲造成出租车损坏、三轮车被毁的行为即为以毁损的方式侵害财产的侵权行为，该行为侵害了他人的所有权。

(2)侵害人身权的行为。人身权是与财产权并列的一类民事权利，《民法通则》第98～105条规定了人身权，在第119、120条又规定了侵害人身权的行为及责任。根据侵权行为侵害的客体不同，侵害人身权的行为可以分为以下类型：

侵害生命、身体、健康权的行为。依《民法通则》第119条的规定，侵害人身依其损害的程度可分为一般伤害、致人残废与致人死亡。前两种情形侵害了健康权，后一种情形侵害了生命权。事例2中，甲造成乙受伤属于侵害健康权的行为，造成丙死亡的行为则是侵害生命权的行为。有时，某种行为虽未侵害受害人的健康但致受害人身体权受到侵害，这属于侵害身体权的行为，如殴打、捆绑、非法搜查等。

侵害姓名权和名称权的行为。侵害姓名权的行为主要包括：干涉他人决定、使用和依照规定改变自己的姓名；侵害名称权的行为主要包括：干涉他人依法设定或转让自己的名称；擅自非法使用。

侵害肖像权的行为。侵害肖像权的行为包括：未经许可擅自制作或者使用他人的肖像、损坏他人的肖像等。

侵害名誉权、隐私权的行为。侵害名誉权的行为包括：以书面或者口头方式侮辱或者诽谤他人，损害他人名誉的。侵害隐私权的行为包括：未经他人同意，擅自公布他人的隐私材料或者以书面、口头形式宣扬他人的隐私，致他人名誉受到损害的。

侵害荣誉权的行为。侵害荣誉权主要表现为：非法阻挠他人取得应得的荣誉称号；非法剥夺他人的荣誉称号；非法使用或者诋毁他人的荣誉称号等。

侵害配偶权、亲权、亲属权等身份权的行为。《婚姻法》第 46 条关于离婚的规定，包含了侵害配偶权的行为。依《精神损害赔偿责任的解释》第 2 条规定，非法使被监护人脱离监护，导致亲子关系或者近亲属间的亲属关系遭受严重损害的，受害人可以要求精神损害赔偿。侵害亲权、亲属权的行为是非法使被监护人脱离监护。

侵害人身自由权、人格尊严权、隐私权等的行为。依《精神损害赔偿责任的解释》第 1 条规定，侵害人格尊严权、人身自由权以及违反社会公共利益、社会公德侵害他人隐私或者其他人格利益的，受害人可以侵权为由起诉。

(3)侵害法律所保护的人格利益的行为，主要表现为：

第一，侵害法律所保护的胎儿人格利益。法律对胎儿的人格利益的保护首先表现为亲属法上的身份利益。如我国《继承法》第 28 条规定："遗产分割时，应当保留胎儿的继承份额。胎儿出生时是死体的，保留的份额按照法定继承来处理。"其次，胎儿的健康法益受法律保护。行为人对母体实施加害行为，致使母体内胎儿的身体功能的完善性受到损害，表现为内伤、外伤或罹患疾病，也是侵害法律所保护的胎儿的人格利益的行为。

第二，侵害法律保护的死者人格利益。最高人民法院有关司法解释规定，死者的名誉、姓名、肖像、荣誉和隐私受到法律保护。侵害死者人格利益的侵权行为主要有以下形式：侵害死者肖像、侵害死者名誉、侵害死者姓名、侵害死者隐私、侵害死者尸体。

2. 一般侵权行为和特殊侵权行为

根据侵权行为承担民事责任的归责原则和构成要件不同，可以分为一般侵权行为与特殊侵权行为。

一般侵权行为，是指适用过错责任原则和侵权责任的一般构成要件，行为人基于自己的过错而实施的应当承担责任的民事违法行为。

特殊侵权行为是相对于一般侵权行为而言的，指无需具备侵权责任的一般构成要件，行为人虽无过错，但依法律的直接规定必须承担民事责任的民事违法行为。特殊侵权行为一般适用无过错责任原则，有时也适用过错责任原则，如物件致人损害，归责原则为过错责任原则中的推定过错。特殊侵权行为的特殊性表现为是为他人的行为或为自己管领下的物件所致的损害承担赔偿责任的侵权行为。事例 2 中，甲的致害行为即属于特殊侵权行为中的高速运输工具致人损害。一般侵权行为是侵权行为的常态，司法实践中最为多见。特殊侵权行为为侵权行为的例外，只有在法律有特别规定的情况下，特殊侵权行为才能成立。

3. 积极侵权行为和消极侵权行为

根据侵权行为的性质是作为还是不作为不同，可将侵权行为分为积极侵权行为与消极侵权行为。

积极侵权行为又称为“作为的侵权行为”，是指行为人以作为的方式，违反了不作为的义务而致人损害的行为。其表现形式是“应不为而为”，如诽谤、假冒商标、侵占财产等。

消极侵权行为又称为“不作为的侵权行为”，是指行为人以不作为的方式，违反了某种作为的义务而致人损害的行为。其表现形式是“应为而不为”，如违反安全保障义务而发生的侵权行为。事例 2 中，甲侵害乙、丙财产和人身的行为违反了法定的不作为义务，属于积极侵权行为。

实践中，侵权行为以积极侵权行为居多，消极侵权行为只有在负有作为义务的情形下，行为人的不作为才能构成消极侵权行为，如见亲友遭绑架，坐视不报警；孩童溺水，不加援手等。作为义务主要出现于以下场合：(1)基于法律的强行规定或者基于公序良俗而产生行为人的作为义务；(2)基于无因管理而产生行为人的作为义务；(3)基于先行行为而产生行为人的作为义务；(4)基于行为人自己行为导致一定的危险结果而产生的作为义务，如驾车撞人纵无过失也应将伤者送医院；(5)基于对社会活动的安全注意义务而产生的作为义务等。

4. 单独侵权行为和共同侵权行为

[事例 3]　赵某在公共汽车上因不慎踩到售票员而与之发生口角，售票员在赵某下车之后，指着他大喊：“打小偷！”赵某因此被数名行人扑倒在地，受伤严重。路人打电话，叫来了救护车。赵某住院 7 天，医疗费若干。试分析：赵某的损失应由谁负责？

[事例 4]　甲、乙、丙共同从楼顶向下抛掷石块，导致丁受伤，经验明丁的伤害是被一块石块击中所致。但甲、乙、丙、丁均不能证明是甲、乙、丙中的哪一个人所扔石块将丁打伤。试分析：丁的人身损害应由谁承担责任？

根据侵权行为的人数多少不同，侵权行为可以分为单独侵权行为与共同侵权行为。

单独侵权行为指侵权行为人仅为一人的侵权行为。

共同侵权行为指侵权行为人为二人以上共同侵权造成他人损害的行为。《民法通则》第 130 条、《侵权责任法》第 8～12 条都规定了共同侵权行为。共同侵权行为包括共同加害行为、教唆或帮助他人实施侵权行为、无意思联络的共同侵权行为、共同危险行为。

共同加害行为，即狭义的共同侵权行为，是指二人以上有共同故意或过失，实施侵权行为，造成同一损害后果的行为，行为人应当承担连带责任。

教唆、帮助他人实施侵权行为，是指通过语言怂恿、利诱他人实施侵权行为，或者通过提供工具等协助他人完成侵权行为。《侵权责任法》第9条规定：教唆、帮助他人实施侵权行为的，应当与行为人承担连带责任。教唆、帮助无民事行为能力人、限制民事行为能力人实施侵权行为的，应当承担侵权责任；该无民事行为能力人、限制民事行为能力人的监护人未尽到监护责任的，应当承担相应的责任。教唆、帮助行为与共同侵权行为的区别是教唆、帮助人不直接参与加害行为，如果参与了加害行为，则应认定为共同侵权行为。事例3中，售票员是教唆者，教唆打人的行为，不是履行公交公司职责的行为，公司不承担责任，售票员和打人的行人应当承担连带责任。

无意思联络的共同侵权行为，指二人以上虽没有共同的意思联络，但其侵害行为相互结合，发生同一损害后果的共同侵权行为。《侵权责任法》第11、12条规定：二人以上分别实施侵权行为造成同一损害，每个人的侵权行为都足以造成全部损害的，行为人承担连带责任；能够确定责任大小的，各自承担相应的责任；难以确定责任大小的，平均承担赔偿责任。

共同危险行为指多人共同实施危及他人人身安全的行为并造成损害后果，不能确定实际侵害行为人的共同侵权行为。《侵权责任法》第10条规定：二人以上实施危及他人人身、财产安全的行为，其中一人或者数人的行为造成他人损害，能够确定具体侵权人的，由侵权人承担责任；不能确定具体侵权人的，行为人承担连带责任。如果能够确定侵权人的，则是单独侵权行为，而非共同侵权行为。事例4中，甲、乙、丙的行为即为共同危险行为。丁的人身损害应当由甲、乙、丙承担连带责任。

二、侵权责任

(一)侵权责任的概念和特征

根据《侵权责任法》第2条的规定："侵害民事权益，应当依照本法承担侵权责任。"侵权责任，是指民事主体因实施侵权行为而应承担的民事法律后果。侵权责任主要有以下特征：

(1)侵权责任是民事主体因违反法定义务而应承担的法律后果。民事责任是民事主体违反法律规定或者约定，侵害他人合法利益所应承担的法律后果。违反约定义务的后果是违约责任，违反法定义务的后果为侵权责任。

(2)侵权责任以存在侵权行为这一法律事实为根据。如果没有侵权行为存在，就没有所谓的侵权责任。

(3)侵权责任是以国家强制力保障其实现。民事主体因违反法定义务而应承担的法律后果的具体类别和范围，都由法律作出明文规定，当事人一般不得事先约定免除侵权责任。

(4)侵权责任的形式主要是财产责任，又非限于财产责任。

(二)侵权责任与违约责任

1.侵权责任与违约责任的区别

违约责任与侵权责任是最基本的两类民事责任，二者的区别主要有：

(1)归责原则不同。侵权责任一般采取过错责任原则，例外采取无过错责任原则和公平责任原则；违约责任一般采取无过错责任原则，例外采取过错责任原则。

(2)构成要件不同。侵权责任，行为人主观上是否须有过错，依其适用的归责原则的不同有所不同，但一定损害后果的存在是构成侵权责任的必要条件；违约责任，一般不以行为人主观上有过错为要件，违约金的交付及定金罚则的适用不以其违约行为给对方造成损失为要件。

(3)举证责任不同。在一般侵权责任中，受害人应对加害人的过错负举证责任；在违约责任中一般适用无过错责任原则，无须证明违约一方主观有无过错。

(4)免责条件不同。在侵权责任中，免责条件只能是法定的，当事人不得事先约定免责条件；在违约责任中，除了法定的免责条件以外，合同当事人还可以事先约定不承担民事责任的情况。

(5)责任形式不同。侵权责任既包括财产责任，也包括非财产责任；违约责任主要是财产责任。

另外，在诉讼时效、第三人原因是否免责、管辖法院等方面也不相同。如侵权行为由侵权行为地或被告住所地法院管辖，而违约行为由被告住所地、合同履行地或合同约定的人民法院管辖。

2.侵权责任与违约责任的竞合

侵权责任与违约责任的竞合是指行为人实施的某一违法行为，同时具有侵权行为和违约行为的双重特征，从而在法律上导致了侵权责任和违约责任并存的现象。竞合责任必须是同一不法行为而造成的，一个不法行为产生两种法律责任是责任竞合构成的前提条件。

违约责任与侵权责任竞合的处理。《合同法》第122条规定："因当事人一方的违约行为，侵害对方人身、财产权益的，受损害方有权选择依照本法要求其承担违约责任或者依照其他法律要求承担侵权责任。"依此规定，在侵权责任与违约责任竞合的情况下，因违约责任与侵权责任均属民事责任，行为人不能同时承担两种责任。受害人只能选择一种责任来行使，但不能同时主张。

【引导案例分析】

首先，明确什么行为是侵权行为。侵权行为是由于侵害他人的民事权益依法应当承担民事责任的行为。

其次，明确民事权益有哪些，风水是否是民事权益？根据《侵权责任法》第 2 条规定："侵害民事权益，应当依照本法承担侵权责任。""本法所称民事权益，包括生命权、健康权、姓名权、名誉权、荣誉权、肖像权、隐私权、婚姻自主权、监护权、所有权、用益物权、担保物权、著作权、专利权、商标专用权、发现权、股权、继承权等人身、财产权益。"从前述规定看出，风水不是民事权益。

最后，从该案的案情看，甲在自己家院内修建平房，是正当行使权利，不具有违法性；乙根据风水师的分析，认为是甲修建平房破坏了乙家的风水，致乙身体不好，没有任何法律根据。因此，甲的行为不构成对乙的侵权，不需要赔偿乙的治疗费。

专题二　侵权责任的归责原则

【引导案例】

2009 年 7 月 6 日，王某驾驶某物流公司的一辆半挂车沿某高速公路行驶，因故障停在应急停车道内。随后，林某驾驶的厢式货车从后方发生追尾相撞并起火，造成林某被烧死、两车及所载货物损坏。交警经勘查现场发现，王某停车后方 71 米处设有反向设置的警告标志牌一块，却无法查证标志牌的设置时间。

问题：

1. 本案中林某家属可以向物流公司主张赔偿吗？
2. 本案应适用何种归责原则处理？
3. 本案中林某家属要对哪些事项承担举证责任？
4. 本案中林某是否有过错？如有过错，是否要对事故发生承担相应责任？
5. 本案应当如何处理？

一、侵权行为归责原则概述

(一)归责原则的概念

归责原则是指依据何种根据确认和追究赔偿义务人的民事责任。

侵权责任的归责原则也称"侵权行为的归责原则"，是指确定侵权人承担民事责任的根据和标准。

(二)我国侵权责任法的归责原则体系

侵权行为的归责原则具有体系性。我国侵权行为的归责原则体系由过错责任(包括过错推定)、无过错责任以及公平责任三个原则构成。其中过错责任占据核心地位，属于一般归责原则，过错推定是过错责任的一种特殊形式；无过错责任原则是法律规定的一种特殊的归责原则；公平责任在我国侵权责任法中起到分配损失的作用，是过错责任的一种补充，处于过错责任与无过错责任的一种中间状态，也可以称之为"中间责任"。

二、过错责任原则

(一)过错责任原则的概念

过错责任又叫“过失责任”。过错是指行为人对其实施某种行为和损害结果的发生所持的一种主观心理状态，包括故意和过失。过错责任原则是指以行为人的主观意志状态作为确定行为人是否承担责任的标准依据。

过错责任是侵权责任法中的一般性规则，在侵权责任法中占有重要地位。过错责任所贯彻的精神是没有过错即不承担责任。过错责任原则适用于一般侵权行为，在司法实践中具有广泛的适用性，因此过错责任在侵权责任法中处于核心地位。

(二)过错责任原则的特征

《民法通则》第 106 条第 2 款规定：“公民、法人由于过错侵害国家的集体的财产，侵害他人财产、人身的，应当承担民事责任。”《侵权责任法》第 6 条第 1 款规定：“行为人因过错侵害他人民事权益，应当承担侵权责任。”上述两条内容确立了我国侵权责任法中的过错归责原则。

［**事例 5**］ 甲在搬家过程中，晾衣竿由于太长，不慎将道旁行人乙眼睛戳伤。乙要求甲赔偿医疗费 1000 元。试分析：甲在本案中是否存在过错？应当对乙的损害进行赔偿吗？

［**事例 6**］ 甲、乙为完全民事行为能力人，二人结伴探险某山洞，在探险过程中，由于发生地质灾害，山体出现滑坡，后二人被救出，但甲不幸死亡。甲的配偶及子女要求乙赔偿。试分析：乙对甲的死亡是否存在过错？甲的配偶及子女能从乙处得到赔偿吗？

过错责任原则主要有以下特征：

1.以过错为承担责任的必要条件

依照过错归责原则，行为人的主观过错是导致其承担责任的决定性因素。行为人只对自己有过失的致害行为负责，如果行为人没有故意或过失，则对损害的发生不承担责任。在事例 5 中，甲搬家时没有对晾衣竿的长度充分估量，应当预见晾衣竿在搬家过程中可能因太长而碰到他人，但甲没有预见，对晾衣竿没有采取合理措施，以防止其戳伤他人，导致晾衣竿将乙的眼睛戳伤，对此有过失，因此甲应当承担赔偿责任。事例 6 中，乙对甲的死亡没有故意或过失，且甲是完全民事行为能力人，对参加探险可能会出现的风险应具有判断能力，所以乙对甲的死亡不承担侵权责任。

2.受害人对加害人的过错承担举证责任

依照过错责任原则，受害人要求加害人承担侵权责任，不仅应当证明存在加害行为以及损害，而且还应当证明加害人有过错。如果受害人不能证明加害人有过错，则不能得到赔偿。事例 5 中，乙应当证明甲对晾衣竿的长度没有充分估量，存在过失，导致其将自己的眼睛戳伤，否则就很难得到赔偿。

(三)过错责任的特殊形式——过错推定

[事例7] 甲拥有一栋两层小楼,在二楼阳台养了很多花。一天乙从甲的楼下通过,被从二楼阳台掉下的花盆砸伤,乙为此花去若干费用。因赔偿问题与甲发生纠纷,乙诉至法院。试分析:对于甲是否存在过错,由甲承担举证责任还是由乙承担举证责任?

过错推定原则又称为"过失推定原则",属于过错责任的一种特殊形式。过错推定是指行为人的行为导致他人受到损害时,若行为人不能证明自己没有过错即应承担侵权责任。它具有如下特征:

1.由加害人对其主观上没有过错承担举证责任

过错推定是指只要受害人证明自己受到损害,且这种损害与加害人的行为具有因果关系,就推定加害人主观上有故意或过失,须承担侵权责任。加害人只有证明自己没有主观过错才能免责。事例7属于建筑物等致人损害,《侵权责任法》第85条规定,建筑物、构筑物或者其他设施及其搁置物、悬挂物发生脱落、坠落造成他人损害,所有人、管理人或者使用人不能证明自己没有过错的,应当承担侵权责任。事例7中,建筑物的所有人甲在二楼阳台放置的花盆发生坠落,导致行人乙受到伤害,应当由甲就其主观上的过错承担举证责任。如果甲能举证说明自己没有过错,就能免责;若甲不能举证说明自己没有过错,则要对乙的损失承担损害赔偿责任。

2.过错推定原则的适用一般采取法定主义

过错推定原则是过错责任原则中的一种特殊形式,法律如无明文规定,则不能在侵权案件中适用过错推定原则。如我国《侵权责任法》第58条规定医疗过错的一些情形适用过错推定原则;第十一章关于物件损害责任一般适用过错推定原则。

三、无过错责任原则

(一)无过错责任原则概述

1.无过错责任原则的概念

无过错责任又称为"无过失责任",是指无论行为人主观上是否有过错,法律规定其承担侵权责任的,行为人均要承担侵权责任。因此受害人无须证明加害人的过错,加害人也不得以自己没有过错为由主张免责。

2.无过错责任原则的理论基础

进入19世纪以后,面对着机器大工业生产所带来的高度危险和巨大的事故损害,过错责任原则显得力不从心。现代工业社会是事故频繁的时代,这种事故多是在合法而必要的活动中由难以发现的工业技术缺陷引起的,常具有频发性特点。它所造成的损害巨大,受害者众多,如果要求受害人举证加害人主观有过错,则是非常困难的。如果坚持过错责任,受害人利益则得不到有力保护,社会秩序难以安定下来。因此,各国先后通过立法和判例,逐步确立了无过错责任原则。

(1)享受利益者,应当承担此利益带来的风险。如机动车驾驶人享受到机动车带来的便捷、工作效率高效的同时,也要承担由于机动车高速运转导致他人受到损害时的赔偿责任。

(2)制造危险者,就应该或有能力控制危险。如高度危险作业人应该有能力控制危险,否则就不应该进行高度危险作业。

(3)现代工业发展是必要的,但同时也应当注意对社会其他弱势群体利益的维护,从而维持社会正义和公平。

(二)无过错责任原则的适用

[**事例 8**] 某市小学生甲与乙放学后在住家附近的机械厂玩耍,厂区内有变压器,二人感到好奇,于是甲擅自爬上变压器,被高压电流击伤双手,并摔落在地。甲被送到医院后,花去医疗费 10 万元,甲父向机械厂主张赔偿,遭到拒绝。试分析:甲父应对哪些事项承担举证责任?

1.适用范围

无过错责任原则的适用范围是指该原则适用于哪些种类的侵权行为。《侵权责任法》第 7 条规定,行为人损害他人民事权益,不论行为人有无过错,法律规定应当承担侵权责任的,依照其规定。因此无过错责任原则的适用范围由法律专门规定,这些法律既包括《民法通则》和《侵权责任法》,也包括某些单行的法律、法规和司法解释等,如《环境保护法》、《道路交通安全法》、《关于审理触电人身损害赔偿案件若干问题的解释》等。事例 8 属于高压电流致人损害,属于高度危险作业致人损害的类型,适用无过错责任原则。因此甲父应当对甲的损害事实、机械厂高压电的致害行为及二者之间存在因果关系承担举证责任,对于机械厂是否有过错不承担举证责任。

2.适用方法

在适用无过错归责原则的侵权案件中,受害人无须举证证明加害人是否有过错,同时加害人也不能以自己没有过错来进行抗辩。事例 8 中,受害人无须举证证明加害人有过错,加害人也不能以自己没有过错进行抗辩。

3.责任限制与责任保险

为了平衡双方当事人的利益,减轻加害人的负担,法律往往规定无过错责任的损害赔偿限额。这种责任限制的方法在我国及国际民事法律中得到广泛使用。例如我国《国内航空运输承运人赔偿责任限额规定》(中国民用航空总局令第 164 号)第 3 条对赔偿限额进行了具体的规定。目前我国航空事故赔偿的最高限额为 40 万元,铁路交通事故为 15 万元。

同时无过错责任与责任保险通常紧密相连,这是为了确保受害人能及时获得足额的赔偿,法律也往往会通过强制性规定使从事危险作业者加入责任保险。如《机动车道路交通事故责任强制保险条例》第 2 条规定,在中华人民共和国境内道路上行驶的机动车的所有人或管理人，应当依照规定投保机动车交通事故责任强制保险。

(三)我国适用无过错责任原则的侵权行为

我国《侵权责任法》及相关法律法规对适用无过错责任原则的案件进行了详细规定，被监护人致害行为、产品缺陷致害行为、污染环境致害行为、高度危险致害行为、饲养动物致害行为，适用无过错责任原则，受害人无须证明加害人是否有过错，而且加害人也不会因为自己没有过错而免责。

四、公平责任原则

(一)公平责任原则的概念

《侵权责任法》第24条规定："受害人和行为人对损害的发生都没有过错的，可以根据实际情况，由双方分担损失。"《侵权责任法》第23条规定："因防止、制止他人民事权益被侵害而使自己受到损害的，由侵权人承担责任。侵权人逃逸或者无力承担责任，被侵权人请求补偿的，受益人应当给予适当补偿。"据此，公平责任原则是指在法律没有规定适用无过错责任原则，但是当事人对造成的损害又没有过错的情况下，人民法院根据公平的理念，由当事人分担侵权责任的原则。公平责任是侵权责任法处理损害赔偿责任的一种特殊情况。

(二)公平责任原则的构成条件

[**事例9**]　甲到乙家里聊天，乙突发精神病，从厨房拿了一把菜刀砍向甲，甲急忙外跑，但由于太着急，慌不择路，迎面撞伤行人丙。丙因此向甲与乙主张赔偿。试分析：本案应如何处理？

(1)双方当事人均没有过错，不能适用过错责任原则。事例9中，受害人丙正常行走，没有过错，而乙处于精神病发作期间，其持刀砍甲属于无意识状态下的过激行为，也没有过错；甲为了避免被乙砍伤，慌不择路撞伤丙，属于紧急避险行为，同样没有过错。甲、乙、丙三人都没有过错，根据过错责任原则，都不承担侵权责任。

(2)不符合法定的无过错责任适用范围。无过错责任原则适用于法律有明文规定的几种特殊侵权行为，如果法律特别规定适用无过错责任原则，就不能适用公平责任原则。只有在法律没有明文规定适用无过错责任原则的情况下，才有可能适用公平责任原则。事例9仅属于一般侵权行为，法律并没有明文规定在该情形下适用无过错责任原则，因此不属于无过错责任适用范围。

(三)我国适用公平责任原则的侵权行为

《侵权责任法》第24条对公平责任原则作了一般性规定，为了避免法官滥用公平责任原则，第23条和第31条作了规定。具体如下：

1.受益人的补偿。因防止、制止他人民事权益被侵害而使自己受到损害的，由侵权人承担责任。侵权人逃逸或者无力承担责任，被侵权人请求补偿的，受益人应当给予适当补偿。

2.紧急避险情况下的公平责任。适当的紧急避险虽然原则上可以作为避险人的免责事由,但对受害人而言,如果险情是由于自然原因造成的,避险人并无过错不能承担责任,但在一定程度上可以根据公平责任原则由避险人在受益范围内进行适当补偿。

(四)适用公平责任原则时须考虑的因素

公平责任在不考虑双方当事人过错的情况下,由当事人分担责任,但是在分担责任时,也不是由当事人平均分担责任,而是根据实际情况来确定当事人分担损失的大小。主要考虑损害发生的实际情况,包括损害程度、损害发生的环境、当事人受益情况以及其经济状况等等。

【引导案例分析】

(1)林某家属可以向物流公司主张赔偿,物流公司作为王某的用人单位,对王某在执行职务期间造成的他人损害应承担相应的赔偿责任。

(2)本案属于机动车之间的道路交通事故,根据《道路交通安全法》第76条规定,机动车之间发生道路交通事故的,应适用过错责任原则处理。

(3)林某家属应对林某被烧死,其驾驶的厢式货车及所载货物损坏的事实、王某没有按照规定设置警示标志牌、以及王某的违章行为与损害事实之间存在因果关系、王某存在过错进行举证。

(4)林某有过错。根据《道路交通安全法》规定,林某驾车正常应在行驶车道行驶,现其偏离了正常车道,致使追尾前方停在应急车道内的车辆,明显存在过错,故也是造成事故的直接原因。根据《侵权责任法》第26条规定,被侵权人对损害的发生也有过错的,可以减轻侵权人的责任。

(5)在本案中,根据《道路交通安全法》,机动车在高速公路上发生故障需停车排除时,应立即开启危险报警闪光灯,将机动车移至应急车道停放,并在来车方向150米以外设置警告标志,同时迅速报警。王某没有按照规定的距离设置警告标志牌,且反向放置,违反了规定,是造成交通事故的直接原因。而林某驾车正常应在行驶车道行驶,现其偏离了正常车道,致使追尾前方停在应急车道内的车辆,明显存在过错,故也是造成事故的直接原因。因此在该事故中,应由王某承担主要责任,林某承担次要责任。而同时由于王某是物流公司的雇员,则由物流公司赔偿王某应承担的部分。

专题三　一般侵权行为的构成要件

【引导案例】

甲骑自行车上班,在一拐弯处,甲未减速,将一行人乙撞倒在地,但乙爬了起来,毫发无伤。甲走上前去,告诉了乙自己的姓名和住址,对乙说:“如有问题,请来找我。”乙当时拍了拍身上的灰便走了。回到家后,乙说起此事,邻居丙告诉他,此种情况下,可向甲讹一笔钱。于是，乙要求丙用砖头照他的头轻砸一下，以伪造成轻微脑震荡的迹象。结果，丙用力过猛，乙因颅内出血死亡。

问题：

1. 甲是否构成侵权？

2. 丙是否构成侵权？

3. 谁应对乙的死亡承担责任？

一、侵权行为构成要件概述

侵权行为的构成要件，是指构成具体侵权行为的必要条件。行为人的某一行为只有具备了这些要件，才构成侵权行为，行为人才可能承担相应的民事责任；反之，缺乏任何一个构成要件，则不构成侵权行为，行为人也不承担任何民事责任。

基于对侵权行为所做的一般侵权行为和特殊侵权行为的分类，在构成要件上，一般侵权行为需要具备四个要件：行为的违法性、损害事实、因果关系及过错，特殊侵权行为虽然对行为人主观上没有过错要求，但法律对特殊侵权行为在构成方面有特殊要求。本单元讨论的构成要件适用于一般侵权行为。

二、损害事实

（一）损害事实的概念与特征

损害事实又称“损害后果”，简称“损害”，是指因一定的行为或事件对他人的财产或人身造成的不利后果。损害事实具备以下法律特征：

1. 损害是侵犯合法民事权益的后果

合法权益不仅包括法定权利，而且还包括法定权利以外的合法利益。根据《侵权责任法》第2条的规定，侵害民事权益，应当依照侵权责任法承担侵权责任。

2. 损害具备确定性

损害的确定性又称“损害的现实性”，是指损害是已经发生的事实，单纯的危险不构成损害，损害是真实存在而非主观臆测的。

3. 损害具备可补救性

损害的可补救性包括质与量两层含义。一是在质上，要求损害已产生；二是在量上，损害虽已产生，但必须达到一定程度，只有在量上达到一定程度的损害才可以在法律上视为可补救的损害。如果任何细微损害均可获得赔偿，司法体系将难堪重负，人与人之间相互依存的和谐局面也将被破坏。

（二）损害事实的分类

在我国司法实践中，通常将违法行为造成的损害分为财产损害、人身损害、精神损害三种。

1. 财产损害

财产损害是指因为侵害权利人的财产权和人身权而造成受害人经济上的损失。财产损害是可以用金钱的具体数额加以计算的实际物质财富的损失。

财产损失可以分为直接损失与间接损失。前者又称“积极损失”、“实际损失”，是指既得利益的丧失或现有利益的减损。后者又称“消极损失”，是指可得利益的损失，即未来财产的减少，此种损失虽然不是现实利益的损失，但损失的利益是可以得到的，而非虚构的、臆想的，如果没有侵权行为的发生，受害人可以得到该利益。

2. 人身损害

人身损害是侵害受害人的生命、健康、身体等人身权导致的损害后果。

3. 精神损害

精神损害是指受害人因为他人的侵害而产生的精神方面的痛苦、疼痛和严重的精神反常现象。通常在侵害公民的姓名权、名誉权等人身权或者死者的名誉、隐私、遗体、遗骨，或者侵害具有特定感情意义的物等案件中可能发生精神损害。精神损害具有无形性，不能用金钱来衡量。实践中，精神损害赔偿的适用范围和赔偿范围主要依据《侵权责任法》第 22 条、最高人民法院《关于审理人身损害赔偿案件适用法律若干问题的解释》和《精神损害赔偿责任若干问题的解释》来确定。

三、违法行为与损害事实之间的因果关系

(一)因果关系的概念

[**事例 10**]　甲、乙素不相识，但均和丙有仇。一日，甲、乙同时向丙下毒导致丙死亡。经查，甲、乙每人所下毒的分量均足以导致丙的死亡。试分析：此案例中的因果关系如何？谁应对丙的死亡承担责任？

哲学上的因果关系指的是事物、现象之间的引起与被引起的关系。引起他现象的现象叫原因，被引起的现象就叫结果。侵权行为法上的因果关系便是哲学上的因果关系在法律上的运用，是指违法行为与损害事实之间的引起与被引起的关系。如果某一行为引起某损害的发生，该损害的发生为行为实施的结果，则行为与损害间有因果关系。

事例 1 中，甲、乙的行为都是丙死亡这一结果的原因，因此甲、乙应对丙的死亡承担责任。

(二)因果关系的形态

在侵权行为法中，行为人违法行为与损害事实之间因果关系表现为不同的形态，主要有以下几种：

1. 一因一果

一因一果是指原因和结果均为单数的情况。是侵权行为中最常见的一种因果关系形态。

2. 一因多果

一因多果是指原因为一，而结果为两个或两个以上的情况。每个结果与原因之间都存在因果关系。

3. 多因一果

多因一果是指原因有两个或两个以上，但结果却只有一个的情况。这便需要区分各原因作用力大小来确定行为人的民事责任。事例10中，甲的下毒行为和乙的下毒行为导致丙的死亡后果，即为多因一果的因果关系形态。

4. 多因多果

多因多果是指原因和结果均为复数的情况。原因为多个行为人的多个加害行为，结果为受害人的多个损害后果或多个受害人的损害后果。

需要指出的是，共同侵权行为虽然有数个加害人参与了加害行为，但是其各自的行为并不具有独立的价值，而只是构成具有关联性的统一行为的一个部分。正是这一具有关联性的统一行为导致了损害后果的发生。因此，共同侵权行为不属于多因现象的情况。

(三)原因力

[事例11] 甲将乙打伤，乙在被送到医院治疗的过程中，因医院错误输血感染败血症导致截肢。试分析：乙被截肢的结果是谁的行为造成的？谁应当对此承担责任？

所谓原因力指导致受害人同一损害后果的数个原因中，各原因对于该损害后果的发生或扩大所发挥的作用力。关于损害的原因力，通常有以下区分：

1. 主要原因与次要原因

根据行为对损害后果发生所起的作用，损害后果的原因可以分为主要原因与次要原因。行为人的行为对损害的发生起主要作用的，为主要原因；行为人的行为对损害的发生起次要作用的，为次要原因。行为人的行为为主要原因的，行为人应承担主要责任；行为人的行为为次要原因的，行为人应承担次要责任。若两个以上的行为造成同一损害后果，而又不能区分哪一行为为主要原因或者次要原因的，则各行为具有同等的原因力，各行为人应承担同等的责任。事例11中，甲将乙打伤并不必然导致乙被截肢，因此医院错误输血是导致乙感染败血症被截肢的主要原因，甲打伤乙的行为是导致乙被截肢的次要原因。医院应承担主要责任，甲应承担次要责任。

2. 直接原因与间接原因

根据行为对损害后果发生的作用形式，损害后果的原因可以分为直接原因和间接原因。行为人的行为直接引起损害后果的，为直接原因；行为人的行为间接引起损害后果的，为间接原因。区分直接原因与间接原因的目的，在于行为人的行为为直接原因的，行为人应承担责任；而行为人的行为为间接原因时，行为人是否应承担责任还应根据客观情形及其他构成要件确定。

事例11中，若无甲打伤乙的行为和医院输血错误，也就不会发生截肢的损害，因此，乙被截肢的损害结果的原因是甲和医院的行为。按照《侵权责任法》第12条的规定，两人以上分别实施的数个行为发生同一损害后果的，能够确定责任大小的，各自承担相应的赔偿责任。此时数个行为人须对受害人承担按份责任而不是连带责任。从原因力上说，甲打伤了乙是乙被截肢的间接原因，对乙的损害仅起次要作用，甲应承担次要责任；医院错误输血是乙被截肢的直接原因，对乙的损害起主要作用，医院应承担主要责任。

(四)因果关系的认定

因果关系虽具有客观性，但对它的认识和确定却是人的主观活动的结果。根据司法实践，理论上总结了如下认定因果关系的具体方法：

1.根据事件发生的先后顺序来认定

作为引起结果发生的原因，必然发生在结果出现之前。因此只有先于结果出现的现象才能成为原因。凡是后于结果发生的现象，都不可能成为原因。

2.根据事件的客观性来认定

作为原因的现象应当是一种客观存在，因此加害人的心理状态或受害人的主观臆测均不能成为原因。

3.根据必要条件规则来推测

所谓必要条件规则是指作为原因的现象应当是作为结果的现象的必要条件。具体检验方法有：

(1)反证检验法。即提出一个反问，如果没有A现象，B现象还会出现吗？如果回答是肯定的，则A现象就不是B现象出现的原因；如果回答是否定的，则A现象可能成为B现象发生的原因。

(2)剔除法。其特点是建立一个拟制的模式，排列各种可能的原因现象，然后逐一剔除，观察结果是否还会发生。如果某一现象被剔除后结果仍然发生，则该现象就不是原因。

(3)替代法。即用合法行为替代可能成为原因的某一违法行为，观察结果是否还会发生。如果被替代后损害结果仍然发生，则被告的违法行为就不是原因，反之则是原因。

(4)根据实质要素的补充检验来认定。其基本含义是，如果违法行为实际上足以引起损害后果的发生，那么它就是引起损害后果的原因。

四、行为的违法性

(一)行为的违法性的概念

行为的违法性指行为人的行为违反了法律要求。如果某行为人在没有法律依据的情况下侵犯了民事主体的合法权益，该行为就是侵权行为。比如非法侵占他人的财产，未经权利人同意使用权利人的姓名、肖像等。

(二)行为违法的形态

[事例 12] 甲于某日清晨使用月票在乙公园露天舞池跳舞时，突然被旁边一棵树上坠落的枯枝砸在后头颈上，随即被他人送到医院诊治。诊断结论为颈椎髓震荡，颈椎过伸性损伤。甲为此负担医药费若干。因损害赔偿与乙公园发生纠纷，甲诉至法院。试分析：公园是否有违法行为？甲的损害由谁承担责任？

具备违法性的行为可称为违法行为。依据不同的标准，违法行为有不同的分类。

1. 作为违法行为与不作为违法行为

实施积极的作为行为导致他人损害的为作为违法行为；消极不履行法定的作为义务，导致受害人损失的，为不作为违法行为。绝大多数违法行为都需要行为人的作为，只有在法律、法规等有规定要求当事人承担积极作为义务的情况下，该当事人不履行积极的作为义务才构成不作为违法行为。事例 3 中，枯枝掉落伤人表明公园没有尽到修剪、维护等安全保障义务，属于不作为违法行为。

2. 直接违法行为与间接违法行为

行为人的违法行为直接作用于受害人的人身或者财产等受到法律保护的权益，为直接违法行为；行为人通过他人或者其他介质作用于受害人的人身或者财产等受到法律保护的权益，为间接违法行为。如教唆无行为能力人对他人实施加害；诱使他人违约导致第三人遭受财产损失等。

事例 12 中，枯枝掉落伤人表明公园没有尽到修剪、维护等安全保障义务，依据《侵权责任法》第 37 条的规定，公园应承担侵权责任。

五、过错

(一)过错的概念

过错指行为人实施不法行为的主观心理状态，包括故意和过失两种形态。

在理解过错时，应注意以下几点：首先，过错是一种主观心理状态，是一种可归责的应受非难的心理状态。如仅仅根据行为人的外部行为而责令其承担民事责任，不能体现出法律对行为人的惩罚与教育功能。其次，在民事责任的认定与追究上，行为人的过错只有通过违法行为表现出来才有实际意义，我们也只有通过行为人的行为才能了解与判断行为人的主观心理状态。最后，过错具有法律上的非法性与道德上的应受非难性。惩罚具有过错的违法行为，可以实现法律的教育与预防功能。

(二)过错的形态

过错分为故意和过失两种基本形态。

1. 故意

故意，是指行为人预见到自己的行为可能发生某种不利后果而希望或者放任该不利后果发生的主观心理状态，是指一种典型的可归责的心理状态。在刑事责任的认定中，将故意区分为直接故意和间接故意,这种分类在民事责任的认定中没有实际意义。

2.过失

过失,是指行为人应当预见到自己的行为会引起某种不利后果的发生,而由于疏忽没有预见或虽已预见但轻信其能够避免的一种主观心理状态。还可以根据注意义务的大小对过失作进一步的分类:

(1)重大过失。指超出一般平均值的非常疏忽,即未采取最平常的注意,或者不知晓所有人均知晓的东西。重大过失表现为行为人的极端疏忽或者极端轻信的心理状况。属于对特别注意义务违反的,往往属于重大过失。

(2)轻过失。又称"一般过失",指未尽一般人在通常情况下应该有的注意而造成的主观心理状态。按照判断过失的标准不同,又可以分为具体轻过失和抽象轻过失。①具体轻过失,是指行为人违反应与处理自己事务相同的注意义务。一般认为,如果行为人不能证明自己在主观上已尽该种义务,即存在具体轻过失;②抽象轻过失,是指行为人违反善良管理人的注意义务。这种过失是抽象的,不以行为人的主观意志为标准,因而这种注意义务是最严格的。

【引导案例分析】

(1)甲的行为不构成侵权。

因为构成一般侵权行为的四个要件是行为的违法性、损害事实、因果关系及主观过错。骑车人甲虽然将乙撞倒,但该行为并未造成乙的损害,乙是在受到邻居丙的唆使后,继而被丙砸中头部导致颅内出血死亡的,甲的行为和乙的死亡之间不具备因果关系,因此,甲的行为不构成侵权,甲也不存在赔偿问题。

(2)丙的行为构成侵权。

同上,构成一般侵权行为的四个要件是行为的违法性、损害事实、因果关系及主观过错。乙被丙砸中头部导致颅内出血死亡,虽然是出于乙自愿要求,但这并不是丙行为违法性的法定免责条件。丙基于故意用砖头砸乙具有主观过错,丙的行为和乙的死亡具有直接的因果关系,符合侵权责任的构成要件,因此,丙的行为构成侵权。

(3)结合前两问的解答,丙应对乙的死亡承担责任,既包括民事侵权赔偿责任,也包括刑事责任。

专题四 侵权责任的形式及免责事由

【引导案例】

2010年5月5日,某市公交车司机孙某驾驶公共汽车在正常拐弯时,突然发现前面不远处李某驾驶一辆出租车违章迎面驶来,眼看一场惨重的车祸就要发生,孙某见状眼疾手快,急忙转动方向盘,往右一拐,驶进人行道,车祸是避免了,却把在人行道上行走的郭某撞伤。郭某经过送医院治疗,花去医疗费3万元。事后,郭某找到市公交公司,要求赔偿医疗费以及其他各项损失共计5万元人民币。公交公司则认为损害是由李某违章驾驶一手造成的，责任在于李某，而李某则称自己只是违反了交通法规，应依交通法规及《治安管理处罚法》来处理，对郭某损失不负责任。三方争执不下，郭某诉诸法院。

问题：法院应当判决本案的责任由谁来承担？

一、侵权责任的形式

(一)侵权责任形式的概念和特征

侵权责任的形式是指行为人因实施侵权行为依法应承担的具体的民事责任方式。

侵权责任形式有如下特征：

1. 侵权责任的形式是落实侵权责任的具体措施，是具体的责任与义务，是向法律负责和向受害人负责的结合。

2. 侵权责任的形式不仅是法院运用国家强制力判令不法行为人承担责任的方法，而且也是不法行为人应向受害人履行一定的义务，即表现为国家对被侵害的权利所采取的补偿与救济的方法。

3. 侵权责任的形式主要是财产性的民事责任形式，但又不限于财产性民事责任形式。

(二)我国《侵权责任法》所规定的侵权责任的形式

[**事例13**] 陈先生与林老伯系南北邻居。陈先生的楼房北侧是林老伯于多年前种植下的水杉树，由于树高叶密，落叶残枝让陈先生屋面天沟上覆盖有树叶树枝，掉落的树叶使得屋顶流水不畅，堵塞出水管并影响采光，陈先生将邻居林老伯告上法庭。试分析：陈先生要求邻居林老伯承担何种责任？

[**事例14**] 甲最近手头紧急需用钱，好朋友乙生活富裕并乐于助人，于是甲将电视交予乙进行质押借款，但在归还借款后，乙拒绝归还电视，原来甲交予乙质押的电视，被乙以市场价格卖给了丙，丙并不知道乙对该电视没有所有权。试分析甲能否要求乙和丙归还电视？

根据《侵权责任法》第15条的规定，侵权责任的形式主要有以下几种：

1. 停止侵害。行为人实施的侵害他人财产和人身的行为仍在继续之中，受害人可以依法请求法院责令侵害人停止其侵害行为。此种责任形式的适用条件是违法行为正在进行或者在延续进行中，停止侵害可以及时制止侵权行为，防止侵害后果的继续扩大。如果侵权行为尚未实施或已经施行完毕，则不适用此项责任形式。此种责任形式适用于各种类型的侵权行为。

2. 排除妨碍。不法行为人实施的侵害行为使受害人无法行使或不能正常行使自己的财产、人身权利时，受害人有权请求排除妨碍。该妨碍首先应当是实际存在的，事例13中，因邻居种植的水杉树高出自家房檐，掉落的树叶使得屋顶流水不畅，堵塞出水管并影响采光，受害人陈先生有权要求侵权人排除妨碍。对于可能出现的对人身、财产权利造成危险的妨碍，则不适用本项侵权责任，而应适用消除危险的侵权责任。其次，该妨碍应当是不法的，即对人身、财产权利构成妨碍应当是违反法律规定的行为，如果是合法行为则无权要求排除妨碍。如公安机关依法对犯罪嫌疑人监视居所，被监视居所人无权要求排除妨碍。

3. 消除危险。消除危险是指行为人的行为对他人人身和财产安全造成威胁，或存在着侵害他人人身或财产的可能，他人有权要求行为人采取有效措施消除危险。因为侵害后果并未出现，应该说消除危险不是严格意义上的侵权责任，但消除危险可以事先阻止事实损害的发生，其意义比发生损害后要求赔偿意义更为重大，对于很多损害而言，事后救济手段是无法弥补损失的，例如对人身伤害致残，其后果是不可逆转的，任何的赔偿均不能帮助受害人恢复健康。鉴于危险虽未给他人造成事实上的损害后果，但如果放任危险存在下去，将不可避免导致损害的发生，所以处于危险中的人有权要求消除危险。比如甲设置的广告牌即将坠落，对行人的人身安全构成威胁，行人可以要求甲进行修缮，消除危险。

4. 返还财产。返还财产责任是因行为人无权占有他人财产而产生。没有法律或者合同根据占有他人财产，就构成无权占有，侵害了他人财产权益，行为人应当返还该财产。如事例 14 中乙在甲归还欠款后应当返还电视，甲作为电视所有人有权要求无权占有人乙返还财产。对此，《民法通则》第 117 条规定，侵占国家的、集体的财产或者他人财产的，应当返还财产。《物权法》第 34 条规定，无权占有不动产或者动产的，权利人可以请求返还原物。有权请求返还财产的主体一般是该财产的所有人，但财产被他人合法占有期间，该财产被第三人非法占有的，该合法占有人也可以请求返还财产。适用返还财产责任方式的前提是该财产还存在，如果该财产已经灭失，适用该责任方式就不可能，受害人只能要求赔偿损失；该财产虽然存在，但已经损坏的，权利人可以根据自己的意愿，请求返还财产、恢复原状或者赔偿损失等责任方式。值得注意的是对于善意取得人，原物所有人不能请求返还原物。事例 14 中甲交予乙质押的电视，被乙以市场价格卖给了丙，丙并不知道乙对该电视没有所有权，这种情况下甲无权要求丙返还电视，因为丙是善意取得人，其主观上并无过错，甲只能要求乙赔偿损失。

5. 恢复原状。恢复原状是指恢复到权利被侵犯前的原有状态，或者将损害的财产修复。恢复原状应具备以下两个条件：其一，被损害的财产有恢复的可能。如果财产已经灭失，或者已经损坏得无法修复，就不能要求恢复原状，只能要求赔偿损失。其二，被损害的财产有恢复的必要。如果被损害财产虽有恢复的可能，但恢复之后已无必要，可以不用要求恢复原状，而要求加害人进行折价赔偿。通常而言，对于损害的财产能恢复原状的，应当尽量恢复原状，只有难以恢复时，才要求予以赔偿。恢复原状的费用，应由加害人承担。

6. 赔偿损失。赔偿损失是指行为人因侵权行为而给他人造成损失，应以其财产赔偿受害人所受的损失。所谓赔偿,就是以金钱方式对受害人遭受的损失进行弥补。一般而言包括对财产损失的赔偿,对人身损害的赔偿以及精神损害的赔偿。

7. 赔礼道歉。赔礼道歉是指侵权行为人通过向受害人承认错误、表达歉意、请求原谅的方式以弥补受害人心理上的创伤。要求加害人对受害人进行赔礼道歉是国家、社会对侵权行为进行否定评价的表现,有利于加害人与受害人消除前嫌、和睦友好。进行赔礼道歉的方式可以是公开的,如将道歉声明刊登于报纸、期刊上,也可以是不公开的,由加害人在特定场合对受害人进行口头道歉,或向受害人提交道歉信。

8. 消除影响、恢复名誉。消除影响,是指行为人因其侵害了民事主体的人身权应承担在影响所及的范围内消除不良后果;恢复名誉是指行为人因其行为侵害了民事主体的名誉应在影响所及的范围内将受害人的名誉恢复至未受侵害时的状态。《民法通则》规定:公民的姓名权、肖像权、名誉权、荣誉权受到侵害的,有权要求恢复名誉,消除影响;法人的名称权、名誉权、荣誉权受到侵害的,也可要求恢复名誉、消除影响。消除影响与恢复名誉是相辅相成的,消除影响的直接目的是恢复名誉,恢复名誉的前提条件是消除不良影响。一般而言,消除影响、恢复名誉的方式都通过在报刊、大众传媒上刊登更正声明和赔礼道歉声明的方式来实现。

(三)侵权责任形式的适用

由于规定民事责任形式的目的在于保护受害人的合法民事权益、制裁民事违法行为人,因而依《侵权责任法》规定,民事责任形式既可以单独使用,也可合并使用。

民事责任形式的适用,受追究民事责任的目的和具体责任形式的功能的影响,为了更好地发挥民事责任的作用,在适用侵权责任形式时应注意以下几点:

1. 侵权责任形式的适用应与违法行为的性质和状况相适应。首先,在适用某种具体责任形式时,应与违法行为的性质相适应,属于侵害物权的违法行为应先适用保护物权的责任形式,只有在保护物权的责任形式尚不足以保护时,才可适用保护债权的责任形式;对属于侵害债权的违法行为一般应适用保护债权的责任形式。其次,在适用某种具体责任形式时,应与行为实施的状况相适应。如当违法行为正在进行,其损害后果可能发生或扩大时,则应适用防止性的责任形式;而当违法行为已经进行并已造成损害后果但有可能恢复原状时,则应适用恢复性的民事责任形式;当损害已经发生且不可能恢复原状时,则适用补救性的责任形式。

2. 侵权责任形式的适用应与权利的损害相适应。对于财产权利损害适用财产性民事责任形式,非财产权利损害以适用非财产性民事责任为原则;对于财产上的损害,以赔偿全部实际损失为原则,对于人身损害,以赔偿由此所受损失为原则。对于非财产损害,以适用非财产性民事责任形式为主,以适用财产性民事责任形式为辅。

3. 侵权责任形式的适用应与责任人的责任条件相适应。对于故意侵权损害的,可将侵权责任形式与民事制裁方式合并适用;对严重侵害人身权的,除采取非财产性民事责任形式外，还可以适用财产性民事责任形式。另外，应与责任人的客观责任条件相适应，如考虑到责任人的实际经济状况。

4. 根据《民法通则》第 134 条第 3 款规定，人民法院审理民事案件，除适用上述民事责任形式外，还可以予以训诫、责令具结悔过、收缴进行非法活动的财产和非法所得，并可以依照法律规定处以罚款、拘留。

二、侵权损害赔偿

(一)侵权损害赔偿的原则

根据我国现行立法及司法实践，侵权损害赔偿的原则主要有：

1. 全部赔偿原则。侵权行为人对因侵权行为给他人造成损害的，赔偿责任的大小，应以其侵权行为所造成的实际损失为依据，予以全部赔偿。侵害国家、集体、公民个人财产造成损害的，既要赔偿现实财产本身的损失，也要赔偿可得利益损失。侵害公民身体造成伤害的，应当赔偿医疗费，因误工减少的收入、残废者生活补助费等费用；造成死亡的，并应当支付丧葬费、死者生前扶养的人必要的生活费等费用。

2. 限定赔偿原则。主要适用于一些特殊侵权损害。如《国家赔偿法》规定，“侵犯公民人身自由的，每日的赔偿金按照国家上年度职工日平均工资计算”；造成公民身体伤害的误工损失，“每日的赔偿金按照国家上年度职工日平均工资计算，最高额为上年度职工年平均工资的 5 倍”；“部分丧失劳动能力的最高额为国家上年度职工年平均工资 10 倍，全部丧失劳动能力的为国家上年度职工年平均工资的 20 倍”；“造成死亡的，应当支付死亡赔偿金、丧葬费，总额为国家上年度职工年平均工资的 20 倍”。

3. 惩罚性赔偿原则。主要适用于侵犯知识产权和产品致害责任。如《消费者权益保护法》第 49 条规定：“经营者提供商品或者服务有欺诈行为的，应当按照消费者的要求增加赔偿其受到的损失，增加赔偿的金额为消费者购买商品的价款或者接受服务的费用的 1 倍。”

4. 衡平原则。即在确定侵权损害赔偿范围时，应考虑诸如当事人的经济状态等因素，使赔偿责任的确定更公正、公平。

(二)侵权损害赔偿的范围

1. 侵害财产的损害赔偿

对侵害财产的损害赔偿，其一般原则是全部赔偿原则，即财产损害赔偿的数额以所造成的客观损失为限，损失多少，赔偿多少。这种客观损失包括直接损失和可得利益的丧失。

计算直接损失的赔偿方法，须确定原物的价值、可以使用时间、已经使用时间等因素，综合判断。判断是否为可得利益应看其是否具备以下条件：

(1)必须是当事人已经预见或者能够预见的可以期待、必然能够得到的利益。

(2)作为计入赔偿范围的可得利益,还必须是直接因违法行为所丧失的利益。

2.人身伤害的损害赔偿

人身伤害损害赔偿的一般原则为赔偿由此造成的财产损失。对于因人身伤害所引起的财产损失的赔偿,应依损害的情况和程度作不同处理。

(1)一般伤害。一般伤害的赔偿范围根据我国法律以及司法解释的规定,因就医治疗支出的各项费用以及因误工减少的收入,包括医疗费、误工费、护理费、交通费、住宿费、住院伙食补助费、必要的营养费,赔偿义务人应当予以赔偿。

医疗费根据医疗机构出具的医药费、住院费等收款凭证,结合病历和诊断证明等相关证据确定。误工费是指受害人因身体受到伤害不能正常工作所减少的正当收入。计算误工费应考虑误工时间和受害人的正当收入标准。误工费赔偿金额的计算,其计算公式可以表述为:误工费赔偿金额=误工收入×误工时间。护理费根据护理人员的收入状况和护理人数、护理期限确定。护理人员有收入的,参照误工费的规定计算,护理人员没有收入或者雇用护工的,参照当地护工从事同等级别护理的劳务报酬标准计算。交通费根据受害人及其必要的陪护人员因就医或者转院治疗实际发生的费用计算。交通费应当以正式票据为凭,有关凭据应当与就医地点、时间、人数、次数相符合。住院伙食补助费可以参照当地国家机关一般工作人员的出差伙食补助标准予以确定。营养费根据受害人伤残情况参照医疗机构的意见确定。

(2)致人残疾。受害人因伤致残的,除了一般伤害的赔偿范围,其因增加生活上需要所支出的必要费用以及因丧失劳动能力导致的收入损失,包括残疾赔偿金、残疾辅助器具费、被扶养人生活费,以及因康复护理、继续治疗实际发生的必要的康复费、护理费、后续治疗费,赔偿义务人也应当予以赔偿。

残疾赔偿金根据受害人丧失劳动能力程度或者伤残等级,按照受诉法院所在地上一年度城镇居民人均可支配收入或者农村居民人均纯收入标准,自定残之日起按二十年计算。但60周岁以上的,年龄每增加一岁减少一年;75周岁以上的,按五年计算。受害人因伤致残但实际收入没有减少,或者伤残等级较轻但造成职业妨害严重影响其劳动就业的,可以对残疾赔偿金作相应调整。

(3)致人死亡。受害人死亡的,赔偿义务人除应当根据抢救治疗情况赔偿一般伤害的相关费用外,还应当赔偿丧葬费、被扶养人生活费、死亡补偿费以及受害人亲属办理丧葬事宜支出的交通费、住宿费和误工损失等其他合理费用。

丧葬费按照受诉法院所在地上一年度职工月平均工资标准,以六个月总额计算。被扶养人生活费根据扶养人丧失劳动能力程度,按照受诉法院所在地上一年度城镇居民人均消费性支出和农村居民人均年生活消费支出标准计算。被扶养人为未成年人的,计算至18周岁;被扶养人无劳动能力又无其他生活来源的,计算二十年;但60周岁以上的,年龄每增加一岁减少一年;75周岁以上的,按五年计算。被扶养人是指受害人依法应当承担扶养义务的未成年人或者丧失劳动能力又无其他生活来源的成年近亲属。被扶养人还有其他扶养人的，赔偿义务人只赔偿受害人依法应当负担的部分。被扶养人有数人的，年赔偿总额累计不超过上一年度城镇居民人均消费性支出额或者农村居民人均年生活消费支出额。

死亡赔偿金按照受诉法院所在地上一年度城镇居民人均可支配收入或者农村居民人均纯收入标准，按二十年计算。但60周岁以上的，年龄每增加一岁减少一年；75周岁以上的，按五年计算。赔偿权利人举证证明其住所地或者经常居住地城镇居民人均可支配收入或者农村居民人均纯收入高于受诉法院所在地标准的，残疾赔偿金或者死亡赔偿金可以按照其住所地或者经常居住地的相关标准计算。

3.精神损害赔偿

(1)精神损害赔偿的概念。精神损害赔偿又称“非财产损害”，是指由于加害人因其侵权行为侵害了他人的精神利益而应承担的赔偿责任。

(2)精神损害赔偿的范围。精神损害赔偿的范围即指何种侵权损害情形下予以精神赔偿的问题。根据《民法通则》、《侵权责任法》、《关于确定民事侵权精神损害赔偿责任若干问题的解释》，精神损害赔偿范围如下：①自然人的生命权、健康权、身体权、姓名权、肖像权、名誉权、荣誉权、人格尊严权、人身自由权、隐私权受到侵害的。②非法使被监护人脱离监护，导致亲子关系或者近亲属间的亲属关系遭受严重损害的。③自然人死亡后，其近亲属因下列侵权行为遭受精神痛苦的：以侮辱、诽谤、贬损、丑化或者违反社会公共利益、社会公德的其他方式，侵害死者姓名、肖像、名誉、荣誉；非法披露、利用死者隐私、或者以违反社会公共利益、社会公德的其他方式侵害死者隐私；非法利用、损害遗体、遗骨，或者以违反社会公共利益、社会公德的其他方式侵害遗体、遗骨。④具有人格象征意义的特定纪念物品，因侵权行为而永久性灭失或被毁损的。

此外，根据《婚姻法》第46条之规定，重婚、有配偶者与他人同居、实施家庭暴力、虐待遗弃家庭成员的，无过错方有权请求损害赔偿。这里的损害赔偿既包括物质损害赔偿，也包括精神损害赔偿。

(3)精神损害赔偿数额的确定标准。精神损害赔偿数额的确定标准是指一个自然人的人身权利遭到不法侵害后，采取什么标准去计算应得到赔偿的具体数额。最高人民法院《关于确定民事侵权精神损害赔偿责任若干问题的解释》第9、10条规定，精神损害抚慰金包括以下方式：致人残疾的，为残疾赔偿金；致人死亡的，为死亡赔偿金；其他损害情形的精神抚慰金。精神损害的赔偿数额根据以下因素确定：侵权人的过错程度，侵害的手段、场合、行为方式等具体情节，侵权行为所造成的后果，侵权人的获利情况，侵权人承担责任的经济能力，受诉法院所在地平均生活水平，法律另有规定的除外。

三、侵权责任的免责事由

(一)侵权责任免责事由的概念和特征

侵权责任的免责事由,是指被告针对原告要求承担侵权责任的请求而提出的证明原告的诉讼请求不成立或不完全成立的事实。

侵权责任的免责事由,主要具有以下特征:

(1)侵权责任的免责事由,须是客观存在的、已经发生的事实。

(2)侵权责任的免责事由,是对抗对方当事人行使请求权的客观事实。

(3)一定的免责事由总是以一定的归责原则和责任构成要件为前提的。特殊的归责原则和责任构成要件,总是要求特殊的免责事由。

(二)侵权责任免责事由的种类

[**事例 15**] 甲、乙因琐事发生口角,甲怀恨在心。一天乙独自回家,途中被甲等三人拦住,上来就是一阵拳打脚踢。乙急欲脱身,在甲挥拳向其打来时,朝甲猛力反击一拳,转身逃走,甲被打后当即倒地。经医院诊断为右侧第四根肋骨骨折,住院治疗月余,前后共花去医药费数百元。甲出院后要求乙赔偿其医药费,乙拒绝赔偿。试分析:乙是否构成正当防卫?

[**事例 16**] 甲、乙之间系邻里关系,原本双方素无结怨。案发当日,甲朝乙家乱扔杂物,先后砸破乙家的两个花盆,乙当即出来与之理论,但甲却谩骂不休,双方发生口角,乙一时冲动,打了甲一巴掌,致使甲头皮血肿,构成轻微伤,造成医疗费等经济损失合计2000余元。甲向法院起诉,要求乙对上述损失承担全部责任。而乙答辩称,甲对该损害的发生也有过错,应减轻乙责任。试分析:乙的答辩能否得到法院的支持?

1. 正当防卫

正当防卫,是指当公共利益、他人和本人的人身或其他利益遭受到不法侵害时,行为人所采取的一种防卫措施。事例 15 中乙的行为属于正当防卫行为。正当防卫作为免责事由,须以侵害行为的存在为前提,即只有在不法侵害实际发生的情况下,才能实行正当防卫。对尚未发生或已经结束的不法侵害实施防卫的,则构成侵权行为;防卫必须是针对非法的、不进行防卫就不能排除的侵害行为实施的;防卫须对不法侵害者本人实施;防卫是为了保护本人、他人或社会公共利益免受正在实施的不法行为的侵害;防卫不得超过必要的限度。

《民法通则》第 128 条和《侵权责任法》第 30 条都规定,因正当防卫造成损害的,不承担民事责任。正当防卫超过必要的限度,造成不应有的损害的,防卫人应当承担适当的民事责任。

2. 紧急避险

紧急避险,是指为了使公共利益、本人或他人的合法权益免受现实和紧急的损害危险，不得已而采取的致他人和本人损害的行为。

紧急避险作为免责事由，必须有合法的权益会受到损害的紧急危险；必须是在不得已的情况下采取避险措施；紧急避险行为不得超过必要限度，即避险行为所引起的损害应轻于所避免的损害。

《民法通则》第129条和《侵权责任法》第31条都规定，因紧急避险造成损害的，由引起险情发生的人承担民事责任。如果危险是由自然原因引起的，紧急避险人不承担民事责任或者给予适当的补偿。因紧急避险采取措施不当或者超过必要的限度，造成不应有的损害的，紧急避险人应当承担适当的责任。

3.受害人的同意

受害人同意是指受害人事前明确作出自愿承担某种损害结果的意思表示。受害人的同意作为抗辩事由，受害人的同意须明确作出；受害人的同意须自愿作出；受害人同意的内容是愿意承担某种损害后果；受害人的同意须在损害前作出；受害人的同意不得违反法律和社会公德及善良风俗。

4.不可抗力

所谓不可抗力，在我国《民法通则》上是指“不能预见、不能避免和不能克服的客观情况”。具体是指当事人自身能力不能抗拒也无法预防的客观情况或事故。不可抗力可以是自然原因酿成的，也可以是人为的、社会因素引起的。前者如地震、水灾、旱灾等，后者如战争、政府禁令、罢工等。因不可抗力造成损害，除法律另有规定外，行为人不承担侵权责任。

5.受害人的过错

受害人的过错，是指受害人对于自己的权益保护没有达到应当注意的程度，此时他对自己遭受损害就存在过错，包括故意和过失。《最高人民法院关于审理人身损害赔偿案件适用法律若干问题的解释》第2条规定了受害人有过错的情形，受害人对同一损害的发生或者扩大有故意、过失的，依照《民法通则》第131条的规定，可以减轻或者免除赔偿义务人的赔偿责任。但侵权人因故意或者重大过失致人损害，受害人只有一般过失的，不减轻赔偿义务人的赔偿责任。同时《民法通则》第106条第3款规定确定赔偿义务人的赔偿责任时，受害人有重大过失的，可以减轻赔偿义务人的赔偿责任。《侵权责任法》第26、27条规定，被侵权人对损害的发生也有过错的，可以减轻侵权人的责任；损害是因受害人故意造成的，行为人不承担责任。

受害人过错的构成要件，不同于一般的侵权行为和违约行为的构成要件，至少应该包括，受害人实施了不法或者不当的行为，受害人的过错影响了侵权人过错的程度，受害人的行为构成损害后果的部分原因。事例16中，甲的侵权行为与乙的侵权行为具有关联性，甲的不法行为促使了对其致害行为的发生，虽然没有构成正当防卫的情形，但是足以导致法律对被告的过错心理状态重新评价。本案中乙并非无缘无故击打甲，从某种意义上讲,甲有点咎由自取,因而被告在先行遭到侵权的情况下和被告无缘无故击打原告的过错应有区别,否则就违背了过错责任的一般法理,所以乙的答辩能够得到法院的支持。

6.第三人的过错

第三人过错,是指原被告之外的第三人对造成原告的损害具有过错,其特征有:第三人与被告之间不存在共同过错,既无共同故意又无共同过失;第三人的过错可以免除或者减轻被告的责任。具体而言:

(1)第三人的完全过错。如果被告无过错而第三人有过错,或被告只有轻微过失而第三人有故意或重大过失,则就应由第三人单独或主要承担民事责任。

(2)第三人与被告共同造成损害。即事前无通谋的数人侵权行为,被告与第三人共同造成了对原告的损害,但只是一种偶然结合的相互作用,双方既无共同故意也无共同过失,不构成共同侵权,不承担连带责任,而是按过错程度各自承担相应的责任。

【引导案例分析】

(1)孙某的行为符合紧急避险的构成要件,构成紧急避险无需承担责任。紧急避险,是指为了使公共利益、本人或他人的合法权益免受现实和紧急的损害危险,不得已而采取的致他人和本人损害的行为。紧急避险作为免责事由,必须具备以下条件:必须有合法的权益会受到损害的紧急危险;必须是在不得已的情况下采取避险措施;紧急避险行为不得超过必要限度,即避险行为所引起的损害应轻于所避免的损害。本案中孙某的行为构成紧急避险,孙某驾车驶进人行道是在情况紧急、马上就要发生车祸的情势下,迫不得已而实施的,而且以撞伤郭某的较小损害来挽救一起两车相撞、车毁人亡的重大交通事故。因此,孙某的行为符合紧急避险的构成要件,构成紧急避险,因此孙某无需承担责任。

(2)法院应当判决本案的责任由出租车司机李某一人来负担。根据《民法通则》第129条、《侵权责任法》第31条的规定,人为原因引起的紧急避险造成的损害,应由引起险情的人承担赔偿责任。本案李某是引起险情的人,法院当然判决由李某来承担郭某的一切损失赔偿责任。

专题五　特殊侵权责任

一、职务侵权的民事责任

[**事例17**]　甲公司为一劳务派遣公司,乙公司为一饮料公司。甲公司派遣丙到乙公司担任保安。一日,乙公司派司机丁和丙一起去送货。路上丁由于路滑不小心将戊的车撞坏,丙和戊争执的过程中将戊推倒摔伤。后查实,丙进入乙公司时未满16周岁,隐瞒了年龄,甲公司未审查。由于乙公司经营不善,撞车事件发生后即宣告破产。试分析:戊如何请求赔偿?

(一)职务侵权民事责任的概念

所谓职务侵权民事责任，指用人单位的工作人员因执行工作任务造成他人损害时由用人单位承担的侵权责任。《侵权责任法》第34条规定："用人单位的工作人员因执行工作任务造成他人损害的，由用人单位承担侵权责任。劳务派遣期间，被派遣的工作人员因执行工作任务造成他人损害的，由接受劳务派遣的用工单位承担侵权责任；劳务派遣单位有过错的，承担相应的补充责任。"由此，职务侵权行为可分为用人单位的责任和劳务派遣中产生的民事责任两种。事例17中，丙是甲公司的工作人员，被派遣到乙公司工作，甲公司是劳务派遣单位，乙公司是用工单位；丁是乙公司的工作人员，丙和丁开车送货的行为即是执行工作任务的行为。如果丙和丁在执行工作任务的过程中造成他人损害的，应由其用人单位承担民事责任。

(二)用人单位的责任

1.用人单位和工作人员的含义

用人单位的责任主要调整个人劳务关系以外的用人单位的责任，对于个人之间形成劳务关系的问题，如居民雇佣保姆等问题则不适用用人单位的责任。"用人单位"包括企业、事业单位、国家机关、社会团体等，也包括个体经济组织等，除个人、家庭、农村承包经营户等外，其他均统称为用人单位。"工作人员"既包括用人单位的正式员工，也包括临时在单位工作的员工。用人单位的责任包括国家机关工作人员因执行职务发生的侵权行为，也包括其他单位工作人员因执行工作任务发生的侵权行为。事例17中，甲公司和乙公司即分别是工作人员丙和丁的用人单位，其中乙公司又是丙的劳务派遣用工单位。

2.用人单位的责任构成

(1)在归责原则上，用人单位承担无过错责任。用人单位的责任构成只有三个要件：一是违法行为；二是损害事实；三是违法行为与损害事实具有因果关系。只要具备以上三个要件，无论用人单位是否存在过错，只要工作人员实施侵权行为造成他人损害的，用人单位就要承担赔偿责任。用人单位不能通过证明自己在选任或监督方面尽到了相应的义务来免除自己的责任。这样规定是因为工作人员是为用人单位工作，用人单位可以从工作人员的工作中获取一定的利益，因此，工作人员所产生的风险，需要由用人单位承担；同时，用人单位与工作人员相比，经济能力较强，让用人单位承担责任，有利于更好地保护被侵权人的合法权益，也有利于用人单位在选任工作人员时能尽到相当的谨慎和注意义务，加强对工作人员的监督和管理。事例17中，乙公司对丙和丁执行工作任务造成他人损害的，承担的是无过错责任，即只要具备违法行为、损害事实和因果关系三个要件，无论乙公司是否存在过错，都要承担责任。

(2)用人单位责任以工作人员的行为构成侵权为前提。只有工作人员在执行工作任务时对他人造成损害的，用人单位才承担侵权责任，即用人单位承担侵权责任是以工作人员的行为构成侵权为前提，并非是对工作人员的所有行为都承担责任。对于以过错为归责原则的责任，工作人员的行为如果没有过错，那么即使造成了他人的损害，用人单位也无须承担侵权责任；在高度危险责任等以无过错为归责原则的责任，工作人员的行为如果符合法律规定的免责条件，用人单位也不承担责任。也就是说，只有工作人员的行为符合法律规定的侵权行为构成要件，用人单位才对该侵权行为对外承担无过错责任。事例17中，乙公司承担责任的前提是丙和丁的行为构成了侵权，具备侵权行为的四个构成要件，否则乙公司不需承担责任。

(3)工作人员的侵权行为必须发生在执行工作任务的过程中。这是判断用人单位应否承担责任的关键。所谓"因执行工作任务"，即指工作人员执行职务时的行为。工作人员应当按照用人单位的授权或指示进行工作，与工作无关的行为，即使发生在工作时间内，用人单位也不承担侵权责任，该责任由工作人员自己承担。判断是否执行工作任务的一般标准是：①是否以用人单位的名义；②是否在外观上须足以被认为属于执行职务；③是否依社会共同经验足以认为与用人单位职务有相当关联。此外，还须考虑其他特殊因素，如行为的内容、行为的时间、地点、场合、行为之名义(以用人单位名义或以个人名义)以及行为的受益人(为用人单位受益或个人受益)，及是否与用人单位意志有关联等。事例17中，丁受乙公司派遣以乙公司的名义开车送货，送货的结果也直接归属于乙公司，因此是职务行为。同样，丙也是受乙公司派遣保护丁送货安全的，虽然丙推人的行为不当，但是在履行工作任务的过程中发生的，目的也是维护乙公司的利益，因此也应认定为执行工作任务的行为。

需要指出的是，国家机关或者国家机关工作人员因工作造成他人损害的，一类属于履行公职权的行为，另一类不属于履行公职权的行为，是国家机关为了维持自身正常运转所进行的民事行为。对于第一类属于履行公职权的行为，需要国家机关承担国家赔偿责任的，适用《国家赔偿法》的规定。对于第二类国家机关在民事活动中侵犯他人合法权益的，国家机关需要承担民事侵权责任的，适用《民法通则》及《侵权责任法》等法律的规定。

(三)劳务派遣中产生的民事责任

1. 劳务派遣的含义

劳务派遣是指劳务派遣机构受特定企业委托招聘员工，并与之签订劳动合同，将员工派遣到企业工作，其劳动过程由企业管理，其工资、福利、社会保险费等由企业提供给派遣机构，再由派遣机构支付给员工，并为员工办理社会保险登记和缴费等项事务的一种特殊用工形式。劳务派遣的主要特点就是员工的雇用和使用分离。劳务派遣机构是与劳动者签订劳动合同的一方当事人，派遣的员工到用工单位工作，但不与用工单位签订劳动合同，产生劳动关系。事例17中，甲公司作为劳动派遣机构，与丙签订劳动合同，形成劳动关系，甲公司将丙派遣到乙公司工作，丙受乙公司的直接管理，为乙公司提供劳务，但丙和乙之间并无劳动合同关系。

2.劳务派遣中用人单位和劳务派遣单位的责任

《侵权责任法》第34条规定，劳务派遣期间，被派遣的工作人员因执行工作任务造成他人损害的，由接受劳务派遣的用工单位承担侵权责任；劳务派遣单位有过错的，承担相应的补充责任。据此，用工单位承担无过错责任，劳务派遣单位承担过错补充责任。劳务派遣单位的过错主要指选任方面的过错，即劳务派遣单位在招聘、录用被派遣劳动者时，应当对劳动者的健康状况、能力、资格、品质以及在用工单位所任职务能否胜任进行详尽的考察；否则，应当对选任不当承担相应的补充责任。所谓相应的补充责任，即首先由用工单位承担赔偿责任，用工单位不能全部赔偿的，才由劳务派遣单位赔偿。用工单位是第一顺位的责任人，劳务派遣单位是第二顺位的责任人。在用工单位承担了全部赔偿责任的情况下，劳务派遣单位对被侵权人就不再承担赔偿责任。只有在用工单位财力不足，无法全部赔偿的情况下，剩余的部分才由劳务派遣单位来承担。不过劳务派遣单位不是对用工单位未赔偿的部分都承担赔偿责任，而是相应的补充责任，即仅在自己过错的范围内承担责任。事例17中，丙推戊摔伤的责任应首先由乙公司承担，因为乙公司是直接的用工单位，负责对丙的管理和使用。但乙公司在撞车事件发生后随即破产，如果戊不能取得全部赔偿，就剩余部分还可以请求甲公司承担与其过错相适应的补充责任。因为丙进入乙公司时未满16周岁，甲公司招聘丙时没有尽到审查义务，其主观上存在过错。

二、产品责任

[**事例18**] 赵某过生日那天买了一箱啤酒，但在开启啤酒时，啤酒瓶突然爆炸，将整箱啤酒炸碎，同时将三位朋友炸伤。试分析：赵某及朋友的损失由谁承担？

(一)产品责任的概念

产品责任是指产品的制造者或者销售者，因制造、销售的产品有缺陷造成他人的人身或财产损害应承担的民事责任。根据《产品质量法》的规定，所谓产品，指经过加工、制作，用于销售的产品。建设工程不是产品，建设工程使用的建筑材料、建筑构配件和设备，可以适用《产品质量法》的规定。所谓缺陷，是指产品存在危及人身、他人财产安全的不合理的危险；产品有保障人体健康和人身、财产安全的国家标准、行业标准的，是指不符合该标准。《民法通则》第122条规定："因产品质量不合格造成他人财产、人身损害的，产品制造者、销售者应当依法承担民事责任。运输者、仓储者对此负有责任的，产品制造者、销售者有权要求赔偿损失。"此外，《产品质量法》、《食品安全法》、《消费者权益保护法》、《侵权责任法》等法律中也有产品责任的规定。

(二)产品责任的构成要件

1.产品责任的归责原则

《产品质量法》第41条规定："因产品存在缺陷造成人身、缺陷产品以外的其他财产损害的，生产者应当承担赔偿责任。"《侵权责任法》第41条规定："因产品存在缺陷造成他人损害的，生产者应当承担侵权责任。”据此，生产者承担的产品责任实行无过错责任原则，即只要产品存在缺陷造成他人损害的，除了法定可以减轻或者免除责任的事由外，不论缺陷产品的生产者主观上是否存在过错，都应当承担侵权责任。事例 18 中，啤酒的生产者因啤酒瓶爆炸给赵某及其朋友造成的损失承担无过错责任，即无论其主观上有无过错，除非有法定的免责事由，啤酒的生产者都须承担赔偿责任。

2. 产品责任的构成要件

(1)产品有缺陷。缺陷是指产品存在危及人身、他人财产安全的不合理的危险。判断危险的标准有法定标准和一般标准：法定标准指产品有保障人体健康和人身、财产安全的国家标准、行业标准；一般标准指在没有法定标准的情况下，一般消费者对产品有权期待的安全性。事例 18 中，突然爆炸的啤酒即存在缺陷，存在危及人身、他人财产安全的不合理的危险。

(2)人身、财产遭受损害的事实。损害包括人身伤害、财产损失和精神损害等。人身伤害包括致人死亡和致人伤残。财产损失指缺陷产品之外的其他财产的损失，包括直接损失和间接损失。如果仅仅是产品本身损失，而未引起其他财产或人身损害，通常只产生违约责任，而不能产生产品责任。事例 18 中，啤酒爆炸造成的损害事实为赵某及其朋友的人身及财产损害，但不包括爆炸的啤酒本身。

(3)缺陷产品与损害事实之间有因果关系。即产品缺陷是损害的原因，损害是产品缺陷的后果，二者有直接的因果关系。确认产品责任，受害人要证明缺陷产品被其使用或消费，并在使用或消费缺陷产品时导致了损害的发生。而生产者就缺陷不存在，或缺陷与损害之间不存在因果关系负举证责任。另据《最高人民法院关于民事诉讼证据的若干规定》第 4 条第 1 款第 6 项规定，因缺陷产品致人损害的侵权诉讼，由产品的生产者就法律规定的免责事由承担举证责任。事例 18 中，赵某及其朋友要证明自己是啤酒的消费者或受害者，啤酒爆炸系在正常消费过程中发生。至于爆炸啤酒是否存在缺陷，以及缺陷与损害之间是否存在因果关系，则由啤酒的生产者承担举证责任。

(三)产品责任的追究

1. 产品责任的主体与追偿权

《民法通则》、《侵权责任法》、《产品质量法》等法律规定，因产品质量不合格造成他人财产、人身损害的，产品制造者、销售者应当依法承担民事责任：(1)因产品存在缺陷造成损害的，被侵权人可以向产品的生产者请求赔偿，也可以向产品的销售者请求赔偿。产品缺陷由生产者造成的，销售者赔偿后，有权向生产者追偿。因销售者的过错使产品存在缺陷的，生产者赔偿后，有权向销售者追偿。(2)被侵权人要求销售者告知缺陷产品的生产者或供货者，销售者不能指明缺陷产品的生产者也不能指明缺陷产品的供货者的，销售者应当承担侵权责任。(3)因运输者、仓储者等第三人的过错使产品存在缺陷，造成他人损害的，产品的生产者、销售者赔偿后，有权向第三人追偿。事例 18 中，赵某及其朋友既可以直接向啤酒的销售者提出赔偿请求，也可以向啤酒的生产者提出赔偿请求，还可以向二者同时提出赔偿请求。啤酒爆炸的缺陷由生产者造成的，销售者赔偿后，有权向生产者追偿。因销售者的过错造成啤酒爆炸缺陷发生的，生产者赔偿后，有权向销售者追偿。因为啤酒的运输者、仓储者等第三人的过错造成啤酒爆炸缺陷发生的，啤酒的销售者或生产者承担责任后，可以向运输者、仓储者追偿。

2.产品责任的形式

产品存在缺陷对他人可能产生两种影响：一是对他人人身、财产安全产生一种危险，存在不安全因素；二是造成现实的损害。据此，法律规定了不同的责任形式：

(1)排除妨碍、消除危险。因产品缺陷危及他人人身、财产安全的，被侵权人有权请求生产者、销售者承担排除妨碍、消除危险等侵权责任。

(2)警示、召回等补救措施。产品投入流通后发现存在缺陷的，生产者、销售者应当及时采取警示、召回等补救措施。未及时采取补救措施或者补救措施不力造成损害的，应当承担侵权责任。

(3)损害赔偿。因产品存在缺陷造成受害人人身伤害的，侵害人应当赔偿医疗费、治疗期间的护理费、因误工减少的收入等费用；造成残疾的，还应当支付残疾者生活自助具费、生活补助费、残疾赔偿金以及由其扶养的人所必需的生活费等费用；造成受害人死亡的，并应当支付丧葬费、死亡赔偿金以及由死者生前扶养的人所必需的生活费等费用。因产品存在缺陷造成受害人财产损失的，侵害人应当恢复原状或者折价赔偿。受害人因此遭受其他重大损失的，侵害人应当赔偿损失。事例 18 中，赵某及其朋友因啤酒爆炸受伤，有权请求赔偿医疗费、治疗期间的护理费、因误工减少的收入等费用。赵某还可以依违约责任请求啤酒的销售者赔偿整箱啤酒的损失。

此外，《侵权责任法》、《消费者权益保护法》、《食品安全法》等法律在规定损害赔偿的同时，还规定了惩罚性赔偿制度，如《侵权责任法》第 47 条规定：“明知产品存在缺陷仍然生产、销售，造成他人死亡或者健康严重损害的，被侵权人有权请求相应的惩罚性赔偿。”《消费者权益保护法》第 49 条规定：“经营者提供商品或者服务有欺诈行为的，应当按照消费者的要求增加赔偿其受到的损失，增加赔偿的金额为消费者购买商品的价款或者接受服务的费用的一倍。”《食品安全法》第 96 条规定：“生产不符合食品安全标准的食品或者销售明知是不符合食品安全标准的食品，消费者除要求赔偿损失外，还可以向生产者或者销售者要求支付价款十倍的赔偿金。”事例 18 中，如果经过鉴定，啤酒生产不符合食品安全标准或者明知啤酒不符合食品安全标准而销售的，赵某及其朋友还有权请求惩罚性赔偿。

3.免责事由

依《产品质量法》第 41 条规定，生产者能够证明有下列情形之一的，不承担赔偿责任：(1)未将产品投入流通的。如果产品未投入市场流通，则不发生产品责任。(2)产品投入流通时，引起损害的缺陷尚不存在的。即生产者将产品投放市场，转移到销售者或者直接出售给购买者时，该产品并不存在缺陷，产品的缺陷是在流通过程中，由于销售者或者运输者、仓储者的过错引起的，此时应由销售者或者运输者、仓储者负责。根据《产品质量法》第 41 条和《民法通则》第 122 条的规定，这一情形所免除的是生产者的最终责任而不是外部责任，即受害者仍有权请求生产者赔偿，而生产者仍应赔偿，然后再向最终的责任者追偿。(3)将产品投入流通时的科学技术水平尚不能发现缺陷的存在的。如果产品投入流通时，以当时整个社会所具有的科学技术水平来认定，尚不能发现缺陷存在的，即使后来科学技术进步了，发现原来投入流通的产品存在缺陷，生产者仍不需承担责任，但需采取警示、召回等补救措施，采取警示、召回等补救措施不力的，则生产者需承担责任。(4)使用者的过错。如果损害的发生是由于使用者的过错引起的，如超过安全使用期仍使用产品，不按照规定的用途和注意事项使用产品等，则生产者、销售者不承担赔偿责任。事例 18 中，如果啤酒的生产者能证明赵某购买的啤酒系未投入流通的产品、将产品投入流通时的科学技术水平尚不能发现缺陷存在的或者赵某自己的过错造成损害发生的，则免于承担责任。如果产品投入流通时引起损害的缺陷尚不存在的，啤酒的生产者仍须承担责任，然后再向最终的责任者追偿。

4.产品责任的诉讼时效

因产品存在缺陷致人损害的诉讼时效期间为 2 年，自当事人知道或应当知道其权益受到损害之时起计算，但自缺陷产品交付最初用户和消费者起满 10 年，请求权消灭，尚未超过明示的安全使用期的除外。事例 18 中，赵某及其朋友请求赔偿的诉讼时效期间为 2 年，自啤酒爆炸发生之日起计算。

三、高度危险责任

［**事例 19**］　甲为某电厂工人。一日，甲在修理高压电线时不慎被高压电击中，当场死亡。对于甲的死亡，其父母认为甲是在进行高度危险作业时出现的侵权事故，因此应当由电厂进行赔偿。试分析：本案是否属于特殊侵权责任？对于甲的死亡应根据哪些法律法规作出赔偿？

［**事例 20**］　乙在为丙的房屋进行修葺过程中，爬到房顶，结果被一根垂下的高压电线击中，当场死亡。对于乙的死亡，其父母认为乙的死亡是由于供电局的高压电线导致的，因此属于高度危险作业致人损害，主张由供电局赔偿。试分析：本案属于何种特殊侵权责任？供电局是否对乙的死亡承担侵权责任？

（一）高度危险责任的概念

高度危险责任即高度危险作业致人损害时作业人的责任。根据《侵权责任法》第九章的规定，“高度危险作业”，既包括使用民用核设施、高速轨道运输工具和从事高压、高空、地下采掘等高度危险活动，也包括占有、使用易燃、易爆、剧毒和放射性等高度危险物的行为。

高度危险作业致人损害是指危险作业对他人造成损害，不包括作业人内部工作人员（雇员）等因高度危险作业而遭受的损害，如果作业人内部工作人员因高度危险作业遭受损害，应该按照工伤事故的方式处理。事例19中，甲属于电厂的内部工作人员，在执行职务过程中受到人身损害，应当适用有关工伤事故的法律法规，而不能适用《侵权责任法》第69条关于高度危险作业致人损害的规定，不属于特殊侵权责任的类型，因此甲父母的主张是不能得到支持的。事例20中，乙不是供电局职工，但是由于供电局所属的高压电线导致死亡，因此该事件属于高度危险作业致人损害，乙父母的主张能够得到支持。

我国目前调整高度危险作业致人损害的法律法规和司法解释主要有《侵权责任法》第九章、《民法通则》第123条、《民通意见》第154条、《最高人民法院关于审理触电人身损害赔偿案件若干问题的解释》的规定。此外，《道路交通安全法》、《铁路法》等也涉及高度危险作业致人损害。

（二）高度危险作业致人损害的归责原则

根据《侵权责任法》第69条的规定，高度危险作业致人损害适用的归责原则是无过错责任。根据无过错责任的要求，在高度危险作业致人损害的案件中，受害人请求加害人承担侵权责任时，无须举证证明加害人主观上是否有过错，同时，加害人也不能以自己没有过错主张免责。

（三）高度危险作业致人损害的构成要件

1.作业人需从事高度危险作业。高度危险作业应具备以下三个条件：(1)作业本身具有高度的危险性。也就是说，危险性变为现实损害的几率很大，超过了一般人正常的防范意识，或者说超过了在一般条件下人们可以避免或者躲避的危险。(2)高度危险作业即使采取安全措施并尽到了相当的注意也无法避免损害。日常生活中，任何一种活动都可能对周围人们的财产或人身产生一定的危险性，但高度危险作业则具有不完全受人控制或者难以控制的危害性。(3)不考虑高度危险作业人对造成损害是否有过错。

2.须有损害发生。无损害，即无责任。这里的损害既包括财产损害，也包括人身损害。如果高度危险作业仅对周围环境构成威胁，未造成实际损害，可以要求作业人消除危险。

3.高度危险作业与损害结果之间有因果关系。该因果关系由受害人进行举证证明。事例20中，应由受害人乙的父母对因果关系进行举证。

（四）高度危险作业致人损害的责任主体

高度危险作业致人损害的责任主体是作业人。作业人是指实际控制高度危险物，并利用该危险物谋取利益的人。如民用核设施与民用航空器的经营者；占有或使用易燃、易爆、剧毒、放射性等高度危险物的占有人或使用人；从事高空、高压、地下挖掘活动或者适用高速轨道运输工具的经营者；遗失、抛弃高度危险物的所有人或管理人；非法占有高度危险物的非法占有人等。因此，高度危险作业致人损害的责任主体既可以是高度危险作业物的所有人，也可以是管理人或者其他占有人。

(五)高度危险作业致人损害责任的抗辩事由

高度危险作业致人损害的抗辩事由主要是受害人过错。在实践中受害人过错的表现形式主要有：自杀或自伤；盗窃或破坏高度危险作业设施；违反禁止性规定，随身携带易燃、易爆、剧毒、有腐蚀性、放射性或其他危险物品等。受害人故意需要由加害人来进行举证证明。

民用核设施发生核事故造成他人损害的，抗辩事由为“战争等情形或受害人故意”。民用航空器致人损害的，抗辩事由为受害人故意。占有或者使用易燃、易爆、剧毒、放射性等高度危险物造成他人损害的，其免责事由为受害人故意或不可抗力；其减责事由为被侵权人有重大过失。从事高空、高压、地下挖掘活动或者使用高速轨道运输工具造成他人损害的，其抗辩事由为受害人故意或者不可抗力造成的，作业人不承担责任。

四、环境污染责任

(一)环境与环境污染

我国《环境保护法》第 2 条规定，本法所称环境，是指影响人类生存和发展的各种天然的和经过人工改造的自然因素的总体，包括大气、水、海洋、土地、矿藏、森林、草原、野生生物、自然遗迹、人文遗迹、自然保护区、风景名胜区、城市和乡村等。

环境污染，既包括对生活环境的污染，也包括对生态环境的污染。对大气、水体、海洋、土地等生活环境的污染属于环境污染，对生物多样性的破坏、破坏生态环境和自然资源造成水土流失等生态环境的污染也属于环境污染。环境污染的形式既包括水污染、大气污染、噪音污染等传统的污染形式，也包括光污染、辐射污染等新型的污染形式。总之，因污染者的行为污染环境造成损害的，污染者应当承担侵权责任。

(二)环境污染责任的归责原则与免责事由

1. 归责原则

《侵权责任法》第 65 条规定：“因污染环境造成损害的，污染者应当承担侵权责任。”因此，污染环境致人损害的侵权行为适用无过错责任原则，受害人无须证明加害人是否有主观过错，加害人也不得以自己没有过错主张免责。

2. 免责事由和减责事由

[**事例 21**]　某市气象局预报，第二天有台风登陆该市。甲化工厂发现自己的排污设备暴露在户外，但认为天气预报未必准确，于是没有对排污设备采取保护措施，导致第二天排污设备被台风吹倒，在台风过后的一段时间由于维修排污设备，化工厂的污水没能得到及时处理而直接排入河流中，致使乙拥有的位于下流河塘的鱼类死亡。于是乙向甲化工厂主张赔偿，但甲工厂认为是由于台风导致污染环境的发生，属于自然灾害的免责事由，不赔偿。试分析：甲化工厂是否免责？

《侵权责任法》第66条规定,因污染环境发生纠纷,污染者应当就法律、法规规定的不承担责任或减轻责任的情形承担举证责任,因此关于环境污染责任的免责或减责事由依照具体的法律、法规来认定。

(1)不可抗拒的自然灾害。《环境保护法》第41条第3款规定:"完全由于不可抗拒的自然灾害,并经及时采取合理措施,仍然不能避免造成环境污染损害的,免予承担责任。"事例21中,该市气象局已经预报会有台风登陆,因此该自然灾害在一定程度上还是可以预见的,不属于不可抗拒的自然灾害,同时甲化工厂也没有采取合理措施保护自己的排污设备,导致污染环境损害的发生,因此甲化工厂不能以台风作为免责事由。

(2)第三人过错。《侵权责任法》第68条规定,因第三人的过错污染环境造成损害的,被侵权人可以向污染者请求赔偿,也可以向第三人请求赔偿。赋予了被侵权人赔偿对象的选择权。一般情况下污染者的赔偿能力比第三人强,规定污染者先替第三人承担责任再追偿的本意是对被侵权人的保护,但在第三人的赔偿能力比污染者强的情况下,被侵权人可以向污染者请求赔偿,也可以向第三人请求赔偿。污染者赔偿后,有权向第三人追偿。

(3)受害人故意。《水污染防治法》(2008年修订)第85条第3款规定,受害人故意造成水污染时,排污单位不承担赔偿责任,因此受害人故意属于免责事由。

(三)环境污染责任的构成要件

1.须有污染环境的行为

污染环境的行为是污染环境致人损害责任的构成要件之一,没有发生污染环境的行为,自然不会产生相应的侵权责任。污染环境的行为具有复杂性、渐进性和多因性的特征。这种违法行为可能直接违反环境保护方面的法律法规,也可能不违反环境保护方面的法律规范。因此不违反环境保护方面的法律法规,但也有可能成为污染环境的行为。

2.损害

损害是指有污染环境的损害后果。污染环境需对他人的人身或财产造成损害,如果没有损害发生,则不应当认为存在污染环境的损害后果。有时,损害的程度属于一般人能容忍的损害,也不认为存在污染环境的损害后果。

3.污染环境的行为与损害之间有因果关系

《侵权责任法》第66条规定污染环境的行为与损害之间的因果关系由加害人进行证明,此处实行举证责任倒置,如果加害人不能证明损害不是由于自己的加害行为造成的,就推定存在因果关系。

(四)两个以上污染者造成损害的责任

两个以上污染者造成损害环境污染侵权行为有以下要件:一是多个侵权主体,有两个或者两个以上的污染者。二是污染者存在无意思联络的侵权行为,即污染者都有污染环境的行为,但没有意思联络。如果污染者之间有意思联络,构成有意思联络的共同侵权,则应当承担连带责任。三是数个侵权行为与损害有总体上的因果关系,并不是单个侵权行为与损害之间有因果关系。四是造成了同一损害。

两个以上污染者污染环境,应当承担按份责任。污染者承担责任的大小,根据污染者的行为在导致损害的结果中所占的原因力的比例,即污染物的种类、排放量等因素确定。在确定责任大小时还应考虑其他因素,如排放地距离、排放持续时间、污染物的致害程度等。

五、地面施工致人损害责任

《民法通则》第125条、《侵权责任法》第91条规定了地面施工致人损害时施工人应当承担侵权责任。

(一)地面施工致人损害责任的概念

《民法通则》第125条、《侵权责任法》第91条都规定,在公共场所、道旁或者通道上挖坑、修缮安装地下设施等,没有设置明显标志和采取安全措施造成损害的,施工人应当承担民事责任。据此规定,地面施工致人损害责任是指在公共场所、道旁或者通道上挖坑、修缮、安装地下设施等,没有设置明显标志和采取安全措施,造成他人损害,施工人依法应当承担的赔偿责任。

(二)地面施工致害责任的构成要件和归责原则

根据《民法通则》第125条和《侵权责任法》第91条的规定,地面施工致人损害责任的构成要件有以下四个:

1.存在地面施工行为

地面施工行为指的是在公共场所、道旁、通道上进行挖坑、修缮安装地下设施的行为。该施工行为有三个特点:一是地点特定。《民法通则》强调了地面施工的场所,并非在一切场所进行地面施工,都适用该条的规定,只有在公共场所、道旁、通道等场所上进行的地面施工才适用该条的规定。而在非公共场所、道旁、通道上施工,人们很少接近或者禁止施工人员接近,如果造成损害,按照一般侵权行为处理。二是活动特定。进行的是挖坑、修缮安装地下设施等地下施工,该行为性质上属于积极的作为。三是时间特定。必须是在施工进行中的行为,即从施工开始一直到最后竣工验收前,如果是在竣工验收后发生损害,则应承担工作物致人损害责任。

2.施工人违反设置明显标志和采取安全措施的注意义务

施工人违反注意义务,即有过错。施工人过错的法定标准是:施工人没有设置明显标志和采取安全措施。因为公共场所、道旁、通道上是公众经常聚集活动、通行的地方,为维护社会公众的安全,要求施工人必须设置明显标志和采取安全措施。因此,法律设置了地面施工致害责任。施工人必须设置明显标志和采取安全措施,是法定的作为义务。如果施工人没有设置明显标志和采取安全措施,或者设置的标志不够明显、采取的措施不够安全，则构成地面施工致人损害行为，应承担地面施工致人损害责任。

3.存在损害事实

[事例22] 甲市政工程公司在本市A路某段挖坑施工，由于下了点小雨，该公司的施工人员乙从施工现场挖出的土堆上掉了下来，大腿骨折。试分析：乙能否要求甲公司按照《民法通则》第125条的规定承担特殊侵权责任？

这里的损害是指施工作业人员以外的第三人的损害，如过往的行人的损害，不包括施工人员自身受到的伤害。施工人员在施工中受到损害，不适用《民法通则》第125条的规定，应按照有关劳动法律法规处理。受害人所受的损害主要是人身损害，包括受轻伤、伤残、死亡等；也会伴有一些财产损失，如医疗费等；还可能是单纯的财产损害，如车辆毁损等。

事例22中，乙是从事作业的施工人员，在施工中受到损害，不适用《民法通则》第125条的规定，应按照有关劳动法律法规处理，所以，不能要求甲公司承担特殊侵权责任。

4.因果关系

受害人的损害与行为人违反注意义务的施工行为存在因果关系。地面施工致害不是因为施工人的作为造成了损害，而是因为施工人的不作为——在施工现场没有设置明显标志和采取安全措施造成了损害。

关于地面施工致人损害责任的归责原则，适用过错责任原则中的过错推定。受害人无需证明施工人的过错，只须证明自己因该施工受到伤害，即可推定施工人有过错应当承担民事责任，即推定施工人没有设置明显标志和采取必要的安全措施，违反对他人安全的注意义务即为主观上有过错。而证明自己没有过错的责任由施工人承担。

(三)地面施工致害责任的主体

[事例23] 2008年，某市甲煤气公司在该市解放路东段铺设天然气输送管道时，将施工工程发包给乙公司。乙公司在施工现场的作业坑面上用铁皮篷盖遮盖，并设立有红灯安全警示标志。某晚，施工工地的值班人员脱岗，有人砸碎了警示红灯，并将铁皮篷盖偷走。当晚10点左右，丙骑车路过时，因为没有安全标志而掉进坑内，小腿骨折，住院期间花去医疗费、护理费等1万元，误工被扣除的工资、奖金等约3000元，约2000元的电动自行车被毁。丙到区法院起诉乙公司，要求赔偿损失。法院依法追加甲公司为第三人。区法院判决对丙所受的财产损失15000元，由被告乙公司赔偿60%，第三人甲公司赔偿40%。试分析：区法院的判决是否合法？

根据《民法通则》第125条和《侵权责任法》第91条的规定，地面施工致人损害，由施工人承担赔偿责任，而不是由工程项目的发包人承担责任。这里所指的施工人是指以独立的主体资格承揽施工任务、组织进行施工的法人、其他组织或个人，而不是受人指挥具体从事施工劳动的人，也不是发包方。但是，如果公民或单位雇请修缮人员施工，而自己负责指挥，则该单位或公民视为施工人。根据《民法通则》第125条和《关于审理人身损害赔偿案件适用法律若干问题的解释》的规定，施工人应当对受害人一方承担人身损害赔偿责任，如果造成受害人财产损失的，加害人应当对相关的财产损失予以赔偿。

在事例23中，施工人虽然设置了红灯安全警示标志，并在施工现场用铁皮篷盖遮盖，以提醒路人。但因其值班人员漏岗而使该警示标志因被人砸碎而不能起警示作用，铁皮蓬盖被人偷走后也不存在安全措施，不能认定施工人采取了足以防止损害发生的安全措施。乙公司违反了法定的注意义务，主观上过失明显，故对行人丙的损失应当赔偿。根据《民法通则》第125条的规定，地面施工致人损害，由施工人承担赔偿责任，而不是由工程项目的发包人承担责任。本案的甲公司是发包人，乙公司才是施工人，所以，区法院所作的由被告乙公司赔偿60%，第三人甲公司赔偿40%判决，是不符合法律规定的。正确的判决应当是由施工人乙公司承担原告丙的全部财产损失15000元。

(四)地面施工致害责任的免责事由

1. 施工人没有过错

由于地面施工致人损害适用过错推定，施工人可以以自己没有过错主张免除责任。只要施工人能有效证明自己已尽法定的注意义务即设置了明显标志和安全措施，则意味着施工人主观上没有过错，即可免除责任。在这里，施工人设置的明显标志和采取的安全措施达到足以使任何人具备通常的注意即可防止损害发生的程度。如果因标志不明显、安全措施不当造成他人损害的，施工人必须承担赔偿责任。

2. 不可抗力

《民法通则》第107条规定："因不可抗力不能履行合同或者造成他人损害的，不承担民事责任，法律另有规定的除外。"《侵权责任法》第29条也规定，因不可抗力造成他人损害的，不承担责任。如果施工设置的标志和采取的安全措施为不可抗力破坏，从而导致损害的发生，施工人可以免责，但施工人必须证明自己已尽了高度的维护其安全措施的注意义务。考虑地面施工的特殊性，对不可抗力作为免责事由应作出严格限制：施工人已经尽全力保护这些标志和维护安全措施，且已经尽全力避免和减少损害后果的发生。

3. 受害人过错和第三人过错

一般认为如果施工人已设置明显标志并采取了适当的安全措施，只是由于受害人自己的过错致使损害发生，则施工人可不承担民事责任。《侵权责任法》第28条规定，如果损害的发生是由第三人造成的，则由第三人承担民事责任。这里所说第三人的过错，指第三人破坏、毁损施工人设置的安全标志和其他安全措施的行为。

在实践中，在有受害人过错或第三人过错的情况下，施工人如能证明损害是由于受害人的过错或者第三人的过错造成的，施工人已经尽全力保护这些标志和维护安全措施，且已经尽全力避免和减少损害后果的发生，则可免除责任。否则，视受害人或第三人的过错程度、施工人的尽力程度，免除部分责任。

六、物件致人损害责任

《民法通则》第 126 条和最高人民法院关于《审理人身损害赔偿案件的解释》第 16 条、《侵权责任法》第 89～90 条规定了物件致害时，它的所有人或管理人应当承担侵权责任。

(一)建筑物或其他设施及其搁置物、悬挂物致害责任

1. 建筑物或其他设施及其搁置物、悬挂物致害责任的概念

《民法通则》第 126 条和《侵权责任法》第 85～86 条规定，建筑物或者其他设施及建筑物上的搁置物、悬挂物发生倒塌、脱落、坠落造成他人损害的，它的所有人或者管理人应当承担民事责任，但能够证明自己没有过错的除外。建筑物或其他设施及建筑物上的搁置物、悬挂物致害责任，是指建筑物或其他设施及建筑物上的搁置物、悬挂物发生倒塌、脱落、坠落造成他人损害，其所有人或者管理人所应承担的赔偿责任，这种责任简称为建筑物致害的民事责任。

2. 建筑物致害责任的构成要件与归责原则

(1)须是建筑物致人损害。须存在建筑物或其他设施及其悬挂物、搁置物致人损害的事实。建筑物、其他设施及其悬挂物、搁置物致人损害，是指这些物件本身的坠落、脱落、倒塌致人损害，而不是行为人利用建筑物或其他设施及其悬挂物、搁置物故意侵害他人致人损害，如故意推倒围墙砸伤他人，后者属于故意侵权行为。建筑物是指通过人工建造而附着于土地上的能为人们的生产或生活提供场所的设施，如楼房。其他设施则是指施工脚手架、起重塔吊、缆车、索道等工作物等。建筑物上的悬挂物、搁置物是指放置或者悬吊在建筑物之上，而非建筑物组成部分的各种物件。

(2)须有致人损害事实。致人损害既包括财产损害，包括对受害人的直接或间接的财产损害，前者如房屋倒塌砸毁受害人的车辆，后者如因为人身伤害而产生的医疗费、误工费等，也包括对受害人的人身伤害，如致伤、致残、致死等。

(3)因果关系。受害人的损害结果与建筑物或其他设施及其悬挂物、搁置物的倒塌、脱落、坠落等有因果关系。由于损害后果和因果关系由受害人一方举证证明，所以，法医的鉴定、医院的诊断证明等往往具有十分重要的价值，当事人应当注意收集和保存。

(4)建筑物的所有人、管理人有过错。根据《民法通则》和最高人民法院司法解释的相关规定，建筑物、其他设施及其悬挂物、搁置物致人损害的责任为过错推定责任，受害人不需对赔偿义务人的过错进行举证，只需证明自己的受损害系建筑物及其设施的所有人或管理人所支配的物致害，即可推定所有人或管理人在主观上有过错，而证明自己没有过错的责任由致害人自己承担。赔偿义务人如能举证证明自己没有过错，即不承担责任。因此，只有物件所有人或者管理人不能证明自己对物件的脱落、坠落、倒塌没有过错时，即推定其有过错，成立建筑物致害责任。

根据《民法通则》第 126 条、《侵权责任法》第 85 条的规定，建筑物或其他设施致人损

害的归责原则是过错责任原则的过错推定。

3.建筑物致害的责任主体

[事例24] 甲购一楼房，自家居住。某日，三楼阳台上的花盆突然坠落，砸伤行人乙。试分析：乙的损失应由谁负责？

[事例25] 甲购一楼房，自家居住1～2层，三楼租给丙居住。某日，三楼阳台上的花盆突然坠落，砸伤行人丁。试分析：丁的损失应由谁负责？

建筑物致害的责任主体即赔偿义务人、责任人。按照《侵权责任法》第85条的规定，建筑物的致害责任由其所有人、管理人或使用人承担。此处的管理人包括依照法律法规或行政命令对国有建筑物进行经营管理的单位，也包括依照承包租赁等法律行为而经营管理国家、集体、个人所有的建筑物的单位和个人，但如果承包、租赁者能证明其管理没有过错或为防止损害发生尽了必要注意，则应由所有人承担赔偿责任。所有人或管理人承担责任的依据是他们是对该建筑物进行控制、管理并负有妥善维修的义务的人。所有人或者管理人作为赔偿主体，不以其直接占有建筑物为限，间接占有亦可。如果所有人自己维修、保养建筑物的，则所有人为赔偿主体；如果是由管理人负责维修、保养建筑物的，则管理人为赔偿主体。例如，在房屋出租的情况下，如果约定房屋维修义务由承租人承担，则房屋倒塌、脱落、坠落致人损害，应由房屋承租人承担。对于建筑物及其悬挂物、搁置物的致害责任，所有人或管理人之间就责任承担有约定的，依照其约定；没有约定的，则依据其谁对建筑物负有保管、维修之义务确定，由负有保管、维修义务的人承担。

上述事例24中，甲身兼所有人、管理人二职，所以是唯一的责任人，乙的损失应当由甲负责赔偿。事例25中，甲是所有人，丙是三楼的直接管理人即使用人，三楼的搁置物坠落，责任人应当是使用人丙，而不是所有人甲。所以，丁的损失应当由使用人丙负责赔偿。

4.建筑物致害责任的抗辩事由

[事例26] 某夏天，甲在阳台的廊檐上放了一小花盆，养了一盆茉莉。一天刮大风，花盆坠落砸伤路人乙。试分析：甲是否可以免责？

(1)赔偿义务人没有过错。赔偿义务人的免责事由是由所有人或管理人证明自己没有过错。根据《民法通则》第126条和《侵权责任法》第85条的规定，建筑物或其他设施致人损害的归责原则是过错责任原则的过错推定，即只有在建筑物或其他设施的所有人或管理人能够证明自己没有过错的，才不承担责任。而司法解释采取的也是过错责任原则中的推定过错，如《最高人民法院关于民事诉讼证据的若干规定》第4条第1款第4项规定：建筑物或者其他设施以及建筑物上的搁置物、悬挂物发生倒塌、脱落、坠落造成他人损害的侵权诉讼，由所有人或者管理人对其无过错承担举证责任。

(2)受害人的过错或第三人的过错

如果损害是由受害人的过错引起的，或者损害主要是由受害人的过错引起的，赔偿义务人可以免除部分或者全部民事责任。如小偷准备翻越阳台进屋偷东西，不慎碰翻了阳台上吊着的花盆，砸伤了自己，导致损害的原因是自己的过错，即使吊着的花盆有问题，也由小偷自己负责，花盆的所有者或管理者不应当承担责任。

如果赔偿义务人能够证明损害是由第三人的过错引起的或主要是第三人的过错引起的，也可以免除部分或全部民事责任。

(3)不可抗力。根据《民法通则》第107条和《侵权责任法》第29条的规定，如果赔偿义务人能够证明受害人的损害确因不可抗力造成的建筑物倒塌、脱落、坠落而致，赔偿义务人可以免责。

事例26中，涉及建筑物致害责任。甲在阳台的廊檐上摆放花盆，本身具有致人损害的危险性，其具有主观过错。大风只是导致花盆坠落的条件，而非原因，原因是甲把花盆放在阳台廊檐上随时可能会掉下去的危险性行为。大风也不是不可抗力，不能免责。因此，甲应当对此造成的损害承担赔偿责任。

(二)堆放物品致人损害责任

在现实生活中，有时会发生堆放物品致人损害的事情。根据2003年最高人民法院关于《审理人身损害赔偿案件的解释》第16条第1款第(二)项规定，堆放物品滚落、滑落或者堆放物倒塌致人损害的，适用《民法通则》第126条的规定，由堆放物的所有人或者管理人承担赔偿责任，但能够证明自己没有过错的除外。《侵权责任法》第88条规定："堆放物倒塌造成他人损害，堆放人不能证明自己没有过错的，应当承担侵权责任。"可见，堆放物品致人损害责任属于物件责任，归责原则为过错责任原则的过错推定，责任人为该堆放物品的所有人或管理人。

按照1988年《最高人民法院关于贯彻执行〈中华人民共和国民法通则〉若干问题的意见(试行)》第155条规定："因堆放物品倒塌造成他人报害的，如果当事人均无过错，应当根据公平原则酌情处理。"与最高人民法院关于《审理人身损害赔偿案件的解释》第16条之规定不同，二者之间的关系如何？该第155条规定与第16条的规定为补充关系，即对堆放物致害责任首先适用过错推定责任，只要堆放物品的所有人、管理人不能证明自己没有过错，在发生堆放物品滚落、滑落或倒塌致人损害的，就推定为所有人、管理人有过错，所有人、管理人就应当承担赔偿责任。此时适用的是16条而不适用155条。只有在所有人、管理人确已证明自己没有过错并成立时，才适用155条规定，依照公平原则酌情处理。

堆放物致害责任的构成要件与建筑物或其他设施以及建筑物上的悬挂物、搁置物的致害责任相同。免责事由包括证明自己没有过错、不可抗力、第三人过错、受害人过错等，如有混合过错时，则适用过失相抵原则来处理。

(三)道路、桥梁、树木等致人损害责任

[事例27] 某日，甲下班，狂风暴雨，甲在马路上冒雨骑自行车回家。突然被从路旁的树上掉下的枯枝砸在头上，甲受伤从车上栽倒在地，被好心人送到医院，花去医疗费若干。后经查证，此树为市政管理部门负责管理。试分析：甲的损失能否要求该管理部门负责？

道路、桥梁、树木致人损害的情况在现实中也比较多见。对此，最高人民法院关于《审理人身损害赔偿案件的解释》也作了规定。第16条："下列情形，适用民法通则第126条的规定，由所有人或者管理人承担赔偿责任，但能够证明自己没有过错的除外：(一)道路、桥梁、隧道等人工建造的构筑物因维护、管理瑕疵致人损害的……(三)树木倾倒、折断或者果实坠落致人损害的。""前款第(一)项情形，因设计、施工缺陷造成损害的，由所有人、管理人与设计、施工者承担连带责任。"《侵权责任法》第90条也规定，因林木折断造成他人损害，林木的所有人或者管理人不能证明自己没有过错的，应当承担侵权责任。

对道路、桥梁等致人损害，依据规定，可得出两点：一是道路、桥梁、隧道等人工建造的构筑物致人损害适用过错责任原则的推定过错。如果所有人或管理人不能证明自己没有过错，则应当承担赔偿责任。责任人是该构筑物的所有人或管理人。二是如果损害是由于设计、施工缺陷造成的，则应当由所有人或管理人与设计者、施工者承担连带责任。责任人是所有人或管理人、设计者、施工者。因此，受害人在向法院起诉时，可以列所有人或管理人与设计者、施工者等为共同被告，这样对受害人的保护更有利。

设计缺陷是指设计者在设计道路、桥梁、隧道时，对该构筑物的整体结构、方案、图样等事项存在不合理的情形。如在靠近雷击多发地区的楼房，设计方案应有防雷设计，如果没有防雷设计就属于设计缺陷。施工缺陷是指在构筑物本身的设计没有缺陷的前提下，施工单位在施工过程中，没有严格遵循设计方案或科学的施工规程进行施工所产生的构筑物的缺陷。如施工单位为减少成本而偷工减料，或为赶工期在水泥尚未凝固达到进一步施工要求时，即盲目施工，造成隧道塌陷等。

对树木致人损害，依据上述两条的规定，归责原则适用过错责任原则的推定过错，责任人为该树木的所有人或管理人，除非该所有人或管理人能够证明自己没有过错，否则就应当就受害人的损害承担责任。树木致害包括树木倾倒、折断、果实坠落致害，树木包括一切树木。

道路、桥梁、树木等致人损害的构成要件和免责事由与建筑物或其他设施以及建筑物上的悬挂物、搁置物的致害责任相同。

事例27中，涉及树木折落致害责任问题。树木掉落致人损害的民事责任，依据《侵权责任法》第90条规定，由树木的所有人或者管理人负过错推定责任。本案中，市政管理部门作为管理人，应定期修剪树枝，以免枯枝掉落伤人。枯枝掉落伤人表明市政管理部门没有尽到注意义务，对甲所受损害存在过错。尽管当时狂风暴雨，但枯枝掉落砸人不是由不可抗力造成的，因此，作为管理人的市政管理部门应承担侵权责任。

(四)妨碍通行物损害责任

《侵权责任法》第89条规定："在公共道路上堆放、倾倒、遗撒妨碍通行的物品造成他人损害的，有关单位或者个人应当承担侵权责任。"从此条规定来看，妨碍通行物损害责任的归责原则是过错推定，只要在公共道路上设置妨碍通行的妨碍物，造成他人人身或财产损害的，就足以推定妨碍物设置人或者管理人存在过失，认定其未尽注意义务。有关单位或者个人能证明自己没有过错的，不承担责任。

妨碍通行物损害责任的责任主体是有关单位或者个人，包含所有人、管理人、占有人、使用人在内。

（五）地下工作物致害责任

《侵权责任法》第91条还规定："窨井等地下设施造成他人损害，管理人不能证明尽到管理职责的，应当承担侵权责任。"从此条可以看出，地下工作物致害责任也是推定过错责任。

七、饲养动物致害责任

《民法通则》第127条、《侵权责任法》第78条规定了饲养动物致人损害时，该饲养动物的所有人或管理人应当承担无过错的侵权责任。但受害人的过错为减轻或免除赔偿义务人责任的抗辩事由。

（一）饲养动物致人损害责任的概念

《民法通则》第127条规定，饲养的动物造成他人损害，动物的饲养人或者管理人应当承担民事责任，由于受害人的过错造成损害的，动物饲养人或者管理人不承担民事责任。饲养动物致人损害的侵权责任，是指因饲养动物致人损害而依法应当由动物饲养人或者管理人承担的损害赔偿责任。

《侵权责任法》第78～84条则用7个条文规定了饲养动物致害责任，除了对饲养动物致害作了一般规定之外，还规定了未对动物采取安全措施责任、禁止饲养动物致害责任、动物园责任、遗弃和逃逸动物致害责任、第三人过错致使动物致害责任。

（二）饲养动物致人损害责任构成要件和归责原则

［事例28］ 小女孩甲（8岁）与小男孩乙（12岁）放学后常结伴回家。一日，甲对乙讲："听说我们回家途中的王家昨日买了一条狗，我们能否绕道回家？"乙答："不要怕！被狗咬了我负责。"后甲和乙路经王家同时被狗咬伤住院。试分析：该案中应当由谁承担责任？

饲养动物致人损害的构成要件主要有以下三个：

1.须饲养动物致人损害

所谓饲养动物，是指人工喂养、放养和管束的动物。之所以要由动物饲养人或管理人对饲养动物致人损害承担责任，是因为饲养人或管理人对饲养动物进行占有和控制。不为任何人占有和控制的野生动物致人损害，只能由受害人自己承担损害后果，不产生损害赔偿法律关系。逃逸期间的饲养动物，一般也属饲养动物，如果回复其野生状态，则不包括在内。构成《民法通则》规定的饲养的动物，应当具备以下条件：(1)为特定的人所有或占有，为特定的人饲养或管理；(2)饲养者或管理者对动物具有适当程度的控制力；(3)该动物依其自身的特性，有可能对他人的人身或财产造成损害；(4)该动物为家禽、家畜或宠物、驯养的野兽、爬行动物。

饲养动物致人损害须是动物的独立动作加害于他人，即在不受外力强制和驱使下实施的动作致人损害。如因自然力作用而导致的动物的独立动作加害他人，也属动物致害责任的范畴，如马因打雷而受惊狂奔，踏伤路人，也属动物的独立动作加害他人。动物致害的独立动作在多数情况下是动物的积极动作，但动物的消极动作也构成动物的独立动作，如马卧在铁轨上可能会使火车出轨造成损害。事例 28 中，甲、乙同时被王家的狗所咬伤，该伤害是由该狗的独立动作造成的，该独立动作也是动物的积极动作。

如果饲养动物只是作为侵权工具情况下致人损害，则不属于动物的独立动作，而属于人的行为，在这种情况下，动物仅为侵权工具，行为人应当承担一般侵权责任。饲养动物由于人的过错致人损害的，按照行为人的过错确定责任，有过错的当事人应当对损害后果承担责任，如果双方当事人都有过错的，则按过错程度或原因力大小分担责任。

2. 须有损害事实

饲养动物致人损害的事实包括财产损害和人身伤害。财产损害如农作物被践踏、毁损；人身伤害如致人伤残、死亡等。同时也包括动物造成的妨碍状态，例如因恶犬纠缠而致误车、误机，绵羊卧在道路上或者铁轨上引发交通事故等，也属于动物致害责任。事例 28 中，存在损害事实，狗咬伤甲和乙，造成二人的人身伤害。

3. 须动物加害与损害事实之间有因果关系

在饲养动物致人损害案件中，赔偿权利人应当证明受害人所受损害与动物的举动之间有因果关系。事例 28 中，赔偿权利人甲和乙以及他们的代理人要证明甲、乙所受伤害确实是王家的狗咬的。从案情看，事例 28 中，甲、乙受伤，均符合饲养动物致害责任的构成要件，应当由狗的饲养人王家人承担损害赔偿责任。

饲养动物致害的归责原则为二元归责体系。关于动物致害的赔偿责任的归责原则，我国《民法通则》规定为无过错责任原则。法律之所以将动物致害的赔偿责任确定为无过错责任，是基于动物本身所具有的致人损害的危险性。由于动物的所有人或管理人对动物负有管束的义务，因而也就必须对动物所具有的危险性负责，保证使它不至于造成他人损害。而一旦这种危险性造成损害，动物的饲养人或管理人就应承担民事责任，除具有法定的抗辩事由外，不能以证明自己没有过错而免责。《侵权责任法》也规定一般情况下为无过错责任，但动物园的动物致害，实行过错推定，从而确立了饲养动物致人损害的二元归责体系。

(三)饲养动物致人损害的责任主体

饲养动物致人损害的责任主体，即赔偿义务人、责任人。根据《民法通则》第 127 条和《侵权责任法》第 78 条规定，动物的饲养人或管理人为赔偿责任的责任主体。动物的饲养人是指动物的所有人，动物的管理人是指对动物进行实际控制和管束的人。

(四)饲养动物致人损害责任的抗辩事由

[**事例 29**]　甲在外闲逛,走到离村半里地、村北边独门独户居住的乙家附近,见乙家的狗卧在乙家门前睡觉,甲为寻找刺激便投石砸狗,狗一直将甲追到村里,甲躲到路人丙身后,结果狗咬了丙的大腿一口。试分析:丙的损失应当由谁承担?

动物的饲养人或者管理人并非需要对其饲养的动物造成的一切损害承担赔偿责任,法律也规定了一些抗辩事由。

1.法定免责

《民法通则》第127条规定了两种法定免责条件:一是受害人的过错,二是第三人的过错。而《侵权责任法》第78、83条与该条的规定存在着重大差异。

(1)受害人的过错。受害人的过错为法定免责条件,如果损害是由受害人自己挑逗、殴打、投喂动物造成的,动物的饲养人或者管理人不承担赔偿责任。受害人是否有过错,应当由饲养人或管理人承担举证责任。

但受害人的过错在不同的案件中并不完全相同。根据最高人民法院《关于审理人身损害赔偿案的司法解释》第2条规定:"受害人对同一损害的发生或者扩大有故意、过失的,依照民法通则第131条的规定,可以减轻或者免除赔偿义务人的赔偿责任。但侵权人因故意或者重大过失致人损害,受害人只有一般过失的,不减轻赔偿义务人的赔偿责任。""适用民法通则第106条第3款规定确定赔偿义务人的赔偿责任时,受害人有重大过失的,可以减轻赔偿义务人的赔偿责任。"《侵权责任法》吸收了这一规定,《侵权责任法》第78条规定:"饲养的动物造成他人损害的,动物饲养人或者管理人应当承担侵权责任,但能够证明损害是因被侵权人故意或者重大过失造成的,可以不承担或者减轻责任。"应该说,侵权责任法将受害人的过错限定为故意和重大过失,不包括受害人的一般过失。可以看出:只是在受害人的过错为引起损害的全部或主要原因时,动物的饲养人或管理人才能免责;如果受害人的过错只是引起损害的部分原因或次要原因,则不能全部免除饲养人、管理人的责任,而只能减轻其责任(过失相抵);但是受害人仅仅由轻微过失造成损害的,不得免除或减轻饲养人、管理人的赔偿责任。

(2)第三人的过错。如果损害是由第三人挑逗、殴打、投喂动物或者毁坏安全设施、警戒标志,致使受害人受到人身或财产损害的,第三人应当承担赔偿责任,按照《民法通则》第127条的规定,动物的饲养人或者管理人不承担赔偿责任。如果动物的饲养人或管理人有过错,即使动物致人损害是由于第三人的过错引起的,也不能免责。但根据《侵权责任法》第83条的规定:"因第三人的过错致使动物造成他人损害的,被侵权人可以向动物饲养人或者管理人请求赔偿,也可以向第三人请求赔偿。动物饲养人或者管理人赔偿后,有权向第三人追偿。"在此,动物的饲养人、管理人与第三人承担不真正连带责任,第三人是最终的责任人,饲养人、管理人在承担了责任后可以向第三人追偿。如果饲养人和管理人也有过错,第三人与动物的饲养人或管理人,根据各自对致害的原因力大小承担共同责任。

2.约定免责

在特殊情况下，动物的饲养人或管理人与受害人之间如果存在事先的免责约定，则可免除动物饲养人或管理人的责任。如动物饲养人或管理人与驯兽员、兽医、服务人员因雇佣或者劳务关系存在明示或默示的免责约定，即免除动物饲养人或管理人的赔偿责任。

注意：根据《侵权责任法》第79条和第80条的规定，违反管理规定，未对动物采取安全措施造成他人损害的，动物饲养人或者管理人应当承担侵权责任；禁止饲养的烈性犬等危险动物造成他人损害的，动物饲养人或者管理人应当承担侵权责任。在此两种情况下，没有免责事由。

事例29中，受害人丙受到的损害，自己没有过错，而是由于第三人甲的过错：用石头投打狗引起的。乙在村外居住，独门独户，把狗散养，按照习惯也没有过错，不需与有过错的第三人甲共同承担责任。所以，对丙的损害赔偿，应当由第三人甲全部承担。但是，根据《侵权责任法》第83条的规定，从对丙有利的角度出发，丙可选择向饲养人乙请求赔偿，也可向第三人甲请求赔偿。

八、被监护人致人损害的民事责任

［**事例30**］ 小甲在从乙小学放学回家的路上，将石块扔向路上正常行驶的丙出租车公司的出租车，致使乘客丁受伤，丁经治疗后脸上仍然留下了一块大伤疤，精神也受到损害。试分析：丁的医药费和精神损害应当由谁来赔偿？

（一）被监护人致人损害的民事责任的概念

被监护人致人损害的民事责任，指无民事行为能力人、限制民事行为能力人对他人人身、财产造成损害时，监护人依法应当承担的民事责任。

无民事行为能力人、限制民事行为能力人，因其行为能力的限制，无法承担民事责任，但并不意味着对他们造成的损害可以不追究。为了弥补受害人的损失，保护受害人的利益，同时督促监护人履行监护职责，我国《民法通则》第133条规定："无民事行为能力人、限制民事行为能力人造成他人损害的，由监护人承担民事责任。"

（二）被监护人致人损害的民事责任的归责原则

我国《民法通则》第133条规定："无民事行为能力人、限制民事行为能力人造成他人损害的，由监护人承担民事责任。监护人尽了监护责任的，可以适当减轻他的民事责任。有财产的无民事行为能力人、限制民事行为能力人造成他人损害的，从本人财产中支付赔偿费用。不足部分，由监护人适当赔偿，但单位担任监护人的除外。"《侵权责任法》第32条规定："无民事行为能力人、限制民事行为能力人造成他人损害的，由监护人承担侵权责任。监护人尽到监护责任的，可以减轻其侵权责任。""有财产的无民事行为能力人、限制民事行为能力人造成他人损害的，从本人财产中支付赔偿费用。不足部分，由监护人赔偿。”

从上述两条规定来看，我国法律规定的被监护人致人损害的民事责任是无过错责任，由监护人对被监护人的侵权行为承担责任，是种替代责任。因为监护人与被监护人间具有特殊的法律关系，监护人对被监护人负有照顾、保护的法定义务，那么对被监护人的不法行为造成的损害，无论监护人是否有过错，即是否履行了监护职责，监护人都应承担赔偿责任，已尽了监护职责不能作为免责事由。同时，根据该规定，监护人承担的无过错责任是可以减轻的。也就是说，无论监护人有无过错都应承担责任，但责任的程度不同。这样既保证受害人的损失得到补偿，保护其合法权益，又有利于调动监护人履行监护职责的积极性，促使其加强对被监护人的监护责任，预防侵权的发生。

但是，《侵权责任法》第 32 条与《民法通则》第 133 条相比，也有重大变化：一是加重了监护人的责任，监护人用被监护人的财产赔偿后，不足部分由监护人全部赔偿，而不是《民法通则》中的“适当赔偿”；二是排除了单位担任监护人免除赔偿责任的情况，明确单位担任监护人和非单位担任监护人承担同样的责任。

(三)被监护人致人损害的民事责任的构成要件

被监护人致人损害的民事责任的构成要件如下：

1.被监护人与责任承担人间存在监护关系。被监护人致人损害的民事责任是无过错责任，监护人对被监护人的致害行为承担侵权责任。因此责任构成要件之一即被监护人与责任承担人间存在监护关系。监护关系的存在，是监护人承担民事责任的基础。

2.被监护人实施了致害行为。被监护人实施了致害行为是监护人承担民事责任的前提。

3.该行为造成了他人损害。被监护人实施的行为造成了他人损害，该损害包括人身损害和财产损害。

4.侵害行为与损害结果之间有因果关系。

(四)被监护人致人损害的民事责任承担的基本原则

根据《民法通则》第 133 条的规定，被监护人致人损害的民事责任的承担原则有两个：

1.被监护人无独立财产的，由监护人承担全部民事责任；但监护人尽了监护责任的，可减轻其责任。

2.被监护人有独立财产的，应先从其财产中支付，余额由监护人承担。这种责任承担是根据被监护人的财产状况来确定的。无财产的被监护人致人损害时，完全由监护人承担责任；有财产的被监护人致人损害时，应先由本人承担赔偿费用，不足部分由监护人赔偿。在我国监护是无偿的，如果完全由监护人承担民事责任，势必会增加监护人的负担。同时，监护人承担的责任主要是损害赔偿责任，如果被监护人有独立的财产，首先以其财产予以赔偿，对监护人而言将更显公平。

(五)特殊类型的被监护人致人损害的民事责任承担

1.父母离婚后的责任承担

《民法通则意见》第158条规定:"夫妻离婚后,未成年子女侵害他人权益的,与该子女共同生活的一方应当承担民事责任,如果独立承担民事责任确有困难的,可以责令未与该子女共同生活的一方共同承担民事责任。"

夫妻离婚后,父母与子女的关系,不因父母离婚而消除,父母对未成年子女仍有管教、保护的义务。夫妻离婚后,不与子女共同生活的一方,对子女仍有监护义务,只是这种监护关系受到了一定限制,相应的,其义务也应有所减弱。与被监护人共同生活的监护人则负有主要的管教、约束被监护人行为的义务,因此,与该子女共同生活的一方首先应当承担民事责任。另外,未与被监护人共同生活的监护人的监护责任仍然存在,因此,如果与被监护人共同生活的监护人独立承担责任有困难的,未与被监护人共同生活的监护人应与其他监护人共同承担责任。

2.委托监护时的责任承担

监护人可以将监护职责委托给他人,但监护人与被监护人之间的监护关系并未消灭,监护人仍应对被监护人的行为负责。《民法通则意见》第22条规定:"监护人可以将监护职责部分或者全部委托给他人。因被监护人的侵权行为需要承担民事责任的,应当由监护人承担,但另有约定的除外;被委托人确有过错的,负连带责任。"

3.未成年人实施侵害行为的时候没有财产,但于诉讼时有财产的,仍应由其对自己的行为负责,先从本人财产中支付赔偿费用

《民法通则意见》第161条第1款规定:"侵权行为发生时行为人不满十八周岁,在诉讼时已满十八周岁,并有经济能力的,应当承担民事责任,行为人没有经济能力的,应当由原监护人承担民事责任。"

4.致人损害时年满18周岁的责任承担

民事责任能力是与民事行为能力相联系的,对行为人侵权行为的民事责任的确定,应以行为实施时的民事行为能力状况为标准。《民法通则意见》第161条第2款规定:"行为人致人损害时年满十八周岁的,应当由本人承担民事责任,没有经济收入的,由抚养人垫付,垫付有困难的,也可以判决或者调解延期给付。"根据该规定,只要行为人实施致害时是完全民事行为能力人,无论有无经济收入,都应由行为人自己承担赔偿责任,由抚养人垫付并不是让抚养人承担责任。

5.监护人不明的责任承担

监护人不明,主要是法定监护人之间对担任监护人有争议,有关机关又没有指定监护人的情况。为了保护受害人的利益,《民法通则意见》第159条规定:"被监护人造成他人损害的,有明确的监护人时,由监护人承担民事责任;监护人不明确的,由顺序在前的有监护能力的人承担民事责任。"

(六)学生伤害事故责任

根据《侵权责任法》第38、39、40条的规定,学生伤害事故又叫“校园事故”,即无民事行为能力人和限制民事行为能力人在学校、幼儿园等教育机构受到人身损害。校园责任事故主要是从学校违反安保义务着眼,规定了学校的责任。

学生伤害事故的归责原则,《侵权责任法》设计了两类情形:对无民事行为能力人在校园受到伤害,实行推定过错,学校等教育机构要证明自己没有过错,才不承担责任;对限制民事行为能力人在校园受到伤害,实行过错原则,由受害人举证证明学校有过错,学校才承担责任。

学校责任的范围,根据第38、39条的规定,应当是全部赔偿。第三人造成伤害时,学校承担与其过错相适应的补充责任。

第三人伤害学生时,学校责任的确定,根据《侵权责任法》第40条规定,无民事行为能力人或者限制民事行为能力人在幼儿园、学校或者其他教育机构学习、生活期间,受到幼儿园、学校或者其他教育机构以外的人员人身损害的,由侵权人承担侵权责任;幼儿园、学校或者其他教育机构未尽到管理职责的,承担相应的补充责任。

事例30中,乘客丁与丙公司之间是客运合同关系,根据《合同法》第302条规定,承运人应当对乘客在运输过程中所受到的人身伤害承担无过错责任,但因为合同责任不包括精神损害,所以丁只能要求丙公司赔偿医疗费,而不能要求其赔偿精神损害。上小学的小甲故意向出租车投掷石块,构成侵权,应当由其监护人承担责任,包括赔偿医疗费及精神损害。教育机构只对学生在校期间受到的伤害承担过错责任,故乙小学对小甲在放学回家的路上致人损害的行为不承担责任。综合上述分析,对于医疗费,丁可以同时要求出租车公司和小甲的监护人承担赔偿责任,也可以选择其中之一要求其赔偿,如果向出租车公司要求赔偿,出租车公司赔偿后,可以向小甲的监护人追偿,小甲的监护人为最终的责任人;对于丁的精神损害,则只能要求小甲的监护人赔偿。

九、网络用户和网络服务提供者侵权责任

(一)网络用户和网络服务提供者侵权责任的概念

《侵权责任》第36条规定,网络用户、网络服务提供者利用网络侵害他人民事权益的,应当承担侵权责任。网络用户利用网络服务实施侵权行为的,被侵权人有权通知网络服务提供者采取删除、屏蔽、断开链接等必要措施。网络服务提供者接到通知后未及时采取必要措施的,对损害的扩大部分与该网络用户承担连带责任。网络服务提供者知道网络用户利用其网络服务侵害他人民事权益,未采取必要措施的,与该网络用户承担连带责任。由此可见,网络用户侵权责任指的是网络用户利用网络侵害他人民事权利所应当承担的责任,网络服务提供者侵权责任是指网络服务提供者对自己利用网络侵害他人民事权利的行为以及网络用户的侵权行为所应当承担的民事责任。

(二)网络服务提供者侵权责任的种类

网络服务提供者的侵权责任有两类:自己责任和替代责任。

1.自己责任,即对自己利用网络侵害他人权利的不法行为承担责任。自己责任适用侵权责任法的一般规定。

2.替代责任,即对网络用户的侵权行为所应当承担的民事责任。此种替代责任属于过错责任,但法律规定网络服务提供者与侵权人承担连带责任。

网络服务提供者对网络用户的侵权行为承担替代责任的情形有以下两类情形:

(1)《侵权责任法》第36条第2款规定的提示规则下的侵权责任。网络用户利用网络服务实施侵权行为,被侵权人知道自己在该网站上被侵权,有权向网络服务提供者做出提示,通知其采取删除、屏蔽、断开链接等必要措施。网络服务提供者接到通知后未及时采取必要措施的,对损害的扩大部分与侵权网络用户承担连带责任。扩大部分的损害,指的是被侵权人提示以后造成的损害,该损害原本可以通过网络服务提供者接到通知后及时采取措施而避免,结果却没采取措施,故此部分损害应由网络服务提供者与该网络侵权用户承担连带责任。

(2)《侵权责任法》第36条第3款规定的明知规则下的侵权责任。网络服务提供者知道网络用户利用其网络服务侵害他人民事权益,未采取必要措施的,任凭侵权行为的发生,对被侵权人具有间接故意,应当属于共同侵权,所以需要与侵权网络用户承担连带责任。注意,此处的知道应当限定为"已经知道",即明知,而不应包括"应当知道"。

十、个人劳务责任、帮工责任和定作人责任

(一)个人劳务责任

[**事例31**] 某年临近春节,上海市民甲特意雇请乙擦窗户玻璃,乙不小心被玻璃割伤,花去医疗费数万元。试分析:乙的损失能否请求甲赔偿?

个人劳务责任过去规定在最高人民法院《关于审理人身损害赔偿案件的解释》的雇主责任中。该解释第9条、第11条分别规定:雇员在从事雇佣活动中致人损害的,雇主应当承担赔偿责任;雇员在从事雇佣活动中遭受人身损害,雇主应当承担赔偿责任。《侵权责任法》第35条对此作了专门规定:"个人之间形成劳务关系,提供劳务一方因劳务造成他人损害的,由接受劳务一方承担侵权责任。提供劳务一方因劳务自己受到损害的,根据双方各自的过错承担相应的责任。"单位用工则规定在第34条中。个人劳务责任的范围,仅限于个人之间形成的有偿劳务关系,即传统上所说的雇佣关系,主要指保姆、小时工等关系。

个人劳务责任包括两种:一是提供劳务一方因劳务造成他人损害时,由接受劳务一方承担的侵权责任;二是提供劳务一方因劳务自己受到损害时,双方各自承担相应的责任。

个人劳务责任的归责原则,根据《侵权责任法》第35条的规定,提供劳务一方因劳务

造成他人损害时,由接受劳务一方承担无过错责任;提供劳务一方因劳务自己受到损害的,因为考虑到接受劳务一方没有工伤保险机制转移风险,特别规定根据双方各自的过错承担相应的责任。

事例31中,甲、乙之间即是个人劳务关系。乙作为个人劳务提供者,在提供劳务活动中被玻璃割伤,即使是由于乙不小心,有过失,也不能免除接受劳务方甲的责任。故甲和乙应当根据各自的过错,承担责任,所以,对乙受到的损害,可以请求甲赔偿。

(二)帮工责任

1.帮工责任的概念和种类

在现实生活中,无偿帮工现象是经常发生的,在帮工中也时常会发生帮工人受到损害或造成别人损害的问题,这就存在帮工责任问题。帮工责任虽在我国现行立法中未有规定,但在最高人民法院关于《审理人身损害赔偿案件适用法律若干问题的解释》中进行了规定。第13条规定:"为他人无偿提供劳务的帮工人,在从事帮工活动中致人损害的,被帮工人应当承担赔偿责任。被帮工人明确拒绝帮工的,不承担赔偿责任。帮工人存在故意或者重大过失,赔偿权利人请求帮工人和被帮工人承担连带责任的,人民法院应予支持。"第14条:"帮工人因帮工活动遭受人身损害的,被帮工人应当承担赔偿责任。被帮工人明确拒绝帮工的,不承担赔偿责任;但可以在受益范围内予以适当补偿。""帮工人因第三人侵权遭受人身损害的,由第三人承担赔偿责任。第三人不能确定或者没有赔偿能力的,可以由被帮工人予以适当补偿。"由此可见,帮工责任是指帮工人在帮工活动过程中致人损害或遭受损害时被帮工人的赔偿责任。帮工责任包括帮工受害责任和帮工致害责任。

2.帮工致害责任

[**事例32**]　甲将数箱蜜蜂放在自家院中槐树下采蜜。在乙家帮忙筹办婚宴的丙在帮乙喂猪时忘关猪圈门,猪冲入甲家院内,撞翻蜂箱,使来甲家串门的丁被蜇伤,经住院治疗后痊愈。试分析:丁的医疗费应当由谁承担?

帮工致害责任,是指帮工人在帮工活动过程中致人损害时被帮工人的赔偿责任。根据最高人民法院《审理人身损害赔偿案件的解释》第13条规定,帮工致害责任存在以下情况:

(1)一般情况下,帮工人在从事帮工活动中致人损害的,由被帮工人承担赔偿责任。这主要是考虑到帮工人是无偿劳务提供人,不收取报酬,被帮工人是受益人,被帮工人因帮工人而获得利益。因此,帮工人在帮工活动中致人损害,应当由被帮工人承担赔偿责任。这里所说的帮工人是指无偿帮工人。帮工人和被帮工人之间的关系往往是邻里关系、朋友关系或亲戚关系,帮工人不因帮工活动而取得报酬。在一般侵权行为中,被帮工人对帮工人的致害行为承担责任,应符合一般侵权的构成要件。在特殊侵权行为中,被帮工人对帮工人的致害行为承担责任,应符合该特殊侵权的构成要件。如事例32中,是饲养的动物致人损害案件，属于特殊侵权案件，动物的饲养人承担无过错责任，被帮工人承担责任应符合饲养动物致害责任的构成要件。

(2)被帮工人明确拒绝帮工的，不承担赔偿责任。一般而言，帮工人是应被帮工人请求参加帮工的，或者虽被帮工人没有邀请帮工人参加帮工活动，但帮工人得知被帮工人在建房、收割粮食、搬家等方面存在困难时，基于中华民族的善良风俗，帮工人主动帮忙，被帮工人接受。但是，如果被帮工人明确拒绝帮工，帮工人仍坚持参加帮工致人损害，要求被帮工人承担赔偿责任，则显失公平。因为被帮工人拒绝帮工表明其不接受帮工活动所带来的利益，表明其自身工作不愿受他人的干涉。

(3)帮工人存在故意或者重大过失的，赔偿权利人请求帮工人和被帮工人承担连带责任的，人民法院应予支持。被帮工人在帮工活动中的受益是有限的，不能要求被帮工人对帮工人的所有侵权行为都承担责任，如帮工人自身对侵权行为存在故意或重大过失的，应当与被帮工人共同对受害人承担连带赔偿责任。

在事例32中，虽然丁的伤害是由于蜜蜂蜇伤，但导致蜜蜂蜇人的原因是另一动物猪的原因导致，而猪的管理者丙对此有过错。丙帮在家忙着办婚宴的乙喂猪，丙和乙之间形成帮工关系，丙为帮工人，乙为被帮工人。在该帮工关系中，责任应当由丙承担还是由乙承担？根据《人身损害赔偿司法解释》第13条的规定，帮工人在帮工过程中致他人损害的，被帮工人应当承担赔偿责任。帮工人存在故意或者重大过失的，承担连带责任。本题中的丙并无故意或者重大过失，因此应当由被帮工人承担。

义务帮工人致人损害的侵权责任构成要件包括：(1)侵权行为的实施者为义务帮工人；(2)侵权行为发生在帮工活动中；(3)有损害事实。

义务帮工致人损害的侵权责任归责原则，为过错推定责任。基于被帮工人是受益人，且在帮工活动中也有义务对帮工活动进行必要的指导，发生帮工人致人损害的事实，就推定被帮工人存在疏于指导和管理的过错，在主观上存在过失，应当承担侵权赔偿责任。被帮工人明确拒绝帮工的，表明其没有过错，因此不承担赔偿责任。此外，为平衡各方当事人的利益，如果帮工人存在故意或者重大过失，帮工人应和被帮工人承担连带责任。

3.帮工受害责任

[**事例33**] 甲在自己家的宅基地上翻盖新房，邻居乙、丙趁农闲时前来帮忙，甲看丙年老体迈，多次婉言谢绝。丙看见乙在高墙上砌墙，很是羡慕。一次，趁甲不在工地，丙执意上墙砌墙，不小心掉下摔伤，乙一分神，也掉下摔伤。试分析：对乙、丙二人的医疗费应如何处理？

帮工受害责任，是指帮工人在帮工活动过程中遭受损害时被帮工人的赔偿责任。根据最高人民法院《审理人身损害赔偿案件的解释》第14条的规定，帮工受害责任存在以下情况：

(1)帮工人在帮工中遭受人身损害的，由被帮工人承担赔偿责任。这种情况通常是指遭遇人身意外事件,造成人身伤害。该伤害是在帮工活动中造成的,被帮工人是帮工活动的受益人,理应承担赔偿责任。

(2)在被帮工人已经明确表示拒绝帮工人帮工,帮工人坚持帮工时,帮工人在帮工活动中遭到人身伤害,被帮工人不承担赔偿责任。被帮工人虽然对此不承担责任,但不等于说该帮工人在帮工活动中受到的损害与自己没有关系,因为帮工人参加帮工活动使被帮工人受益了,根据公平原则,被帮工人可以在受益范围内对帮工人予以补偿。

(3)帮工人因第三人侵权遭受人身损害的,由第三人承担赔偿责任。第三人不能确定或者没有赔偿能力的,可以由被帮工人予以适当补偿。帮工人因第三人侵权遭受人身损害时,赔偿义务人是侵权人,此种情况下,由帮工人向侵权行为人主张侵权赔偿责任。"第三人不能确定"意味着帮工人受伤后不能确定谁是赔偿义务人,如果帮工人遭受损害后而无人关注,不符合社会的公共利益,有悖善良风俗。所以本条规定,在第三人不能确定或者没有赔偿能力时,可以由被帮工人予以适当补偿。是否给予补偿的决定权,由人民法院根据具体情况来行使。

两种补偿是有区别的:前一种补偿是在被帮工人受益的范围内,因为在此种情况下,被帮工人已经明确拒绝了帮工人的帮工请求,主观上无任何过失,补偿是出于人道考虑;后一种情况不以明确拒绝为前提,补偿数额可以适当超出受益范围,当然也可以少于受益范围。

事例 33 中,甲与乙、丙之间形成帮工关系,甲为被帮工人,乙、丙为帮工人,乙、丙所受损害是在帮工活动过程中受到的损害。对于乙的医疗费,由被帮工人甲承担。但是,被帮工人明确拒绝丙帮工,故被帮工人甲对丙不承担赔偿责任。但根据公平原则,被帮工人甲应在受益范围内给予帮工人丙适当补偿,而丙的医疗费由自己承担。

(三)定作人责任

[事例 34] 甲公司经营空调买卖业务,并负责售后免费为客户安装。乙为专门从事空调安装服务的个体户。甲公司因安装人员不足,临时叫乙自备工具为其客户丙安装空调,并约定了报酬。乙在安装中因操作不慎坠楼身亡。试分析:乙的损失应当由谁负责?

1.定作人责任的概念和归责原则

最高人民法院《审理人身损害赔偿案件的解释》第 10 条规定:"承揽人在完成工作过程中对第三人造成损害或者造成自身损害的,定作人不承担赔偿责任。但定作人对定作、指示或者选任有过失的,应当承担相应的赔偿责任。"由此可见,定作人责任,是指承揽合同的承揽人在完成承揽事项过程中,因定作人对定作、指示或者选任有过失而对第三人造成损害或者造成承揽人自身损害时,定作人所应承担的赔偿责任。

根据合同法的规定,在承揽合同中,承揽人是独立的缔约人,不是定作人的雇员。承揽人只是按照定作人的标准来完成一定的工作,不需要定作人的具体支配、指示。因此,由承揽人自己独立完成工作并承担风险,定作人原则上不对承揽人在完成相关工作过程中给第三人造成的损害或造成自身损害承担责任。但是，如果定作人对承揽人的承揽工作存在指示等方面的过失，并因该过失造成第三人的损害或承揽人自身的损害时，根据上述第10条的规定，则存在定作人责任问题。所以，定作人责任的归责原则为过错责任原则。

2. 定作人责任的构成要件

(1)定作人须有定作、指示、选任过失。定作人的过失是定作人责任的主观要件。所谓定作过失，是指定作人对定作任务本身存在过失，即承揽事项违法或明显存在侵害他人权利的可能性，如非法加工危险品。所谓指示过失，是指定作任务本身正当，但在承揽人完成定作事项的具体指示中存在过失，如在承揽事项中指示承揽人使用不合格的材料，导致承揽人自身受到损害。所谓选任过失，是指定作人对承揽人的选任上存在过失。对于定作人的过失，应由受害人负举证责任。定作人若能证明自己没有过失的，不负责任。

(2)侵权行为须发生在承揽人执行该承槛事项中。所谓承揽事项，是指根据承揽合同约定，承揽人应当完成的工作。在定作人责任中，是否为承揽事项应以合同约定确定。承揽事项既可以是全部事项，也可以是部分事项。和完成承揽事项无关的其他行为造成的损害，与定作人无关，定作人无需承担赔偿责任。

(3)须有损害结果。这里的损害结果包括两个方面：一是造成承揽合同以外的第三人的损害；二是承揽人自己遭受的损害。

符合上述三个构成要件时，定作人承担相应的赔偿责任。

事例34中，关键在于确定甲乙之间的合同性质。甲乙之间的合同关系或为用工，或为承揽；而这两者的区别主要在于：用工合同多以时间的长短界定劳务的范围，在提供劳务时，直接接受债权人的指挥监督，不强调必须完成一定的工作或工作量。承揽合同一般强调负责提供劳务的债务人，必须完成一定的工作，并以该一定工作的完成界定其应提供劳务的范围，而且承揽人对完成工作保持完全的独立性。根据事例中的表述，鉴于乙系专门从事空调安装服务的个体户，属于利用自己的专业技能对外提供服务，且自备工具，可认为甲乙之间的合同关系为承揽合同。而根据《人身损害赔偿司法解释》第10条规定，承揽人在完成工作过程中对第三人造成损害或者造成自身损害的，定作人不承担赔偿责任。

十一、违反安全保障义务的侵权责任

《侵权责任法》第37条规定："宾馆、商场、银行、车站、娱乐场所等公共场所的管理人或者群众性活动的组织者，未尽到安全保障义务，造成他人损害的，应当承担侵权责任。""因第三人的行为造成他人损害的，由第三人承担侵权责任；管理人或者组织者未尽到安全保障义务的，承担相应的补充责任。"

(一)概述

1. 安全保障义务与违反安全保障义务的侵权责任的概念

近年来，社会上时常会发生经营场所安全措施不到位、安全保障上存在的问题致人损害的情况，有时还会发生犯罪分子在宾馆、酒店、银行等经营场所杀人、抢劫作案的事件，这就涉及到经营者对相关公众负有的安全保障义务及责任等问题。

根据《侵权责任法》第37条规定，安全保障义务是指从事住宿、餐饮、娱乐等经营活动的管理人或者组织群众性活动的自然人、法人、其他组织，对于进入该公共场所或群众性活动场所的消费者、活动参与者承担的保障其人身、财产安全的义务。

违反安全保障义务的侵权责任，是指负有安全保障义务的主体，在违反该义务的情况下造成他人人身和财产损害，依法应当承担的损害赔偿责任。

2.安全保障义务的主体

安全保障义务的主体即安保义务人，应当包括两类：(1)宾馆、商场、银行、车站、娱乐场所等公共场所的管理人，除了上述场所外，机场、码头、公园、餐馆等公共场所，也都负有安全保障义务。(2)其他社会活动的组织者(自然人、法人、其他组织)。

3.安全保障义务的内容和性质

安全保障义务的内容主要体现在相关场所的两个方面：(1)硬件设施方面及人员配备方面。设施设备安全可靠，有国家强制标准的应当符合强制标准的要求，没有国家强制标准的应当符合行业标准或达到此等经营所需要达到的安全标准。配备必要的相关的设施均处于良好的运行状态，如必要的消防设备，并及时定期更换。人员方面配备数量足够、合格的安全保障人员，且对正发生的危险，应积极协助权利人，避免或减少损害的发生。(2)软件方面、运营方面，有必要的管理、防范措施。如危险事先告知、定期消毒等。

安全保障义务的性质原则上属于法定义务，义务人必须履行与其相适应的安全保障义务。这种义务表现为一种积极的作为，违反该义务的消极的不作为是违法行为。违反安全保障义务造成损害，承担侵权责任而非违约责任。

(二)在没有第三人介入情况下安全保障义务人违反义务的侵权责任

[**事例35**] 甲与朋友在乙饭店吃饭，席间起身到洗手间洗手，洗手间地面有水，比较湿滑，导致甲站立不稳摔伤膝盖骨。试分析：乙饭店是否应该对甲承担责任？

1.概念

根据《侵权责任法》第37条第1款的规定，在没有第三人介入情况下安全保障义务人违反义务的侵权责任，是指安全保障义务人在自己承担安全保障义务的场所，没有履行安全保障义务，或者其提供的保障安全的硬件或软件设施达不到强制或合理的标准，导致消费者等人身损害或财产损失的，应当承担侵权责任。

2.归责原则

安保义务人违反安全保障保义务致害的归责原则应当是过错责任原则，即在自己有过错时才承担责任，无过错不承担责任。经营者的过错是没有尽到合理限度内的安全保障义务。过错表现为两方面：(1)由于经营者的硬件或软件设施不符合有关安全规范要求直接导致消费者损害，如吊灯掉下砸坏消费者物品；(2)经营者纯粹的不作为，没有提供安全的消费环境，导致消费者受到损害，违反安保义务的“行为”大多是消极的不作为，如屋顶应该修而未修砸伤顾客，地上有水而没及时清扫，致顾客摔伤，公园未及时修剪枯枝致顾客受到损害等。

判断经营者有无过错的一般标准是：是否尽安全保障义务。具体表现为：是否达到法律或操作规定等所要求达到的注意程度，如隔墙的材料；是否达到同类经营者、组织者所应达到的通常注意程度，如危险地带灯光照明，挂警示牌；是否达到一个诚信善良的经营者、组织者所应达到的注意程度，如舞池地滑时不是竖立“地滑”指示牌，而是涂上防滑剂。事例35中，饭店洗手间地面湿滑，没有及时处理，即表明该饭店没有尽到注意义务，饭店应当承担赔偿责任。

(三)在有第三人介入情况下安全保障义务人违反义务的侵权责任

[**事例36**]　甲在某酒店就餐，邻座乙、丙因喝酒发生争吵，继而动手打斗，酒店保安见状未出面制止。乙拿起酒瓶向丙砸去，丙躲闪，结果甲头部被砸伤。试分析：甲的医疗费应当由谁承担？

1.概述

司法实践中，大量的此类案件都是由第三人过错行为的介入，导致损害发生，第三人的行为往往是损害发生的全部原因或主要原因。因此，应当由实施加害行为的第三人承担赔偿责任。《侵权责任法》第37条第2款规定：因第三人的行为造成他人损害的，由第三人承担侵权责任；管理人或者组织者未尽到安全保障义务的，承担相应的补充责任。

2.归责原则和责任形式

安保义务人违反安全保障保义务致害的归责原则，在有第三人介入时，和没有第三人介入的情形相同，都适用过错责任原则。此时安全保障义务人的过错表现为：有义务防止或者制止损害的发生，但没有防止或者制止损害的发生。

责任形式为补充赔偿责任。安全保障义务人有过错的，应当在其能够防止或者制止损害的范围内承担相应的补充赔偿责任：(1)如加害人已承担全部赔偿责任，安保义务人则无需承担任何责任。(2)如加害人已承担部分赔偿责任，安保义务人只需对剩余部分承担与自己的过错相适应的补充赔偿责任；如，加害人承担了70%，安保义务人的过错为10%，那么只承担10%，还有20%的损害不能得到赔偿。(3)找不到加害人或加害人无力承担赔偿责任时，安保义务人仍只承担和其过错相适应的赔偿责任。

3.安全保障义务人的追偿权

安全保障义务人履行赔偿义务后，取得了对直接加害的第三人的追偿权。安全保障义务人在其支付的赔偿数额内，有权请求直接加害的第三人偿付。请求直接加害的第三人偿付的数额应该包括安全保障义务人已经向受害人支付的本金和利息。安保义务人的过错是没有防止或制止第三人的侵权行为，肇事人仍然是第三人，即最终责任人。所以，安保义务人有权在承担责任后向终局责任人追偿。

事例36中，乙、丙因喝酒发生争吵，继而动手打斗，酒店保安见状未出面制止，表明该酒店有过错，表现为：有义务防止或者制止损害的发生，但没有防止或者制止。乙拿起酒瓶向丙砸去，丙躲闪，结果甲头部被砸伤。侵权行为人为乙，对甲的医疗费应当由乙承担，酒店承担补充赔偿责任。

十二、医疗损害责任

［**事例37**］ 在某市医学院附属医院，医务人员没有按照医疗操作规程认真核对，竟将两个不同病因等待手术的患儿搞错：一个本该做扁桃体剥离术的5岁患儿龙龙，竟被当做需要做心脏手术的冲冲，将其开胸误做了心内修补术，并且将为冲冲备用的“B”型血输入了“A”型血的龙龙体内，造成了严重的输血反应；而对该做心内修补术的4岁患儿冲冲，竟误将其摘除了扁桃体。事故发生后，医院全力抢救两患儿，在共同努力下，两患儿转危为安。试分析：医院应否承担责任？

（一）医疗损害责任的含义

医疗损害责任，是指医疗机构及其医务人员在医疗活动中造成患者人身损害所依法应当承担的责任。医疗损害责任包括医疗技术损害责任、医疗伦理损害责任和医疗产品损害责任。

医疗技术损害责任是指医疗机构及其医务人员在医疗活动中，违反医疗技术上的高度注意义务，造成患者人身损害的医疗损害责任。

医疗伦理损害责任是指医疗机构及其医务人员违背医疗良知和医疗伦理的要求，造成患者人身损害以及其他合法权益受损的医疗损害责任。

医疗产品损害责任，是指医疗机构及其医务人员在医疗过程中使用有缺陷的药品、消毒药剂、医疗器械以及血液及其制品等医疗产品，造成患者人身损害的医疗损害责任。

（二）医疗损害责任的归责原则

《侵权责任法》第54条规定：“患者在诊疗活动中受到损害，医疗机构及其医务人员有过错的，由医疗机构承担赔偿责任。”第59条规定：“因药品、消毒药剂、医疗器械的缺陷，或者输入不合格的血液造成患者损害的，患者可以向生产者或者血液提供机构请求赔偿，也可以向医疗机构请求赔偿。患者向医疗机构请求赔偿的，医疗机构赔偿后，有权向负有责任的生产者或者血液提供机构追偿。”可见，在三种医疗损害责任中，医疗技术损害责任和医疗伦理损害责任适用过错责任原则，医疗产品损害责任适用无过错责任原则。

（三）医疗损害责任的构成要件

医疗技术损害责任和医疗伦理损害责任的构成要件有四个，而医疗产品损害责任的构成要件有三个。

1. 违法医疗行为。医疗损害责任的违法行为发生在如检查、诊断、治疗、护理、管理等医疗过程中。医疗技术违法行为的表现很多,例如把普通的麻疹误诊为肺炎,在手术结束时把医用纱布遗留在了患者体内,护士给患者打针时违反医嘱擅自减少药剂量,在医疗场所未采取防控感染与传染措施,在孕检中对胎儿状况实施不当或错误检查,违规实施医疗措施等。医疗伦理违法行为主要表现为未告知患者医疗机构的医疗水平、医疗设备、医疗技术甚至医务人员等有关状况以及患者的病情、检查诊断方案及其结果与风险、必要的转医转诊等事宜或者没有征得患者同意、违反患者意愿不当采取医疗措施,对病患情况、病史情况及患者其他重要个人信息未采取保密措施导致泄露患者隐私,疏于对患者及时救治,对患者的身份管理出现差错等。医疗产品违法行为主要表现为使用了有缺陷的医疗产品,医疗产品包括药品、消毒药剂、医疗器械、输血血液及血液制品。医疗产品的缺陷包括产品设计缺陷、产品制造缺陷、产品警示说明不充分的缺陷以及产品跟踪观察缺陷等。

2. 医疗损害事实。主要包括:①受害人的生命权、健康权或者身体权受到损害。②受害人的生命权、健康权或者身体权受到损害所导致的财产损失。③受害人因医疗技术损害所造成的受害患者或者其近亲属的精神损害。医疗伦理损害事实中给患者及其近亲属造成的精神损害往往十分突出。而医疗产品损害事实中,有些后果在受害时可以发现,有的则要在受害之后很长时间才出现后果。

3. 违法医疗行为与医疗损害事实之间具有因果关系。在医疗损害责任中,因果关系的探查往往是非常复杂甚至难以确定的,往往需要通过专门医学鉴定(医学会的医疗事故责任鉴定)或司法鉴定(司法鉴定机构的医疗损害责任鉴定)才能确定。

4. 医疗过错。医疗过错的主要表现形式为过失。在医疗技术损害责任中,法律以当时的医疗水平来衡量医疗机构及其医务人员是否尽到了应尽的高度注意义务和是否具有过失,即如果其医术明显低于当时的医疗水平而导致患者损害,则其就没有尽到一个善良管理人或理性医务人员的法定职责,应当被认定为具有过失。当然在具体案件中也应当适当考虑医疗水准的时间性和地域性以及医疗机构与医疗人员的整体资质情况。

证明医疗机构及其医务人员具有过错的举证责任在受害患者。但《侵权责任法》第58条规定:"患者有损害,因下列情形之一的,推定医疗机构有过错:(一)违反法律、行政法规、规章以及其他有关诊疗规范的规定;(二)隐匿或者拒绝提供与纠纷有关的病历资料;(三)伪造、篡改或者销毁病历资料。"说明在这些情况下,受害患者只要证明上述三种情形的一种,则可推定医方具有过错,而医方欲证明自己无过错,只能另行提出足够的相反证据。尤其是在第(二)、(三)种情况下,医方不但会被推定为具有主观过错,同时还会被推定为违法医疗行为存在并与医疗损害事实之间具有因果关系。

从司法实践和证据学的角度看,医疗伦理过错的举证责任主要采取过错推定的方式。

由于医疗产品损害责任采无过错责任原则,所以该种责任的构成要件不包括医疗过错。但当受害患者按照不真正连带责任向医疗产品生产者索赔时,生产者欲向医疗机构追偿或欲直接让医疗机构承担责任，必须承担医疗机构具有过错的举证责任。

(四)医疗损害责任的承担者

医疗损害的责任分担形态是替代责任。由于医务人员治疗患者的行为一般是职务行为，所以医疗机构应当就其医务人员造成的医疗侵权损害承担赔偿责任。医疗机构赔偿之后，可以向有故意或重大过失的医务人员追偿。

医疗产品损害责任的承当方式往往是不真正连带责任。受害患者享有将医疗机构或生产者作为索赔对象的选择权。但医疗机构在其有过错的情况下直接向受害患者进行赔偿或者生产者在其造成产品缺陷的情况下直接向受害患者进行赔偿，非属不真正连带责任。

(五)医疗损害责任的免责事由

根据《侵权责任法》和有关医疗法规，患者有损害，因下列情形之一的，医疗机构不承担赔偿责任：①患者或者其近亲属不配合医疗机构进行符合诊疗规范的诊疗；②医务人员在抢救生命垂危的患者等紧急情况下已经尽到合理诊疗义务；③限于当时的医疗水平难以诊疗；④为采取保护性医疗措施，或依法强制治疗传染病、精神病和强制戒毒而未告知患者有关资讯或未征得患者同意；⑤因不可抗力造成医疗损害；⑥因意外事件造成医疗技术损害或医疗伦理损害。但在第一项情形中，医疗机构及其医务人员也有过错的，应当承担相应的赔偿责任。例如《侵权责任法》第 56 条规定：“因抢救生命垂危的患者等紧急情况，不能取得患者或者近亲属意见的，经医疗机构负责人或者授权的负责人批准，可以立即实施相应的医疗措施。”从医疗机构负有救死扶伤的法定职责看，在这种紧急情况下，如果其近亲属无正当理由拒绝在知情同意书上签字，医疗机构仍有义务实施紧急救治，违反者应属有过错行为。

事例 37 中，医务人员没有按照医疗操作规程认真核对，竟将两个不同病因等待手术的患儿搞错，根据《侵权责任法》第 58 条第 1 款规定，应推定附属医院具有医疗过错。完全因这种过错行为导致了两个患儿的人身损害，附属医院应承担医疗损害责任。由于这种损害是医务人员违反医疗规程引起的医疗技术损害，所以相应的侵权责任为医疗技术损害责任，同时医务人员的违规行为直接造成了两个患儿的身份混淆，进而造成了两患儿的人身损害，因此，这种侵权责任同时属于医疗伦理损害责任。

十三、机动车交通事故责任

(一)机动车交通事故责任的含义

机动车交通事故责任，是指机动车发生交通事故造成交通主体损害时，责任人对受害人应当承担的侵权赔偿责任。道路交通事故包括机动车交通事故和非机动车交通事故，但非机动车交通事故责任从性质上看主要属于一般侵权责任。

(二)机动车交通事故责任的归责原则

《侵权责任法》第 48 条规定：“机动车发生交通事故造成损害的，依照道路交通安全法的有关规定承担赔偿责任。"《道路交通安全法》第76条第1款规定:"机动车发生交通事故造成人身伤亡、财产损失的,……按照下列规定承担赔偿责任:(一)机动车之间发生交通事故的,由有过错的一方承担赔偿责任;双方都有过错的,按照各自过错的比例分担责任。(二)机动车与非机动车驾驶人、行人之间发生交通事故,非机动车驾驶人、行人没有过错的,由机动车一方承担赔偿责任;有证据证明非机动车驾驶人、行人有过错的,根据过错程度适当减轻机动车一方的赔偿责任;机动车一方没有过错的,承担不超过百分之十的赔偿责任。"以上规定说明机动车交通事故责任适用过错责任原则,机动车与非机动车驾驶人、行人之间发生交通事故适用过错推定原则和部分无过错责任。同时也可看出,机动车交通事故责任实行过失相抵规则。

另外,保险公司在第三者责任强制保险责任范围内承担无过错责任。道路交通事故社会救助基金对于受害人抢救费用的先行垫付适用无过错责任。

(三)机动车交通事故责任的承担者

1. 替代责任。根据《侵权责任法》规定,因租赁、借用等情形机动车所有人与使用人不是同一人时,发生交通事故后属于该机动车一方责任的,由保险公司在机动车强制保险责任限额范围内予以赔偿。不足部分,由机动车使用人承担赔偿责任;机动车所有人对损害的发生有过错的,承担相应的赔偿责任。当事人之间已经以买卖等方式转让并交付机动车但未办理所有权转移登记,发生交通事故后属于该机动车一方责任的,由保险公司在机动车强制保险责任限额范围内予以赔偿。不足部分,由受让人承担赔偿责任。盗窃、抢劫或者抢夺的机动车发生交通事故造成损害的,由盗窃人、抢劫人或者抢夺人承担赔偿责任。保险公司在机动车强制保险责任限额范围内垫付抢救费用的,有权向交通事故责任人追偿。

2. 自己责任。包括车主自驾车、家庭成员驾驶私家车、合伙人驾驶合伙用机动车等情况下发生的交通事故责任。

3. 连带责任。机动车交通事故存在共同侵权时适用连带责任规则确定责任主体。同时侵权责任法规定,以买卖等方式转让拼装或者已达到报废标准的机动车,发生交通事故造成损害的,由转让人和受让人承担连带责任。

4. 保险责任与垫付责任。侵权责任法规定,机动车驾驶人发生交通事故后逃逸,该机动车参加强制保险的,由保险公司在机动车强制保险责任限额范围内予以赔偿;机动车不明或者该机动车未参加强制保险,需要支付被侵权人人身伤亡的抢救、丧葬等费用的,由道路交通事故社会救助基金垫付。道路交通事故社会救助基金垫付后,其管理机构有权向交通事故责任人追偿。

(四)机动车交通事故责任的免责事由

《道路交通安全法》第76条第2款规定,交通事故的损失是由非机动车驾驶人、行人故意碰撞机动车造成的,机动车一方不承担赔偿责任。同时根据本条第1款第2项规定,机动车一方没有过错的，承担不超过百分之十的赔偿责任。

本单元重点内容图解

- 侵权责任
  - 侵权责任概述
    - 侵权行为的分类
    - 侵权责任与违约责任的区别
  - 侵权责任的归责原则
    - 过错责任原则
    - 无过错责任原则
    - 公平责任原则
  - 一般侵权行为的构成要件
    - 损害事实
    - 违法行为
    - 因果关系
    - 主观过错
  - 侵权责任的形式及免责事由
    - 侵权责任的形式
    - 侵权损害赔偿的范围
    - 免责事由
  - 特殊侵权责任
    - 特殊侵权责任的类型
    - 特殊侵权责任的构成要件
    - 特殊侵权责任的免责事由
    - 特殊侵权责任的责任主体

同步训练

一、单项选择题

1. 由于某造纸厂长期排污，该厂周围方圆一公里内的庄稼蔬菜生长不良，有害物质含量超标，该地域内的居民几年来出现多人患有罕见疾病的情况。针对本案，下列哪个事项是错误的？（　　）

A. 环境污染责任的因果关系证明，受害方不负举证责任

B. 环境污染责任的归责原则是公平责任

C. 如损害是由于不可抗拒的自然灾害引起的，则造纸厂可免责

D. 如除该厂外，还有另外一家造纸厂也排污，则二者根据具体情况承担按份责任

2. 加害人不能提出的侵权责任的抗辩事由是（　　）

A. 无经济收入来源　　B. 紧急避险

C. 不可抗力　　D. 依法执行职务

3. 某杂志为扩大销量，精心炮制了某著名影星甲的一段绯闻，给甲带来了极大的精神痛苦。甲将某杂志告到法院，以下责任方式不适用该案的是（　　）

A. 赔偿损失　　B. 消除影响、恢复名誉

C. 赔礼道歉　　D. 排除妨碍

4. 某日因台风袭击，某工厂架设的一条高压线断裂，掉入刘某的鱼塘，导致刘某所养的鱼全部死亡。对于刘某的损失，应当由谁进行赔偿？（　　）

A. 由工厂承担赔偿责任　　B. 由刘某自行承担损失

C. 由工厂与刘某共同承担损失　　D. 双方均不承担损失

5. 某幼儿园组织小朋友看电视，途中教师张某因接电话暂时离开。幼儿李某向电视机投掷硬物，导致电视机爆炸。爆炸溅起的碎片将其他几名幼儿划伤，造成电视机损失3000元，受伤小孩花费治疗费用8000元。该损失由（　　）

A. 李某的监护人承担赔偿责任

B. 张某与李某的监护人共同承担赔偿责任

C. 张某与幼儿园承担连带赔偿责任

D. 李某的监护人承担主要赔偿责任，幼儿园承担相应的补充责任

二、多项选择题

1. 下列侵权行为适用无过错责任的是（　　）

A. 甲殴打乙，导致乙受轻伤

B. 甲辱骂乙，导致乙精神失常

C. 甲地铁公司的地铁在运行途中，撞伤行人乙

D. 甲化工厂将污水排入河道，流入乙的池塘，导致其鱼全部死亡

2. 某甲与某乙因为口角而互殴，某甲将某乙打成重伤并致残，丧失了劳动能力。则某乙可以向某甲要求赔偿(　　)

A. 医疗费　　B. 误工费

C. 与医疗有关的交通费　　D. 残废用具费

3. 钱某与李某各牵一牛于一桥头相遇。钱某见状即对李某叫道："让我先过，我的牛性子暴，牵你的牛躲一躲。"李某说："我不怕。"说着就牵牛过桥，钱某也牵牛上桥。结果二牛在桥上打架，李某的牛跌入桥下摔死。以下对李某损失的责任认定中错误的是(　　)

A. 应由钱某负全部赔偿责任

B. 应由李某自负全责

C. 钱某与李某双方按各自的过错程度承担责任

D. 双方均无过错，按公平责任处理

4. 下列行为中，不具有违法性的是(　　)

A. 适当的私力救济行为　　B. 职务授权行为

C. 正当防卫行为　　D. 紧急避险行为

4. 以下人身权中适用精神损害赔偿的是(　　)

A. 生命权、健康权、身体权　　B. 姓名权、名称权、肖像权

C. 人格尊严权、人身自由权　　D. 隐私权、名誉权

5. 劳务派遣期间，被派遣的工作人员因执行工作任务造成他人损害的，劳务派遣单位承担(　　)

A. 无过错责任　　B. 过错责任

C. 全部责任　　D. 补充责任

三、重点思考题

1. 一般侵权行为的构成要件应该包括哪些?

2. 侵权民事责任免责事由的种类主要有哪些?

3. 侵权行为与违约行为的关系如何?

4. 如何理解被监护人在校园致人损害时教育机构的责任承担?

5. 高度危险责任有哪些抗辩事由?

四、案例训练题

[**案例 1**]

甲将自己祖传的价值 10 万元的古董交给乙保管。双方约定保管期间为 1 年，保管费为 1000 元，期满取古董时给付保管费。其间乙将该古董以 9 万元的价格卖给不知情的丙，双方钱货两清。

问题：应如何保护甲的利益?

[案例 2]

2004 年某厂家推出畅达牌汽车，经过国家检测合格后上市销售，销路很好，至 2008 年已卖出 10 万辆。2005 年，钱某购买该品牌汽车一辆。2009 年，钱某驾驶该车时发生车祸，花费汽车维修费 1 万元。经最新技术检测，该车发动机存在发生率极低的自动熄火问题。钱某以检测报告为据要求厂家赔偿。厂家辩称该缺陷在出厂时依据当时的技术尚无法检测出，不予赔偿。但为了避免对汽车销售产生影响，该厂家与钱某达成协议，厂家一次性支付给钱某 1 万元，钱某不再追究厂家的责任并保证不向市场公开汽车发动机的问题。2010 年，王某驾驶新购买的该品牌汽车时发生严重车祸，车辆完全毁坏，自己也半身不遂，丧失劳动能力。

问题：如何处理钱某、王某因汽车缺陷产生的损害赔偿责任？

[案例 3]

刘某购买了宏宇公司开发的一处住房，但没有想到的是，房屋地下一层竟是给全楼供水的水泵房。水泵运行时发出的噪声严重影响了刘某一家的生活休息，搅得人睡不着觉、吃不下饭，整天没有心静的时候。刘某委托环境保护监测站进行了噪声检测，在室内无噪声、一组屏蔽管道泵运行的情况下，实测噪声值为 46.9 分贝。国家标准城市区域环境噪声标准中一类标准适用于以居住为主的区域，其夜间标准为 45 分贝。同时，市环保局在对室内噪声污染问题的一个复函中明确目前国家和地方没有室内环境噪声检测方法和标准，但依照“城市区域环境噪声标准”，不得不在室内测量时，室内噪声限值应低于所在区域标准 10 分贝，即不得超过 35 分贝。刘某遂将宏宇公司推上被告席，要求宏宇公司退房并赔偿精神损害费等合计 40 多万元。

问题：本案应如何处理？

[案例 4]

孙女士右脸上有块胎记，到某整形医院做美容整形。在治病期间，同意医院将其与医生的谈话场面及治病前后形象对比的拍照。此后，医院为宣传本院美容效果，吸引更多的患者，在医院的宣传栏内举办了为期 1 个月的展览。展览中选用孙女士两幅照片：一幅是治病前与医生谈话场面，其形象非常丑陋；另一幅是眼睛部分黑条遮盖的美容后的照片。同事告诉了孙女士此事，孙女士非常气愤，又到医院展览区看了一下，更加气愤。向医院交涉未果，即向法院提起诉讼，认为医院的行为侵犯了自己的人身权，要求停止侵害，赔偿损失。

问题：1. 医院的上述行为是否构成对孙女士人身权的侵犯？

2. 孙女士可否请求得到法律保护？

[案例 5]

原告钱燕，被告姚国、江文、王武(均为无民事行为能力人)。2010 年 2 月 15 日，三被告一起到某县医院住院部楼顶平台用砖头搭屋玩，同时还将碎砖头往楼下丢。正巧，有一块砖头砸在从楼下经过的原告钱燕头部，致使其头部受伤住院10天，花去医疗费3000元。

问题：

1. 如何认定本案的侵权行为？

2. 钱燕的损害由谁进行赔偿？

主要参考文献

1. 王利明主编:《民法》,中国人民大学出版社 2008 年版。
2. 彭万林主编:《民法学》,中国政法大学出版社 2007 年版。
3. 李永军主编:《民法》,中国政法大学出版社 2008 年版。
4. 李建伟编著:《民法 60 讲》,人民法院出版社 2008 年版。
5. 李开国主编:《民法原理与实务》,中国政法大学出版社 2007 年版。
6. 魏振瀛主编:《民法》,北京大学出版社 2007 年版。
7. 郭明瑞主编:《民法学》,北京大学出版社 2001 年版。
8. 房绍坤主编:《民法》,中国人民大学出版社 2009 年版。
9. 胡爱国主编:《民事法律原理与实务》,中国政法大学出版社 2009 年版。
10. 江平主编:《民法学》,中国政法大学出版社 2007 年版。
11. 王利明主编:《物权法研究》,中国人民大学出版社 2007 年版。
12. 郑玉敏主编:《新编民法理论与实务》,高等教育出版社 2009 版。
13. 郭明瑞、房绍坤:《担保法》,中国政法大学出版社 2008 年版。
14. 史尚宽主编:《债法总论》,中国政法大学出版社 2000 年版。
15. 孙森焱:《民法债编总论》,法律出版社 2006 版。
16. 房绍坤等:《婚姻家庭与继承法》,中国人民大学出版社 2007 年版。
17. 张新宝:《侵权责任法》,中国人民大学出版社 2006 年版。
18. 杨立新:《人格法专论》,高等教育出版社 2005 年版。
19. 陈斯喜:《中国人身权的法律保护及其改革》,社会科学文献出版社 2007 年版
20. 王泽鉴:《债法原理 2·不当得利》,中国政法大学出版社 2002 年版。
21. 史尚宽:《债法总论》,中国政法大学出版社 2000 年版。
22. 李开国、张玉敏:《中国民法学》,法律出版社 2004 年版。
23. 许启东主编:《全国高等教育自学考试标准预测试卷〈民法学〉》,学苑出版社 2007 年版。

后 记

《民法原理与实务》一书付印了，既欣慰又忐忑。

本书是同仁们多年的课程教学经验和改革实践的凝聚。在一年多的编写过程中，从体例结构到内容的组织，都经过多次的讨论、修改，尤其是《侵权责任法》公布之后，我们又对相关的内容重新进行了组织和编排，力求与时俱进。

本书作为校本教材，既是山东省基础课程教学改革项目的研究成果，也是山东司法警官职业学院首批精品课程之一——《民法》的配套教材。在编写过程中，学院领导给予了全力支持。郝海轮书记多次过问本书的编写与出版工作，李娥院长从本书的立项、编写到出版多次给予指导和帮助，孙国庆副院长对该课改项目的立项、本书的编写及出版全过程给予了指导和帮助，刘广乾副院长及其他院领导也给予了热情关怀。学院的教务处、法律实务系、高职教育研究室等部门也给予了大力协助，尤其是教务处的郑丽处长、法律实务系的王勇主任、高职教育研究室的刘吉涛副主任，在本书的编写过程中做了大量的工作，在此一并表示感谢。

由于高等法律职业教育起步较晚，在教学改革和教材的开发方面还很不成熟。作为省级教学改革项目，我们期望该教材不仅能满足我院的教学需要，而且能为其他院校的教学与教材建设略尽绵薄之力。

编 者

2010年7月

图书在版编目(CIP)数据

民法原理与实务/原永红主编.—济南:山东大学出版社,2010.8(2017.2 重印)
ISBN 978-7-5607-4181-9

Ⅰ.①民…
Ⅱ.①原…
Ⅲ.①民法—中国
Ⅳ.①D923

中国版本图书馆 CIP 数据核字(2010)第 172030 号

山东大学出版社出版发行
(山东省济南市山大南路 27 号　邮政编码:250100)
山 东 省 新 华 书 店 经 销
泰安金彩印务有限公司印刷
787×1092 毫米　1/16　28.25 印张　584 千字
2010 年 8 月第 1 版　2017 年 2 月第 6 次印刷
定价:39.00 元